本书是2012年度教育部人文社会科学研究项目“动词理论与出土战国文献动词研究”
（批准号：12YJA740110）的最终成果

本书的出版，获得2018年度国家出版基金、2016年广东省重点出版物“百部好书”扶持项目
专项资金和2015年华南师范大学哲学社会科学学术著作出版基金的资助

谨此致谢！

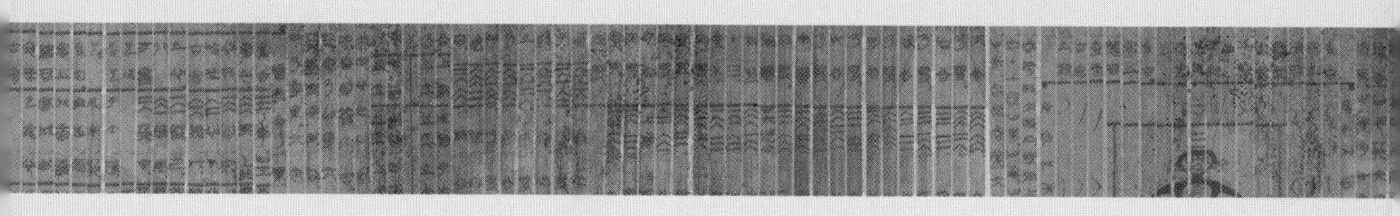

出土战国文献动词研究

A Study of the Verbs in Excavated Warring States Documents

张玉金　著

中国·广州

图书在版编目（CIP）数据

出土战国文献动词研究／张玉金著．—广州：暨南大学出版社，2018.12
（语言服务书系．出土文献研究）
ISBN 978－7－5668－2275－8

Ⅰ.①出…　Ⅱ.①张…　Ⅲ.①古汉语—动词—研究—战国时代　Ⅳ.①H141

中国版本图书馆CIP数据核字（2017）第299396号

出土战国文献动词研究

CHUTU ZHANGUO WENXIAN DONGCI YANJIU

著　者：张玉金

出 版 人：徐义雄
策划编辑：杜小陆　刘　晶
责任编辑：黄志波　刘　晶
责任校对：李林达
责任印制：汤慧君　周一丹

出版发行：暨南大学出版社（510630）
电　　话：总编室（8620）85221601
　　　　　营销部（8620）85225284　85228291　85228292（邮购）
传　　真：（8620）85221583（办公室）　85223774（营销部）
网　　址：http：//www.jnupress.com
排　　版：广州良弓广告有限公司
印　　刷：广州家联印刷有限公司
开　　本：787mm×1092mm　1/16
印　　张：25.5
字　　数：630千
版　　次：2018年12月第1版
印　　次：2018年12月第1次
定　　价：128.00元

目　录

凡　例

1. 本书中对出土战国文献的释文，一般取权威考释，同时也注意吸收学术界新的研究成果。如睡虎地秦墓竹简的释文，依据的是《睡虎地秦墓竹简》（睡虎地秦墓竹简整理小组编，文物出版社1990年版），也参考了陈伟主编的《秦简牍合集》（壹、贰）等（武汉大学出版社2016年版）。

2. 释文中使用的主要符号：

□：表示无法补出的一个残缺字，有时表示难以隶定的一个字。

□：表示无法补出的一些残缺字，残缺字数不明。

甲（乙）：表甲为通假字、异体字、古字等，乙为本字、正体字、今字。

甲〈乙〉：表示甲为乙的误字。

［甲］：表示甲是依文例补出的字。

甲（?）：表示把一个字释为甲但还不能确定。

甲＝：“＝”是重文符号，表示甲甲。

3. 例句出处的标示，一般用简称，如《殷周金文集成》简称为“集成”，《上海博物馆藏战国楚竹书》简称为“上博”，《放马滩秦墓竹简》简称为“放马滩”等等。

4. 进行语法分析时使用了一些字母或符号，这些字母或符号及所代表的意义是：

NP：代表名词或名词性短语，可作主语、宾语、兼语等。

VP：代表动词性短语，可作谓语等。

V：代表动词，可作谓语中心等。

O：代表宾语。

绪　论

这部分主要谈出土战国文献动词研究的内容及意义、以往的研究、研究出土战国文献动词时所使用的语料、研究出土战国文献动词的理论方法等问题。

第一节　研究课题

本书拟用当代动词理论对出土战国文献中的动词及其基本句式进行断代描写研究。

笔者认为，出土文献语料比传世文献语料更为可靠，应以前者为基本语料；战国时代的语言是典范的文言，动词问题是这种语言语法研究中的第一号重要问题；可以用当代动词理论研究出土战国文献中的动词及其基本句式。

出土战国文献动词研究的内容如下：

一是文献综述：全面收集以往的相关研究成果，认真进行研读，充分吸收前人和时贤论著中的精华，站在学术研究的前沿。特别重视对传世战国文献中动词进行研究的论著，这是与课题关系最为密切的研究成果。

二是当代动词理论研究：研究动词的基本功能、基本分类、及物属性、语义特征、配价分析等理论问题，根据特定的研究对象对当代动词理论进行适当的改造。特别重视对配价语法理论的研究，包括动词的配价分类，各类动词的句法语义属性等有关问题。

三是出土战国文献语料研究及其语料库建设：全面收集业已发表的出土战国文献，并从文字考释、词语训释、语句通释、思想内容、时代和地域问题等方面概述前人和时贤的研究成果，并通过研究形成自己的看法。建设出土战国文献语言研究的语料库，来支撑出土战国文献动词的研究，以便于进行各种数据的统计，加快研究进度。特别重视对原始语料的收集，收集全出土文献的照片和拓片，认真核对释文。

四是出土战国文献动词及其基本句式研究：从全部出土战国文献中找出所有的动词，考察每个动词的字形、语音和词义，统计出土战国文献中动词的个数，研究动词的语义特征，分析动词的语法功能，然后用当代动词理论对这些动词进行分类（特别是配价分类），并研究每类动词所形成的基本句式。特别重视区分动词与非动词的界线，考察动词的活用和兼类现象，也考察其他类别的词活用为动词的现象。

五是对出土战国文献中一些疑难动词的词义进行考证：对这种文献中一些动词的词义（甚至文字考释）学术界还有不同的看法，要用科学的方法进行深入研究，求其正解，拿出己见。

出土战国文献动词研究的目标如下：

一是研究当代动词理论，弄清楚动词的基本功能、基本分类、及物属性、语义特征、配价分析等理论问题。

二是搜集、研究出土战国文献语料，为描写研究打下基础。

三是用当代动词理论描写出土战国文献中的动词及其基本句式。

研究出土战国文献动词的意义在于填补语言学汉语研究领域的一项空白，到目前为止还见不到用当代动词理论对已著录的出土战国文献中全部动词进行研究的论著。

动词研究在语法研究中居于首要地位，吕叔湘先生说："讨论动词和句型，这是语法研究中的第一号重要问题。动词为什么重要，因为在某种意义上，动词是句子的中心、核心、重心，别的成分都跟它挂钩，被它吸引。"（吕叔湘：《句型和动词学术讨论会开幕辞》，载《句型和动词》，语文出版社 1987 年版）研究出土战国文献动词所用的语料，都是经过精心选择的，必须是形成时代和出土时代都是战国（确切地讲是指从战国初期到秦代）的文献。

战国时代是中国历史上一个非常重要的时代，这个时代的语言是典范的文言。

总之，出土战国文献动词研究具有选题的原创性、研究对象的重要性、时代语言的典范性、所用语料的可靠性，因而具有重大的理论价值。对于利用出土战国文献进行战国时代各门社会科学研究有应用价值，对于古代汉语、古代汉语语法学、汉语史、古文字学的教学也都具有实际应用价值。

第二节　研究现状

从研究现状来看，主要有以下两大类与出土战国文献动词密切相关的研究成果：

一是研究出土战国文献中动词的论著。这方面的论著很少，目前见到的只有以下几种：石峰的《〈睡虎地秦墓竹简〉动词研究》（四川大学硕士学位论文，1998 年）、徐丹的《某些出土简帛文献里所见的趋向动词"来"和"去"》［《简帛语言文字研究（第二辑）》，巴蜀书社 2006 年版］、李峰的《郭店楚简动词初步研究》（《中华文化论坛》2009 年第 1 期）、王颖的《包山楚简词汇研究》（厦门大学出版社 2008 年版，该书第三章为动词，包括行为动词、趋止动词、感知动词、状态动词、存在动词、能愿动词等）、余萍的《新蔡楚简实词研究》（安徽大学硕士学位论文，2010 年，第三章为动词，包括行为动词、趋止动词、感知动词、状态动词、存在动词、能愿动词等）。

二是研究传世战国文献中动词的论著。这方面的论著比较多，有易福成的《〈孙子兵法〉谓词句法和语义研究》（北京大学博士学位论文，1999 年）、金树祥的《〈战国策〉动词研究》（北京大学博士学位论文，2001 年）、吕炳昌的《〈荀子〉动词语义句法研究》（北京大学博士学位论文，2002 年）、徐适端的《〈韩非子〉单音动词语法研究》（巴蜀书社 2002 年版）、钟发远的《〈论语〉动词研究》（西南师范大学硕士学位论文，2003 年）、张猛的《〈左传〉谓语动词研究》（语文出版社 2003 年版）等。崔立斌的《〈孟子〉词类研究》（河南大学出版社 2004 年版）、殷国光的《吕氏春秋词类研究》（商务印书馆 2008 年版）中都有专门的章节研究动词。

此外还有殷国光的《〈庄子〉动词配价研究》（商务印书馆 2009 年版）、海柳文的《〈韩非子〉单音节动词配价研究》（《语言研究》2003 年第 3 期）、皮佳佳的《〈墨子〉动词配价研究》（湖南师范大学硕士学位论文，2005 年），这些都是用配价语法理论研究传世战国文献中动词的论著。

前人和时贤对战国文献中动词研究的情况，可以概括为“一多一少一无”。“一多”是说研究传世战国文献中动词的论著比较多。“一少”是说研究出土战国文献中动词的论著少。这种论著主要是前述的几种。一些比较全面地研究出土战国文献语法的论著，如周守晋的《出土战国文献语法研究》（北京大学出版社 2005 年版）、李明晓的《战国楚简语法研究》（武汉大学出版社 2010 年版）、魏德胜的《〈睡虎地秦墓竹简〉语法研究》（首都师范大学出版社 2000 年版）等，都没有涉及其中的动词。“一无”是说还没有用当代动词理论来研究出土战国文献中全部动词的论著。

因此，未来的趋势必然是加强下述研究：用当代动词理论对出土战国文献中全部动词进行研究。

第三节　研究材料

为了能描写出战国秦代语言动词的真实面貌，我们对所使用的出土战国文献有比较严格的限定，即要求所使用的语料是在战国秦代形成且形成后基本上保持了原貌，即要求所使用的语料在形成后未经过流传，或者虽经过流传但流传的时代不超过战国秦代（有些文献，如诅楚文、岣嵝碑、峄山刻石，虽然经过长时间流传，但基本保持了语言原貌）。所以我们没有使用《上海博物馆藏战国楚竹书》中的《周易》和《逸诗》部分，也没有使用《清华大学藏战国竹简》中的《尚书》部分（包括第一册全部以及第三册中的《兑命》）。

我们所使用的语料共有 11 种：

第一，战国秦代金文。

主要参照吴镇烽的《商周金文资料通鉴（2.0 版）》，其收录金文的下限到 2012 年 2 月底。《商周金文资料通鉴（2.0 版）》已经由上海古籍出版社于 2012 年 9 月出版，出版时的书名为《商周青铜器铭文暨图像集成》。我们从这部书中选出了全部的战国秦代金文。其他方面的参考书目有：

中国社会科学院考古研究所编：《殷周金文集成》（1—18），中华书局 1984—1994 年版。

刘雨、卢岩编著：《近出殷周金文集录》（1—4），中华书局 2002 年版。

刘雨、严志斌编著：《近出殷周金文集录二编》（1—4），中华书局 2010 年版。

钟柏生等编：《新收殷周青铜器铭文暨器影汇编》（全 3 册），台北艺文印书馆 2006 年版。

第二，楚帛书。

主要参照下列著作：

饶宗颐、曾宪通编著：《楚帛书》，香港中华书局 1985 年版。

李零：《长沙子弹库战国楚帛书研究》，中华书局 1985 年版。

饶宗颐、曾宪通：《楚地出土文献三种研究》（其中有《长沙子弹库楚帛书研究》），中华书局 1993 年版。

何琳仪：《长沙楚帛书通释》，《江汉考古》1986 年第 1、2 期。

徐在国编著：《楚帛书诂林》，安徽大学出版社 2010 年版。

第三，楚简。

主要有包山楚简、郭店楚简、望山楚简、九店楚简、葛陵楚简、信阳楚简、清华楚简、上博楚简、夕阳坡楚简、曹家岗楚简、五里牌楚简、仰天湖楚简、杨家湾楚简、香港中大竹简等。主要参照下列著作：

陈伟等：《楚地出土战国简册［十四种］》，经济科学出版社 2009 年版。此书考释了下列 14 种楚简：包山楚简、郭店楚简、望山楚简（2 批）、九店楚简（2 批）、曹家岗楚简、曾侯乙墓竹简、信阳楚简、葛陵楚简、五里牌楚简、仰天湖楚简、杨家湾楚简、夕阳坡楚简。

湖北省荆沙铁路考古队编：《包山楚简》，文物出版社 1991 年版。

荆门市博物馆编：《郭店楚墓竹简》，文物出版社 1998 年版。

湖北省文物考古研究所、北京大学中文系编：《望山楚简》，中华书局 1995 年版。

湖北省文物考古研究所、北京大学中文系编：《九店楚简》，中华书局 2000 年版。

河南省文物考古研究所编：《新蔡葛陵楚墓》，大象出版社 2003 年版。

河南省文物研究所编：《信阳楚墓》，文物出版社 1986 年版。

李学勤主编：《清华大学藏战国竹简》（1—5），中西书局 2010—2015 年版。

马承源主编：《上海博物馆藏战国楚竹书》（1—9），上海古籍出版社 2001—2012 年版。

商承祚编著：《战国楚竹简汇编》，齐鲁书社 1995 年版。

陈松长编著：《香港中文大学文物馆藏简牍》，香港中文大学文物馆藏品专刊之七，2001 年。

第四，曾简。

主要参照下列著作：

湖北省博物馆编：《曾侯乙墓（上、下）》，文物出版社 1989 年版。附录一是《曾侯乙墓竹简释文与考释》，作者为裘锡圭、李家浩先生。

陈伟等：《楚地出土战国简册［十四种］》，经济科学出版社 2009 年版。

萧圣中：《曾侯乙墓竹简释文补正暨车马制度研究》，科学出版社 2011 年版。

第五，秦简牍。

主要包括睡虎地秦简、放马滩秦简、周家台秦简、龙岗秦简、里耶秦简、岳麓书院秦简、青川秦牍、睡虎地秦牍、岳山秦牍等。

主要参照下列著作：

睡虎地秦墓竹简整理小组编：《睡虎地秦墓竹简》，文物出版社 1990 年版。

甘肃省文物考古研究所编：《天水放马滩秦简》，中华书局 2009 年版。

湖北省荆州市周梁玉桥遗址博物馆编：《关沮秦汉墓简牍》，中华书局 2001 年版。

中国文物研究所、湖北省文物考古研究所编：《龙岗秦简》，中华书局 2001 年版。

湖南省文物考古研究所编著：《里耶秦简（壹）》，文物出版社 2012 年版。

朱汉民、陈松长主编：《岳麓书院藏秦简》（1—3），上海辞书出版社 2010—2013

年版。

张显成主编：《秦简逐字索引》，四川大学出版社2010年版。

第六，战国玉石文字。

主要包括守丘石刻、诅楚文、岣嵝碑、行气玉铭、玉璜箴铭、峄山刻石、秦骃玉版铭、曾侯乙磬、司马禾石权、始皇诏石权等。

主要参照下列著作：

吴镇烽编著：《商周青铜器铭文暨图像集成》，上海古籍出版社2012年版。

赵超：《石刻古文字》，文物出版社2006年版。

第七，战国漆木文字。

主要参照下列著作：

吴镇烽编著：《商周青铜器铭文暨图像集成》，上海古籍出版社2012年版。

第八，战国货币文字。

主要参照下列著作：

汪正庆编：《中国历代货币大系·先秦货币》，上海人民出版社1984年版。

马飞海主编：《中国历代货币大系·秦汉三国两晋南北朝货币》，上海辞书出版社2002年版。

第九，战国封泥文字。

孙慰祖主编：《古封泥集成》，上海书店出版社1994年版。

王伟：《秦玺印封泥职官地理研究》，陕西师范大学博士学位论文，2008年。

第十，战国玺印文字。

陈光田：《战国玺印分域研究》，岳麓书社2002年版。

王伟：《秦玺印封泥职官地理研究》，陕西师范大学博士学位论文，2008年。

第十一，战国陶文。

高明编著：《古陶文汇编》，中华书局1990年版，本书去掉与《秦陶文新编》重复的部分。

袁仲一、刘钰编著：《秦陶文新编》（上、下），文物出版社2009年版。

需要注意的是，战国货币文字、战国封泥文字、战国玺印文字、战国陶文这四种材料中动词比较少见，所以不是研究出土战国文献中动词的重要材料。在这四种材料中，只是偶尔出现动词，如战国货币文字中的“当”、战国陶文中的“陶”等。

第四节　研究方法

我们运用当代描写语法学、三个平面语法学、汉语配价语法等理论方法对出土战国文献中的动词进行断代描写。研究时遵循语义与形式相结合的原则、静态与动态相结合的原则、描写与解释相结合的原则。

研究一个动词，先从语料库中找出这个动词的所有例句，然后按如下步骤进行研究。

一、了解以往学术界对该动词的研究

为了研究出土战国文献中的某个动词，要进行文献检索，看以往学术界有哪些有关的研究，都发表过哪些相关的论著。

二、分析动词的书写形式

由于我们研究的是出土战国文献中的动词，所以对于动词的书写形式要特别重视。一个字，可以表示本义、引申义，也可以表示假借义。特别是在战国时代，“言语异声、文字异形”。同一个字在同一个地域可以有不同的写法，在不同地域更可以有不同的写法。

例如“祝”字因地域不同而有如下一些写法：

秦系： 诅楚文·湫渊　秦泥考27　睡虎地·日书乙种

楚系： 上博四·内豊　新蔡乙一22　上博五·竞建内之

晋系： 玺汇2726

从词的角度来说，表达词的字各地也有不同。如进入意义的｛入｝这个词，各地使用的文字就有不同。再如制作意义的｛制｝，秦文字多用“制”来表示，楚文字多用“折”来表示。复旦大学郭永秉的博士学位论文《战国文字各系间的用字差异现象研究》（2011）专门研究了这个问题，可以参看。

三、归纳该词的义项

在研究出土战国文献中的某个动词时，从语料库中找出该动词的所有例句，进而归纳义项。

四、区分动词是否表陈述

研究时一般只涉及动词的本义和引申义，不涉及假借义。要区分单音词和复音词。还要区分是否表陈述，例如一个动词与“者”构成者字短语时，就不再表陈述，而是表指称了。

五、重点研究表陈述的动词

对于表陈述的动词，从下述几个方面进行研究：

（1）研究表陈述动词的配价及语义特征。

（2）研究表陈述动词的配价成分。

（3）研究表陈述动词所构成的句式。

动词所构成的句式可以分为两种：一是由动词作谓语中心的单动句句式，二是由动词作谓语一部分的复杂谓语句句式。

六、研究动词的指称化与修饰化

当动词不作小句的谓语或谓语中心时，则是它的非陈述用法。这种用法可以分为两种，一是指称化，另一种是修饰化。

（一）研究动词的指称化

指称化用法的动词，主要是有两种：一是有标记的指称化，如与“者”构成“者”字短语、与“所”构成“所”字短语；二是无标记的指称化，如用作主语、用作宾语（作宾语的动词并非全部表指称）。

（二）研究动词的修饰化

修饰化用法的动词，是指用作定语的动词。依据郭锐（2002），定语的表述功能为修饰。这种动词用在名词性词语前，表限事［详见范晓等：《语法理论纲要》（修订版），上海译文出版社 2008 年版］。

七、考察动词用作复音词的词素

在出土战国文献中，一个动词并不都是独立成词的，有时还用作词素，这也是应该加以研究的。

在把一个个动词研究清楚之后，再进行归类，然后对一类类动词进行研究，从而考察出土战国文献中动词的全貌。

第一章　动词理论

本章主要谈动词的定义及其判定方法、配价理论及动词的分类、出土战国文献动词概况等。

第一节　动词的定义及其判定方法

一、动词的定义

什么是动词？过去一般是这样下定义的：动词是表示动作、行为、存在、变化、出现、消失以及心理活动等的词，通常作谓语或谓语的中心。

所谓“表示动作、行为、存在、变化、出现、消失以及心理活动等”，这是就动词的概括意义来说的；所谓“作谓语或谓语的中心”，这是就动词的句法功能来说的。

本书所使用的动词理论框架，基本是采用陈昌来的说法。陈昌来《现代汉语动词的句法语义属性研究》（2002）一书中，对现代汉语动词有比较全面的研究。根据他的研究以及我们的一些修正，可对汉语动词作如下定义：

动词是表示动作、状态、心理、致使、关系的词，通常作句子的句法结构和语义结构的中心。

陈昌来（2002）把汉语动词分为动作动词、性状动词、心理动词、致使动词、关系动词5大类。我们对此有一点改动，即不用“性状”，而用“状态”。

陈昌来（2002）的性状动词包括状态动词和性质动词两类。所谓性质动词就是形容词。我们不把形容词归入动词，因为这种词有其独特的语法特征，可以单独列为一个词类。如果不把形容词归入动词，那么性状动词中就只有状态动词了，所以把性状动词改为状态动词是符合实际的。

二、动词的判定方法

判断一个词是否为动词，可以从以下两个方面进行：

第一，语义标准。

石定栩（《名词和名词性成分》，北京大学出版社2011年版）说，句子里每一个实词都必须有明确的意义，而且是说话和听话双方都承认的、独一无二的意义，才能达到交流的目的。实词的语义在任何一个正常的句子里都可以明确地观察到，可以根据语义将相关的实词分类。

石定栩这番话，是针对现代汉语来讲的。我们认为，对于古代汉语而言，这番话更为适用。古代汉语作为一种活的口语已经不复存在了，流传下来的是古代汉语的书面语，这种书面语存在于一篇篇文本之中。这些文本，都是由一个个小句构成的。在流传下来的古代汉语文本中，句子的界限不是很清楚，而小句的界限一般是明确的。所谓小句，是指文本中的单句、复句中的分句（包括紧缩复句中的分句）。

我们研究出土战国文献中的动词，是以小句为本位的。由于动词处于小句之中，而小句一般又都有上下文，所以小句中动词的意义一般是清楚的。这就为根据意义来判断动词带来了可能。

一个具体小句中的词，还是个体词。如果在不同的小句中，两个个体词同义（一般书写形式也相同，假借字除外），那么就可以把它们归并为一个概括词。对于动词的判定，我们一般是以概括词为对象的。

我们这里所谓的同义是广义的。在研究出土战国文献中动词的配价时，我们把意义上有密切联系，而且配价相同的义项都算作同义。所谓的配价相同，不但要求大类相同，小类也要相同。比如虽然都是二价动作动词，但是如果一个带位事宾语，一个带受事宾语，那么就不能算作一个概括词。殷国光（《吕氏春秋词类研究》，商务印书馆 2008 年版）在谈到古代汉语中词的同一性问题时说，上古汉语如果采用现代汉语中关于词的同一性的标准，会导致出现大批的同形词。因此他把同音而且意义之间具有联系（其义相关、其源相通）作为鉴定上古汉语词的同一性的基本标准；把同形作为鉴定上古汉语词的同一性的参考依据。我们基本同意他的看法，但是由于要研究动词的配价，所以把意义虽有联系但配价不同的义项分为不同的概括词。

弄清楚了小句中一个词的具体意义，然后在此基础上对其意义进行概括。如果一个词的概括意义属于动作、状态、心理、致使、关系这五者之一，那么就可以断定这个词是动词了。如下例中的“捕”是捕捉、捉拿的意思，其概括意义应该是动作，它无疑应是动词：

小人逃至州巷，州人将捕小人，小人信以刀自戕（伤），州人焉以小人告。（包山・疋狱 144）

动词作语义结构的中心。具体说来，就是以动词为核心构成的语义结构为动核结构。在动核结构中，动词是中心——动核。依据动词概括意义的不同，动核可以分为动作核、状态核、心理核、致使核、关系核五类［参见范晓等：《语法理论纲要》（修订版），上海译文出版社 2008 年版，第 183 页。我们对范晓等的说法已经有所修改］。如前面讲过的“捕”，在“州人将捕小人”中就是动作核。

从概括意义上来说，动词是表示动作、状态、心理、致使、关系的，名词是表示人、事物、处所、方位、时间的，形容词是表示性质的。

第二，句法标准。

这是从语法功能的角度来判定一个词是否动词。

动词作句法结构的中心。在主谓结构中谓语是中心；动词可以充当谓语，也可以作谓语部分的核心或核心之一。

动词通常是作谓语的。在一个小句当中，如果一个词作谓语，而且表示动作、状态、心理、致使、关系这五者之一，那么就可以断定这个词是动词了。如下例中的“寅（宾）”：

四海（海）之外寅（宾），四海（海）之内贞。（上博二·容成氏）

一价动词可以单独作谓语。二价动词、三价动词的宾语或配价成分如果省略，也可以单独作谓语。

其实，动词更常见的是作谓语的中心或谓语的一部分。一个小句一般可以分为主语和谓语两个部分，而这个谓语部分，常常是由以动词为核心的动词性短语充当的。动词性短语包括动宾短语、状中短语、中补短语、并列短语、连谓短语、兼语短语等。

大部分动词可以带宾语，构成动宾短语。二价动词、三价动词一般要带宾语。一价动词的使动用法、意动用法、为动用法、对动用法等，也都可以带宾语。

凡是动词一般都可以受副词修饰，构成状中短语，这是动词与名词的区别。除了心理动词之外，动词一般不受程度副词的修饰。心理动词和形容词虽然都受程度副词的修饰，但心理动词是表示心理活动的，而形容词是表示性质的，根据概括意义还是能够把两者区别开来的。

动词的后边，还可以出现补语。在出土战国文献中，补语一般是由介宾短语所构成，也可以由表示数量的短语构成。

动词还可以与其他动词构成具有并列关系的短语，即所谓动词性并列短语。在这种短语中，一个动词只是谓语中心之一。

动词还可以与其他动词构成具有连谓关系的短语，即所谓连谓短语。在这种短语中，一个动词也只是谓语中心之一。

动词还可以与其他动词构成兼语短语。在这种短语中，一个动词也只是谓语中心之一。

如上所述，我们对于动词的判定，一般是以概括词为对象的。一个概括词出现的频率越高，它所展示的语法功能越全面，对于这个词词性的判定也就越准确。

判断一个词是否动词，我们是同时根据上述两个标准进行的。如果一个概括词是表示动作、状态、心理、致使、关系之一的，而且具有动词的语法特征，那么就应该把它定为动词。

第二节　配价理论及动词的分类

法国语言学家泰尼埃尔在1959年最先提出配价语法（见其著作《结构句法基础》），他认为：句子的结构表现为各个构成成分之间一层层递进的从属关系，顺着这种从属关系向上推演，句子的结构顶端就成为一个支配所有成分的“中心结”。这个“中心结”大多由动词充当，所以动词是句子的中心。研究配价语法的目的就在于揭示动词对名词性成分的支配能力。

一、以往国内对配价语法的研究

第一阶段是20世纪70年代末到80年代，这一阶段主要是对国外配价理论的介绍，以及对配价理论进行的基础性研究。

最早将配价语法理论引入中国的是朱德熙先生，他在1978年发表的《"的"字结构和判断句》中提出了"单向动词""双向动词""三向动词"的定义，认为"只能跟一个名词性成分发生关系的动词叫单向动词""能够跟两个名词性成分发生联系的动词叫双向动词""能跟三个名词性成分发生联系的动词叫三向动词"，并用配价语法的观点分析动词性成分加"的"构成的"的"字结构的歧义指数，并在此基础上分析了"的"字结构所组成的判断句。

此外，冯志伟《特斯尼耶尔的从属关系语法》（1983）、张烈才《特斯尼埃的〈结构句法基础〉简介》（1985）、方德义《法国现代语言学理论研究概况》（1986）、《德语配价理论的发展及成就》（1987）等都对国外配价语法进行了介绍和评价。

在这一阶段，学者开始尝试运用配价语法理论对语言事实进行研究，如文炼（1982）在《词语之间的搭配关系》一文中讨论了动词的"向"和动词跟名词性成分之间的搭配关系，并指出跟动词发生联系的名词性成分有两种：一种是强制性的，如果在没有语境的帮助下，一定要在句中出现；一种是非强制性的，根据表达的需要，在句中出现或不出现。廖秋忠在《现代汉语中动词的支配成分的省略》（1984）一文中从配价的角度分析了动词的支配成分的省略问题。吴为章在《"×得"及其句型——兼谈动词的向》（1987）一文中从配价的角度讨论了由"×得"构成的句子的语义关系问题，认为能同动词发生主谓或述宾句法关系的除了名词还有动词性成分，因此决定动词"向"的因素不限于名词性成分。决定动词"向"的必要成分有两项限制：①位置的限制，必有成分是能够出现在主语或宾语位置上、跟动词发生显性的主谓或者述宾关系的成分；②意义的限制，只有表示施事、与事、客体等及物性关系的从属成分才能决定动词的"向"，而工具、方位等状语性的成分不参与决定动词的"向"。袁毓林在《准双向动词研究》（1987）一文中讨论了"辩论、握手"等其中一个配价成分必须由介词引导的双向动词，描写了由这类动词构成的各种句式的变换关系，构拟了这些句式由深层结构向表层结构转换和生成的过程。

第二阶段是20世纪90年代，汉语配价语法进一步向纵深发展。文炼、袁杰在《谈谈动词的"向"》（1990）中认为汉语跟其他语言一样，动词的从属成分也可以是动词性成分，并运用赫尔比希的方法，将跟动词关联的从属成分分为必有行动元、可有行动元、自由行动元三种。范晓在《动词的"价"分类》（1991）中提出了形式上确定动词价的四种方法，认为动词的"价"是根据动词在一个动核结构中所联系的强制性语义成分的数目决定的，并据此对动词进行了分类。吴为章在《动词的"向"札记》（1993）中对价所属的语法范畴的性质、如何确定"向"、语言学引进"向"的目的等理论进行了讨论。沈阳在《动词的句位和句位变体结构中的空语类》（1994）中用形式语法的方法构造动词的句位系统，通过三条原则来确定动词的"价"。沈阳、郑定欧主编的《现代汉语配价语法研究》（1995）收录了12篇配价语法的专题论文，并对以下方面进行了深入探讨：①配价的性质。②确定配价的原则和方法。③对动词进行价分类并研究动词短语的配价。④结合汉语研究的事实提出了动词的配价成分不限于名词性成分。袁毓林的《汉语动词的配价研究》(1998)是我国较早的有关配价理论的专著。一方面，他提出并建立了配价层级的思想和理论，认为应该把“价”理解为包含“联”“项”“位”“元”四个层面的有层次的系统。这种配价层级思想和理论能充分地反映动词的各种组配能力，能更好地说明一个动词能构成各种不同句式的原因以及各种不同句式之间的转换关系和制约条件。另一方面，用配价层级的思想和理论具体描写了现代汉语中 1 640 个左右的动词的配价、配位情况。这对编写现代汉语的配价词典，有直接的参考价值。

第三阶段是 21 世纪初，配价语法的研究从现代汉语延伸到了古代汉语，比较有代表性的是殷国光的《〈庄子〉动词配价研究》(2009)一书，研究成果主要有以下方面：①研究了《庄子》里以动词为核心的句式，并确立了 22 个基本句式。②概括了《庄子》一书中由基本句式派生为派生句式的四种手段。③总结出一价、二价、三价动词各自的语义角色的句法配位规则，并进一步概括出五条各类动词语义角色的句法总配位规则。

近年来，一些硕士学位论文开始运用配价语法对古汉语中的动词进行研究，如张瑞芳《〈易经〉动词配价研究》(内蒙古师范大学硕士学位论文，2005 年)、皮佳佳《〈墨子〉动词配价研究》(湖南师范大学硕士学位论文，2005 年)、弋丹阳《〈左传〉单音节谓语动词的配价结构浅析》(陕西师范大学硕士学位论文，2005 年)、张婵娟《〈孟子〉动词配价研究》(辽宁师范大学硕士学位论文，2007 年)、侯雅丽《〈荀子〉动词配价研究》(山西师范大学硕士学位论文，2009 年)、李玲玲《〈史记〉交互动词配价研究》(新疆大学硕士学位论文，2010 年)赵冬梅《〈晏子春秋〉单音节动词配价研究》(浙江师范大学硕士学位论文，2011 年)、罗静《〈论语〉动词配价研究》(四川师范大学硕士学位论文，2011 年)等。

二、关于动词配价的性质

关于这个问题，学术界主要有三种观点：

(一) 配价是一种语义范畴

廖秋忠(1984)认为支配成分主要是语义即认知上的概念。支配成分的从缺，是句中某些语义成分的从缺，不是句法成分的从缺。

文炼、袁杰(1990)认为动词具有“向”是动词在各种场合具体运行时所有的一种语义功能，所以语言学家都是从动词活动范围之内归纳出“向”的。

范晓(1991)认为及物动词和不及物动词的区分以及体宾动词和谓宾动词的区分等等，属于句法层面，动词的“价”分类，则属于语义层面。句子的语义平面包括两部分，一是动核结构(或称述谓结构)，一是语态。而动核结构是一种语义结构，也就是一种深层结构，它是构成表层句子的基础。

周国光、张国宪(1993)认为配价属于语义范畴，词汇意义是决定配价的基础。

(二) 配价是一种语法范畴

袁毓林(1993)认为“向”的基础是动词在句法结构中和名词性成分的组合功能的潜势，因而“向”是建立在句法基础上的语法范畴，是动词的组合功能的数量表征，但是，应当承认，动词的“向”是有相当的语义基础的。但是，动词的这些语义要求（涉及的个体数目）一定要在句法结构中得到实现，才能计入“向”的指数，所以作为句法概念的“向”和作为语义概念的动作所涉及的个体的数量并无直接的对应关系。

（三）配价是一种“句法—语义”范畴

吴为章（1993）认为“逻辑—语义”的“向”是认知上的概念，不和语义相联系的纯形式的句法“向”是不存在的。任何句法“向”都是“形式—意义”的结合体，它是“逻辑—语义”的“向”在具体语言结构中的实现，是因语言而异的，是有确定的数量的，是有序的。语法学引入“向”的目的既然主要是说明动词的支配功能以及句法和语义之间的复杂关系，那么它对“向”的解释，就应当是“句法—语义”的。因此，可以把语法平面的“向”理解为“句法—语义向”。

邵敬敏（1996）认为应该区别两种不同性质的“价”：“语义价”和“句法价”，为了使两者有明显的区别，将前者属于语义平面的关系叫作“语义价”，把后者属于句法平面的关系称为“句法向”。“句法向”是以“语义价”为基础的，但是它必须符合“同现”原则，即在一个句法结构中最多可以同时出现几个“语义格”。“句法向”不等于“语义价”，它不是一个单纯的语义问题，不只是一种可能性，而是必须受到句法结构的制约，即表现为一种现实性。

陈昌来（2002）认为配价是语义平面上的语法范畴，配价是语义的，但这里的“语义”是指跟句法相关的语义。动词所支配的必有语义成分的数量决定了动词的价数和价类，语义功能是配价的基础，但给动词定价的标准是句法上的，动词在最简单的抽象句中所能带的句法成分的数量决定了动词的价类。

殷国光（2009）赞同邵敬敏的观点，认为配价涉及语义、句法两个层面。所谓“语义价”是指在语义层面上一个动词在以该动词为核心的语义结构中所能支配的、不同类型的语义角色。所谓“句法向”是指在句法层面上一个动词在以该动词为述谓中心词的基本句式中，不借助介词所能关联的、处在主宾语位置上的、不同类型的语义角色。

在这个问题上，我们同意第三种观点，即认为配价是一种“句法—语义”范畴。

三、关于动词配价的确定

（一）关于提取价的句法框架

袁毓林（1987）认为，应当在动词出现的所有句法结构中，选取与之同现的名词最多的结构，在这个句法结构中提取向的指数。即“向”是动词在所有句法结构中与之同现的名词性成分的数目的最大值，且这些名词性成分与动词的联系具有句法强制性。

吴为章（1993）认为，决定汉语动词之间的“向”的因素是在一个简单句中与动词同现的必有成分。其中的必有成分在位置和意义上有着严格的限制：必有成分是能够在句子中占据主语、宾语位置并跟动词有显性的语法关系的成分，它们跟动词有显性的语义关系。

殷国光（2009）认为，语义层面的基本结构是动核结构，它以动词为核心，由动词和它所联系着的语义成分（语义角色）组成。动词所联系的语义成分主要有支配成分和说明成分两种。在动核结构中，支配成分直接参与动词的行为，并受动词的支配；说明成分则说明动作发生的背景，不受动词的支配。支配成分和动词所共同构成的最小的、意义自足的动核结构是提取“语义价”指数的框架。

关于提取价的句法框架问题，我们同意袁毓林（2010）的观点，即认为在原子句中提取动词的价。所谓原子句，是简单的基础句，所谓“价”是指一个动词在简单的基础句中所能关联的名词性成分的数量。

（二）由介词引导的名词性成分能否计入价的指数

关于有介词引导的名词性成分能否计作动词的一个价，学界存在三种不同的观点：

朱景松（1992）认为，确定动词的价，首先要分清动词跟名词性成分在语义上和语法上两类不同的联系；分清动词在语法上联系若干名词性成分的功能（可能的）和在具体用例中实际出现的名词性成分的数目（现实的）。动词的“价”应该指形式上能跟这个动词直接组合（不必借助介词）的名词性成分的数目。能够确定一个动词“价”的名词性成分，是指以这个动词为中心的述宾结构的直接宾语或间接宾语，以及出现在这个动词之前的大主语或小主语。

吴为章（1993）根据其必有成分的位置限制，把由介词引导的在结构上必不可少的成分排除在必有成分之外，认为其不能看作动词的一个价，其理由是介词的宾语是受介词直接支配的。事实上，介词是表示动词和名词之间的句法、语义关系的一种标志；介词宾语固然是受介词支配的直接成分，但整个介宾词组在结构和意义上又是从属于动词的。

袁毓林（1987）认为，应该将结构和意义上不可或缺的，但又一定要用介词引导的名词性成分也算作“价”，但将其称为准价以区别于那些不用介词引导的必有成分。

殷国光（2009）和袁毓林的看法相同，并举了“麋与鹿交”一例，认为在动词“交（雌雄交合义）”所激活的语义场景中，必须有交合的双方，缺一不可，因此，与“交”联系的两个语义成分都是支配角色，“交”是二价动词。

在这个问题上，我们基本的观点是，一般的动词配价成分是不需要介词来引导的，因此有介词引导的名词性成分一般不能计作动词的一个价。但是对于有些动词，其动词的配价成分一般要由介词来引导，对于这类动词，有介词引导的名词性成分就要计作动词的一个价，如互向动词就是这样。对于这类动词，我们同意使用准价的术语。

（三）确定配价的方法

文炼、袁杰（1990）认为动词的必有成分和可有成分决定动词的“向”，主张借用赫尔比希等人的省略法（即消元测试）来确定汉语中动词的必有成分。

范晓（1991）提出了四种从形式上给动词定价的方法：①按照动词在主谓结构中所联系的强制性的句法成分的数目来定价，而强制性的句法成分指构成一个最小的意义自足的主谓结构所不可缺少的成分（动元）；②按照动词在最小的意义自足的主谓结构中所联系的名词性成分的数目来定价，这种方法对“觉得（别扭）、打算（辞职）”等谓宾动词不适用；③借助动元的标记（介词）定价，如“被、叫、让、由、归、使”等介词常用于引出施事，“把、对、管”等介词常用于引出受事，“跟、与、给、为、向”等介词常用于引出与事；④利用提问形式定价，大多数动词联系的动元可用“谁”或“什么”代替和提问，因此可以用“谁/什么+V”“V+谁/什么”等形式提问，出现在“谁”“什么”

位置上的都是动元。

张国宪（1994）认为，汉语配价是由必有补足语和可有补足语共同决定的，借助德国语言学家提出的消元法来确定汉语动词或形容词的必有补足语。所谓消元法，就是删去某一句子成分，看留下的句子结构是否符合语法；如果符合语法，那么删去的成分是可有补足语和自由说明语；如果不符合语法，那么删去的成分是必有补足语。

周国光（1995）认为，理想的确定谓词配价的方法，应该是以语义分析为基础，而又有形式上的可操作性。

殷国光（2009）认为，现代汉语可以采用内省的方式来确定动词的配价结构，并采用演绎的方法来推演出动词所能构成的句式；古代汉语则只能采用归纳的方法，从语料中已经实现的句式来确定动词的配价结构，并用它来解释动词已经实现的句式分布。

关于如何确定动词的配价，我们同意袁毓林（2010）的观点，即认为在原子句中来确定。这里要说明的是袁毓林用的术语是“元”，但他所说的“元”相当于我们所说的“价”，下文径称为“价”。

袁毓林认为，原子句就是简单的基础句。它在结构上是简单的，在意义上表示基本的命题。一个原子句有一个表述者和至少一个参与者。参与者属于名词的句法类，而表述者属于动词或形容词的句法类。原子句跟派生句有不同：①原子句中只有一个动词；②原子句中没有 and、or、but 或其他有连接平行成分作用的词；③原子句中的参与者和谓词都只能有最低限度的限定；④原子句中不含有否定、语气、命令、疑问等二级算子。总之，原子句就是一种语言里面最简单的直陈的表述结构。

袁毓林认为，结合汉语句子结构的实际情况，可以用包孕测试、自指测试、删除测试从形式上规定汉语的原子句。所谓包孕测试，就是让待测试的句子作宾语。因为只有基础句才可以作小句的宾语，派生句是不大能作小句的宾语的。所谓自指测试，就是在句子的后面加上“……的时候/地方/原因/消息/提议/事实”等，把句子转换成一个表示自指的偏正结构。所谓删除测试，是指把基础句中不影响句子结构合格性的介词结构删去，直到剩下不能删除的成分。由于有了原子句的概念和一套规定原子句的测试方法，因此不仅能从形式上确定动词价的数值（价数），还可以从形式上确定到底由什么语义格来实现动词的“价”（价质）。

我们使用袁毓林的方法确定动词的“价”。

四、关于动词的分类

本书对于动词的分类，采用的是按照其配价不同进行分类的方法。

我们基本上采取了陈昌来（2002）对于动词的分类，只是在陈昌来（2002）分类的基础上进行了几点修改。

陈昌来（2002）对于动词的分类是：

一价动词：一价动作动词；一价性状动词；一价心理动词。

二价动词：二价动作动词；二价致使动词；二价心理动词；二价性状动词；二价关系动词。

三价动词：三价动作动词；致使类三价动词；互向类三价动词；三价性状动词。

对于陈昌来（2002）的观点，我们作以下几点修改：

（1）由于我们不把形容词归入动词，所以把性状动词都修改为状态动词。现在学术界一般认为形容词应该独立为一个词类，不把形容词归入动词。形容词无论从其概括意义来说，还是从其语法特征来看，都有其独特性，单独列为一个词类是有道理的。状态动词这个术语，学术界以往有不少人用，不是生造的词。

（2）致使类三价动词这个术语与二价致使动词不一致，我们改为三价致使动词，以求统一。

（3）互向类三价动词独立为一类，与三价动作动词、三价状态动词等并列，也不合适。在二价动词中也有互向动词，陈昌来（2002）把它分为两类，一类归入二价动作动词，另一类归入二价状态动词，并没有列为一个独立的类而与二价动作动词、二价状态动词等并列。既然如此，三价互向动词也应该采取同样的方法进行处理，不独立列为一类，而是把它分为两类，一类归入三价动作动词，一类归入三价状态动词。

（4）从上古汉语的实际来看，是存在三价心理动词的，如“闻”。所以还应该有三价心理动词这一类。

（5）陈昌来（2002）把含有“使令”义的动词分析为三价致使动词。以“典、田典令黔首皆智（知）之”（龙岗150）为例，“令”的三个配价成分是：致事“典、田典”、使事“黔首”、补事“皆智（知）之”。陈昌来（2002）并未取消兼语句，他指出，“喜欢”类、“称呼”类、“有无”类的所谓兼语句就不是致使动词句。含有“使令”义的动词所构成的句式，过去一般分析为兼语句。例如“典、田典令黔首皆智（知）之”（龙岗150）一句，把其中的“黔首”分析为前一个动词“令”的宾语，又分析为后一个动词语“皆智（知）之”的主语，这样“黔首”兼有宾语和主语的双重身份。如果这样分析，则这种含有“使令”义的动词应为二价动词。本书仍从传统的说法，把含有“使令”义的动词所构成的句式分析为兼语句。

根据上述五点修改，本书从配价角度对动词进行的分类如下：

一价动词：一价动作动词；一价状态动词；一价心理动词。

二价动词：二价动作动词；二价状态动词；二价致使动词；二价心理动词；二价关系动词。

三价动词：三价动作动词；三价状态动词；三价致使动词；三价心理动词。

第三节　出土战国文献动词概况

在我们所使用的出土战国文献中，共找到下述一些动词。这些动词可以分为三大类、二十一小类。具体情况如下：

一、出土战国文献中的一价动词

（一）出土战国文献中的一价动作动词

罢（停止）、拜手（拱手弯腰，古时表恭敬的礼节）、北（向北行）、宾（服从、归顺）、卜筮（用龟甲、蓍草预测吉凶）、产（生产、生育）、驰（奔驰；疾行）、炊（烧火做饭）、萃（聚集）、辞（谦让）、备（警戒、戒备）、奔（急走、跑；奔驰）、表$_1$（表识、标记）、表$_2$（作准则、作标准）、步（步行、行走）、禹步（古代巫师作法术时的一种行步方法）、参乘（陪乘）、尝（秋祭、祭祀）、陈（布阵、摆开阵势）、齿（齿让、尊长）、传（持符传进入皇家禁地）、缀（停止）、爨（烧火做饭）、带（系衣带）、动（活动、劳动，与“静”相对）、遁（逃走、逃避）、法（守法）、飞（飞翔）、费（耗费、损耗）、俯（低头）、奸（干坏事）、耕（翻土犁地、耕种）、鼓（击鼓）、归（女子出嫁）、跪（两膝着地，臀部离开脚后跟）、号（大声哭）、后（走在后面、落后）、呼（高声叫喊、呼唤、号哭）、还（返回）、荒（沉迷、迷乱、慌乱）、会（结账）、火（生火）、稽（留、延滞）、稽首（叩头至地，古时最恭敬的叩拜礼）、即位（指国君继位）、汲（汲水）、寄（寓居、客居）、进（向前、前进、上前）、经（上吊、缢死）、聚（会合、集合）、哭（啼哭）、来（到来，与“往”相对）、乐$_1$（作乐、奏乐）、乐$_2$（享乐）、立（站立、站着；特指天子或国君登位）、戮力（并力）、乱（叛乱、造反）、眄（斜视）、鸣（鸟叫；泛指兽类昆虫叫及其他发声）、沐（洗发）、南$_1$（向南行；南徙）、南$_2$（向南）、喷（激射、喷吐）、辟（捶胸）、起（起立、站起）、强（逞强）、寝（睡觉）、趋（跑、疾行）、趣（快步走、疾行）、让（谦让、退让）、伸（伸展）、失（犯错误、做错）、仕（做官）、遂（逃掉）、叹（叹息、感叹）、陶（烧制陶器）、逃（逃亡、逃走）、逃命（逃亡、逃走）、逃亡（逃亡、逃走）、腾（上升）、田（打猎）、田猎（打猎）、退（后退、退下；隐退）、往（到……去）、舞（舞蹈）、息（呼吸）、戏（游戏、逸乐）、笑（笑）、兴（起、起来；行动起来）、休（休息、休假、停止）、偃（倒下、仰倒、仰面倒下）、仰（抬头）、徼（巡逻）、要（守约）、已（停止）、役（服兵役、戍守边疆）、逸（逃走）、佚（逃走）、踊（跳跃）、摇（摇动）、游（移动、漂浮）、渔（捕鱼）、浴（洗澡）、越（跑开）、斋（斋戒）、止（停止、止息）、恣（放纵、随意）、走（跑；逃跑）、作（起身、站起来；起床；活动、行动；劳作、劳动；耕作）、行作（活动、行动；劳作、劳动）、坐（跪坐）等。

（二）出土战国文献中的一价状态动词

败（失败、战败；毁坏）、卑（衰微）、备（完备、具备；全、足数）、崩$_1$（死）、崩$_2$（倒塌、败坏）、比次（有次第）、毕（完毕、结束）、敝（败坏、衰败；破旧）、变（变化、变乱；流产）、辩（有口才）、病（病重、生病；困乏）、采（文饰、徒有其表）、参（不齐貌）、参化（变化）、残（残缺；剩余）、侧（倾斜；偏、不正）、反侧（翻来覆去；反复无常）、差（差池，不齐貌）、长（增长、生长；延长）、臣（像臣子）、成（完成、形成；成功、成就；成熟）、瘳（病愈）、吹（哮喘）、垂（下垂）、存（活）、瘥（病愈）、达（通达、畅达；显贵、显达）、代（代谢、隐息）、当（恰当、合适）、荡

（动荡、动摇）、道（不合乎道）、登（成熟）、定（安定、平定、确定）、动（变化）、冻（受冻）、断（折断）、敦（勉励）、发（显露、显示、表现）、非（不对）、废（坏乱、衰败；废除；残废）、奋（摇动）、忿戾（火气大、蛮不讲理）、风（刮风）、夫（像丈夫）、父（像父亲）、妇（像妻子）、复（恢复；康复）、覆（覆没）、改（变化、改变）、干（干燥）、寡（守寡、成为寡妇）、过（超过限度、过分）、害（有灾害、有祸患）、涸（水干）、化（变化）、坏$_1$（倒塌、毁坏）、坏$_2$（衰败）、还（回旋、旋转）、堕（落）、昏$_1$（糊涂、昏乱）、昏$_2$（社会混乱）、惑（迷惑、混乱、迷乱）、饥$_1$（吃不饱；灾荒）、饥$_2$（饥饿）、疾（生病）、极（穷、到达极点）、辑（和睦、安定）、即世（指国君去世）、加（增加）、蹇（偏脖子）、间（病痊愈或好转）、将（有成就、进）、焦（枯焦、烧焦）、竭（干涸）、结（聚集、凝聚）、解$_1$（懈、松懈、懈怠）、解$_2$（消解、消除）、尽（穷尽、达到极点）、浸（渐近、逐渐）、就（成就）、沮$_1$（败坏、崩塌）、沮$_2$（颓丧）、倨（傲慢）、具（完备、齐备）、倦（疲劳、疲倦）、觉（睡醒）、决（破、残破、破缺）、屈$_1$（竭、穷尽）、屈$_2$（屈服）、君（像国君、能行君道）、匮（穷尽、匮乏）、溃（溃烂）、困（窘迫、艰难、困窘；贫乏）、劳（劳苦、辛苦；烦劳、疲劳）、离（分开、分离）、立（成就）、裂（裂开、破裂）、流（流动；流下）、漏（漏雨、漏水）、乱$_1$（不太平、不治、无秩序；不整齐、没有条理）、乱$_2$（神志昏乱；昏庸）、落（脱落、落下；衰落）、寐（睡着）、迷（迷惑、迷乱）、迷惑（迷乱）、靡$_1$（糜烂、垮台）、靡$_2$（分散）、眯（梦魇）、灭（死亡、灭亡）、没（死；覆亡）、逆（不顺）、怒（气势很盛、奋发）、罢（疲劳、疲病；废弃）、飘（飘动、飞扬）、平（平定、整治）、破（破碎、破裂）、仆（向前跌倒）、起$_1$（兴起、产生）、起$_2$（病治愈）、谦（谦虚、谦让）、穷$_1$（穷尽）、穷$_2$（困窘、不得志）、曲（弯曲）、去（消失）、全（完备、完全）、劝（奋勉）、缺（破损；衰败）、然（燃烧、热）、散（分散、离散）、丧（死亡；灭亡）、伤（受伤、创伤）、上气（逆喘，一种病）、少气（气短）、审（实、确实；当、适当）、生（出生、产生；生存、活着）、施（逶迤）、失火（因过失发生火灾）、时（适时）、食（日月亏蚀）、释（消融、熔化）、熟（成熟）、死$_1$（生命终结）、死$_2$（滞积而不流动）、遂（通达）、损（有害处；减少）、索（尽、空）、忒（有差错）、突（脱落）、亡（灭亡；死亡；消失）、死亡（死亡）、折亡（死亡）、闻（闻名）、系（死）、陷（下沉）、销（销毁、销蚀、破旧）、兴（兴起）、行（流行；流通）、形（显露）、续（延续）、延（延长、延续）、殃（有灾殃）、夭（夭折、短命）、耀（耀眼）、一（齐一、专一、一致）、已（停止）、益（得益、进益、增多）、逸（安逸；逸乐、放纵）、佚（安逸；逸乐、放纵）、溢（漫出）、淫（淫邪、淫滥）、淫泆（放纵）、游（放纵、纵）、渝（改变）、雨（下雨）、郁（瘀血）、灾（有灾祸）、终$_1$（结束、完结）、终$_2$（死）、周（循环）、着（显露、显出）、转$_1$（转变、变化）、转$_2$（旋转、转动）、子（像儿子）、卒$_1$（终、尽）、卒$_2$（死）、醉（饮酒过量而神志不清）、作（兴起、发生、产生；开始、始发）等。

（三）出土战国文献中的一价心理动词

哀（悲哀）、悲（悲伤）、怵惕（害怕）、怠（懈怠、懒惰）、奋（兴奋、振奋）、欢（喜悦、高兴）、降（欢悦）、骄（自满、骄傲、高傲）、惊（惊骇、震惊）、恐惧（害怕）、困（困惑）、乐（快乐、愉快、高兴）、康乐（安乐）、安乐（安乐）、栗（害怕、恐惧）、罹（忧）、慢（傲慢、骄傲、怠慢）、怒（生气、愤怒、发怒）、戚（忧愁、悲伤）、辱（感到耻辱）、伤（悲伤）、胜（好胜）、郁陶（忧思、郁积）、喜（喜悦、高兴、快乐）、欣喜（喜悦、高兴）、怿（喜悦）、愉（愉快）等。

二、出土战国文献中的二价动词

（一）出土战国文献中带受事的二价动作动词

案（考察、查考、视察）、案致（考查）、拔（拔除、拔出）、罢（废弃）、拜$_1$（表示恭敬的一种礼节）、拜$_2$（拜爵、授官）、拜手（同“拜”）、傍（依凭、靠近）、谤（公开指责过失，毁谤）、包$_1$（包裹、包容、包藏、包围）、包$_2$（保，相保，指罪人被流放时家属随往）、保$_1$（守护、保护、保持、保佑）、保$_2$（抱）、抱（以臂合围持物）、报（回来报告、答复、复信；报复）、葆（维修）、葆缮（维修）、暴（欺凌、残害）、背$_1$（违背；背叛）、背$_2$（背对着）、背$_3$（离开；抛弃）、倍（违背、背叛）、备（预备、准备）、闭$_1$（关门）、闭$_2$（阻塞、封锁）、蔽（蔽志、断志）、避（躲开、回避、逃避；避免、防止；违背）、辟$_1$（捶胸）、辟$_2$（治罪、惩罚；加罪名，立案）、辟$_3$（征召；开辟、开拓）、变（改变）、辨$_1$（辨别、区分、分别；剖、分；明辨、区分得清楚）、辨$_2$（治理）、别$_1$（分别、区别；分出）、摈（排斥、抛弃）、秉（握住、拿住；秉持；执掌；坚持）、屏（抑止）、并（兼并、吞并；合并）、并兼（兼并、吞并）、搏（捕捉）、播$_1$（分布、颁布）、播$_2$（弃）、捕（捕捉、捉拿）、餔（傍晚时吃；吃）、卜（占卜，用火灼龟甲取兆，以预测吉凶）、补（补衣服等；补充；裨益、滋补）、补缮（修补）、布$_1$（陈列、铺开；宣布、公布）、布$_2$（陈述）、采（摘取；开采）、参$_1$（参与）、参$_2$（三分）、残（杀；伤害、损害）、操（拿着、执持；掌握、控制；作、应用）、厕（杂置、参加）、测（测量、量水深）、察（观察、仔细看；明察、看得清楚；考察、考核）、尝（辨别滋味；吃）、长（作首领；领导、主管；凌越）、朝（臣朝见君主；拜见、会见）、彻（撤除、撤下；拆毁）、瞋（睁大眼睛）、臣（以……为臣）、陈（陈列、排列）、称$_1$（推举、举用）、称$_2$（称述、称说；称呼；称扬）、称议（酌情）、承$_1$（辅佐）、承$_2$（奉、受；承受、接受；接续、继承；顺从、奉承）、乘$_1$（乘坐；驾）、乘$_2$（登上）、乘$_3$（进行乘法运算）、笞（用鞭子打）、持（执、握、把握；保持、持有）、驰（赶马快跑）、齿（估定牛的年岁）、饬（鞭打）、斥（指责、斥责）、抶（鞭打）、冲（冲撞、冲击；犯、触犯）、舂（用杵臼捣去谷类的壳）、除$_1$（去掉、除去、免除、清除）、除$_2$（修治、开辟）、除$_3$（减去：数学计算方式之一）、处（处理、安排）、传（逮捕）、辍（制止）、辞$_1$（推辞、不接受；辞退、辞遣）、辞$_2$（解说、把意见告诉别人；起诉、诉讼）、刺（用尖锐的东西直戳、刺杀）、刺杀（刺杀）、从$_1$（跟随、依从；听从、顺从）、从$_2$（参与做；从事、做）、从事（参与做、做事；服役）、存（抚恤）、撮（抓取、摘取）、措（施行、实行）、答（对对方的行事做出回应；用言语回应对方的提问）、达（表达、传达）、大（扩大）、逮（及、赶上）、待（等待；对待）、代（替代）、戴$_1$（用头顶着）、戴$_2$（尊奉、拥戴）、带（佩带）、担（肩挑、扛）、当$_1$（抵挡、阻挡、担当）、当$_2$（抵作）、导（引导、遵循；疏通）、蹈（踩踏、登上）、道（述说、谈论）、登（登记、登记户口）、颠（倾覆、颠倒）、垫（填埋）、雕（刻画、装饰）、定（确定、规定；决定、肯定）、读$_1$（诵读；阅读、看）、读$_2$（抽释、研究）、杜（堵塞、杜绝）、断$_1$（决断、断狱）、断$_2$（截断、折断、断绝）、对（应答；配）、掇（拾取；摘、选取）、发$_1$（发动、征发；发扬）、发$_2$（发掘、打开、拆阅文书）、乏（废、荒废）、罚（处罚；惩处）、伐$_1$（砍伐；敲击；击刺；征伐）、伐$_2$（夸耀、矜伐）、法$_1$（效法、取法）、法$_2$（统一）、燔（焚烧；烤、炙）、反$_1$（翻转、覆）、反$_2$（违反、违背）、反$_3$（背叛、造反）、反$_4$（放弃、摆脱）、饭（吃）、犯$_1$（侵犯；触犯、冒犯；侵害）、犯$_2$（犯罪）、放（仿效）、非（责难、诋毁）、诽（指责过失、毁谤）、废（废弃；废除；撤职）、分$_1$（划分；分辨、分别；分担）、焚（烧）、奋（扬起；发动）、封（封闭；封缄；查封）、风（动、乱动）、讽（背诵）、奉$_1$（捧着；奉行）、奉$_2$（侍奉；事奉）、伏$_1$（趴；埋伏、潜伏）、伏$_2$（守候）、服$_1$（从事、做、准备）、服$_2$（担当、承受、承认）、服$_3$（驾、驾车）、服$_4$（穿戴）、服$_5$（吃、服用药物）、扶（搀扶、扶持）、拂（违背、逆）、辅（辅助、辅佐、协助）、抚$_1$（摸、抚摩）、抚$_2$（抚慰）、抚$_3$（据有、占有）、附（亲近；靠近；归附）、负$_1$（用背驮东西）、负$_2$（承担、承载）、负$_3$（违背、背弃）、复$_1$（重复做某事；恢复）、复$_2$（宽宥）、傅（登记）、敷（布陈）、覆$_1$（颠覆、倾覆）、覆$_2$（覆盖、掩蔽）、覆$_3$（复核、重审；审察）、改（改变、变更）、盖$_1$（覆盖）、干（为……作栏）、割（切割、宰杀）、歌（唱）、更$_1$（改、更改、改变）、更$_2$（轮流、替代；交替）、攻$_1$（进攻、攻杀；从事、进行）、攻$_2$（责让）、攻$_3$（治、修缮）、拱（执）、诟（询，责骂、辱骂）、鼓（弹奏、敲击）、顾（回头看、看）、观$_1$（细看、观察、有目的地看）、观$_2$（观赏、游览）、冠（戴、戴帽子）、归（归附、归向）、裹（包、包裹；装）、过（责备、怪罪）、害（伤害、侵害、杀害）、号$_1$（大声喊叫、呼喊）、号$_2$（发布命令）、核（核查、考查）、和$_1$（调和）、和$_2$（附和、回应、酬答）、贺（奉送礼物相庆祝；祝贺、庆贺）、后$_1$（给……做嗣子、继承）、后$_2$（处在……之后）、化（教化、感化）、画（绘画、描绘）、划（用锥刀刻；割裂）、怀$_1$（怀藏；怀孕）、怀$_2$（归向、归属）、怀$_3$（安抚）、坏（拆毁、毁坏）、还（旋转、回转）、还（遵循）、换（变易、更易）、堕（毁坏、毁弃）、毁$_1$（毁坏、破坏）、毁$_2$（诽谤、毁谤）、会$_1$（会合、汇聚）、会$_2$（会见、相会、会聚；特指朝见君王、盟会）、讳（忌讳、隐讳；回避、顾忌）、积（积聚、积累）、增积（积聚）、稽（考查、考察、核对）、击（打、敲；杀、刺；攻打）、迹（追踪；探求踪迹、推究）、赍（持、携带）、藉$_1$（践踏）、藉$_2$（凭借、依靠）、集$_1$（集合、聚集）、集$_2$（成、成就）、疾（敏捷、尽力、努力）、及（追上、赶上）、挤（排、推；排斥、陷害）、给（供事、服役）、忌（忌讳、禁忌）、寄（依附）、计（计算、算账）、继（继续、延续）、济$_2$（成就、成功）、嘉（赞美、表彰）、夹（从左右挟持、聚在两旁）、假（代、代理）、兼（兼并、吞并）、监（监视；监守、掌管）、监视（监视）、间$_1$（非）、间$_2$（厕身其间）、间$_3$（修缮）、攻间（修缮）、谏（规劝尊长；纠正、更正）、践$_1$（踩、践踏；经历、到临）、践$_2$（登上、就任）、践$_3$（履行、实践）、见（谒见、拜见；会见；看、视）、荐（推荐）、鉴（以……为镜子；借鉴）、将$_1$（带领、携领、带）、将$_2$（率、率领）、将司（带领）、骄（怠慢、傲慢）、教（教育、教化）、矫$_1$（纠正）、矫$_2$（假托、诈称）、校$_1$（考核）、校$_2$（加木械）、接（接受）、揭（掀起衣服）、竭（用尽、穷尽）、节（节制；校量、勘验）、劫（威胁、勒索）、结（打结）、解（解开；解除、化解；解释、辩解）、戒（防备、警戒）、介$_1$（分；助）、介$_2$（覆盖）、进$_1$（长进、进步、增进）、进$_2$（推荐、推举、引进）、禁（禁止）、矜（自夸、自负、自恃）、谨（谨防、严守）、儆（警戒）、警（警戒）、灸（针灸）、僦（租赁）、救$_1$（阻止、平息）、救$_2$

（救助、救护）、拘（逮捕、拘禁）、居$_1$（处于）、居$_2$（居作、罚在官府服劳役）、举$_1$（举起）、举$_2$（揭发、检举）、举$_3$（推荐、选用）、举$_4$（行、行事）、举$_5$（养育、哺育）、据$_1$（靠、依靠）、据$_2$（处于、占有）、拒$_1$（抵御、拒绝）、拒$_2$（向外推）、聚（会合、集合、聚积）、具（具备、备办、完成）、掘（挖、挖掘）、决$_1$（排除壅塞、引导水流）、决$_2$（撕裂；截断、砍破）、决$_3$（决断；判决）、抉（挑出、挖；撬）、君（统治）、开（打开；张开；开启）、考（考查、考究；考校、衡量）、刻（雕刻）、夸（夸奖、赞美）、匡（纠正、匡正）、窥（窃视）、睽（违背、乖离）、溃（毁坏、毁弃）、赖（依赖、依靠）、劳$_1$（慰问、慰劳）、劳$_2$（为……而辛劳）、累（累计）、类$_1$（分类、同类）、类$_2$（祭告天）、礼（以礼相待）、理（治理、调理）、戾$_1$（帅）、戾$_2$（至）、厉（砥砺、磨砺）、立（树立；创立、设立）、莅（临视、监临；治理）、连（连接、连续）、量（度量、衡量、测量）、料（称量；估计数量）、县料（称量）、列（罗列、陈列）、裂（撕裂、分割）、临$_1$（居上视下、俯视；视角向下地面对）、临$_2$（来到、莅临、走近）、临$_3$［（居高位）统治（下民）］、陵（侵陵、欺侮）、令（发布命令、命令）、留（留存、保留）、流$_1$（传布、流传）、流$_2$（漂泊、流浪）、戮（杀；陈尸示众）、履$_1$（踩踏）、履$_2$［穿（鞋）］、论$_1$（议论；评论）、论$_2$（编排）、罗（包罗、囊括）、落（指宫室刚建成时举行祭祀）、冒$_1$（覆盖）、冒$_2$（冒犯、冲击）、蒙（覆盖、包裹）、盟（神前誓约、结盟；个人向天发誓，永不变心）、靡$_1$（分）、靡$_2$（浪费）、勉$_1$（尽力、努力去做）、勉力（努力去做）、勉$_2$（增加）、免$_1$（除去、脱掉；释放）、免$_2$（逃避、逃脱、免祸）、灭（消灭；消除）、明（彰显、显明；明确）、摩$_1$（摩擦）、摩$_2$（熄灭）、没（没收）、牧$_1$（放牧）、牧$_2$（养、培养）、牧$_3$（治理、统治；消除）、冗募（征求）、纳（接纳、采纳、容纳）、入（买入、购入）、挠（搅和）、能（有能力做）、拟（比拟）、逆$_1$（迎、迎接）、逆$_2$（迎战）、逆$_3$（迎受、接受）、逆$_4$（违背、触犯、抵触）、弄（玩弄；玩耍、游戏）、判（分裂，割裂）、佩（佩带）、烹（煮）、捧（双手承托）、披（覆盖或搭衣于肩背）、被$_1$（覆盖）、被$_2$（穿在身上或披在身上）、辟$_1$［加上（罪名）］、辟$_2$（开辟、开拓）、聘$_1$（诸侯之间通问修好）、聘$_2$（聘请、招请）、凭（靠）、破（剖开、挖开）、期（相加）、欺（欺骗、欺诈；欺负、欺凌）、戚（接近）、骑（骑）、起$_1$（发动；起事、作）、起$_2$（打开；开通；启发、开导）、启$_1$（开门；开、打开）、启$_2$（开拓）、弃（抛弃、舍去）、弃市（在市场中当众处死）、牵（拉、牵引向前）、潜（测、探测、试探）、谴（谴责、责备）、强（勉力、勉强、强迫）、强攻（抢劫）、窃（偷窃、盗窃）、侵（越境进犯、侵犯）、侵食（侵蚀）、亲（亲近、亲爱）、黥（在脸上刺字并涂上墨，古代刑罚）、请（谒见）、穷（穷究）、驱$_1$（策马前进）、驱$_2$（驱逐、驱赶；驱使）、趣（趋向、奔赴）、去（去掉、除掉、扔掉）、劝（鼓励、勉励、奖励）、却（拒绝、推辞不受、驳回）、群（聚集、会合）、任（承担、担任；用）、容（形容）、茹（吃）、辱（侮辱）、入（接受、接纳；买入；带入）、散（击杀）、丧（丢掉）、塞$_1$（堵塞）、塞$_2$（补救、弥补）、赛（比赛、较量）、杀（杀死、杀戮）、缮（修缮、使完善；保养）、补缮（修缮）、葆缮（修缮）、伤（伤害、损害）、少（减少）、舍（放弃、舍弃）、射［射（箭）］、弋射（用带绳的箭射）、赦（赦免、宽恕罪过）、设（施行）、摄$_1$（牵引、联系）、摄$_2$（收拢、收敛）、申（伸展、舒展；施、用）、审（详知、知悉；详察、仔细观察）、慎（谨慎地对待）、省$_1$（视察）、省$_2$（省问、问候）、省$_3$（考查、检查、验收）、狝（秋猎）、施（推行、施行、履行）、师（效法、取法）、失（放走）、识（加上标记）、食$_1$（吃）、食$_2$（受纳）、使$_1$（治理、统治；支配、役使、使用）、使$_2$（出使）、释（放下、放开；释放、放弃；消除、化解、赦宥）、事$_1$（从事、做、用）、事$_2$（侍奉、服侍）、事$_3$（役使）、视$_1$（看、观察、巡视；对待、看待）、视$_2$（效法、比照）、视$_3$（治、办）、视平（督看，以保证公平）、视事（治事、办公）、饰（装饰、修饰）、试（用、启用；测试、尝试）、恃$_1$（依靠、依赖、凭借）、侍$_2$（侍奉、侍候）、收$_1$（拘捕；捕取）、收$_2$（收取、收藏、收回、没收、容纳）、收$_3$（结束、止息）、守$_1$（防守、守卫、守护；保持、保有）、守$_2$（掌管；代理）、疏$_1$（疏通）、疏$_2$（疏远）、疏$_3$［分条（记载）］、疏书（分条记录）、熟（煮熟）、数（计算、查点）、属（跟着做）、束（约束、限制）、衰（依次递减）、衰分（按比例分配）、帅$_1$（率领、带领）、帅$_2$（遵循）、率$_1$（率领、带领）、率$_2$（遵循）、率$_3$（计算）、说（劝说、说服）、顺（顺应、依顺、顺从、顺着）、司（主管、掌管、管理）、将司（带领、监管）、死（杀死、处死）、祀（祭祀）、祭祀（祭祀）、祠祀（祭祀）、诵（诵读；陈述、陈说）、送（送行）、讼$_1$（控告、诉讼；辩冤）、讼$_2$（歌颂、颂扬）、狱讼（诉讼）、宿（宿卫）、宿卫（夜间守卫）、随（跟随、顺从；随着、顺着）、遂$_1$（前往）、遂$_2$（完成、成功；顺）、祟（鬼神给人制造灾祸）、谇（责问、责骂、责让、申斥）、损（减少、损害）、探（摸取）、逃（逃避、躲开）、提（拔脱）、替（废弃）、田（耕田）、田作（耕田）、调（调和、调节、调理）、听$_1$（用耳朵接收声音）、听$_2$［治理；处理（诉讼）］、听$_3$（等待）、通（疏通）、同（相加）、投$_1$（投奔）、投$_2$（掷骰子）、突（咬穿）、屠（宰杀；残杀）、涂（涂抹、粉饰）、图（设法对付；谋取）、推（排除、排去）、吞（吞咽）、脱$_1$（除去、除掉）、脱$_2$（释放）、完（古代一种轻刑，对囚犯不剃头发、不施加肉刑）、往（归向、归往）、望（远看、远望；瞻望、景仰）、王（称王、统治）、围（包围、环绕）、违（违背）、为$_1$（做、作为；担任；冒充）、为$_2$（进行）、畏（恐吓）、卫（保卫、防护、保护）、遗（遗留、遗弃、遗漏、遗失）、谓（说）、味［进（食物）］、文（文饰、遮掩）、节文（制定礼仪使其行之有度）、问$_1$（问候、慰问、探望）、问$_2$（聘问）、诬（诬蔑、诬告）、侮（轻慢、侮辱、欺负）、务（努力从事、致力；使劲反抗）、袭$_1$（进入、侵袭；偷袭、袭击）、袭$_2$（窃取）、袭$_3$（接续、继续；继承、沿袭）、洗（洗脚；洗涤）、徙（调任、调动；调换）、洒（洒上、散落）、戏（戏弄；嘲弄）、系（系）$_1$（拘囚、拘禁）、系（系）$_2$（连接；拴、系束）、系（系）$_3$（捆绑、束缚）、下（居人下、谦下、屈从、谦恭对待）、先（先行、先做某事；把……放在先；先于、在……之先）、陷（陷害）、降（投降）、享（享受、享用；接受宴饮；鬼神接受祭祀）、飨（飨）$_1$（设酒宴请；设酒食祭祀）、飨（飨）$_2$（接受宴饮；鬼神接受祭祀）、相$_1$（视察）、相$_2$（占视）、相$_3$（辅助、帮助；引导）、笑（讥笑、嘲笑）、效$_1$（效法、仿效、模仿）、效$_2$（验、核验、点验）、挟$_1$（夹持、怀藏、拥有）、挟$_2$（胁持）、兴（振兴；举荐；举行、做、行动；兴造、兴建；征发、征集；创立、创办）、循行（巡视、巡察）、案行（巡视、巡察）、行（做、从事；施行、执行、推行、进行；征发、征集；疏通）、刑（惩罚、刑罚；杀）、修$_1$（修饰、修理、治理、整理）、修$_2$（修养；培养）、嗅（用鼻子辨别气味）、许（答应、允许）、许诺（答应、允许）、畜$_1$（养、养育、畜养、收容）、畜$_2$（积蓄、积聚、储藏）、续（继续）、选（选择、挑选）、削（国土削减；侵削；除去）、穴（挖洞）、巡（巡行、巡察）、延（伸展、引长、继续）、言（说、说话）、厌（压、抑）、扬$_1$（扬起、掀起；弘扬）、扬$_2$（传播、称颂）、仰（抬头望）、养$_1$（生养）、养$_2$（养护、保持）、养$_3$（供养、事奉）、养$_4$（纵容）、徼（半路迎候、拦截）、要（要挟、威胁）、揖（拱手行礼）、依（依靠、靠近；依仗、依循）、移$_1$（迁移）、移$_2$（移动）、移$_3$（改变、变化）、倚（斜靠、倚靠）、以（用）、衣［穿（衣）、备衣服；供衣服］、易（改变、换掉）、役（役使、驱使）、逸（释放）、佚（释放）、劓（割去鼻子）、弋（用带绳子的箭射）、议（议处）、异（区分、分开、选择）、因$_1$（依靠、凭借、顺应）、因$_2$（沿袭）、引$_1$（开弓）、引$_2$（延长；拉、牵）、饮（喝）、隐$_1$（隐藏、隐蔽、潜藏）、隐$_2$（隐瞒；隐讳）、营$_1$（经营、谋划）、应$_1$（应对、答应）、应$_2$（应和、回应）、壅（堵塞）、用$_1$（使用；任用）、用$_2$（听从）、友（交友、亲近）、与$_1$（帮助、援助）、与$_2$（结交、亲附、跟随；在一起）、誉（称赞、称道、赞美）、御（抵挡、抗拒、防备；禁止、拒绝）、御$_1$（驾驭）、御$_2$（统治、治理）、御$_3$［（皇帝等）使用］、御$_4$（让……侍寝）、喻（说明、表明、讲明白）、育（养育）、浴（洗）、原（督察）、援$_1$（拉、牵引；执持）、援$_2$（救援）、远$_1$（疏远、不接近、远离）、远$_2$（乖离、违背）、约$_1$［缠束；（套）车］、约$_2$（束缚、约束、阻止）、约$_3$（订立盟约；约定）、约结（订立盟约；约定）、曰（说）、刖（割断）、越（越过）、云（说）、运（搬运）、杂（掺杂、混合）、宰（屠宰、杀牲）、载（承载、负载；承担、担负）、择（挑选、选择；区别）、贼（残害、伤害；残杀、杀害）、诈（欺骗）、占$_1$（占卜，视兆以知吉凶；灵验）、占$_2$（登记、登入簿籍）、瞻（向上看或向前看；视察）、展$_1$（伸开）、展$_2$（记录、校录）、斩（砍、杀；断绝）、张（打开）、招（打手势呼人、招致）、召（召唤、招致）、诏（告诫、教诲）、折（折断）、磔（肢解）、谪$_1$（怒责）、谪$_2$（处罚、惩罚）、诊（检验）、镇（镇压、镇服、抑制）、振（摇动）、征（召、求；征发、征税）、拯（救）、整（整备、整理）、正（正法、治罪）、证（作证）、支（支持）、值（估价、评估价值）、植（竖立、树立；放置）、执$_1$（拿着；执管；执行；固执、坚持）、执$_2$（捉拿、拘捕）、执剂（掌管铜锡的比例；一说调和各种金属的配比）、止$_1$（留住）、止$_2$（阻止、禁止、使停止）、致$_1$（用）、致$_2$（致力；推究）、案致（考查、推究）、治（治理、管理；泛指处理其他事情）、置（树立、设立、任命）、制$_2$（控制、统制、节制、制止；裁决）、志（记载）、窒（堵塞）、桎（戴脚镣）、踵$_1$（追逐、跟随）、踵$_2$（踩；到、走到）、重（加重、增加）、周（环绕）、诛（谴责、声讨；惩罚；杀戮）、逐$_1$（追赶、追逐）、逐$_2$（驱逐、赶走；放逐、流放）、逐$_3$（追随、跟随）、主（主持、主管、执守）、助（帮助）、追$_1$（追赶）、追$_2$（追溯、回溯）、捉（握、持）、濯（洗涤）、资（凭借、依靠、取用）、訾（诋毁、批评）、总（集合）、纵$_1$（放、发；放走；开禁）、纵$_2$（放纵、听任不管）、走（奔赴、奔向、趋向）、罪（惩罚、惩处、判罪）、捽（揪住）、佐（辅佐、帮助）、作（做、干、进行、从事；充当、担当、用作；振兴；改变）等。

（二）出土战国文献中带成事的二价动作动词

编（编织）、裁（裁制、裁剪）、成（完成、成就；实现）、穿（开凿、挖掘；穿孔、打洞）、伐（砍伐后制成）、盖（搭盖）、煎（销熔）、起（建造）、为（制造、制作、建造）、作为（制造、制作）、铸为（制造、制作）、营（建造、构筑）、凿（凿开、挖掘）、造（制造）、织（编织、纺织）、制$_1$（裁制）、制$_2$（制作）、筑（建造、修建）、铸（铸造、造就）、作（制作；建造、兴建；创作、撰写；创制、设立；制造、造成、发动）等。

（三）出土战国文献中带位事的二价动作动词

奔（逃亡）、出奔（逃亡）、藏（隐藏、隐匿）、城（筑城墙）、出（由内到外）、出入（特指进出朝廷）、处（居、止、居住；处于、置身）、居处（居住）、徂（往）、到（到达、抵达）、登（升、自下而上）、定（留、止）、发（出发）、反（返回、回来）、赴（奔赴、赶往、投向）、复（返回、归来、复归）、顾（返回）、归（返回）、过（走过、经过）、集（鸟停在树上；停止）、及（到达、至）、济（渡水，过河）、降（由上走下来、降下）、近（靠近、走近）、经（经过、经历）、就（趋向；归于、走近、往那里去）、居（居住、位于；坐下；停留、止息）、留（停留、滞留）、面（面向）、没[潜入（水中）]、栖（歇息；居住）、起（出发、动身）、穷（穷尽、至……尽头）、去（离开；离职）、入（进入）、出入（进出，特指进出朝廷）、上（升、登；向前）、舍（住宿、停留）、涉（渡水）、适（往、到……去）、宿（住宿）、亡（逃亡）、徙（迁移）、下（降落、从高处到低处；向下行）、向（向）（朝向、面向）、行（行走、走、往；运动）、游$_1$（游泳）、游$_2$（游历、游玩）、造（至、到……去）、之（到……去）、至（到达）等。

（四）出土战国文献中带与事的二价互向动作动词

别（离别、分离）、搏（搏斗）、薄（接触）、齿长（按年龄大小叙位次）、成（和解、讲和）、处（交往、相处）、刺离（分离）、斗（打斗、战斗）、分（分离、分开）、奸（犯淫）、合（合起来、合拢、聚合；两军接触、交战、合战）、会（会合）、交（交往）、结（结交；缔结、建立某种连带关系；约定）、离（离开、背离）、盟（结盟、神前誓约；个人向天发誓）、期（相约、约定、约会）、齐（并列）、为好（结成友好关系）、游（交往、来往、交游）、战（打仗、作战）、战斗（打仗、作战）等。

（五）出土战国文献中带任事的二价动作动词

为（担任、做）。

（六）出土战国文献中二价状态动词

拔（打动）、暴（晒、显露）、悖（逆乱、违逆）、比（亲近、亲附；相连、连接）、播（传布）、侧（旁依）、产（生）、彻（通、直通；达到）、称$_1$（获得）、称$_2$（相适应、符合；相当、适当）、成（生、生成、促成；得、得出）、乘（压、指向）、出$_1$（生出；表现、出现；产生、发出）、出$_2$（超出、超过）、传（传递、流传、传继）、垂（下垂、悬挂）、存（存在、停留）、达（达到、通到）、当$_1$（对着；相当、相符合、与之相称；遇上、碰上）、当$_2$（射中）、得（得到、获得、取得）、多（多余、多出）、乏（缺乏、缺少）、伐（败坏）、反（相反、相背）、犯（遭到、冒着）、附（附着；依附、隶属）、傅（至）、觏（遇见、遭遇）、寡（缺少；减少）、过（超过、越过）、害（损害、妨害、对……有害）、耗（亏损，耗损）、合（符合）、和（相应、和谐；和睦）、获（获）$_1$（猎获；俘获；缴获；获得、得到）、获（获）$_2$（收割庄稼等）、积（累积）、汲（急切）、及（至、达到、涉及）、建（为建日）、见$_1$（出现；表现）、见$_2$（遇见）、见$_3$（现存、现成）、降（降落）、交（交错、交接）、近（接近、相近）、尽（到……底、到）、就（接近；临近）、居（处、在）、克$_1$（取胜）、克$_2$（胜）、离（遇到）、丽（附着、附属）、利（有利、对……有利、利于；对……吉利）、连（连接；牵连、连累）、临$_1$（碰到）、临$_2$（对着）、流（变化、运动）、密（接近、亲近）、没（淹没、埋没）、溺（淹没；沉溺、沉迷）、被$_1$（施及、加于……之上）、被$_2$（遭受、蒙受）、便（对……有利、适宜）、仆（附着）、齐（与……齐）、起（产生、兴起）、缺（空缺、缺乏）、任（负担；胜任）、容（容受、容纳）、若（顺）、丧（失去、丧失）、塞（充塞、充满）、善（善于、擅长）、少（缺少）、生（产生、生出、生育）、胜$_1$（能够承担、禁得起；堪用）、胜$_2$（战胜、胜利；制服；胜过、超过）、胜任（胜任）、施（移、延；延续）、失$_1$（丧失、遗失、损失，与“得”相对）、失$_2$（做事不合适、失当、偏差）、失期（迟到、错过时间）、始（开始）、适（适合、适宜）、受（容纳）、属（连接）、死（因……而死）、通$_1$（通到、到达）、通$_2$（贯通）、脱（脱落、脱漏、失）、亡$_1$（丧失、遗失、丢失）、亡$_2$（不在、不存在）、为（变为、成为；造成、形成）、下（少、少于）、陷（攻克）、向（朝向、面向）、行（经历）、形（形成）、刑（成）、宜（适合、相称）、盈$_1$（充满、盈满）、盈$_2$［满（某数等）］、赢（有余、盈余）、应（符合、适应）、由（经由；遵循；凭借）、雨（下、降）、遇（遇到）、愈（胜过、超过）、缘（围绕、攀缘）、远（远离）、在$_1$（在、存在、处在）、在$_2$（在于、取决于）、遭（遇到、逢）、直（相对、对；相当、当；临）、至（及、达到）、中$_1$（符合）、中$_2$（射中、击中、投中）、周（环绕）、烛（照、照耀）、坠$_1$（落、掉下）、坠$_2$（失）、坐（被罪、承担罪责、以……定罪、连坐、归罪）等。

（七）出土战国文献中二价致使动词

第一类二价致使动词其实就是一价动词的使动用法：

安（使……安逸、安定）、败（使……战败；打败；败坏）、备（使……完备、足数；补偿）、敝（使……败坏、衰败）、蔽（使……衰败）、残（使……残缺）、反侧（使……翻来覆去、反复无常）、长（使……增长；助长）、耻（使……蒙受耻辱）、大（使……大）、定（使……安定）、动（使……动、感动、触动、激动）、敦（使……敦厚、笃厚）、多（使……多）、风（让……吹）、服（使……服从）、附（使……归附）、复（让……再发生）、覆（使……覆没）、干（使……干燥）、寡$_1$（使……少）、寡$_2$（使……成为寡妇）、贵（使……尊贵）、和（使……和睦）、厚（使……重、大；加重）、化（使……变化）、坏（使……衰败）、还（使……返回）、惑（使……迷惑）、辑（使……安定、和睦）、寄（让……寓居、客居）、贱（使……卑贱）、进（使……向前、前进）、尽（使……到达极点；竭尽）、屈（使……弯曲）、恐（使……害怕）、来（使……到来）、劳（使……劳苦、疲劳）、乐（使……快乐、高兴）、离（使……分开）、利（使……锐利、快）、立（使……站立、站着；使……登位）、留（使……停留、滞留）、乱$_1$（使……不太平、无秩序；使……不整齐、没有条理；扰乱）、乱$_2$（使……神志昏乱）、美（使……美；美化）、迷（使……迷惑、迷乱）、迷惑（使……迷惑、迷乱）、没（使……死）、宁（使……安宁；安慰）、疲（使……疲劳、疲病）、平$_1$（使……平定；整治）、平$_2$（使……平）、破（使……破碎、破裂）、齐（使……整齐、一致）、起（使……兴起）、起（使……站起来）、强（使……固）、寝（使……止息）、轻（使……轻；减少分量）、缺（使……破损）、散（使……离散）、实（使……充实、坚实）、仕（让……做官）、退（使……后退、退下；贬退）、完（使……完整；修缮）、亡（使……死亡；使……灭亡；让……逃亡）、危（使……危、危害）、息（使……休息）、下（使……向下行）、小（使……小）、兴（使……兴起、兴盛）、行（使……行、往）、县（使……成为县）、偃（使……倒下、仰倒）、夭（使……夭折、短命）、一（使……统一、专一、一致)、已（使……停止)、逸（使……安逸、逸乐)、盈（使……充满)、寓（使……寄居)、张（使……大、强)、震（使……震动)、正（使……正；匡正、校正)、终（使……完结、结束)、走（让人离开)、卒（使……终)、作（使……劳作)、坐（使……坐）等。

第二类是含有“使令”义的动词：俾（使)、呼（呼令、命令)、诲（教导、诱导)、教（教导)、令（令、使)、谒令（令、使)、命$_1$（命令、使令)、使（使令、派遣；致使、让）等。

（八）出土战国文献中的二价心理动词

哀（怜悯、同情)、爱（喜欢、怜惜)、安（对……感到满足、安适；安定)、傲（傲慢、轻视)、病（担心、忧虑；厌恶)、裁（裁度、度量)、惮（畏惧、害怕)、恶（厌恶、憎恨、讨厌)、反（反省、反思)、抚（安)、顾（关心、顾及；眷念)、贵$_1$（重视、看得贵重)、贵$_2$（尊重、看得高贵)、好（喜爱、喜欢、喜好)、怀（留恋、爱惜)、患（担心、担忧)、悔（后悔、懊悔、悔恨)、惑（怀疑、疑惑)、忌（顾忌、忌惮)、贱（轻视、认为贱)、矜（怜悯、同情)、谨（谨慎、慎重、敬)、敬（尊敬、敬重)、惧（恐惧、害怕)、恐惧（害怕)、倦（厌倦)、恐（担心)、苦（对……感到痛苦)、劳（为……而忧愁)、乐（喜爱、喜好、乐于)、怜（同情、怜悯)、量（思量、估量)、虑$_1$（思考、谋划)、虑$_2$（忧虑、忧愁)、媚（喜欢、喜爱、爱戴)、明（明白、通晓)、慕（羡慕)、念（思念、怀念)、追念（追忆、怀念)、怒（对……生气、发怒)、期（期望)、轻（看轻、轻视)、忍（容忍、忍耐、忍心)、尚（尊重、崇尚)、嗜（爱好)、思（想念；思考、想；伤感)、惰（懈怠)、贪（贪图、贪求)、图（谋划)、望（期盼、盼望)、畏（害怕)、畏忌（害怕、忌惮)、畏耎（害怕、忌惮)、惜（痛惜、爱惜、哀伤)、喜（喜爱、爱好、喜好)、信（相信、信任)、羞（感到羞愧)、恤（忧虑)、厌$_1$（厌弃、厌烦、嫌)、厌$_2$（满足)、疑（怀疑)、易（轻视、轻慢)、意（猜测、料想)、忧（忧虑、忧伤、担忧)、宥（宽容)、欲（想要、希望)、怨（怨恨、抱怨)、说（悦）（喜欢、喜悦)、志（有志、立志)、重（重视、崇尚)、罪（怪罪、归罪；认为有罪)、尊（尊重、重视）等。

（九）出土战国文献中的二价关系动词

当（相当、合、值、顶)、为$_1$（是、就是；算是、算作)、为$_2$（叫、叫作、称为)、值（值)、重（重量是)、类（类似、相似)、譬（譬如、比喻、比方)、如（像、好像、好似；及、比得上)、若（如、好像；赶上)、象（相似)、犹（如同、好像)、呼（叫、叫作)、曰（叫、称作)、处（占有、拥有)、多（多有)、含（包含、隐含)、兼（同时并有、同时具备)、属（属于)、亡（无、没有)、亡有（没有)、无（没有)、无有（没有)、有（与“无”相对）等。

三、出土战国文献中的三价动词

（一）出土战国文献中给予类三价动作动词

报（报答)、禀（发给)、出禀（发给)、偿（偿还、抵偿；酬报)、负偿（赔偿)、逞（显示、展示、施展）、出（使出；派出；拿出、支出）、传（传授、留传；传达、传递）、赐（赐予，上予下）、赏赐（赐予）、委赐（赏赐）、贷（借出钱财）、出贷（借出钱财）、登（进献）、发（发出）、分（分给、分配）、封（分封，帝王以爵位、土地、名号赐人）、奉（奉献、奉祀）、负（赔偿）、复（回报、报复）、供（供给）、归$_1$（归还、退还）、归$_2$（馈赠、祭祀）、刉（为……刺、划）、怀（归、给）、还（归还、交还）、货［送（钱）］、赍（送给）、集（降下）、给（供给、供应）、寄（委托、寄托）、祭（祭祀、供奉鬼神）、享祭（祭祀）、祭祀（祭祀）、加（施加、加给、增加）、假$_1$（借出；租借、租赁）、假$_2$（给予）、荐$_1$（献）、将（送给、带给）、降（降给、降予）、交（交给）、教（传授、教导）、介（给予）、进（进献、奉上）、馈［赠送（食物或他物）］、履（给……穿）、论（论定罪行、定罪、论处、处理；论功授爵）、卖（出售货物、以物换钱）、没入（没收并缴纳）、纳（贡献、缴纳）、庆（赏赐）、让（让给、禅让）、任（委任、任用）、委任（委托任用）、如（犹“奈”，对……怎么办）、入（缴纳、献纳）、赛$_1$（酬神，对神灵赐予的神佑给予回报）、赛$_2$（偿还）、禅（禅让、以帝王之位传人）、上（上交、献上）、赏（赏赐、奖赏）、舍（给予、赐予）、施（施舍、给予、施加）、食$_1$（给……吃）、食$_2$［喂……吃、喂养（动物）］、视（给……看，犹“示”）、示（给……看；显示）、授（授予、给予、付与；传授）、属（托付、交付）、送（传送、输送）、腾（传递、移送）、通（行贿）、投（投递）、托（委托、嘱托；寄托、依靠）、为（给……做；给……制造）、委（付、交付、托付）、遗（赠送、带给、送）、谓（称呼、称、呼）、问（赠送）、先（事先致意、先容）、献（进献；送交）、享（进献）、效（献、授、致、尽）、行（递送）、厌（以食物餍饫神）、移$_1$［致送（文书等）］、移$_2$（转交）、贻（赠送、带给）、益（增加、补助）、与（给予、授予）、寓（寄托、托付）、鬻（卖）、曰（犹“谓”，叫做、称为）、致$_1$（送到、送达、送发；颁发；给予、献出）、致$_2$（回复；报）、作（给……制作）等。

（二）出土战国文献中索取类三价动作动词

禀（领取）、贷（借入）、盗（偷、盗窃、窃取）、敓（夺）（强取、夺去；剥夺）、赋（取、征收）、赋敛（征收聚敛）、告（请求）、假（借入）、买（购买、以钱易物）、免（解除、解除职务；免刑、除去刑罚；赦免罪过）、祈（祈求）、乞（乞求、要求）、请（请求）、求（寻求、寻找、要求）、取$_1$（拿取、拿来、采用）、取（娶）、攘（抢夺）、受（接受；承受、容纳）、索（寻求、索取）、听（听从、接受）、学（学习）、徼（求、求取）、责（求取、索取、收取；要求）、致（凭券领取）、赀［罚缴（钱财）］等。

（三）出土战国文献中告知类三价动作动词

出（发出、说出）、覆（回答、答复）、告（告诉、报告）、戒（诫）（告诫、劝诫、警告、开导）、举祷（一种祈祷）、请（告诉）、上（上报、报告）、申（申述、表明）、谓（对……说、告诉、控告）、闻（报告、上报、上达）、下（下达、发布、公布）、言（告诉、上报、表达）、谒（禀告、呈报、陈说；告发；请求）、与祷（一种祈祷，当事人参与祈祷）、语（告诉）、喻（告诉、晓谕）、占（申报）、祝（用言语向鬼神祈祷）、奏（申报）等。

（四）出土战国文献中探问类三价动作动词

请（问、询问；请示）、问（询问、请教；讯问、审问；卜问）、讯（询问；审问、审讯；质问）等。

（五）出土战国文献中放置类三价动作动词

藏（收藏、储藏）、藏盖（收藏）、盛（用器具盛放东西）、措（安放、放置）、放（放置、放下）、傅（贴）、和（把粉状或粒状物掺和在一起或加水等搅拌）、加（把一物放在另一物的上面）、建（建立、设置；树立）、荐（垫）、埋（埋在土中；埋葬）、纳（放入、纳入、收入）、匿（隐藏、藏匿、隐瞒）、去（藏）、入（放入；纳入；收入）、舍（放置；放下）、设（设置、陈列）、树（种植；树立、建立）、投（扔、掷、掷向）、徙（搬迁）、修（贯彻到……上）、悬（悬挂）、载$_1$（装载、装运）、载$_2$（安放、盛）、载$_3$（记载、记录）、葬（埋葬）、葬埋（埋葬）、置［放（在一定的地方）］、寘（放置）、终（系束）、注$_1$（灌注、注入）、注$_2$（放置、附着）等。

（六）出土战国文献中互向类三价动作动词

辩（辩论、申辩）、合（合并）、和（合谋）、谋（谋划、商量、图谋）、听（谋划）、通（互通）、同（同居、合用、共享；共有、同为）、言（谈，谈问题，对某事表示意见）、易（交换、调换、交易）、语（谈论、谈话、说）、争（争夺、争斗）等。

（七）出土战国文献中的三价状态动词

到（相距）、负（亏欠）、傅（附着、依附；靠近）、接（连接）、距（相距、距离）、去（相距、距离）、执（接）等。

（八）出土战国文献中三价致使动词

尝（让……辨别滋味、吃）、朝（使……臣朝见君主）、乘（让……乘坐）、出（使……出来）、从（使……跟随）、到（使……到、送到）、返（让……返回）、复（让……返回）、归（使……返回；遣返）、降$_1$（让……投降）、降$_2$（让……降落）、居（使……居住）、入（使……进入、引入）、去（使……离开；卸去）、丧（使……丧失）、属（使……连接）、徙（使……迁移）、陷（使……陷入、坠落）、饮（使……喝）等。

（九）出土战国文献中三价心理动词

闻（听见、听到、听说）。

第二章　出土战国文献一价动词研究

所谓一价动词，是指在原子句中只能带一个必有语义成分的动词。一价动词可以分为三类，即一价动作动词、一价状态动词、一价心理动词，这三类动词的配价成分分别是施事、系事、感事。

一价动词是传统语法中所谓不及物动词或自动词。这种动词如果不是特殊用法，是不能带宾语的，而二价动词、三价动词都是可以带宾语的。这是一价动词与二价动词、三价动词的区别。

第一节　出土战国文献一价动作动词

一、出土战国文献中的一价动作动词

一价动作动词具有［动作］［自主］［不及物］的语义特征，这是区别一价动作动词与一价状态动词、一价心理动词的重要依据。

［动作］就是指动作行为，应是指人或动物全身或身体一部分进行活动。它是外在的，不同于人的内在心理活动。它也不同于状态，动作一般都具有自主性，而状态一般具有非自主性。

［自主］是指动作行为的发出是有意识或有心的，能由施事者做主、主观决定、自由支配。

［不及物］是指施事在发出动作行为的过程中自身会自主产生一定的运动变化，而不会使受事发生运动变化。

一价动作动词的语义特征，都有外在的表现形式。如一价动作动词能受表示动作正在进行的副词修饰，能受表示祈使否定的副词修饰，能直接构成简单祈使句，不能带受事、成事、当事宾语等。

在我们所使用的出土战国文献中，主要有下述一价动作动词（按音序排列），这些一价动作动词即具有上述语义特征：

罢（停止）、拜手（拱手弯腰，古时表恭敬的礼节）、北（向北行）、宾（服从、归顺）、卜筮（用龟甲、蓍草预测吉凶）、产（生产、生育）、驰（奔驰；疾行）、炊（烧火做饭）、萃（聚集）、辞（谦让）、备（警戒、戒备）、奔（急走、跑；奔驰）、表$_1$（表识、标记）、表$_2$（作准则、作标准）、步（步行、行走）、禹步（古代巫师作法术时的一种行步方法）、参乘（陪乘）、尝（秋祭、祭祀）、陈（布阵、摆开阵势）、齿（齿让、尊

长）、传（持符传进入皇家禁地）、缀（停止）、爨（烧火做饭）、带（系衣带）、动（活动、劳动，与“静”相对）、遁（逃走、逃避）、法（守法）、飞（飞翔）、费（耗费、损耗）、俯（低头）、奸（干坏事）、耕（翻土犁地、耕种）、鼓（击鼓）、归（女子出嫁）、跪（两膝着地，臀部离开脚后跟）、号（大声哭）、后（走在后面、落后）、呼（高声叫喊、呼唤、号哭）、还（返回）、荒（沉迷、迷乱、慌乱）、会（结账）、火（生火）、稽（留、延滞）、稽首（叩头至地，古时最恭敬的叩拜礼）、即位（指国君继位）、汲（汲水）、寄（寓居、客居）、进（向前、前进、上前）、经（上吊、缢死）、聚（会合、集合）、哭（啼哭）、来（到来，与“往”相对）、乐$_1$（作乐、奏乐）、乐$_2$（享乐）、立（站立、站着；特指天子或国君登位）、戮力（并力）、乱（叛乱、造反）、眄（斜视）、鸣（鸟叫；泛指兽类昆虫叫及其他发声）、沐（洗发）、南$_1$（向南行；南徙）、南$_2$（向南）、喷（激射、喷吐）、辟（捶胸）、起（起立、站起）、强（逞强）、寝（睡觉）、趋（跑、疾行）、趣（快步走、疾行）、让（谦让、退让）、伸（伸展）、失（犯错误、做错）、仕（做官）、遂（逃掉）、叹（叹息、感叹）、陶（烧制陶器）、逃（逃亡、逃走）、逃命（逃亡、逃走）、逃亡（逃亡、逃走）、腾（上升）、田（打猎）、田猎（打猎）、退（后退、退下；隐退）、往（到……去）、舞（舞蹈）、息（呼吸）、戏（游戏、逸乐）、笑（笑）、兴（起、起来；行动起来）、休（休息、休假、停止）、偃（倒下、仰倒、仰面倒下）、仰（抬头）、徼（巡逻）、要（守约）、已（停止）、役（服兵役、戍守边疆）、逸（逃走）、佚（逃走）、踊（跳跃）、摇（摇动）、游（移动、漂浮）、渔（捕鱼）、浴（洗澡）、越（跑开）、斋（斋戒）、止（停止、止息）、恣（放纵、随意）、走（跑；逃跑）、作（起身、站起来；起床；活动、行动；劳作、劳动；耕作）、行作（活动、行动；劳作、劳动）、坐（跪坐）。

以上共有111个一价动作动词。其中复音词共有11个，它们是：拜手、卜筮、禹步、参乘、稽首、即位、戮力、逃命、逃亡、田猎、行作。

这些一价动作动词有常用和不常用之别。这111个一价动作动词在我们所使用的出土战国文献中只见到1次的有：罢、拜手、北、产、辞、备、表$_1$、表$_2$、参乘、齿、传、缀、遁、俯、奸、号、火、稽、经、乐$_2$、戮力、眄、喷、辟、强、伸、仕、腾、戏、徼、要、摇、越等。

二、出土战国文献中一价动作动词的配价成分——施事

根据所表示内容的不同，出土战国文献中一价动作动词的施事词语可以有以下几类：

一是表人的名词语，例如：

(1) 夋（舜）王天下，三甠（苗）不宾。(上博九·舜王天下)

(2) 戉（越）公内（入）亯（飨）于鲁，鲁侯驭（御），齐侯晶（参）輮（乘）以内（入）。(清华贰·第二十二章)

(3) 武王素麾（甲）目（以）申（陈）于鬶（殷）蒿（郊）。(上博二·容成氏)

(4) 舜耕于鬲（历）山，匋（陶）笞（拍）于河匿，立而为天子，堣（遇）尧也。(郭店·穷达以时)

(5) 郗（蔡）哀侯取妻于陈，赛₌（息）侯亦取妻于陈，是赛（息）为（妫）。赛

（息）为（妫）牆（将）归于赛（息），过郗（蔡），郗（蔡）哀侯命止之。（清华贰·第五章）

（6）一室人皆毋（无）气以息，不能童（动）作，是状神在其室。（睡虎地·日书甲种）

（7）晋惠公졸（卒），裛（怀）公即立（位）。（清华贰·第六章）

（8）王牆（将）还。夫₌（大夫）皆进，曰："君王之记（起）此帀（师），目（以）子彖（家）之古（故）。"（上博七·郑子家丧甲）

（9）王与之詬（语）少₌（少少），王芺（笑），曰："前夂（冬）言曰：'邦必岦（亡），我及含（今）可（何）若？'"（上博六·平王问郑寿）

（10）天子坐，目（以）巨（矩）；飤（食），目（以）义；立，目（以）县。（上博六·天子建州甲）

还有表人体一部分的名词语，例如：

（1）肩毋燮（废）、毋同（耸），身毋鞍（偃）、毋倩。（上博五·君子为礼）

（2）凡目毋游，定（正）见（视）是求。（上博五·君子为礼）

（3）凡色毋憂（忧）、毋佻、毋僼（作）、毋詇（谣）、毋夅（挽，晦）见（视），毋吴（侧）䀹（睇）。（上博五·君子为礼）

二是表鬼神的名词语，例如：

（1）天旁（方）違（动），攼（扞）斁（蔽）之青木、赤木、黄木、白木、黑木之精（精）。（楚帛书·甲篇）

（2）凡邦中之立丛，其鬼恒夜譁（呼）焉，是遽鬼执人以自伐〈代〉也。（睡虎地·日书甲种）

（3）人行而鬼当道以立，解发奋以过之，则已矣。（睡虎地·日书甲种）

（4）以桑心为丈（杖），鬼来而毄（击）之，畏死矣。（睡虎地·日书甲种）

三是表动物的名词语，例如：

（1）射虎车二乘为曹。虎未越泛蘚，从之，虎环（还），赀一甲。虎失（佚），不得，车赀一甲。（睡虎地·秦律杂抄）

（2）子可（何）舍₌（舍余）含可（兮），変（鹠）栗（鹕）爂（膀）飞含。（上博八·鹠鹕）

（3）卉木㝵（得）之目（以）生，含（禽）兽㝵（得）之目（以）豿（鸣）。远之戈（弋），含（禽）兽系（奚）㝵（得）而鸣？（上博七·凡物流形甲）

（4）鸡未鸣。牵牛。前鸣。斗。鸡后鸣。箕。（周家台·日书）

（5）鸟兽恒鸣人之室，燔鬢（鬈）及六畜毛邋（鬣）其止所，则止矣。（睡虎地·日书甲种）

（6）豹旞（遂），不得，赀一盾。（睡虎地·秦律杂抄）

（7）马牆（将）走，或童（动）之，速羕（仰）。（上博七·吴命）

（8）众鷲（乌）乃進（往）。（清华叁·赤鹄之集汤之屋）

四是表物的名词语，例如：

（1）侯王女（如）能兽（守）之，万勿（物）牆（将）自寘（宾）。（郭店·老子甲本）

（2）寡门：不寡，濡泥聚，亓（其）所室，妻不吉，必参寡。（放马滩·日书乙种）

（3）鞄（鲍）雪（叔）舌（牙）畲（答）曰："害牆（将）垄（来），牆（将）又

（有）兵，又（有）悳（忧）于公身。"（上博五·鲍叔牙与隰朋之谏）

（4）为善，福乃迖（来）；为不善，禍（祸）乃或（有）之。（上博五·三德）

（5）聚（骤）敓（夺）民旹（时），天饥必迖（来）。（上博五·三德）

（6）以有疾，未少翏（瘳），申大翏（瘳），死生在亥，狗肉从东方来，中鬼见社为姓（眚）。（睡虎地·日书乙种）

（7）鲜鱼从西方来，把者白色，王父谴，牲为姓（眚）。（睡虎地·日书乙种）

（8）日月既亂（乱），戢（岁）季乃□，寺（时）雨进退，亡又（有）尚（常）死（恒）。（楚帛书·乙篇）

出土战国文献中一价动作动词的施事词语主要有上述四类。人和动物都可以发出动作行为，所以人和动物都可以作一价动作动词的施事。鬼神在古人的心目中也可以发出动作行为，所以鬼神也可以作一价动作动词的施事。值得注意的是，一些表事物的词语也可以作一价动作动词的施事词语。其原因在于古人认为有些事物本身可以活动，如害、福、时雨等；而有些事物受外力的作用也可以活动，如狗肉、鲜鱼等。当然，从数量上来说在各种用作一价动作动词施事词语的词语中，表人的词语最为常见。

出土战国文献中一价动作动词的施事词语，可以是名词，也可以是名词性短语。是名词的例子如舜、王、天、鬼、鸡、豹、马等；是名词性短语的例子如一室人、其鬼、鸟兽、众乌、天饥、狗肉、鲜鱼等。

出土战国文献中一价动作动词的施事词语也是可以省略的，如：

（1）戊子生子，去其邦，北。（睡虎地·日书甲种）

（2）毋以子卜筮，害于上皇。（睡虎地·日书甲种）

（3）见东陈垣，禹步三步。（周家台·病方及其他）

三、出土战国文献中一价动作动词的句式

由一价动作动词所构成的句式有两种，一种是由一价动作动词作谓语中心的单中心谓语句，另一种是由一价动作动词作谓语一部分的复杂谓语句。

（一）单中心谓语句式

1. NP + V（NP 可省）

由一价动作动词所构成的单中心谓语句式，最常见的就是 NP + V 。这有两种情况，一是 NP + V 中的 NP 不省。例如：

（1）颜囦（渊）迟（起），迲（去）箬（席）曰："敢䎽（问）可（何）胃（谓）也？（上博五·君子为礼）

（2）晋人还，不果内（入）王子。（清华贰·第二十三章）

（3）乃归粟（厉）王于敿（彘），龙（共）白（伯）和立。（清华贰·第一章）

（4）小人与庆不信杀宣卯，卯自杀。宣精、苛冒言曰：舒庆、舒犍、舒遬杀佢（桓）卯，庆逃。（包山 136）

（5）孔＝（孔子）退，告子赣（贡）曰："虗（吾）见于君，不昏（问）又（有）邦之道，而昏（问）㮚（相）邦之道，不亦墜（愆）虖（乎）？"（上博四·相邦之道）

上引各例中的“颜困（渊）记（起）”“晋人还”“龙（共）白（伯）和立”“庆逃”“孔₌（孔子）退”，都属于 NP + V 句式。

另一是 NP + V 中的 NP 省略。例如：

（1）夫子曰：“迲（坐），虐（吾）语女（汝）。言之而不义，口勿言也；视之而不义，目勿视也；圣（听）之而不义，耳勿圣（听）也；逩（动）而不义，身毋逩（动）安（焉）。”（上博五·君子为礼）

（2）可以寇（冠），可请谒，可田邋（猎）。（睡虎地·日书甲种）

（3）戊寅生子，去父母，南。（睡虎地·日书甲种）

上引各例中的“迲（坐）”“可以寇（冠）”“可田邋（猎）”“南”，其主语都省略了。

NP + V 中的 NP 前可以有状语，这是句首状语：

（1）譖（许）經之享月甲午之日，鄗尹杰驲从郢以此等（志）逨（来）。（包山 132 背）

（2）三枼（世）之后，欲士（仕），士（仕）之，乃（仍）署其籍曰：故某虑（闾）赘壻某叟之乃（仍）孙。（睡虎地·为吏之道）

（3）䢵（丙）子，齐自（师）至岩，述（遂）还。（清华贰·第二十三章）

上引各例中的“譖（许）經之享月甲午之日”“三枼（世）之后”“䢵（丙）子”，都是句首状语，句中的一价动作动词为“逨（来）”“士（仕）”“还”。

NP + V 中的 V 前也可以有状语，这是句中状语：

（1）王牆（将）还。夫₌（大夫）皆进，曰：“君王之记（起）此帀（师），㠯（以）子冡（家）之古（故）。”（上博七·郑子家丧甲）

（2）辰不可以哭、穿肂（殔），且有二丧，不可卜筭、为屋。（睡虎地·日书乙种）

（3）丙家节（即）有祠，召甲等，甲等不肯来，亦未尝召丙饮。（睡虎地·封诊式）

（4）进，莫敢不进；后，莫敢不后；深，莫敢不深；濮（浅），莫敢不濮（浅）。（郭店·五行）

（5）楚自（师）亡（无）工（功），多弃幡（旃）莫（幕），肖（宵）遁。（清华贰·第二十一章）

（6）文王乃记（起）帀（师）㠯（以）乡（向）丰、乔（镐），三鼓而进之。三鼓而退之。（上博二·容成氏）

（7）以有疾，申少翏（瘳），亥大翏（瘳），死生在寅，赤肉从东方来，高王父谴姓（眚）。（睡虎地·日书乙种）

（8）善布清席，东首卧到晦，朔复到南卧。晦起，即以酒贲（喷），以羽渍，稍去之，以粉傅之。（周家台·病方及其他）

（9）楚人𦘔（尽）弃亓（其）幡（旃）、幕、车、兵，犬逹（逸）而还。（清华贰·第二十三章）

NP + V 中 V 前的状语，可以是副词，如例（1）中的“牆（将）”；可以是“副词 + 助动词”，如例（2）中的“不可”、例（3）中的“不肯”；可以是“助动词 + 副词”，如例（4）中的“敢不”；可以是时间名词，如例（5）中的“肖（宵）”；可以是数词，如例（6）中的“三”；也可以是介宾短语，如例（7）中的“从东方”、例（8）中的“以酒”；也可以是一般名词，如例（9）中的“犬”。

NP + V 中的 V 后可以有补语，例如：

(1) 凡戾人，表以身，民将望表以戾真。表若不正，民心将移乃难亲。(睡虎地·为吏之道)

(2) 齐同（顷）公囟（使）亓（其）女子自房宙（中）观郇（驹）之克，郇（驹）之克牺（将）受齐侯 㳄（币），女子芙（笑）于房宙（中）。(清华贰·第十四章)

(3) 昔□舜静（耕）于鬲丘，匋（陶）于河宾（滨），鱼（渔）于靁（雷）泽。(上博二·容成氏)

(4) 禹须臾行，不得。择日出邑门，禹步三，乡北斗。(放马滩·日书甲种)

(5) 见东陈垣，禹步三步。(周家台·病方及其他)

(6) 㞷（成）王复（作）敬（儆）怭（毖），鋻（琴）舞九絉（卒）。(清华贰·周公之琴舞)

(7) 壐（禹）立三年，百眚（姓）以悬（仁）道，剀（岂）必𦘦（尽）悬（仁）。(郭店·缁衣)

(8) 武王𪞋（斋）三日，耑（端）备（服）、毭（冕），奎（踰）堂（堂）敚（微），南面而立。(上博七·武王践阼)

(9) 鬼恒召人出宫，是是遽鬼，毋（无）所居，罔譆（呼）其召，以白石投之，则止矣。(睡虎地·日书甲种)

(10) 狼恒譆（呼）人门曰：“启吾。”非鬼也。杀而享（烹）食之，有美味。(睡虎地·日书甲种)

(11) 里人士五（伍）丙经死其室，不智（知）故，来告。(睡虎地·封诊式)

(12) 择拾札、见丝上，皆会今旦。急☐。(里耶壹 8－999)

NP＋V 中 V 后的补语，可以是介宾短语，如上引例（1）（2）（3）中的“表以身”“于房宙（中）”“于鬲丘”；可以是数词或数量短语，用来表示动词的次数，如上引例（4）（5）（6）中的“三”“三步”“九絉（卒）”；可以是数词＋时间名词，用来表示动作持续的时间，如上引例（7）（8）中的“三年”“三日”。

在例（9）至（12）中，一价动作动词后都出现名词语，我们认为它们都是作补语的。本书的观点是，动词后的名词语如果是作下述语义成分之一，而且不用介词引导，则可分析为宾语：受事、成事、位事、任事、使事、感事、涉事、止事、当事、共事、补事［对这些术语的解释，详见陈昌来《现代汉语语义平面问题研究》(2003)］。

动词后的名词语如果是作下述语义成分之一，则不能分析为宾语：工具、材料、方式、依据、时间、处所、原因、目的、对象、范围、方面、条件、比事等［对这些术语的解释，详见陈昌来《现代汉语语义平面问题研究》(2003)］。

依据这个理论，那么例（9）中的“譆（呼）其召”不能分析为动宾短语，因为“其召”表示“譆（呼）”的原因。例（10）中的“譆（呼）人门”、例（11）中的“经死其室”也不能分析为动宾短语，因为“人门”“其室”都不是位事，而是处所。关于位事和处所的区别，陈昌来（2003）有过论述，他认为处所词语在句中是不是必有成分，关键看动词小类和处所词语在语义结构中的性质、类型。在静态存在动词后表示静态位事的、在位移运动动词后表位移位事的、在放置动词后表放置位事的，这些处所词语在句中都是必有成分。在句中作必有成分的是位事，否则是处所。由于“譆（呼）”“经死”既不是静态存在动词（如“居”）、位移运动动词（如“入”），也不是放置动词（如“置”），所以“人门”和“其室”不是位事，因而不是宾语，而应分析为补语。例（12）中的“今旦”，不是时间位事，因而也不是宾语。

NP + V 中的 V 前可有状语、同时 V 后可有补语，例如：

（1）命（令）尹少进于此，虗（吾）鼠（窜）耻于告夫₌（大夫）。（上博八·王居）

（2）既为金桎，或（又）为酉（酒）池，誜（厚）乐于酉（酒）。（上博二·容成氏）

（3）以衍（道）差（佐）人宔（主）者，不谷（欲）以兵侣（强）于天下。善者果而已，不以取侣（强）。果而弗登（伐），果而弗乔（骄），果而弗矜（矜），是胃（谓）果而不侣（强）。（郭店·老子甲本）

（4）成王屎伐商邑，杀彔子耿，飞曆（廉）东逃于商盍（盖）氏。（清华贰·第三章）

（5）凡邦中之立丛，其鬼恒夜謼（呼）焉，是遽鬼执人以自伐〈代〉也。（睡虎地·日书甲种）

（6）鬼恒从人女，与居，曰：“上帝子下游。”欲去，自浴以犬矢（屎），毄（击）以苇，则死矣。（睡虎地·日书甲种）

（7）鸟兽恒鸣人之室，燔鼜（鬈）及六畜毛邋（鬣）其止所，则止矣。（睡虎地·日书甲种）

上引例（1）中的“少”、例（7）中的“恒”都是副词作状语，例（2）中的“誜（厚）”是形容词作状语，例（3）中的“不谷（欲）以兵”是副词 + 助动词 + 介宾短语作状语，例（4）中的“东”是方位名词作状语，例（5）中的“恒夜”是副词 + 时间名词作状语，例（6）中的“自”是代词作状语。

上引例（1）至例（6）都是介宾短语或兼词作补语：“于此”“于酉（酒）”“于天下”“于商盍（盖）氏”“焉”“以犬矢（屎）”，例（7）是处所名词语作补语：“人之室”。

2. V，NP

如果是祈使句，由一价动作动词所构成的单中心谓语句可以发生主谓倒置现象。这种句式先说出要干什么，然后才说出要谁去干。把谓语部分前置，是为了突出、强调这个句子成分。例如：

㞷（往）已（矣），余之客！（越王朱句钟，集成 00171）

这种例子很少见，在我们所使用的出土战国文献语料中只见到这一个例子。

3. $NP_1 + V + NP_2$（NP_1 可省）

这种例子，动词的前后都有名词语。例如：

（1）令史某爰书：与牢隶臣某即甲诊，男子死（尸）在某室，南首，正偃。（睡虎地·封诊式）

（2）兆（兆）卬（仰）首，出止（趾），是胃（谓）闢（辟）。（上博九·卜书）

例（1）“南首”前应该有名词语“男子死（尸）”，承前省略了。例（2）“兆（兆）卬（仰）首”中的“卬（仰）”前后都有名词语。既然如此，“南（朝南）”“卬（仰）”是否可以分析为二价动词呢？我们认为不可以。关于这类问题，袁毓林（2010）有过论述。他举“王冕七岁上死了父亲”为例，认为“王冕”是一价名词“父亲”的从属成分，而不是“死”的配价成分，因此“死”还是一价动词。他又举“这包面粉你扛中间”为例，认为“这包面粉”是一价名词“中间”的从属成分，而不是“扛”的配价成分，因此“扛”还是一价动词。这个观点对于我们正确分析上引例（1）中“南”和例（2）中

“卬（仰）”的配价属性，非常有帮助。我们认为在上引两例中，只有“首”才是动词的配价成分，而“男子死（尸）”和“兆（兆）”都是一价名词“首”的从属成分。其实例（1）是说男子死（尸）之首朝南，例（2）是说兆（兆）之首仰，这样例（1）中“南”和例（2）中“卬（仰）”都是一价动词，而不是二价动词。

（二）复杂谓语句式

复杂谓语句是指句子中的谓语部分不止一个“谓”（由一个动词所构成的谓词性成分），而是有两个或两个以上，而一价动作动词只是这几个“谓”之一。主要有并列句、转折句、连谓句、兼语句。并列句是由动词性联合短语作谓语或谓语中心的句子，这种句子中的几个谓词性成分之间是同等、并列的关系。转折句是由动词性转折短语作谓语或谓语中心的句子，这种句子中的几个谓词性成分之间是转折的关系。连谓句是由动词性连谓短语作谓语或谓语中心的句子，这种句子中的几个谓词性成分之间是先后、主次的关系。兼语句是指由兼语短语充当谓语或直接成句的句子。兼语短语是由动宾短语和主谓短语套叠在一起构成的，动宾短语的宾语兼作主语短语的主语。

1．并列句

（1）辰不可以哭、穿肂（肂），且有二丧，不可卜筭、为屋。（睡虎地·日书乙种）

（2）不可临官、饮食、乐、祠祀。（睡虎地·日书甲种）

（3）晋人杀褱（怀）公而立文公，秦晋安（焉）訠（始）会（合）好，穆（戮）力同心。（清华贰·第六章）

（4）赐，不虐（吾）智（知）也。夙兴夜眛（寐），𠂤（以）求䎽（闻）☐。（上博五·弟子问）

（5）不可冠带、见人、取妇、嫁女、入臣妾及田。（放马滩·日书乙种）

以例（1）为例，一价动作动词“哭”与“穿肂（肂）”是并列关系，一价动作动词“卜筭”与“为屋”也是并列关系，例（2）类此。例（3）中的“穆（戮）力”与“同心”是并列关系，例（4）类此。例（1）至例（4）的几个并列的谓词性成分之间都不用连词连接，而例（5）中用了连词“及”。例（5）是6项并列，在第5项和第6项之间用了连词。例（5）中的“冠”“带”“田”都是一价动作动词。

2．转折句

（1）圣（听）之而不义，耳勿圣（听）也；違（动）而不义，身毋違（动）安（焉）。（上博五·君子为礼）

（2）终日䛩（呼）而不惪（忧），和之至也。（郭店·老子甲本）

（3）贵而能纕（让），则民谷（欲）其贵之上也。（郭店·成之闻之）

（4）万勿（物）作而弗訇（始）也，为而弗志（恃）也，城（成）而弗居。（郭店·老子甲本）

上引例（1）中的“違（动）而不义”、例（2）中的“䛩（呼）而不惪（忧）”、例（3）中的“贵而能纕（让）”、例（4）中的“作而弗訇（始）”都是转折短语。以“贵而能纕（让）”为例，是说地位尊贵却能谦让，余例类此。有转折关系的两个谓词性成分之间都用连词“而”连接。

3．连谓句

（1）乙独与妻丙晦卧堂上。今旦起启户取衣，人已穴房内，勶（彻）内中。（睡虎

地·秦律十八种）

（2）君奎（来）伐我，我牆（将）求敕（救）于鄵（蔡），君安（焉）败之。（清华贰·第五章）

（3）得等环（还）走卌（四十）六步，獿等十二步。（岳麓叁·绾等畏奥还走案）

（4）襄而〈夫〉人䎽（闻）之，乃佮（抱）需（灵）公以啓（号）于廷。（清华贰·第九章）

（5）公身为亡（无）道，进芋（华）倗（明）子目（以）驰于倪（郳）市。（上博五·鲍叔牙与隰朋之谏）

（6）戉（越）公内（入）亯（飨）于鲁，鲁侯驭（御），齐侯晶（参）輮（乘）以内（入）。（清华贰·第二十二章）

（7）因而征之，将而兴之，虽有高山，鼓而乘之。（睡虎地·为吏之道）

（8）楚人豫（舍）回（围）而还，与晋自（师）戳（战）于长城。（清华贰·第二十一章）

（9）武王西面而行，柚（曲）折而南，东面而立。（上博七·武王践阼）

上引例（1）中的“起启户取衣”是连谓短语，“起”“启户”和“取衣”三者有先后关系，其中的“起”是一价动作动词，三个谓词性成分之间都不用连词来连接。例（2）中的“奎（来）伐我”、例（3）中的“环（还）走卌（四十）六步”类此。

上引例（4）中的“佮（抱）需（灵）公以啓（号）于廷”是连谓短语，“佮（抱）需（灵）公”和“啓（号）于廷”两者有先后关系，其中的“啓（号）”是一价动作动词，两个谓词性成分之间用连词“以”来连接。例（5）中的“进芋（华）倗（明）子目（以）驰于倪（郳）市”、例（6）中的“晶（参）輮（乘）以内（入）”类此。

上引例（7）中的“鼓而乘之”是连谓短语，“鼓”和“乘之”有主次关系，其中的“鼓”是一价动作动词，两个谓词性成分之间都用连词“而”来连接。例（8）中的“豫（舍）回（围）而还”、例（9）中的“东面而立”类此。

4. 兼语句

这种句式的谓语部分是个兼语短语，一价动作动词作兼语短语中的第二个动词，例如：

尧乃就禹曰：气（乞）女（汝）亓（其）遑（往），疋（疏）洲（川）迟（起）浴（谷）。（上博九·举治王天下）

四、出土战国文献中一价动作动词的指称化与修饰化

一价动作动词作谓语或谓语的一部分，是表陈述的。

除此之外，还有其他用法。当一价动作动词与“者”构成“者”字短语、与“所”构成“所”字短语、与“之”构成“之”字短语时，是表指称的，是有标记的指称化；当一价动作动词作主语、宾语和判断句谓语时，也表指称，是无标记的指称化；当一价动作动词作定语、状语时，是表修饰的。

（一）指称化

1. 有标记的指称化

A. 构成“者”字短语。

“者”是指称化的标记，一般是用作转指的，“者”与一价动作动词所构成的“者”字短语“V+者”，是指称V的施事的。例如：

（1）女（如）进者雚（观）行，退者晢（知）钦，则亓（其）于教也不远矣。（上博八·颜渊问于孔子）

（2）君子曰：从允怿（释）怹（过），则先者余，来者信。（郭店·成之闻之）

（3）传者入门，必行其所当行之道，□□［不］行其所当行☒。（龙岗3）

（4）不兑（说）而足羖（养）者，墬（地）也；不期而可𧟰（要）者，天也。（郭店·忠信之道）

（5）竺（孰）能浊以朿（静）者，牆（将）舍（徐）清。竺（孰）能庀（安）以迬（动）者，牆（将）舍（徐）生。（郭店·老子甲本）

（6）者（诸）侯客来者，以火炎其衡厄（軛）。（睡虎地·法律答问）

（7）人莫敢若，其柰田及辠（罪）、桑、炊者，卜贾市，有利。（放马滩·日书乙种）

（8）隶臣妾其从事公，隶臣月禾二石，隶妾一石半；其不从事，勿禀。小城旦、隶臣作者，月禾一石半石；未能作者，月禾一石。小妾、舂作者，月禾一石二斗半斗；未能作者，月禾一石。（睡虎地·秦律十八种）

（9）梦见汲者，疠、租欲食。（岳麓壹·占梦书）

（10）墧（高）閸（闾）豆里人匋者曰酉。（汇编3.409）

（11）毋以辛酉入寄者，入寄者必代居其室。己巳入寄者，不出岁亦寄焉。（睡虎地简·日书甲种）

（12）梦见项者，有亲道远所来者。（岳麓壹·占梦书）

“者”字短语“V+者”可作主语或主语中心，也可以用宾语。

B. 构成“所”字短语。

“所”也是指称化的标记，一般是用作转指的。“所”有两种主要的用法，一是“所”与二价动词、三价动词构成“所”字短语“所+V”，一般是指称V的受事的；二是“所”与“介词+动词”构成“所”字短语“所+P+V”，一般是指称P的宾语所表示的内容。“所+P+V”中的P也可以省略，这时“所”字短语在形式上与第一种“所”字相同，但从所指称的内容来看，仍然与“所+P+V”相同。

出土战国文献中的一价动作动词，只与“所”构成第二种“所”字短语“所+P+V”。例如：

（1）所道来甚远居。（里耶壹8-2000）

（2）祸所道来毋云莫智（知）之。（岳麓壹·为吏治官及黔首）

C. 构成“之”字短语。

一个主谓短语“NP+V”原本是陈述一个事件，是谓词性的。但是在中间加“之”之后形成“NP+之+V”，这个结构是表指称的，指“NP+之+V”这个事件。所以“之”也是指称化的标记。例如：

（1）郇（驹）之克走敪（援）齐侯之繻（带），献之竞（景）公，曰：“齐侯之垄

(来）也，老夫之力也。”（清华贰·第十四章）

(2）行之不怮（过），智（知）道者也。（郭店·性自命出）

2. 无标记的指称化

无标记指称化是指没有任何句法标记的指称化，包括无标记的自指和无标记的转指两种。一般说来，主语位置上的 VP 都是指称化结构，宾语位置上的 VP、判断句谓语位置上的 VP 多数是指称化结构。

A. 作主语。

(1）日中至日入投中南吕，鸡殹，连面，不信而长，善步跨跨殹，病色苍白。（放马滩·日书甲种）

(2）有士毋妻，当没其田，有女毋辰，大息申申，吾心且忧，不忧吉。（放马滩·日书乙种）

(3）骨₌（骨肉）之既林（靡），身豊（体）不见，虐（吾）系（奚）自飤之？亓（其）尜（来）亡厇（托）。（上博七·凡物流形甲）

(4）可（何）谓“旅人”？寄及客，是谓“旅人”。（睡虎地·法律答问）

(5）芺（笑），憀〈憙（喜）〉之浅泽也。（郭店·性自命出）

(6）恖（愠）斯忧，忧斯戚，戚斯戁（叹），戁（叹）斯𨘢（辟），𨘢（辟）斯通（踊）。通（踊），恖（愠）之终也。（郭店·性自命出）

B. 作宾语。

一价动作动词作宾语有两种情况，一是作动词的宾语，一是作介词的宾语。动词作宾语大多数是指称化了的，也有未指称化的，如作准系词“为”的宾语、作言说动词“曰”的宾语等。下列各例，其中作宾语的动词语都指称化了。

作动词宾语的例子如：

(1）羽之音，如野鸣，肩手面宇囚殹。（放马滩·日书乙种）

(2）临𣅀：不言𤔔（乱），不言𡪀（寝），不言威（灭），不言犮（拔），不言端（短），古（故）龟又（有）五昪（忌）。（上博六·天子建州甲）

(3）戊午生，好田邋（猎）。（睡虎地·日书乙种）

(4）名亦既又（有），夫亦𤖼（将）智（知）止。智（知）止所以不訂（殆）。（郭店·老子甲本）

(5）舉（兴）民事，行逄（往）视尜（来）。（上博五·三德）

(6）日中至日入投中夹钟，鸡殹，广颜，大唇目，大膺，善学步，善后顾，土色，善病心肠。（放马滩·日书甲种）

(7）利祠、饮食、歌乐，临官立正（政）相宜也。（睡虎地·日书甲种）

(8）宋人又（有）言曰：人而亡𠃬（恒），不可为卜筮也，其古之遗言舉（与）？（郭店·缁衣）

(9）虐（吾）既果城（成）无鏌（敌），㠯（以）共（供）萅（春）秋（秋）之尝（尝）。（上博六·庄王既成、申公臣灵王）

(10）凡且有大行、远行若饮食、歌乐、聚畜生及夫妻同衣，毋以正月上旬午。（睡虎地·日书甲种）

作介词宾语的例子如：

（1）若昼梦亟发，不得其日，以来为日；不得其时，以来为时；醉饱而梦、雨、变气不占。（岳麓壹·占梦书）

（2）啬夫不以官为事，以奸为事，论可（何）殹（也）？（睡虎地·法律答问）

（3）鬼入人宫室，勿（忽）见而亡，亡（无）已，以修（滫）康（糠），寺（待）其来也，沃之，则止矣。（睡虎地·日书甲种）

C. 作判断句谓语。

返也者，道僮（动）也。溺（弱）也者，道之甬（用）也。（郭店·老子甲本）

（二）修饰化

郭锐（2002）认为表述功能有四种基本类型，即陈述、指称、修饰、辅助。陈述、指称是语言中最基本、最明显的表述功能类型。但除此之外，还有修饰和辅助。他认为修饰是对陈述或指称的修饰、限制。修饰可以分为两类，一是体饰，二是谓饰。体饰是对指称的修饰，体现在句法成分上是定语；谓饰是对陈述的修饰，体现在句法成分上是状语。而介词、连词、助词、语气词等虚词体现的表述功能则是辅助。

动词作谓语或谓语中心，无疑是表陈述的。但当它处于定语、状语位置上时，它的表述功能就被修饰化了。

1. 作定语

（1）一汲垪（瓶）。一让（赴）缶，一汤鼎，屯又（有）盍（盖）。（信阳2－14）

（2）一寝筵（席）；二俾筵（席），一危（跪）筵（席），二莞筵（席），皆又（有）秀（韬）。（包山263）

（3）往言剔（伤）人，逨（来）言剔（伤）已。（郭店·语丛四）

（4）逃人不㝵（得）。秎（利）㠯（以）敘（除）䀄（盟）禮（诅）。（九店56·34）

（5）非田时殹（也），及田不□□坐☐。（龙岗118）

（6）闻芺（笑）圣（声），则羴（鲜）女（如）也斯憙（喜）。（郭店·性自命出）

（7）方前顾（雇）芮千，巳（已）尽用钱买渔具。（岳麓叁·芮盗卖公列地案）

（8）曾医（侯）乙之𧺆（走）戈。（曾侯乙戈，集成11168）

（9）官作居赀赎责（债）而远其计所官者，尽八月各以其作日及衣数告其计所官，毋过九月而䌽（毕）到其官；官相紤（近）者，尽九月而告其计所官，计之其作年。（睡虎地·秦律十八种）

2. 作状语

（1）进谷（欲）孙（逊）而毋考（巧），退谷（欲）肃而毋巠（轻），谷（欲）皆𡖊（文）而毋愚（伪）。（郭店·性自命出）

（2）䎽（问）之曰：戠（识）道，坐不下筵（席）。（上博七·凡物流形甲）

（3）☐君贞：既才（在）郢，牆（将）见王，还返毋又（有）咎。趄𩐎☐。（葛陵乙四：44）

（4）☐贞：走趣（趋）事王、大夫，目（以）亓（其）未又（有）𥫗（爵）立（位），尚速㝵（得）事。（望山22）

第二节　出土战国文献一价状态动词

一、出土战国文献中的一价状态动词

一价状态动词具有［状态/变化］［－自主］［不及物］的语义特征，这是区别一价状态动词与一价动作动词、一价心理动词的重要依据。

［状态/变化］状态应是指人或事物表现出来的形态，是静态的；变化是指人或事物在形态上或本质上产生新的情况，是动态的。

［－自主］是指状态与变化是无意识的或无心的，是不能由主体做主、主观决定、自由支配的。

［不及物］是指主体自身发生的变化、呈现的状态，而不会使客体发生变化、改变形态。

一价状态动词的语义特征，有其外在的表现形式，从而能把它与一价动作动词区别开来：

第一，一价动作动词可以直接构成简单祈使句“V!”，而一价状态动词则不能。例如：

（1）夫子曰：“迳（坐）！虐（吾）语女（汝）。言之而不义，口勿言也；视之而不义，目勿视也；圣（听）之而不义，耳勿圣（听）也；潼（动）而不义，身毋潼（动）安（焉）。”（上博五·君子为礼）

（2）子曰：“韦（回），嗇（来）！虐（吾）告女（汝），亓（其）緄（组）繼（绝）虐（乎）？”（上博五·弟子问）

第二，一价动作动词可以受祈使否定副词“毋”（未见受“勿”修饰的例子）修饰，构成否定祈使句。例如：

（1）凡民将行，出其门，毋（无）敢顾，毋止。（睡虎地·日书甲种）

（2）圣（听）之而不义，耳勿圣（听）也；潼（动）而不义，身毋潼（动）安（焉）。（上博五·君子为礼）

（3）朔日，利入室，毋哭。（睡虎地·日书甲种）

（4）凡色毋悳（忧）、毋佻、毋复（作）、毋謡（谣）、毋令（挽，眄）见（视），毋昊（侧）䁆（睇）。（上博五·君子为礼）

（5）肩毋䇲（废）、毋同（耸），身毋𨈡（偃）、毋倩。（上博五·君子为礼）

（6）凡目毋游，定（正）见（视）是求。（上博五·君子为礼）

（7）毋以卯沐浴，是谓血明，不可□井池。（睡虎地·日书甲种）

（8）毋以子卜筮，害于上皇。（睡虎地·日书甲种）

而一价状态动词一般不受祈使否定副词“毋”（未见受“勿”修饰的例子）修饰，不构成否定祈使句。但有一点例外，即在卜辞的贞辞当中一价状态动词可以受祈使否定副词“毋”修饰。例如：

(1) 观义以保豪(家)为左尹卲㐌贞:以其又(有)瘇病,上懸(气),尚毋死。义占之,恒贞,不死,又(有)祱(祟)见于绝无后者与渐木立,以其故敚(说)之。(包山249)

(2) ☐聚歆,足骨疾,尚毋死。占之:丞(恒)贞吉,不死☐。(望山39)

(3) ☐尚毋死。占之:不死。(葛陵乙四:22)

(4) ☐疾,髂(胁)疾,㠯(以)心瘁(闷),尚毋死。与(?)良志☐。(葛陵甲三:131)

(5) ☐午之日尚毋瘠(续)。占之:丞(恒)☐。(葛陵甲三:58)

卜辞的贞辞是占卜时向神灵提出问题时所说的话,在这样的话中使用祈使否定副词"毋",不但表达否定的意思,也表达占卜者的希望,即不希望"毋"后词语所表示的情况发生,所以"毋"后词语所表示的都不是占卜者所希望的,如上引例(1)至例(4)中的"死",例(5)中的"瘠(续)"(指疾病的延续)。占卜者企图通过祈使否定副词"毋"的使用、通过语言的神奇力量,达到对未来的控制,使情况能按占卜者所希望的那样发展、变化。这样的例子,在殷墟甲骨文中就已经出现了。

下引两例中的"堕""弋(忒)",一般认为是一价状态动词,但在它们的前面出现了祈使否定副词"毋":

(1) 封闭毋堕。(岳麓壹·为吏治官及黔首)

(2) 成(诚)隹(唯)天□,下民之祇(式),敬之母(毋)弋(忒)。(楚帛书·乙篇)

这种例子可以看成一价状态动词的使动用法。如例(1)的"毋堕"是说不要让它落,例(2)的"母(毋)弋(忒)"是说别出差错。

第三,一价动作动词可以受表示工具、依据、方式的"以"字介宾短语修饰,而一价状态动词则一般不能。例如:

(1) 墜(陈)庆(侯)午台(以)群者(诸)庆(侯)賕(献)金,乍(作)皇妣孝大妃祭器錞鐘(敦),台(以)登(烝)台(以)尝。(陈侯午簋,集成04145)

(2) 或峕(持)八鼓五𤔲(称),钲鐃(铙)㠯(以)左,钝(錞)钎(于)㠯(以)右,鐸=(金铎)㠯(以)徙(跪),木鐸(铎)㠯(以)迟(起),鼓㠯(以)进之,鼙(鼙)㠯(以)歨=(止之)。(上博九·陈公治兵)

(3) 以衍(道)差(佐)人宔(主)者,不谷(欲)以兵侸(强)于天下。善者果而已,不以取侸(强)。果而弗癹(伐),果而弗乔(骄),果而弗稐(矜),是胃(谓)果而不侸(强)。(郭店·老子甲本)

(4) 唯不幸死而伐绾(棺)享(椁)者,是不用时。邑之新(近)皂及它禁苑者,麛时毋敢将犬以之田。(睡虎地·秦律十八种)

(5) 鬼恒从人女,与居,曰:"上帝子下游。"欲去,自浴以犬矢(屎),毄(击)以苇,则死矣。(睡虎地·日书甲种)

(6) 凡戾人,表以身,民将望表以戾真。表若不正,民心将移乃难亲。(睡虎地·为吏之道)

(7) 天子坐,㠯(以)巨(矩);飤(食),㠯(以)义;立,㠯(以)县。(上博六·天子建州甲)

在我们所使用的出土战国文献中，主要有下述一些一价状态动词（按音序排列），这些一价状态动词即具有上述语义特征：

败（失败、战败；毁坏）、卑（衰微）、备（完备、具备；全、足数）、崩$_1$（死）、崩$_2$（倒塌、败坏）、比次（有次第）、毕（完毕、结束）、敝（败坏、衰败；破旧）、变（变化、变乱；流产）、辩（有口才）、病（病重、生病；困乏）、采（文饰、徒有其表）、参（不齐貌）、参化（变化）、残（残缺；剩余）、侧（倾斜；偏、不正）、反侧（翻来覆去；反复无常）、差（差池，不齐貌）、长（增长、生长；延长）、臣（像臣子）、成（完成、形成；成功、成就；成熟）、瘳（病愈）、吹（哮喘）、垂（下垂）、存（活）、瘥（病愈）、达（通达、畅达；显贵、显达）、代（代谢、隐息）、当（恰当、合适）、荡（动荡、动摇）、道（不合乎道）、登（成熟）、定（安定、平定、确定）、动（变化）、冻（受冻）、断（折断）、敦（勉励）、发（显露、显示、表现）、非（不对）、废（坏乱、衰败；废除；残废）、奋（摇动）、忿戾（火气大、蛮不讲理）、风（刮风）、夫（像丈夫）、父（像父亲）、妇（像妻子）、复（恢复；康复）、覆（覆没）、改（变化、改变）、干（干燥）、寡（守寡、成为寡妇）、过（超过限度、过分）、害（有灾害、有祸患）、涸（水干）、化（变化）、坏$_1$（倒塌、毁坏）、坏$_2$（衰败）、还（回旋、旋转）、堕（落）、昏$_1$（糊涂、昏乱）、昏$_2$（社会混乱）、惑（迷惑、混乱、迷乱）、饥$_1$（吃不饱；灾荒）、饥$_2$（饥饿）、疾（生病）、极（穷、到达极点）、辑（和睦、安定）、即世（指国君去世）、加（增加）、蹇（偏脖子）、间（病痊愈或好转）、将（有成就、进）、焦（枯焦、烧焦）、竭（干涸）、结（聚集、凝聚）、解$_1$（懈、松懈、懈怠）、解$_2$（消解、消除）、尽（穷尽、达到极点）、浸（渐近、逐渐）、就（成就）、沮$_1$（败坏、崩塌）、沮$_2$（颓丧）、倨（傲慢）、具（完备、齐备）、倦（疲劳、疲倦）、觉（睡醒）、决（破、残破、破缺）、屈$_1$（竭、穷尽）、屈$_2$（屈服）、君（像国君、能行君道）、匮（穷尽、匮乏）、溃（溃烂）、困（窘迫、艰难、困窘；贫乏）、劳（劳苦、辛苦；烦劳、疲劳）、离（分开、分离）、立（成就）、裂（裂开、破裂）、流（流动；流下）、漏（漏雨、漏水）、乱$_1$（不太平、不治、无秩序；不整齐、没有条理）、乱$_2$（神志昏乱；昏庸）、落（脱落、落下；衰落）、寐（睡着）、迷（迷惑、迷乱）、迷惑（迷乱）、靡$_1$（糜烂、垮台）、靡$_2$（分散）、眯（梦魇）、灭（死亡、灭亡）、没（死；覆亡）、逆（不顺）、怒（气势很盛、奋发）、罢（疲劳、疲病；废弃）、飘（飘动、飞扬）、平（平定、整治）、破（破碎、破裂）、仆（向前跌倒）、起$_1$（兴起、产生）、起$_2$（病治愈）、谦（谦虚、谦让）、穷$_1$（穷尽）、穷$_2$（困窘、不得志）、曲（弯曲）、去（消失）、全（完备、完全）、劝（奋勉）、缺（破损；衰败）、然（燃烧、热）、散（分散、离散）、丧（死亡；灭亡）、伤（受伤、创伤）、上气（逆喘，一种病）、少气（气短）、审（实、确实；当、适当）、生（出生、产生；生存、活着）、施（逶迤）、失火（因过失发生火灾）、时（适时）、食（日月亏蚀）、释（消融、熔化）、熟（成熟）、死$_1$（生命终结）、死$_2$（滞积而不流动）、遂（通达）、损（有害处；减少）、索（尽、空）、忒（有差错）、突（脱落）、亡（灭亡；死亡；消失）、死亡（死亡）、折亡（死亡）、闻（闻名）、系（死）、陷（下沉）、销（销毁、销蚀、破旧）、兴（兴起）、行（流行；流通）、形（显露）、续（延续）、延（延长、延续）、殃（有灾殃）、夭（夭折、短命）、耀（耀眼）、一（齐一、专一、一致）、已（停止）、益（得益、进益、增多）、逸（安逸；逸乐、放纵）、佚（安逸；逸乐、放纵）、溢（漫出）、淫（淫邪、淫滥）、淫泆（放纵）、游（放纵、纵）、渝（改变）、雨（下雨）、郁（瘀血）、灾（有灾祸）、终$_1$（结束、完结）、终$_2$（死）、周（循环）、着（显露、显出）、转$_1$（转变、变化）、转$_2$（旋转、转动）、子（像儿子）、卒$_1$（终、尽）、卒$_2$（死）、醉（饮酒过量而神志不清）、作（兴起、发生、产生；开始、始发）。

以上共有188个一价动作动词。其中复音词共有12个，它们是：比次、参化、反侧、忿戾、即世、迷惑、上气、少气、失火、死亡、折亡、淫泆。

这些一价状态动词有常用和不常用之别。这188个一价状态动词在我们所使用的出土战国文献中只见到1次的有：崩$_1$、比次、辩、采、参、参化、差、吹、垂、存、荡、登、动、冻、发、奋、忿戾、覆、还、极、加、蹇、将、竭、结、沮$_1$、沮$_2$、屈$_1$、屈$_2$、匮、溃、离、怒、平、破、仆、起$_2$、穷$_1$、去、释、死$_2$、遂、突、形、夭、佚、溢、游、渝、灾、着、转$_1$、醉等。

二、出土战国文献中一价状态动词的配价成分——系事

根据所表示内容的不同，出土战国文献中一价状态动词的系事词语可以有以下几类：

一是表人或人之部分的名词语。表人的名词语，例如：

（1）庄王三年，庄王死。（睡虎地·编年记）

（2）献公举（卒），乃立奚资（齐）。（清华贰·第六章）

（3）文王堋（崩），武王即立（位）。（上博二·容成氏）

（4）靁（灵）王即殜（世），竞（景）坪（平）王即立（位）。（清华贰·第十五章）

（5）奠（郑）子豪（家）丧，鄗（郧）人銮（来）告。（上博七·郑子家丧甲）

（6）曾（缯）人乃降西戎，以攻幽王，幽王及白（伯）盘乃灭，周乃亡。（清华贰·第二章）

（7）兄死，孙尚存。（岳麓叁·芮盗卖公列地案）

（8）遳（鲁）昜（阳）公衍（率）自（师）栽（救）武昜（阳），与晋自（师）戳（战）于武昜（阳）之城下，楚自（师）大败。（清华贰·第二十三章）

（9）大人不罙（亲）丌（其）所臤（贤），而訢（信）丌（其）所贱，斈（教）此目（以）遊（失），民此目（以）緮（变）。（上博一·缁衣）

（10）周室即（既）卑，平王东鄹（迁）。（清华贰·第三章）

（11）三人病。（里耶壹8-471）

（12）我亡为而民自蠱（化）。我好青（静）而民自正。我谷（欲）不谷（欲）而民自樸（朴）。（郭店·老子甲本）

（13）孝子不匮，若才（在）腹中，考（巧）叓（变），古（故）父母安之，如从（从）言（己）迟（起）。（上博四·内豊）

（14）是古（故）圣人凥（尻）于亓（其）所，邦既林（靡），亓（其）智（知）愈暲。（上博七·凡物流形乙）

（15）其返（反），夫不夫，妇不妇，父不父，子不子，君不君，臣不臣。（郭店·六德）

表人之部分的名词语，例如：

(1) 丁酉材（裁）衣常（裳），以西有（又）以东行，以坐而饮酉（酒），矢兵不入于身，身不伤。(睡虎地·日书甲种)

(2) 身体跂（重）誩（轻），而目耳袋（劳）矣。(上博八·兰赋)

(3) 支（肢）或未断，及将长令二人扶出之，为“大痍”。(睡虎地·法律答问)

(4) 四枳（肢）倦陛（惰），耳目聍（聪）明衰。(郭店·唐虞之道)

(5) 丙毋（无）麋（眉），艮本绝，鼻腔坏。(睡虎地·封诊式)

(6) 其心弁（变），则其圣（声）亦肰（然）。(郭店·性自命出)

(7) 既腹心疾，以上慼（气），不甘飤（食），旧（久）不瘥（瘥），尚速瘥（瘥），毋又（有）柰。占之，恒贞吉，疾弁，病窔。(包山245)

(8) 民又（有）汆（余）飤（食），无求不旻（得），民乃赛，乔（骄）能（态）訂（始）复（作）。(上博二·容成氏)

一价状态动词和一价动作动词之前，都可以出现表人或人之部分的名词语。但两者有不同，一价动作动词之前出现的表人或人之部分的名词语都是其后动词所表动作的发出者，其动作行为是能由主体做主、主观决定、自由支配的；而一价状态动词之前出现的表人或人之部分的名词语都是其后动词所表状态和变化的主体，其状态和变化不是由主体做主、主观决定、自由支配的。

二是表神灵的名词语，例如：

未有日月，四褿（神）相弋（代）。(楚帛书·甲篇)

表神灵名词语后的动词是表示神灵的状态和变化，而不是神灵的动作行为。

三是表动物的名词语，例如：

(1) 女（如）天不雨，水牆（将）沽（涸），鱼牆（将）死。(上博二·鲁邦大旱)

(2) 先赋驀₌（驀马），马备。(睡虎地·秦律杂抄)

(3) 牛生而伥，鳶（雁）生而戟（伸），其眚（性）□□□而学或史（使）之也。(郭店·性自命出)

表动物名词语后的动词也是表示动物的状态和变化，而不是动物的动作行为。

四是表植物的名词语，例如：

(1) 未不可以澍（树）木，木长，澍（树）者死。(睡虎地·日书甲种)

(2) 夫山，石㠯（以）为肤，木㠯（以）为民，女（如）天不雨，石牆（将）𩞁（焦），木牆（将）死。(上博二·鲁邦大旱)

(3) 卉木系（奚）㝵（得）而生？(上博七·凡物流形甲)

表植物名词语后的动词也是表示植物的状态和变化，而不是植物的动作行为。一价动作动词之前一般不出现表植物的名词语，因为植物一般不发出动作行为。

五是表有形事物和抽象事物的名词语。

表有形事物的名词语，例如：

(1) 主□令鬼薪轸、小城旦干人为贰春乡捕鸟及羽，羽皆已备。(里耶壹8－1515)

(2) 女（如）天不雨，水牆（将）沽（涸），鱼牆（将）死。(上博二·鲁邦大旱)

(3) 院垣陕（决）坏。(岳麓壹·为吏治官及黔首)

(4) 夫山，石㠯（以）为肤，木㠯（以）为民，女（如）天不雨，石牆（将）𩞁

(焦)，木𣴎(将)死，丌(其)欲雨或甚于我，或(又)必寺(待)虗(吾)名𡆥(乎)?(上博二·鲁邦大旱)

(5)川又(有)滐(竭)，冐₌(日月)星唇(辰)猷(犹)差，民亡不又(有)怂(过)。(上博三·中弓)

(6)大方亡禺(隅)，大器曼(慢)城(成)。(郭店·老子乙本)

(7)乃今皇帝，壹家天下，兵不复起。(峄山刻石)

(8)亓(其)圣(声)㝵(变)，则心坐(从)之矣。(上博一·性情论)

表抽象事物的名词语，例如：

(1)古(故)大道登(废)，安又(有)急(仁)义。(郭店·老子丙本)

(2)北(必)正其身，肰(然)后(后)正世，圣道备歖(矣)。(郭店·唐虞之道)

(3)悳(德)城(成)则名至矣。(上博八·颜渊问于孔子)

(4)隹(唯)悳(德)䧕(附)民，隹(唯)𡩜(宜、义)可緳(长)。(中山王嚳壶，集成09735)

(5)豊(礼)复(作)于青(情)，或兴之也。(郭店·性自命出)

(6)立沓(右)亡人，而邦正(政)不败。(上博八·命)

(7)𦣻₌(一日)目(以)善立，所孛(学)皆终；𦣻₌(一日)目(以)不善立，所孛(学)皆崩，可不新(慎)𡆥(乎)?(上博三·中弓)

(8)大城(成)若夬(缺)，其甬(用)不㡀(敝)。(郭店·老子乙本)

(9)道从事者必怋(托)其名，古(故)事城(成)而身长。(郭店·太一生水)

(10)圣人之从事也，亦怋(托)其名，古(故)社(功)城(成)而身不剔(伤)。(郭店·太一生水)

(12)有为也，美恶自成。(睡虎地·日书甲种)

(13)大臣之不睪(亲)也，则忠敬不足，而賲(富)贵已逃(过)。(上博一·缁衣)

(14)堂(当)是时也，𤷒(疠)役(疫)不至，祆(妖)羕(祥)不行，祡(祸)才(灾)迲(去)亡。(上博二·容成氏)

(15)信之为衍(道)也，羣物皆成，而百善麏(皆)立。(郭店·忠信之道)

(16)䎽(问)之曰：心不勳(胜)心，大𢿢(亂)乃复(作)。(上博七·凡物流形甲)

(17)乃坙(发)墬(地)斩陵(陵)，句(后)之疾亓(其)瘳。(清华叁·赤鹄之集汤之屋)

(18)恒贞吉，庚、辛又(有)间，病速痘(瘥)。(包山220)

(19)君王之㾥(病)𣴎(将)从含(今)日目(以)已。(上博四·柬大王泊旱)

甚至还有指称化了的动词语，例如：

(1)甲杀人，不觉，今甲病死已葬，人乃后告甲，甲杀人审，问甲当论及收不当?告不听。(睡虎地·法律答问)

(2)三曰兴事不当，兴事不当则民傷指。(睡虎地·为吏之道)

(3)君子之于教也，其道(导)民也不𥨷(浸)，则其淳也弗深俟(矣)。(郭店·成之闻之)

(4)或黥颜頯为隶妾，或曰完，完之当殹(也)。(睡虎地·法律答问)

一些表有形事物和抽象事物的名词语也可以作一价动作动词的施事词语，但跟作一价状态动词系事词语的有明显的不同。从数量和种类上说，作一价状态动词系事词语的不但数量多，而且种类多样；而作一价动作动词施事词语的，数量少，种类单一。作一价动作动词施事词语的，有下面的限制：古人认为本身可以活动的事物，如害、福、时雨等；或者受外力的作用可以活动的事物，如狗肉、鲜鱼等。作一价状态动词系事词语的，就没有这个限制。

三、出土战国文献中一价状态动词的句式

由一价状态动词所构成的句式有两种，一种是由一价状态动词作谓语中心的单中心谓语句，另一种是由一价状态动词作谓语一部分的复杂谓语句。

（一）单中心谓语句式

1. NP + V（NP 可省）

由一价状态动词所构成的单中心谓语句式，最常见的就是 NP + V 。这有两种情况，一是 NP + V 中的 NP 不省。NP 后有时出现句中语气词；V 后可以出现句末语气词，也可以不出现。例如：

（1）三人病。（里耶壹 8－471）

（2）☐聚欸，足骨疾，尚毋死。占之：死（恒）贞吉，不死☐。（望山 39）

（3）以女子日病，病瘳，必复之。（睡虎地·日书乙种）

（4）墨（黑）要也死，司马子反与繻（申）公争少盐。（清华贰·第十五章）

（5）霝（灵）王即殜（世），竞（景）坪（平）王即立（位）。（清华贰·第十五章）

（6）行命书及书署急者，辄行之；不急者，日觱（毕），勿敢留。（睡虎地·秦律十八种）

（7）吏具，必亟入，事已，出☐。（龙岗 68）

（8）杙（必）正其身，肰（然）后（后）正世，圣道备歖（矣）。（郭店·唐虞之道）

（9）身体甠（重）青（轻），而目耳袭（劳）矣。（上博八·兰赋）

（10）坪（平）公立五年，晋螽（乱），繺（栾）絓（盈）出奔齐。（清华贰·第十七章）

二是 NP + V 中的 NP 省略。例如：

（1）受司空白粲一人，病。（里耶壹 8－1340）

（2）十二月辰，毋可有为，筑室，坏；尌（树）木，死。（睡虎地·日书甲种）

（3）生子，寡。祠，吉。（睡虎地·日书甲种）

（4）占狱讼，解；占约结，不成。（周家台·日书）

NP + V 中的 NP 前可以有状语，这是句首状语：

（1）庄王三年，庄王死。（睡虎地·编年记）

（2）十六年七月丁巳，公终。（睡虎地·编年记）

（3）三年，丹而复生。丹所以得复生者，吾犀武舍人，犀武论其舍人尚命者，以丹未当死，因告司命史公孙强。（放马滩·志怪故事）

（4）凡入月五日，月不尽五日，以筑室，不居。（睡虎地·日书甲种）

（5）今法律令已具矣，而吏民莫用。（睡虎地·语书）

（6）东井，百事凶。以死，必五人死；以杀生（牲），必五生（牲）死。取（娶）妻，多子。生子，旬而死。可以为土事。（睡虎地·日书甲种）

NP + V 中 NP 前的状语一般是表示时间的名词语，如例（1）中的“庄王三年”；有时是副词，如例（6）中的“必”。

NP + V 中的 V 前也可以有状语，这是句中状语。

（1）𠀀₌（一日）㠯（以）善立，所孚（学）皆终；𠀀₌（一日）㠯（以）不善立，所孚（学）皆崩，可不新（慎）虐（乎）？（上博三·中弓）

（2）“遉（复）敗（败）戰（战）又（有）道虐？”畣（答）曰：“又（有）。三军大敗（败）。”（上博四·曹沫之陈）

（3）闻吏民犯法为闲私者不止，私好、乡俗之心不变。（睡虎地·语书）

（4）丁丑在亢，製（制）衣常（裳），丁巳衣之，必敝。（睡虎地·日书甲种）

（5）王㠯（以）䎽（问）釐（厘）尹高：“不穀（谷）瘙（燥）甚疠（病）。（上博四·柬大王泊旱）

（6）皇考孝武超（桓）公龏（恭）戴（戴），大慕（谟）克成。（陈侯因资敦，集成04649）

（7）术（怵）狄（惕）之心不可长。（岳麓壹·为吏治官及黔首）

（8）恒贞吉，庚、辛又（有）间，病速疸（瘥）。（包山220）

（9）庚辛病，壬有闲，癸酢。（睡虎地·日书甲种）

（10）入正月，一日而风，不利鸡，二日风，不利犬，三日风，不利豕，四日风，不利羊，五日风，不利牛，六日风，不利马，七日风，不利人。（放马滩·日书乙种）

（11）屈门：其主必昌富，妇人必宜疾，是是鬼夹之出门。三岁更。（放马滩·日书乙种）

（12）田亳主以乙巳死，杜主以乙酉死，雨市（师）以辛未死，田大人以癸亥死。（睡虎地·日书甲种）

（13）以女日病，以女日瘳，必可日复之。（放马滩·日书甲种）

（14）又（有）㸒（状）虫〈蚰〉城（成），先天堅（地）生。（郭店·老子甲本）

（15）古（故）心以体法（废），君以民芒（亡）。（郭店·缁衣）

（16）君王之瘙（燥）从含（今）日已瘥（瘥）。（上博四·柬大王泊旱）

NP + V 中 V 前的状语，可以是副词，甚至可以是程度副词；可以是助动词；可以是副词 + 助动词；可以是形容词；可以是时间名词语；可以是表示时间和原因的介宾短语；也可以是表时间的介宾短语 + 副词。

NP + V 中的 V 后可以有补语，例如：

（1）后环（还）二百钱，未备八百。（岳麓叁·芮盗卖公列地案）

（2）廿五年二月辛巳初视事上衍。病署所二日。（里耶壹 8 – 1450）

（3）罼（毕）得厕为右史于莫嚣之军，死病甚。（包山158）

（4）敚飤（食）田，病于责（债），骨儥之。（包山·案卷152）

（5）晋成公会者（诸）侯以救（救）奠（郑），楚自（师）未还，晋成公妥（卒）于扈。（清华贰·第十二章）

（6）郑伻未至断，有疾，死于宿。（包山 123）

（7）民篙（孰）弗从？型（形）于中，叕（发）于色，其𧷨也固悕（矣），民篙（孰）弗信？（郭店·成之闻之）

（8）入正月，一日风，风道东北。（放马滩·日书乙种）

（9）六帝兴于古，𪊨（皆）采（由）此也。（郭店·唐虞之道）

（10）公曰："向（向）者𪓰（吾）昏（问）忠臣于子思，子思曰：'亘（亟）爯（称）其君之亚（恶）者可胃（谓）忠臣矣。'募（寡）人惑安（焉），而未之得也。"（郭店·鲁穆公问子思）

上引例（1）中的"八百"是补语，"未备八百"是说差八百未足数；例（2）中的"署所"和"二日"都是补语，"病署所二日"是说在署所病了两天；例（3）中的"病甚"是补语，"死病甚"是说因病甚而死；例（4）至例（9）都是介宾短语作补语，或表处所，或表范围，或表时间，或表原因。例（10）是兼词"焉"作补语。

NP + V 中的 V 前可有状语，同时 V 后可有补语，例如：

（1）迁陵隶臣员不备十五人。（里耶壹 8－986）

（2）月不尽五日，不可材（裁）衣。（睡虎地·日书甲种）

（3）氏（是）古（故）陈为新，人死遉（复）为人，水遉（复）于天咸，百勿（物）不死女（如）月。（上博七·凡物流形甲）

（4）黄齐、黄鼈皆以甘匿之戢（岁）𩰫（爨）月死于郙寠（国）东敔卲戊之笑邑。（包山 124）

例（1）至例（3）中的状语都是副词"不"，例（4）中的状语是副词 + 表时间介宾短语。例（1）中的补语是"十五人"；例（2）中的补语是"五日"，"月不尽五日"是说差五天不到月底；例（3）中的补语是"女（如）月"，表比事；例（4）中的补语是"于郙寠（国）东敔卲戊之笑邑"，表处所。

2. $NP_1 + NP_2 + V$

这种句式的谓语部分是由主谓短语充当的，其中谓语中心是一价状态动词，而全句有大主语。例如：

（1）貴（持）与賁（亡）篙（孰）疠（病）？（郭店·老子甲本）

（2）支（肢）或未断，及将长令二人扶出之，为"大痍"。（睡虎地·法律答问）

3. V + 于 + NP

这种句式的系事词语没有作为主语出现在语句之首，而是由介词"于"引导出现在一价状态动词后，例如：

（1）盗者壮，希（稀）须（须），面有黑焉，不全于身，从以上辟（臂）臑梗，大疵在辟（臂）。（睡虎地·日书甲种）

试把例子中的"不全于身"与下句中的"其身不全"相比较：

盗者长颈，小胻，其身不全，长耳而操蔡，疵在肩。（睡虎地·日书甲种）

"其身不全"中的"其身"明显是系事主语，"不全"是谓语。由"其身不全"来看，"不全于身"中的"身"应该是"全"的系事。

（2）☐贞：既疾于肧（背），㠯（以）𩩲（胛）疾，自☐。（葛陵甲三：9）

试把例子中的"疾于肧（背）"与下句中的"伓（背）、膺疾"相比较：

☐贞：伓（背）、膺疾，㠯（以）痵（胖）瘬（胀）、心悆（闷）☐。（葛陵甲一：14）

“伓（背）、膺疾”中的“伓（背）、膺”是系事，而“疾”是状态动词作谓语，由“伓（背）、膺疾”来看，“疾于肧（背）”中的“肧（背）”是“疾”的系事。

4. $NP_1 + V + NP_2$（NP_1 可省）

这种例子，动词的前后都有名词语。例如：

（1）不周门；其主富殴，邦政。八岁更，弗更必凶，死夫。（放马滩・日书乙种）

（2）黄钟：平旦至日中投中黄钟，鼠殴，兑（锐）颜，兑（锐）颐，赤黑，免（俛）偻，善病心肠。（放马滩・日书乙种）

（3）肘厀（膝）□□□到□两足下奇（踦），溃一所。（睡虎地・封诊式）

（4）于（呜）虖（呼），先王之悳（德），弗可瞏（复）旻（得），霖霖（潸潸）流霧（涕），不敔（敢）宁处。（𡢁盗壶，集成 09734）

（5）功战日作，流血于野，自泰古始。（峄山刻石）

（6）贞：病腹疾，以少懸（气），尚毋又（有）咎。（包山 207）

（7）贞：既又（有）病，病心疾，少气，不内飤（食）。（包山 223）

例（1）中的“死夫”，前面应该是省略了主语“其主”。我们认为只有“夫”才是动词的配价成分，而“其主”是一价名词“夫”的从属成分。其实例（1）是说“其主之夫死”。这样例（1）中的“死”是一价动词，而不是二价动词。例（2）中的“病”、例（3）中的“溃”、例（4）中的“流”、例（5）中的“流”类此。例（6）中的“病腹疾”，其实是说辞主腹之疾病，试比较下例：

王㠯（以）䎽（问）𧶠（厘）尹高：“不穀（谷）㿃（燥）甚疠（病）。”（上博四・柬大王泊旱）

“㿃（燥）”是一种病，跟“腹疾”一样，它们的谓语都可以是“病”（病情加重）。例（7）中的“病心疾”与此相类。

5. $NP_1 + V$：NP_2（NP_1 可省）

这种句式的例子如：

（1）一人病：燕。（里耶壹 8－1017）

（2）二人病：复、卯。（里耶壹 8－145）

（3）三人病：骨、驷、成。（里耶壹 8－780）

这种句式中的 NP_1 和 NP_2，本来是同位短语，如例（3）可以表达为“骨、驷、成三人病”。这跟上述第四种句式不同，第四种句式中的 NP_1 和 NP_2 原来是定中短语。这种句式中的 NP_1 和 NP_2，分置于一价状态动词的前后，构成一种独特的句式。这种句式中的 NP_2 也可以不出现，例如“十三人病”（里耶壹 8－1280）。

（二）复杂谓语句式

这种句式主要有并列句、转折句、连谓句、兼语句。

1. 并列句

（1）是古（故），臤（贤）人之居邦豪（家）也，夓（夙）舉（兴）夜（夜）寐（寐）。（上博五・季庚子问于孔子）

（2）疾遬（速）敗（损），少（小）迬（迟）恚（蠲）瘧（瘥）。（葛陵乙二：3、4）

（3）穿（穷）达以时，悳（德）行弌（一）也。（郭店・穷达以时）

（4）灾害灭除，黔首康定，利泽长久。（峄山刻石）

（5）且令故民有为不如令者实▨为惊视祀，若大发（废）毁，以惊居反城中故。（睡虎地秦牍）

（6）院垣陕（决）坏。（岳麓壹·为吏治官及黔首）

（7）四枳（肢）胅（倦）陛（惰），耳目聏（聪）明衰。（郭店·唐虞之道）

（8）己丑生子，贫而疾。（睡虎地·日书甲种）

（9）丙午生子，耆（嗜）酉（酒）而疾，后富。（睡虎地·日书甲种）

（10）晋自（师）大疫虘（且）饥，飤（食）人。（清华贰·第十八章）

（11）▨既心悹（闷），目（以）疾虘（且）痮（胀），瘠（疥）不▨。（葛陵甲三：291－1）

这些句子都是两个谓词性成分的并列。这两个成分之间，可以不用连词来连接，如上引例（1）至例（7）。这两个成分之间，也可以用连词来连接，如上引例（8）至例（11）。其中例（8）至例（9）用“而”来连接，例（10）至例（11）用“且”来连接。

2. 转折句

（1）万勿（物）作而弗訂（始）也，为而弗志（恃）也，城（成）而弗居。（郭店·老子甲本）

（2）蚈蚉（蛩）之足，众而不割（害），割（害）而不仆（仆）。（郭店·语丛四）

（3）执（设）大象，天下往。往而不害，安坪（平）大。（郭店·老子甲本）

（4）杂者勿更；更之而不备，令、令丞与赏（偿）不备。（睡虎地·秦律十八种）

（5）某赏（尝）怀子而变，其前及血出如甲□。（睡虎地·封诊式）

（6）丁未，啻筑丹宫而不成。（放马滩·日书乙种）

（7）朝作而夕不成。（放马滩·日书乙种）

（8）天陛（地）之刎（间），其猷（犹）囝（橐）籥（钥）与？虚而不屈，違（动）而愈出。（郭店·老子甲本）

这些句子都有两个谓词性成分，两个成分之间是转折关系。两个谓词性成分之间一般都用连词“而”来连接。

3. 连谓句

（1）甲杀人，不觉，今甲病死，已葬。（睡虎地·法律答问）

（2）十一月［壬］戌疾丧。（放马滩·日书乙种）

（3）柬（厉）公亦见禝（祸）以死，亡逡（后）。（清华贰·第十六章）

（4）▨白（伯）层（夷）、雪（叔）齐餞而死于售（雎）滓（渎），不辱丌（其）身。（上博八·成王既邦）

（5）思民道（蹈）之，能述（遂）者述（遂），不能述（遂）者内（入）而死。（上博二·容成氏）

（6）牛生而伥，鳶（雁）生而戟（伸），其眚（性）□□□而学或史（使）之也。（郭店·性自命出）

（7）古者尧生于天子而又（有）天下，圣以堣（遇）命。（郭店·唐虞之道）

（8）茻（草）木须旹（时）而句（后）奋（奋）。（上博五·三德）

（9）“擅杀子，黥为城旦舂。其子新生而有怪物其身及不全而杀之，勿罪。”今生子，

子身全毆（也），毋（无）怪物，直以多子故，不欲其生，即弗举而杀之，可（何）论？为杀子。（睡虎地·法律答问）

这些句子一般都有两个谓词性成分，两个成分之间是连谓关系。两个谓词性成分之间可以不用连词“而”来连接，如上引例（1）、例（2）。两个谓词性成分之间可以用连词“以”来连接，如上引例（3）；常见的是用连词“而”来连接，如上引例（4）至例（7）；有时候用连词“而后”来连接，如上引例（8）。例（9）中的“新生而有怪物其身及不全而杀之”则比较复杂，“新生而有怪物其身及不全”和“杀之”两个部分用“而”连接，是因果关系；“新生”和“有怪物其身及不全”两个部分也用“而”连接，是先后关系；而“有怪物其身”和“不全”两个部分则用“及”连接，是并列关系。由于第一层是因果关系，而因果关系归入连谓关系中，所以仍是连谓句。

跟一价动作动词所构成的句式相比，一价状态动词所构成的句式是有特点的。从单句句式来说，一价动作动词可以构成表祈使的“V，NP！”句，一价状态动词不能构成这种句式。一价动作动词可以构成“NP_1+NP_2+V”“V＋于＋NP”“NP_1+V：NP_2”等句式，而未见一价动作动词能构成这种句式。而就复杂谓语句式来说，也不相同。一价动作动词所构成的复杂谓语句式所表示的往往是几个动作行为的并列、转折、连谓关系；一价状态动词所构成的复杂谓语句式所表示的往往是几个状态变化的并列、转折、连谓关系。

4．兼语句

（1）大材埶（设）者（诸）大官，少（小）材埶（设）者（诸）少（小）官，因而它（施）录（禄）安（焉），史（使）之足以生，足以死，胃（谓）之君。（郭店·六德）

（2）义积之，勿令败。（睡虎地·秦律十八种）

（3）已齲方：见车，禹步三步，曰：“辅车车辅，某病齿齲，笱（苟）能令某齲已，令若毋见风雨。”（周家台·病方及其他）

（4）句（苟）令小子骃之病日复故，告大令、大将军，人壹□□，王室相如。（秦骃玉牍甲，19829）

（5）帝命句（后）土为二蔟（陵）屯，共尻句（后）之床下，亓（其）走（上）K（刺）句（后）之体，是思（使）句（后）之身蠱（疴）蓋，不可逕（及）于箬（席）。（清华叁·赤鵠之集汤之屋）

（6）桓（恒）多取櫌桑木，燔以为炭火，而取牛肉剝（劙）之，小大如黑子，而炙之炭火，令温勿令焦，即以傅黑子，寒辄更之。（周家台·病方及其他）

四、出土战国文献中一价状态动词的指称化与修饰化

（一）指称化

1．有标记的指称化

A．构成“者”字短语。

“者”与一价状态动词所构成的“者”字短语“V＋者”，是指称V的系事的。例如：

（1）占病者，有瘳；占病者，已。（周家台·日书）

（2）死者弗收，剔（伤）者弗䎽（问）。（上博四·曹沫之陈）

(3) 其小隶臣疾死者，告其□□□□之；其非疾死者，以其诊书告官论之。(睡虎地·秦律十八种)

(4) 日未备而死者，出其衣食。(睡虎地·秦律十八种)

(5) 天道贵溺（弱），雀（削）成者以嗌（益）生者，伐于㮚（强），责于□（郭店·太一生水）

(6) 三年不生鱼，五年亡（无）冻饵者，此曷□止□也。(上博九·文王访之于尚父举治)

(7) 叚（假）铁器，销敝不胜而毁者，为用书，受勿责。(睡虎地·秦律十八种)

(8) 戍者城及补城，令姑（嫴）堵一岁，所城有坏者，县司空署君子将者，赀各一甲。(睡虎地·秦律杂抄)

B. 构成“所”字短语。

出土战国文献中的一价状态动词，只与“所”构成“所 + P + V”这种“所”字短语。例如：

(1) 其返（反），夫不夫，妇不妇，父不父，子不子，君不君，臣不臣，緍（昏）所繇（由）迮（作）也。(郭店·六德)

(2) 遻（堋）亓（其）所目（以）蓑（衰）菞（亡），忘亓（其）迿佝也，二厽（三）子季（免，勉）之。(上博五·鲍叔牙与隰朋之谏)

(3) 厽（三）者，君子所生与之立，死与之遡（敝）也。(郭店·六德)

由一价状态动词所构成的“所 + P + V”有时是表示状态变化产生的原因的，如上引例（1）和例（2）；有时是表示伴随的，如上引例（3）。这与一价动作动词不同。如前所述，由一价动作动词所构成的“所 + P + V”是表示运动起点的。

C. 构成“之”字短语。

(1) 難（难）惖（易）之相城（成）也，长端（短）之相型（形）也。(郭店·老子甲本)

(2) 肙＝（骨肉）之既林（靡），亓（其）智（知）愈暲（障），亓（其）夬（缺）系（奚）壹（适）？(上博七·凡物流形甲)

(3) 水之东流，牆（将）可（何）浧（盈）？(上博七·凡物流形甲)

(4) 人之败也，女（如）牆（将）又（有）败，鴆（雄）是为割（害）。(郭店·语丛四)

(5) 笤（席）逡（后）左耑（端）曰：“民之反宿（侧），亦不可志。”(上博七·武王践阼)

(6) 日既，公昏（问）二夫＝（大夫）：“日之飤（食）也害（曷）为？”(上博五·鲍叔牙与隰朋之谏)

(7) 而并是二者目（以）邦君＝（君，君）犹少（小）之，龍（抑）瞿（惧）君之不冬（终）。(上博九·邦人不称)

(8) 帝之武尚吏□是句（后）稷（稷）之母也。厽（三）王者之乍（作）也女（如）是。(上博二·子羔)

主谓短语“NP + V”中间加“之”之后形成“NP + 之 + V”，这个结构是表指称的，指称事件。“NP + 之 + V”可以作分句，也可以作句子成分。

2. 无标记的指称化

A. 作主语。

(1) 甲寅之日，病良疽（瘥）。（包山218）

(2) 君王之疠（病）粞（将）从含（今）日目（以）已。（上博四·柬大王泊旱）

(3) 毋又（有）柰。占之：恒贞吉，疾难疽（瘥）。（包山236）

(4) 禇（祸）败囷（因）童于楚邦。（上博六·平王问郑寿）

(5) 聚（骤）敚（夺）民旹（时），天鉊（饥）必垄（来）。（上博五·三德）

(6) 鬼（畏）生鬼（畏），韦（违）生非=（非，非）生韦（违）。（上博三·亘先）

(7) 浸生于欲（欲），恧生于浸。（郭店·语丛二）

(8) 隹（唯）逆生祸，隹（唯）巡（顺）生福。（中山王譽壶，集成09735）

(9) 又（有）人安（焉）又（有）不善，𤔔（乱）出于人。（上博三·亘先）

(10) 占之：恒贞吉，病又（有）瘨（孽）。（包山247）

(11) 目（以）又（有）[疾]，未少翏（瘳），申大翏（瘳），死生才（在）丑。（九店56·63）

(12) 大曰潪（逝），潪（逝）曰連（转），連（转）曰反（返）。（郭店·老子甲本）

B. 作宾语。

一价状态动词作宾语有两种情况，一是作动词的宾语，一是作介词的宾语。作动词宾语的例子如：

(1) 临𣄴：不言𤔲（乱），不言帰（寝）。（上博六·天子建州甲）

(2) 臤（贤）人不才（在）昃（侧），是胃（谓）迷惑。（郭店·语丛四）

(3) 勿（物）壂（壮）则老，是胃（谓）不道。（郭店·老子甲本）

(4) 禾、刍稾积索（索）出日，上赢不备县廷。出之未索（索）而已备者，言县廷，廷令长吏杂封其廥。（睡虎地·秦律十八种）

(5) 句（苟）又（有）行，必见其城（成）。（郭店·缁衣）

(6) 句（苟）又（有）车，必见其𢼄（盖）。句（苟）又（有）衣，必见其㡀（敝）。（郭店·缁衣）

(7) 不智（知）其戝（败）。（信阳·1－29）

(8) 癸酉之日不謨（察）陈雔之伤，阩门又（有）败。（包山24）

(9) 思型之，思毦彊之，甬（用）求亓（其）定。（清华叁·周公之琴舞）

(10) 亓（其）㕜（使）人必求备安（焉）。（上博二·从政）

(11) 䆗（宰）我昏（问）君子，曰：“余（予），女（汝）能訢（慎）訇（始）与冬（终），斯善欵（矣），為君子㙷（乎）？”（上博五·弟子问）

(12) 楚人为不道，不思丌（其）先君之臣事先王。（上博七·吴命）

(13) 遂故簌（敝），赛祷大（太），备（佩）玉一环。（包山213）

(14) 已吾复（腹）心目（以）下至于足髀之病，能自复如故。（秦骃玉牍乙，19830）

(15) 四方又（有）敱（败），必先晋（知）之。（上博二·民之父母）

(16) 山又（有）堋（崩），川又（有）湶（竭）。（上博三·中弓）

(17) 又（有）螽（本）又（有）卯（标），又（有）终又（有）絧（始）。（郭

店·语丛一）

（18）忠忠（申申）反厦（侧），无闲（间）无瘳。（秦骃玉牍乙，19830）

（19）大城（成）若夬（缺），其甬（用）不淅（敝）。（郭店·老子乙本）

作介词宾语的例子如：

（1）人之败也，亘（恒）于其歔（且）成也败之。（郭店·老子丙本）

（2）为之于其亡又（有）也，絧（治）之于其未乱。（郭店·老子甲本）

（3）彊（强）生于眚（性），立生于彊（强），𣃔（断）生于立。（郭店·语丛二）

（4）君子不病殹（也），以其病病殹（也）。（睡虎地·为吏之道）

（5）赀一盾应律，虽然，廷行事以不审论，赀二甲。（睡虎地·法律答问）

（6）童（动）非为达也，古（故）穿（穷）而不□□□为名也。（郭店·穷达以时）

能带一价状态动词或以一价状态动词为中心的动词语为宾语的介词，有“于”“以”“为”等。

C. 作判断句谓语。

（1）此黔首大害殹（也）。毋（无）征物，难得。（岳麓叁·同、显盗杀人案）

（2）［夹钟，□］殹，□言殹，疾殹。（放马滩·日书乙种）

（3）受赁（任）猹（佐）邦，夙（夙）夜篚（匪）㪘（解、懈），进孯（贤）散（措）能。（中山王礨壶，集成 09735）

（4）辰者，地殹。星者，游（流）变殹。□□者，□。受武者，富。得游变者，其为事成。三游，变会。（放马滩·志怪故事）

判断句谓语一般由名词性词语充当，所以一价状态动词或以一价状态动词为中心的动词语作判断句谓语应是指称化了。

（二）修饰化

一价状态动词或以一价状态动词为中心的动词语处于定语、状语位置上时，它的表述功能就是修饰。

1. 作定语

（1）死人可（何）辠（罪）？生人可（何）𪐴（辜）？（清华贰·第九章）

（2）卜病人，不死。（放马滩·日书乙种）

（3）先阳，卜疾人，三禺黄钟，死。（放马滩·日书乙种）

（4）所言者忧病事也。（周家台·日书）

（5）人毋（无）故而鬼有鼠（予），是夭鬼，以水沃之，则已矣。（睡虎地·日书甲种）

（6）或为君贞：𠂤（以）亓（其）不良恚（蠲）瘳之古（故），尚毋又（有）米。（葛陵甲三：184－2、185、222）

（7）于是虖（乎）不赏不罚，不型（刑）不杀，邦无飤（饥）人，道逄（路）无殇死者。（上博二·容成氏）

（8）是以圣人亡为古（故）亡败；亡执古（故）亡遊（失）。临事之纪，訢（慎）冬（终）女（如）忖（始），此亡败事矣。（郭店·老子甲本）

（9）受不智（知）亓（其）未又（有）成正（政）。（上博二·容成氏）

（10）于是虖（乎）天下之兵大迟（起），于是虖（乎）𡨄（亡）宗鹿（戮）族戋

(残) 羣 (群) 安 (焉) 备 (服)。(上博二·容成氏)

(11) 追念乱世，分土建邦，以开争理。(峄山刻石)

(12) 二竹篓 (翣)。一敝犀。(包山 260)

(13) 入禾、发扁 (漏) 仓，必令长吏相杂以见之。刍稾如禾。(睡虎地·秦律十八种)

(14) 令隶妾数字者某某诊甲，皆言甲前旁有干血。(睡虎地·封诊式)

(15) 票 (飘) 风入人宫而有取焉，乃投以屦，得其所，取盎之中道。(睡虎地·日书甲种)

(16) 少 (小) 子，埜 (来)，圣 (听) 余言，登年不死 (恒) 至，耇老不遚 (复) 壮。(上博五·弟子问)

2. 作状语

(1) 安静毋苛，审当赏罚。(睡虎地·为吏之道)

(2) 此以生不可敓 (夺) 志，死不可敓 (夺) 名。(郭店·缁衣)

(3) 所曰圣人，亓 (其) 生赐羕 (养) 也，亓 (其) 死赐牂 (葬)，迲 (去) 蠠 (苛) 匿 (慝)，是目 (以) 为名。(上博二·容成氏)

(4) 佗 (施) 行出高门，视可盗者。(岳麓叁·魏盗杀安、宜案)

(5) 旞火延燔里门，当赀一盾；其邑邦门，赀一甲。(睡虎地·法律答问)

(6) 智 (知) 四海 (海)，至圣 (听) 千里，达见百里。(上博七·凡物流形甲)

第三节 出土战国文献一价心理动词

一、出土战国文献中的一价心理动词

一价心理动词具有［述人］［心理/情绪］［±自主］［不及物］的语义特征，这是区别一价心理动词和一价状态动词、一价动作动词的重要依据。

［述人］［心理/情绪］指的是一价心理动词都是表示人自身的心理感受、心理体验和心理经验的，都是反映人情绪变化的动词；一价心理动词都是用来指人的，指物时具有拟人的性质。

［±自主］指的是一价心理动词所表示的心理活动和情绪变化，有些是主体有意识的或有心的，是能由主体做主、主观决定、自由支配的；有些则是无意识的或无心的，是不能由主体做主、主观决定、自由支配的。

［不及物］指的是一价心理动词旨在描写人自身的心理活动，不涉及心理活动的对象，是属于所谓“非延”的心理过程。

下列一价心理动词都具有上述语义特征：

哀 (悲哀)、悲 (悲伤)、怵惕 (害怕)、怠 (懈怠、懒惰)、奋 (兴奋、振奋)、欢 (喜悦、高兴)、降 (欢悦)、骄 (自满、骄傲、高傲)、惊 (惊骇、震惊)、恐惧 (害怕)、困 (困惑)、乐 (快乐、愉快、高兴)、康乐 (安乐)、安乐 (安乐)、栗 (害怕、恐惧)、罹 (忧)、慢 (傲慢、骄傲、怠慢)、怒 (生气、愤怒、发怒)、戚 (忧愁、悲伤）、辱（感到耻辱）、伤（悲伤）、胜（好胜）、郁陶（忧思、郁积）、喜（喜悦、高兴、快乐）、欣喜（喜悦、高兴）、怿（喜悦）、愉（愉快）等。

以上共有27个一价心理动词。其中复音词共有6个，它们是：怵惕、恐惧、康乐、安乐、郁陶、欣喜。

这些一价心理动词，按其意义的不同可以分为如下几类：

喜悦义一价心理动词：喜（喜悦、高兴、快乐）、乐（快乐、愉快、高兴）、康乐（安乐）、安乐（安乐）、欣（喜悦、高兴）、怿（喜悦）、愉（愉快）、奋（兴奋、振奋）、欢（喜悦、高兴）、降（欢悦）。

惊奇义一价心理动词：惊（惊骇、震惊）。

愤怒义一价心理动词：怒（生气、愤怒、发怒）。

恐惧义一价心理动词：怵惕（害怕）、恐惧（害怕）、栗（害怕、恐惧）。

悲伤义一价心理动词：哀（悲哀）、悲（悲伤）、伤（悲伤）、戚（忧愁、悲伤）。

忧虑义一价心理动词：罹（忧）、郁陶（忧思、郁积）、困（困惑）。

羞耻义一价心理动词：辱（感到耻辱）。

骄傲义一价心理动词：骄（自满、骄傲、高傲）、慢（傲慢、骄傲、怠慢）、胜（好胜）。

懈怠义一价心理动词：怠（懈怠、懒惰）。

二、出土战国文献中一价心理动词的配价成分——经事

根据所表示内容的不同，出土战国文献中一价心理动词的经事词语可以有以下几类：

一是表人的名词语。例如：

（1）汤忞（怒），曰："篙（孰）洀（调）虗（吾）盬（羹）？"（清华叁·赤鹄之集汤之屋）

（2）武王䎽（闻）之忎（恐）䀠（惧）。（上博七·武王践阼）

（3）王逯（归），客于子=虞=（子蘧，子蘧）甚憙（喜）。（上博九·成王为城濮之行甲）

（4）此悳（德）型（刑）不齐，夫民甬（用）𢝊（忧）愓（伤）。（清华叁·芮良夫毖）

（5）民日愈（愉）乐，遆相弋勫。（上博六·用曰）

（6）君=（君子）药（乐）则絧（治）正，𢝊（忧）则遉（复），少（小）人药（乐）则悉（疑），𢝊（忧）则䎽（昏），妄（怒）则勳（胜），恖（惧）则伓（背），耻则軓（犯）。（上博二·从政甲）

上述作一价心理动词经事词语的，都是名词。有些是专有名词，有些则是普通名词。

二是表人之部分的名词。例如：

（1）未见君子，𢝊（忧）心不能惙惙；既见君子，心不能兑（悦）。（郭店·五行）

（2）未见君子，𢝊（忧）心不能𢘓（忡）𢘓（忡）；既见君子，心不能降。（郭店·五行）

（3）归居室，心不乐。（岳麓叁·学为伪书案）

（4）人毋（无）故而心悲也。（睡虎地·日书甲种）

这种名词只有"心"。古人认为，心是人的心理活动的器官。如悲是心悲，伤是心伤，

所以“心”能够成为一价心理动词的经事词语。

三是指代人的代词。例如：

先夫₌（大夫）𤔲（司）命（令）尹，受（授）司马，𦀚（治）楚邦之正（政），黔页（首）𦤬（万）民，莫不忻（欣）憙（喜），四海之内，莫弗𦖞（闻）子胃（谓）昜（阳）为贤于先夫₌（大夫），请昏（问）亓（其）古（故）。（上博八·命）

例中的“莫”，为否定性无定代词，是指人的。

四是表人的名词性短语。例如：

（1）鄦（许）人𤔔（乱），鄦（许）公𧓍出奔晋，晋人罹，城汝昜（阳），居鄦（许）公𧓍于颂（容）城。（清华贰·第十八章）

（2）佳（唯）司马贾欣詻战（俤）忞（怒），不能寍（宁）处，䢦（率）师征郾（燕）。（𧊒盗壶，集成09734）

（3）得者乐，遊（失）者哀。（郭店·语丛三）

例（1）中的“晋人”是定中短语，例（2）中的“司马贾”应是同位短语，例（3）中的“得者”和“遊（失）者”是“者”字短语，都是名词性短语。

三、出土战国文献中一价心理动词的句式

由一价心理动词所构成的句式有两种，一种是由一价心理动词作谓语中心的单中心谓语句，另一种是由一价心理动词作谓语一部分的复杂谓语句。

（一）单中心谓语句式

1. NP + V（NP 可省）

由一价心理动词所构成的单中心谓语句式，最常见的就是 NP + V 。这有两种情况，一是 NP + V 中的 NP 不省。例如：

（1）鄦（许）人𤔔（乱），鄦（许）公𧓍出奔晋。晋人罹，城汝昜（阳），居鄦（许）公𧓍于颂（容）城。（清华贰·第十八章）

（2）汤忞（怒），曰：“篙（孰）洀（调）虐（吾）羹（羹）?”（清华叁·赤𩾃之集汤之屋）

（3）得者乐，遊（失）者哀。（郭店·语丛三）

（4）君₌（君子）药（乐）则𦀚（治）正，恩（忧）则复（复），少（小）人药（乐）则𢜧（疑），恩（忧）则𦕎（昏），妄（怒）则𠢕（胜），思（惧）则伓（背），耻则𨊠（犯）。（上博二·从政甲）

上引例（1）至例（3）中的 NP + V，都是作复句中的分句，而例（4）中的 NP + V，如“君₌（君子）药（乐）”和“少（小）人药（乐）”，则是作紧缩复句中的分句。

另一是 NP + V 中的 NP 省略。例如：

（1）卯，朝见，喜；请命，许。（睡虎地·日书甲种）

（2）有得，怒。（周家台·日书）

（3）卲（昭）告大川有泲，曰：于（呜）虖（呼），悙（哀）哉！（葛陵零：9；甲三：23、57）

(4) 憙(喜)斯慆，慆斯奋，奋斯羕(咏)，羕(咏)斯猷(犹)，猷(犹)斯迲(舞)。(郭店·性自命出)

(5) 君子龏(恭)则述(遂)，乔(骄)则汭(侮)。(上博五·季庚子问于孔子)

(6) 和则藥(乐)，藥(乐)则又(有)惪(德)，又(有)惪(德)则邦豪(家)舉(举)。(郭店·五行)

上引各例中的NP都省略了，只剩下一价心理动词V。这个V在前3个例子中都作复句中的分句，但在后3个例子中则作紧缩复句中的分句。

NP+V中的V前也可以有状语，这是句中状语：

(1) 归居室，心不乐。(岳麓叁·学为伪书案)

(2) 不型(形)不安，不安不药(乐)，不药(乐)亡惪(德)。(郭店·五行)

(3) 王逯(归)，客于子=虡=(子蘧，子蘧)甚憙(喜)。(上博九·成王为城濮之行甲)

(4) 民之既教，上亦毋骄，孰道毋治，发正乱昭。(睡虎地·为吏之道)

(5) 未见君子，悳(忧)心不能惙惙；既见君子，心不能兑(悦)。(郭店·五行)

(6) 城(成)公惧亓(其)又(有)取安(焉)，而迪之亭(?)，为之惹(怒)，(上博九·灵王遂申)

(7) 既戳(战)酒(将)斅(量)，为之毋怠(怠)，毋思民矣(疑)。(上博四·曹沫之陈)

上引例(1)至例(3)NP+V中的V前，都出现了副词，有否定副词“不”，也有程度副词“甚”。例(4)中的V前，出现了两个副词“亦”和“毋”。例(5)中的V前，出现了“副词+助动词”。例(6)中的V前，出现了介宾短语“为之”。例(7)中的V前，出现了“介宾短语+副词”。

可见一价心理动词可受程度副词修饰，部分一价心理动词可受祈使否定副词修饰。

NP+V中的V后可以有补语，例如：

君子曰：子眚(省)，割(盖)憙(喜)于内，不见于外；憙(喜)于外，不见于内。(上博二·昔者君老)

这种例子很少见。

2. NP_1+NP_2+V

这种例子，一价心理动词之前出现了两个主语。例如：

黔页(首)墓(万)民，莫不忻(欣)憙(喜)。四海之内，莫弗瞍(闻)子胃(谓)易(阳)为贤于先夫=(大夫)，请昏(问)亓(其)古(故)。(上博八·命)

上引例子中的“黔页(首)墓(万)民，莫不忻(欣)憙(喜)”中，“黔页(首)墓(万)民”是大主语，“莫”是小主语，“莫不忻(欣)憙(喜)”是主谓短语作谓语。

(二)复杂谓语句式

1. 并列句

(1) 民日愈(愉)乐，遛相弋勋。(上博六·用曰)

(2) ☐少迖(迟)迭(速)从郢坔(来)，公子见君王，尚怠(怡)怿，毋见☐。(葛陵乙四：110、117)

(3) 丙，甲臣，桥(骄)悍，不田作，不听甲令。(睡虎地·封诊式)

(4) 隹(唯)司马贾欣路战(俾)忞(怒)，不能寍(宁)处，逵(率)师征郾

(燕)。(好䖵壶，集成 09734)

(5) 临事不敬，倨骄毋(无)人，苛难留民。(睡虎地·为吏之道)

上引各例中的并列句，如例(1)中的"民日愈(愉)乐"，其谓语部分都是两个动词的并列，中间不用连词连接。

2. 转折句

(1) 夫古者舜佢(居)于草茅之中而不忧，升为天子而不乔(骄)。佢(居)草茅之中而不忧，智(知)命也。升为天子而不乔(骄)，不流也。(郭店·唐虞之道)

(2) 君民而不乔(骄)，卒王天下而不矣。(郭店·唐虞之道)

(3) ☐屰行而信，先凥(居)忠也；贫而安乐。(上博八·颜渊问于孔子)

(4) 人毋(无)故而弩(怒)也，以戊日日中而食黍于道，遽则止矣。(睡虎地·日书甲种)

(5) 人毋(无)故而心悲也。(睡虎地·日书甲种)

上引各例中的转折句，如例(1)中的"升为天子而不乔(骄)"，其谓语部分的两个动词语之间是转折关系，中间用连词"而"连接。

3. 连谓句

(1) 武王䎽(闻)之忎(恐)䁂(惧)。(上博七·武王践阼)

(2) 穆穆济济，嚴(严)敬(敬)不敔(敢)怠(怠)荒。(中山王嚳壶，集成 09735)

(3) 尔母(毋)大而恀(肆)，母(毋)富而喬(骄)，母(毋)众而嚣。(中山王嚳鼎，集成 02840)

(4) 若卜贞邦，三族句(苟)旨(栗)而惕，三末唯(虽)敱(败)，亡大咎。(上博九·卜书)

(5) 凡忧思而句(后)悲。(郭店·性自命出)

(6) 毋忿怒以夬(决)。(岳麓壹·为吏治官及黔首)

上引各例中的连谓句，如例(1)中的"武王䎽(闻)之忎(恐)䁂(惧)"，其谓语部分的两个动词语之间是连谓关系。有些中间不用连词，如例(1)和例(2)；有些中间用连词"而"，如例(3)和例(4)；有些中间用连词"而句(后)"，如例(5)；有些中间用连词"以"，如例(6)。

四、出土战国文献中一价心理动词的指称化与修饰化

(一) 指称化

1. 有标记的指称化

出土战国文献中一价心理动词的有标记指称化用法，只见到一种，即跟"者"构成"者"字短语。

"者"是指称化的标记，"者"与一价心理动词所构成的"者"字短语"V+者"，是指称V的经事的。例如：

(1) 敬者得(得)之，怠(怠)者遊(失)之，是胃(谓)天棠(常)。(上博五·三德)

(2) 贫戋（贱）而不约者，虐（吾）见之壴（矣）；賏（富）贵而不乔（骄）者，虐（吾）䎽（闻）而▨。(上博五·弟子问)

(3) 聋（闻）道而藥（乐）者，好惪（德）者也。(郭店·五行)

(4) 牙（与）曼（慢）者凥（处），员（损）。(郭店·语丛三)

这种“者”短语中的V，可以是单个动词，也可以是包括一价心理动词的动词性短语。这种“者”短语可以作语句的主语、判断句谓语、介词的宾语。

2. 无标记的指称化

有作主语、作宾语、作判断句谓语三种情况。

A. 作主语。

(1) 哀生于忧。(郭店·语丛二)

(2) 恶生于眚（性），忞（怒）生于恶。(郭店·语丛二)

(3) 憙（喜）生于眚（性），乐生于憙（喜）。(郭店·语丛二)

(4) 为机曰：“皇₌（皇皇）佳（惟）堇（谨），訇（怠）生敬。”(上博七·武王践阼)

(5) 乐之所至者，㤅（哀）亦至安（焉），㤅（哀）乐相生。(上博二·民之父母)

(6) 怺（哀）、乐，其眚（性）相近也，是古（故）其心不远。(郭店·性自命出)

(7) 立为玉閨（门）。亓（其）乔（骄）大（泰）女（如）是牆（状）。(上博二·容成氏)

(8) 甬（用）青（情）之至者，怺（哀）乐为甚。(郭店·性自命出)

(9) 伡草茅之中而不忧，智（知）命也。升为天子而不乔（骄），不流也。(郭店·唐虞之道)

B. 作宾语。

一价心理动词作宾语有两种情况，一是作动词的宾语，一是作介词的宾语。作动词宾语的例子如：

(1) 人態（宠）辱若缨（惊），贵大患若身。可（何）为態（宠）辱？態（宠）为下也。得之若缨（惊），遊（失）之若缨（惊），是胃（谓）態（宠）辱辱（若）缨（惊）。(郭店·老子乙本)

(2) 大（太）子乃亡䎽（闻）、亡圣（听），不䎽（闻）不命（令），唯㤅（哀）悲是思，唯邦之大矛（务）是敬。(上博二·昔者君老)

(3) 繇（由）豊（礼）智（知）乐，繇（由）乐智（知）怺（哀）。(郭店·尊德义)

(4) 邦虘（且）亡，亚（恶）圣人之悬（诲）；室虘（且）弃，不隓（随）祭祀，唯懘（怒）是备（服）。(上博五·三德)

(5) 亓左右相伀（公）自善曰：“盍必死愈为乐虖（乎）?”(上博六·竞公疟)

(6) 怠勳（胜）义则丧，义勳（胜）怠则长。(上博七·武王践阼)

(7) 寅：西凶，北得，东、南逢喜。(放马滩·日书乙种)

(8) 丑，朝见，有奴（怒）。晏见，有美言。昼见，禺（遇）奴（怒）。日虒见，有告，听。夕见，有恶言。(睡虎地·日书甲种)

(9) 禹须臾：戊己丙丁庚辛旦行，有二喜。甲乙壬癸丙丁日中行，有五喜。庚辛戊己壬癸餔时行，有七喜。壬癸庚辛甲乙夕行，有九喜。(睡虎地·日书甲种)

(10) 居丧必又（有）夫𢖿（恋）𢖿（恋）之怺（哀）。(郭店·性自命出)

由一价心理动词所构成的宾语，一般放在动词之后。有时则前置，如上引例

(2)、例(4)。

作介词宾语的例子如：

(1) 悲生于乐。(郭店·语丛二)

(2) 乘(胜)生于忞(怒)，基生于乘(胜)。(郭店·语丛二)

(3) 憙(喜)生于眚(性)，乐生于憙(喜)。(郭店·语丛二)

(4) 则以怵(哀)悲位(莅)之。(郭店·老子丙本)

(5) 多隂(险)目(以)难成，视之台(以)康乐。(上博六·用曰)

(6) 至型(刑)㠯(以)恣(哀)，𢡃(去)目(以)𢘽(悔)。(上博五·三德)

(7) 𢡺(唸)游(由)怵(哀)也，喿游(由)乐也，𪫑游(由)圣(声)[也]，䛒游(由)心也。(郭店·性自命出)

能带一价心理动词为宾语的介词，可以是"于"，也可以是"以"和"由"。

C. 作判断句谓语。

(1) 迵(踊)，哀也。三迵(踊)，㝵(文)也。(郭店·语丛三)

(2) 庚辛梦青黑，喜也，木水得也。(睡虎地·日书乙种)

(3) 壬癸梦日〈白〉，喜也；金，得也。(睡虎地·日书乙种)

(4) 姑先，善殹，喜殹，田宇池泽之事殹。(放马滩·日书乙种)

(二) 修饰化

一价心理动词语处于定语、状语位置上时，它的表述功能是修饰。

1. 作定语

(1) 𤔔(乱)节而𢡃(哀)圣(声)。(上博五·弟子问)

(2) 人毋(无)故而鬼取为胶，是是哀鬼。(睡虎地·日书甲种)

(3) 凡忧患之事谷(欲)妊(任)，乐事谷(欲)后。(郭店·性自命出)

(4) 民又(有)余(余)飤(食)，无求不㝵(得)，民乃赛，乔(骄)能(态)訇(始)复(作)，乃立咎(皋)𡎺(陶)目(以)为李(李)。(上博二·容成氏)

(5) 既戰(战)而又(有)𢙒=(怠心)，此既戰(战)之几。(上博四·曹沫之陈)

(6) 憙(喜)𢘓(怒)怵(哀)悲之𣱵(气)，眚(性)也。(郭店·性自命出)

(7) 𩠐(夏)栾之月己丑之日，目(以)君不𢜬(怿)之古(故)，𨗶(就)祷𩂆(灵)君子一猎；𨗶(就)祷门、户屯一𤛮(羖)；𨗶(就)祷行一犬。壬唇(辰)之日[祷之]☐。(葛陵乙一：28)

作定语的一价心理动词语之后，一般不用助词"之"；但在某些情况下也可以用助词"之"。

2. 作状语

憙(喜)谷(欲)智而亡末，乐谷(欲)罼而又有志，忧谷(欲)佥(敛)而毋惛，𢘓(怒)谷(欲)浧(盈)而毋暴。(郭店·性自命出)

这是说喜悦时应该怎样，快乐时应该怎样，忧虑时应该怎样，愤怒时应该怎样。这种例子很少见。

第三章　出土战国文献二价动作动词研究

出土战国文献中的二价动作动词主要有四类，即出土战国文献中带受事的二价动作动词、带成事的二价动作动词、带位事的二价动作动词、带与事的二价动作动词等。在这四种动词中，带受事的二价动作动词数量最多，最为常见。

第一节　出土战国文献带受事的二价动作动词

一、出土战国文献中带受事的二价动作动词

出土战国文献中带受事的二价动作动词具有最典型的动词语法特点，有［动作］［自主］［及物］的语义特征。

［动作］指动作行为，即人或动物的全身或身体一部分所进行的活动。它是外在的，不同于人的内在心理活动。它也不同于状态，动作一般都具有自主性，而状态一般具有非自主性。

［自主］指动作行为的发出是有意识或有心的，能由施事者做主、主观决定、自由支配。

［及物］指施事在发出动作行为的过程中会使受事发生运动变化。

下列带受事的二价动作动词都具有上述语义特征：

案（考察、查考、视察）、案致（考查）、拔（拔除、拔出）、罢（废弃）、拜$_1$（表示恭敬的一种礼节）、拜$_2$（拜爵、授官）、拜手（同“拜”）、傍（依凭、靠近）、谤（公开指责过失，毁谤）、包$_1$（包裹、包容、包藏、包围）、包$_2$（保，相保，指罪人被流放时家属随往）、保$_1$（守护、保护、保持、保佑）、保$_2$（抱）、抱（以臂合围持物）、报（回来报告、答复、复信；报复）、葆（维修）、葆缮（维修）、暴（欺凌、残害）、背$_1$（违背；背叛）、背$_2$（背对着）、背$_3$（离开；抛弃）、倍（违背、背叛）、备（预备、准备）、闭$_1$（关门）、闭$_2$（阻塞、封锁）、蔽（蔽志、断志）、避（躲开、回避、逃避；避免、防止；违背）、辟$_1$（捶胸）、辟$_2$（治罪、惩罚；加罪名，立案）、辟$_3$（征召；开辟、开拓）、变（改变）、辨$_1$（辨别、区分、分别；剖、分；明辨、区分得清楚）、辨$_2$（治理）、别$_1$（分别、区别；分出）、摈（排斥、抛弃）、秉（握住、拿住；秉持；执掌；坚持）、屏（抑止）、并（兼并、吞并；合并）、并兼（兼并、吞并）、搏（捕捉）、播$_1$（分布、颁布）、播$_2$（弃）、捕（捕捉、捉拿）、餔（傍晚时吃；吃）、卜（占卜，用火灼龟甲取兆，以预测吉凶）、补（补衣服等；补充；裨益、滋补）、补缮（修补）、布$_1$（陈列、铺开；宣布、

公布）、布$_2$（陈述）、采（摘取；开采）、参$_1$（参与）、参$_2$（三分）、残（杀；伤害、损害）、操（拿着、执持；掌握、控制；作、应用）、厕（杂置、参加）、测（测量、量水深）、察（观察、仔细看；明察、看得清楚；考察、考核）、尝（辨别滋味；吃）、长（作首领；领导、主管；凌越）、朝（臣朝见君主；拜见、会见）、彻（撤除、撤下；拆毁）、瞋（睁大眼睛）、臣（以……为臣）、陈（陈列、排列）、称$_1$（推举、举用）、称$_2$（称述、称说；称呼；称扬）、称议（酌情）、承$_1$（辅佐）、承$_2$（奉、受；承受、接受；接续、继承；顺从、奉承）、乘$_1$（乘坐；驾）、乘$_2$（登上）、乘$_3$（进行乘法运算）、笞（用鞭子打）、持（执、握、把握；保持、持有）、驰（赶马快跑）、齿（估定牛的年岁）、饬（鞭打）、斥（指责、斥责）、抶（鞭打）、冲（冲撞、冲击；犯、触犯）、舂（用杵臼捣去谷类的壳）、除$_1$（去掉、除去、免除、清除）、除$_2$（修治、开辟）、除$_3$（减去：数学计算方式之一）、处$_3$（处理、安排）、传（逮捕）、辍（制止）、辞$_1$（推辞、不接受；辞退、辞遣）、辞$_2$（解说、把意见告诉别人；起诉、诉讼）、刺（用尖锐的东西直戳、刺杀）、刺杀（刺杀）、从$_1$（跟随、依从；听从、顺从）、从$_2$（参与做；从事、做）、从事（参与做、做事；服役）、存（抚恤）、撮（抓取、摘取）、措（施行、实行）、答（对对方的行事做出回应；用言语回应对方的提问）、达（表达、传达）、大（扩大）、逮（及、赶上）、待（等待；对待）、代（替代）、戴$_1$（用头顶着）、戴$_2$（尊奉、拥戴）、带（佩带）、担（肩挑、扛）、当$_1$（抵挡、阻挡、担当）、当$_2$（抵作）、导（引导、遵循；疏通）、蹈（踩蹈、登上）、道（述说、谈论）、登$_2$（登记、登记户口）、颠（倾覆、颠倒）、垫（填埋）、雕（刻画、装饰）、定（确定、规定；决定、肯定）、读$_1$（诵读；阅读、看）、读$_2$（抽释、研究）、杜（堵塞、杜绝）、断$_1$（决断、断狱）、断$_2$（截断、折断、断绝）、对（应答；配）、掇（拾取；摘、选取）、发$_1$（发动、征发；发扬）、发$_2$（发掘、打开、拆阅文书）、乏（废、荒废）、罚（处罚；惩处）、伐$_1$（砍伐；敲击；击刺；征伐）、伐$_2$（夸耀、矜伐）、法$_1$（效法、取法）、法$_2$（统一）、燔（焚烧；烤、炙）、反$_1$（翻转、覆）、反$_2$（违反、违背）、反$_3$（背叛、造反）、反$_4$（放弃、摆脱）、饭（吃）、犯$_1$（侵犯；触犯、冒犯；侵害）、犯$_2$（犯罪）、放（仿效）、非（责难、诋毁）、诽（指责过失、毁谤）、废（废弃；废除；撤职）、分（划分；分辨、分别；分担）、焚（烧）、奋（扬起；发动）、封（封闭；封缄；查封）、风（动、乱动）、讽（背诵）、奉$_1$（捧着；奉行）、奉$_2$（侍奉；事奉）、伏$_1$（趴；埋伏、潜伏）、伏$_2$（守候）、服$_1$（从事、做、准备）、服$_2$（担当、承受、承认）、服$_3$（驾、驾车）、服$_4$（穿戴）、服$_5$（吃、服用药物）、扶（搀扶、扶持）、拂（违背、逆）、辅（辅助、辅佐、协助）、抚$_1$（摸、抚摩）、抚$_2$（抚慰）、抚$_3$（据有、占有）、附（亲近；靠近；归附）、负$_1$（用背驮东西）、负$_2$（承担、承载）、负$_3$（违背、背弃）、复$_1$（重复做某事；恢复）、复$_2$（宽宥）、傅（登记）、敷（布陈）、覆$_1$（颠覆、倾覆）、覆$_2$（覆盖、掩蔽）、覆$_3$（复核、重审；审察）、改（改变、变更）、盖（覆盖）、干（为……作栏）、割（切割、宰杀）、歌（唱）、更$_1$（改、更改、改变）、更$_2$（轮流、替代；交替）、攻$_1$（进攻、攻杀；从事、进行）、攻$_2$（责让）、攻$_3$（治、修缮）、拱（执）、诟（询；责骂、辱骂）、鼓（弹奏、敲击）、顾$_1$（回头看、看）、观$_1$（细看、观察、有目的地看）、观$_2$（观赏、游览）、冠（戴、戴帽子）、归（归附、归向）、裹（包、包裹；装）、过（责备、怪罪）、害（伤害、侵害、杀害）、号$_1$（大声喊叫、呼喊）、号$_2$（发布命令）、核（核查、考查）、和$_1$（调和）、和$_2$（附和、回应、酬答）、贺（奉送礼物相庆祝；祝贺、庆贺）、后$_1$（给……做嗣子、继承）、后$_2$（处在……之后）、化（教化、感化）、画（绘画、描绘）、划（用锥刀刻；割裂）、怀$_1$（怀藏；怀孕）、怀$_2$（归向、归属）、怀$_3$（安抚）、坏（拆毁、毁坏）、还（旋转、回转）、还（遵循）、换（变易、更易）、堕（毁坏、毁弃）、毁$_1$（毁坏、破坏）、毁$_2$（诽谤、毁谤）、会$_1$（会合、汇聚）、会$_2$（会见、相会、会聚；特指朝见君王、盟会）、讳（忌讳、隐讳；回避、顾忌）、积（积聚、积累）、增积（积聚）、稽（考查、考察、核对）、击（打、敲；杀、刺；攻打）、迹（追踪；探求踪迹、推究）、赍（持、携带）、藉$_1$（践踏）、藉$_2$（凭借、依靠）、集$_2$（集合、聚集）、集$_3$（成、成就）、疾（敏捷、尽力、努力）、及$_1$（追上、赶上）、挤（排、推；排斥、陷害）、给（供事、服役）、忌（忌讳、禁忌）、寄（依附）、计（计算、算账）、继（继续、延续）、济$_2$（成就、成功）、嘉（赞美、表彰）、夹（从左右挟持、聚在两旁）、假（代、代理）、兼（兼并、吞并）、监（监视；监守、掌管）、监视（监视）、间$_1$（非）、间$_2$（厕身其间）、间$_3$（修缮）、攻间（修缮）、谏（规劝尊长；纠正、更正）、践$_1$（踩、践踏；经历、到临）、践$_2$（登上、就任）、践$_3$（履行、实践）、见（谒见、拜见；会见；看、视）、荐（推荐）、鉴（以……为镜子；借鉴）、将$_1$（带领、携领、带）、将司（带领）、将$_2$（率、率领）、骄（怠慢、傲慢）、教（教育、教化）、矫$_1$（纠正）、矫$_2$（假托、诈称）、校$_1$（考核）、校$_2$（加木械）、接（接受）、揭（掀起衣服）、竭（用尽、穷尽）、节（节制；校量、勘验）、劫（威胁、勒索）、结（打结）、解（解开；解除、化解；解释、辩解）、戒（防备、警戒）、介$_1$（分；助）、介$_2$（覆盖）、进$_1$（长进、进步、增进）、进$_2$（推荐、推举、引进）、禁（禁止）、矜（自夸、自负、自恃）、谨（谨防、严守）、儆（警戒）、警（警戒）、灸（针灸）、僦（租赁）、救$_1$（阻止、平息）、救$_2$（救助、救护）、拘（逮捕、拘禁）、居$_2$（处于）、居$_3$（居作、罚在官府服劳役）、举$_1$（举起）、举$_2$（揭发、检举）、举$_3$（推荐、选用）、举$_4$（行、行事）、举$_5$（养育、哺育）、据$_1$（靠、依靠）、据$_2$（处于、占有）、拒$_1$（抵御、拒绝）、拒$_2$（向外推）、聚（会合、集合、聚积）、具（具备、备办、完成）、掘（挖、挖掘）、决$_1$（排除壅塞、引导水流）、决$_2$（撕裂；截断、砍破）、决$_3$（决断；判决）、抉（挑出、挖；撬）、君（统治）、开（打开；张开；开启）、考（考查、考究；考校、衡量）、刻（雕刻）、夸（夸奖、赞美）、匡（纠正、匡正）、窥（窃视）、睽（违背、乖离）、溃（毁坏、毁弃）、赖（依赖、依靠）、劳$_1$（慰问、慰劳）、劳$_2$（为……而辛劳）、累（累计）、累（累计）、类$_1$（分类、同类）、类$_2$（祭告天）、礼（以礼相待）、理（治理、调理）、戾$_1$（帅）、戾$_2$（至）、厉（砥砺、磨砺）、立（树立；创立、设立）、莅（临视、监临；治理）、连（连接、连续）、量（度量、衡量、测量）、料（称量；估计数量）、县料（称量）、列（罗列、陈列）、裂（撕裂、分割）、临$_1$（居上视下、俯视；视角向下地面对）、临$_2$（来到、莅临、走近）、临$_3$［（居高位）统治（下民）］、陵（侵陵、欺侮）、令（发布命令、命令）、留$_2$（留存、保留）、流$_1$（传布、流传）、流$_2$（漂泊、流浪）、戮（杀；陈尸示众）、履$_1$（踩踏）、履$_2$［穿（鞋）］、论$_1$（议论；评论）、论$_2$（编排）、罗（包罗、囊括）、落（指宫室刚建成时举行祭祀）、冒$_1$（覆盖）、冒$_2$（冒犯、冲击）、蒙（覆盖、包裹）、盟（神前誓约、结盟；个人向天发誓，永不变心）、靡$_1$（分）、靡$_2$（浪费）、勉$_1$（尽力、努力去做）、勉力（努力去做）、勉$_2$（增加）、免$_1$（除去、脱掉；释放）、免$_2$（逃避、逃脱、免祸）、灭（消灭；消除）、明（彰显、显明；明确）、摩$_1$（摩擦）、摩$_2$（熄灭）、没$_1$（没收）、牧$_1$（放牧）、牧$_2$（养、培养）、牧$_3$（治理、统治；消除）、冗募（征求）、纳（接纳、采纳、容纳）、入$_2$（买入、购入）、挠（搅和）、能（有能力做）、拟（比拟）、逆$_1$（迎、迎接）、逆$_2$（迎战）、迎$_3$（迎受、接受）、逆$_4$（违背、触犯、抵触）、弄（玩弄；玩耍、游戏）、判（分裂，割裂）、佩（佩带）、烹（煮）、捧（双手承托）、披（覆盖或搭衣于肩背）、被$_1$（覆盖）、被$_2$（穿在身上或披在身上）、辟$_1$［加上（罪名）］、辟$_2$（开辟、开拓）、聘$_1$（诸侯之间通问修好）、聘$_2$（聘请、招请）、凭（靠）、破（剖开、挖开）、期$_2$（相加）、欺（欺骗、欺诈；欺负、欺凌）、戚（接近）、骑（骑）、起$_2$（发动；起事、作）、起$_4$（打开；开通；启发、开导）、启$_1$（开门；开、打开）、启$_2$（开拓）、弃（抛弃、舍去）、弃市（在市场中当众处死）、牵（拉、牵引向前）、潜（测、探测、试探）、谴（谴责、责备）、强（勉力、勉强、强迫）、强攻（抢劫）、窃（偷窃、盗窃）、侵（越境进犯、侵犯）、侵食（侵蚀）、亲（亲近、亲爱）、黥（在脸上刺字并涂上墨，古代刑罚）、请（谒见）、穷（穷究）、驱$_1$（策马前进）、驱$_2$（驱逐、驱赶；驱使）、趣（趋向、奔赴）、去（去掉、除掉、扔掉）、劝（鼓励、勉励、奖励）、却（拒绝、推辞不受、驳回）、群（聚集、会合）、任（承担、担任；用）、容（形容）、茹（吃）、辱（侮辱）、入（接受、接纳；买入；带入）、散（击杀）、丧（丢掉）、塞$_1$（堵塞）、塞$_2$（补救、弥补）、赛（比赛、较量）、杀（杀死、杀戮）、缮（修缮、使完善；保养）、补缮（修缮）、葆缮（修缮）、伤（伤害、损害）、少（减少）、舍（放弃、舍弃）、射［射（箭）］、弋射（用带绳的箭射）、赦（赦免、宽恕罪过）、设（施行）、摄$_1$（牵引、联系）、摄$_2$（收拢、收敛）、申（伸展、舒展；施、用）、审（详知、知悉；详察、仔细观察）、慎（谨慎地对待）、省$_1$（视察）、省$_2$（省问、问候）、省$_3$（考查、检查、验收）、狝（秋猎）、施（推行、施行、履行）、师（效法、取法）、失（放走）、识（加上标记）、食$_1$（吃）、食$_2$（受纳）、使$_1$（治理、统治；支配、役使、使用）、使$_2$（出使）、释（放下、放开；释放、放弃；消除、化解、赦宥）、事$_1$（从事、做、用）、事$_2$（侍奉、服侍）、事$_3$（役使）、视$_1$（看、观察、巡视；对待、看待）、视平（督看，以保证公平）、视$_2$（效法、比照）、视$_3$（治、办）、视事（治事、办公）、饰（装饰、修饰）、试（用、启用；测试、尝试）、恃（依靠、依赖、凭借）、侍$_2$（侍奉、侍候）、收$_1$（拘捕；捕取）、收$_2$（收取、收藏、收回、没收、容纳）、收$_3$（结束、止息）、守$_1$（防守、守卫、守护；保持、保有）、守$_2$（掌管；代理）、疏$_1$（疏通）、疏$_2$（疏远）、疏$_3$［分条（记载）］、疏书（分条记录）、熟（煮熟）、数（计算、查点）、属（跟着做）、束（约束、限制）、衰（依次递减）、衰分（按比例分配）、帅$_1$（率领、带领）、帅$_2$（遵循）、率$_1$（率领、带领）、率$_2$（遵循）、率$_3$（计算）、说（劝说、说服）、顺（顺应、依顺、顺从、顺着）、司（主管、掌管、管理）、将司（带领、监管）、死（杀死、处死）、祀（祭祀）、祭祀（祭祀）、祠祀（祭祀）、诵（诵读；陈述、陈说）、送（送行）、讼$_1$（控告、诉讼；辩冤）、狱讼（诉讼）、讼$_2$（歌颂、颂扬）、宿$_2$（宿卫）、宿卫（夜间守卫）、随（跟随、顺从；随着、顺着）、遂$_1$（前往、前往）、遂$_2$（完成、成功；顺）、祟（鬼神给人制造灾祸）、谇（责问、责骂、责让、申斥）、损（减少、损害）、探（摸取）、逃（逃避、躲开）、提（拔脱）、替（废弃）、田（耕田）、田作（耕田）、调（调和、调节、调理）、听$_1$（用耳朵接收声音）、听$_2$［治理；处理（诉讼）］、听$_3$（等待）、通（疏通）、同（相加）、投$_1$（投奔）、投$_2$（掷骰子）、突（咬穿）、屠（宰杀；残杀）、涂（涂抹、粉饰）、图（设法对付；谋取）、推（排除、排去）、吞（吞咽）、脱$_1$（除去、除掉）、脱$_2$（释放）、完（古代一种轻刑，对囚犯不剃头发、不施加肉刑）、往（归向、归往）、望（远看、远望；瞻望、景仰）、王（称王、统治）、围（包围、环绕）、违（违背）、为$_1$（做、作为；担任；冒充）、为$_2$（进行）、畏

（恐吓）、卫（保卫、防护、保护）、遗（遗留、遗弃、遗漏、遗失）、谓（说）、味［进（食物）］、文（文饰、遮掩）、节文（制定礼仪使其行之有度）、问$_1$（问候、慰问、探望）、问$_2$（聘问）、诬（诬蔑、诬告）、侮（轻慢、侮辱、欺负）、务（努力从事、致力；使劲反抗）、袭$_1$（进入、侵袭；偷袭、袭击）、袭$_2$（窃取）、袭$_3$（接续、继续；继承、沿袭）、洗（洗脚；洗涤）、徙$_2$（调任、调动；调换）、洒（洒上、散落）、戏（戏弄；嘲弄）、系（系）$_1$（拘囚、拘禁）、系（系）$_2$（连接；拴、系束）、系（系）$_3$（捆绑、束缚）、下$_2$（居人下、谦下、屈从、谦恭对待）、先（先行、先做某事；把……放在先；先于、在……之先）、陷（陷害）、降（投降）、享（享受、享用；接受宴饮；鬼神接受祭祀）、飨（飨）$_1$（设酒宴请；设酒食祭祀）、飨（飨）$_2$（接受宴饮；鬼神接受祭祀）、相$_1$（视察）、相$_2$（占视）、相$_3$（辅助、帮助；引导）、笑（讥笑、嘲笑）、效$_1$（效法、仿效、模仿）、效$_2$（验、核验、点验）、挟$_1$（夹持、怀藏、拥有）、挟$_2$（胁持）、兴（振兴；举荐；举行、做、行动；兴造、兴建；征发、征集；创立、创办）、循行（巡视、巡察）、案行（巡视、巡察）、行$_2$（做、从事；施行、执行、推行、进行；征发、征集；疏通）、刑（惩罚、刑罚；杀）、修$_1$（修饰、修理、治理、整理）、修$_2$（修养；培养）、嗅（用鼻子辨别气味）、许（答应、允许）、许诺（答应、允许）、畜$_1$（养、养育、畜养、收容）、畜$_2$（积蓄、积聚、储藏）、续（继续）、选（选择、挑选）、削（国土削减；侵削；除去）、穴（挖洞）、巡（巡行、巡察）、延（伸展、引长、继续）、言（说、说话）、厌（压、抑）、扬$_1$（扬起、掀起；弘扬）、扬$_2$（传播、称颂）、仰（抬头望）、养$_1$（生养）、养$_2$（养护、保持）、养$_3$（供养、事奉）、养$_4$（纵容）、徼（半路迎候、拦截）、要（要挟、威胁）、揖（拱手行礼）、依（依靠、靠近；依仗、依循）、移$_1$（迁移）、移$_2$（移动）、移$_3$（改变、变化）、倚（斜靠、倚靠）、以（用）、衣［穿（衣）、备衣服；供衣服］、易（改变、换掉）、役（役使、驱使）、逸（释放）、佚（释放）、劓（割去鼻子）、弋（用带绳子的箭射）、议（议处）、异（区分、分开、选择）、因$_1$（依靠、凭借、顺应）、因$_2$（沿袭）、引$_1$（开弓）、引$_2$（延长；拉、牵）、饮（喝）、隐$_1$（隐藏、隐蔽、潜藏）、隐$_2$（隐瞒；隐讳）、营$_1$（经营、谋划）、应$_1$（应对、答应）、应$_2$（应和、回应）、壅（堵塞）、用$_1$（使用；任用）、用$_2$（听从）、友（交友、亲近）、与$_1$（帮助、援助）、与$_2$（结交、亲附、跟随；在一起）、誉（称赞、称道、赞美）、御（抵挡、抗拒、防备；禁止、拒绝）、御$_1$（驾驭）、御$_2$（统治、治理）、御$_3$［（皇帝等）使用］、御$_4$（让……侍寝）、喻（说明、表明、讲明白）、育（养育）、浴（洗）、原（督察）、援$_1$（拉、牵引；执持）、援$_2$（救援）、远$_1$（疏远、不接近、远离）、远$_2$（乖离、违背）、约$_1$［缠束；（套）车］、约$_2$（束缚、约束、阻止）、约$_3$（订立盟约；约定）、约结（订立盟约；约定）、曰（说）、刖（割断）、越（越过）、云（说）、运（搬运）、杂（掺杂、混合）、宰（屠宰、杀牲）、载（承载、负载；承担、担负）、择（挑选、选择；区别）、贼（残害、伤害；残杀、杀害）、诈（欺骗）、占$_1$（占卜，视兆以知吉凶；灵验）、占$_2$（登记、登入簿籍）、瞻（向上看或向前看；视察）、展$_1$（伸开）、展$_2$（记录、校录）、斩（砍、杀；断绝）、张（打开）、招（打手势呼人、招致）、召（召唤、招致）、诏（告诫、教诲）、折（折断）、磔（肢解）、谪$_1$（怒责）、谪$_2$（处罚、惩罚）、诊（检验）、镇（镇压、镇服、抑制）、振（摇动）、征（召、求；征发、征税）、拯（救）、整（整备、整理）、正（正法、治罪）、证（作证）、支（支持）、值（估价、评估价值）、植（竖立、树立；放置）、执$_1$（拿着；执管；执行；固执、坚持）、执$_2$（捉拿、拘捕）、执剂（掌管铜锡的比例；一说调和各种金属的配比）、止$_1$（留住）、止$_2$（阻止、禁止、使停止）、致$_1$（用）、致$_2$（致力；推究）、案致（考查、推究）、治（治理、管理；泛指处理其他事情）、置（树立、设立、任命）、制$_2$（控制、统制、节制、制止；裁决）、志（记载）、窒（堵塞）、桎（戴脚镣）、踵$_1$（追逐、跟随）、踵$_2$（踩；到、走到）、重（加重、增加）、周（环绕）、诛（谴责、声讨；惩罚；杀戮）、逐$_1$（追赶、追逐）、逐$_2$（驱逐、赶走；放逐、流放）、逐$_3$（追随、跟随）、主（主持、主管、执守）、助（帮助）、追$_1$（追赶）、追$_2$（追溯、回溯）、捉（握、持）、濯（洗涤）、资（凭借、依靠、取用）、訾（诋毁、批评）、总（集合）、纵$_1$（放、发；放走；开禁）、纵$_2$（放纵、听任不管）、走（奔赴、奔向、趋向）、罪（惩罚、惩处、判罪）、捽（揪住）、佐（辅佐、帮助）、作$_2$（做、干、进行、从事；充当、担当、用作；振兴；改变）等。

二、出土战国文献中带受事的二价动作动词的配价成分——施事和受事

（一）施事

1. 表人的名词语

（1）立廿又一年，晋文侯戟（仇）乃杀惠王于鄹（虢）。（清华贰·第二章）

（2）伋（隰）偲（朋）㚔（与）鞈（鲍）弔（叔）酉（牙）皆拜。（上博五·鲍叔牙与隰朋之谏）

（3）君王所改多$_=$（多多），君王保邦。（上博六·平王问郑寿）

（4）信以结之，则民不怀（倍）。（郭店·缁衣）

（5）小人将敷（捕）之，夫自伤。（包山·疋狱 142）

（6）四月丙午朔癸丑，迁陵守丞色下：少内谨案致之。（里耶壹 8－155）

（7）里中备火。（岳麓壹·为吏治官及黔首）

（8）善建者不梟（拔），善休（保）者不兑（脱）。（郭店·老子乙本）

（9）近臣不讦（谏），远者不方（谤）。（上博五·鲍叔牙与隰朋之谏）

这种例子最为常见，因为动作行为一般都是由人发出来的。

2. 表人之部分的名词语

（1）言之而不义，口勿言也；视之而不义，目勿视也；圣（听）之而不义，耳勿圣（听）也。（上博五·君子为礼）

（2）凡悦人勿墍（吝）□，身必坐（从）之。（上博一·性情论）

（3）善事其上者，若齿之事舌（舌），而终弗齧（噬）。（郭店·语丛四）

人的动作，往往由人的某一部位发出，所以会有这种例子。

3. 表邦、国等单位的名词语

（1）卲（昭）[王] 即立（位），陈、鄬（蔡）、㝬（胡）反楚，与吴人伐楚。（清华贰·第十九章）

（2）三日，大雨，邦蕙（赖）之。（上博四·柬大王泊旱）

（3）县葆禁苑、公马牛苑。（睡虎地·秦律十八种）

国家和行政单位一般是由君主、长官控制的，所以可以发出动作行为。

4. 表鬼神的名词语

（1）并于大时，神明将从，天地右（佑）之。（郭店·唐虞之道）

（2）道亘（恒）亡名，仆（朴）唯（虽）妻（细），天陞（地）弗敢臣。（郭店·老子甲本）

（3）壬申会癸酉，天以坏高山，不可取（娶）妇。（睡虎地·日书甲种）

（4）凡是日赤啻（帝）恒以开临下民而降其英（殃），不可具为百事，皆毋（无）所利。（睡虎地·日书甲种）

（5）鬼恒责人，不可辞，是暴（暴）鬼。（睡虎地·日书甲种）

（6）鬼恒从男女，见它人而去。（睡虎地·日书甲种）

（7）凡邦中之立丛，其鬼恒夜謼（呼）焉，是遽鬼执人以自伐〈代〉也。（睡虎地·日书甲种）

（8）诘咎，鬼害民罔（妄）行，为民不羊（祥）。（睡虎地·日书甲种）

（9）人毋（无）故鬼昔（藉）其宫，是是丘鬼。（睡虎地·日书乙种）

（10）鬼恒逆人，入人宫，是游鬼，以广灌为载以燔之，则不来矣。（睡虎地·日书甲种）

（11）壬癸死者，明鬼祟之，其东受凶（凶）。（睡虎地·日书乙种）

（12）阳日：百事顺成。邦郡得年。小夫四成，以蔡（祭），上下羣（群）神乡（飨）之，乃盈志。（睡虎地·日书甲种）

5. 表动物的名词语

（1）虎欲犯，徒出射之，弗得，赀一甲。（睡虎地·秦律十八种）

（2）狰貌飤（食）虎，天无不从。（上博五·三德）

（3）人过于丘虚，女鼠抱子逐人。（睡虎地·日书甲种）

6. 表事物的名词语

（1）天火燔人宫，不可御（御）。以白沙救之，则止矣。（睡虎地·日书甲种）

（2）凡有大票（飘）风害人，择（释）以投之，则止矣。（睡虎地·日书甲种）

（3）云气袭人之宫，以人火乡（向）之，则止矣。（睡虎地·日书甲种）

（4）梦衣新衣，乃伤于兵。（岳麓壹·占梦书）

（5）往言剔（伤）人，逨（来）言剔（伤）己。（郭店·语丛四）

7. 指代人的代词

（1）余陈（田）趄（桓）子之裔孙，余寅（夤）事齐厌（侯），欢血（恤）宗家。（陈逆簠，集成 04630）

（2）女（如）上帝禠（鬼）神目（以）为恿（怒），虐（吾）牺（将）可（何）目（以）倉（答）？（上博七·郑子家丧甲）

（3）成悳（德）者，虐（吾）敚（说）而弋（代）之。亓（其）即（次），虐（吾）伐而弋（代）之。（上博二·容成氏）

（4）王曰：者沪，女（汝）亦虔秉不（丕）汭泾悳（德）。（者沪钟一，集成 00121）

（5）卑（譬）之若童（重）载以行隋（峭）险，莫之敖（扶）道（导），亓（其）由不邋（摄）丁（停）。（清华叁·芮良夫毖）

（6）萰（兰）又（有）异勿（物），苾（蓼）恻（则）柬（简）膌（逸），而莫之能斈（效）矣。（上博八·兰赋）

（7）贼入甲室，贼伤甲，甲号寇，其四邻、典、老皆出不存，不闻号寇，问当论不当？（睡虎地·法律答问）

（8）自昼居某山，甲等而捕丁戊，戊射乙，而伐杀收首。（睡虎地·封诊式）

(9) 臧(庄)公曰:“☐今天下之君子既可智(知)已,筐(孰)能并兼人才(哉)?”(上博四·曹沫之陈)

(10) 五既(毁)并至,虐(吾)奚(奚)异奚(奚)同?五言才(在)人,筐(孰)为之公?九区出誨(诲),筐(孰)为之逆?(上博七·凡物流形甲)

这种作主语的代词,有人称代词、否定性无定代词、虚指代词、疑问代词,这些代词一般都是指代人的。

(二)受事

1. 表人的名词语

(1) 襄而〈夫〉人䎽(闻)之,乃佮(抱)需(灵)公以䛦(号)于廷。(清华贰·第九章)

(2) 返(及)桀受學(幽)万(厉),焚圣人,杀讦(谏)者,恻(贼)百眚(姓),䜌(乱)邦冡(家)。(上博五·鬼神之明)

(3) 含(今)奠(郑)子冡(家)杀亓(其)君。(上博七·郑子家丧甲)

(4) 救(求)利,戋(残)亓(其)新(亲),是胃(谓)違(罪)。(上博五·三德)

(5) 绥任谒以补卒史,劝它吏,卑(俾)盗贼不发。(岳麓叁·同、显盗杀人案)

(6) 周亡(无)王九年,邦君者(诸)侯安(焉)訇(始)不朝于周。(清华贰·第二章)

(7) 与侃(兄)言₌(言,言)懋(慈)俤(弟),与俤(弟)言₌(言,言)氶(承)侃(兄)。(上博四·内豊)

(8) 惠公既内(入),乃背秦公弗叜(予)。(清华贰·第六章)

(9) ☐之帀(师)徒乃出,伓(背)军而戦(陈),牆(将)军遂(后)出安(焉)。(上博九·陈公治兵)

(10) 毋非(诽)旁(谤)人。(岳麓壹·为吏治官及黔首)

(11) 南郡叚(假)守贾报州陵守绾、丞越。(岳麓叁·癸、琐相移谋购案)

2. 表人之部分的名词语

(1) 人行而鬼当道以立,解发奋以过之,则已矣。(睡虎地·日书甲种)

(2) 外(弓):“牆(将)敔(注)为肉,阳(扬)武即救(求)尚(当)。”引虞(且)言之,童(同)以目,汉(抚)咢(额)。𢏚(射)禽也。(清华叁·祝辞)

(3) 或与人斗,缚而尽拔其须麋(眉),论可(何)殹(也)?(睡虎地·法律答问)

(4) 妻悍,夫殴治之,夬(决)其耳,若折支(肢)指、胅體(体),问夫可(何)论?当耐。(睡虎地·法律答问)

(5) 或斗,啮断人鼻若耳若指若唇,论各可(何)殹(也)?(睡虎地·法律答问)

(6) 是楚邦之弝(强)利人,反昃(侧)亓(其)口舌。(上博八·志书乃言)

(7) 以良剑刺其颈,则不来矣。(睡虎地·日书甲种)

(8) 矦(侯)量䫜(顾)还身,者(诸)矦(侯)飤(食)同痥(状)。视,百正䫜(顾)还脊(脊),与卿、夫₌(大夫)同耻尾(度)。士视,目亙(恒)䫜(顾)还面。(上博六·天子建州甲)

(9) 帝命句(后)土为二䕘(陵)屯,共凥句(后)之床下,亓(其)走(上)K(刺)句(后)之身,是思(使)句(后)䁥(昏)䜌(乱)甘心。(清华叁·赤鵠之集

汤之屋）

（10）窦出入及毋符传而阑入门者，斩其男子左趾，□女［子］□。（龙岗2）

3. 表邦、国等单位的名词语

（1）君王所改多₌（多多），君王保邦。（上博六·平王问郑寿）

（2）鄴（叶）係（承）邦，既言，乃鱼（吾）固祝而歨₌（止之）。（上博九·邦人不称）

（3）明则保或（国），智（知）臤（贤）正（政）紿（治）。（上博九·舜王天下）

（4）台（以）龏（烝）台（以）尝，保有齐邦，永丗（世）毋忘。（陈侯午簋，集成04145）

（5）翟人或（又）涉河，伐卫于楚丘。（清华贰·第四章）

（6）安（焉）訂（始）迵（通）吴晋之逄（路），教吴人反（叛）楚。（清华贰·第十五章）

（7）十七年，攻韩。十八年，攻赵。正月，恢生。廿二年，攻魏粱（梁）。（睡虎地·编年记）

（8）晋中行林父衒（率）自（师）栽（救）奠（郑），臧（庄）王述（遂）北。（清华贰·第十二章）

（9）卲（昭）王既逿（复）邦，安（焉）克麸（胡）、回（围）郗（蔡）。（清华贰·第十九章）

（10）十余岁时，王室置市府，夺材为府。府罢，欲复受，弗得。（岳麓叁·芮盗卖公列地案）

4. 表鬼神的名词语

（1）中（中）山王礜命相邦贾斁（择）郾（燕）吉金，鈢（铸）为彝壶，节于醺（禋）醻，可灋（法）可尚（常），㠯（以）卿（飨、享）上帝，㠯（以）祀先王。（中山王礜壶，集成09735）

（2）女（如）夫政坓（刑）与悳（德），㠯（以）事上天，此是才（哉）。（上博二·鲁邦大旱）

（3）事䰠（鬼）则行敬，褱（怀）民则㠯（以）悳（德），剌（剸）型（刑）则㠯（以）衮（哀）。（上博六·天子建州甲）

（4）舆鬼，祠及行，吉。以生子，瘁。可以送鬼。（睡虎地·日书甲种）

5. 表动物的名词语

（1）邑之新（近）皂及它禁苑者，麛时毋敢将犬以之田。（睡虎地·秦律十八种）

（2）即取腏以归，到囷下，先侍（持）豚。（周家台·病方及其他）

（3）骑作乘舆御，骑马于它驰道，若吏［徒］□。（龙岗59）

（4）卅年十月辛卯朔乙未，贰春乡守绰敢告司空主，令鬼薪轸、小城旦干人为贰春乡捕鸟及羽。（里耶壹8－1515）

（5）□□佐居将徒［捕］爰。（里耶壹8－207）

（6）戋（残）恻（贼）蝼蛾（蚁）虫蛇。（上博八·兰赋）

（7）一人牧鴈：豫。（里耶壹8－444）

（8）句（后）女（如）敵（撤）麈（屋），杀黄它（蛇）与白兔。（清华叁·赤鹄之

集汤之屋）

（9）今日庚午利浴蚕，女毋辟（避）瞽瞑瞑者，目毋辟（避）胡者，腹毋辟（避）男女牝牡者。（周家台·病方及其他）

6. 表植物或植物部分的名词语

（1）盗不远，旁（傍）桑殹，得。（睡虎地·日书甲种）

（2）戊己，不可伐大桑中，灾，长女死之。（放马滩·日书乙种）

（3）已获上数，别粲、穤（糯）、秙（黏）、稻。（睡虎地·秦律十八种）

（4）人有思哀也弗忘。取丘下之莠，完掇其叶二七，东北乡（向）如（茹）之乃卧，则止矣。（睡虎地·日书甲种）

（5）或盗采人桑叶，臧（赃）不盈一钱，可（何）论？赀繇（徭）三旬。（睡虎地·法律答问）

7. 表具体事物的名词语

（1）士五（伍）甲斗，拔剑伐，斩人发结，可（何）论？当完为城旦。（睡虎地·法律答问）

（2）毋以酉台（始）寇〈冠〉、带剑、恐御矢兵。（睡虎地·日书甲种）

（3）操具弩二、丝弦四、矢二百、巨剑一☐。（里耶壹8－439、8－519）

（4）可以入人、始寇（冠）、乘车。（睡虎地·日书甲种）

（5）男女未入宫者毄（击）鼓奋铎喿（噪）之，则不来矣。（睡虎地·日书甲种）

（6）讯甕：甕亡，安取钱以补袍及买鞞刀？甕曰：庸（佣）取钱。（岳麓叁·魏盗杀安、宜案）

（7）用曰：豎（举）竿于埜（野）。（上博六·用曰）

（8）天子四辟（避）筵（席），邦君三辟（避），夫₌（大夫）二辟（避），士一辟（避）。（上博六·天子建州甲）

（9）自宵臧（藏）乙复結衣一乙房内中，闭其户。（睡虎地·封诊式）

（10）四废日，不可以为室、覆屋。（睡虎地·日书甲种）

（11）水火所败亡。园课。采金。（里耶壹8－454）

（12）其穴壤在小堂上，直穴播壤，柀（破）入内中。（睡虎地·封诊式）

（13）戍者城及补城，令姑（嫴）堵一岁，所城有坏者，县司空署君子将者，赀各一甲；县司空佐主将者，赀一盾。令戍者勉补缮城，署勿令为它事；已补，乃令增塞埤塞。（睡虎地·秦律杂抄）

（14）釐（厘）尹智（知）王之疠（病），乘（承）龟尹速卜高山深溪。（上博四·柬大王泊旱）

具体的事物是动作行为的承受者。这种具体事物如果自身不能运动，或者不能作工具，则不能作二价动作动词的施事。

8. 表抽象事物的名词语

（1）☐亡陧（随），三戳（战）而三沓（首），而邦人不爯（称）㦿（勇）。（上博九·邦人不称）

（2）而邦人不爯（称）媺（美）。（上博九·邦人不称）

（3）古（故）君子顯（顾）言而行，以成其信，则民不能大其媺（美）而少（小）其亚（恶）。（郭店·缁衣）

(4) 视索（素）保菐（朴），少厶（私）寡欲。(郭店·老子甲本)

(5) 天猷畏矣，豫（舍）命亡（无）成，生□□艱（难），不秉纯悳（德）。(清华叁·芮良夫毖)

(6) 含（今）舍（余）方壮，智（知）天若否，仑（论）其悳（德），眚（省）其行，亡不巡（顺）道。(中山王𡜧鼎，集成02840)

(7) 天夆大棠（常），以里（理）人仑（伦）。(郭店·成之闻之)

(8) 不惹（图）艱（难），覍（变）改棠（常）絉（术），而亡（芜）又（有）綗紘（纲）。(岳麓叁·芮良夫毖)

(9) 苛难留民，变民习浴（俗）。(睡虎地·为吏之道)

(10) 操邦柄，慎度量，来者有稽莫敢忘。(睡虎地·为吏之道)

(11) 氏（是）目（以）寡（寡）人许之，慁（谋）恳（虑）虐（皆）从（从）。(中山王𡜧鼎，集成02840)

(12) 民余（除）憲（害），智慮（罹）袋（劳）之匓（轨）也。(郭店·尊德义)

(13) 毋炊（御）军，毋辟（避）辠（罪）。(上博四·曹沫之陈)

(14) 凡行者毋犯其大忌。(睡虎地·日书甲种)

(15) ☐去徒食，弗与从，给其事二日。它如告。(里耶壹8－1605)

(16) 䆣（宰）我昏（问）君子，曰："余（予），女（汝）能新（慎）訇（始）与冬（终），斯善款（矣），为君子虖（乎）?"(上博五·弟子问)

抽象的事物是动作行为的承受者。这种抽象的事物不能作二价动作动词的施事。

9．表事物的动词语

(1) 卜狱讼、毄囚，不吉。(放马滩·日书乙种)

(2) 卜行道及事君，吉。(放马滩·日书乙种)

(3) 譌₌（譌譌）猒（厌）人，艱（难）为从正。(上博三·中弓)

(4) 故如此者不可不为罚。(睡虎地·语书)

(5) 道官相输隶臣妾、收人，必署其已禀年日月，受衣未受，有妻毋（无）有。受者以律续食衣之。(睡虎地·秦律十八种)

(6) 少（小）臣既䍠（羹）之，汤句（后）妻纴巟胃（谓）少（小）臣曰："尝我于而（尔）䍠（羹）。"(清华叁·赤鹄之集汤之屋)

(7) 子左尹命漾陵之邑大夫諜（察）州里人墬鍗之与其父墬年同室与不同室。(包山126)

(8) 昔周武王监观商王之不龏（恭）上帝，禋祀不寊（寅）。(清华贰·第一章)

动词和动词性短语（如果是主谓短语，可以在主谓之间加"之"），可以作宾语，这里它们一般已经指称化了，表示事物。

10．指代人或事物的代词

(1) 赛（息）侯弗训（顺），乃使人于楚文王曰："君逨（来）伐我，我𨟻（将）求栽（救）于鄒（蔡），君安（焉）败之。"文王记（起）峕（师）伐赛（息）。(清华贰·第五章)

(2) 二十九年，𥠈（秦）攻吾（吾），王目（以）子横质𢌿（于）齐，又使景鲤、苏历（厉）目（以）求平。(二十九年弩机，18586)

(3) 颠曰：见得之牵变，变谓颠：救吾！得之言曰：我□□□□□□□殹（也）。颠

弗救，去。（岳麓叁·得之强与弃妻奸案）

（4）少（小）臣弗敢尝，曰："句（后）亓（其）［杀］我。"纴巟胃（谓）少（小）臣曰："尔不我尝，虐（吾）不亦杀尔？"（清华叁·赤鹄之集汤之屋）

（5）大夫悸（闵），乃虐（皆）北（背）之曰："我莫命卲（招）之。"（清华贰·第九章）

（6）昔者，吴人幷（并）雩（越），雩（越）人飲（修）斅（教）备恁（任），五年還（覆）吴，皮（克）幷（并）之，至于含（今）。（中山王嚳鼎，集成02840）

（7）甲辰，可以出入牛、服之。（睡虎地·日书甲种）

（8）有众虫袭人入室，是野火伪为虫，以人火应之，则已矣。（睡虎地·日书甲种）

（9）裹自乍（作）飤碥駝，其鬚（眉）耆（寿）无諆（期），永保用之。（裹鼎，集成02551）

（10）安复（作）而聋（乘）之，则邦又（有）获。（上博五·季庚子问于孔子）

（11）虚日，不可以臧（藏）盖。臧（藏）盖，它人必发之。（睡虎地·日书甲种）

（12）昔者君老，大（太）子朝君₌（君，君）之母俤（弟）是相。（上博二·昔者君老）

（13）墜（陈）屯（纯）裔孙逆乍（作）为坒（皇）禝（祖）大宗毁（簋），目（以）貟（贶）羕（永）令（命）、湏（眉）耆（寿），子孙是保。（陈逆簋，集成04096）

（14）自昼居某山，甲等而捕丁戊。（睡虎地·封诊式）

（15）贼入甲室，贼伤甲，甲号寇，其四邻、典、老皆出不存，不闻号寇，问当论不当？（睡虎地·法律答问）

（16）访之于子曰："从（从）正（政）可（何）先？"墨（禹）畣（答）曰："隹（惟）寺（志）。"（上博九·尧王天下）

（17）先王亡所遈（归），虐（吾）可（何）改而可？（上博六·平王问郑寿）

这种代词可以是人称代词、指示代词、虚指代词、疑问代词。所指代的可以是人，也可以是事物。这跟指代施事的代词明显不同，指代施事的代词一般是指人的。如指代施事的代词常是"孰"，而指代受事的代词常是"何"。

三、出土战国文献中带受事的二价动作动词的句式

由带受事的二价动作动词所构成的句式有两种，一种是由带受事的二价动作动词作谓语中心的单中心谓语句，另一种是由带受事的二价动作动词作谓语一部分的复杂谓语句。

（一）单中心谓语句式

1. NP_1+V+NP_2（NP_1 可省）

由带受事的二价动作动词所构成的单中心谓语句式，最常见的就是 NP_1+V+NP_2。这有两种情况，一是 NP_1+V+NP_2 中的 NP_1 不省。例如：

（1）二人伐竹。（里耶壹8-162）

（2）羕陵宫大夫司败譔（察）羕陵之州里人阳鏥之不与其父阳年同室。（包山128）

（3）奠（郑）子豪（家）杀亓（其）君。（上博七·郑子家丧甲）

(4) 埅（禹）ዃ（治）水，膉（益）ዃ（治）火，后禝ዃ（治）土，足民羧（养）□□□。（郭店·唐虞之道）

(5) 人法陉（地），陉（地）法天，天法道，道法自肰（然）。（郭店·老子甲本）

(6) 君王所改多₌（多多），君王保邦。（上博六·平王问郑寿）

(7) 甲捕乙，告盗书丞印以亡。（睡虎地·法律答问）

(8) 自昼居某山，甲等而捕丁戊，戊射乙，而伐杀收首。（睡虎地·封诊式）

(9) 民余（除）憲（害），智忈（罹）袭（劳）之匄（轨）也。（郭店·尊德义）

(10) 鼎（则）堂（上）逆于天，下不巡（顺）于人旃，寡（寡）人非之。（中山王礜壶，集成09735）

(11) 帀（师）上（尚）父奉箸（书），道箸（书）之言。（上博七·武王践阼）

(12) 城旦舂、舂司寇、白粲操土攻（功），参食之；不操土攻（功），以律食之。（睡虎地·秦律十八种）

(13) 二十九年，𩠹（秦）攻吾（吾），王㠯（以）子横质𢀓（于）齐，又使景鲤、苏历（厉）㠯（以）求平。（二十九年弩机，18586）

(14) 颠曰："见得之牵变，变谓颠：'救吾！'得之言曰：'我□□□□□□殹（也）。'颠弗救，去。"（岳麓叁·得之强与弃妻奸案）

(15) 狼恒謼（呼）人门曰："启吾。"非鬼也。杀而享（烹）食之，有美味。（睡虎地·日书甲种）

上引例中的 NP_1+V+NP_2，可以作单句，也可以作复句中的分句。例（13）（15）两个例子，都是人称代词"吾"作宾语而后置于动词，这种例子在传世文献中是比较少见的。

另一是 NP_1+V+NP_2 中的 NP_1 省略。例如：

(1) 拔人发，大可（何）如为"提"？（睡虎地·法律答问）

(2) 卜见人，不吉。（放马滩·日书乙种）

(3) 去其淫避（僻），除其恶俗。（睡虎地·语书）

(4) 盗不远，旁（傍）桑殹，得。（睡虎地·日书甲种）

(5) 甲与丙相捽，丙偾屏甲。里人公士丁救，别丙、甲。（睡虎地·封诊式）

(6) 王命莫嚣（敖）昜（阳）为衔（率）𠂤（师）以定公室，城黄池，城瓮（雍）丘。（清华贰·第二十一章）

(7) 王内（入）陈，杀𡉚（征）余（舒），取亓（其）室以𠂤（予）繡（申）公。（清华贰·第十五章）

$V+NP_2$ 中的主语往往是承前省略的，有的则是不言自明。

NP_1+V+NP_2 中的 NP_1 前可以有状语，这是句首状语：

(1) 是戢（岁）也，晋人戭（伐）齐。（上博五·鲍叔牙与隰朋之谏）

(2) 昷（明）戢（岁），楚王子波（罢）会晋文子燮（燮）及者（诸）侯之大夫，明（盟）于宋。（清华贰·第十六章）

(3) 壬申会癸酉，天以坏高山，不可取（娶）妇。（睡虎地·日书甲种）

(4) 十三年，从军。（睡虎地·编年记）

(5) 十五年，从平阳军。（睡虎地·编年记）

(6) 五十一年，攻阳城。（睡虎地·编年记）

（7）庚申、丁酉、丁亥、辛卯，以除室，百虫弗居。（睡虎地·日书乙种）

（8）含（今）奠（郑）子豪（家）杀亓（其）君。（上博七·郑子家丧甲）

句首状语后可以加标点，也可以不加。有些句首状语，其实是句中状语的一部分（作介词的宾语）。它提前之后在原位置出现主语空位，如上引例（3）和例（7）。NP_1+V+NP_2中的主语可以出现，也可以省略。

NP_1+V+NP_2中的V前也可以有状语，这是句中状语：

（1）咎（皋）䧟（陶）既已受命，乃支（辨）侌（阴）昜（阳）之𣌭（气）。（上博二·容成氏）

（2）小人将敷（捕）之，夫自伤。（包山·疋狱142）

（3）隹（唯）八月初吉庚申，楚子暖𨦌（铸）其飤𥫩（簠），子孙永保之。（楚子暖簠，集成04575）

（4）鬼恒从男女，见它人而去。（睡虎地·日书甲种）

（5）人奴擅杀子，城旦黥之，畀主。（睡虎地·法律答问）

（6）公沽（固），弗譔（察）人之生厽（三）：飤（食）、色、㥶（忧）。（上博五·鲍叔牙与隰朋之谏）

（7）天子四辟（避）筵（席），邦君三辟（避），夫＝（大夫）二辟（避），士一辟（避）。（上博六·天子建州甲）

（8）旦而最（撮）之，苞以白茅，果（裹）以贲（奔）而远去之，则止矣。（睡虎地·日书甲种）

（9）戉（越）王者（差）郐（徐），目（以）其钟金𨦌（铸）其𢦏（拱）戟（戟）。（越王差徐戟，新收1408）

（10）以良剑刺其颈，则不来矣。（睡虎地·日书甲种）

（11）木鐸（铎）㠯（以）迟（起），鼓㠯（以）进之，𩍂（鼙）㠯（以）𣥺＝（止之）。（上博九·陈公治兵）

（12）危阳，是胃（谓）不成行。以为啬夫，必三徙官。徙官自如，其后乃昌。（睡虎地·日书甲种）

（13）置垣瓦下，置牛上，乃以所操瓦盖之，坚貍（埋）之。（周家台·病方及其他）

（14）毋以子、丑傅户。（睡虎地·日书甲种）

（15）有妻子，母（毋）以己巳、壬寅杀犬，有央（殃）。（睡虎地·日书甲种）

（16）鲁邦大旱，哀公胃（谓）孔＝（孔子）："子不为我圆（图）之?"（上博二·鲁邦大旱）

NP_1+V+NP_2中的主语可以出现，也可以省略。NP_1+V+NP_2中V前的状语常是副词，如上引例（1）至例（6）；可以是数词，如上引例（7）；可以是时间名词，时间名词后还加连词"而"，如上引例（8）；可以是"以"字介宾短语，如上引例（9）至例（11），其中例（11）中介词"以"的宾语前置；可以是副词＋数词，如上引例（12）；也可以是副词＋"以"字介宾短语，如上引例（13）至例（15）；还可以是副词＋"为"字介宾短语，如上引例（16）。

NP_1+V+NP_2中的NP_1前有状语，V前也有状语，也就是同时有句首状语和句中状语：

（1）廿六年，皇帝尽并（并）兼天下诸侯，黔首大安。（商鞅方升，集成10372）

（2）庚辰、壬辰、癸未，不可燔粪。（睡虎地·日书甲种）

（3）含（今）君王書（尽）去耳目之欲。（上博七·君人者何必安哉甲）

（4）古者聖（圣）人廿而冠，卅而又（有）家，五十而刣（治）天下，七十而至（致）正（政）。（郭店·唐虞之道）

在句首状语之后，可以加标点，也可以不加。NP_1+V+NP_2 中的 NP_1 可以出现，也可以省略。

NP_1+V+NP_2 中的 NP_2 后可以有补语，例如：

（1）二人除道沅陵。（里耶壹8－145）

（2）燔豕矢室中，则止矣。（睡虎地·日书甲种）

（3）臧（庄）王衒（率）自（师）回（围）宋九月，宋人安（焉）为成。（清华贰·第十一章）

（4）达曰：发冢一岁矣！（岳麓叁·猩、敞知盗分赃案）

（5）某里士五（伍）妻甲告曰："甲怀子六月矣，自昼与同里大女子丙斗。"（睡虎地·封诊式）

（6）☐去徒食，弗与从，给其事二日。它如告。（里耶壹8－1605）

（7）屈（掘）其室中三尺，燔豕矢（屎）焉，则止矣。（睡虎地·日书甲种）

（8）伤乘舆马，夬（决）革一寸，赀一盾；二寸，赀二盾；过二寸，赀一甲。（睡虎地·秦律杂抄）

（9）即令疾心者南首卧，而左足践之二七。（周家台·病方及其他）

（10）夫是则獸（守）郪之吕（以）信，斈（教）之吕（以）义，行之吕（以）豊（礼）也。（上博二·从政甲）

（11）齐襄公会者（诸）侯于首壯（止），杀子釁（眉）寿。（清华贰·第二章）

（12）翟人或（又）涉河，伐卫于楚丘。（清华贰·第四章）

（13）陈疾目衒（率）车千窜（乘），以从楚自（师）于武易（阳）。（清华贰·第二十三章）

（14）为之于其亡又（有）也，絧（治）之于其未乱。（郭店·老子甲本）

（15）杺（尧）之取坴（舜）也，从者（诸）卉茅之中。（上博二·子羔）

NP_1+V+NP_2 中 NP_2 后的补语，可以是处所词语，表示动作行为进行的处所，如上引例（1）和例（2）；可以是时间词语，表示动作行为进行的时间，如上引例（3）至例（6）；可以是数量词语或数词，表示动作行为进行的数量或深度，如上引例（7）至例（9）；可以是以字介宾短语，表示动作行为进行的凭借，如上引例（10）；还可以是于字介宾短语，表示动作行为进行的处所或时间，如上引例（11）至例（14）；例（15）中的"诸"相当于例（14）的"之于"，"于卉茅之中"也是表处所的。

NP_1+V+NP_2 中的 V 前可有状语，同时 NP_2 后可有补语，例如：

（1）晋文侯乃逆坪（平）王于少鄂，立之于京自（师）。（清华贰·第二章）

（2）若弗得，乃弃其屦于中道，则亡恙矣。（睡虎地·日书甲种）

（3）文公衒（率）秦、齐、宋及群戎之自（师）以败楚自（师）于城儯（濮），述（遂）朝周襄王于衡澭（雍）。（清华贰·第七章）

（4）毋訽（诟）政卿于神宗（祇），毋亯（享）犢（逸）焉（安）。（上博五·三德）

（5）武王乃出革车五百窜（乘），繻（带）虖（甲）三千，吕（以）少（小）会者

（诸）侯（侯）之帀（师）于晋（牧）之埜（野）。（上博二·容成氏）

（6）人毋（无）故而㣈（怒）也，以戊日日中而食黍于道，遽则止矣。（睡虎地·日书甲种）

（7）立廿又一年，晋文侯戟（仇）乃杀惠王于虢（虢）。（清华贰·第二章）

（8）春三月甲乙，不可伐大榆东方，父母死。（放马滩·日书乙种）

NP_1+V+NP_2 中 V 前的状语可以仅是句中状语，句中状语可以是副词，也可以是介宾短语，如上引例（1）至例（6）；也可以既有句中状语，又有句首状语，如上引例（7）和例（8）。NP_1+V+NP_2 中 NP_2 后的补语，一般是介宾短语，也可以是方位名词语，如上引例（8）。NP_1+V+NP_2 中的 NP_2 可以出现，也可以省略。

2. NP_1+V+于/乎$+NP_2$（NP_1 可省）

这种句式是用介词"于"或"乎"引出受事。例如：

（1）昷（明）戢（岁），齐同（顷）公朝于晋竞（景）公。（清华贰·第十四章）

（2）含（今）宔（主）君不逋（察）于虐（吾），古（故）而反亚（恶）之。（上博五·姑成家父）

（3）又（有）少（小）辠（罪）而弗亦（赦）也，不㸚（察）于道也。（郭店·五行）

（4）天道贵溺（弱），雀（削）成者以嗌（益）生者，伐于㢶（强）。（郭店·太一生水）

（5）皮（彼）人不敬，不蓝（鉴）于頣（夏）商。（清华叁·芮良夫毖）

（6）古（故）为㝵（少）必圣（听）长之命，为戋（贱）必圣（听）贵之命。从人观（劝），肰（然）则孪（免）于戾。（上博四·内豊）

（7）人毋（无）故而忧也。为桃更（梗）而敀（搢）之，以癸日日入投之道，遽曰："某。"免于忧矣。（睡虎地·日书甲种）

（8）外之鼎（则）牆（将）逮（使）堂（上）勤于天子之庿，而䢅（退）与者（诸）侯（侯）齿㫰（长）于逾（会）同，鼎（则）堂（上）逆于天，下不怼（顺）于人旃。（中山王嚳壶，集成09735）

（9）夫子曰："韦（回），君子为豊（礼），目（以）依于㤅（仁）。"（上博五·君子为礼）

（10）奠（尊）悳（德）义，明虐（乎）民仑（伦），可以为君。（郭店·尊德义）

（11）顺虐（乎）脂肤血𣧑（气）之青（情），羖（养）眚（性）命之正，安命而弗实（夭）。（郭店·唐虞之道）

（12）鄴（叶）公子高之子见于命（令）尹子₌春₌（子春，子春）胃（谓）之曰……（上博八·命）

3. 由$+NP_1+V+NP_2$

这种句式是用介词"由"引出施事。例如：

（1）孔₌（孔子）曰："繇（由）丘簹（观）之，则散（微）言也已。"（上博五·季庚子问于孔子）

（2）臣䎽（闻）之：三军出亓（其）逕（将）遈（卑），父䏊（兄）不荐，繇（由）邦駠（御）之。（上博四·曹沫之陈）

4. $NP_{1a}+V+NP_2$：NP_{1b}（NP_{1a}和 NP_{1b}是同位关系）

这种句式的主语，其实是一个同位短语，但说话人把同位短语中的一个成分放在最后说，从而形成这样的句式。例如：

（1）二人捕羽：亥、罗。（里耶壹 8－1520）

（2）四人负土：臧、成、馹、骨。（里耶壹 8－1146）

（3）二人缮官府：罗、槫。（里耶壹 8－569）

（4）一人收鴈：豫。（里耶壹 8－444）

（5）一人守船：遏。（里耶壹 8－145）

（6）二人司寇守：囚、嫭。（里耶壹 8－663）

（7）三人司寇：蕺、豤、款。（里耶壹 8－145）

（8）城旦人约车：登。丈城旦一人约车：缶。（里耶壹 8－686、8－973）

（9）三人治枲：栚、兹、缘。（里耶壹 8－145）

（10）二人治传舍：它、骨。（里耶壹 8－801）

（11）其五人求羽：吉、□、哀、瘳、嬗。一人作务：宛。（里耶壹 8－2034）

5. NP_{1a} + NP_{1b} + V + NP_2（NP_2 可省）

这种句子的谓语部分，是一个主谓短语。主谓短语的主语部分，一般是由代词——莫、是、孰、谁——充当的。例如：

（1）目（以）専（匍）怎（訇），则民莫逻（遗）新（亲）矣。（上博八・颜渊问于孔子）

（2）孔₌（孔子）曰："攸（修）身目（以）尤，则民莫不从矣。"（上博八・颜渊问于孔子）

（3）临民目（以）悬（仁），民莫弗新（亲）。（上博五・三德）

（4）今法律令已具矣，而吏民莫用，乡俗淫失（泆）之民不止，是即法（废）主之明法殹（也），而长邪避（僻）淫失（泆）之民，甚害于邦，不便于民。（睡虎地・语书）

（5）其隹（谁）能之，隹（唯）虞（吾）老贾，是皮（克）行之。（中山王嚳鼎，集成 02840）

（6）民管（孰）弗从？（郭店・成之闻之）

（7）［五十］三年，吏谁从军。（睡虎地・编年记）

6. NP_1 + V（NP_1 可省）

NP_1 + V + NP_2 中的 NP_2 如果省去，就形成这种句式。例如：

（1）王坴（奎），级（隰）倗（朋）与鞄（鲍）害（叔）舀（牙）从。（上博五・鲍叔牙与隰朋之谏）

（2）文王命见之，赛（息）侯訇（辞），王固命见之。（清华贰・第五章）

（3）厝（陟）忎（悉、爱）深（深），剸（则）孯（贤）人新（亲），复（作）敛（敛）中，剸（则）庶民㝬（附）。（中山王嚳壶，集成 09735）

（4）善建者不杲（拔），善休（保）者不兑（脱）。（郭店・老子乙本）

（5）近臣不讦（谏），远者不方（谤）。（上博五・鲍叔牙与隰朋之谏）

（6）忠人亡讹，信人不伓（背）。（郭店・忠信之道）

（7）智（知）之者弗言，言之者弗智（知）。（郭店・老子甲本）

（8）丹言：祠者必谨骚（扫）除，毋以注（?）洒祠所，毋以羹沃膫上，鬼弗食殹。（放马滩・志怪故事）

(9) 道亘(恒)亡名，仆(朴)唯(虽)妻(细)，天埅(地)弗敢臣。(郭店·老子甲本)

(10) 口，关也；舌，几(机)也。一堵(曙)失言，四马弗能追也。(睡虎地·为吏之道)

(11) 唯(虽)君亡道，臣敢勿事虖(乎)? 唯(虽)父亡道，子敢勿事虖(乎)? 篙(孰)天子而可反? (上博二·容成氏)

(12) 天子不忘其又(有)勳(勋)，速(使)其老筞(策)賞(赏)中(仲)父，者(诸)厌(侯)皆贺。(中山王礨壶，集成09735)

(13) 并于大时，神明将从，天地右(佑)之。(郭店·唐虞之道)

以上是 NP_1+V 句式，其中的 NP_1 都出现。在 NP_1 和 NP_2 之间，往往有副词，特别是否定副词出现。下引诸例，NP_1 都省略了，只剩下谓语中心 V，V 可自成一个小句；V 前可以出现状语；也可以在 V 后出现补语。例如：

(1) 前见地瓦，操。(周家台·病方及其他)

(2) 命之为命(令)尹，訂(辞)。命之为司马，訂(辞)曰……(上博九·邦人不称)

(3) 有投书，勿发，见辄燔之。(睡虎地·法律答问)

(4) 取车前草实，以三指窜(撮)，入酒若鬻(粥)中，歙(饮)之，下气。(周家台·病方及其他)

(5) 冬三月壬癸，不可以杀，天所以张生时。此皆不可杀，小杀小央(殃)，大杀大央(殃)。(睡虎地·日书甲种)

(6) 铍、戟、矛有室者，拔以斗，未有伤殹(也)，论比剑。(睡虎地·法律答问)

(7) 野兽若六畜逢人而言，是票(飘)风之气。毄(击)以桃丈(杖)，绎(释)鄢(屦)而投之，则已矣。(睡虎地·日书甲种)

(8) 十日收祭，裹以白茅，狸(埋)野，则毋(无)央(殃)矣。(睡虎地·日书甲种)

7. NP_1+NP_2+V

少数 NP_2 可以直接放在动词 V 之前，构成 NP_1+NP_2+V 句式。NP_2 可以是名词，也可以是非疑问代词。例如：

(1) 伥(长)民者衣备(服)不改，从颂(容)又(有)掌(常)，则民悳(德)弌(一)。(郭店·缁衣)

(2) 虩(赫)虩(赫)帀(师)尹，民具尔贍(瞻)。(郭店·缁衣)

8. NP_1 + 是/自 + V (NP_1 可省)

代词“是”作宾语，一般都要放在动词之前。代词“自”指代受事时也要放在动词之前。例如：

(1) 昔者君老，大(太)子朝君，君之母俤(弟)是相。(上博二·昔者君老)

(2) 墜(陈)屯(纯)裔孙逆乍(作)为坒(皇)禝(祖)大宗毁(簋)，目(以)貿(贶)羕(永)令(命)、湏(眉)耆(寿)，子孙是保。(陈逆簋，集成04096)

(3) 群禮(神)、五正、四兴尧(翱)羊(翔)，耑(建)丞(恒)襡(属)民，五正乃明，群禮(神)是言(享)，是胃(谓)恴(侧)匿(慝)，群禮(神)乃悳(德)。(楚帛书·乙篇)

(4) 吊（叔）子穀乍（作）孟姜褪（祖）大宗盤（盘），目（以）貿（匄）羕（永）令，是保。(叔子穀卮，19237)

(5) 趄（桓）卯自杀。(包山 134)

(6) 多悉（务）者多惪（忧），恻（贼）者自恻（贼）也。(上博三·彭祖)

(7) 官啬夫免，县令令人效其官，官啬夫坐效以赀，大啬夫及丞除。县令免，新啬夫自效殹（也），故啬夫及丞皆不得除。(睡虎地·效律)

(8) 大梁人王里樊野曰丹葬今七年，丹刺伤人垣雍里中，因自刺殹，弃之于市。(放马滩·志怪故事)

(9) 甲晨（辰）之日，小人取怆之刀以解小人之桎，小人逃至州巷，州人将捕小人，小人信以刀自戕（伤），州人焉以小人告。(包山 143、144)

(10) 鬼恒从人女，与居，曰："上帝子下游。"欲去，自浴以犬矢（屎），毄（击）以苇，则死矣。(睡虎地·日书甲种)

9. NP_1+NP_2+是/之$+V$（NP_1 可省）

这种句式中的 NP_2 前置于动词，其后用代词"是"或"之"来复指。例如：

(1) 君子之立孝，悉（爱）是甬（用），豊（礼）是贵。(上博四·内豊)

(2)"明明才（在）下，赫赫才（在）上"，此之胃（谓）也。(郭店·五行)

(3) 佗（范）天坠（地）也者，忠信之胃（谓）此〈也〉。(郭店·忠信之道)

(4) 廛（禅）也者，上直（德）受（授）臤（贤）之胃（谓）也。(郭店·唐虞之道)

(5)"定杀"可（何）如？生定杀水中之谓殹（也）。(睡虎地·法律答问)

10. NP_1+唯$+NP_2+$是$+V$（NP_1 可省）

在 NP_1+NP_2+是$+V$ 中的 NP_2 之前再加一个"唯"，就形成这种句式。加"唯"是强调 NP_2 的唯一性，或者对它进行强调。例如：

(1) 寡人學（幼）踵（童），未甬（通）智（智），隹（唯）俌（傅）佫（姆）氏（是）从（从）。(中山王嚳鼎，集成 02840)

(2) 室虞（且）弃，不隆（随）祭祀，唯蕙（怒）是备（服）。(上博五·三德)

(3) 其祝曰："毋（无）王事，唯福是司，勉饮食，多投福。"(睡虎地·日书乙种)

11. NP_1+否定词$+$非疑问代词$+V$（NP_1 可省）

如果动词的宾语是代词（不包括疑问代词）——如我、之，同时在动宾短语前又有否定词——否定副词不、未、勿和否定代词莫，那么这个代词宾语可以前置。例如：

(1) 少（小）臣弗敢尝，曰："句（后）亓（其）［杀］我。"纴巟胃（谓）少（小）臣曰："尔不我尝，虐（吾）不亦杀尔？"(清华叁·赤鹄之集汤之屋)

(2) 句（苟）又（有）其青（情），唯（虽）未之为，斯人信之壴（矣）。(郭店·性自命出)

(3) 唯（虽）鈫（铺）于鈫（铺）壴（步），命勿之敢韦（违），女（如）目（以）筐（仆）之观见日也。(上博八·命)

(4) 于（呜）虐（虖）畏咢（哉）！言罙（深）于删（渊），莫之能恻（测）。(清华叁·芮良夫毖)

(5) 蕙（兰）又（有）异勿（物），茲（蓼）恻（则）柬（简）牆（逸），而莫之能耇（效）矣。(上博八·兰赋)

(6) 乍(作)豊(礼)乐,折(制)型(刑)灋(法),教此民尔史(使)之又(有)向也,非圣智者莫之能也。新(亲)父子,和大臣,帰(寝)四哭(邻)之央(殃)虐(乎),非悬(仁)宜(义)者莫之能也。聚人民,責(任)土地,足此民尔生死之甬(用),非忠信者莫之能也。(郭店・六德)

(7) 进则彔(禄)篧(爵)又(有)棠(常),几莫之堂(当)。(上博四・曹沫之陈)

例(3)很有意思,这是否定副词"勿"后代词宾语"之"前置的例子,说明"勿"并非"毋"和"之"的合音。"莫"后的代词宾语"之"经常前置,但也有不前置的,如下引例(1)。而否定副词"弗""来"后的代词宾语"之"不前置。例如:

(1) 而天下莫不语之,王斎₌(之所)㠯(以)为目观也。(上博七・君人者何必安哉甲)

(2) 唯(虽)厚其命,民弗从之恢(矣)。(郭店・成之闻之)

(3) 凡孥(教)者求亓(其)心又(有)为(伪)也,弗得之矣。(上博一・性情论)

(4) 王未會(答)之,观无悷。(上博八・王居)

12. NP_1 + 疑问代词 + V

疑问代词——何、曷、奚等——作动作动词的宾语,一般都要放在动词的前面。例如:

(1) 迖(返)进大斉(宰):"我可(何)为,戢(岁)安(焉)管(熟)?"(上博四・柬大王泊旱)

(2) 日之又(有)耳(珥),湎(将)可(何)圣(听)?(上博七・凡物流形甲)

(3)"凥(居)寺(时)可(何)先?"曰:"毋忘亓(其)所不能。"(上博九・尧王天下)

(4) 唯(虽)不堂(当)殜(世),句(苟)义毋售(咎),立死可(何)戮(伤)才(哉)?(上博五・姑成家父)

(5) 毋曰可(何)戋(残),籴(惩)湎(将)言(延)。(上博七・武王践阼)

(6) [颜]囦(渊)迟(起),迲(去)笞(席)曰:"敢䎽(问)可(何)胃(谓)也?"(上博五・君子为礼)

(7) 日既,公昏(问)二夫₌(大夫):"日之飤(食)也害(曷)为?"鞄(鲍)弔(叔)酉(牙)會(答)曰:"星叟(变)。"子曰:"为齐。"(上博五・竞建内之)

(8) 天堅(地)立冬(终)立怠(始),天隆(降)五厇(度),虐(吾)奚(奚)奥(衡)奚(奚)从(纵)?(上博七・凡物流形乙)

(9) 臧(庄)公或(又)䎽(问)曰:"善攻者奚(奚)女(如)?"(上博四・曹沫之陈)

疑问代词"何"作动词"云"的宾语则不前置。例如:

徒守者往戍可(何)敬讯而负之,可不可?其律令云何?(里耶壹 8-644 背)

13. NP_2 + V

NP_1 + V + NP_2 中的 NP_1 如果省去,再把 NP_2 移到动词 V 之前,就形成这种句式。这种句式比较常见,例如:

（1）䈿（窃）鉤（钩）者戜（诛），䈿（窃）邦者为者（诸）侯。（郭店·语丛四）

（2）十余岁时，王室置市府，夺材为府。府罢，欲复受，弗得。（岳麓叁·芮盗卖公列地案）

（3）城门不密（闭）。（岳麓壹·为吏治官及黔首）

（4）君又（有）悔（谋）臣，则壤陛（地）不钞（削）。（郭店·语丛四）

（5）于（呜）虖（呼），語（语）不竣（废） （哉）。（中山王嚳鼎，集成02840）

（6）谨之谨之，谋不可遗；慎之慎之，言不可追。（睡虎地·为吏之道）

（7）亓（其）赏識（浅）虘（且）不中，亓（其）誅（诛）至（重）虘（且）不諜（察），死者弗收，剔（伤）者弗䎽（问）。（上博四·曹沫之陈）

（8）从（纵）忎（仁）、圣可与，时弗可及歖（矣）。（郭店·唐虞之道）

（9）民少又（有）□，土事勿从，凶。（楚帛书·乙篇）

（10）善勿威（灭），不恙（祥）勿为。内（入）虚毋乐，陞（登）丘毋诃（歌），所目（以）为天豊（礼）。（上博五·三德）

（11）埤（卑）牅（墙）勿增，灋（废）人勿罌（兴）。（上博五·三德）

（12）王若（诺），牆（将）鼓而涉之，王梦厽（三）。闺未启。（上博四·柬大王泊旱）

（13）上造甲盗一羊，狱未断，诬人曰盗一猪，论可（何）殹（也）？（睡虎地·法律答问）

（14）今法律令已布。（睡虎地·语书）

（15）氏（是）邑（以）寡（寡）人许之，慐（谋）忎（虑）虘（皆）从（从）。（中山王嚳鼎，集成02840）

（16）墨（禹）疋（疏）江为三，疋（疏）河为九，百洲（川）皆道（导）。（上博九·禹王天下）

（17）城亯（郭）必攸（修），緩（缮）虖（甲）利兵。（上博四·曹沫之陈）

（18）门户难开。（岳麓壹·为吏治官及黔首）

（19）是以民可敬道（导）也，而不可弇也。（郭店·成之闻之）

值得注意的是，如果加副词等状语，都要加在NP_2之后、动词V之前。这说明，这种句式应看成被动句。

14. NP_2+V+之

如果把NP_1+V+NP_2中的NP_1省去，把NP_2移到动词V之前，再在V后用“之”复指提前的NP_2，就形成这种句式。例如：

（1）三军大戝（败），［死］者收之，剔（伤）者䎽（问）之，善于死者为生者。（上博四·曹沫之陈）

（2）百姓犬入禁苑中而不追兽及捕兽者，勿敢杀；其追兽及捕兽者，杀之。河禁所杀犬，皆完入公；其它禁苑杀者，食其肉而入皮。（睡虎地·秦律十八种）

（3）㯳（臧）辠（罪）型（刑）之，少（小）辠（罪）罚之。（上博五·季庚子问于孔子）

15. NP_2+NP_1+V

如果把NP_1+V+NP_2中的NP_2移到NP_1之前，就形成这种句式。这种句式可以分析为主谓谓语句。例如：

三者，忠人弗乍（作），信人弗为也。（郭店·忠信之道）

16. NP_2 + NP_1 + V + 之

如果把 NP_1 + V + NP_2 中的 NP_2 移到 NP_1 之前，再在 V 后用"之"复指提前的 NP_2，就形成这种句式。这种句式也可以分析为主谓谓语句。例如：

（1）今新（薪）登（蒸）思吴（虞）守之；菫（泽）梨（济）吏（史）敏守之；山棥（林）吏（史）莫（衡）守之。（上博六·竞公疟）

（2）元年制诏丞相斯、去疾，灋（法）度量尽始皇帝为之，皆有刻辞焉。今袭号，而刻辞不称始皇帝。其于久远也，如后嗣为之者，不称成功盛德。（两诏椭量，18835）

17. NP_2 + V + 于 + NP_1（NP_2 可省）

这种句式是所谓"于"字式被动句式，用介词"于"或"乎"引出施事。NP_2 可以出现，也可以省略。例如：

（1）梦衣新衣，乃伤于兵。（岳麓壹·占梦书）

（2）臣为君王臣，介备（服）名，君王遶（後）凥（居），辱于孝（老）夫。（上博六·平王问郑寿）

（3）杰（桀）、受（纣）、幽、万（厉）殍（戮）死于人手，先君需（灵）王韋（奸）涘（系）云（员）："薾（尔）君人者可（何）必安才（哉）!"（上博七·君人者何必安哉甲）

18. NP_2 + 为 + NP_1 + V（NP_2 可省）

这种句式是所谓"为"字式被动句式，用介词"为"引出施事。NP_2 可以出现，也可以省略。例如：

（1）此目（以）桀折于鬲山，而受首于只（岐）祉（社）身不叟（没），为天下狱（笑）。（上博五·鬼神之明）

（2）公曰："虐（吾）不智（知）亓（其）为不善也，含（今）内之不旻（得）百生（姓），外之为者（诸）矦（侯）狀（笑），寡（寡）人之不㡒也，几（岂）不二子之悥（忧）也才（哉）。"（上博五·竞建内之）

（3）危，百事凶。生子，老为人治也，又数诣风雨。（睡虎地·日书甲种）

19. NP_2 + 见 + V

这种句式是所谓"见"字式被动句式，在动词 V 前用助动词"见"表示被动。例如：

夫萏（葛）之见诃（歌）也，则目（以）绨蔵（绤）之古（故）也。（上博一·孔子诗论）

（二）复杂谓语句式

1. 并列句

具有并列关系的几个"谓"之间可以不用连词。例如：

（1）擅杀、刑、髡其后子，潚之。（睡虎地·法律答问）

（2）褱自乍（作）飤碩駝，其蠶（眉）耆（寿）无𠔡（期），永保用之。（褱鼎，集成 02551）

（3）含（今）𧆞（吾）老贾，新（亲）達（率）曑（三）軍（军）之众，目（以）征不宜（宜、义）之邦，𢿭（奋）桴晨（振）铎。（中山王譽鼎，集成 02840）

（4）古（故）曰：臤（贤）及□☑是目（以）视臤（贤），顫（履）埅（地）戴

（戴）天，竺（笃）义与訐（信）。（上博二·容成氏）

（5）除害兴利，兹（慈）爱万姓。（睡虎地·为吏之道）

（6）𡴂（越）人𠊧（修）敩（教）备恁（任），五年還（覆）吴。（中山王嚳鼎，集成02840）

（7）㝁（变）祟（常）㑥（易）豊（礼），土埅（地）乃迈（坼）。（上博五·三德）

（8）丑，朝启夕闷（闭）。（九店61）

（9）不可以始种获、始赏（尝）。（睡虎地·日书甲种）

（10）甲辰，可以出入牛、服之。（睡虎地·日书甲种）

（11）可以入人、始寇（冠）、乘车。（睡虎地·日书甲种）

（12）毋以酉台（始）寇（冠）、带剑、恐御矢兵。（睡虎地·日书甲种）

（13）□□春庚辛，夏壬癸，季秋甲乙，季冬丙丁，勿以作事、复（覆）内、暴屋。（睡虎地·日书乙种）

具有并列关系的几个"谓"之间可以用连词。所使用的连词有"及"和"而"。一般是在两个"谓"之间用连词，有时是在最后的两个"谓"之间用连词。例如：

（1）春二月，毋敢伐材木山林及雍（壅）堤水。（睡虎地·秦律十八种）

（2）不可以始种及获赏（尝），其岁或弗食。（睡虎地·日书甲种）

（3）马牛杀之及亡之，当偿而誶□□□□□□□□☑。（龙岗101）

（4）九月，大除道及除㵌（浍）。十月为桥，修陂堤，利津梁，鲜草離（离），非除道之时，而有陷败不可行，辄为之。四年十二月不除道者。（青川木牍）

（5）不可初穿门、为户牖，伐木、坏垣、起垣、彻屋及杀，大凶。（睡虎地·日书甲种）

（6）古（故）君子賜（顾）言而行，以成其信，则民不能大其娧（美）而少（小）其亚（恶）。（郭店·缁衣）

具有选择关系的两个"谓"之间都要用连词"若"。这种例子都出现在秦简之中。例如：

（1）若不，三月食之若傅之，而非人也，必枯骨也。（睡虎地·日书甲种）

（2）戊申、己酉，牵牛以取（娶）织女而不果，不出三岁，弃若亡。（睡虎地·日书甲种）

（3）鬼恒夜鼓人门，以歌若哭，人见之，是凶（凶）鬼，鸢（弋）以刍矢，则不来矣。（睡虎地·日书甲种）

2. 转折句

具有转折关系的几个"谓"之间一般要用连词"而"来连接。例如：

（1）爱不若也，可从也而不可及也。（郭店·尊德义）

（2）贾曰：为人臣而仮（反）臣其宔（主），不羕（祥）莫大焉。（中山王嚳壶，集成09735）

（3）其见智（知）之而弗捕，当赀一盾。（睡虎地·法律答问）

（4）今法律令已布，闻吏民犯法为闲私者不止，私好、乡俗之心不变，自从令、丞以下智（知）而弗举论，是即明避主之明法殹（也）。（睡虎地·语书）

（5）唯君子道可近求而可远遣（措）也。（郭店·成之闻之）

（6）果而弗登（伐），果而弗乔（骄），果而弗稐（矜），是胃（谓）果而不佂

(强)。(郭店·老子甲本)

(7) 孝而不谏，不成□□□□□□不城（成）孝。(上博四·内豊)

(8) 可学也而不可矣（疑）也，可教也而不可迪其民，而民不可𡳿（止）也。(郭店·尊德义)

(9) 遊（失）掔（贤）士一人，方（谤）亦阪（反）是₌（是，是）故孝（君子）䜣（慎）言而不䜣（慎）事。(上博二·从政甲)

(10) 万勿（物）作而弗訂（始）也，为而弗志（恃）也，城（成）而弗居。(郭店·老子甲本)

(11) 毋不能而为之，毋能而㦳（易）之。(上博五·三德)

具有转折关系的几个“谓”之间也可以不用连词“而”来连接。例如：

(1) 晋文公立七年，秦、晋回（围）奠（郑），奠（郑）降秦不降晋，晋人以不慭。(清华贰·第八章)

(2) 子曰：可言不可行，君子弗言；可行不可言，君子弗行。则民言不𢜈（危）行，[行] 不𢜈（危）言。(郭店·缁衣)

3. 连谓句

具有连谓关系的几个“谓”之间可以不用连词来连接。例如：

(1) 周惠王立十又七年，赤鄱（翟）王峁虖（虎）记（起）𠂤（师）伐衞（卫）。(清华贰·第四章)

(2) 人若鸟兽及六畜恒行人官，是上神相，好下乐入。男女未入官者毄（击）鼓奋铎喿（噪）之，则不来矣。(睡虎地·日书甲种)

(3) 赠发读书，未许学，令人毄（系）守学。(岳麓叁·学为伪书案)

(4) 士五（伍）甲斗，拔剑伐，斩人发结，可（何）论？当完为城旦。(睡虎地·法律答问)

(5) 人过于丘虚，女鼠抱子逐人。(睡虎地·日书甲种)

(6) 风荼突出，或捕诣吏☐。(龙岗36)

(7) 又（有）𥻆（秦）嗣王，叡（敢）用吉玉宣璧，使其宗祝邵鼛，布�告于不（丕）显大神乒（厥）湫。(诅楚文刻石·巫咸)

(8) 曾医（侯）郕乍（作）哻（持）。(曾侯郕簠，05760)

(9) 今有禾，此一石舂之为米七升，当益禾几可（何）？(岳麓贰·数)

具有连谓关系的几个“谓”之间用连词“以”来连接。例如：

(1) 晋文公立四年，楚成王衒（率）者（诸）侯以回（围）宋伐齐，戍穀（谷），居�（鉏）。(清华贰·第七章)

(2) 伐衞（卫）以敓（脱）齐之戍及宋之回（围）。(清华贰·第七章)

(3) 甲晨（辰）之日，小人取怆之刀以解小人之桎。(包山144)

(4) 君乃自怹（过）目（以）敓（悦）于墓（万）民。(上博四·曹沫之陈)

(5) 襄而〈夫〉人䎽（闻）之，乃俈（抱）靐（灵）公以啓（号）于廷。(清华贰·第九章)

(6) 讯䵼：䵼亡，安取钱以补袍及买鞞刀？䵼曰：庸（佣）取钱。(岳麓叁·魏盗杀安、宜案)

(7) 已有（又）道船中出操楫〈楫〉以走赵。(里耶壹8－1562)

(8) 以犬矢（屎）为完（丸），操以咼（过）之，见其神以投之，不害人矣。(睡虎地·日书甲种)

(9) 十月辛巳之日不送（将）鄗宧大夫𩔊公遴（鲁）期、前昜（阳）公穆痀与周惃之分謨（察）以廷，阩门又（有）败。(包山47)

(10) 武王斋七日，大□覎（望）奉丹箸（书）㠯（以）朝。(上博七·武王践阼)

(11) 人妻妾若朋友死，其鬼归之者。以莎芾、牡棘枋（柄），热（爇）以寺（待）之，则不来矣。(睡虎地·日书甲种)

(12) 君₌（君子）䎽（闻）善言㠯（以）攺（改）亓（其）言。(上博二·从政)

具有连谓关系的几个"谓"之间用连词"而"来连接。例如：

(1) 屈（掘）沓泉，有赤豕，马尾犬首，享（烹）而食之，美气。(睡虎地·日书甲种)

(2) 因而征之，将而兴之，虽有高山，鼓而乘之。(睡虎地·为吏之道)

(3) 或与人斗，缚而尽拔其须麋（眉），论可（何）殹（也）？(睡虎地·法律答问)

(4) □扬（扬）脖（肫）而豊（礼），并（屏）㲻（气）而言，不遰（失）丌（其）所。(上博七·凡物流形甲)

(5) 丁与此首人强攻羣（群）盗人，自昼甲将乙等徼循到某山，见丁与此首人而捕之。(睡虎地·封诊式)

(6) 纴（汽）受少（小）臣而尝之，乃卲（昭）然，四巟（荒）之外，亡（无）不见也；少（小）臣受亓（其）余（馀）而尝之，亦卲（昭）然，四晉（海）之外，亡（无）不见也。(清华叁·赤鵠之集汤之屋)

(7) 安复（作）而䡖（乘）之，则邦又（有）获。(上博五·季庚子问于孔子)

(8) 汤或（又）从而攻之。(上博二·容成氏)

(9) 邦人亓（其）胃（谓）我不能爯（称）人，朝迟（起）而夕灋（废）之。(上博八·志书乃言)

下引3例，两个"谓"之间，是从正反两方面说明一件事的。例如：

(1) 既发笭，执勿遊（佚）。沠期戠之，秀履为李。(包山80)

(2) 为（伪）听命书，法（废）弗行，耐为侯（候）；不辟（避）席立，赀二甲，法（废）。(睡虎地·秦律杂抄)

(3) 惠公既内（入），乃背秦公弗㚔（予）。(清华贰·第六章)

4. 兼语句

兼语句中的第一个动词——使令动词是"令"。例如：

(1) 令令史循其廷府。节（即）新为吏舍，毋依臧（藏）府、书府。(睡虎地·秦律十八种)

(2) 闻田数从市奸毄（系）所，令毋智捕。(岳麓叁·田与市和奸案)

(3) 令戍者勉补缮城，署勿令为它事；已补，乃令增塞埤塞。(睡虎地·秦律杂抄)

(4) 即令令史某齿牛，牛六岁矣。(睡虎地·封诊式)

(5) 其所亡众，计之，终岁衣食不䟡（足）以稍赏（偿），令居之，其弗令居之，其人［死］亡，令其官啬夫及吏主者代赏（偿）之。(睡虎地·秦律十八种)

(6) 今且令人案行之，举劾不从令者，致以律，论及令、丞。(睡虎地·语书)

兼语句中的第一个动词——使令动词是"命"。例如：

（1）王命坪（平）亦（夜）悊（悼）武君衔（率）自（师）䢻（侵）晋。（清华贰·第二十三章）

（2）晋竞（景）公立八年，陵（随）会衔（率）自（师），会者（诸）侯于幽（断）道，公命郇（驹）之克先嘻（聘）于齐。（清华贰·第十四章）

（3）仆以诰告子郙（宛）公，子郙（宛）公命郻右司马彭怿为仆筴等（志），以余鄇（阴）之勶客、鄇（阴）侯之庆李、百宜君，命为仆搏（捕）之。（包山·疋狱133）

（4）王败鄵（蔡）霝（灵）矦（侯）于吕，命繡（申）人室出，取鄵（蔡）之器，𣪘（执）事人夹鄵（蔡）人之（至）军门，命人毋敢徒出。繡（申）城（成）公𥺈、丌（其）子虚未畜頪（类）命之遣（遣）。虚晶（三）徒出，𣪘（执）事人志₌（止之）。（上博九·灵王遂申）

兼语句中的第一个动词——使令动词是“使”。例如：

（1）齐同（顷）公囟（使）亓（其）女子自房审（中）观郇（驹）之克。（清华贰·第十四章）

（2）安而行之，使民望之。（睡虎地·为吏之道）

（3）某不能肠（伤）其富，农夫使其徒来代之。（周家台·病方及其他）

（4）是虐（乎）复（作）为九城（成）之壹（台），视（寘）盂庡（炭）亓（其）下，加䌰（圜）木于亓（其）上，思（使）民道（蹈）之。（上博二·容成氏）

兼语句中的第一个动词——使令动词是“卑”。例如：

母（毋）曰高₌（高高）才（在）上，砌（陟）𨻰（降）亓（其）事，卑蓝（监）才（在）𢆶（兹）。（清华叁·周公之琴舞）

兼语句中的第一个动词——使令动词是“召/诏”。例如：

（1）鬼恒召人出宫，是是遽鬼，毋（无）所居，罔謼（呼）其召，以白石投之，则止矣。（睡虎地·日书甲种）

（2）廿六年，皇帝尽并（并）兼天下诸侯，黔首大安，立号为皇帝。乃诏丞相状绾灋（法）度量剸（则）不壹，歉疑者皆明（明）壹之。（商鞅方升，集成10372）

（3）丈人诏令癸出田南阳，因穜（种）食、钱貣（贷），以为私［书］。（岳麓叁·善等去作所案）

兼语句中的第一个动词——使令动词是“遣”。例如：

十八年，齐遣卿大夫众来聘，冬十二月乙酉，大良造鞅爰积十六尊（寸）五分尊（寸）壹为升。（商鞅方升，集成10372）

四、出土战国文献中带受事的二价动作动词的指称化与修饰化

带受事的二价动作动词作谓语或谓语的一部分，都是表陈述的。

带受事的二价动作动词作一些动词的宾语（例如“曰”）时，可能仍是表陈述的。

除此之外，还有其他的用法。当带受事的二价动作动词与“者”构成“者”字短语、与“所”构成“所”字短语、与“所”和“者”构成“所者”字短语、与“之”构成“之”字短语时，一般都是表指称的，是有标记的指称化。当带受事的二价动作动词作主语、宾语（绝大多数）和判断句谓语时，也表指称，是无标记的指称化。

当带受事的二价动作动词作定语、状语时，一般是表修饰的。

（一）指称化

1．有标记的指称化

A．构成“者”字短语。

“者”与带受事的二价动作动词所构成的“者”字短语，一般是指称V的施事的。

跟“者”构成“者”字短语的，一般是动宾短语 V + NP_2。所缺的V的配价成分是 NP_1，“者”转指的就是 NP_1。例如：

（1）智（知）之者弗言，言之者弗智（知）。（郭店·老子甲本）

（2）长民者衣备（服）不改，从容又（有）祟（常）。（上博一·缁衣）

（3）保此衍（道）者不谷（欲）竘（尚）呈（盈）。（郭店·老子甲本）

（4）非史子殹（也），毋敢学学室，犯令者有罪。（睡虎地·秦律十八种）

（5）羕（养）眚（性）者，习也；长眚（性）者，道也。（上博一·性情论）

（6）王命贾为逃（兆）乏（窆），阔閿（狭）少（小）大之𠯑（叨），又（右）事者官圖之，逹（进）退逃（兆）乏（窆）者，死亡（无）若（赦）。（兆域图铜版，集成10478）

（7）可（何）谓“集人”？古主取薪者殹（也）。（睡虎地·法律答问）

（8）凡古乐龙心，嗌乐龙指，皆教其人者也。（郭店·性自命出）

（9）牙（与）为悉（义）者游，嗌（益）。（郭店·语丛三）

（10）此孶₌（君子）从事者之所从容也。（上博五·季庚子问于孔子）

（11）乐，备（服）悳（德）者之所乐也。（郭店·语丛三）

跟“者”构成“者”字短语的动宾短语 V + NP_2 之前，还可以出现状语。例如：

（1）亘（亟）再（称）其君之亚（恶）者，未之又（有）也。（郭店·鲁穆公问子思）

（2）不从命者，从而桎辠（梏）之。（上博二·容成氏）

（3）墨（禹）乃因山陵（陵）坪（平）堡（隰）之可垟（封）邑者而緐（繁）实之，乃因迩（?）目（以）智（知）远，迲（去）蟲（苛）而行柬（简），因民之欲，会天埅（地）之利。（上博二·容成氏）

（4）唯（虽）旻（得）兔（免）而出，目（以）不能事君，天下为君者，隹（谁）欲畜女（汝）者才（哉）?（上博五·姑成家父）

（5）古（故）为人侃（兄）者，言人之侃（兄）之不能戀（慈）俤（弟）者，不与言人之俤（弟）之不能丞（承）侃（兄）者；古（故）为人俤（弟）者，言人之俤（弟）之不能丞（承）侃（兄）☐。（上博四·内豊）

（6）古（故）为人君者，言人之君之不能叓（使）亓（其）臣者，不与言人之臣之不能事亓（其）君者；古（故）为人臣者，言人之臣之不能事亓（其）君者，不与言人之君之不能叓（使）亓（其）臣者。（上博四·内豊）

（7）夫为其君之古（故）杀其身者，尝又（有）之矣。亘（亟）再（称）其君之亚（恶）者，未之又（有）也。夫为其［君］之古（故）杀其身者，交（效）录（禄）雀（爵）者也。（郭店·鲁穆公问子思）

（8）以衍（道）差（佐）人宔（主）者，不谷（欲）以兵侣（强）于天下。（郭店·老子甲本）

跟“者”构成“者”字短语的动宾短语 $V+NP_2$ 中的 NP_2 还可以省略，在V前可以出现状语，也可以不出现状语。例如：

(1) 返（及）桀受學（幽）万（厉），焚圣人，杀讦（谏）者，恻（贼）百眚（姓），𤔔（乱）邦豪（家）。(上博五·鬼神之明)

(2) 实官佐、史柀免、徙，官啬夫必与去者效代者。节（即）官啬夫免而效，不备，代者与居吏坐之。(睡虎地·秦律十八种)

(3) 卒岁而或陕（决）坏，过三堵以上，县葆者补缮之。(睡虎地·秦律十八种)

(4) 善建者不杲（拔），善休（保）者不兑（脱）。(郭店·老子乙本)

(5) 臧（庄）公或（又）䎽（问）曰：“善攻者奚（奚）女（如）?”（上博四·曹沫之陈）

(6) 有投书，勿发，见辄燔之；能捕者购臣妾二人，毄（系）投书者鞫审瀻之。(睡虎地·法律答问)

(7) “以梃贼伤人。”可（何）谓“梃”？木可以伐者为“梃”。(睡虎地·法律答问)

(8) 县、都官以七月粪公器不可缮者，有久识者靡蚩之。(睡虎地·秦律十八种)

(9) 传车、大车轮，葆缮参邪，可殹（也）。韦革、红器相补缮。取不可葆缮者，乃粪之。(睡虎地·秦律十八种)

跟“者”构成“者”字短语的，还可以是动词性并列短语。例如：

(1) 其追兽及捕兽者，杀之。(睡虎地·秦律十八种)

(2) 女子操敀红及服者，不得赎。边县者，复数其县。(睡虎地·秦律十八种)

(3) 詐（诈）伪、假人符传及让人符传者，皆与阑入门同罪。(龙岗4)

(4) 不出三年，𩫏（狄）人之怀（附）者七百邦，此能从善而迲（去）祸（祸）者。(上博五·竞建内之)

(5) 窦出入及毋符传而阑入门者，斩其男子左趾，□女［子］☐。(龙岗2)

跟“者”构成“者”字短语的，还可以是动词性转折短语。例如：

(1) 贫戋（贱）而不约者，虐（吾）见之㐭（矣），䝈（富）贵而不乔（骄）者，虐（吾）䎽（闻）而☐。(上博五·弟子问)

(2) 亚（恶）之而不可非者，达于义者也。非之而不可亚（恶）者，笃（笃）于㤅（仁）者也。(郭店·性自命出)

(3) 百姓犬入禁苑中而不追兽及捕兽者，勿敢杀。(睡虎地·秦律十八种)

(4) 杀虫豸，断而能属者，濆以灰，则不属矣。(睡虎地·日书甲种)

(5) 未又（有）善事人而不返者，未又（有）哗（华）而忠者。(郭店·语丛二)

B. 构成“所”字短语。

“所”也是指称化的标记，一般是用来表转指的。“所”主要有两种用法，一是“所”与带受事的二价动作动词构成“所”字短语“所+V”，一般是指称V的受事的；二是“所”与“介词+动词”构成“所”字短语“所+P+VP”，一般是指称P的宾语所表示的内容。“所+P+VP”中的P也可以省略，这时“所”字短语在形式上与“所+V”相似，但从所指称的内容来看，仍然与“所+P+VP”相同。

一是“所”与带受事的二价动作动词构成“所”字短语“所+V”，一般是指称V的受事的。在V前可以出现状语，也可以不出现状语。例如：

(1) 一曰不察所亲，不察所亲则怨数至。(睡虎地·为吏之道)

(2) 甲言不审，当以告不审论，且以所辟？以所辟论当殴（也）。（睡虎地·法律答问）

(3) 先₌（先人）斎₌（之所）灋（废）勿迟（起），肰（然）则民迸（拯）不善。（上博五·季庚子问于孔子）

(4) 聂（摄）周孙₌（子孙），隹（惟）畬（余）一人所豊（礼）。（上博七·吴命）

(5) 安乐之所必戒。（岳麓壹·为吏治官及黔首）

(6) 臣事君，言其所不能，不訇（辞）其所能，则君不褮（劳）。（郭店·缁衣）

(7) 此天之所不能杀，墜（地）之所不能厘，侌（阴）昜（阳）之所不能城（成）。（郭店·太一生水）

“所＋V”指称的受事词语一般不在“所＋V”后出现，如上引7个例子；也可以在“所＋V”后出现，如下引5个例子：

(1) 河禁所杀犬，皆完入公；其它禁苑杀者，食其肉而入皮。（睡虎地·秦律十八种）

(2) 伍人相告，且以辟罪，不审，以所辟罪罪之。（睡虎地·法律答问）

(3) 乃以所操瓦盖之，坚狸（埋）之。（周家台·病方及其他）

(4) 右敏（令）建所乘（乘）大斾（旆）。（曾侯乙1）

(5) 县所葆禁苑之傅山、远山，其土恶不能雨，夏有坏者，勿稍补缮。（睡虎地·秦律十八种）

出土战国文献中带受事的二价动作动词，还与“所”构成第二种“所”字短语“所＋P＋VP”。“所＋P＋VP”中的VP一般都是动宾短语，因为这种“所”字短语里的“所”不是指称V的受事的，所以动词的受事宾语可以出现。VP有时候是连谓短语，但每个“谓”仍是动宾短语。例如：

(1) 返（及）亓（其）蓑（亡）也，皆为亓（其）容，鬐（殷）人之所㠯（以）弋（代）之，饍（观）亓（其）容，圣（听）亓（其）言，遲（堋）亓（其）所㠯（以）蓑（亡），为亓（其）容，为亓（其）言，周人之所㠯（以）弋（代）之。（上博五·鲍叔牙与隰朋之谏）

(2) 而天下莫不语之，王斎₌（之所）㠯（以）为目观也。（上博七·君人者何必安哉甲）

(3) 杀（戮），所以敘（除）咎（怨）也。（郭店·尊德义）

(4) 易，所以会天衍（道）人衍（道）也。（郭店·语丛一）

(5) 春秋，所以会古含（今）之事也。（郭店·语丛一）

(6) 夫祭，至敬之畬（本）也，所㠯（以）立生也，不可不新（慎）也。（上博三·中弓）

(7) 㡀（币）帛，所以为信与誁（征）也，其訇（词）宜道也。（郭店·性自命出）

(8) 善勿威（灭），不恙（祥）勿为。内（入）虚毋乐，墜（登）丘毋诃（歌），所㠯（以）为天豊（礼）。（上博五·三德）

(9) 所㠯（以）攸（修）身而訂（治）邦豪（家）？（上博七·凡物流形甲）

“所＋P＋VP”指称的受事词语一般不在“所＋P＋VP”后出现，如上引9个例子；也可以在“所＋P＋VP”后出现，如下引2个例子：

(1) 凡君子所以立身大灋（法）厽（三），其睪（绎）之也六，其籅（衍）十又二。

（郭店·六德）

（2）凡五亥，不可㠯（以）畜六牲肰（扰），帝之所目（以）翏（戮）六肰（扰）之日。（九店 39 下、40 下）

C. 构成“所者”短语。

“所”与带受事的二价动作动词构成“所”字短语“所 + V”之后，还可以再加“者”构成“所 + V + 者”短语，这时仍是指称 V 的受事的。例如：

（1）角：斗乘角，门有客，所言者急事也。（周家台·日书）

（2）房，门有客，所言者家室事，人中子也，多昆弟。（周家台·日书）

“所”与带受事的二价动作动词语构成“所”字短语“所 + P + VP”之后，还可以再加“者”构成“所 + P + VP + 者”短语，这时仍是指称 P 的宾语的。例如：

诗，所以会古舍（今）之恃（志）也者。（郭店·语丛一）

D. 构成“之”字短语。

一个主谓短语“NP + VP”（这里的 VP 是指带受事的二价动作动词语）原本是陈述一个事件，是谓词性的。但是在中间加“之”之后形成“NP + 之 + VP”，这个结构是表指称的，指“NP + 之 + VP”这个事件，所以“之”也是指称化的标记。

“NP + 之 + VP”可以作语句的主语。例如：

（1）上不以其道，民之从之也难。（郭店·成之闻之）

（2）古（故）孝₌（君子）之眘（友）也又（有）替（向），丌（其）恶也又（有）方，此目（以）迩（迩）者不惑，而远者不忞（疑）。（上博一·缁衣）

（3）子曰：上好急（仁），则下之为急（仁）也争先。（郭店·缁衣）

（4）昔者天墬（地）之差（佐）坴（舜）而右（佑）善，女（如）是牆（状）也。（上博二·容成氏）

（5）民之僗（劝）敚（微）弃亚（恶）母（如）逷（归）。（上博五·季庚子问于孔子）

（6）坙（禹）之行水，水之道也。（郭店·尊德义）

（7）戚（造）父之驭（御）马，马也之道也。句（后）禝之埶（艺）地，地之道也。（郭店·尊德义）

“NP + 之 + VP”可以作判断句的谓语。例如：

㦰（义），悳（德）之𦘔（进）也。（郭店·语丛三）

“NP + 之 + VP”可以作语句的宾语。例如：

（1）緟（申）公曰：“臣不智（知）君王之牆（将）为君……”（上博六·庄王既成、申公臣灵王）

（2）敔（敢）数楚王熊相之倍（背）盟犯诅。（诅楚文刻石·巫咸）

“NP + 之 + VP”可以作复句的分句。例如：

（1）我之不言，则畏天之发几（机）；我亓（其）言矣，则惫（逸）者不㜳（美）。（清华叁·芮良夫毖）

（2）大臣之不新（亲）也，则忠敬不足，则貴（富）贵已逃（过）也。（郭店·缁衣）

（3）正（政）之不行，教之不城（成）也，则坓（刑）罚不足耻，而雀（爵）不足欢（劝）也。（郭店·缁衣）

（4）古者尧之舁（举）舜也，昏（闻）舜孝，智（知）其能敳（养）天下之老也。

（郭店·唐虞之道）

（5）昔林（尧）之乡（飨）丕（舜）也，饭于土𨟃（簋），欲（歠）于土型（铏）。（上博四·曹沫之陈）

（6）古（故）君子之立（莅）民也，身备（服）善以先之，敬斱（慎）以肘（守）之。（郭店·成之闻之）

（7）圣人之从事也，亦怋（托）其名，古（故）社（功）城（成）而身不剔（伤）。（郭店·太一生水）

（8）君子之立孝，悉（爱）是甬（用），豊（礼）是贵。（上博四·内豊）

（9）凡邦中之立丛，其鬼恒夜謼（呼）焉，是遽鬼执人以自伐〈代〉也。（睡虎地·日书甲种）

（10）下之事上也，不从其所以命，而从其所行。（郭店·缁衣）

（11）高下之相浧（盈）也，音圣（声）之相和也，先后之相堕（随）也。（郭店·老子甲本）

2. 无标记的指称化

A. 作主语。

带受事的二价动作动词可以单独作主语。例如：

（1）悥（倍）生于虑，静（争）生于悥（倍）。（郭店·语丛二）

（2）汲（急）生于欲（欲），僕（察）生于汲（急）。（郭店·语丛二）

（3）从生于㚖（好）。（郭店·语丛二）

（4）监生于瞿（惧），望生于监。（郭店·语丛二）

（5）学为可嗌（益）也，教为可頪（类）也。教非改道也，教之也。（郭店·尊德义）

（6）四海（海）之内其眚（性）弌（一）也，其甬（用）心各异，教史（使）肰（然）也。（郭店·性自命出）

（7）教，所以生悳（德）于中者也。（郭店·性自命出）

两个有并列关系的带受事二价动作动词作主语。例如：

（1）甲戌生子，饮食急。（睡虎地·日书甲种）

（2）以政天下黔首，斩伐寋寋，杀戮安安。（放马滩·日书乙种）

（3）杀殄（戮），所以叙（除）咎（怨）也。（郭店·尊德义）

（4）貴（持）与貢（亡）篙（孰）疠（病）？（郭店·老子甲本）

由带受事的二价动作动词跟“其”构成“其 + V”或“其 + V + NP_2”，作语句的主语。例如：

（1）隹（唯）送（朕）先王，茅（苗）蒐（蒐）狃（田）猎，于皮（彼）新垄（土），其遣（会）女（如）林。（好蚉壶，集成 09734）

（2）亓（其）赏識（浅）虞（且）不中，亓（其）詎（诛）玺（重）虞（且）不謀（察）。（上博四·曹沫之陈）

（3）唯肰（然），其廌（存）也不厚，其重也弗多矣（矣）。（郭店·成之闻之）

（4）君子，其它（施）也忠，古（故）䜌（蛮）罕（亲）専（附）也；其言尔信，古（故）但而可受也。（郭店·忠信之道）

（5）君子之于教也，其道（导）民也不寖（浸），则其淳也弗深矣（矣）。（郭店·成之闻之）

由带受事的二价动作动词跟 NP_2 构成 $V+NP_2$，作语句的主语。例如：

（1）戰（守）鄾（边）城冢（奚）女（如）？（上博四·曹沫之陈）

（2）秉之不固，▨付（?）之不戢（威）。（上博五·三德）

（3）兴事不时，缓令急征，夬（决）狱不正，不精于材（财），法（废）置以私。（睡虎地·为吏之道）

由带受事的二价动作动词跟 NP_1 和 NP_2 构成 NP_1+V+NP_2，作语句的主语。例如：

古（故）曰：民之父母新（亲）民易，史（使）民相新（亲）也戁（难）。（郭店·六德）

由带受事的二价动作动词跟其他动词语构成复杂动词性短语，作语句的主语。例如：

（1）诊首毋诊身可殴（也）。（睡虎地·封诊式）

（2）贼杀伤、盗它人为“公室”。（睡虎地·法律答问）

（3）其出入禾、增积如律令。长吏相杂以入禾仓及发，见屡之粟积，义积之，勿令败。仓入禾稼、刍稾，辄为廥籍，上内史。刍稾各万石一积，咸阳二万一积，其出入、增积及效如禾。（睡虎地·秦律十八种）

B. 作宾语。

带受事的二价动作动词作宾语有两种情况，一是作动词的宾语，一是作介词的宾语。带受事的二价动作动词作宾语大多数是指称化了，也有未指称化的，如作准系词“为”的宾语、作言说动词“曰”的宾语等。

单个带受事的二价动作动词可作宾语。例如：

（1）受（授）臤（贤）则民兴教而蚴（化）虖（乎）道。（郭店·唐虞之道）

（2）过街，即行捧（拜），言曰：“人皆祠泰父，我独祠先农。”（周家台·病方及其他）

（3）遣识者当腾，腾皆为报。（睡虎地·封诊式）

（4）故如此者不可不为罚。（睡虎地·语书）

（5）异生异，鬼（畏）生鬼（畏），韦（违）生非₌（非，非）生韦（违）。（上博三·亘先）

（6）好型（刑）则不羊（祥），好杀则复（作）𤔔（乱）。（上博五·季庚子问于孔子）

（7）男女不語（语）鹿（独），堋（朋）沓（友）不語（语）分。（上博六·天子建州乙）

（8）己丑，以见王公，必有拜也。（睡虎地·日书甲种）

（9）齐₌（齐齐）节₌（节节），外内又（有）詨（辨），男女又（有）节，是胃（谓）天豊（礼）。（上博五·三德）

（10）赛（息）侯弗训（顺），乃使人于楚文王曰：“君逨（来）伐我，我牆（将）求栽（救）于郗（蔡），君安（焉）败之。”文王迟（起）峕（师）伐赛（息），赛（息）侯求栽（救）于郗（蔡），郗（蔡）哀侯銜（率）帀（师）以栽（救）赛（息）。（清华贰·第五章）

带受事的二价动作动词跟别的动词并列，作宾语。例如：

（1）其主必昌，好歌舞，必施衣常。（放马滩·日书乙种）

（2）曰姑（辜），利戠（侵）伐，可目（以）攻城。（楚帛书·丙篇）

由带受事的二价动作动词跟 NP_2 构成 $V+NP_2$，作语句的宾语。例如：

（1）甲乙梦伐木，吉。（岳麓壹·占梦书）

(2) 梦燔亓（其）席蓐，入汤中，吉。（岳麓壹·占梦书）

由带受事的二价动作动词跟状语构成状中短语，作语句的宾语。例如：

(1) 凡不吉日，称（利）目（以）见公王与贵人。（九店 56·41、56·42）

(2) 称（利）目（以）内（入）人民，称（利）。（九店 56·41）

(3) 学者日嗌（益），为道者日员（损）。员（损）之或员（损），以至亡为也，亡为而亡不为。（郭店·老子乙本）

由带受事的二价动作动词跟补语构成中补短语，作语句的宾语。例如：

梦歌于宫中，乃有内资。（岳麓一·占梦书）

由带受事的二价动作动词跟"其"和 NP_2 构成"其 + V + NP_2"，作语句的宾语。例如：

(1) 苛冒、趄（桓）卯竞杀仆之睢（兄）叨，郐（阴）人陈賊、陈旦、陈越、陈鄭、陈宠、连利皆智（知）其杀之。（包山 135）

(2) 昏（闻）舜弟，智（知）其能紂（事）天下之长也。（郭店·唐虞之道）

由带受事的二价动作动词跟其他动词语构成并列短语，作语句的宾语。例如：

(1) 利弋邋（猎）、报雠、攻军、韦（围）城、始杀。（睡虎地·日书甲种）

(2) 凡且有大行、远行若饮食、歌乐、聚畜生及夫妻同衣，毋以正月上旬午。（睡虎地·日书甲种）

带受事的二价动作动词"曰"和"云"的宾语，应该仍是表陈述的：

(1) 鲁穆公昏（问）于子思曰："可（何）女（如）而可胃（谓）忠臣?"子思曰："恒（亟）禹（称）其君之亚（恶）者，可胃（谓）忠臣矣。"（郭店·鲁穆公问子思）

(2) 夏后曰："尔隹（惟）噕?"少（小）臣曰："我天晋（巫）。"夏句（后）乃餎（讯）少（小）臣曰："女（如）尔天晋（巫），而智（知）朕疾?"少（小）臣曰："我智（知）之。"顕（夏）句（后）曰："朕疾女（如）可（何）?"（清华叁·赤鳉之集汤之屋）

(3)《大夏（雅）》员（云）："上帝板板，下民䘮（卒）担（疸）。"《少（小）夏（雅）》员（云）："非其㞷（止）之，共唯王恭（邛）。"（郭店·缁衣）

带受事的二价动作动词可作介词"于"和"以"的宾语。例如：

(1) 悥（倍）生于虑，静（争）生于悥（倍）。（郭店·语丛二）

(2) 慇（爱）生于眚（性），亲生于慇（爱），忠生于亲。（郭店·语丛二）

(3) 望生于敬，耻生于望。（郭店·语丛二）

(4) 外之鼎（则）牆（将）速（使）堂（上）勤于天子之庿，而逯（退）与者（诸）医（侯）齿張（长）于逾（会）同，鼎（则）堂（上）逆于天，下不怭（顺）于人旃，募（寡）人非之，贾曰：为人臣而彶（反）臣其宔（主），不羕（祥）莫大焉，牆（将）与盧（吾）君并立于殜（世），齿張（长）于會（会）同。（中山王譽壶，集成 09735）

(5) 君子之于教也，其道（导）民也不寖（浸），则其淳也弗深悕（矣）。（郭店·成之闻之）

(6) 凡法律令者，以教道（导）民，去其淫避（僻），除其恶俗，而使之之于为善殹（也）。（睡虎地·语书）

(7) 以軋（犯）赓軞（犯），见不训（顺）行目（以）出之。（上博二·从政甲）

(8) 吏前治者皆当以纵不直论。今甾等当赎耐，是即敬等纵弗论殹。何故不以纵论?

（里耶壹 8－1133、8－1132）

（9）大之目（以）智（知）天下，少（小）之目（以）詞（治）邦？（上博七·凡物流形甲）

C. 作判断句谓语。

（1）教非改道也，教之也。学非改仑（伦）也，学㠱（己）也。（郭店·尊德义）

（2）女子不狂痴，歌以生商，是阳鬼乐从之。（睡虎地·日书甲种）

（3）凡邦中之立丛，其鬼恒夜謼（呼）焉，是遽鬼执人以自伐〈代〉也。（睡虎地·日书甲种）

（4）自从令、丞以下智（知）而弗举论，是即明避主之明法殹（也）。（睡虎地·语书）

（5）今法律令已具矣，而吏民莫用，乡俗淫失（泆）之民不止，是即法（废）主之明法殹（也）。（睡虎地·语书）

（6）㝠（寡）人旃（闻）之，旃（事）尐（少）女（如）镸（长），旃（事）愚女（如）智（智），此易言而难行旃。（中山王嚳鼎，集成 02840）

（二）修饰化

带受事的二价动作动词作谓语或谓语中心，是表陈述的。当它处于定语、状语位置上时，它的表述功能就被修饰化了。

1. 作定语

单个带受事的二价动作动词作定语，这种定语之后不用结构助词“之”。这种例子是很常见的。例如：

（1）它如辟书。（里耶壹 8－680）

（2）乘马服牛禀，过二月弗禀、弗致者，皆止，勿禀、致。（睡虎地·秦律十八种）

（3）曾医（侯）昃之用戈。（曾侯昃戈，16755）

（4）骑作乘舆御，骑马于它驰道，若吏［徒］☑。（龙岗 59）

（5）黄豊驐（驭）王僮（冲）车。（曾侯乙 75）

（6）一敭（雕）敦。一缫缄之絡（橐）。一敭（雕）梡。（包山 270）

（7）昔周武王监观商王之不龏（恭）上帝，禋祀不寅（寅），乃乍（作）帝钕（籍），以爨（登）祀上帝天神，名之曰千畮（亩），以克反商邑。（清华贰·第一章）

（8）以求故荆积瓦，未归船。（里耶壹 8－135）

（9）今上责校券二，谒告迁陵令官计者定。（里耶壹 8－63）

（10）戉（越）王䂓（差）郐（徐），目（以）其钟金鑄（铸）其戕（拱）戟（戟）。（越王差徐戟，新收 1408）

（11）于是虐（乎）天下之兵大迟（起），于是虐（乎）䍐（亡）宗鹿（戮）族戋（残）羣（群）安（焉）备（服）。（上博二·容成氏）

（12）迻故蔽，赛祷大（太），备（佩）玉一环；侯（后）土、司命、司禍，各一少环；大水，备（佩）玉一环。（包山 213）

（13）一俚（凭）几。（包山 260 上）

（14）平陞（阿）右散（散）鈛（戈）。（平阿右戈，集成 11101）

（15）隹（唯）朕（朕）皇禝（祖）文、武，趄禝（桓祖）、成考，是又（有）純

(纯)悳(德)遗巡(训),目(以)阤(施)及子孙。(中山王譽壶,集成09735)

(16)门有客,所言者变治事也。(睡虎地·日书甲种)

带受事的二价动作动词前出现状语,整个状中短语作定语,这种定语之后可用结构助词"之",也可以不用。例如:

(1)已驰马不去车,赀一盾。(睡虎地·秦律杂抄)

(2)☐于禁苑中者,吏与参辨券☐。(龙岗11)

(3)更隶妾节(即)有急事,总冗,以律禀食;不急勿总。(睡虎地·秦律十八种)

(4)是以圣人居亡为之事,行不言之教。(郭店·老子甲本)

带受事的二价动作动词后出现宾语,整个动宾短语作定语,这种定语之后可用结构助词"之",也可以不用。例如:

(1)令曰上葆缮牛车薄,恒会四月朔日泰(太)守府。(里耶壹8-62)

(2)毋智不捕田校上。捕田时,田不奸。(岳麓三·田与市和奸案)

(3)服药时禁女食彘肉☐☐。(里耶壹8-1397)

(4)孔=(孔子)退,告子赣(贡)曰:"虐(吾)见于君,不昏(问)又(有)邦之道,而昏(问)叟(相)邦之道,不亦䜣(愆)唇(乎)?"(上博四·相邦之道)

(5)一柔(承)蠲(烛)之鎜(盘)。(信阳·遣策)

单个带受事的二价动作动词前出现施事主语,其后出现宾语或补语,整个主谓短语作定语,这种定语之后可用结构助词"之",也可以不用。例如:

(1)塦(陈)竘立事岁,十月己丑,郿(莒)公孙潮(潮)子竈(造)器也。(公孙潮子钟五,近出8)

(2)齐客陈豫贺王之戢(岁),八月乙栖(酉)之日。(包山7)

(3)宋客盛公鵩聘于楚之戢(岁)䎫(荆)层之月乙未之日,鹽吉以保冡(家)为左尹陀贞,自䎫(荆)层之月以𦣞(就)䎫(荆)层之月,出内(入)事王,聿(尽)卒(卒)戢(岁),躬身尚毋又(有)咎。(包山197)

带受事的二价动作动词跟其他动词语构成复杂谓语短语。整个复杂谓语短语作定语,这种定语之后可用结构助词"之",也可以不用。例如:

(1)牵牛:斗乘牵牛,门有客,所言者请谒、狱讼事也。占狱讼,不胜。(周家台·日书)

(2)行传书、受书,必书其起及到日月夙莫(暮),以辄相报殹。(睡虎地·秦律十八种)

(3)卅一年六月壬午朔庚戌,库武敢言之:廷书曰令史操律令诣廷雠,署书到、吏起时。(里耶壹8-173)

(4)署中某所有贼死、结发、不智(知)可(何)男子一人,来告。(睡虎地·封诊式)

(5)大臧(将)钱(锅)孔、塦(陈)璋内(入)伐匽(燕)亳邦之隻(获)。(陈璋壶,集成09703)

(6)大司马悼愲逘楚邦之帀(师)徒以救郙之戢(岁)䎫(荆)层之月己卯之日,鄦(许)吉以驳灵为左尹陀贞:既腹心疾,以上㤅(气),不甘飤(食),旧(久)不疽(瘥),尚速疽(瘥),毋又(有)柰。(包山247)

(7)郕(越)涌君嬴逞(将)其众以逯(归)楚之戢(岁),䎫(荆)层之月己丑之

日，王凥（处）于蔵郢之游（游）宫。（夕阳坡2号墓简）

2. 作状语

带受事的二价动作动词作状语时，可以表示时间，也可以表示方式。

单个带受事的二价动作动词作状语，这种状语之后不用结构助词“之”。例如：

（1）衣不褻（鲜）娧（美），飤（食）不童（重）味（味），朝不车逆，穜（舂）不粇（毇）米。（上博二·容成氏）

（2）君子言又（有）勿（物），行又（有）逹（格），此以生不可敓（夺）志，死不可敓（夺）名。（郭店·缁衣）

（3）孝子，父母又（有）疾，晃（冠）不奂（绾），行不颂。（上博四·内豊）

（4）或盗采人桑叶，臧（赃）不盈一钱，可（何）论？赀繇（徭）三旬。（睡虎地·法律答问）

（5）出内（入）事王，𦘔（尽）卒（卒）戠（岁），躬身尚毋又（有）咎。（包山197）

（6）其病者，称议食之，令吏主。（睡虎地·秦律十八种）

带受事的二价动作动词后出现宾语，整个动宾短语作状语，这种状语之后不用结构助词“之”。例如：

（1）五昇（忌）。临城不毁，观邦不言丧。（上博六·天子建州甲）

（2）访之于子曰：“坐（从）正（政）可（何）先？”（上博九·尧王天下）

第二节　出土战国文献带成事的二价动作动词

一、出土战国文献中带成事的二价动作动词

出土战国文献中带成事的二价动作动词有［动作］［自主］［制作］的语义特征。［动作］［自主］这两种语义特征的意义，在前文已经有解释。关于［制作］的含义如下：

［制作］指进行这种动作的直接目的就是获取成事所表示的事物，而成事是动作行为的直接成品、预期成品。

依据陈昌来（2002），成事主要是句子语义结构中因施事者的动作行为所产生或所引发出的新事物或新现象，是因施事的动作行为而形成或达到的新客体。典型的成事有如下特征：

［变成性］指成事是在动作行为完成后产生或形成。

［受动性］指成事是施事者一般可以控制或支配成事的产生或出现。

总之，成事是在动作行为过程中从无到有新产生或新出现的事物和现象。

出土战国文献中带成事的二价动作动词主要有：

编（编织）、裁（裁制、裁剪）、成（完成、成就；实现）、穿（开凿、挖掘；穿孔、打洞）、伐（砍伐后制成）、盖（搭盖）、煎（销熔）、起（建造）、为（制造、制作、建造）、作为（制造、制作）、铸为（制造、制作）、营（建造、构筑）、凿（凿开、挖掘）、造（制造）、织（编织、纺织）、制$_1$（裁制）、制$_2$（制作）、筑（建造、修建）、铸（铸

造、造就）、作（制作；建造、兴建；创作、撰写；创制、设立；制造、造成、发动）等。

二、出土战国文献中带成事的二价动作动词的配价成分——施事和成事

（一）施事

1. 表人的名词语

（1）臧（庄）王既成亡（无）鏤（敌）。（上博六·庄王既成、申公臣灵王）

（2）宋公为右（左）芋（盂），奠（郑）白（伯）为右芋（盂）。（清华贰·第十一章）

（3）齐人安（焉）刣（始）为长城于济，自南山逗（属）之北海（海）。（清华贰·第二十章）

（4）尧（尧）于是虖（乎）为车十又（有）五窐（乘），目（以）三从叁（舜）于旬（畎）畕（亩）之中。（上博二·容成氏）

（5）鲁臧（庄）公牆（将）为大钟，型既城（成）矣。（上博四·曹沫之陈）

（6）一人为舄：剧。
　　一人为笥：齐。
　　一人为席：婍。（里耶壹 8－145）

（7）佀（冶）帀（师）綤（绍）埀，埀（佐）墬（陈）共砳（为）之。（楚王酓忎鼎，集成 02795）

（8）蛽昜乍（作）蓓（造）戈三百。（蛽昜戈，集成 11164）

（9）隹（唯）八月初吉庚申，楚子暖盥（铸）其飤匿（簠），子孙永保之。（楚子暖簠，集成 04575）

（10）隹（唯）廿又再祀，屭羌乍（作）戎。（屭羌钟甲，集成 00157）

（11）天子建邦，中山厌（侯）忞（忻）乍（作）丝（兹）军釟，目（以）敬（儆）氒（厥）众。（中山侯忞钺，集成 11758）

2. 指代人的代词

（1）虐（吾）既果城（成）无鏤（敌），目（以）共（供）萅（春）穮（秋）之棠（尝）。（上博六·庄王既成、申公臣灵王）

（2）余拜（冉）盥（铸）此钲鉞，女（汝）勿喪（丧）勿敗（败）。（冉钲鉞，集成 00428）

（3）告曰："丙盗铸此钱，丁佐铸。甲、乙捕索（索）其室而得此钱、容（镕），来诣之。"（睡虎地·封诊式）

（二）成事

1. 表具体事物的名词语

这些具体事物，有些是表示衣物、食物的，例如：

（1）丁丑材（裁）衣，媚人。（睡虎地·日书甲种）

（2）丁酉裚（制）衣常（裳），以西有（又）以东行，以坐而饮酉（酒），矢兵不入于身，身不伤。（睡虎地·日书甲种）

（3）律所谓者，以丝杂织履，履有文，乃为"锦履"，以锦缦履不为，然而行事比焉。（睡虎地·法律答问）

（4）一人为𦐧：剧。

一人为筍：齐。

一人为席：娒。（里耶壹 8－145）

（5）毋以酉台（始）寇〈冠〉带剑、恐御矢兵，可以渍米为酒，酒美。（睡虎地·日书甲种）

有些是表示兵器的，例如：

（1）䖢䂂乍（作）蓓（造）戈三百。（䖢䂂戈，集成 11164）

（2）于是虖（乎）唫（喑）聋执烛，𦤎（蒙）戉（瞽）鼓瑟（瑟），𨒙（跛）𡌵（躃）戰（守）门，敉（侏）需（儒）为矢。（上博二·容成氏）

（3）天子建邦，中山厌（侯）忿（忻）乍（作）兹（兹）军釽，目（以）敬（儆）氒（厥）众。（中山侯忿钺，集成 11758）

（4）壆（禹）圣（听）正（政）三年，不断（制）革，不釰（刃）金，不铬（略）矢。（上博二·容成氏）

（5）臧（庄）王既成亡（无）鏤（敌）。（上博六·庄王既成、申公臣灵王）

（6）尧（尧）于是虖（乎）为车十又（有）五𨎮（乘），目（以）三从𡈼（舜）于旬（畎）㽬（亩）之中。（上博二·容成氏）

有些是表示铜器以及其他器物的，例如：

（1）楚王酓忎戰（战）只（获）兵铜。正月吉日，窒（煎）盟（铸）少（小）盘，目（以）共（供）戢（岁）棠（尝）。（楚王酓忎盘，集成 10158）

（2）楚王酓（熊）忎（悍），戰（战）只（获）兵铜，正月吉日，窒（煎）盟（铸）匋（鐈）鼑（鼎）之盍（盖），目（以）共（供）戢（岁）棠（尝）。（楚王酓忎鼎，集成 02794）

（3）隹（唯）廿又再祀，𪈦羌乍（作）戒。（𪈦羌钟甲，集成 00157）

（4）悍（忓）乍（作）距末，用𢀩（差、佐）商国。（悍距末甲，新收 1380）

（5）隹（唯）八月初吉庚申，楚子暖盥（铸）其飤匿（簠），子孙永保之。（楚子暖簠，集成 04575）

（6）大攻（工）尹脽台（以）王命，命集尹𢝊（悼）𩝸（赭），裁（织）尹逆，裁（织）𢽳（令）阬，钲（为）鄂（鄂）君啟之𢉖（府）𧶠（就）盟（铸）金节。（鄂君启车节，集成 12111）

（7）鲁臧（庄）公𤖍（将）为大钟，型既城（成）矣。（上博四·曹沫之陈）

（8）宋公为右（左）芋（盂），奠（郑）白（伯）为右芋（盂）。（清华贰·第十一章）

（9）告曰：“丙盗铸此钱，丁佐铸。甲、乙捕索（索）其室而得此钱、容（镕），来诣之。”（睡虎地·封诊式）

有些是表示建筑物以及其他工程的，例如：

（1）角，利祠及［行］，吉。不可盖室。（睡虎地·日书乙种）

（2）冬三月，毋起北乡（向）室。有以者大凶，必有死者。（睡虎地·日书甲种）

（3）卲（昭）王为室于死沢（滑）之滤（浒），室既成，𤖍（将）袼（落）之。（上博四·昭王毁室、昭王与龚之腓）

（4）盍（盖）西南之遇（宇），孝₌（君子）𡱒（居）之，幽悏（思）不出。（九

店45）

（5）一人作庙。

一人作园：夕。（里耶壹8－145）

（6）囷良日：甲午、乙未、乙巳，为囷，大吉。（睡虎地·日书甲种）

（7）盈日：可以筑闲牢，可以产，可以筑宫室、为啬夫。（睡虎地·日书甲种）

（8）春三月庚辰，可以筑羊卷（圈），即入之，羊必千。（睡虎地·日书甲种）

（9）受不述亓（其）先王之道，自为芑（改）为，于是虖（乎）复（作）为九城（成）之堂（臺），视（寘）盂庡（炭）亓（其）下，加纍（圜）木于亓（其）上，思民道（蹈）之，能述（遂）者述（遂），不能述（遂）者内（入）而死，不从命者，從而桎塁（梏）之。于是虖（乎）复（作）为金桎三千。（上博二·容成氏）

（10）是胃（谓）四敫，不可初穿门、为户牖，伐木、坏垣、起垣、彻屋及杀，大凶；利为啬夫。（睡虎地·日书甲种）

（11）成垣，父母死。（放马滩·日书乙种）

（12）▨城（成）。门既城（成）。（望山178）

（13）可以穿井、行水、盖屋、饮乐、外除。（睡虎地·日书乙种）

（14）诸马牛到所，毋敢穿穽及置它机，敢穿穽及置它［机］能害▨。（龙岗103）

（15）交日：利以实事。凿井，吉。以祭门行、行水，吉。（睡虎地·日书甲种）

（16）齐人安（焉）訇（始）为长城于济，自南山逗（属）之北海（海）。（清华贰·第二十章）

（17）为池西南，富。为池正北，不利其母。（睡虎地·日书甲种）

（18）墨（禹）乃从滩（汉）目（以）南为名浴（谷）五百，从滩（汉）目（以）北为名浴（谷）五百。（上博二·容成氏）

有些是表示簿册书籍文字和文具的，例如：

（1）畜官、田官作徒薄（簿），□及贰春。（里耶壹8－285）

（2）昔周武王监观商王之不龏（恭）上帝，禋祀不寅（寅），乃乍（作）帝钕（籍），以龚（登）祀上帝天神。（清华贰·第一章）

（3）一人伐牍□▨。（里耶壹8－2146）

（4）为名（铭）于箬（席）之四端（端），曰：“安乐必戒。”（上博七·武王践阼）

2. 表抽象事物的名词语

（1）佳（唯）天乍（作）福，禬（神）勳（则）各（恪）之，佳（唯）天乍（作）实（妖），禬（神）勳（则）惠之。（楚帛书·甲篇）

（2）罚则民逃，好□▨则民复（作）𤔔（乱）。（上博二·从政甲）

（3）好型（刑）则不羊（祥），好杀则复（作）𤔔（乱）。（上博五·季庚子问于孔子）

（4）啻（敌）邦交堅（地），不可目（以）先复（作）悁（怨），疆堅（地）毋先而必取□安（焉），所目（以）佢（拒）鄓（边）。（上博四·曹沫之陈）

（5）銮（栾）箸（书）欲乍（作）瓘（难），害参（三）坿（郄）。（上博五·姑成家父）

（6）是以圣王作为法度，以矫端民心，去其邪避（僻），除其恶俗。（睡虎地·语书）

（7）乍（作）豊（礼）乐，折（制）型（刑）灋（法），教此民尔史（使）之又（有）向也，非圣智者莫之能也。（郭店·六德）

(8) 天夅大祟（常），以里（理）人仑（伦）。折（制）为君臣之义，恚（图）为父子之新（亲），分为夫妇之支（辨）。（郭店·成之闻之）

(9) 敳（质）既受命，复（作）为六籟（律）六郙（郘），支（辨）为五音，目（以）定男女之圣（声）。（上博二·容成氏）

(10) 古（故）君子賜（顾）言而行，以成其信。（郭店·缁衣）

(11) 至亡闲（间），则城（成）名。（郭店·语丛三）

(12) 勿（物）不葡（备），不城（成）急（仁）。（郭店·语丛三）

(13) 君子目（以）城（成）亓（其）孝，是胃（谓）君子。（上博四·内豊）

(14) 既成社（功）逾而曆（厌）之。（葛陵甲三：111）

(15) 夫目（以）众軛（犯）蘳（难），目（以）新（亲）受（授）彔（禄），裳（劳）目（以）城（成）事。（上博五·弟子问）

3. 指代事物的代词

(1) 邶君乍（作）之。（邶君戈，集成 11048）

(2) 盟（铸）客珁（为）王句（后）小（少）腐（府）珁（为）之。（铸客为王后鼎，集成 02393）

(3) 顮（顾）门，成之，三岁中日入一布。（睡虎地·日书甲种）

(4) 凡入月七日及夏丑、秋辰、冬未、春戌，不可坏垣、起之，必有死者。（睡虎地·日书甲种）

(5) 是以君子贵城（成）之。（郭店·成之闻之）

三、出土战国文献中带成事的二价动作动词的句式

由带成事的二价动作动词所构成的句式有两种，一种是由带成事的二价动作动词作谓语中心的单中心谓语句式，另一种是由带成事的二价动作动词作谓语一部分的复杂谓语句式。

（一）单中心谓语句式

1. NP_1+V+NP_2（NP_1 可省）

由带成事的二价动作动词所构成的单中心谓语句式，最常见的就是 NP_1+V+NP_2。它有两种情况，一是 NP_1+V+NP_2 中的 NP_1 不省。例如：

(1) 六人作庙。（里耶壹 8-162）

(2) 邶君乍（作）之。（邶君戈，集成 11048）

(3) 宋公为右（左）芋（盂），奠（郑）白（伯）为右芋（盂）。（清华贰·第十一章）

(4) 鄎（边）子蕿（茛）壼为甘（其）行器，甘（其）永耆（寿）用之。（鄎子茛壼鼎，集成 02498）

(5) 余抙（冉）鑄（铸）此钲鉞，女（汝）勿喪（丧）勿敗（败）。（冉钲鉞，集成 00428）

(6) 于是虖（乎）唫（喑）聋执烛，冡（蒙）戉（瞽）鼓瑟（瑟），坌（跛）皇（躃）獸（守）门，敉（侏）需（儒）为矢。（上博二·容成氏）

二是 NP_1+V+NP_2 中的 NP_1 省略。例如：

（1）成垣，父母死。（放马滩·日书乙种）

（2）盍（盖）西南之遇（宇），君₌（君子）凥（居）之，幽俟（思）不出。（九店45）

（3）交日：利以实事。凿井，吉。以祭门行、行水，吉。（睡虎地·日书甲种）

（4）乍（作）豊（礼）乐，折（制）型（刑）灋（法），教此民尔史（使）之又（有）向也，非圣智者莫之能也。（郭店·六德）

（5）至亡闲（间），则城（成）名。（郭店·语丛三）

（6）𡿺（质）既受命，复（作）为六頪（律）六郙（郘），支（辨）为五音，㠯（以）定男女之圣（声）。（上博二·容成氏）

NP_1+V+NP_2 中的 NP_1 前可以有状语（NP_1 可以省略），这是句首状语：

（1）佳（唯）十三（四）年，中山王嚳诈（作）鼑（鼎）。（中山王嚳鼎，集成02840）

（2）佳（唯）廿又再祀，𠪚羌乍（作）戒。（𠪚羌钟甲，集成00157）

（3）卅一年四月癸未朔癸卯，启陵乡守逐作徒薄。（里耶壹8－1278、8－1757）

（4）廿八年，肖（赵）叙为阳邑戈，䎽（冶）氏繎䤴（铸）之。（赵叙戈，17188）

（5）佳（唯）八月初吉庚申，楚子暖𨥤（铸）其飤匿（簠），子孙永保之。（楚子暖簠，集成04575）

（6）廿九年八月乙酉，库守悍作徒薄（簿）：受司空城旦四人、丈城旦一人、舂五人、受仓隶臣一人。（里耶壹8－686、8－973）

（7）郛（梁）廿又七年，大郛（梁）司寇（寇）肖（赵）亡智（智）䤴（铸）为量，㡯（容）斗（半）齋。（赵亡智鼎，集成02610）

（8）佳（唯）天乍（作）福，禮（神）鼎（则）各（恪）之；佳（唯）天乍（作）宎（妖），禮（神）鼎（则）惠之。（楚帛书·甲篇）

（9）甲午、乙未、乙巳，为囷，大吉。（睡虎地·日书甲种）

NP_1+V+NP_2 中的 V 前也可以有状语（NP_1 可以省略），这是句中状语：

（1）臧（庄）王既成亡（无）鏤（敌）。（上博六·庄王既成、申公臣灵王）

（2）鲁臧（庄）公𨟻（将）为大钟，型既城（成）矣。（上博四·曹沫之陈）

（3）汤乃尃（博）为正（征）复（籍），㠯（以）正（征）關（关）市。（上博二·容成氏）

（4）有妇三人，长者一日织五十尺，中者二日五十尺，少者三日织五十尺，今威有攻（功）五十尺。（岳麓贰·数）

（5）旾（春）成厌（侯）中督（府）白金鐲（铸）钚（盉）。（春成侯盉，新收1484）

（6）𥁕（铸）客𤔲（为）集脰（厨）𤔲（为）之。（铸客鼎，新收1325）

（7）墨（禹）乃从滩（汉）㠯（以）南为名浴（谷）五百，从滩（汉）㠯（以）北为名浴（谷）五百。（上博二·容成氏）

（8）墨（禹）圣（听）正（政）三年，不斲（制）革，不釰（刃）金，不铬（略）矢。（上博二·容成氏）

（9）角，利祠及行，吉。不可盖屋。（睡虎地·日书甲种）

（10）律所谓者，以丝杂织履，履有文，乃为“锦履”，以锦缦履不为，然而行事比焉。（睡虎地·法律答问）

（11）以桑心为丈（杖），鬼来而毄（击）之，畏死矣。（睡虎地·日书甲种）

（12）人毋（无）故鬼攻之不已，是是刺鬼。以桃为弓，牡棘为矢，羽之鸡羽，见而射之，则已矣。（睡虎地·日书甲种）

NP_1+V+NP_2 中的 NP_1 前有状语，V 前也有状语（NP_1 可以省略），也就是同时有句首状语和句中状语：

（1）冬三月，毋起北乡（向）室。有以者大凶，必有死者。（睡虎地·日书甲种）

（2）春三月庚辛，夏三月壬癸，秋三月甲乙，冬三月丙丁，勿筑室，大主死、瘁（癃），弗居。（睡虎地·日书乙种）

（3）春三月庚辛，夏三月壬癸，秋三月甲乙，冬三月丙丁，勿以筑室。以之，大主死；不死，瘁，弗居。凡入月五日，月不尽五日，以筑室，不居。（睡虎地·日书甲种）

（4）春三月庚辰，可以筑羊卷（圈），即入之，羊必千。（睡虎地·日书甲种）

（5）五酉、甲辰、丙寅，不可以盖，必有火起，若或死焉。（睡虎地·日书乙种）

（6）五月六月，不可为复衣。月不尽五日，不可材（裁）衣。（睡虎地·日书甲种）

NP_1+V+NP_2 中的 NP_2 后可以有补语（NP_1 可以省略），例如：

（1）卲（昭）王为室于死涎（湑）之濾（浒），室既成，牁（将）洛（落）之。（上博四·昭王毁室、昭王与龚之脽）

（2）为名（铭）于箬（席）之四端（端），曰：“安乐必戒。”（上博七·武王践阼）

（3）为池西南，富。为池正北，不利其母。（睡虎地·日书甲种）

NP_1+V+NP_2 中的 V 前可有状语，同时 NP_2 后可有补语（NP_1 可以省略），例如：

（1）齐人安（焉）訂（始）为长城于济，自南山逗（属）之北海（海）。（清华贰·第二十章）

（2）萩（秋）三月，復（作）高凥（居）于西，导（得）☑。（九店 56·54）

2. NP_1+V+于$+NP_2$（NP_1 可省）

台戉（嗣越）不光隹（唯）曰：可，乍（作）于元用佥（剑）。（越王嗣旨不光剑，集成 11704）

3. $NP_{1a}+V+NP_2$：NP_{1b}（NP_{1a}和 NP_{1b}是同位关系）

这种句式的主语，其实是一个同位短语，但说话人把同位短语中的一个成分放在最后说，从而形成这样的句式。例如：

（1）一人为舄：剧。

　　一人为笥：齐。

　　一人为席：姱。（里耶壹 8－145）

（2）二人织：欧、娄。（里耶壹 8－1531）

（3）一人作庙。

　　一人作园：夕。（里耶壹 8－145）

4. NP_1+疑问代词$+V$

疑问代词作动作动词的宾语，一般都要放在动词的前面。例如：

曰：“目（以）穜（种）林（麻）。”王子曰：“可（何）目（以）林（麻）为?”畣（答）曰：“目（以）为衣。”（上博六·平王与王子木）

例子中的“可（何）目（以）林（麻）为”可训为“目（以）林（麻）为可（何）”，意思是用麻做什么。

5．NP_2+V

NP_1+V+NP_2 中的 NP_1 如果省去，再把 NP_2 移到动词 V 之前（NP_2+V 中间可以出现状语），就形成这种句式。例如：

（1）卲（昭）王为室于死浞（湑）之濐（浒），室既成，牺（将）袼（落）之。（上博四·昭王毁室、昭王与龚之脽）

（2）☑城（成）。门既城（成）。（望山 178）

（3）鲁臧（庄）公牺（将）为大钟，型既城（成）矣。（上博四·曹沫之陈）

（4）以此日枈屋，屋以此日为盖。（睡虎地·日书乙种）

（二）复杂谓语句式

1．并列句

具有并列关系的几个“谓”之间可以不用连词。例如：

（1）佳（唯）十年三（四）月吉日，命（令）瓜（狐）君匍（嗣）子乍（作）鑄（铸）尊（尊）壶。（令狐君嗣子壶，集成 09719）

（2）楚王酓忎戩（战）只（获）兵铜。正月吉日，窒（煎）盨（铸）少（小）盘，目（以）共（供）戢（岁）棠（尝）。（楚王酓忎盘，集成 10158）

（3）垄（楚）王酓肯复䢅（为）盨（作为铸）盘，台共戢棠（以供岁尝）。（楚王酓肯盘，集成 10100）

（4）曾医（侯）乙诈（作）畤（持）甬（用）冬（终）。（曾侯乙鼎，集成 02290）

以上几个动词之间是并列关系，这几个动词支配同一个宾语（宾语可以省略）。以下几个为并列关系的动词各有宾语。例如：

（1）盈日：可以筑闲牢，可以产，可以筑宫室、为啬夫。（睡虎地·日书甲种）

（2）凡入月七日及夏丑、秋辰、冬未、春戌，不可坏垣、起之，必有死者。（睡虎地·日书甲种）

（3）可取（娶）妇、家（嫁）女、製（制）衣常（裳）。（睡虎地·日书甲种）

（4）可以穿井、行水、盖屋、饮乐、外除。（睡虎地·日书乙种）

（5）三月庚辛、六月壬癸、九月甲乙、十二月丙丁，不可兴垣、盖屋、上材、为祠、大会，凶。（放马滩·日书乙种）

具有并列关系的几个“谓”之间可以用连词。所使用的连词是“及”。例如：

（1）营室，利祠。不可为室及入之。（睡虎地·日书甲种）

（2）月中旬，毋起北南陈垣及增（增）之，大凶。（睡虎地·日书甲种）

（3）诸马牛到所，毋敢穿穽及置它机，敢穿穽及置它［机］能害☑。（龙岗 103）

（4）四废日，不可以为室屋内、为囷仓及盖。（放马滩·日书乙种）

（5）毕，以邋（猎）、置罔（网）及为门，吉。（睡虎地·日书甲种）

（6）是胃（谓）四敫，不可初穿门、为户牖，伐木、坏垣、起垣、彻屋及杀，大凶；利为啬夫。（睡虎地·日书甲种）

2. 转折句

具有转折关系的几个“谓”之间一般要用连词“而”来连接。例如：

(1) ☐可（兮），不戠（织）而欲衣含可（兮）。(上博八·鹠鷅)

(2) 丁未，啻筑丹宫而不成。(放马滩·日书乙种)

3. 连谓句

具有连谓关系的几个“谓”之间可以不用连词来连接。例如：

(1) 其一人为甄运土。(里耶壹8－31)

(2) 毋以酉台（始）寇〈冠〉带剑、恐御矢兵，可以渍米为酒，酒美。(睡虎地·日书甲种)

(3) 奺北迲（去）亓（其）邦，詔为冎（丹）官，簹（筑）为璇室，珄（饰）为柔（瑶）壼（台），立为玉閨（门）。(上博二·容成氏)

具有连谓关系的几个“谓”之间可以用连词“以”“而”来连接。例如：

(1) 囚有寒者为褐衣。为幪布一，用枲三斤。为褐以禀衣。(睡虎地·秦律十八种)

(2) 氏（是）古（故）孝₌（君子）玉亓（其）言而廛（展）亓（其）行，敬城（成）亓（其）悳（德）目（以）临民。(上博五·季庚子问于孔子)

(3) 五（伍）鸡逹（将）吴人以回（围）州耊（来），为长瀫（壑）而坙（洍）之，以败楚自（师）。(清华贰·第十五章)

(4) 既成社（功）逾而曆（厌）之。(葛陵甲三：111)

4. 兼语句

(1) 王四月，鄲（单）孝子台（以）庚寅之日，命鑿（铸）飤鼎两。(鄲孝子鼎，集成02574)

(2) 十一年十一月乙巳朔，左自（官）冶大夫杕命冶憙（憎）鑄（铸）贞（鼎）。(公朱左官鼎，集成02701)

(3) 大攻（工）尹脽台（以）王命，命集尹悊（悼）糌（楮），裁（织）尹逆，裁（织）敍（令）阢，为鄦（鄂）君啟之廎（府）賕（就）鋁（铸）金节。(鄂君启舟节，集成12113)

(4) 王命贾为逃（兆）乏（窆），闊閔（狭）少（小）大之𠮟（吻），又（右）事者官圖之。(兆域图铜版，集成10478)

(5) 二年十一月己酉朔二日，王命丞相戊（茂）、内史匽、吏臂，更修为田律。(青川木牍，19918)

(6) 帝命句（后）土为二萩（陵）屯，共尻句（后）之床下。(清华叁·赤鹄之集汤之屋)

四、出土战国文献中带成事的二价动作动词的指称化与修饰化

带成事的二价动作动词作谓语或谓语的一部分，都是表陈述的。

除此之外，还有其他的用法。当带成事的二价动作动词与“者”构成“者”字短语、与“所”构成“所”字短语、与“所”和“者”构成“所者”字短语、与“之”构成“之”字短语时，一般都是表指称的，是有标记的指称化。当带成事的二价动作动词作主

语、宾语（绝大多数）和判断句谓语时，也是表指称的，是无标记的指称化。

当带成事的二价动作动词作定语、状语时，一般是表修饰的。

（一）指称化

1. 有标记的指称化

A. 构成“者”字短语。

“者”与带成事的二价动作动词所构成的“者”字短语，一般是指称 V 的施事的。

跟“者”构成“者”字短语的，一般是动宾短语“$V+NP_2$”。所缺的 V 的配价成分是 NP_1，“者”转指的就是 NP_1。例如：

成悳（德）者，虐（吾）敚（说）而弋（代）之。（上博二·容成氏）

跟“者”构成“者”字短语的，还可以是动词性连谓短语。例如：

唯不幸死而伐绾（棺）享（椁）者，是不用时。（睡虎地·秦律十八种）

B. 构成“所”字短语。

“所”主要有两种用法，一是“所”与带成事的二价动作动词构成“所”字短语“所 + V”，一般是指称 V 的成事的；二是“所”与“介词 + 动词”构成“所”字短语“所 + P + VP”，一般是指称 P 的宾语所表示的内容。“所 + P + VP”中的 P 也可以省略，这时“所”字短语在形式上与“所 + V”相似，但从所指称的内容来看，仍然与“所 + P + VP”相同。

一是“所”与带成事的二价动作动词构成“所”字短语“所 + V”。例如：

（1）四年，昌国鄹工帀（师）翠（狄）伐、冶更所为。（四年昌国鼎，集成 02482）

（2）六年，相邦司工马，邦左库工帀（师）申㐌（沱），㺵（冶）肴（尹）明所为。（司工马铍，新收 1632）

（3）向𦓥（寿）之戢（岁），襄城公竞（景）脽所散（造）。（襄城公景脽戟，近出 1170）

（4）述（术）曰：各直（置）一日所织。（岳麓贰·数）

“所 + V”指称的成事词语可以不在“所 + V”后出现，如上引 4 个例子；也可以在“所 + V”后出现，如下引 2 个例子：

（1）賸所佮（造）貞（贞）鼎（鼎），安效。（賸鼎，集成 02302）

（2）十四茉（柴），□器，啬夫□□所制省器。（十四年铙，15925）

出土战国文献中带成事的二价动作动词，还与“所”构成第二种“所”字短语“所 + P + VP”。“所 + P + VP”中的 VP 一般都是动宾短语，因为这种“所”字短语里的“所”不是指称 V 的受事的，所以动词的受事宾语可以出现。例如：

夫丧，至悉（爱）之褭（卒）也，所目（以）城（成）死也。（上博三·中弓）

C. 构成“所者”短语。

“所”与带成事的二价动作动词构成“所”字短语“所 + V”之后，还可以再加“者”构成“所 + V + 者”短语，这时仍是指称 V 的成事的。下引 4 例可能是这种例子：

（1）十一年，閔（蔺）倫（令）肖（赵）狽，下库工帀（师）臤石，剢（冶）人参所封（铸）钻户者。（蔺令赵狽矛，集成 11561）

（2）十三茉（四枼），六器啬夫亮疸所勒翰（勒看）器乍勒（作勒）者。（十四年方壶，集成 09665）

（3）十三苿（四枼），㒳（关）器啬夫亮疸所勅斡（勒看）器乍勅（作勒）者。（十四年方壶，集成09666）

（4）十三苿（枼）左徒（使）车啬夫孙固所勅斡（勒看）器乍勅（作勒）者。（十三年左使车壶，集成09675）

D. 构成“之”字短语。

一个主谓短语“NP + VP”（这里的VP是指带成事的二价动作动词语）原本是陈述一个事件，是谓词性的。但是在中间加“之”之后形成“NP + 之 + VP”，这个结构是表指称的，指“NP + 之 + VP”这个事件，所以“之”也是指称化的标记。

有的是在 NP_1 + V + NP_2 中间加“之”。例如：

民之乍（作）勿（物），隹（唯）言之又（有）信。（上博六·用曰）

有的是在 NP_2 + V 中间加“之”。例如：

子曰：正（政）之不行，教之不城（成）也。（郭店·缁衣）

2. 无标记的指称化

A. 作主语。

带成事的二价动作动词可以单独作主语。例如：

唯筑城止与此等。（岳麓贰·数）

B. 作宾语。

带成事的二价动作动词作宾语有两种情况，一是作动词的宾语，一是作介词的宾语。带成事的二价动作动词作宾语大多数指称化了，也有未指称化的，如作准系词“为”的宾语、作言说动词“曰”的宾语等。

带成事的二价动作动词可以作动词的宾语。带这种宾语的动词一般是“利”，有时是“梦”。例如：

（1）凡五丑，利以𫓸（制）衣。丁丑在亢，𫓸（制）衣常（裳），丁巳衣之，必敝。（睡虎地·日书乙种）

（2）盈日，可筑闲牢，可入生，利筑宫室、为小啬夫，有疾难瘳。（放马滩·日书甲种）

（3）利以穿井、盖屋，不可取（娶）妻、嫁女。（睡虎地·日书乙种）

（4）唇（辰）、巳、午、未、申、栖（酉）、戌、亥、子、丑、寅、卯，是胃（谓）交日，称（利）目（以）串床（户）秀（牖）、䆗（凿）莯（井）、行水事，吉。（九店56·25）

（5）是胃（谓）侌（阴）日，称（利）目（以）为室冡（家）、祭、取（娶）妻、冡（嫁）女、内（入）货，吉。（九店56·29）

（6）复秀之日，利以乘车、寇〈冠〉、带剑、𫓸（制）衣常（裳）、祭、作大事、家（嫁）子，皆可，吉。（睡虎地·日书乙种）

（7）壬癸梦行川为桥，吉。（岳麓壹·占梦书）

带成事的二价动作动词可作介词“于”的宾语。例如：

恙（祥）宜、利主、采（彩）勿（物）出于复₌（作，作）安（焉）又（有）事，不复（作）无事。——舉（举）天之事，自复（作）为，事甬（庸）目（以）不可赓（续）也。（上博三·亘先）

C. 作判断句谓语。

（1）墜厌（侯）因資（齐）之敱（造）。（陈侯因資戈，集成11129）

(2) 亖（四）年，相邦樛斿之造，栎阳工上造間，吾（衙）。（相邦樛斿戈，集成11361）

(3) 十六年，大良造庶长鞅之造，毕湍厌（侯）之鑃（铸）。（大良造庶长鞅铍，17996）

(4) 廿年，相邦冄（冉）丌（其）造，西工师訇、丞禺、隶臣□。（相邦冉戈，集成11359）

(5) 亖（四）年，右库玏（冶）气之鉜（铸）。（右库冶气戈，集成11266）

(6) 洁（圁）阳刻（冶）瘖鉜（铸）也。（圁阳戈，16818）

例（1）的意思是，此戈系墜厌（侯）因胷（齐）之所敱（造）。余例类此。

（二）修饰化

带成事的二价动作动词作谓语或谓语中心，是表陈述的。当它处于定语位置上时，它的表述功能就被修饰化了。这种定语之后可以不用结构助词“之”。例如：

(1) 材（裁）衣良日：丁丑、丁巳、乙巳、己巳、癸酉、乙亥、乙酉、己丑、己卯、辛亥。（放马滩·日书甲种）

(2) 筑南门良日：壬申、午、甲申。（放马滩·日书甲种）

(3) 如后嗣为之者，不称成功盛德。（高奴禾石权，集成10384）

(4) 木具机四，木织杼二，木织滕三，☑。（里耶壹6－25）

(5) 墜（陈）竧立事岁，十月己丑，鄘（莒）公孙潮（潮）子寤（造）器也。（公孙潮子钟五，近出8）

(6) 墜（陈）郾造鈛（戈）。（陈郾戈，近出1137）

(7) 郾（燕）王詈慜（造）行仪鍨（戣），右攻（工）看（尹）其、攻（工）众。（燕王詈戈，集成11244）

例（5）中的“鄘（莒）公孙淖（潮）子寤（造）器也”，意思是这是鄘（莒）公孙淖（潮）子所寤（造）之器。例（6）、例（7）同此。

带成事的二价动作动词语作定语，这种定语之后可用结构助词“之”。例如：

(1) 凡相坦、豉邦、怎（作）邑之道：盍（盖）西南之遇（宇），君₌（君子）凥（居）之，幽悠（思）不出。（九店56·45）

(2) 营军之述（术）曰：先得大卒数而除两和各千二百人而半弃之，有（又）令十而一乚，三步直（置）戟，即三之，四直（置）戟。（岳麓贰·数）

(3) 丹硅（重）緥之緄，黄支（辨，编）组之纓（缀）三十。（望山·遣策）

下引各例，虽然用了“之”，但是它是用在作定语的动词之前的。例如：

(1) 敔（敌）之造戟（戟）。（敌戟，集成11046）

(2) 番中（仲）复（作）白（伯）皇之散（造）戈。（番仲戈，集成11261）

(3) 羊角之辛（新）艁（造）散（散）戈。（羊角戈，集成11210）

例（1）中的“敔（敌）之造戟（戟）”意思是这是敔（敌）所造之戟（戟）。例（2）、例（3）同此。

第三节　出土战国文献带位事的二价动作动词

一、出土战国文献中带位事的二价动作动词

出土战国文献中带位事的二价动作动词有［动作］［自主］［位移/存在］的语义特征。［动作］［自主］这两种语义特征的意义，在前文已经有解释。关于［位移/存在］的含义如下：

［位移/存在］是指事物运动之前有一个存在位置，事物运动从起点开始，到终点结束（或向某个方向运动），中间往往经过某些位置，事物运动结束后又存在于某个位置。可表示如下：

存在位置：起点→经过点→终点（方向）

依据陈昌来（2002），位事就是事物的存在位置和事物运动的起点位置、经过点位置、终点位置、方向。

位事是具有存在和位移意义动词的配价成分，是该类动词的必有语义成分，它不同于动作行为发生、进行、完成的处所，这种处所不是动词的配价成分和必有语义成分。位事和处所的区分主要看动词是否具有存在和位移意义。

出土战国文献中带位事的二价动作动词主要有：

奔（逃亡）、出奔（逃亡）、藏（隐藏、隐匿）、城（筑城墙）、出（由内到外）、出入（特指进出朝廷）、处$_1$（居、止、居住；处于、置身）、居处（居住）、徂（往）、到（到达、抵达）、登（升、自下而上）、定（留、止）、发（出发）、反（返回、回来）、赴（奔赴、赶往、投向）、复（返回、归来、复归）、顾（返回）、归（返回）、过$_1$（走过、经过）、集（鸟停在树上；停止）、及（到达、至）、济（渡水，过河）、降（由上走下来、降下）、近（靠近、走近）、经（经过、经历）、就（趋向；归于、走近、往那里去）、居（居住、位于；坐下；停留、止息）、留（停留、滞留）、面（面向）、没［潜入（水中）］、栖（歇息；居住）、起（出发、动身）、穷（穷尽、至……尽头）、去（离开；离职）、入（进入）、出入（进出，特指进出朝廷）、上（升、登；向前）、舍$_1$（住宿、停留）、涉（渡水）、适（往、到……去）、宿（住宿）、亡（逃亡）、徙（迁移）、下（降落、从高处到低处；向下行）、向（向）（朝向、面向）、行（行走、走、往；运动）、游$_1$（游泳）、游$_2$（游历、游玩）、造$_1$（至、到……去）、之（到……去）、至（到达）等。

二、出土战国文献中带位事的二价动作动词的配价成分——施事和位事

（一）施事

1. 表人的名词语

一般是表人的名词，例如：

（1）子逃（过）曺（曹）。（上博五·弟子问）

（2）丁巳騰之安陆。（岳麓壹·质日）

（3）人过于丘虚，女鼠抱子逐人。张伞以乡（向）之，则已矣。（睡虎地·日书甲种）

（4）生子，男吉，女必出亓（其）邦。（九店 30）

（5）迁陵曰：赵不到，具为报。（里耶壹 8－140）

（6）阳鏞不与其父阳年同室。鏞居郢，与其季父郄连嚣墬必同室。（包山 126、127）

（7）高之固至莆池，乃逃歸（归）。（清华贰·第十四章）

（8）君王台（始）内（入）室，君之备（服）不可⽬（以）进。（上博四·昭王毁室、昭王与龚之脽）

（9）或（又）讟（谗）惠公及文公，文公奔翟（狄），惠公奔于梁。（清华贰·第六章）

（10）吴王盍（阖）撼（卢）乃歸（归），卲（昭）王焉遉（复）邦。（清华贰·第十五章）

（11）昔先（尧）凥（处）于丹府与藋陵之閖（闲）。（上博二·容成氏）

（12）自（师）造于方城，齐高厚自自（师）逃歸（归）。（清华贰·第十七章）

也可以是表活人的名词性短语，例如：

（1）晋三子之大夫内（入）齐。（清华贰·第二十二章）

（2）洹（宣）王即立（位），龏（共）白（伯）和归于宋〈宗〉。（清华贰·第一章）

（4）已刑者处隐官。（睡虎地·法律答问）

（5）朢（望）之不往者万世不到。（岳麓壹·为吏治官及黔首）

2. 表邦、国等单位的名词语

少（小）邦凥（处）大邦之閖（间）。（上博四·曹沫之陈）

3. 表鬼神的名词语

（1）一室人皆养（痒）醴（体），疠鬼居之。（睡虎地·日书甲种）

（2）人生子未能行而死，恒然，是不辜鬼处之。（睡虎地·日书甲种）

（3）人毋（无）故室皆伤，是粲迓之鬼处之。（睡虎地·日书甲种）

（4）女子不狂痴，歌以生商，是阳鬼乐从之，以北乡（向）□之辨（瓣）二七，燔，以灰□食食之，鬼去。（睡虎地·日书甲种）

4. 表动物的名词语

（1）正月壬子窴穴，鼠弗居。（放马滩·日书甲种）

（2）犬忌：癸未、酉、庚申、戌、己，燔园中犬矢（屎），犬弗居。（放马滩·日书甲种）

（3）风茶突出，或捕诣吏〼。（龙岗 36）

（4）夏大暑，室毋（无）故而寒，幼蚕（龙）处之。（睡虎地·日书甲种）

（5）取牡棘炮（炮）室中，蚕（龙）去矣。（睡虎地·日书甲种）

（6）一室人皆夙（缩）筋，是会虫居其室西臂（壁）。（睡虎地·日书甲种）

（7）庚申、丁酉、丁亥、辛卯，以除室，百虫弗居。（睡虎地·日书乙种）

（8）一室中，卧者容席以臽（陷），是地辥（蟹）居之。（睡虎地·日书甲种）

（9）曰故（古）又（有）赤鹆（鹄），集于汤之廛（屋），汤䠶（射）之膗（获）之。（清华叁·赤鹆之集汤之屋）

下引一例中的主语是联合短语，其施事包括活人和动物：

人若鸟兽及六畜恒行人宫，是上神相，好下乐入。（睡虎地·日书甲种）

5. 表事物的名词语

（1）戠（识）佥（险）而困，戠（识）困而遉（复）。氏（是）古（故）陈为新，人死遉（复）为人，水遉（复）于天咸。（上博七·凡物流形甲）

（2）日之訇（始）出，可（何）古（故）大而不罟（耀）？亓（其）人（入）审（中），奚（奚）古（故）少（小）雁暲（障）豉（尌）？（上博七·凡物流形甲）

（3）人毋（无）故而鼓（发）挢若虫及须（须）㽙（眉），是是恙气处之。（睡虎地·日书甲种）

6. 指代人和事物等的代词

（1）余处此南疆（疆）。（冉钲铖，集成00428）

（2）虞（予）不赴，𡍬子迷，言之犹忎（恐）弗智（知），皇（恍）亓（其）女（如）☐。（上博六·孔子见季趄子）

（3）日之訇（始）出，可（何）古（故）大而不罟（耀）？亓（其）人（入）审（中），奚（奚）古（故）少（小）雁暲（障）豉（尌）？（上博七·凡物流形甲）

（二）位事

1. 表处所和方位的名词语

一般是方国名、地名等专有名词，也可以是表处所的普通名词。例如：

（1）公子启方奔齐。（清华贰·第四章）

（2）坪（平）公立五年，晋𤔲（乱），𨛫（栾）浧（盈）出奔齐。（清华贰·第十七章）

（3）翟述（遂）居衛（卫），衛（卫）人乃东涉河。（清华贰·第四章）

（4）治等曰：秦人，邦亡荆；阆等曰：荆邦人，皆居京州。相与亡，来入秦地，欲归義（义）。（岳麓叁·尸等捕盗疑购案）

（5）文公十又二年居翟（狄），翟（狄）甚善之，而弗能内（入），乃迈（适）齐，齐人善之；迈（适）宋，宋人善之，亦莫之能内（入）；乃迈（适）衛（卫），衛（卫）人弗善；迈（适）奠（郑），奠（郑）人弗善；乃迈（适）楚。（清华贰·第六章）

（6）丁未，起江陵。（周家台·历谱）

（7）喜之子庚一夫，凥（处）郢里。（包山7）

（8）自鄂（鄂）市（市），就昜（阳）垔（丘），就邡（方）城，就𠂤（象）禾，就栖（柳）焚（棼），就𦅫昜（阳），就高垔（丘），就下鄵（隰、蔡），就居鄛（巢），就郢，见其金节鼎（则）母（毋）政（政、征），母（毋）舍（舍）桴（榤、馔）飤，不见其金节鼎（则）政（政、征）。（鄂君启车节，集成12110）

(9) 不可以壬癸到家，以壬癸到家必死。(放马滩·日书乙种)

(10) 皆行，到冢，得锡。(岳麓叁·猩、敞知盗分赃案)

也可以是方位名词。例如：

(1) 是以卞（偏）牺（将）军居左，上牺（将）军居右，言以丧豊（礼）居之也。古（故）[杀] □□，则以㥾（哀）悲位（莅）之；战勳（胜），则以丧豊（礼）居之。(郭店·老子丙本)

(2) 日之訋（始）出，可（何）古（故）大而不䎹（耀）？亓（其）人（入）审（中）奚（奚）。(上博七·凡物流形乙)

表位事的名词可以不用介词引出，也可以用介词“于”“自”引出。例如：

(1) 卲（昭）王即殜（世），献惠王立十又一年，鄵（蔡）卲（昭）侯纑（申）惧，自歸（归）于吴。(清华贰·第十九章)

(2) 赛（息）为（妫）牺（将）归于赛（息），过鄵（蔡），鄵（蔡）哀侯命止之。(清华贰·第五章)

(3) 登于峄山，群臣从者，咸思攸长。(峄山刻石)

(4) 翟人或（又）涉河，伐卫于楚丘，卫人自楚丘䙴（迁）于帝丘。(清华贰·第四章)

(5) 目（以）衜（卫）于溪浴（谷），凄（济）于坣（广）川。(上博二·容成氏)

(6) 亓（其）走（上）𠂢（刺）句（后）之体，是思（使）句（后）之身蠠（疴）蓋，不可遻（及）于箬（席）。(清华叁·赤鹄之集汤之屋)

(7) 句（后）褉（稷）既已受命，乃飤（食）于埜（野），佰（宿）于埜（野）。(上博二·容成氏)

(8) 出自黄𣶒（渊），土身亡翼（据），出内（入）□同，乍（作）亓（其）下凶。(楚帛书)

表位事的还可以是定中短语。定中短语前通常不用介词，但也可以用介词引出。例如：

(1) 王居穌（苏）澫（漫）之室，彭徒畀（至）諹（惕）闈（关）至（致）命。(上博八·王居)

(2) 择日出邑门，禹步三，乡北斗。(放马滩·日书甲种)

(3) 凡民将行，出其门，毋（无）敢顮（顾），毋止。(睡虎地·日书甲种)

(4) 军新论攻城，城陷，尚有栖未到战所。(睡虎地·秦律杂抄)

(5) 久乃处之，十月再唐，复其故所。(放马滩·日书乙种)

(6) 以叔（菽）七，税（脱）去黑者。操两瓦，之东西垣日出所烛，先狸（埋）一瓦垣止（址）下，复环禹步三步。(周家台·病方及其他)

(7) 士五（伍），居某县某里，去亡。(睡虎地·封诊式)

(8) 王凥（处）于葳郢之游宫。(夕阳坡 2 号墓简)

表位事的还可以是处所名词或代词＋方位名词（构成定中关系）；处所名词＋方位名词之间可以用“之”，也可以不用；处所名词＋方位名词之前可以用介词，也可以不用。例如：

(1) 即取𦡦以归，到困下，先侍（持）豚。(周家台·病方及其他)

(2) 凡行，祠常行道右，左▨。(睡虎地·日书乙种)

(3) 立墓上三日，因与司命史公孙强北出赵氏之北地相丘之上。(放马滩·志怪故事)

(4) 上士昏（闻）道，堇（仅）能行于其中。(郭店·老子乙本)

(5) 离（契）之母，又（有）乃（乃、娀）是（氏）之女也。游于央（瑶）台之上，又（有）鷃（燕）监（衔）卵而階（错）者（诸）亓（其）前，取而軟（吞）之。(上博二·子羔)

表位事的还可以是名词性联合短语。例如：

(1) 文王乃迟（起）帀（师）目（以）乡（向）丰、乔（镐），三鼓而进之，三鼓而退之。(上博二·容成氏)

(2) 于是虖（乎）夹州、澮（徐）州訇（始）可凥（处）。(上博二·容成氏)

2. 表人的名词

(1) 竞坪（平）王豪（就）奠（郑）寿，繇（繇）之于尿（宗）窗（庙）。(上博六·平王问郑寿)

(2) 先（尧）乃豪（就）墨（禹）曰："气（乞）女（汝）亓（其）迲（往）。"(上博九·禹王天下)

(3) 臧（庄）王豪（就）夫₌（大夫）而与之言。(上博七·郑子家丧甲)

(4) 戊寅生子，去父母，南。(睡虎地·日书甲种)

(5) 女子甲去夫亡，男子乙亦阑亡，相夫妻，甲弗告请（情），居二岁，生子，乃告请（情），乙即弗弃，而得，论可（何）殹（也）？当黥城旦舂。(睡虎地·法律答问)

这种句式中的名词，其实是表示人所在的处所的。

3. 表事物的名词

句（苟）不从其繇（由），不反其本，未有可得也者。(郭店·成之闻之)

这种句式中的名词，其实是表示事物所在的处所的。

4. 指代处所或人的代词

这种句式中的代词一般是"之"，也可以是疑问代词。例如：

(1) 盍（盖）西南之遇（宇），孝₌（君子）尻（居）之，幽倏（思）不出。(九店56·45)

(2) 夏大暑，室毋（无）故而寒，幼螿（龙）处之。(睡虎地·日书甲种)

(3) 一室人皆养（痒）體（体），疠鬼居之。(睡虎地·日书甲种)

(4) 大神，其所不可咼（过）也，善害人，以犬矢（屎）为完（丸），操以咼（过）之，见其神以投之，不害人矣。(睡虎地·日书甲种)

(5) 王若（诺），牆（将）鼓而涉之。(上博四·柬大王泊旱)

(6) 到雷焚人，不可止。以人火乡（向）之，则已矣。(睡虎地·日书甲种)

(7) 氏（是）目（以）寡（寡）人匿（委）赁（任）之邦，而去之游，亡寱（懅）惖（惕）之悬（虑）。(中山王嚳鼎，集成02840)

(8) 骨₌（骨肉）之既林（靡），亓（其）智（知）愈暲（障），亓（其）夬（缺）系（奚）壅（适）？(上博七·凡物流形甲)

5. 表处所的兼词"焉"

兼词"焉"相当于介词"于"+"之"。"之"是指代处所的代词。例如：

(1) 非其官人殹（也），毋敢舍焉。(睡虎地·秦律十八种)

(2) 先（尧）乃为之季（教）曰："自内（入）安（焉），余穴覞（窥）安（焉）。"

（上博二·容成氏）

（3）□之帀（师）徒乃出，伓（背）军而戦（陈），牆（将）军遂（后）出安（焉）。（上博九·陈公治兵）

三、出土战国文献中带位事的二价动作动词的句式

由带位事的二价动作动词所构成的句式有两种，一种是由带位事的二价动作动词作谓语中心的单中心谓语句，另一种是由带位事的二价动作动词作谓语一部分的复杂谓语句。

（一）单中心谓语句式

1. $NP_1 + V + NP_2$（NP_1 可省）

由带位事的二价动作动词所构成的单中心谓语句式，常见的就是 $NP_1 + V + NP_2$。这有两种情况，一是 $NP_1 + V + NP_2$ 中的 NP_1 不省。例如：

（1）余处此南䣡（疆）。（冉钲铖，集成00428）

（2）公子启方奔齐。（清华贰·第四章）

（3）子讹（过）曺（曹）。（上博五·弟子问）

（4）少（小）邦凥（处）大邦之閒（间）。（上博四·曹沫之陈）

（5）君₌（君子）凥（居）之，幽悷（思）不出。（九店45）

（6）王内（入）陈，杀䜴（征）余（舒），取亓（其）室以畀（予）繡（申）公。（清华贰·第十五章）

（7）高之固至莆池，乃逃歸（归）。（清华贰·第十四章）

二是 $NP_1 + V + NP_2$ 中的 NP_1 省略。例如：

（1）内（入）湘，就牒（喋），就郷（洮）昜（阳），内（入）澑（濡、耒），就郙（郴），内（入）澬（澬、资）、沅、澧、灕（油），让（上）江，就木關（关），就郢。（鄂君启舟节，集成12113）

（2）己卯生子，去其邦。（睡虎地·日书甲种）

（3）凡民将行，出其门，毋（无）敢顧（顾），毋止。（睡虎地·日书甲种）

（4）喜之子庚一夫，凥（处）郢里。（包山7）

（5）大夫先敖兕席，今日良日，肥豚清酒美白粱，到主君所。（睡虎地·日书甲种）

（6）到囷下，为一席，东乡（向）。（周家台·病方及其他）

（7）久乃处之，十月再唐，复其故所。（放马滩·日书乙种）

（8）学父秦居赀，吏治（笞）秦，以故数为学怒，苦姌（耻）之。归居室，心不乐。（岳麓叁·学为伪书案）

（9）空外遣之日，不可以行。之四邻，必见兵。（睡虎地·日书乙种）

（10）竞坪（平）王命王子木适城父，讹（过）繡（申）。（上博六·平王与王子木）

（11）隹（唯）廿又再祀，屭羌乍（作）戎，氒（厥）辟旗（韩）宗敿（彻），逹（率）征秦（秦）连齐，入張（长）城，先会于平陰（阴）。（屭羌钟甲，集成00157）

（12）昔者，盧（吾）先視（祖）趄（桓）王、邵（昭）考成王，身勤社（社）稷，行亖（四）方，㠯（以）惪（忧）怒（劳）邦家。（中山王譽鼎，集成02840）

（13）或（又）从而攻之，述（遂）逃迲（去），之桑（苍）虐（梧）之埜（野）。

（上博二·容成氏）

NP_1+V+NP_2 中的 NP_1 前可以有状语（NP_1 可省），这是句首状语：

（1）丁巳腾之安陆。（岳麓壹·质日）

（2）丙（丙）子，齐自（师）至岩，述（遂）还。（清华贰·第二十二章）

（3）五年，归蒲反。（睡虎地·编年）

（4）戊辰，宿路阴。己巳，宿江陵。（周家台·历谱）

NP_1+V+NP_2 中的 V 前也可以有状语（NP_1 可省），这是句中状语：

（1）生子，男吉，女必出亓（其）邦。（九店 30）

（2）人若鸟兽及六畜恒行人宫，是上神相，好下乐入。（睡虎地·日书甲种）

（3）六月乙丑，狱佐瞫讯戌：戌私留苑中。（里耶壹 8－877）

（4）君王台（始）内（入）室，君之备（服）不可目（以）进。（上博四·昭王毁室、昭王与龚之脽）

（5）翟述（遂）居衛（卫），衛（卫）人乃东涉河。（清华贰·第四章）

（6）平王东遷（迁），止于成周，秦中（仲）安（焉）东居周地。（清华贰·第三章）

（7）文公十又二年居翟（狄），翟（狄）甚善之。（清华贰·第六章）

以上是 NP_1+V+NP_2 中的 NP_1 没省略的例子，而以下是 NP_1+V+NP_2 中的 NP_1 省略的例子：

（1）明日復（复）戦（陈），必逃（过）亓（其）所。（上博四·曹沫之陈）

（2）左行蔑（蔑）、隓（随）会不敢歸（归），述（遂）奔秦。（清华贰·第十章）

（3）敫藉（滑）入藉（滑）出，母（毋）处甘（其）所。（鱼鼎匕，集成 00980）

（4）到雷焚人，不可止。以人火乡（向）之，则已矣。（睡虎地·日书甲种）

（5）不可以壬癸到家，以壬癸到家必死。（放马滩·日书乙种）

2．NP_1+V+ 于/自 $+NP_2$（NP_1 可省）

这种句式是用介词"于"或"自"引出位事，这种例子常见。

句式为 NP_1+V+ 于 $+NP_2$，NP_1 不省。例如：

（1）王凥（处）于蔵郢之游宫。（夕阳坡 2 号墓简）

（2）昔先（尧）凥（处）于丹府与藋陵之閒（间）。（上博二·容成氏）

（3）大司马卲（昭）剔（阳）敗（败）晉（晋）帀（师）于襄陵之歲（岁），頣（夏）层之月，乙亥之日，王凥（处）于蔵郢之遊（游）宫。（鄂君启车节，集成 12112）

（4）或（又）讄（谗）惠公及文公，文公奔翟（狄），惠公奔于梁。（清华贰·第六章）

（5）人过于丘虚，女鼠抱子逐人。张伞以乡（向）之，则已矣。（睡虎地·日书甲种）

（6）自（师）造于方城，齐高厚自自（师）逃歸（归）。（清华贰·第十七章）

（7）賽（息）为（妫）牆（将）归于賽（息），逃（过）郗（蔡），郗（蔡）哀侯命止之，曰："以同生（姓）之古（故），必内（入）。"賽（息）为（妫）乃内（入）于郗（蔡），郗（蔡）哀侯妻之。（清华贰·第五章）

句式为 NP_1+V+ 于 $+NP_2$，NP_1 省略。例如：

（1）登于峄山，群臣从者，咸思攸长。（峄山刻石）

（2）郋戝上连嚣之还集瘳（廖）族衍一夫，凥（处）于郋或（国）之少桃邑。（包山 10）

（3）亓（其）走（上）𠂶（刺）句（后）之体，是思（使）句（后）之身𤸰（屙）䖝，不可𨑥（及）于笞（席）。（清华叁·赤鹄之集汤之屋）

（4）上士昏（闻）道，堇（仅）能行于其中。（郭店·老子乙本）

（5）卲（昭）王即殜（世），献惠王立十又一年，郗（蔡）卲（昭）侯䌸（申）惧，自歸（归）于吴。（清华贰·第十九章）

句式为 NP_1+V+ 自 $+NP_2$，NP_1 省略。例如：

（1）出自黄㴞（渊），土身亡䫲（据），出内（入）□同，乍（作）亓（其）下凶。（楚帛书）

（2）女（如）是而不可，肰（然）句（后）从而攻之，陞（升）自戎述（遂），内（入）自北门。（上博二·容成氏）

（3）杰（桀）乃逃之鬲（鬲）山是（氏），汤或（又）从而攻之，墜（降）自鸣攸（条）之述（遂），目（以）伐高神之门。（上博二·容成氏）

3. NP_1+V+ 焉（NP_1 可省）

这种句式中的"焉"相当于介词＋代词"之"。例如：

（1）非其官人殹（也），毋敢舍焉。（睡虎地·秦律十八种）

（2）尧（尧）乃为之孝（教）曰："自内（入）安（焉），余穴規（窥）安（焉）。"（上博二·容成氏）

4. $NP_{1a}+NP_{1b}+V+NP_2$（NP_2 可省）

这种句子的谓语部分，是一个主谓短语。主谓短语的主语部分，一般是由代词"或"充当的。例如：

人之道也，或邎（由）中出，或邎（由）外内（入）。（郭店·语丛一）

5. NP_1+V（NP_1、NP_2 皆可省）

NP_1+V+NP_2 中的 NP_2 如果省去，就形成这种句式。例如：

（1）王逯（归），客于子＝䖒＝（子蘧，子蘧）甚憙（喜）。（上博九·成王为城濮之行甲）

（2）三军出，君自衙（率）。（上博四·曹沫之陈）

（3）郑寿出，居（据）逄（路）目（以）须。（上博六·平王问郑寿）

（4）旂（故）諱（辞）豊（礼）敬（敬），鼎（则）孯（贤）人至。（中山王𰯌壶，集成 09735）

（5）女子不狂痴，歌以生商，是阳鬼乐从之，以北乡（向）□之辨（瓣）二七，燔，以灰□食食之，鬼去。（睡虎地·日书甲种）

（6）秦𠂤（师）乃遉（复），伐顝（滑），取之。（清华贰·第八章）

（7）吴王盍（阖）虗（卢）乃歸（归），卲（昭）王焉遉（复）邦。（清华贰·第十五章）

（8）敨（撞）鼓，坖（禹）必遬（速）出。（上博二·容成氏）

（9）惠公赂秦公曰："我句（后）果内（入），囟（使）君涉河，至于梁城。"惠公既内（入），乃倍（背）秦公弗叏（予）。（清华贰·第六章）

（10）迁陵曰：赵不到，具为报。（里耶壹 8－140）

（11）正月壬子窴穴，鼠弗居。（放马滩·日书甲种）

（12）帀（师）未还，晋人涉，𨟻（将）救奠（郑），王𨟻（将）还。（上博七·郑

子家丧甲）

(13) 东门，是胃（谓）邦君门，贱人弗敢居，居之凶。（睡虎地·日书甲种）

(14) 午，马殹。盗从南方入，有（又）从之出。（放马滩·日书甲种）

(15) 酉，鸡殹。盗从西方入，复从西方出。（放马滩·日书甲种）

如果把 NP_1+V 中的 NP_1 再省去，就形成下列句式。例如：

(1) 有顷，安等皆卧，出。（岳麓叁·魏盗杀安、宜案）

(2) 占来者，到。（周家台·日书）

(3) 占行者，未发；占来者，未至。（周家台·日书）

(4) 毋独出。（岳麓壹·为吏治官及黔首）

(5) 天子坐目（以）巨（矩）；飤（食）目（以）义；立目（以）县；行目（以）辟（璧）。（上博六·天子建州乙）

6. NP_1 + 疑问代词 + V

问处所的疑问代词——奚、安（焉）等——作动作动词的宾语，一般都要放在动词的前面。例如：

(1) 骨₌（骨肉）之既秫（靡），亓（其）智（知）愈暲（障），亓（其）夬（缺）豯（奚）蝷（适）？（上博七·凡物流形甲）

(2) 肥畱曰："辧（兆）卬（仰）首出止（趾），是胃（谓）閟（辟）。卜人无咎，牆（将）迲（去）亓（其）里，而它方安（焉）适？"（上博九·卜书）

7. NP_2+V

NP_1+V+NP_2 中的 NP_1 如果省去，再把 NP_2 移到动词 V 之前，就形成这种句式。例如：

(1) 目（以）衜（卫）于溪浴（谷），凄（济）于坒（广）川，高山陞（升），蓁林内（入），安（焉）目（以）行正。（上博二·容成氏）

(2) 于是虐（乎）竟州、簷（莒）州飼（始）可尻（处）也。（上博二·容成氏）

(3) 于是虐（乎）荆（荆）州、鄒（扬）州飼（始）可尻（处）也。（上博二·容成氏）

(4) 正月、七月朔日，以出母〈女〉、取（娶）妇，夫妻必有死者。以筑室，室不居。（睡虎地·日书乙种）

(5) 大神，其所不可咼（过）也，善害人，以犬矢（屎）为完（丸），操以咼（过）之，见其神以投之，不害人矣。（睡虎地·日书甲种）

(6) 实官出入。（岳麓壹·为吏治官及黔首）

8. NP + 相 + V

这种句式中的 NP 相当于其他句式中的 NP_1+NP_2，表示 NP_1+NP_2 相互相向运动。例如：

(1) 梦引肠，必兄弟相去也。（岳麓壹·占梦书）

(2) 聑（闻）之曰：君₌（君子）之相譹（就）也，不必才（在）近遲（昵）药（乐）▨。（上博二·从政甲）

（二）复杂谓语句式

1. 并列句

一般用连词"及"来表示并列的关系。例如：

(1) 吏官毋以壬戌归及远役。(放马滩·日书乙种)

(2) 凡六行龙日：丙、丁、戊、己、壬、戌、亥，不可以行及归。(放马滩·日书乙种)

(3) 舂城旦出繇（徭）者，毋敢之市及留舍阓外。(睡虎地·秦律十八种)

用连词“若”来表示选择的关系。例如：

戊申、己酉，牵牛以取（娶）织女而不果，不出三岁，弃若亡。(睡虎地·日书甲种)

2. 转折句

例如：

(1) 蜀（独）凥（处）而乐，又（有）内［動（动）］者也。(郭店·性自命出)

(2) 蜀（独）居而乐，又（有）内動（动）者也。(上博一·性情论)

(3) 梦□入井莆（沟）中及没渊，居室而毋户，封死，大吉。(岳麓壹·为吏治官及黔首)

(4) 外臣而居虐（吾）㕥₌（左右），不爯（称）擘（贤）。(上博八·命)

(5) 不可目（以）出帀（师），出帀（师）不逿（复）。(楚帛书·丙篇)

3. 连谓句

这种句子中的几个谓词性成分之间有的是先后关系，有的是方式和目的的关系，有的是原因和结果的关系，有的是从正反两方面说明一件事。

连谓句中的几个谓词性成分之间可以不用连词。其谓语部分有的是由两个动词构成，两个动词都不带宾语。例如：

(1) 操归，匿屋中，令毋见，见复发。(周家台·病方及其他)

(2) 是胃（谓）达日，秎（利）目（以）行帀（师）徒，出正（征），导（得）。(九店30)

其谓语部分有的是由两个动词所构成，前一个动词不带宾语，后一个动词带宾语或介宾补语。例如：

(1) 甲乙雅不相智（知），甲往盗丙，毚（才）到，乙亦往盗丙，与甲言，即各盗，其臧（赃）直（值）各四百，已去而偕得。(睡虎地·法律答问)

(2) 穆穆鲁辟，徂（徂）省朔旁（方）。(亡智鼎，集成02746)

(3) 行到州陵界中，未诣吏，悔。(岳麓叁·尸等捕盗疑购案)

(4) 䜌（就）祷户一羊。䜌（就）祷行一犬；䜌（就）祷门▨。(葛陵甲三：56)

(5) 大尹内（入）告王：“僕（仆）遇脾，牆（将）取车。”(上博四·昭王毁室、昭王与龚之脾)

(6) 楚人涉汳（泛），牆（将）与之戰（战），奠（郑）自（师）逃内（入）于蔑。(清华贰·第二十三章)

其谓语部分有的是由两个动词所构成，前一个动词带宾语，后一个动词不带宾语。例如：

于是虖（乎）方百里之宙（中），衔（率）天下之人遱（就），奉而立之，目（以）为天子。(上博二·容成氏)

其谓语部分有的是由两个动词所构成，前后两个动词都带宾语。例如：

(1) 齐臧（庄）公涉河䙿（袭）朝訶（歌），以逿（复）坪（平）侌（阴）之自（师）。(清华贰·第十七章)

(2) 去疾、号曰：号乘轺之醴阳，与去疾买铜锡冗募乐一男子所，载欲买（卖）。

（岳麓叁·猩、敞知盗分赃案）

（3）去邦亡荆。䞇发读书，未许学，令人毄（系）守学。学恐，欲去亡。（岳麓叁·学为伪书案）

（4）择日出邑门，禹步三，乡北斗。（放马滩·日书甲种）

（5）民或弃邑居壄（野），入人孤寡，徼人妇女，非邦之故也。（睡虎地·为吏之道）

有的是从相两方面说明一件事。例如：

贼入甲室，贼伤甲，甲号寇，其四邻、典、老皆出不存。（睡虎地·法律答问）

连谓句中的几个谓词性成分之间可以用连词“而”来连接。例如：

（1）王乃出而见之。（上博七·君人者何必安哉甲）

（2）王自临卜。王向日而立，王沧至綳（带）。（上博四·柬大王泊旱）

（3）君王又（有）楚，矦（侯）子三人，一（一人）土（杜）门而不出。（上博七·君人者何必安哉甲）

（4）是唇（乎）复（作）为九城（成）之壹（台），视（寘）盂庋（炭）亓（其）下，加圜（圜）木于亓（其）上，思民道（蹈）之，能述（遂）者述（遂），不能述（遂）者内（入）而死。（上博二·容成氏）

（5）王若（诺），牺（将）鼓而涉之。（上博四·柬大王泊旱）

（6）中仉（处）而不茇（颇），賁（任）悳（德）目（以）竌（竢）。（上博六·慎子曰恭俭）

连谓句中的几个谓词性成分之间可以用连词“以”来连接。例如：

（1）文王乃起（起）币（师）目（以）乡（向）丰、乔（镐），三鼓而进之，三鼓而退之。（上博二·容成氏）

（2）来居山谷以攻盗。即攻盗盗杀伤好等。（岳麓叁·尸等捕盗疑购案）

（3）人行而鬼当道以立，解发奋以过之，则已矣。（睡虎地·日书甲种）

（4）王命繡（申）公屈晋（巫）迈（适）秦求自（师），旻（得）自（师）以整（来）。（清华贰·第十五章）

4. 兼语句

第一个动词是致使动词“命”。例如：

（1）王败鄵（蔡）需（灵）矦（侯）于吕，命繡（申）人室出，取鄵（蔡）之器，㲃（执）事人夹鄵（蔡）人之（至）军门，命人毋敢徒出。繡（申）城（成）公㝨、丌（其）子虚未畜頪（类）命之遣（遣）。虚晶（三）徒出，㲃（执）事人志₌（止之）。（上博九·灵王遂申）

（2）竟坪（平）王命王子木迈（适）城父，过（过）繡（申）。（上博六·平王与王子木）

第一个动词是致使动词“令”“诏令”。例如：

（1）以腊日，令女子之市买午胙、市酒。（周家台·病方及其他）

（2）今且令人案行之，举劾不从令者，致以律，论及令、丞。（睡虎地·语书）

（3）妾未使而衣食公，百姓有欲叚（假）者，叚（假）之，令就衣食焉，吏辄柀事之。（睡虎地·秦律十八种）

（4）令人勿紤（近）舍。非其官人殹（也），毋敢舍焉。（睡虎地·秦律十八种）

（5）惊远家故，衷教诏娶，令毋敢远就若取新。（睡虎地秦牍）

（6）丈人诏令癸出田南阳。（岳麓叁·学为伪书案）

第一个动词是致使动词“使”。例如：

（1）秦穆公乃内（入）惠公于晋，惠公赂秦公曰：“我句（后）果内（入），囟（使）君涉河，至于梁城。”（清华贰·第六章）

（2）秦之戍人使歸（归）告，曰：“我既旻（得）奠（郑）郑之门筦（管）巳（矣），来𧟌（袭）之。”（清华贰·第八章）

（3）凡贵人囟（使）凥（处）前立（位）一行，遂（后）则见亡。（上博四·曹沫之陈）

（4）秦穆公欲与楚人为好，安（焉）繁（脱）繡（申）公义（仪），囟（使）歸（归）求成。（清华贰·第八章）

兼语句第一个动词是“有”。例如：

（1）曰佥（仓），不可吕（以）川□，大不训（顺）于邦，有臬内（入）于上下。（楚帛书·丙篇）

（2）［梦］□亓（其）腹，见其肺肝赐（肠）胃者，必有亲去之。（岳麓壹·占梦书）

（3）穆王人正可之清则水百恖，有人自处。（放马滩·日书甲种）

四、出土战国文献中带位事的二价动作动词的指称化与修饰化

带位事的二价动作动词作谓语或谓语的一部分，都是表陈述的。

除此之外，还有其他的用法。当带位事的二价动作动词与“者”构成“者”字短语、与“所”构成“所”字短语、与“之”构成“之”字短语时，一般都是表指称的，是有标记的指称化。当带位事的二价动作动词作主语、宾语（绝大多数）和判断句谓语时，也是表指称的，是无标记的指称化。

当带位事的二价动作动词作定语、状语时，一般是表修饰的。

（一）指称化

1. 有标记的指称化

A. 构成“者”字短语。

“者”与带位事的二价动作动词所构成的“者”字短语，一般是指称 V 的施事的。

跟“者”构成“者”字短语的，一般是动宾短语“$V+NP_2$”（V 前可出现状语）。所缺的 V 的配价成分是 NP_1，“者”转指的就是 NP_1。例如：

（1）事君，不遂；居家者，家毁。（放马滩·日书乙种）

（2）失期。行庙者必谨视中□各自署庙所质日。行先道旁曹始，以坐次相属。（里耶壹 8-138、8-174、8-522、8-523）

（3）敢行驰道中者，皆䙴（迁）之。其骑及以乘车、轺车〼。（龙岗 54）

（4）百姓居田舍者毋敢醢（酤）酉（酒），田啬夫、部佐谨禁御之，有不从令者有罪。（睡虎地·秦律十八种）

（5）十二月戊午，军巫闲曰：攻荆庐溪［□□］故（？）秦人邦亡荆者男子多。多曰：小走马。以十年时，与母儿邦亡荆。亡时小，未能与儿谋。它如军巫书。儿死不讯。

问：多初亡时，年十二岁，今廿（二十）二岁；巳（已）削爵为士五（伍）。它如辞（辞）鞫之：多与儿邦亡荆，年十二岁，小未能谋。（岳麓叁·多小未能与谋案）

例（4）中的“百姓居田舍者”，意即“百姓中之居田舍者”，“百姓”作“居田舍者”的定语，例（5）类此。

跟“者”构成“者”字短语的，可以是动词“V”。“者”转指的仍是NP_1。例如：

（1）占行者，未发；占来者，未至。（周家台·日书）

（2）开日：亡者，不得。（睡虎地·日书甲种）

（3）实官佐、史柀免、徙，官啬夫必与去者效代者。节（即）官啬夫免而效，不备，代者与居吏坐之。故吏弗效，新吏居之未盈岁，去者与居吏坐之，新吏弗坐；其盈岁，虽弗效，新吏与居吏坐之，去者弗坐，它如律。（睡虎地·秦律十八种）

跟“者”构成“者”字短语的，还可以是复杂谓语短语。“者”转指的仍是NP_1。例如：

（1）窦出入及毋符传而阑入门者，斩其男子左趾，□女［子］☑。（龙岗2）

（2）是君子之于言也，非从末流者之贵，穷藻（源）反本者之贵。（郭店·成之闻之）

（3）亡、不仁其主及官者，衣如隶臣妾。（睡虎地·秦律十八种）

（4）不出三年，翟（翟，狄）人之怀（附）者七百邦，此能从善而迲（去）祸（祸）者。（上博五·竞建内之）

（5）为古（故）率民向方者，唯悳（德）可。（郭店·尊德义）

（6）亡人挟弓弩矢居禁中者弃市☑。（龙岗17）

例（6）中的“亡人挟弓弩矢居禁中者”，意即“亡人中之挟弓弩矢居禁中者”，“亡人”作“挟弓弩矢居禁中者”的定语。

B. 构成“所”字短语。

“所”主要有两种用法，一是“所”与带位事的二价动作动词构成“所”字短语“所+V”，一般是指称V的位事的；二是“所”与“介词+动词”构成“所”字短语“所+P+VP”，一般是指称P的宾语所表示的内容。“所+P+VP”中的P也可以省略，这时“所”字短语在形式上与“所+V”相似，但从所指称的内容来看，仍然与“所+P+VP”相同。

一是“所”与带位事的二价动作动词构成“所”字短语“所+V”，一般是指称V的位事的。例如：

（1）由（思）先王亡所逯（归）、虐（吾）可改而可（何）？（上博六·平王问郑寿）

（2）鬼恒召人出宫，是是遽鬼，毋（无）所居，罔謼（呼）其召，以白石投之，则止矣。（睡虎地·日书甲种）

（3）鸎（鹏）鸟之所窠（集），竝旹（时）而复（作）可（兮）。（上博八·李颂）

（4）其所之同，其行者异。（郭店·语丛二）

（5）隹（惟）道又（有）所攸（修），非天之所向，莫之能旻（得）。（上博九·文王访之于尚父举治）

“所+V”指称的位事词语一般不在“所+V”后出现，如上引5个例子；也可以在“所+V”后出现，如下例：

军人禀所、所过县百姓买其禀，赀二甲，入粟公。（睡虎地·秦律杂抄）

二是出土战国文献中带位事的二价动作动词与“所”构成第二种“所”字短语

“所 + P + VP”。例如：

相遷（徙）之器所以行：一桂（獬）冕（冠），组綏（纓）、一生纑之鄉，二鼬（狐）睪。一紫韦之韬（帽）。（包山259）

C. 构成“之”字短语。

一个主谓短语“NP + VP”（这里的VP是指带位事的二价动作动词语）原本是陈述一个事件，是谓词性的。但是在中间加“之”之后形成“NP + 之 + VP”，这个结构是表指称的，指“NP + 之 + VP”这个事件，所以“之”也是指称化的标记。

（1）是古（故），肰（贤）人之居邦豪（家）也，婴（夙）舉（兴）变（夜）寐（寐）。（上博五·季庚子问于孔子）

（2）䎽（闻）之曰：君＝（君子）之相譈（就）也，不必才（在）近遲（昵）药（乐）☐。（上博二·从政甲）

（3）日之訇（始）出，可（何）古（故）大而不噐（耀）？亓（其）人（入）审（中），奚（奚）古（故）少（小）雁暲（障）豉（尌）？（上博七·凡物流形甲）

例（3）“亓（其）人（入）审（中）”中的“‘亓（其）”，指代“日”，“亓（其）人（入）审（中）”相当于“日之人（入）审（中）”。

2. 无标记的指称化

A. 作主语。

带位事的二价动作动词语可以作主语。例如：

（1）日入至晨投中大吕，旄牛殴，兔颜，大颐，长面，其行丘丘殴，苍晳色，善病颈项。（放马滩·日书乙种）

（2）旦至日中投中大族，虎殴，戳色，大口，长要，其行延延殴，色赤黑，虚虚，善病中。（放马滩·日书乙种）

（3）凡圣（声），其出于情也信，肰（然）句（后）其内（入）拔（拨）人之心也敂（厚）。（郭店·性自命出）

（4）亓（其）迲（去）之不遫（速），亓（其）遶（就）之不專（傅），亓（其）坒（启）节不疾，此戳（战）之几。（上博四·曹沫之陈）

（5）其居即（次）也旧（久），其反善复訇（始）也新（慎），其出内（入）训（顺）。（郭店·性自命出）

（6）出入不时。（岳麓壹·为吏治官及黔首）

B. 作宾语。

带位事的二价动作动词语作宾语大多数指称化了，也有未指称化的，如作准系词“为”的宾语、作言说动词“曰”的宾语等。

带成事的二价动作动词语可以作动词的宾语。带这种宾语的动词一般是“利”，有时是“梦”“有”“卜”“智（知）”“好”“乐”“如”“若”。例如：

（1）利居室、入货及生（牲）。（睡虎地·日书甲种）

（2）主歌乐鼓瑟，杀畜生见血，人死之，利以出，不利以入。（放马滩·日书乙种）

（3）作阴之日，利以入室，必入资货。（睡虎地·日书甲种）

（4）夬光日：利以登高、饮食、邋（猎）四方野外。（睡虎地·日书甲种）

（5）壬癸梦行川为桥，吉。（岳麓壹·占梦书）

（6）春梦飞登丘陵，缘木生长燔（繁）华，吉。（岳麓贰·占梦书）

(7) 梦□入井蕢(沟)中及没渊，居室而毋户，封死，大吉。(岳麓壹·占梦书)

(8) 女子而梦以其帬(裙)被邦门及游渡江河，其占大贵人。(岳麓壹·占梦书)

(9) 凡且有大行、远行若饮食、歌乐、聚畜生及夫妻同衣，毋以正月上旬午。(睡虎地·日书甲种)

(10) 凡有入(殴)也，必以岁后，有出(殴)也，必以岁前。(睡虎地·日书乙种)

(11) 卜行道及事君，吉。(放马滩·日书乙种)

(12) 甲取(娶)人亡妻以为妻，不智(知)亡，有子焉，今得，问安置其子?(睡虎地·法律答问)

(13) 人若鸟兽及六畜恒行人宫，是上神相，好下乐入。(睡虎地·日书甲种)

(14) 卑(譬)之若童(重)载以行隋(崝)险，莫之敖(扶)道(导)，亓(其)由不邋(摄)丁(停)。(清华叁·芮良夫毖)

(15) 民之儶(劝)敚(微)弃亚(恶)母(如)逯(归)。(上博五·季庚子问于孔子)

C. 作判断句谓语。

(1) 大族、蕤宾、毋射之卦曰：是是夫妇皆居，若不居□□离其居家。(放马滩·日书乙种)

(2) 屈门：其主必昌富，妇人必宜疾，是是鬼夹之出门。三岁更。(放马滩·日书乙种)

(3) 夷则、黄钟、古先之卦曰：是是可亡不复，可求弗得。(放马滩·日书乙种)

(4) 人生子未能行而死，恒然，是不辜鬼处之。(睡虎地·日书甲种)

(5) 人毋(无)故室皆伤，是粲迓之鬼处之。(睡虎地·日书甲种)

(6) 一室人皆夙(缩)筋，是会虫居其室西臂(壁)。(睡虎地·日书甲种)

(7) 一室中，卧者容席以臽(陷)，是地辥(蠥)居之。(睡虎地·日书甲种)

(二) 修饰化

带位事的二价动作动词语，当它处于定语、状语位置上时，其表述功能就被修饰化了。

1. 作定语

带位事的二价动作动词语作定语，这种定语之后可以不用结构助词"之"。例如：

(1) 鄾(边)子蒴(莫)臺为甘(其)行器，甘(其)永耆(寿)用之。(鄾子莫臺鼎，集成02498)

(2) 甲取(娶)人亡妻以为妻，不智(知)亡，有子焉，今得，问安置其子?(睡虎地·法律答问)

(3) 城旦舂其追盗贼、亡人，追盗贼、亡人出入禁苑耎(?)者得迎□☐。(龙岗18)

(4) 人毋(无)故一室人皆棰(垂)延(涎)，爰母处其室，大如杵，赤白，其居所水则干，旱则淳。(睡虎地·日书甲种)

(5) 军人买(卖)禀禀所及过县，赀戍二岁。(睡虎地·秦律杂抄)

(6) 游士在，亡符，居县赀一甲；卒岁，责之。(睡虎地·秦律十八种)

(7) 戉(越)涌君嬴逕(将)其众以逯(归)楚之戢(岁)郢(荊)尿之月己丑之日，王凥(处)于蔵郢之遊(游)宫。(夕阳坡2号墓简册)

(8) 述（坠）王鱼颠（鼎）曰：钦戋（哉），出斿（游）水虫，下民无智（智）。（鱼鼎匕，集成00980）

(9) 不智（知）赵不到故，谒告迁陵以从事。（里耶壹8－140）

(10) 禀大田而毋（无）恒籍者，以其致到日禀之，勿深致。（睡虎地·秦律十八种）

带位事的二价动作动词语作定语，这种定语之后可用结构助词“之”。这时作定语的动作动词语的结构都比较复杂。例如：

(1) 王遷（徙）于寻（鄩）郢之戢（岁），亯月己巳之日，諮生㠯（以）卫筆为君贞，牆（将）逾取蒿（禀）。（葛陵乙一：26、2）

(2) 王遷（徙）于鄩郢之戢（岁），八月庚唇（辰）之日，所受盟（盟）于☐。（葛陵甲三：221）

(3) 入官、远役、不可到室之日。（放马滩·日书乙种）

(4) 十二月甲子以以行，从远行归，是谓出亡归死之日也。（睡虎地·日书甲种）

2. 作状语

(1) 居不亵衣，飤（食）不貳（二）糈☐。（上博四·曹沫之陈）

(2) 居又（有）飤（食），行又（有）㝵（得）。（九店35）

(3) 居毋惁，复（作）毋康。善勿威（灭），不恙（祥）勿为。（上博五·三德）

(4) 孝子，父母又（有）疾，冕（冠）不奂（绾），行不颂，不卒（萃）立，不庶语。（上博四·内豊）

(5) 出内（入）事王，聿（尽）卒（卒）戢（岁），躬身尚毋又（有）咎。（包山197）

(6) 内（入）虚毋乐，陞（登）丘毋诃（歌），所㠯（以）为天豊（礼）。（上博五·三德）

第四节　出土战国文献带与事的二价动作动词

在出土战国文献中，带与事的二价动作动词有两类，一类是互向动词，一类是针对动词。由于后者很少，所以这一节主要谈二价互向动词，最后再谈针对动词。

一、出土战国文献中带与事的二价互向动作动词

出土战国文献中带与事的二价互向动作动词有［动作］［自主］［协同］的语义特征。［动作］［自主］这两种语义特征的意义，在前文已经有解释。关于［协同］的含义如下：

［协同］是指某种动作行为需要两个参与者协同动作才能完成。如“处（交往、相处）”就是如此，交往必须有双方，谁跟谁交往，缺少任何一方都是不行的。

二价互向动词有两个配价成分：一是施事，即动作行为的发出者；另一个是与事，是施事的协同动作者。

出土战国文献中带与事的二价互向动作动词主要有：

别（离别、分离）、搏（搏斗）、薄（接触）、齿长（按年龄大小叙位次）、成（和解、讲和）、处（交往、相处）、刺离（分离）、斗（打斗、战斗）、分（分离、分开）、

奸（犯淫）、合（合起来、合拢、聚合；两军接触、交战、合战）、会（会合）、交（交往）、结（结交；缔结、建立某种连带关系；约定）、离（离开、背离）、盟（结盟、神前誓约；个人向天发誓）、期（相约、约定、约会）、齐（并列）、为好（结成友好关系）、游（交往、来往、交游）、战（打仗、作战）、战斗（打仗、作战）等。

二价互向动作动词按其意义，可以分为以下几类：

一是离别类，如：别（离别、分离）、刺离（分离）、分（分离、分开）、离（离开、背离）等。

二是聚合类，如：合（合起来、合拢、聚合）、会（会合）、奸（犯淫）等。

三是交往类，如：处（交往、相处）、交（交往）、游（交往、来往、交游）、薄（接触）等。

四是约定类，如：成（和解、讲和）、结（结交；缔结、建立某种连带关系；约定）、盟（结盟、神前誓约；个人向天发誓）、期（相约、约定、约会）、为好（结成友好关系）等。

五是搏斗类，如：搏（搏斗）、斗（打斗、战斗）、战（打仗、作战）、战斗（打仗、作战）、合（合起来、合拢、聚合；两军接触、交战、合战）等。

六是比并类，如：齿长（按年龄大小叙位次）、齐（并列）等。

二、出土战国文献中带与事的二价互向动作动词的配价成分——施事和与事

（一）施事

1. 表人的名词语

一般是表人的名词，例如：

（1）臣强与主奸，可（何）论？比殴主。（睡虎地·法律答问）

（2）田与市和奸，毋智捕校上。（岳麓叁·田与市和奸案）

（3）变曰：晦逢得之，得之欲与变奸。变弗听，即捽倍（踣）屏（屏）变，欲强与变奸。（岳麓叁·得之强与弃妻奸案）

（4）前日黑夫与惊别，今复会矣。（睡虎地秦牍）

（5）戉（越）公与齐侯貣（贷）、鲁侯侃（衍）明（盟）于鲁稷门之外。（清华贰·第二十二章）

（6）立六年，秦公衒（率）帀（师）与惠公戰（战）于倝（韩），止惠公以归。（清华贰·第六章）

（7）郊（赵）睘（旃）不欲成。（清华贰·第十三章）

也可以是表人的名词性短语，例如：

（1）瑶、敚与雁成。（包山91）

（2）“邦客与主人斗，以兵刃、殳挺、拳指伤人，擎以布。”何谓“擎”？布入公，如赀布，入赀钱如律。（睡虎地·法律答问）

（3）士伍甲斗，拔剑伐，斩人发结，何论？当完为城旦。（睡虎地·法律答问）

（4）戰（战）而时₌（待之）。先君武王与郘（郧）人戰（战）于英寞，帀（师）不繼（绝）。先君文☐。（上博九·陈公治兵）

2．表邦、国等单位的名词语

（1）齐与戉（越）成。（清华贰·第二十二章）

（2）齐与晋成。（清华贰·第二十二章）

（3）晋与吴会（合）为一，以伐楚。（清华贰·第十八章）

3．指代人的代词

（1）还年而餌（问）于敂（曹）㳻（沫）曰："虗（吾）欲与齐战，餌（问）戦（陈）奚（奚）女（如）？"（上博四·曹沫之陈）

（2）或与人斗，缚而尽拔其须眉，论何也？当完城旦。（睡虎地·法律答问）

（3）或斗，啮断人鼻若耳若指若唇，论各何也？议皆当耐。（睡虎地·法律答问）

（4）凡人憍（伪）为可亚（恶）也。憍（伪）斯叟（隐）壴（矣），叟（隐）斯虑壴（矣），虑斯莫与之结壴（矣）。（郭店·性自命出）

（5）甲、乙交与女子丙奸，甲、乙以其故相刺伤，丙弗智（知），丙论可（何）殹（也）？（睡虎地·法律答问）

（二）与事

1．表人的名词语

可以是普通表人名词。例如：

（1）或与人斗，缚而尽拔其须眉，论何也？当完城旦。（睡虎地·法律答问）

（2）其鞫（鞫）曰：得之强与人奸，未餘（蚀）。（岳麓叁·得之强与弃妻奸案）

（3）以其外心与人交，远也。远而牅（庄）之，敬也。（郭店·五行）

（4）臣强与主奸，可（何）论？比殴主。（睡虎地·法律答问）

（5）文公衒（率）秦、齐、宋及羣（群）戎之自（师）以败楚自（师）于城僕（濮），述（遂）朝周襄王于衡澭（雍），献楚俘馘，盟（盟）者（诸）侯于堺（践）土。（清华贰·第七章）

（6）而逯（退）与者（诸）厌（侯）齿䟫（长）于遹（会）同。（中山王礜壶，集成09735）

（7）邦客与主人斗，以兵刃、殳梃、拳指伤人，擎以布。（睡虎地·法律答问）

可以是专有表人名词。例如：

（1）瑶、敚与雁成。（包山91）

（2）田与市和奸，毋智捕校上。（岳麓叁·田与市和奸案）

（3）变曰：晦逢得之，得之欲与变奸。变弗听，即捽倍（踣）屏（屏）变，欲强与变奸。（岳麓叁·得之强与弃妻奸案）

（4）前日黑夫与惊别，今复会矣。（睡虎地秦牍）

（5）立六年，秦公衒（率）帀（师）与（与）惠公戳（战）于軌（韩），止惠公以归。（清华贰·第六章）

还可以是表人的名词性短语。例如：

（1）卲（昭）王歸（归）鼉（随），与吴人戳（战）于析。（清华贰·第十五章）

（2）一年，竞（景）公欲与楚人为好，乃敓（说）芸（郧）公。（清华贰·第十六章）

（3）楚人豫（舍）回（围）而还，与晋自（师）戳（战）于长城。（清华贰·第二十一章）

（4）爰书：某里士伍妻甲告曰："甲怀子六月矣，白昼与同里大女子丙斗，甲与丙相捽，丙偾庰（?）甲。"（睡虎地·法律答问）

（5）晋敬公立十又一年，夬（赵）趄（桓）子会［诸］侯之大夫，以与戉（越）命（令）尹宋䀄（盟）于邧（巩），述（遂）以伐齐。（清华贰·第二十章）

（6）甲、乙交与女子丙奸，甲、乙以其故相刺伤，丙弗智（知），丙论可（何）殹（也）？（睡虎地·法律答问）

（7）重泉隶臣田负斧质气（乞）鞫曰：不与女子市奸。（岳麓叁·田与市和奸案）

（8）戉（越）公与齐侯貣（贷）、鲁侯侃（衍）明（盟）于鲁稷门之外。（清华贰·第二十二章）

（9）牙（与）曼（慢）者凥（处），员（损）。牙（与）不好教（学）者游，员（损）。（郭店·语丛三）

（10）牙（与）为悉（义）者游，嗌（益）。牙（与）牂（庄）者凥（处），嗌（益）。（郭店·语丛三）

2. 表邦、国等单位的名词语

（1）齐与戉（越）成。（清华贰·第二十二章）

（2）齐与晋成。（清华贰·第二十二章）

（3）晋与吴会（合）为一，以伐楚。（清华贰·第十八章）

（4）秦安（焉）旬（始）与晋執（执）𤔲（乱），与（与）楚为好。（清华贰·第八章）

（5）还年而𦖞（问）于敬（曹）𧼮（沫）曰："虐（吾）欲与齐战，𦖞（问）戦（陈）豯（奚）女（如）？"（上博四·曹沫之陈）

3. 指代人或鬼的代词

（1）能（一）与之齐，终身弗改之壴（矣）。（郭店·六德）

（2）凡人㥅（伪）为可亚（恶）也。㥅（伪）斯叟（隐）壴（矣），叟（隐）斯虑壴（矣），虑斯莫与之结壴（矣）。（郭店·性自命出）

（3）奠（郑）人䢦（侵）𨶹闢（关），𨸏（阳）城洹（桓）恶（定）君衒（率）犊闢（关）之自（师）与上或（国）之自（师）以这（交，邀/徼）之，与之戰（战）于珪（桂）陵。（清华贰·第二十三章）

（4）凡邦中之立丛，其鬼恒夜謼（呼）焉，是遽鬼执人以自伐〈代〉也。乃解衣弗袵（衽），入而傅（搏）者之，可得也乃。（睡虎地·日书甲种）

三、出土战国文献中带与事的二价互向动作动词的句式

由带与事的二价互向动作动词所构成的句式有两种，一种是由带与事的二价互向动作动词作谓语中心的单中心谓语句，另一种是由带与事的二价互向动作动词作谓语一部分的复杂谓语句。

（一）单中心谓语句式

1. NP_1 + 与 + NP_2 + V（NP_1 可省）

由带与事的二价互向动作动词所构成的单中心谓语句式，常见的就是 NP_1 + 与 + NP_2 + V。这有两种情况，一是 NP_1 + 与 + NP_2 + V 中的 NP_1 不省。例如：

（1）齐与晋成。（清华贰·第二十二章）

（2）瑶、敚与雁成。（包山91）

（3）齐与戉（越）成。（清华贰·第二十二章）

（4）邦客与主人斗，以兵刃、殳挺、拳指伤人，擎以布。（睡虎地·法律答问）

（5）得、文、刍、庆、绾等与反寇战，不伍束符，忌以射死，卒喜等［□］短兵死。（岳麓叁·绾等畏耎还走案）

（6）或与人斗，缚而尽拔其须眉，论何也？当完城旦。（睡虎地·法律答问）

（7）凡人憍（伪）为可亚（恶）也。憍（伪）斯叜（隐）亖（矣），叜（隐）斯虑亖（矣），虑斯莫与之结亖（矣）。（郭店·性自命出）

二是NP_1 + 与 + NP_2 + V 中的NP_1省略。例如：

（1）秦安（焉）始（始）与晋执（执）衢（乱），与（与）楚为好？（清华贰·第八章）

（2）牙（与）为悲（义）者游，嗌（益）。（郭店·语丛三）

（3）牙（与）臧（庄）者凥（处），嗌（益）。追（起）习夏（文）彰（章），嗌（益）。（郭店·语丛三）

（4）牙（与）曼（慢）者凥（处），员（损）。牙（与）不好教（学）者游，员（损）。凥（处）而亡黻。（郭店·语丛三）

NP_1 + 与 + NP_2 + V 中的NP_1前可以有状语（NP_1可省），这是句首状语：

前日黑夫与惊别，今复会矣。（睡虎地秦牍）

NP_1 + 与 + NP_2 + V 中的 V 前也可以有状语（NP_1可省），这是句中状语：

（1）臣强与主奸，可（何）论？比殴主。（睡虎地·法律答问）

（2）其鞫（鞫）曰：得之强与人奸，未蚀（蚀）。（岳麓叁·得之强与弃妻奸案）

（3）甲、乙交与女子丙奸，甲、乙以其故相刺伤，丙弗智（知），丙论可（何）殹（也）？（睡虎地·法律答问）

（4）秦穆公欲与楚人为好，安（焉）繁（脱）繙（申）公义（仪），囟（使）歸（归）求成。（清华贰·第八章）

（5）变曰：晦逢得之，得之欲与变奸。变弗听，即捽倍（踣）屏（屏）变，欲强与变奸。（岳麓叁·得之强与弃妻奸案）

以上是NP_1 + 与 + NP_2 + V 中的NP_1没省略的例子，而以下是NP_1 + 与 + NP_2 + V 中的NP_1省略的例子：

（1）重泉隶臣田负斧质气（乞）鞫曰：不与女子市奸。（岳麓叁·田与市和奸案）

（2）能（一）与之齐，终身弗改之亖（矣）。（郭店·六德）

（3）爰书：某里士伍妻甲告曰："甲怀子六月矣，白昼与同里大女子丙斗，甲与丙相捽，丙偾屏（？）甲。"（睡虎地·法律答问）

（4）以其中心与人交，兑（悦）也。（郭店·五行）

有时句中状语出现在NP_1 + 与 + NP_2 + V 中的与 + NP_2之后。例如：

田与市和奸，毋智捕校上。（岳麓叁·田与市和奸案）

NP_1 + 与 + NP_2 + V 中的与 + NP_2 + V 后可以有补语（NP_1可省）。例如：

（1）戉（越）公与齐侯貣（贷）、鲁侯侃（衍）明（盟）于鲁稷门之外。（清华贰·第二十二章）

（2）戰（战）而峙＝（待之）。先君武王与邔（郧）人戰（战）于英寞，帀（师）不

醫（绝）。先君文☐。（上博九・陈公治兵）

以上是 NP_1 + 与 + NP_2 + V 中的 NP_1 没省略的例子，而以下是 NP_1 + 与 + NP_2 + V 中的 NP_1 省略的例子：

（1）卲（昭）王歸（归）𨘷（随），与吴人戰（战）于析。（清华贰・第十五章）

（2）楚人豫（舍）回（围）而还，与晋自（师）戰（战）于长城。（清华贰・第二十一章）

（3）与之戰（战）于两棠，大败晋帀（师）安（焉）。（上博七・郑子家丧甲）

（4）晋敬公立十又一年，屶（赵）趄（桓）子会［诸］侯之大夫，以与戉（越）命（令）尹宋塁（盟）于邪（巩），述（遂）以伐齐。（清华贰・第二十章）

NP_1 + 与 + NP_2 + V 中的与 + NP_2 + V 前可以有状语（NP_1 可省），其后可以有补语，也就是同时有状语和补语。例如：

（1）或（又）与晋人战于两棠，帀（师）不醫（绝）。（上博九・陈公治兵）

（2）而逯（退）与者（诸）厌（侯）齿粻（长）于逾（会）同。（中山王嚳壶，集成 09735）

2. NP_1 + 与 + V（NP_2 省略，NP_1 可省）

NP_1 + 与 + NP_2 + V 中的 NP_2 如果省去，就形成这种句式：NP_1 + 与 + V。例如：

（1）得之曰：捽搵（偃）变，欲与奸。（岳麓叁・得之强与弃妻奸案）

（2）今讯得之，得之曰：逢变，和与奸。未巳（已），闻人声。即起，和与偕之变里门宿。（岳麓叁・得之强与弃妻奸案）

（3）弗能与奸。（岳麓叁・得之强与弃妻奸案）

（4）其鞫曰：得之殴庰（屏）变，欲强与奸，未餘（蚀）。（岳麓叁・得之强与弃妻奸案）

（5）今讯田，田曰：市，田姑姊子，虽与和奸，与叚（假）子☐☐。（岳麓叁・田与市和奸案）

3. NP_1 + V（与 + NP_2 省略，NP_1 可省）

NP_1 + 与 + NP_2 + V 中的与 + NP_2 如果省去，就形成这种句式 NP_1 + V。在 NP_1 + V 中的 V 前可以出现状语，在 V 后可以出现补语。例如：

（1）士伍甲斗，拔剑伐，斩人发结，何论？当完为城旦。（睡虎地・法律答问）

（2）或斗，啮断人鼻若耳若指若唇，论各何也？议皆当耐。（睡虎地・法律答问）

（3）［楚］人明（盟）。（清华贰・第十三章）

（4）邹（赵）睘（旃）不欲成。（清华贰・第十三章）

（5）田曰：毋智不捕田校上。捕田时，田不奸。（岳麓叁・田与市和奸案）

（6）隹（唯）王二年六月丁酉，承鈳（嗣）戊（越）臣𡩜（宪）亘朱丩，凡目（以）悉（怒）巛（顺），昏（厥）日登。余盟（盟）于此。（岣嵝碑，19835）

（7）甲、丙战刑（邢）丘城，此甲、丙得首殹（也），甲、丙相与争，来诣之。（睡虎地・封诊式）

如果把 NP_1 + V 中的 NP_1 再省去，就形成下列句式：V。在 V 前可以出现状语、在 V 后可以出现补语。例如：

（1）斗，当赀二甲；贼，当黥为城旦。（睡虎地・法律答问）

（2）戊己晶，军收；庚辛晶，军前徙，为雨不徙；壬癸累，战。（放马滩・日书乙种）

(3) 夏层之月癸亥之日，执事盟謍（证）。凡二百人十一人，既盟，皆言曰：……(包山 136)

(4) 占战斗，怒，不合。(周家台·日书)

(5) 不和于豫（舍），不可目（以）出戦（陈），不和于戦（陈），不可目（以）戰（战）。(上博四·曹沬之陈)

(6) 牆（将）与盧（吾）君并立于殜（世），齿張（长）于會（会）同。(中山王嚳壶，集成 09735)

(7) 昷（明）戢（岁），楚王子波（罢）会晋文子燮（燮）及者（诸）侯之大夫，明（盟）于宋，曰："尔（弭）天下之虢（甲）兵。"(清华贰·第十六章)

(8) 霝（灵）王为命（令）尹，命（令）尹会邶（赵）文子及者（诸）侯之大夫，明（盟）于鄜（虢）。(清华贰·第十八章)

(9) 斗以针、鉥、锥，若针、鉥、锥伤人，各何论？(睡虎地·法律答问)

4. $NP_1 + NP_2 +$ 相/相与 $+ V$

这种句式中的施事和与事结合在一起，组成联合结构作主语，施事和与事虽然可以分别，却可以相互转换。例如：

(1) 天埅（地）相合也，以逾甘零（露）。(郭店·老子甲本)

(2) 乙、丙相与奸，自昼见某所，捕校上来诣之。(睡虎地·封诊式)

5. $(NP_1 + NP_2) + V$

$(NP_1 + NP_2)$ 表示施事跟与事融合在一起作主语，在外在形式上分不出施事和与事，主语是复数。例如：

(1) 晋竞（景）公立十又五年，繡（申）公屈晋（巫）自晋迈（适）吴，安（焉）訇（始）迵（通）吴晋之逄（路），二邦为好，以至晋悼公。(清华贰·第二十章)

(2) 同母异父相与奸，可（何）论？弃布。(睡虎地·法律答问)

(3) 室井血而腥臭，地虫斵（斗）于下，血上漏。(睡虎地·日书甲种)

6. $NP_1 + V + NP_2$（NP_1 可省）

$NP_1 +$ 与 $+ NP_2 + V$ 中的"与"如果省去，再把 NP_2 移到 V 后，就形成这种句式 $NP_1 + V + NP_2$。在 $V + NP_2$ 前可以出现状语，在其后可以出现补语。例如：

(1) 齐与晋成，齐侯明（盟）于晋军。晋三子之大夫内（入）齐，明（盟）陈和与陈淏于溋门之外。(清华贰·第二十二章)

(2) 文公銜（率）秦、齐、宋及羣（群）戎之自（师）以败楚自（师）于城僕（濮），述（遂）朝周襄王于衡澭（雍），献楚俘馘，盟（盟）者（诸）侯于壀（践）土。(清华贰·第七章)

(3) 晋与吴会为一，以伐楚，閔方城。述（遂）明（盟）者（诸）侯于坓（召）陵，伐中山。(清华贰·第十八章)

（二）复杂谓语句式

1. 并列句

例如：

共（恭）而専（博）交，豊（礼）也。(郭店·五行)

2. 转折句

几个谓词性成分之间都用“而”来连接。例如：

(1) 交矣而弗智（知）也，亡。悳（德）者，且莫大虖（乎）豊（礼）乐。（郭店·尊德义）

(2) 死者弗收，剔（伤）者弗斝（问），既戰（战）而又（有）怠₌（怠心），此既戰（战）之几。（上博四·曹沫之陈）

3. 连谓句

连谓句中的几个谓词性成分之间可以不用连词。例如：

(1) 择人与交。（岳麓壹·为吏治官及黔首）

(2) 立六年，秦公衒（率）币（师）与（与）惠公戰（战）于訙（韩），止惠公以归。（清华贰·第六章）

(3) 铍、戟、矛有室者，拔以斗，未有伤也，论比剑。（睡虎地·法律答问）

(4) 晋与吴会（合）为一，以伐楚。（清华贰·第十八章）

(5) 臣强与主奸，何论？比殴主。斗折脊项骨，何论？比折肢。（睡虎地·法律答问）

连谓句中的几个谓词性成分之间可以用连词“而”来连接。例如：

(1) 遽鬼执人以自伐〈代〉也。乃解衣弗袵（衽），入而傅（搏）者之，可得也乃。（睡虎地·日书甲种）

(2) 丌（其）言又（有）所载而句（后）内（纳），或前之而句（后）交，人不可觧（捍）也。（上博一·孔子诗论）

连谓句中的几个谓词性成分之间可以用连词“以”来连接。例如：

晋人曼（且）又（有）軋（范）氏与（与）中行氏之禬（祸），七戢（岁）不解甗（甲）。者（诸）侯同盟（盟）于咸泉以反晋，至今齐人以不服于晋，晋公以㣇（弱）。（清华贰·第十八章）

四、出土战国文献中带与事的二价互向动作动词的指称化与修饰化

带与事的二价互向动作动词作谓语或谓语的一部分，都是表陈述的。

除此之外，还有其他的用法。当带与事的二价互向动作动词与“者”构成“者”字短语、与“所”构成“所”字短语、与“之”构成“之”字短语时，一般都是表指称的，是有标记的指称化。当带与事的二价互向动作动词作主语、宾语（绝大多数）和判断句谓语时，也是表指称的，是无标记的指称化。

当带与事的二价互向动作动词作定语时，一般是表修饰的。

（一）指称化

1. 有标记的指称化

A. 构成“者”字短语。

“者”与带与事的二价互向动作动词语所构成的“者”字短语，一般是指称V的施事的。例如：

(1) 臧（庄）公曰：“善戰（战）者奚（奚）女（如）?”（上博四·曹沫之陈）

(2) 牵牛，可祠及行，吉。不可杀牛。以结者，不择（释）。（睡虎地·日书甲种）

(3) 虚，白事凶。以结者，易择（释）。（睡虎地·日书甲种）

(4) 昏（闻）道反上，上交者也。昏（闻）衍（道）反下，下交者也。昏（闻）道反吕（己），攸（修）身者也。（郭店·性自命出）

(5) 以期约结者，成。（周家台·日书）

(6) 大忠不兑（说），大信不期。不兑（说）而足敹（养）者，墬（地）也；不期而可螇（要）者，天也。（郭店·忠信之道）

B. 构成“所”字短语。

“所”与“介词+动词（带与事的二价互向动作动词）”构成“所”字短语“所+P+VP”，一般是指称P的宾语所表示的内容。例如：

卒（卒）又（有）伥（长），三军又（有）衔（帅），邦又（有）君，此三者所㠯（以）戰（战）。（上博四·曹沫之陈）

C. 构成“之”字短语。

一个主谓短语NP+VP（这里的VP是指带与事的二价互向动作动词语）原本是陈述一个事件，是谓词性的。但是在中间加“之”之后形成NP+之+VP，这个结构是表指称的，指NP+之+VP这个事件，所以“之”也是指称化的标记。

戉（越）公句戋（践）克吴，戉（越）人因袭（袭）吴之与晋为好。（清华贰·第二十章）

2. 无标记的指称化

A. 作主语。

带与事的二价动作动词语可以作主语。例如：

(1) 昔者君子有言曰：战与型（刑）人，君子之述（坠）悳（德）也。（郭店·成之闻之）

(2) 共（恭）而専（博）交，豊（礼）也。（郭店·五行）

(3) 上交近事君，下交得众近从正（政），攸（修）身近至息（仁）。同方而交，以道者也。不同方而［交，以古（故）也］。同兑（悦）而交，以悳（德）者也。不同兑（悦）而交，以猷者也。（郭店·性自命出）

(4) 戰（战）又（有）㬎（显）道，勿兵㠯（以）克。（上博四·曹沫之陈）

(5) 臧（庄）公或（又）䎽（问）曰：“戰（战）又（有）几（忌）虖？”（上博四·曹沫之陈）

(6) 以此见人及战斗皆可。（周家台·日书）

(7) □□亓（期）会之不难，所㠯（以）为和于豫。（上博四·曹沫之陈）

B. 作宾语。

带与事的二价互向动作动词作宾语大多数是指称化了，也有未指称化的，如作言说动词“曰”的宾语等。例如：

诘田：夏阳吏不治（笞）谅（掠），田、仁（认）奸。今覆吏讯市，市言如故狱。田云未奸，可（何）解？田曰：未奸，而毋（无）以解市言。（岳麓叁·田与市和奸案）

带与事的二价动作动词语可以作动词的宾语。带这种宾语的可以是动作动词，如“语”“请”“求”“认”“许”“修”“行”“为”“以为”“背”“占”等：

(1) 社（贡）不语戰（战），才（在）道不話（语）匿，凥正（政）不話（语）乐。（上博六·天子建州乙）

(2) 道(导)目(以)告吴,青(请)城(成)于楚。(上博七·吴命)

(3) 秦穆公欲与楚人为好,安(焉)繁(脱)繡(申)公义(仪),囟(使)歸(归)求成。(清华贰·第八章)

(4) 覆之:市□(认)与田和奸,隶臣毋智捕校上。(岳麓叁·田与市和奸案)

(5) 祒谓:巳(已)服仁(认)奸,今狱夬(决)乃曰不奸。(岳麓叁·田与市和奸案)

(6) 竞(景)公欲与楚人为好,乃敚(脱)芸(郧)公,使歸(归)求成,龙(共)王使芸(郧)公聘(聘)于晋,叓(且)许成。竞(景)公使翟(籴)之伐(茷)聘(聘)于楚,虞(且)攸(修)成,未还,竞(景)公舜(卒),東(厉)公即立(位)。龏(共)王使王子唇(辰)聘(聘)于晋,或(又)攸(修)成,王或(又)使宋右币(师)芋(华)孙兀(元)行晋楚之成。(清华贰·第十六章)

(7) 霝(灵)公高立六年,秦公以戰(战)于䣙 之古(故),衒(率)自(师)为河曲之戰(战)。(清华贰·第十章)

(8) 木为成于宋。(上博六·竞公疟)

(9) 臧(庄)王衔(率)自(师)回(围)宋九月,宋人安(焉)为成。(清华贰·第十一章)

(10) 完城旦,以黥城旦诬人,何论?当黥。甲贼伤人,吏论以为斗伤人,吏当论不当?当谇。(睡虎地·法律答问)

(11) 叡(敢)数楚王熊相之倍(背)盟犯诅。箸者(诸)石章,以盟大神之威神。(诅楚文刻石·巫咸,19832)

(12) 占战斗,怒,不合。(周家台·日书)

(13) 占战斗,胜之,不合。(周家台·日书)

(14) 占约结,凶事成,吉事不成。(周家台·日书)

也可以是状态动词,如"受""利"等:

(1) 豉(偃)也攸(修)亓(其)悳(德)行,目(以)受嘼(战)攻之。(上博八·子道饿)

(2) 秀,是谓重光,利野战,必得侯王。(睡虎地·日书甲种)

(3) 彻,大彻,利单(战)伐,不可以见人、取(娶)妻、嫁女,出入人民、畜生。(睡虎地·日书乙种)

(4) 窓结之日,利以结言,不可以作大事,利以学书。(睡虎地·日书乙种)

还可以是心理动词,如"喜""怒""闻"等:

(1) 昴,猎、贾市,吉。不可食六畜。以生子,喜斲(斗)。(睡虎地·日书甲种)

(2) 相曰:怒田、市奸官府。毋(无)它解。(岳麓叁·田与市和奸案)

(3) 闻田数从市奸毄(系)所,令毋智捕。(岳麓叁·田与市和奸案)

还可以是关系动词,如"有""如"等:

(1) 巳,翼也。其后必有别,不皆(偕)居,咎在恶室。(睡虎地·日书甲种)

(2) 与民有期,安驺而步,毋使民惧。(睡虎地·为吏之道)

(3) 处如资(斋),言如盟,出则敬,(睡虎地·为吏之道)

带与事的二价互向动作动词语可以作介词的宾语。例如:

(1) □而臤(贤)者,能目(以)亓(其)六贇(藏)之战(兽)取新(新)安

(焉)，是胃（谓）六新（新）之约。（上博八·成王既邦）

(2) 昔我先君穆公及楚成王，是缪（僇）力同心，两邦若壹。绊目（以）婚姻，袗目（以）斋盟。（诅楚文刻石·巫咸，19832）

C. 作判断句谓语。

刺者，室人妻子父母分离。（睡虎地·日书甲种）

（二）修饰化

带与事的二价互向动作动词，当它处于定语位置上时，其表述功能就被修饰化了。这种定语之后可以不用结构助词“之”。

(1) 军新论攻城，城陷，尚有栖未到战所，告曰战围以折亡，叚（假）者，耐。（睡虎地·秦律杂抄）

(2) □与枳（支）刺艮山之胃（谓）离日。（睡虎地·日书甲种）

带与事的二价互向动作动词语，这种定语之后可用结构助词“之”。例如：

(1) 人叟（使）牺（将）军，我君身进。此戰（战）之㬎（显）道。（上博四·曹沫之陈）

(2) 死者弗收，剔（伤）者弗䎽（问），既戰（战）而又（有）怠₌（怠心），此既戰（战）之几。（上博四·曹沫之陈）

(3) 需（灵）公高立六年，秦公以戰（战）于䎸䜌之古（故），衒（率）自（师）为河曲之戰（战）。（清华贰·第十章）

(4) ☐大莫嚣𢽾（阳）为战于长城之［岁］☐。（葛陵甲三：36）

五、出土战国文献中带与事的二价针对动作动词

出土战国文献中带与事的二价针对动作动词有［动作］［自主］［针对］的语义特征。［动作］［自主］这两种语义特征的意义，在前文已经有解释。

关于［针对］的含义如下：

［针对］是指某种动作行为是针对某个对象而发出的，或者说，某种动作行为的发出总有一个针对的对象。

二价针对动词有两个配价成分，一是施事，即动作行为的发出者；另一个是与事，即动作行为的针对对象。

出土战国文献中带与事的二价针对动作动词主要有：服（服从、归顺；服侍）、善（善待、对……友善）、侍（陪从尊长）、攻解（解除、化解）等。

出土战国文献中带与事的二价针对动作动词构成的基本句式是：

1. NP_1+V+于/乎$+NP_2$（NP_1可省）

这种句式最为常见。这有两种情况，一是NP_1+V+于/乎$+NP_2$中的NP_1不省。例如：

(1) 啬（颜）困（渊）时（侍）于夫子。（上博五·君子为礼）

(2) 楚臧（庄）王立，吴人服于楚。（清华贰·第十五章）

(3) 执吴王子鲹（蹶）繇（由），吴人安（焉）或（又）服于楚。（清华贰·第十五章）

(4) 者（诸）侯同盟（盟）于咸泉以反晋，至今齐人以不服于晋。（清华贰·第十八章）

（5）巨（蘧）白（伯）玉侍（侍）虗（乎）子，牓（慵慵）女（如）也丌（其）圣（听）。（上博五·弟子问）

二是 NP_1+V+于/乎$+NP_2$ 中的 NP_1 省略。例如：

（1）三军大敗（败）□者收之，剔（伤）者䎽（问）之，善于死者为生者。（上博四·曹沫之陈）

（2）散（曹）蔑（沫）曰："君亓（其）毋员（愪），臣䎽（闻）之曰：噩（邻）邦之君明，则不可㠯（以）不攸（修）政而善于民。不肰（然），恐（恐）亡安（焉）。噩（邻）邦之君亡道，则亦不可㠯（以）不攸（修）政而善于民。不肰（然），亡㠯（以）取之。"（上博四·曹沫之陈）

（3）思攻解于水上与溺人。五生占之曰：吉。（包山246）

（4）思攻解于禮（诅）与兵死。（包山241）

（5）祷于绝无后者，各肥豬，馈之。命攻解于漸木立，且遷（徙）其凥而桓（树）之。尚吉。义占之曰：吉。（包山250）

2. NP_1+V+焉（NP_1 可省）

NP_1+V+于/乎$+NP_2$ 这种句式中的 NP_2 如果换成代词"之"，则 NP_1+V+于/乎$+NP_2$ 句式可以写成 NP_1+V+于/乎$+$之；如果把"于/乎$+$之"再用兼词"焉"替换，这样就形成"NP_1+V+焉"句式。例如：

（1）孔＝（孔子）曰："君＝（君子）才（在）民之上，埶（执）民之中，绝（施）叜（教）于百眚（姓），而民不备（服）安（焉），氏（是）君＝（君子）之耻也。"（上博五·季庚子问于孔子）

（2）民䁗（望）亓（其）道而备（服）安（焉）。（上博五·季庚子问于孔子）

3. NP_1+V+NP_2（NP_1 可省）

如果把 NP_1+V+于/乎$+NP_2$ 这种句式中的"于/乎"省去，则形成了 NP_1+V+NP_2 句式。这种句式是派生句式，而且不常见。例如：

（1）昔□銮（舜）静（耕）于鬲（鬲）丘，匋（陶）于河宾（滨），鱼（渔）于靁（雷）泽，孝羕（养）父母，㠯（以）善亓（其）新（亲），乃及邦子。（上博二·容成氏）

（2）思攻解日月与不辜。䛐（许）吉占之曰：吉。（包山248）

4. NP_1+是$+V$（NP_1 可省）

如果把 NP_1+V+NP_2 句式中的 NP_2 用代词"是"替换，则形成 NP_1+是$+V$ 这种句式。因为代词"是"作宾语一般都要放在动词的前面。例如：

光（广）张上［下］，四夫（方）是备（服）。（悍距末乙，新收1379）

5. NP_1+V（NP_1 可省）

如果把 NP_1+V+于/乎$+NP_2$ 这种句式中的"于/乎$+NP_2$"都省去，则形成了 NP_1+V 句式。例如：

（1）□而行之，民必备（服）矣。（上博五·季庚子问于孔子）

（2）民五之方各（格），十之方静（争），百之而句（后）葡（服）。（郭店·尊德义）

所以判断一个动词是否是带与事的二价针对动作动词，主要看两点：一是动词是否含有［动作］［自主］［针对］的语义特征，特别是［针对］的语义特征；二是动词是否经常构成 NP_1+V+于/乎$+NP_2$ 或 NP_1+V+焉这样的句式。

第五节　出土战国文献带任事的二价动作动词

在出土战国文献中，带任事的二价动作动词很少，主要有“为”。例如：

除士五成里匄、成，成为典，匄为邮人。（里耶壹8－157）

这种动词常在前一个动词有“拜官授爵”义的兼语句中作第二个动词。例如：

（1）今有（又）除成为典，何律令應（应）？尉已除成、匄为启陵邮人。（里耶壹8－157）

（2）除销史丹为江陵史。（岳麓三·暨过误失坐官案）

（3）命之为命（令）尹，词（辞）。命之为司马，词（辞）。（上博九·邦人不称）

（4）任人为丞，丞已免，后为令，今初任者有罪，令当免不当？（睡虎地·法律答问）

（5）季趄（桓）子叓（使）中（仲）弓为宰（宰）。（上博三·中弓）

（6）或㠯（以）豎（竖）逌（刁）舁（与）敡（易）酉（牙）为相。（上博五·竞建内之）

第四章　出土战国文献其他二价动词研究

除了二价动作动词之外，出土战国文献中的二价动词还有四类，即出土战国文献中的二价状态动词、二价致使动词、二价心理动词、二价关系动词等。本章对这四种二价动词分别进行阐述。

第一节　出土战国文献二价状态动词

一、出土战国文献中的二价状态动词

出土战国文献中的二价状态动词具有［状态］［－自主］［涉及］的语义特征。这是区别于其他二价动词的重要依据。

［状态］是指人或事物表现出来的形态，是静态的。

［－自主］是指状态是无意识的或无心的，是不能由主体做主、主观决定、自由支配的。

［涉及］是指状态总是涉及某个事物或事件，而不会对事物或事件有真正的影响。

二价状态动词有两个配价成分：一是系事，这是指状态的系属者；二是涉事，是指状态所涉及的事物或事件。例如下例中的“林钟生大簇”，“林钟”是系事，而“大簇”是涉事：

林钟生大簇，大簇生南吕，南吕生姑洗，姑洗生应钟，应钟生蕤宾，蕤宾生大吕，大吕生夷则，夷则生夹钟，夹钟生毋射，［毋射生中吕］。（放马滩・日书乙种）

二价状态动词的语义特征，有其外在的表现形式。可以借此把它与二价动作动词区别开来：

第一，二价动作动词可以直接构成简单祈使句“V＋O！”，而二价状态动词则不能直接构成简单祈使句。例如：

（1）颠曰：见得之牵变，变谓颠：救吾！得之言曰：我□□□□□□殹（也）。颠弗救，去。（岳麓叁・得之强与弃妻奸案）

（2）令曰：为之！弗为，是谓“法（废）令”殹（也）。（睡虎地・法律答问）

（3）为名（铭）于笞（席）之四耑（端），曰：“安乐必戒！”（上博七・武王践阼）

第二，二价动作动词可以受祈使否定副词“勿”修饰，构成否定祈使句，而二价状态动词则不能。受“勿”修饰的二价动作动词，其宾语往往省略。例如：

（1）禾、刍稾彻（撤）木、荐，辄上石数县廷。勿用，复以荐盖。（睡虎地・秦律十

八种）

（2）兹（慈）下勿凌（陵）。（岳麓壹·为吏治官及黔首）

（3）令史忙雠律令沅陵，其假船二樓，勿留。（里耶壹 6－4）

（4）方萦（营）勿伐，牺（将）畀（兴）勿杀，牺（将）齐勿栓（挞?）。（上博五·三德）

（5）葆子以上，未狱而死若已葬，而诵（甫）告之，亦不当听治，勿收，皆如家罪。（睡虎地·法律答问）

（6）言之而不义，口勿言也；视之而不义，目勿视也；圣（听）之而不义，耳勿圣（听）也。（上博五·君子为礼）

（7）律所谓者，令曰勿为，而为之，是谓"犯令"。（睡虎地·法律答问）

第三，二价动作动词可以受表示工具、材料的"以"字介宾短语修饰，而二价状态动词则一般不能。

表示工具、材料的"以"字介宾短语可以出现在二价动作动词之前作状语。例如：

（1）以良剑刺其颈，则不来矣。（睡虎地·日书甲种）

（2）置垣瓦下，置牛上，乃以所操瓦盖之，坚狸（埋）之。（周家台·病方及其他）

（3）木鍨（铎）目（以）迟（起），鼓目（以）进之，譁（鼙）目（以）歨₌（止之）。（上博九·陈公治兵）

（4）戉（越）王䦧（差）郐（徐），目（以）其钟金鑑（铸）其戕（拱）戟（戟）。（越王差徐戟，新收 1408）

（5）以桑心为丈（杖），鬼来而毄（击）之，畏死矣。（睡虎地·日书甲种）

（6）人毋（无）故鬼攻之不已，是是刺鬼。以桃为弓，牡棘为矢，羽之鸡羽，见而射之，则已矣。（睡虎地·日书甲种）

（7）律所谓者，以丝杂织履，履有文，乃为"锦履"，以锦缦履不为，然而行事比焉。（睡虎地·法律答问）

表示工具、材料的"以"字介宾短语可以出现在二价动作动词之后作补语。例如：

（1）斗以针、钵、锥，若针、钵、锥伤人，各何论？斗，当赀二甲；贼，当黥为城旦。（睡虎地·法律答问）

（2）旦而最（撮）之，苞以白茅，果（裹）以贲（奔）而远去之，则止矣。（睡虎地·日书甲种）

第四，二价动作动词可以受表示动作行为正在进行的副词"方"修饰，而二价状态动词则不能。例如：

方萦（营）勿伐，牺（将）畀（兴）勿杀，牺（将）齐勿栓（挞?）。（上博五·三德）

在我们所使用的出土战国文献中，主要有下述一些二价状态动词（按音序排列），这些二价状态动词即具有上述语义特征：

拔（打动）、暴（晒、显露）、悖（逆乱、违逆）、比$_1$（亲近、亲附；相连、连接）、播（传布）、侧（旁依）、产（生）、彻（通、直通；达到）、称$_1$（获得）、称$_2$（相适应、符合；相当、适当）、成（生、生成、促成；得、得出）、乘（压、指向）、出$_1$（生出；表现、出现；产生、发出）、出$_2$（超出、超过）、传（传递、流传、传继）、垂（下垂、悬挂）、存（存在、停留）、达（达到、通到）、当$_1$（对着；相当、相符合、与之相称；遇上、碰上）、当$_2$（射中）、得（得到、获得、取得）、多（多余、多出）、乏（缺乏、缺少)、伐(败坏)、反(相反、相背)、犯(遭到、冒着)、附(附着;依附、隶属)、傅(至)、覯(遇见、遭遇)、寡(缺少;减少)、过(超过、越过)、害(损害、妨害、对……有害)、耗(亏损、耗损)、合(符合)、和(相应、和谐;和睦)、获(获)$_1$(猎获;俘获;缴获;获得、得到)、获(获)$_2$(收割庄稼等)、积(累积)、汲(急切)、及(至、达到、涉及)、建(为建日)、见$_1$(出现;表现)、见$_2$(遇见)、见$_3$(现存、现成)、降(降落)、交(交错、交接)、近(接近、相近)、尽(到……底、到)、就(接近;临近)、居(处、在)、克$_1$(取胜)、克$_2$(胜)、离(遇到)、丽(附着、附属)、利(有利、对……有利、利于;对……吉利)、连(连接;牵连、连累)、临$_1$(碰到)、临$_2$(对着)、流(变化、运动)、密(接近、亲近)、没(淹没、埋没)、溺(淹没;沉溺、沉迷)、被$_1$(施及、加于……之上)、被$_2$(遭受、蒙受)、便(对……有利、适宜)、仆(附着)、齐(与……齐)、起(产生、兴起)、缺(空缺、缺乏)、任(负担;胜任)、容(容受、容纳)、若(顺)、丧(失去、丧失)、塞(充塞、充满)、善(善于、擅长)、少(缺少)、生(产生、生出、生育)、胜$_1$(能够承担、禁得起;堪用)、胜$_2$(战胜、胜利;制服;胜过、超过)、胜任(胜任)、施(移、延;延续)、失$_1$(丧失、遗失、损失,与“得”相对)、失$_2$(做事不合适、失当、偏差)、失期(迟到、错过时间)、始(开始)、适(适合、适宜)、受(容纳)、属(连接)、死(因……而死)、通$_1$(通到、到达)、通$_2$(贯通)、脱(脱落、脱漏、失)、亡$_1$(丧失、遗失、丢失)、亡$_2$(不在、不存在)、为(变为、成为;造成、形成)、下(少、少于)、陷(攻克)、向(朝向、面向)、行(经历)、形(形成)、刑(成)、宜(适合、相称)、盈$_1$(充满、盈满)、盈$_2$[满(某数等)]、赢(有余、盈余)、应(符合、适应)、由(经由;遵循;凭借)、雨(下、降)、遇(遇到)、愈(胜过、超过)、缘(围绕、攀缘)、远(远离)、在$_1$(在、存在、处在)、在$_2$(在于、取决于)、遭(遇到、逢)、直(相对、对;相当、当;临)、至(及、达到)、中$_1$(符合)、中$_2$(射中、击中、投中)、周(环绕)、烛(照、照耀)、坠$_1$(落、掉下)、坠$_2$(失)、坐(被罪、承担罪责、以……定罪、连坐、归罪)等。

出土战国文献中的二价状态动词,可以从语义性质方面做如下的分类:

一是获得类动词,如:称$_1$(获得)、得(得到、获得、取得)、获(获)$_1$(猎获;俘获;缴获;获得、得到)、获(获)$_2$(收割庄稼等)、中$_2$(射中、击中、投中)、当$_2$(射中)、克$_1$(取胜)、克$_2$(胜)、胜$_2$(战胜、胜利;制服;胜过、超过)、陷(攻克)等。

二是失去类动词,如:丧(失去、丧失)、失$_1$(丧失、遗失、损失,与“得”相对)、脱(脱落、脱漏、失)、亡$_1$(丧失、遗失、丢失)、坠$_2$(失)等。

三是遭受类动词,如:当$_1$(遇上、碰上)、犯(遭到、冒着)、覯(遇见、遭遇)、见$_2$(遇见)、离(遇到)、临$_1$(碰到)、被$_2$(遭受、蒙受)、遇(遇到)、遭(遇到、逢)、坐(被罪、承担罪责、以……定罪、连坐、归罪)、容(容受、容纳)、受(容纳)等。

四是欠缺类动词,如:乏(缺乏、缺少)、寡(缺少;减少)、缺(空缺、缺乏)、少(缺少)、下(少、少于)等。

五是多余类动词,如:出$_2$(超出、超过)、多(多余、多出)、过(超过、越过)、塞(充塞、充满)、盈$_1$(充满、盈满)、盈$_2$[满(某数等)]、赢(有余、盈余)、愈(胜过、超过)等。

六是适合类动词,如:称$_2$(相适应、符合;相当、适当)、当$_1$(对着;相当、相符合、与之相称)、合(符合)、和(相应;和谐、和睦)、适(适合、适宜)、宜(适合、相称)、应(符合、适应)、直(相对、对;相当、当;临)、中$_1$(符合)、失$_2$(做事不合适、失当、偏差)等。

七是释放类动词,如:暴(晒、显露)、产(生)、成(生、生成、促成;得、得出)、出$_1$(生出;表现、出现;产生、发出)、见$_1$(出现;表现)、起(产生、兴起)、生(产生、生出、生育)、播(传布)、传(传递、流传、传继)等。

八是影响类动词,如:拔(打动)、乘(压、指向)、伐(败坏)、害(损害、妨害、对……有害)、耗(亏损、耗损)、烛(照、照耀)、被$_1$(施及、加于……之上)、利(有利、对……有利、利于;对……吉利)、便(对……有利、适宜)等。

九是存在类动词,如:存(存在、停留)、见$_3$(现存、现成)、居(处、在)、丽(附着、附属)、亡$_2$(不在、不存在)、在$_1$(在、存在、处在)、在$_2$(在于、取决于)、仆(附着)、附(附着;依附、隶属)等。

十是位移类动词,如:彻(通、直通;达到)、垂(下垂、悬挂)、达(达到、通到)、傅(至)、及(至、达到、涉及)、降(降落)、通$_1$(通到、到达)、通$_2$(贯通)、向(朝向、面向)、雨(下、降)、至(及、达到)、远(远离)、坠$_1$(落、掉下)、比$_1$(亲近、亲附;相连、连接)、侧(旁依)、近(接近、相近)、尽(到……底、到)、就(接近;临近)、密(接近、亲近)、缘(围绕、攀缘)、周(环绕)、施(移、延;延续)、由(经由;遵循;凭借)、流(变化、运动)等。

十一是其他动词,如:悖(逆乱、违逆)、反(相反、相背)、齐(与……齐)、积(累积)、汲(急切)、建(为建日)、交(交错、交接)、连(连接;牵连、连累)、临$_2$(对着)、没(淹没、埋没)、溺(淹没;沉溺、沉迷)、任(负担;胜任)、若(顺)、善(善于、擅长)、胜$_1$(能够承担、禁得起;堪用)、胜任(胜任)、失期(迟到、错过时间)、始(开始)、属(连接)、死(因……而死)、为(变为、成为;造成、形成)、行(经历)、形(形成)、刑(成)等。

二、出土战国文献中二价状态动词的配价成分——系事和涉事

(一)系事

1. 表人或人之部分的名词语

表人的名词语如:

(1)霝(灵)王见禍(祸),竟(景)坪(平)王即立(位)。(清华贰·第十八章)

(2)十又四年,柬(厉)王生洹(宣)王,洹(宣)王即立(位),龏(共)白(伯)和归于宋〈宗〉。(清华贰·第一章)

(3)毋辟(嬖)于俀(便)俾(嬖),毋倀(长)于父𧻚(兄),赏均(均)圣(听)中,则民和之。(上博四·曹沫之陈)

(4)官啬夫节(即)不存,令君子毋(无)害者若令史守官,毋令官佐、史守。(睡虎地·秦律十八种)

(5)邦君㝵(得)年,少(小)夫四城(成)。(九店26)

(6)贰春乡佐缺一人。(里耶壹8-887)

（7）尉计及尉官吏节（即）有劾，其令、丞坐之，如它官然。司马令史掾苑计，计有劾，司马令史坐之，如令史坐官计劾然。（睡虎地·效律）

（8）敬者㝵（得）之，怠（怠）者遊（失）之，是胃（谓）天祟（常）。（上博五·三德）

表人之部分的名词语如：

（1）舌不出，口鼻不渭（喟）然。（睡虎地·封诊式）

（2）头北（背）傅廦，舌出齐唇吻。（睡虎地·封诊式）

（3）古（故）心㠯（以）僼（体）廌（存），君㠯（以）［民］亡。（上博一·缁衣）

（4）䎽（问）之曰：心不勑（胜）心，大𤔲（乱）乃复（作）。（上博七·凡物流形甲）

2. 表鬼神的名词语

（1）褢（鬼）生于人，豯（奚）古（故）神䀄（盟）？（上博七·凡物流形甲）

（2）丹言曰：死者不欲多衣。死人以白茅为富，其鬼胜于它而富。（放马滩·志怪故事）

（3）人行而鬼当道以立，解发奋以过之，则已矣。（睡虎地·日书甲种）

（4）天雨血，赐有病身疾☐。（里耶壹8－1786）

（5）天生鲧（伦），人生卯（谋）。（郭店·语丛一）

3. 表示具体事物的名词语

（1）金玉浧（盈）室，莫能兽（守）也。（郭店·老子甲本）

（2）宫室逃（过）尾（度），皇天之所亚（恶），唯（虽）成弗居。衣备（服）逃（过）折（制），遊（失）于媺（媺，美）。（上博五·三德）

（3）仓门：是是富［门］，井居西南，囷居西北，庑必南乡。（放马滩·日书甲种）

（4）三弋（代）之戦（陈）皆廌（存），或㠯（以）克，或㠯（以）亡。（上博四·曹沫之陈）

（5）天下之勿（物）生于又（有），生于亡。（郭店·老子甲本）

（6）角：斗乘角，门有客，所言者急事也。（周家台·日书）

（7）☐☐于室东，日出庶（炙）之。（九店53）

（8）大明不出，丏（万）勿（物）虐（皆）訇（暗）。（郭店·唐虞之道）

4. 表抽象事物的名词语

（1）又（有）人安（焉）又（有）不善，𤔲（乱）出于人。（上博三·亘先）

（2）信，青（情）之方也。青（情）出于眚（性）。（郭店·性自命出）

（3）膳（善）日过我，我日过膳（善）。（郭店·语丛三）

（4）眚（性）自命出，命自天降。（郭店·性自命出）

（5）禍（祸）不降自天，亦不出自墜（地）。（上博六·用曰）

（6）悳（德）生豊（礼），豊（礼）生乐。（郭店·语丛一）

（7）隹（唯）逆生祸，隹（唯）怭（顺）生福。（中山王譽壶，集成09735）

（8）帀（师）上（尚）父奉箸（书），道箸（书）之言，曰："怠勑（胜）义则丧，义勑（胜）怠则长。义勑（胜）谷（欲）则从，谷（欲）勑（胜）义则凶。"（上博七·武王践阼）

（9）直此日月者不出。金胜木，火胜金，水胜火，土胜水，木胜土。（睡虎地·日书甲种）

（10）上交近事君，下交得众近从正（政），攸（修）身近至悬（仁）。（郭店·性自

命出)

5. 表处所方位的名词语

(1) 牆(庄)公或(又)䎽(问):"为和于戦(陈)女(如)可(何)?"會(答)曰:"车閒(间)宓(容)俉₌(伍,伍)閒(间)宓(容)兵。"(上博四·曹沫之陈)

(2) 井当户牖间,富。(睡虎地·日书甲种)

(3) 内后有小堂,内中央有新穴,穴𠚕(彻)内中。穴下齐小堂。(睡虎地·封诊式)

(4) 获门,其主必富,八岁更,左井右囷,囷北乡(向)廥。(睡虎地·日书甲种)

(5) 甲兵之符,右才(在)君,左才(在)杜。(杜虎符,集成 12109)

6. 指代人或事物的代词

(1) 我既旻(得)奠(郑)之门筦(管)巳(矣),来𧜟(袭)之。(清华贰·第八章)

(2) 膳(善)日过我,我日过膳(善)。(郭店·语丛三)

(3) 虐(吾)既旻(得)百眚(姓)之咊(和),虐(吾)系(奚)事之?敬天之盟(盟)系(奚)旻(得)?(上博七·凡物流形甲)

(4) 取赛(息)为(妫)以归,是生𡌥(堵)嚣(敖)及成王。(清华贰·第五章)

(5) 人之道也,或𨘋(由)中出,或𨘋(由)外内(入)。𨘋(由)中出者,𢜖(仁)、忠、信。(郭店·性自命出)

(6) 硶(积)浧(盈)天之下,而莫之能得。(上博六·用曰)

(7) 莫爯(称)氒(厥)立(位),而不智(知)允温(盈)。(清华叁·芮良夫毖)

(二) 涉事

1. 表人或人之部分的名词语

表人的名词语如:

(1) 得其人则𦥯(举)安(焉),不得其人则止也。(郭店·六德)

(2) 旻(得)可(何)人而与(举)之?(上博九·史蒥问于夫子)

(3) 梦以弱(溺)洒人,得亓(其)亡奴婢。(岳麓壹·占梦书)

(4) 是目(以)旻(得)臤(贤)士一人。(上博二·从政甲)

(5) 含(今)内之不旻(得)百生(姓),外之为者(诸)矦(侯)𤞷(笑)。(上博五·竞建内之)

(6) 高里公士印。卅五年产女□☑。(里耶壹 8-1410)

(7) 甲午生,武有力,寡弟。(睡虎地·日书乙种)

(8) 文王败之于新(莘),𦡱(获)哀侯以归。(清华贰·第五章)

(9) 九月戊申之日,郘(宛)陈午之里人蓝讼登(邓)𡋂尹之里人苛𦡱,以其桑(丧)其子丹,而得之于𦡱之室。(包山 92)

(10) 十又四年,柬(厉)王生洹(宣)王,洹(宣)王即立(位),龏(共)白(伯)和归于宋〈宗〉。(清华贰·第一章)

(11) 倘(适)曹(遭)郾(燕)君子徻(哙),不顧(顾)大𡨦(宜、义),不舊(旧)者(诸)厌(侯)。(中山王𩰫壶,集成 09735)

表人部分的名词语如:

(1) 䎽(问)之曰:心不勳(胜)心,大𤔲(乱)乃复(作)。心女(如)能勳

(胜)心。(上博七·凡物流形甲)

(2)凸(凡)勿(物)流型(形),奚(奚)㝵(得)而城(成)?流型(形)城(成)豊(体),奚(奚)㝵(得)而不死?既城(成)既生,奚(奚)㬥(呱)而鸣?(上博七·凡物流形甲)

(3)实官户关不致,容指若抉,廷行事赀一甲。(睡虎地·法律答问)

2. 表邦、国的名词语

(1)周武王既克鼞(殷),乃埶(设)三监于殷。(清华贰·第三章)

(2)戉(越)公勾戋(践)克吴,戉(越)人因袞(袭)吴之与晋为好。(清华贰·第二十章)

(3)今日迵(通),既遊(失)邦,或旻(得)之。(上博九·邦人不称)

(4)昔者,郾(燕)君子徻(哙),觀(叡)弇(弇)夫𤞞(𤞞),㬎(长)为人宔(主),闬于天下之勿(物)矣,犹粯(迷)惑于子之而迒(亡)其邦,为天下殍(僇)。(中山王譽鼎,集成02840)

(5)古者,民各有乡俗,其所利及好恶不同,或不便于民,害于邦。(睡虎地·语书)

3. 表鬼神的名词语

(1)毋以子卜筮,害于上皇。(睡虎地·日书甲种)

(2)大(太)一生水,水反楠(辅)大(太)一,是以城(成)天。天反楠(辅)大(太)一,是以城(成)坓(地)。天[坓(地)复相楠(辅)]也,是以城(成)神明。(郭店·太一生水)

4. 表动物或动物部分的名词语

(1)云门:其主富三渫之后,乃宜畜生,利爵禄。(放马滩·日书乙种)

(2)一室人皆夙(缩)筋,是会虫居其室西臂(壁)。取西南隅,去地五尺,以铁椎椯(段)之,必中虫首,屈(掘)而去之。(睡虎地·日书甲种)

5. 表具体事物的名词语

(1)我既旻(得)奠(郑)之门筦(管)巳(矣),来竂(袭)之。(清华贰·第八章)

(2)丙盗铸此钱,丁佐铸。甲、乙捕索(索)其室而得此钱、容(镕),来诣之。(睡虎地·封诊式)

(3)旻(得)其金节劁(则)母(毋)政(政、征),母(毋)畬(舍)桴(槫、馔)飤,不旻(得)其金节劁(则)政(政、征)。(鄂君启舟节,集成12113)

(4)楚王畬(熊)忑(悍),戬(战)只(获)兵铜,正月吉日,鎑(室)盟(铸)匌(鐈)鼎(鼎)之盍(盖),目(以)共(供)戢(岁)棠(尝)。(楚王畬譽鼎,集成02794)

(5)大(太)一生水,水反楠(辅)大(太)一,是以城(成)天。(郭店·太一生水)

(6)角:斗乘角,门有客,所言者急事也。(周家台·日书)

6. 表示抽象事物的名词语

(1)佳(唯)逆生祸,佳(唯)巛(顺)生福。(中山王譽壶,集成09735)

(2)需(灵)王见禍(祸),竞(景)坪(平)王即立(位)。(清华贰·第十八章)

(3)敬₌之₌(敬之敬之),天命孔明,女(如)反之,必禺(遇)凶央(殃)。(上博五·三德)

(4) 不只（获）辠（罪），或犹走趣（趣）事王。(上博八·志书乃言)

(5) 封高四尺，大称其高。(田律木牍)

(6) 如后嗣为之者，不称成功盛德。(右大廄石权，18926)

(7) 神明复相補（辅）也，是以城（成）侌（阴）昜（阳）。侌（阴）昜（阳）复相補（辅）也，是以城（成）四时。四时复［相］補（辅）也，是以城（成）仓（沧）然（热）。仓（沧）然（热）复相補（辅）也，是以城（成）湿澡（燥）。湿澡（燥）复相補（辅）也，城（成）戢（岁）而峕（止）。(郭店·太一生水)

(8) 虐（吾）既㝵（得）百眚（姓）之咊（和），虐（吾）奚（奚）事之？敬天之盟（盟）奚（奚）㝵（得）？(上博七·凡物流形甲)

(9) 宫室逃（过）尾（度），皇天之所亚（恶），唯（虽）成弗居。衣备（服）逃（过）折（制），遊（失）于娧（媺，美）。(上博五·三德)

7. 表示抽象事物的动词语

(1) 上交近事君，下交得众近从正（政），攸（修）身近至息（仁）。(郭店·性自命出)

(2) 曰姑（辜），利戠（侵）伐，可吕（以）攻城，可吕（以）聚众，会者（诸）医（侯），型（刑）百事，殄（戮）不义。(楚帛书·丙篇)

(3) 凡散日，秎（利）吕（以）冡（嫁）女、见人、璓（佩）玉。(九店 24 下)

(4) 夬光日：利以登高、饮食、邋（猎）四方野外。居有食，行有得。以生子，男女必美。(睡虎地·日书甲种)

8. 表处所方位的名词语

(1) 金玉浧（盈）室，莫能兽（守）也。(郭店·老子甲本)

(2) 房内在其大内东，比大内，南乡（向）有户。(睡虎地·封诊氏)

(3) 人已穴房内，衡（彻）内中。(睡虎地·封诊氏)

(4) 井当户牖间，富。(睡虎地·日书甲种)

(5) 孔＝（孔子）曰："孝＝（君子）才（在）民之上，埶（执）民之中，绝（施）叴（教）于百眚（姓）。"(上博五·季庚子问于孔子)

(6) 仓门：是是富［门］，井居西南，囷居西北，庈必南乡。(放马滩·日书甲种)

(7) 图居西北匽，利猪，不利人。图居正北，吉。图居东北，妻善病。图居南，宜犬，多恶言。屏居宇后，吉。屏居宇前，不吉。(睡虎地·日书甲种)

9. 表时间的名词语

(1) 若有死，各六，不出一岁。(放马滩·日书乙种)

(2) 六日到旬，赀一盾；过旬，赀一甲。(睡虎地·秦律十八种)

(3) 过二月弗置啬夫，令、丞为不从令。(睡虎地·秦律十八种)

(4) ☑□春小城旦却等五十二人，积五十二日，日四升六分升。(里耶壹 8-216)

(5) 食皆尽三月，迁陵田能自食。(里耶壹 8-1517)

(6) 建日：良日也。可以为啬夫，可以祠。利枣（早）不利莫（暮）。(睡虎地·日书甲种)

(7) 斗，利祠及行贾、贾市，吉。取（娶）妻，妻为巫。生子，不盈三岁死。(睡虎地·日书甲种)

(8) 因令白狗穴屈出丹，立墓上三日，因与司命史公孙强北出赵氏之北地相丘之上。盈四年，乃闻犬吠、鸡鸣而人食，其状类益、少麋、墨、四支不用。(放马滩·志怪故事)

10. 表数量的数量词

(1) 士五(伍)甲盗，以得时直(值)臧(赃)，臧(赃)直(值)过六百六十。(睡虎地·法律答问)

(2) 主歌乐鼓瑟，杀畜生见血，人死之，利以出，不利以入，得一失十。(放马滩·日书乙种)

(3) 以生貣(实)为法，如法而成一。(岳麓贰·数)

(4) [并] 上下厚而半之，以袤乘之，即成尺。(岳麓贰·数)

(5) 为法，亦直(置)三步而三之，凡九即十之，令廿二而成一步，居二斗有(又)九分之四，今四步廿二分步二而成一斗。(岳麓贰·数)

(6) 过千石以上，赀官啬夫二甲。(睡虎地·秦律十八种)

(7) 伤乘舆马，夬(决)革一寸，赀一盾；二寸，赀二盾；过二寸，赀一甲。(睡虎地·效律)

(8) 令十一步一斗，即以十步乘十亩，租二石者，积二千二百步，田少二百步。(岳麓贰·数)

(9) 廿二，重金络襄(镶)，受一壱(觳)五尌。(陈璋壶，集成 09975)

(10) 以一杯盛米，毋下一升。(周家台·病方及其他)

(11) 不盈廿石到十石，谇；不盈十石及过十☐。(龙岗 193)

11. 指代人或鬼的代词

(1) 膳(善)日过我，我日过膳(善)。(郭店·语丛三)

(2) 遊(失)掔(贤)士一人，方(谤)亦阪(反)是₌(是，是)故孝(君子)䜣(慎)言而不䜣(慎)事。(上博二·从政甲)

(3) 豊(礼)者，义之䏂(兄)也。豊(礼)之于屎(尸)窗(庙)也，不腈(精)为腈(精)，不娧(媺)为娧(媺)。义反之，腈(精)为不腈(精)，娧(媺)为不娧(媺)。(上博六·天子建州甲)

(4) 昜(阳)城公兼睪命倞郏、解句传郏倖得之。(包山 120)

(5) 毋辟(嬖)于俊(便)俾(嬖)，毋倀(长)于父䏂(兄)，赏均(均)圣(听)中，则民和之。(上博四·曹沫之陈)

(6) 昷(明)戢(岁)，起旨(师)伐赛(息)，克之，杀赛(息)侯。(清华贰·第五章)

(7) 敬者㝵(得)之，怠(怠)者遊(失)之，是胃(谓)天棠(常)。(上博五·三德)

(8) 凡孥(教)者求亓(其)心又(有)为(伪)也，弗得之矣。(上博一·性情论)

(9) 寡(寡)人惑安(焉)，而未之得也。(郭店·鲁穆公问子思)

三、出土战国文献中二价状态动词的句式

由二价状态动词所构成的句式有两种，一种是由二价状态动词作谓语中心的单中心谓语句，另一种是由二价状态动词作谓语一部分的复杂谓语句。

（一）单中心谓语句式

1. NP_1+V+NP_2（NP_1 可省）

由二价状态动词所构成的单中心谓语句式，最常见的就是 NP_1+V+NP_2。这有两种情况，一是 NP_1+V+NP_2 中的 NP_1 不省，例如：

（1）霝（灵）王见禍（祸），竞（景）坪（平）王即立（位）。（清华贰·第十八章）

（2）戉（越）公勾戋（践）克吴，戉（越）人因袭（袭）吴之与晋为好。（清华贰·第二十章）

（3）邦君㝵（得）年，少（小）夫四城（成）。（九店26）

（4）敚（窃）鉤（钩）者戠（诛），敚（窃）邦者为者（诸）侯。（郭店·语丛四）

（5）贰春乡佐缺一人。（里耶壹8-887）

（6）舂白粲积六十人，隶妾积百一十二人。（里耶壹8-1631）

（7）訂（始）者近青（情），终者近义。（郭店·性自命出）

（8）古（故）棠（常）不利，邦遊（失）㝉（宪）棠（常）。（上博五·三德）

（9）夫〈天〉生百勿（物），人为贵。（郭店·语丛一）

（10）大（太）一生水，水反補（辅）大（太）一，是以城（成）天。（郭店·太一生水）

（11）角：斗乘角，门有客，所言者急事也。（周家台·日书）

（12）井当户牖间，富。（睡虎地·日书甲种）

（13）内后有小堂，内中央有新穴，穴斀（彻）内中。（睡虎地·封诊氏）

（14）封高四尺，大称其高。（田律木牍）

（15）士五（伍）甲盗，以得时直（值）臧（赃），臧（赃）直（值）过六百六十。（睡虎地·法律答问）

（16）猩、敞受分，臧（赃）过六百六十钱。（岳麓叁·猩、敞知盗分赃案）

（17）水生木，木生火，火生土。（放马滩·日书乙种）

（18）直此日月者不出。金胜木，火胜金，水胜火，土胜水，木胜土。（睡虎地·日书甲种）

另一是 NP_1+V+NP_2 中的 NP_1 省略。例如：

（1）曰姑（辜），利戡（侵）伐，可㠯（以）攻城，可㠯（以）聚众，会者（诸）医（侯），型（刑）百事，殍（戮）不义。（楚帛书·丙篇）

（2）言吏入者，坐臧（赃），与盗同［灋（法）］□。（龙岗201）

（3）甲午生，武有力，寡弟。（睡虎地·日书乙种）

（4）房内在其大内东，比大内，南乡（向）有户。（睡虎地·封诊氏）

（5）人已穴房内，斀（彻）内中。（睡虎地·封诊氏）

（6）伤乘舆马，夬（决）革一寸，赀一盾；二寸，赀二盾；过二寸，赀一甲。（睡虎地·效律）

（7）穿地井，到鄰，小子死；到要，中子死；到夜，长子死；到巠，妻死；没人，父母死。（放马滩·日书乙种）

（8）积尺七万尺，容粟二万五千九百廿五石廿七分石廿五。（岳麓贰·数）

（9）庑居东方，乡（向）井，日出炙其韓（韓），其后必肉食。（睡虎地·日书甲种）

NP_1+V+NP_2 中的 NP_1 前可以有状语，这是句首状语：

（1）十又四年，柬（厉）王生洹（宣）王，洹（宣）王即立（位），龏（共）白（伯）和归于宋〈宗〉。（清华贰·第一章）

（2）☐□府，今牒书当令。（里耶壹 8－317）

（3）凸（凡）勿（物）流型（形），奚（奚）曼（得）而城（成）？流型（形）城（成）豊（体），奚（奚）曼（得）而不死？（上博七·凡物流形甲）

（4）隹（唯）逆生祸，隹（唯）巛（顺）生福。（中山王嚳壶，集成 09735）

NP_1+V+NP_2 中的 V 前也可以有状语（NP_1 可省），这是句中状语：

（1）周武王既克鼞（殷），乃執（设）三监于殷。（清华贰·第三章）

（2）我既旻（得）奠（郑）郑之门筦（管）巳（矣），来寵（袭）之。（清华贰·第八章）

（3）所道来甚远居。（里耶壹 8－2000）

（4）膳（善）日过我，我日过膳（善）。（郭店·语丛三）

（5）外臣而居虐（吾）㕦＝（左右），不叓（称）掔（贤）。（上博八·命）

（6）不出三年，翟（糴，狄）人之伓（附）者七百邦。（上博五·竞建内之）

（7）毋（毋）遊（失）虐（吾）埶（势），此埶（势）得矣（矣）。（郭店·语丛二）

（8）戊子以有求也，必得之。虽求頞啻（帝）必得。（睡虎地·日书甲种）

（9）七月、爨月、援夕，岁在北方，以西大羊（祥），北旦亡，东遇英（殃），南数反其乡。（睡虎地·日书甲种）

NP_1+V+NP_2 中的 NP_2 后可以有补语，例如：

（1）郋（宛）陈午之里人蓝讼登（邓）赊尹之里人苛鱛，以其桑（丧）其子丹，而得之于鱛之室。（包山 92）

（2）甲乙有疾，父母为祟，得之于肉，从东方来，裹以桼（漆）器。（睡虎地·日书甲种）

（3）索迹林（椒）郁，不周项二寸。（睡虎地·封诊式）

状态动词后是“诸”，“诸”是“之”和“于”的合音：

（1）孔＝（孔子）畣（答）曰：“邦大旱，毋乃遊（失）者（诸）型（刑）与惪（德）虐（乎）？（上博二·鲁邦大旱）

（2）古（故）夫叁（舜）之惪（德）丌（其）城（诚）臤（贤）矣，采（由）者（诸）甾（甽）畱（亩）之中，而叓（使）君天下而叓（偁）。（上博二·子羔）

2. 存在句

这种句式不同于一般的主谓句。它表示某人或某物存在于何处。所以它的核心动词一般是“在”，或者是与“在”同义的动词；它的宾语一般是处所词语。例如：

（1）孔＝（孔子）曰：“孠＝（君子）才（在）民之上，埶（执）民之中，绝（施）斊（教）于百眚（姓）。”（上博五·季庚子问于孔子）

（2）乙亡，盗青色三人，其一人在室中。从东方入，行有迹殹，不得，女子殹。（放马滩·日书甲种）

（3）圣者不才（在）上，天下北（必）坏。（郭店·唐虞之道）

（4）令史某爰书：与牢隶臣某即甲诊，男子死（尸）在某室南首，正偃。（睡虎地·封诊式）

（5）仓门：是是富［门］，井居西南，囷居西北，㕡必南乡。（放马滩·日书甲种）

（6）金玉浧（盈）室，莫能兽（守）也。（郭店·老子甲本）

（7）亡（无）圣（声）之乐，塞于四方。（上博二·民之父母）

3. NP_1+V+于$+NP_2$（NP_1 可省）

这种句式是用介词“于”引出涉事。例如：

（1）是即法（废）主之明法殹（也），而长邪避（僻）淫失（泆）之民，甚害于邦，不便于民。（睡虎地·语书）

（2）东䣙（域）又（有）吝，□□乃兵，禹（害）于亓（其）王。（楚帛书·乙篇）

（3）㠯（以）祭，少（小）大吉。生子，男吉，女必出亓（其）邦。逃人不㝵（得）。秎（利）于寇（寇）逃（盗）。（九店30）

（4）犀（夷）鼎（则）之峉（征）曾（增），㪍（附）于索商之颠。（曾侯乙钟七，集成00292）

（5）五曰非上，身及于死。（睡虎地·为吏之道）

（6）于（呜）虖（呼），語（语）不竣（废）𢦏（哉），𡨦（寡）人䎽（闻）之，蒦（与）其汋（溺）于人旃，宁汋（溺）于㴎（渊）。（中山王嚳鼎，集成02840）

（7）天棓（棓）𨡓（将）乍（作）瀉（荡），降于亓（其）□方。（楚帛书·乙篇）

（8）▨既只（跻）于天，或（又）椎（坠）于困（渊）。夫子之悳（德）登矣，可（何）丌（其）宗（崇）。（上博三·彭祖）

4. NP_1+V（NP_1 可省）

NP_1+V+NP_2 中的 NP_2 如果省去，就形成这种句式。例如：

（1）三弋（代）之戦（陈）皆廌（存），或㠯（以）克，或㠯（以）亡。（上博四·曹沫之陈）

（2）古（故）心㠯（以）僼（体）廌（存），君㠯（以）［民］亡。（上博一·缁衣）

（3）［尾：斗乘］尾，门有客，所言者吉事也。占狱讼，胜；占约结，成；占逐盗、追亡人，得之；占病者，已；占行者，已发；占来者，亟至；占市旅，吉；占物，青、黄；占战斗，胜，不合。（周家台·日书）

5. NP_1+否定词$+$非疑问代词$+V$（NP_1 可省）

如果动词的宾语是代词“之”，同时在动宾短语前又有否定词“莫”，那么这个代词宾语可以前置。例如：

道又（有）所攸（修），非天之所向，莫之能旻（得）。（上博九·文王访之于尚父举治）

6. NP_1+疑问代词$+V$

疑问代词“何”“奚”等作动作动词的宾语，一般都要放在动词的前面。例如：

（1）月之又（有）军（晕），𨡓（将）可（何）正（征）？水之东流，𨡓（将）可（何）浧（盈）？（上博七·凡物流形甲）

（2）流型（形）城（成）豊（体），系（奚）遊（失）而死？又（有）㝵（得）而城（成），未智（知）左右之请？（上博七·凡物流形甲）

7. $NP_2 + V$

$NP_1 + V + NP_2$ 中的 NP_1 如果省去，再把 NP_2 移到动词 V 之前，就形成这种句式。这种句式比较常见，例如：

（1）军新论攻城，城陷，尚有栖未到战所，告曰战围以折亡，叚（假）者，耐。（睡虎地・秦律杂抄）

（2）正月戊寅朔丁酉，迁陵丞昌却之启陵：廿七户已有一典，今有（又）除成为典，何律令癃（应）？（里耶壹 8－157 背）

（3）不告猩，冢巳（已）衡（彻），分器。（岳麓叁・猩、敞知盗分赃案）

（4）逃人不寻（得）。（九店 30）

（5）亓（其）一白兔不旻（得），是钔（使）为埤（陴）丁者（诸）麈（屋），以戠（御）白兔。（清华叁・赤鹄之集汤之屋）

（6）欲富大（太）甚，贫不可得；欲贵大（太）甚，贱不可得。（睡虎地・为吏之道）

（7）士城（成）言不行，名弗得悷（矣）。（郭店・成之闻之）

8. $NP_2 + NP_1 + V$

这种句子的谓语部分，是一个主谓短语。主谓短语的主语部分，一般是由代词“或”充当的。例如：

人之道也，或邎（由）中出，或邎（由）外内（入）。邎（由）中出者，悬（仁）、忠、信。（郭店・性自命出）

9. $NP_2 + V +$ 于/自 $+ NP_1$

“生”和“出”这类动词，可以构成 $NP_1 +$ 生/出 $+ NP_2$（NP_1 可省）这类句式。如“大（太）一生水，水反補（辅）大（太）一，是以城（成）天”。（郭店・太一生水）也可以构成 $NP_2 + V +$ 于/自 $+ NP_1$ 这类句式（其中的“于”是从的意思）。如“大（太）一生水”也可以说成“水生于大（太）”。这类句式如：

（1）天下之勿（物）生于又（有），生于亡。（郭店・老子甲本）

（2）又（有）人安（焉）又（有）不善，𤔔（乱）出于人。（上博三・亘先）

（3）信，青（情）之方也。青（情）出于眚（性）。（郭店・性自命出）

（4）曰故（古）［黄］能（熊）霜（雹）虘（戏），出自［华］䨺［胥］。（楚帛书）

（5）又（有）生虖（乎）名。（郭店・语丛一）

10. $NP_1 + NP_2 +$ 相 $+ V$

“生”和“近”这类动词，如果 NP_1 生/近 NP_2，而 NP_2 也生/近 NP_1，那么就可以形成 $NP_1 + NP_2 +$ 相 $+ V$ 这样的句式。例如：

（1）豊（礼）之所至者，乐亦至安（焉）；乐之所至者，㤅（哀）亦至安（焉），㤅（哀）乐相生。（上博二・民之父母）

（2）求为之言，又（有）夫言也，求为之行，言行相悲（近），肰（然）句（后）君子。（上博五・弟子问）

（3）忞（哀）、乐，其眚（性）相近也，是古（故）其心不远。（郭店・性自命出）

（4）居赀赎责（债）欲代者，耆弱相当，许之。（睡虎地・秦律十八种）

（二）复杂谓语句式

1. 并列句

具有并列关系的几个“谓”之间可以不用连词。例如：

(1) 兆（兆）卬（仰）首出止（趾），是胃（谓）闢（辟）。（上博九·卜书）

(2) 五种忌日，丙及寅禾，甲及子麦，乙巳及丑黍，辰卯及戌叔（菽），亥稻，不可以始种获、始赏（尝），其岁或弗食。（睡虎地·日书乙种）

具有并列关系的几个“谓”之间可以用连词。所使用的连词有“及”和“若”。例如：

(1) 马牛杀之及亡之，当偿而谇□□□□□□□□☐。（龙岗 101）

(2) 治术，暴若有所燥，冶。（里耶壹 8－1243）

2. 转折句

具有转折关系的几个“谓”之间一般要用连词“而”来连接。例如：

(1) 立（位）难哥（得）而惕（易）逹（失），士难哥（得）而惕（易）莗（外）。（上博七·武王践阼）

(2) 是目（以）曰君₌（君子）难得而惕（易）㕜（使）也。（上博二·从政甲）

(3) 是目（以）曰少（小）人惕（易）旻（得）而难㕜（使）也。（上博二·从政甲）

(4) 是古（故）亡虖（乎）其身而廌（存）虖（乎）其訇（词），唯（虽）厚其命，民弗从之忹（矣）。（郭店·成之闻之）

(5) 有为而禺（遇）雨，命曰央（殃）蚤（早）至，不出三月，必有死亡之志至。（睡虎地·日书甲种）

(6) 尧舜之王，利天下而弗利也。壐（禅）而不徸（传），圣之盛也。利天下而弗利也，忎（仁）之至也。古昔臤（贤）忎（仁）圣者女（如）此。身竆（穷）不均，叟（没）而弗利，竆（穷）忎（仁）歖（矣）。（郭店·唐虞之道）

(7) ☐而旻（得）之，少（小）人静（争）而逹（失）之。（上博八·颜渊问于孔子）

(8) 占逐盗、追亡人，得而复失之。（周家台·日书）

(9) 万勿（物）作而弗訇（始）也，为而弗志（恃）也，城（成）而弗居。（郭店·老子甲本）

(10) 牧将公畜生而杀、亡之，未赏（偿）及居之未备而死，皆出之。（睡虎地·秦律十八种）

具有转折关系的几个“谓”之间也可以不用连词“而”来连接。例如：

(1) 建日：良日也。可以为啬夫，可以祠。利枣（早）不利莫（暮）。（睡虎地·日书甲种）

(2) 故吏弗效，新吏居之未盈岁，去者与居吏坐之，新吏弗坐；其盈岁，虽弗效，新吏与居吏坐之，去者弗坐，它如律。（睡虎地·秦律十八种）

3. 连谓句

具有连谓关系的几个“谓”之间可以不用连词来连接。例如：

(1) 战勳（胜），则以丧豊（礼）居之。（郭店·老子丙本）

(2) □□于室东，日出庶（炙）之。（九店 53）

(3) 楚王酓（熊）忎（悍），戰（战）只（获）兵铜，正月吉日，窒（室）盥（铸）

訇（鐈）鼎（鼎）之盍（盖），目（以）共（供）戢（岁）棠（尝）。（楚王酓忎鼎，集成02794）

（4）日入至晨投中夹钟，□□殹，薄颜，短颈，恶，色苍□黑，善病北瘩瘇。（放马滩·日书乙种）

（5）贼入甲室，贼伤甲，甲号寇，其四邻、典、老皆出不存，不闻号寇，问当论不当？审不存，不当论；典老虽不存，当论。（睡虎地·法律答问）

具有连谓关系的几个“谓”之间用连词“以”来连接。例如：

（1）柬（厉）公亦见禍（祸）以死，亡（无）逡（后）。（清华贰·第十六章）

（2）凡欲勿棠（狂），凡遊（失）勿危（危），各堂（当）亓（其）曲目（以）城（成）之。（上博五·季庚子问于孔子）

具有连谓关系的几个“谓”之间用连词“而”来连接。例如：

（1）夫是目（以）叓（得）众而王天下。（上博二·容成氏）

（2）旻（得）可（何）人而与（举）之？（上博九·史蒥问于夫子）

（3）丙盗铸此钱，丁佐铸。甲、乙捕索（索）其室而得此钱、容（镕），来诣之。（睡虎地·封诊式）

（4）昔者，郾（燕）君子徻（哙），觀（叡）弇（弇）夫𢘓（𢘓），賬（长）为人宔（主），闬于天下之勿（物）矣，犹粯（迷）惑于子之而迒（亡）其邦，为天下殄（僇）。（中山王嚳鼎，集成02840）

（5）湿澡（燥）复相楠（辅）也，城（成）戢（岁）而岦（止）。（郭店·太一生水）

（6）流型（形）城（成）豊（体），豯（奚）遊（失）而死？又（有）叓（得）而城（成），未晳（知）左右之请？（上博七·凡物流形甲）

4. 兼语句

第一个动词是“令”的兼语句。例如：

（1）笱（苟）能令某齲已，令若毋见风雨。（周家台·病方及其他）

（2）令血欲出。因多食葱，令汗出。（周家台·病方及其他）

第一个动词是“使”的兼语句。例如：

天不臭（斁）其又（有）忎（愿），速（使）旻（得）孯（贤）杜（士）良猹（佐）贾，目（以）辅相氒（厥）身。（中山王嚳壶，集成09735）

第一个动词是“有”的兼语句。例如：

（1）义占之，恒贞，不死，又（有）祱（祟）见于绝无后者与渐木立，以其故敚之。（包山249）

（2）又（有）祱（祟）见于卲（昭）王、蕙（惠）王、文君、文夫₌（夫人）、子西君。豪（就）祷☐。（葛陵甲三：213）

（3）受左吏（使）弄（奉）铜，铜娄（镂）鏞（镕）鉨鉨（奕奕）疋（楚）旻（婴）嬬嬬（黼黼），又（有）盖罩（连）梨（梁）。（长陵盉，集成09452）

四、出土战国文献中二价状态动词的指称化与修饰化

二价状态动词作谓语或谓语的一部分，都是表陈述的。二价状态动词作一些动词的宾

语（例如“为”）时，可能仍是表陈述的。例如：

忎（爱）頪（类）七，唯眚（性）忎（爱）为近悬（仁），智頪（类）五，唯宜（义）衍（道）为忻（近）忠。亚（恶）頪（类）厽（三），唯亚（恶）不悬（仁）为忻（近）宜（义）。（郭店·性自命出）

除此之外，还有其他的用法。当二价状态动词与“者”构成“者”字短语、与“所”构成“所”字短语、与“所”和“者”构成“所者”字短语、与“之”构成“之”字短语时，一般都是表指称的，是有标记的指称化。当二价状态动词作主语、宾语（绝大多数）和判断句谓语时，也是表指称的，是无标记的指称化。

当二价状态动词作定语时，一般是表修饰的。

（一）指称化

1. 有标记的指称化

A. 构成“者”字短语。

“者”与二价状态动词所构成的“者”字短语，一般是指称V的系事的。

单个二价状态动词可与“者”构成“者”字短语。例如：

（1）得者乐，遊（失）者哀。（郭店·语丛三）

（2）衍（道）刣（始）于青（情），青（情）生于眚（性）。刣（始）者近青（情），终者近义。（郭店·性自命出）

（3）其不备，出者负之；其嬴者，入之。（睡虎地·秦律十八种）

“状语+二价状态动词”可与“者”构成“者”字短语。例如：

（1）生东乡（向）者贵，南乡（向）者富，西乡（向）寿，北乡（向）者贱，西北乡（向）者被刑。（睡虎地·日书乙种）

（2）句（苟）不从其繇（由），不反其本，未有可得也者。（郭店·成之闻之）

（3）官相新（近）者，尽九月而告其计所官，计之其作年。（睡虎地·秦律十八种）

（4）民之又（有）戁（世）惓（倦）也，卡₌（上下）之不和者，丌（其）甬（用）心也牺（将）可（何）女（如）？（上博一·孔子诗论）

（5）自胜者强。（岳麓壹·为吏治官及黔首）

“二价状态动词+宾语”可与“者”构成“者”字短语。例如：

（1）胜人者力。（岳麓壹·为吏治官及黔首）

（2）此所谓戎磨日殹（也）。从朔日始数之，画当一日。直一者，大彻；直周者，小彻；直周中三画者，穷。（周家台·日书）

（3）受（授）衣者，夏衣以四月尽六月禀之，冬衣以九月尽十一月禀之，过时者勿禀。（睡虎地·秦律十八种）

（4）在咸阳者致其衣大内，在它县者致衣从事之县，县、大内皆听其官致，以律禀衣。（睡虎地·秦律十八种）

（5）人字，其日在首，富难胜殹（也）。夹颈者贵。在奎者富。在掖（腋）者爱。在手者巧盗。在足下者贱。在外者奔亡。（睡虎地·日书甲种）

（6）其襦北（背）直痏者，以刃夬（决）二所，應（应）痏。（睡虎地·封诊式）

（7）都官远大内者输县，县受买（卖）之。（睡虎地·秦律十八种）

（8）及隶臣妾有亡公器、畜生者，以其日月减其衣食，毋过三分取一，其所亡众，计

之。（睡虎地·秦律十八种）

（9）含（今）此祭之旻（得）褔（福）者也。（上博五·鲍叔牙与隰朋之谏）

（10）邑之新（近）皂及它禁苑者，麛时毋敢将犬以之田。（睡虎地·秦律十八种）

"状语+二价状态动词+宾语"可与"者"构成"者"字短语。例如：

（1）不盈十人者，各与其官长共养、车牛，都官佐、史不盈十五人者，七人以上鼠（予）车牛、仆，不盈七人者，三人以上鼠（予）养一人。（睡虎地·秦律十八种）

（2）☐凡有不当律令者。（里耶壹8-222）

（3）利田畴，其有不尽此数者，可殹（也）。（睡虎地·秦律十八种）

（4）思亡强（疆），思亡其（期），思亡犽（邪），思亡不遜（由）我者。（郭店·语丛三）

（5）梦身生草者，死沟渠中。（岳麓壹·占梦书）

"二价状态动词+补语"或"状语+二价状态动词+宾语+补语"可与"者"构成"者"字短语。例如：

（1）亚（恶）之而不可非者，达于义者也。（郭店·性自命出）

（2）凡见者之胃（谓）勿（物），快于㠯（己）者之胃（谓）兑（悦）。（郭店·性自命出）

（3）蒀（怨）并之众人也，非能倉（合）悳（德）于殜（世）者也。（上博九·舜王天下）

由二价状态动词构成的复杂谓词性短语可与"者"构成"者"字短语。例如：

（1）其有死亡及故有夬（缺）者，为补之，毋须时。（睡虎地·秦律十八种）

（2）［公曰］："易（狄），［夫］戋（贱）人刚恃而返（及）于型（刑）者，又（有）走（尚）掔（贤）。"（信阳1-2）

（3）官作居赀赎责（债）而远其计所官者，尽八月各以其作日及衣数告其计所官，毋过九月而觱（毕）到其官。（睡虎地·秦律十八种）

（4）杀虫豸，断而能属者，濆以灰，则不属矣。（睡虎地·日书甲种）

（5）上之所兴，其程攻（功）而不当者，如县然。（睡虎地·秦律十八种）

B. 构成"所"字短语。

"所"主要有两种用法：一是"所"与二价状态动词构成"所"字短语"所+V"，一般指称V的涉事；二是"所"与"介词+动词"构成"所"字短语"所+P+VP"，一般指称P的宾语所表示的内容。"所+P+VP"中的P也可以省略，这时"所"字短语在形式上与"所+V"相似，但从所指称的内容来看，仍然与"所+P+VP"相同。

"所+V"指称的涉事词语一般不在"所+V"后再出现。例如：

（1）四曰喜言隋（惰）行，则黔首毋所比。（岳麓壹·为吏治官及黔首）

（2）求斗术曰：以廷子为平旦而左行，数东方平旦以杂之，得其时宿，即斗所乘也。（周家台·日书）

（3）敹（窃）鉤（钩）者戝（诛），敹（窃）邦者为者（诸）侯。者（诸）侯之门，义士之所鷹（存）。（郭店·语丛四）

（4）四行之所和也。和则同，同则善。（郭店·五行）

（5）治等四人言秦人，邦亡，其它人不言所坐。（岳麓叁·癸、琐相移谋购案）

（6）夫生而又（有）戠（职）事者也，非教所及也。（郭店·尊德义）

(7) 已齲方：以叔（菽）七，稅（脫）去黑者。操兩瓦，之东西垣日出所烛，先貍（埋）一瓦垣止（址）下，复环禹步三步。(周家台·病方及其他)

(8) 古（故）戢（岁）者，湿澡（燥）之所生也。湿澡（燥）者，仓（沧）然（热）之所生也。仓（沧）然（热）者，四时［之所生也。四时］者，侌（阴）昜（阳）之所生也。侌（阴）昜（阳）者，神明之所生也。神明者，天墬（地）之所生也。天墬（地）者，大（太）一之所生也。(郭店·太一生水)

(9) 亓（其）类，毋失四时之所宜，五分日、三分日夕，吉凶有节，善羛（同“义”，通“俄”）有故。(岳麓壹·占梦书)

(10) 可定名事里，所坐论云可（何），可（何）罪赦。(睡虎地·封诊式)

以上诸例，“所 + V”中的 V 前没有出现状语，而下引诸例则出现了状语。例如：

(1) 此天之所不能杀，墬（地）之所不能厘，侌（阴）昜（阳）之所不能城（成）。(郭店·太一生水)

(2) 凡是有为也，必先计月中闲日，句（苟）毋（无）直赤啻（帝）临日，它日虽有不吉之名，毋（无）所大害。(睡虎地·日书甲种)

(3) 中数中律，是谓□同，毋所不利，大吉。(放马滩·日书乙种)

“所 + V”指称的涉事词语也可以在“所 + V”后再出现。例如：

(1) 天加祸于楚邦，息（霸）君吴王身至于郢，楚邦之良臣所晷（暴）骨，虐（吾）未又（有）目（以）憂（忧）亓（其）子。(上博四·昭王毁室、昭王与龚之脽)

(2) 直（值）其所失臧（赃）及所受臧（赃），皆与盗同▨。(龙岗 137)

(3) 占疾，投其病日、辰、时，以其所中之辰闲，中其后为已闲，中其前为未闲。(放马滩·日书乙种)

出土战国文献中二价状态动词，还与“所”构成第二种“所”字短语“所 + P + VP”。“所 + P + VP”中的 VP 一般都是单个动词。例如：

(1) 圣智（知），豊（礼）药（乐）之所由生也。(郭店·五行)

(2) 悬（仁），义豊（礼）所由生也，四行之所和也。(郭店·五行)

(3) 狱詻（讼）易，所以遊（失）。(上博九·史蒥问于夫子)

C. 构成“所者”短语。

“所”与二价状态动词构成“所”字短语“所 + V”之后，还可以再加“者”构成“所 + V + 者”短语，这时仍是指称 V 的涉事的。例如：

(1) 孔₌（孔子）曰：“‘五至’虖（乎），勿（物）之所至者，志（诗）亦至安（焉）；志（诗）之□至者，豊（礼）亦至安（焉）；豊（礼）之所至者，乐亦至安（焉）；乐之所至者，㦟（哀）亦至安（焉），㦟（哀）乐相生。君子目（以）正，此之胃（谓）‘五至’。”(上博二·民之父母)

(2) 古（故）君子之立（莅）民也，身备（服）善以先之，敬新（慎）以肘（守）之，其所才（在）者内矣（矣），民篙（孰）弗从？(郭店·成之闻之)

下引一例，似不是“所 + V + 者”短语：

聚（骤）梦高山深溪，虐（吾）所旻（得）城于肤中者，无又（有）名山名溪。(上博四·柬大王泊旱)

上例中的“虐（吾）所旻（得）城于肤中者”，意思应该就是吾所得到的在肤中之城，“城”已出现，而不是由“者”“所”指代。跟一般的“所 + V + 者”结构不同。一般的情况是指代对象不出现。

在由二价状态动词构成的“所 + VP + 者”短语中，还可以出现介词，构成“所 + P + VP + 者”短语。例如：

（1）教，所以生悳（德）于中者也。（郭店·性自命出）

（2）凡所以相生者，以□世殹。（放马滩·日书乙种）

D. 构成“之”字短语。

一个主谓短语“NP + VP”（这里的 VP 是指二价状态动词语）原本是陈述一个事件，是谓词性的。但是在中间加“之”之后形成“NP + 之 + VP”，这个结构是表指称的，指“NP + 之 + VP”这个事件，所以“之”也是指称化的标记。例如：

（1）尭（尧）之旻（得）叄（舜）也，叄（舜）之悳（德）则城（诚）善與？（上博二·子羔）

（2）圣人之才（在）民前也，以身后之；其才（在）民上也，以言下之。其才（在）民上也，民弗厚也；其才（在）民前也，民弗害（害）也。（郭店·老子甲本）

（3）日之訂（始）出，可（何）古（故）大而不琶（耀）？（上博七·凡物流形甲）

（4）難（难）惖（易）之相城（成）也，长端（短）之相型（形）也，高下之相浧（盈）也，音圣（声）之相和也，先后之相墮（随）也。（郭店·老子甲本）

（5）智（知）止所以不訂（殆），卑（譬）道之才（在）天下也，猷（犹）少（小）浴（谷）之与江海（海）。（郭店·老子甲本）

（6）肥从又（有）司之逡（后），罷（一）不昏（知）民秀（务）之安（焉）才（在）？（上博五·季庚子问于孔子）

“NP + 之 + VP”这种结构中的“NP + 之”可以用“其”来替代。例如：

（1）圣人之才（在）民前也，以身后之；其才（在）民上也，以言下之。其才（在）民上也，民弗厚也；其才（在）民前也，民弗害（害）也。（郭店·老子甲本）

（2）十回（围）之木，亓（其）訂（始）生女（如）蒴（蘖）。足㫺（将）至千里，必从弃（寸）訂（始）。（上博七·凡物流形甲）

（3）凡圣（声），其出于情也信，肰（然）句（后）其内（入）拔（拨）人之心也敂（厚）。（郭店·性自命出）

（4）时（诗）、箸（书）、豊（礼）、乐，其訂（始）出皆生于人。（郭店·性自命出）

（5）言语晕（梏）之，其勳（胜）也不若其已也。（郭店·成之闻之）

（6）其出内（入）训（顺），訂（始）其悳（德）也。（郭店·性自命出）

（7）及其见于外，则勿（物）取之也。（郭店·性自命出）

2. 无标记的指称化

A. 作主语。

（1）臧（庄）公曰：“为辟（亲）女（如）可（何）？”（上博四·曹沫之陈）

（2）亓（其）为态（灾）也深矣。傷（易）舀（牙），人之与偖（煮）而飤（食）人，亓（其）为不悬（仁）厚矣。（上博五·鲍叔牙与隰朋之谏）

（3）得之若缨（惊），遊（失）之若缨（惊），是胃（谓）態（宠）辱辱（若）缨（惊）。（郭店·老子乙本）

（4）唯（虽）畝（勇）力闻于邦不女（如）材，金玉浧（盈）室不女（如）悔（谋）。（郭店·语丛四）

（5）上交近事君，下交得众近从正（政）。（郭店·性自命出）

（6）貴（持）与貢（亡）篙（孰）疠（病）？甚悉（爱）必大賈（费），厉（厚）贓（藏）必多貢（亡）。（郭店·老子甲本）

（7）穿（穷）四海（海），至千里，堣（遇）告古（故）也。堣（遇）不堣（遇），天也。（郭店·穷达以时）

（8）□□垕（厚），俿（虎）廌（存）忘，恻（贼）慫（盗）之复（作），可（何）之（先）舀（知）？（上博七·凡物流形甲）

（9）圣型（形）于内胃（谓）之悳（德）之行，不型（形）于内胃（谓）之悳（德）之行。（郭店·五行）

B. 作宾语。

二价状态动词语作宾语有两种情况，一是作动词的宾语，一是作介词的宾语。二价状态动词语作宾语大多数是指称化了。二价状态动词作动词的宾语。例如：

（1）居又（有）飤（食），行又（有）导（得）。（九店35）

（2）祠行良日，庚申是天昌，不出三岁必有大得。（睡虎地·日书甲种）

（3）未又（有）天墜（地），未又（有）乍（作）行、出生。（上博三·亘先）

（4）是以圣人亡为古（故）亡败；亡执古（故）亡遊（失）。（郭店·老子甲本）

（5）自昼甲见丙阴市庸中，而捕以来自出。甲毋（无）它坐。（睡虎地·封诊式）

（6）夫古之圣王敄（务）在㝵（得）孯（贤），其即㝵（得）民。（中山王譽壶，集成09735）

（7）一命弌（一）臁，氏（是）胃（谓）敓（遭）昗（殃）。（上博三·彭祖）

（8）甲子到乙亥是右〈君〉也，利以临官立政，是胃（谓）贵胜贱。（睡虎地·日书乙种）

（9）终所党有通迹，乃视舌出不出。（睡虎地·封诊式）

（10）禾、刍稾积索（索）出日，上赢不备县廷。（睡虎地·秦律十八种）

（11）“室人”者，一室，尽当坐罪人之谓殹（也）。（睡虎地·法律答问）

（12）上下膚（皆）得其所之胃（谓）信。（郭店·语丛一）

二价状态动词可作介词的宾语。例如：

（1）夫子曰：“上不皋（罪）悬（仁）而綮（溥）專，聒（闻）亓（其）司于遊（失）人。”（上博六·孔子见季趄子）

（2）辠（罪）莫至（重）虐（乎）甚欲，咎莫佥（憯）虐（乎）谷（欲）得。（郭店·老子甲本）

（3）夬（缺），生虖（乎）未得也。（郭店·语丛一）

C. 作判断句谓语。

（1）孙雹（叔）三躲（舍）亟（期）思少司马，出而为命（令）尹，堣（遇）楚臧（庄）也。白（百）里逞（转）遣（鬻）五羊，为敀（伯）斀（牧）牛，斁（释）板桎而为瞀卿，堣（遇）秦穆。（郭店·穷达以时）

（2）一室人皆毋（无）气以息，不能童（动）作，是状神在其室。（睡虎地·日书甲种）

（3）一宅中毋（无）故而室人皆疫，或死或病，是是棘鬼在焉。（睡虎地·日书甲种）

（4）若弗智（知），是即不胜任、不智殹（也）。（睡虎地·语书）

(5) 夫天之道，男戮（胜）女，众戮（胜）彔（寡）。（清华贰·第二十六章）

(6) 隹（唯）王五年，奠（郑）昜、墜（陈）旻（得）再立（莅）事岁，孟冬戊辰，大臧（将）钕（锅）孔、墜（陈）璋内（入）伐匽（燕）亳邦之只（獲）。（陈璋壶，集成09703）

（二）修饰化

二价状态动词作谓语或谓语中心，是表陈述的。当它处于定语位置上时，它的表述功能就修饰化了。

二价状态动词语作定语，这种定语之后可以不用结构助词“之”。例如：

(1) 甲当耐为隶臣，吏为失刑罪。（睡虎地·法律答问）

(2) 春三月毋起东乡（向）室，夏三月毋起南乡（向）室，秋三月毋起西乡（向）室，冬三月毋起北乡（向）室。以此起室，大凶，必有死者。（睡虎地·日书甲种）

(3) 问狼船存所。（里耶壹8－135）

(4) 有（又）讯甲室人甲到室居处及复（腹）痛子出状。（睡虎地·封诊式）

(5) 以庚日日始出时，濆门以灰。（睡虎地·日书甲种）

(6) 禾粟虽败而尚可飤（食）殹（也），程之，以其秏（耗）石数论饙（负）之。（睡虎地·效律）

二价状态动词语作定语，这种定语之后可以用结构助词“之”。例如：

(1) 癄（应）令及书所问且弗癄（应），弗癄（应）而云当坐之状何如?（里耶壹8－1564）

(2) 目（以）亓（其）迲（迟）出之古（故），尚毋又（有）米。（葛陵甲三：112）

(3) 殳、戟、弩，鬃汧相易殹（也），勿以为羸、不备，以职（识）耳不当之律论之。（睡虎地·效律）

(4) 圣人谷（欲）不谷（欲），不贵难得之货。（郭店·老子甲本）

(5) 武王餌（闻）于大（太）公覞（望）曰：“亦又（有）不涅（盈）于十言而百殜（世）不遊（失）之道，又（有）之虖（乎）?”（上博七·武王践阼）

(6) 临事之纪，訢（慎）冬（终）女（如）忖（始），此亡败事矣。（郭店·老子甲本）

五、出土战国文献中带与事的二价互向状态动词

另外还有一类二价状态动词，具有［状态］［－自主］［互向］的语义特征，这类动词可以称之为二价互向状态动词。

这类动词有两个配价成分，一是系事，一是与事。系事词语一般作主语，而与事一般由介词引出。

这类动词有：比$_2$（并列；等同、齐同）、并（并存、平列）、邻（相邻、邻近）、同（与……相同）、异（与……不同，不相同）。

二价互向状态动词可以构成下述句式，其中第一种和第二种是基本句式。

1. NP_1 + 与 + NP_2 + V（“与”为介词）

祸与畐（福）邻。（岳麓壹·为吏治官及黔首）

2. NP_1 + V + 于 + NP_2（NP_1 可省，“于”是“与”“跟”的意思）

（1）臧（庄）公曰：“昔池（施）胉（伯）语冡（寡）人曰：‘君子㝵（得）之遊（失）之，天命。’今异于而（尔）言。”敂（曹）蔑（沬）曰：亡吕（以）异于臣之言，君弗𦘦（尽）。（上博四·曹沬之陈）

（2）☐蓂（异）于丘㪯₌（之所）昏（闻）。（上博五·季庚子问于孔子）

（3）黄钟，音殹，贞在黄钟，天下清明，以视阴阳，啻乃誂之，分其短长，比于宫声。（放马滩·日书乙种）

（4）姑先，善殹，喜殹，田宇池泽之事殹，曰：𥝩王人正可之清则水百沕，有人自处，乃作为钟，比于反㭗。（放马滩·日书乙种）

（5）并于大时，神明将从，天地右（佑）之。（郭店·唐虞之道）

3. NP_1 + NP_2 + V

亡（无）膿（体）之豊（礼），上、下禾（和）同。（上博二·民之父母）

4. NP_1 + 与 + NP_2 + V（“与”为连词）

今与古亦𠁁（间）不同矣。（上博四·曹沬之陈）

5. NP_1 + V + NP_2

甲取（娶）人亡妻以为妻，不智（知）亡，有子焉，今得，问安置其子？当畀。或入公，入公异是。（睡虎地·法律答问）

6. NPs + V（NPs 表复数名词）

（1）其所之同，其行者异。（郭店·语丛二）

（2）四海（海）之内其眚（性）弌（一）也，其甬（用）心各异，教史（使）肰（然）也。（郭店·性自命出）

第二节　出土战国文献二价致使动词（上）

一、出土战国文献中的二价致使动词

出土战国文献中的二价致使动词一般都是一价动词或形容词的使动用法。如果这种用法不常见，就是通常所说的词类活用；如果常见，则是其语言意义。本书没有区分这两种情况，凡是一价动词或形容词有使动用法的，都归入此类。由它所构成的 NP_1 + V + NP_2，可以变换为 NP_1 + 使 + NP_2 + V。

出土战国文献中的二价致使动词具有［致使］［±自主］的语义特征。这是区别于其他二价动词的重要依据。

［致使］是指主语所表示的人或事物 NP_1 使宾语所表示的人或事物 NP_2 发出某种动作或具有某种状态、性质。

［±自主］是指致使动词致使行为的发生，有的是致使行为发出者有意识发出的，是自主的；有的则是客观使然，不是自主的。

二价致使动词有两个配价成分：一是致事，这是指致使行为发出者；二是使事，这是

指致使行为的接受者。

在我们所使用的出土战国文献中，主要有两类二价致使动词（按音序排列）。

第一类二价致使动词其实就是一价动词的使动用法（包括活用和兼类两种情况）：

安（使……安逸、安定）、败（使……战败；打败；败坏）、备（使……完备、足数；补偿）、敝（使……败坏、衰败）、蔽（使……衰败）、残（使……残缺）、反侧（使……翻来覆去、反复无常）、长（使……增长；助长）、耻（使……蒙受耻辱）、大（使……大）、定（使……安定）、动（使……动、感动、触动、激动）、敦（使……敦厚、笃厚）、多（使……多）、风（让……吹）、服（使……服从）、附（使……归附）、复（让……再发生）、覆（使……覆没）、干（使……干燥）、寡$_1$（使……少）、寡$_2$（使……成为寡妇）、贵（使……尊贵）、和（使……和睦）、厚（使……重、大；加重）、化（使……变化）、坏（使……衰败）、还（使……返回）、惑（使……迷惑）、辑（使……安定、和睦）、寄（让……寓居、客居）、贱（使……卑贱）、进（使……向前、前进）、尽（使……到达极点；竭尽）、屈（使……弯曲）、恐（使……害怕）、来（使……到来）、劳（使……劳苦、疲劳）、乐（使……快乐、高兴）、离（使……分开）、利（使……锐利、快）、立（使……站立、站着；使……登位）、留（使……停留、滞留）、乱$_1$（使……不太平、无秩序；使……不整齐、没有条理；扰乱）、乱$_2$（使……神志昏乱）、美（使……美；美化）、迷（使……迷惑、迷乱）、迷惑（使……迷惑、迷乱）、没（使……死）、宁（使……安宁；安慰）、疲（使……疲劳、疲病）、平$_1$（使……平定；整治）、平$_2$（使……平）、破（使……破碎、破裂）、齐（使……整齐、一致）、起（使……兴起）、起（使……站起来）、强（使……固）、寝（使……止息）、轻（使……轻；减少分量）、缺（使……破损）、散（使……离散）、实（使……充实、坚实）、仕（让……做官）、退（使……后退、退下；贬退）、完（使……完整；修缮）、亡（使……死亡；使……灭亡；让……逃亡）、危（使……危、危害）、息（使……休息）、下（使……向下行）、小（使……小）、兴（使……兴起、兴盛）、行（使……行、往）、县（使……成为县）、偃（使……倒下、仰倒）、夭（使……夭折、短命）、一（使……统一、专一、一致）、已（使……停止）、逸（使……安逸、逸乐）、盈（使……充满）、寓（使……寄居）、张（使……大、强）、震（使……震动）、正（使……正；匡正、校正）、终（使……完结、结束）、走（让人离开）、卒（使……终）、作（使……劳作）、坐（使……坐）等。

第二类是含有“使令”义的动词：俾（使）、呼（呼令、命令）、诲（教导、诱导）、教（教导）、令（令、使）、谒令（令、使）、命（命令、使令）、使（使令、派遣；致使、让）等。这类动词常用来构成兼语句，将在下一节谈。

二、出土战国文献中二价致使动词的配价成分——致事和使事

（一）致事

1. 表人的名词语

（1）君蛩（来）伐我，我牆（将）求栽（救）于鄡（蔡），君安（焉）败之。（清华贰·第五章）

(2) 含（今）晋人牆（将）救子冢（家），君王必进帀（师）目（以）迟（起）之，王安（焉）还军目（以）迟（起）之？（上博七·郑子家丧甲）

(3) 郗（蔡）哀侯衒（率）帀（师）以救（救）赛（息），文王败之于新（莘）。（清华贰·第五章）

(4) 戉（越）公、宋公败齐𠂤（师）于襄坪（平）。（清华贰·第二十章）

(5) 今内宠又（有）割疾（痿）外₌（外，外）又（有）梨（梁）丘据縈（萦）恙（狂），公退武夫亚（恶）圣人。（上博六·竞公疟）

(6) 古（故）君子顧（顾）言而行，以成其信，则民不能大其娧（美）而少（小）其亚（恶）。（郭店·缁衣）

(7) 是古（故）小人乱天棠（常）以逆大道，君子訇（治）人仑（伦）以川（顺）天悳（德）。（郭店·成之闻之）

2. 表邦、国的名词语

立卅又九年，戎乃大败周𠂤（师）于千畮（亩）。（清华贰·第一章）

3. 表鬼神的名词语

(1) 人毋（无）故而鬼惑之，是夆鬼，善戏人。以桑心为丈（杖），鬼来而毄（击）之，畏死矣。（睡虎地·日书甲种）

(2) 人卧而鬼夜屈其头。以若（箬）便（鞭）毄（击）之，则已矣。（睡虎地·日书甲种）

(3) 壬申、癸酉，天以震高山，以取（娶）妻，不居，不吉。（睡虎地·日书甲种）

(4) 天神之□□□□□，皇天牆（将）嬰（兴）之；毋为憑（伪）憲（诈），上帝牆（将）憎之。（上博五·三德）

4. 指代人或邦、国等的代词

(1) 虐（吾）敳（岂）敢目（以）尒（尔）嬰（乱）邦。（上博九·邦人不称）

(2) 孔₌（孔子）曰："唯正（政）者，正也。夫子唯（虽）又（有）与（举），女（汝）蜀（独）正之，几（岂）不又（有）悎（狂）也。"（上博三·中弓附简）

(3) 凡眚（性），或敳（动）之，或逆之，或洨（节）之，或蕙（砺）之，或出□□□□，或长之。（上博一·性情论）

(4) 马牆（将）走，或童（动）之，速羕（仰）。（上博七·吴命）

（二）使事

1. 表人或人之部分的名词语

表人的名词语如：

(1) 结日：作事，不成以祭，阓（吝）。生子毋（无）弟，有弟必死。以寄人，寄人必夺主室。（睡虎地·日书甲种）

(2) 窞罗之日，利以说孟（盟）诈（诅）、弃疾、凿宇、葬，吉。而遇（寓）人，人必夺其室。（睡虎地·日书乙种）

(3) 王败鄝（蔡）霝（灵）矦（侯）于吕。（上博九·灵王遂申）

(4) 文王以北启出方成（城），圾（封?）𦼮（畛?）于汝，改遊（旅）于陈，安（焉）取邨（顿）以赣（恐）陈侯。（清华贰·第五章）

(5) 新（亲）父子，和大臣，帰（寝）四哭（邻）之央（殃）虐（乎），非悬（仁）

宜（义）者莫之能也。（郭店·六德）

（6）皮（破）邦芒（亡）𤸰（将），流泽而行。（郭店·语丛四）

（7）文公衒（率）秦、齐、宋及群戎之自（师）以败楚自（师）于城㒓（濮）。（清华贰·第七章）

（8）含（今）晋人𨟻（将）救子冡（家），君王必进帀（师）目（以）迟（起）之，王安（焉）还军目（以）迟（起）之？（上博七·郑子家丧甲）

（9）王欲（?）复师，睪（择）吉金，自乍（作）禾（龢）童（钟），台（以）乐宾客，志（志）劳尃（赙）者（诸）医（侯）。（越王朱句钟，集成00171）

（10）愋（缓）不足以安民，戭（勇）不足以沫众。（郭店·尊德义）

（11）凡逳（动）民，必训（顺）民心。（郭店·尊德义）

（12）甬（用）建亓（其）邦，坪（平）和庶民，莫敢忥（懱）憧。（清华叁·芮良夫毖）

（13）毋焚（烦）古（姑）谈（嫂），毋耻父䧘（兄）。（上博五·三德）

（14）盍（盖）西北之遇（宇），芒（亡）伥（长）子。（九店56·46）

（15）留兹、乙各十四日，庄十二日。（里耶壹8－236）

表人之部分的名词语如：

（1）勿目（以）坏身，中𠆢（处）而不茇（颇），賁（任）悳（德）目（以）竌（竢）。（上博六·慎子曰恭俭）

（2）天才（哉）人才（哉），倗（凭）可（何）新（亲）才（哉）！叟（没）亓身才（哉）。（上博五·三德）

（3）毋𢝊（忧）贫，毋芺（笑）型（刑）；毋㮇（揣）深，毋尾（度）山；毋㯼（逸）亓身而多亓言。（上博五·三德）

（4）梦伪₌（人为）丈，劳心。（岳麓壹·占梦书）

（5）哭之𢿢（动）心也，濈（浸）𤃬（杀）。（郭店·性自命出）

（6）人卧而鬼夜屈其头。以若（箬）便（鞭）毄（击）之，则已矣。（睡虎地·日书甲种）

（7）是楚邦之弫（强）利人，反昃（侧）亓（其）口舌。（上博八·志书乃言）

（8）即取守室二七，置椆中，而食以丹，各尽其复（腹），□。（周家台·病方及其他）

2. 表邦、国的名词语

（1）安邦。（铸客鼎，集成02480）

（2）级（及）桀受𦤎（幽）万（厉），焚圣人，杀讦（谏）者，恻（贼）百眚（姓），𤔲（乱）邦冡（家）。（上博五·鬼神之明）

（3）𠁥（必）危（危）亓（其）邦冡（家），则能贵（溃）于禹汤。（上博九·史蒥问于夫子）

（4）昔者而弗殜（世）也，善与善相受也，古能绐（治）天下，坪（平）万邦。（上博二·子羔）

（5）不目（以）邦冡（家）为事，縦（纵）公之所欲，庚（更?）民䜌（猎）乐，篙（笃）湛（欢）怀（背）忎（愿），皮（疲）𪂇（蔽）齐邦，日城（盛）于縦（纵）。（上博五·鲍叔牙与隰朋之谏）

（6）昔者，吴人幷（并）雩（越），雩（越）人攸（修）斆（教）备恁（任），五年

遌（覆）吴。（中山王譽鼎，集成02840）

（7）楚人安（焉）閖（县）郗（蔡）。（清华贰·第十九章）

（8）王命莫嚣（敖）昜（阳）为衒（率）自（师）以定公室。（清华贰·第二十一章）

3. 表鬼神的名词语

隹（唯）正月季萅（春），吉日丁亥，戉（越）王者（诸）旨（稽）于睗睪（择）氒（厥）吉金，自乍（作）禾（龢）童（钟）。我台（以）乐丂（考）、帝（嫡）戱（祖）、夫（大夫）、宾客，日日台（以）鼓（鼓）之。（越王者旨于睗钟一，15417）

4. 表动物的名词语

□干鲈鱼。（里耶壹8－1705）

5. 表具体事物的名词语

（1）虗（号）命（令）于军中曰：繗（缮）虖（甲）利兵，明日酒（将）戰（战）。（上博四·曹沫之陈）

（2）十月为桥，修陂堤，利津梁，鲜草離（离），非除道之时，而有陷败不可行，辄为之。（青川木牍，19918）

（3）子、巳、酉、寅、午、戌、卯、未、亥、辰、申、丑，凡是是土□月，不可取土。其月坏垣、缺垣，其□，不死必亡。（放马滩·日书乙种）

（4）行氣（气），実（吞）则遆（蓄），遆（蓄）则神（伸），神（伸）则下。（行气玉铭，19750）

6. 表抽象事物的名词语

（1）是古（故）小人乱天棠（常）以逆大道，君子訂（治）人仑（伦）以川（顺）天悳（德）。（郭店·成之闻之）

（2）从正（政），亹（敦）五德，匿（固）三折（誓），敘（除）十悁（怨）。（上博二·从政甲）

（3）是古（故）亡虖（乎）其身而廌（存）虖（乎）其詞（词），唯（虽）厚其命，民弗从之倏（矣）。（郭店·成之闻之）

（4）皆不受（授）亓（其）子而受（授）臤（贤），亓（其）悳酋清，而上炁（爱）下，而一亓（其）志，而寝亓（其）兵，而官亓（其）才（材）。（上博二·容成氏）

（5）毋目（以）少（小）悬（谋）败大煮（图）。（上博一·缁衣）

（6）女（汝）其用丝（兹），妥（绥）安乃䍃（寿）。（者沵钟四，集成00123）

（7）古（故）君子顧（顾）言而行，以成其信，则民不能大其娧（美）而少（小）其亚（恶）。（郭店·缁衣）

（8）天之所敗（败）多亓赇，而奡（寡）亓惪（忧）。（上博五·三德）

（9）新（亲）父子，和大臣，帰（寝）四哭（邻）之央（殃）虖（乎），非急（仁）宜（义）者莫之能也。（郭店·六德）

（10）虗（吾）毋又（有）它，正公事，唯（虽）死，安（焉）逃之？（上博五·姑成家父）

（11）齐邦至亚（恶）死而走（上）稂（緥）亓（其）型（刑）；至欲飤（食）而上厚亓（其）會（敛）。（上博五·鲍叔牙与隰朋之谏）

7. 表处所的名词语

（1）公曰："敢昏（问）民事？"孔₌（孔子）□［二］□实官苍（仓），百攻（工）

𢝐（劝）于事，𠂤（以）实寶（府）库。（上博四·相邦之道）

（2）𢀛（差）郐（徐）𠂤（以）鍂（铸）其元甬（用）戈，𠂤（以）攸（修）彊（强）鄻（边）土。（越王差徐戈，17362）

（3）讨伐乱逆，威动四极，武义直方。（峄山刻石，18926）

（4）以秋八月修封捋（埒），正强（疆）畔，及癹（发）千（阡）百（陌）之大草。（青川木牍）

（5）是戢（岁）也，晋人戭（伐）齐，既至齐堅（地），晋邦又（有）𤔲（乱），师乃逯（归），雩（雨）坪（平）堅（地）至䣛（膝），遉（复）。（上博五·鲍叔牙与隰朋之谏）

（6）壬申、癸酉，天以震高山，以取（娶）妻，不居，不吉。（睡虎地·日书甲种）

8. 表时间的名词语

（1）申酉朔，二日反枳（支）。戌亥朔，一日反枳（支）。复卒其日，子有（又）复反枳（支）。一月当有三反枳（支）。毋以子、丑傅户。（睡虎地·日书甲种）

（2）隶臣妾毄（系）城旦舂，去亡，已奔，未论而自出，当治（笞）五十，备毄（系）日。（睡虎地·法律答问）

9. 指代人或鬼的代词

（1）智（知）而安之，悬（仁）也。安而敬之，豊（礼）也。（郭店·五行）

（2）君逨（来）伐我，我𨟻（将）求救（救）于鄡（蔡），君安（焉）败之。（清华贰·第五章）

（3）軋（范）戊（叟）曰："君王又（有）白玉三回而不戔（残），命为君王戔（残）之，敢告于见日。"王乃出而见之。王曰："軋（范）乘，虗（吾）𨊠（罕）又（有）白玉三回而不戔（残）才（哉）！"（上博七·君人者何必安哉甲）

（4）马𨟻（将）走，或童（动）之，速𢍰（仰）。（上博七·吴命）

（5）官府臧（藏）皮革，数穆（炀）风之。有蠹突者，赀官啬夫一甲。（睡虎地·效律）

（6）以女子日病，病瘳，必复之。（睡虎地·日书乙种）

（7）人所恒炊（吹）者，上橐莫以丸礜，大如扁（蝙）蝠矢（屎）而干之。（周家台·病方及其他）

（8）辛卯、壬午不可宁人，人反宁之。（睡虎地·日书乙种）

（9）隶臣、城旦高不盈六尺五寸，隶妾、舂高不盈六尺二寸，皆为小；高五尺二寸，皆作之。（睡虎地·秦律十八种）

（10）晋文侯乃逆坪（平）王于少鄂，立之于京𠂤（师）。（清华贰·第二章）

（11）取程，八步一斗，今干之九升。（岳麓贰·数）

三、出土战国文献中二价致使动词的句式

由二价致使动词所构成的句式有两种，一种是由二价致使动词作谓语中心的单中心谓语句，另一种是由二价致使动词作谓语一部分的复杂谓语句。

（一）单中心谓语句式

1. $NP_1 + V + NP_2$（NP_1 可省）

由二价致使动词所构成的单中心谓语句式，最常见的就是 $NP_1 + V + NP_2$。这有两种情况，一是 $NP_1 + V + NP_2$ 中的 NP_1 不省。例如：

（1）大夫寡三户。（里耶壹 8－19）

（2）为之者败之，执之者远之。（郭店·老子甲本）

（3）马栖（将）走，或童（动）之，速羕（仰）。（上博七·吴命）

另一是 $NP_1 + V + NP_2$ 中的 NP_1 省略。例如：

（1）安邦。（铸客鼎，集成 02480）

（2）退（及）桀受學（幽）万（厉），焚圣人，杀讦（谏）者，恻（贼）百眚（姓），𤔲（乱）邦冡（家）。（上博五·鬼神之明）

（3）昔者而弗殜（世）也，善与善相受也，古能绐（治）天下，坪（平）万邦。（上博二·子羔）

（4）梦伪₌（人为）丈，劳心。（岳麓壹·占梦书）

（5）是楚邦之弖（强）利人，反昃（侧）亓（其）口舌。（上博八·志书乃言）

（6）从正（政），𦏧（敦）五德，匿（固）三折（誓），敘（除）十悁（怨）。（上博二·从政甲）

（7）新（亲）父子，和大臣，帰（寝）四哭（邻）之央（殃）虐（乎），非悬（仁）宜（义）者莫之能也。（郭店·六德）

（8）盍（盖）西北之遇（宇），芒（亡）伥（长）子。（九店 56·46）

（9）☐舉（举）祷于卲（昭）王大牢，乐之，百，赣（贡）。（葛陵乙二：1）

$NP_1 + V + NP_2$ 中的 NP_1 前可以有状语，这是句首状语：

隹（唯）悳（德）㣈（附）民，隹（唯）宧（宜、义）可緩（长）。（中山王嚳壶，集成 09735）

$NP_1 + V + NP_2$ 中的 V 前也可以有状语（NP_1 可省），这是句中状语：

（1）墨（禹）叓（使）民目（以）二和，民乃聿（尽）力。（上博九·舜王天下）

（2）姑（苦）忒（成）冡（家）父乃寍（宁）百鐌（豫），不思（使）从吕（己）立于廷。（上博五·姑成家父）

（3）慢（缓）不足以安民，献（勇）不足以沫众。（郭店·尊德义）

（4）墨（禹）以人道訂（治）其民，杰（桀）以人道乱其民。（郭店·尊德义）

（5）禹步三，乡（向）马祝曰："高山高郭，某马心天，某为我已之，并□侍之。"（周家台·病方及其他）

（6）隹（唯）正月季菩（春），吉日丁亥，戉（越）王者（诸）旨（稽）于睗罴（择）氒（厥）吉金，自乍（作）禾（龢）童（钟）。我台（以）乐丂（考）、帝（嫡）戠（祖）、夫（大夫）、宾客，日日台（以）鼓（鼓）之。（越王者旨于睗钟一，15417）

（7）虐（吾）敳（岂）敢目（以）尒（尔）嬰（乱）邦。（上博九·邦人不称）

以上是 $NP_1 + V + NP_2$ 中 NP_1 没有省略的例子，以下是 $NP_1 + V + NP_2$ 中 NP_1 省略的例子：

（1）以女子日病，病瘳，必复之。（睡虎地·日书乙种）

（2）隶臣、城旦高不盈六尺五寸，隶妾、舂高不盈六尺二寸，皆为小；高五尺二寸，皆作之。（睡虎地·秦律十八种）

（3）襄公新（亲）衒（率）自（师）御秦自（师）于嘘（崤），大败之。（清华贰·第八章）

（4）毋焚（烦）古（姑）谈（嫂），毋耻父䏝（兄）。（上博五·三德）

（5）鼓目（以）进之，鞞（鼙）目（以）让₌（止之）。（上博九·陈公治兵）

（6）䥖（祷）祭卲（昭）王大牢，脡（栈）钟乐之。郑□。（葛陵甲三：212、199－3）

（7）毋目（以）少（小）悬（谋）败大惹（图）。（清华壹·缁衣）

（8）昔者，吴人幷（并）雩（越），雩（越）人斆（修）斆（教）备恁（任），五年遷（覆）吴。（中山王罍鼎，集成02840）

$NP_1 + V + NP_2$ 中的 NP_1 前可以有状语，这是句首状语；V前也可以有状语，这是句中状语（NP_1 可省）。这种句式可以既有句首状语，又有句中状语。例如：

（1）壬申、癸酉，天以震高山，以取（娶）妻，不居，不吉。（睡虎地·日书甲种）

（2）丁巳，不可卒垣，必死不久。（放马滩·日书乙种）

（3）辛卯、壬午，不可宁人，人反宁之。（睡虎地·日书乙种）

$NP_1 + V + NP_2$ 中的 NP_2 后可以有补语（NP_1 可省），例如：

（1）鄉（蔡）哀侯衒（率）帀（师）以栽（救）赛（息），文王败之于新（莘）。（清华贰·第五章）

（2）秦康公衒（率）自（师）以送瘫（雍）子，晋人记（起）自（师），败之于堇阴。（清华贰·第十章）

（3）晋文侯乃逆坪（平）王于少鄂，立之于京自（师）。（清华贰·第二章）

（4）佢（长）民者教之以悳（德），齐之以豊（礼），则民又（有）欢（劝）心；教之以正（政），齐之以𠛬（刑），则民又（有）娩（免）心。（郭店·缁衣）

$NP_1 + V + NP_2$ 中的V前有状语，NP_2 后有补语（NP_1 可省）。例如：

（1）邦君者（诸）正乃立幽王之弟畬（余）臣于虢（虢），是𤔲（携）惠王。（清华贰·第二章）

（2）立卅又九年，戎乃大败周自（师）于千畱（亩）。（清华贰·第一章）

（3）与之戰（战）于两棠，大败晋帀（师）安（焉）。（上博七·郑子家丧甲）

（4）十月辛未之日不行代易厩尹郙之人䢅戠（戟）于长沙公之军，阩门又（有）败。（包山61）

2．$NP_1 + V$（NP_1 可省）

$NP_1 + V + NP_2$ 中的 NP_2 如果省去，就形成这种句式。例如：

（1）敳（曹）蔑（沫）曰：亡目（以）异于臣之言，君弗𦘗（尽）。（上博四·曹沫之陈）

（2）正（政）之不行，教之不城（成）也，则𠛬（刑）罚不足耻，而雀（爵）不足欢（劝）也。（郭店·缁衣）

（3）取肥牛胆盛黑叔（菽）中，盛之而系（系），县（悬）阴所，干。（周家台·病方及其他）

（4）不可得而贵，亦不可得而戋（贱）。（郭店·老子甲本）

3. NP_2+V

NP_1+V+NP_2 中的 NP_1 如果省去，再把 NP_2 移到动词 V 之前，就形成这种句式。例如：

(1) ［先人之所］亚（恶）勿叓（使），先₌（先人）斎₌（之所）灋（废）勿记（起），肰（然）则民进（拯）不善。(上博五・季庚子问于孔子)

(2) 受䎽（闻）之，乃出文王于星（夏）奎（台）之下而䎽（问）安（焉），曰："九邦者亓（其）可逨（来）虐（乎）?"(上博二・容成氏)

(3) 訂（治）乐和依（哀），民不可或（惑）也。(郭店・尊德义)

4. NP_2，NP_1+V+之（NP_1 可省）

如果把 NP_1+V+NP_2 中的 NP_2 移到句首，再在原位置上加代词"之"来复指，就形成这种句式。例如：

(1) 凡眚（性），或鼓（动）之，或逆之，或室之，或万（厉）之，或出之，或羕（养）之，或长之。凡鼓（动）眚（性）者，勿（物）也。(郭店・性自命出)

(2) 先₌（先人）斎₌（之所）叓（使）亦使之，先人之所兴亦兴之。(上博五・季庚子问于孔子)

5. NP_2+V+于$+NP_1$（NP_2 可省）

这是"于"字被动句式：

昔者，郾（燕）君子儈（哙），觀（叡）弇（弇）夫䅣（䅣），張（长）为人宔（主），闬于天下之勿（物）矣，犹粯（迷）惑于子之而亡（亡）其邦，为天下殍（僇），而皇（况）才（在）于尐（少）君虐（乎）。(中山王譽鼎，集成 02840)

（二）复杂谓语句式

1. 并列句

具有并列关系的几个"谓"之间可以不用连词。例如：

(1) 虐（号）命（令）于军中曰：綅（缮）麈（甲）利兵，明日牺（将）戳（战）。(上博四・曹沫之陈)

(2) 铪之而不可，必慶（文）以讹，母〈毋〉命（令）智（知）我。皮（破）邦芒（亡）牆（将），流泽而行。(郭店・语丛四)

(3) 毋喜富，毋恶贫，正行修身，过（祸）去福存。(睡虎地・为吏之道)

(4) 贾渴（竭）志尽患（忠），目（以）猛（左）又（右）乒（厥）開（辟）。(中山王譽壶，集成 09735)

(5) 子、巳、酉、寅、午、戌、卯、未、亥、辰、申、丑，凡是是土□月，不可取土。其月坏垣、缺垣，其□，不死必亡。(放马滩・日书乙种)

(6) 入客戊辰、己巳、辛酉、辛卯、己未、庚午，虚四彻不可入客、寓人及臣妾，必代居室。(睡虎地・日书甲种)

具有并列关系的几个"谓"之间可以用连词。所使用的连词可以是"及"。例如：

赋岁红（功），未取省而亡之及弗备，赀其曹长一盾。(睡虎地・秦律杂抄)

所使用的连词可以是"而"。例如：

(1) 正（政）之不行，教之不城（成）也，则坓（刑）罚不足耻，而雀（爵）不足欢（劝）也。古（故）上不可以埶（亵）坓（刑）而翌（轻）雀（爵）。(郭店・缁衣)

（2）古（故）君子賜（顾）言而行，以成其信，则民不能大其娩（美）而少（小）其亚（恶）。（郭店·缁衣）

（3）凡若是者，不有大禍（祸），必大耻。天之所敗（败）多亓赇，而瘁（寡）亓惪（忧）。舉（兴）而迟（起）之，思（使）□而勿救。（上博五·三德）

所使用的连词可以是"且"。例如：

祷于吝（文）夫₌（夫人）𦉪（荆）牢，乐𠭯（且）贛（贡）之；𦥑（举）祷于子西君𦉪（荆）牢，乐☐（葛陵乙一：11）

2. 转折句

具有转折关系的几个"谓"之间一般要用连词"而"来连接。例如：

（1）至忠女（如）土，蚼（化）勿（物）而不輂（伐）；至信女（如）时，必至而不结。（郭店·忠信之道）

（2）甲有罪，吏智（知）而端重若轻之，论可（何）殹（也）？为不直。（睡虎地·法律答问）

（3）论狱［何谓］"不直"？可（何）谓"纵囚"？罪当重而端轻之，当轻而揣重之，是谓"不直"。（睡虎地·法律答问）

（4）又（有）所又（有）舍（余）而不敢𦘦（尽）之。（上博二·从政甲）

（5）天之所敗（败），多亓赇而瘁（寡）亓惪（忧）。（上博五·三德）

（6）毋𣄨（逸）亓身而多亓言。（上博五·三德）

（7）既得其级（急），言必又（有）及，及之而弗亚（恶），必𦘦（尽）其古（故）。𦘦（尽）之而悘（疑），必攷（审）铪之。（郭店·语丛四）

3. 连谓句

具有连谓关系的几个"谓"之间可以不用连词来连接。例如：

（1）晦逢得之，得之捽偃変，欲与変奸。変弗听，有（又）□変。□変［言如告。］得之曰：捽揠（偃）変，欲与奸。（岳麓叁·得之强与弃妻奸案）

（2）迪（申）之备（服）之，緩（缓）施（施）而恙（逊）放（力）之。（上博三·中弓）

（3）取程，禾田五步一斗，今干之为九升，问几可（何）步一斗？曰：五步九分步五而一斗。（岳麓贰·数）

（4）襄而〈夫〉人䎽（闻）之，乃㑒（抱）霝（灵）公以啓（号）于廷，曰："死人可（何）辠（罪）？生人可（何）𩢅（辜）？豫（舍）亓（其）君之子弗立，而卲（召）人于外，而安（焉）𨟻（将）寘（寘）此子也？"（清华贰·第九章）

具有连谓关系的几个"谓"之间用连词"以"来连接。例如：

（1）文公衘（率）秦、齐、宋及群戎之自（师）以败楚自（师）于城僕（濮）。（清华贰·第七章）

（2）"含（今）晋人𨟻（将）救子豪（家），君王必进帀（师）目（以）迟（起）之，王安（焉）还军目（以）迟（起）之？"（上博七·郑子家丧甲）

（3）公身为亡（无）道，进芋（华）倗（明）子目（以）驰于倪（郳）市。（上博五·鲍叔牙与隰朋之谏）

（4）文王以北启出方成（城），圾（封？）蘦（畛？）于汝，改遊（旅）于陈，安

（焉）取邨（顿）以赣（恐）陈侯。（清华贰·第五章）

（5）是古（故）小人乱天祟（常）以逆大道，君子訇（治）人仑（伦）以川（顺）天悳（德）。（郭店·成之闻之）

（6）大之目（以）智（知）天下，少（小）之目（以）訇（治）邦？（上博七·凡物流形甲）

具有连谓关系的几个“谓”之间也可以用连词“而”来连接。例如：

（1）于是虗（乎）方百里之审（中），衒（率）天下之人遽（就），奉而立之，目（以）为天子。（上博二·容成氏）

（2）文王乃迟（起）帀（师）目（以）乡（向）丰、乔（镐），三鼓而进之，三鼓而退之。（上博二·容成氏）

（3）收而聚之，束（束）而厚之，賍（重）赏泊（薄）坓（刑）。（上博四·曹沫之陈）

（4）武王陟，商邑兴反，杀三监而立彔子耿。（清华贰·第三章）

（5）柔（持）而涅（盈）之，不不若已。湍而群之，不可长保也。（郭店·老子甲本）

（6）若两轮之相逦（转），而终不相败。（郭店·语丛四）

4. 兼语句

使令动词作兼语句中的第一个动词。例如：

（1）公命邭（驹）之克先哻（聘）于齐。（清华贰·第十四章）

（2）齐冋（顷）公囟（使）亓（其）女子自房审（中）观邭（驹）之克。（清华贰·第十四章）

（3）令鬼薪轸、小城旦干人为贰春乡捕鸟及羽。（里耶壹 8－1515）

（4）自晋迈（适）吴，安（焉）訇（始）迵（通）吴晋之逄（路），教吴人反（叛）楚。（清华贰·第十五章）

为一价动词使动用法的二价致使动词用作兼语句中的第二个动词语。例如：

（1）钱少律者，令其人备之而告官，官告马牛县出之。（睡虎地·秦律十八种）

（2）軳（范）戊（叟）曰：“君王又（有）白玉三回而不戋（残），命为君王戋（残）之，敢告于见日。”王乃出而见之。王曰：“軳（范）乘，虐（吾）軓（罕）又（有）白玉三回而不戋（残）才（哉）！”（上博七·君人者何必安哉乙）

（3）含（今）之君子叀（使）人不聿（尽）丌（其）□☑。（上博三·中弓）

四、出土战国文献中二价致使动词的指称化与修饰化

二价致使动词作谓语或谓语的一部分，都是表陈述的。二价致使动词作补事词语、作一些动词的宾语（例如“曰”）时，可能仍是表陈述的。

除此之外，还有其他的用法。当二价致使动词与“者”构成“者”字短语、与“所”构成“所”字短语、与“所”和“者”构成“所者”字短语、与“之”构成“之”字短语时，一般都是表指称的，是有标记的指称化。当二价致使动词作主语、宾语（绝大多数）和判断句谓语时，也是表指称的，是无标记的指称化。

当二价状态动词作定语时，一般是表修饰的。

（一）指称化

1. 有标记的指称化

A. 构成“者”字短语。

“者”是指称化的标记，一般是用来表转指的，“者”与二价致使动词所构成的“者”字短语，一般是指称 V 的致事的。例如：

（1）羕（养）眚（性）者，习也；长眚（性）者，道也。（上博一·性情论）

（2）廿九年九月壬辰朔辛亥，迁陵丞昌敢言之：令令史感上水火败亡者课一牒。有不定者，谒令感定。敢言之。（里耶壹 8－1511）

B. 构成“所”字短语。

“所”也是指称化的标记，一般是用来表转指的。“所”主要有两种用法，一是“所”与二价致使动词构成“所”字短语“所＋V”，一般是指称 V 的使事的；二是“所”与“介词＋动词”构成“所”字短语“所＋P＋VP”，一般是指称 P 的宾语所表示的内容。“所＋P＋VP”中的 P 也可以省略，这时“所”字短语在形式上与“所＋V”相似，但从所指称的内容来看，仍然与“所＋P＋VP”相同。

第一种，“所”字短语“所＋V”指称的使事词语一般不在“所＋V”后再出现。例如：

（1）天之所敳（败），多亓赇而聚（寡）亓慐（忧）。（上博五·三德）

（2）不晳（知）所冬（终）。（上博三·彭祖）

（3）古（故）言则慮（虑）其所终，行则鮨（稽）其所㡀（敝），则民訢（慎）于言而懂（谨）于行。（郭店·缁衣）

（4）水火所败亡。园课。采金。赀、赎、责（债）毋不收课。（里耶壹 8－454）

（5）先＝（先人）䢾＝（之所）叓（使）亦使之，先人之所兴亦兴之。（上博五·季庚子问于孔子）

（6）取禾程述（术），以所已干为法，以生者乘田步为貣＝（实），（实）如法一步。（岳麓贰·数）

第二种，“所”字短语“所＋P＋VP”指称的事物可以在其后出现。例如：

春三月甲乙，不可以杀，天所以张生时。

夏三月丙丁，不可以杀，天所以张生时。

秋三月庚辛，不可以杀，天所以张生时。

冬三月壬癸，不可以杀，天所以张生时。（睡虎地·日书甲种）

C. 构成“所者”短语。

“所”与二价致使动词构成“所”字短语“所＋V”之后，还可以再加“者”构成“所＋V＋者”短语。例如：

子所滐（竭）丌（其）青（情）、悍（尽）丌（其）訢（慎）者三，害（盖）近敄（务）矣。（上博三·中弓）

D. 构成“之”字短语。

一个主谓短语“NP＋VP”（这里的 VP 是指二价致使动词语）原本是陈述一个事件，是谓词性的。但是在中间加“之”之后形成“NP＋之＋VP”，这个结构是表指称的，指“NP＋之＋VP”这个事件，所以“之”也是指称化的标记。例如：

（1）哭之歖（动）心也，澉（浸）濲（杀）。（郭店·性自命出）

（2）乐之歖（动）心也，濬（浚）深贓（郁）舀（陶）。（郭店·性自命出）

2. 无标记的指称化

A. 作主语。

（1）智（知）而安之，急（仁）也。安而敬之，豊（礼）也。（郭店·五行）

（2）治痿病：以羊矢（屎）三斗，乌头二七，牛脂大如手，而三温鬻（煮）之，洗其□，已痿病亟甚。（周家台·病方及其他）

（3）君子曰：唯又（有）其亘（极）而可能，终之为难。（郭店·成之闻之）

（4）杨（炀）风必谨。（岳麓壹·为吏治官及黔首）

B. 作宾语。

二价致使动词语作宾语大多数是指称化了。例如：

（1）先王为此，人胃（谓）之安邦，胃（谓）之利民。（上博七·君人者何必安哉）

（2）臣餌（闻）之曰：鄰（邻）邦之君明，则不可㠯（以）不攸（修）政而善于民。不肰（然），忎（恐）亡安（焉）。（上博四·曹沫之陈）

（3）不砮（知）进帀（师）徒逗（恒）于王所，而step（止）帀（师）徒唇（乎）？（上博九·陈公治兵）

C. 作判断句谓语。

（1）孔₌（孔子）曰："唯正（政）者，正也。夫子唯（虽）又（有）与（举），女（汝）蜀（独）正之，几（岂）不又（有）恽（狂）也。"（上博三·中弓附简）

（2）哗（华），自憝（安）也。恻（贼），退人也。（郭店·语丛二）

（3）是即法（废）主之明法殹（也）而长邪避（僻）淫失（泆）之民。（睡虎地·语书）

（二）修饰化

当它处于定语位置上时，它的表述功能就被修饰化了。

二价致使动词语作定语，这种定语之后可以不用结构助词"之"。例如：

曾医（侯）乙之寢戈。（曾侯乙戈，集成11167）

二价致使动词语作定语，这种定语之后可以用结构助词"之"。例如：

大司马卲（昭）鄢（阳）败晋帀（师）于襄陵之戢（岁）。（包山103）

第三节　出土战国文献二价致使动词（下）

一、含有"使令"义的动词

如"俾（使）、呼（呼令、命令）、诲（教导、诱导）、教（教导）、令（令、使）、谒令（令、使）、命（命令、使令）、使（使令、派遣；致使、让）"等。

二、使令动词的配价成分——致事、使事和使事后的VP等

（一）致事

1．表人的名词语

（1）穆王思（使）殴（驱）槑（孟）者（诸）之麋，遚（徙）之徒萅（林?）。（清华贰·第十一章）

（2）隹（唯）十三（四）年，中（中）山王䳭命相邦贾斁（择）郾（燕）吉金，鈢（铸）为彝壶。（中山王䳭壶，集成09735）

（3）赛（息）为（妫）洒（将）归于赛（息），逃（过）郗（蔡），郗（蔡）哀侯命止之。（清华贰·第五章）

（4）季趄（桓）子叓（使）中（仲）弓为宰（宰）。（上博三·中弓）

（5）十一年十一月乙巳朔，左目（官）冶大夫杕命冶盟（憎）盟（铸）贞（鼎）。（公朱左官鼎，集成02701）

（6）秦之戍人岦（使）皈（归）告曰："我既旻（得）奠（郑）之门筴（管）巳，来（来）禀（袭）之。"（清华贰·第八章）

（7）二年十一月己酉朔二日，王命丞相戊（茂）、内史匽、吏臂，更修为田律。（青川木牍，19918）

（8）今君王或命（令）脾母（毋）见，此则儯（仆）之辠（罪）也。（上博四·昭王毁室、昭王与龚之脽）

（9）公命郇（驹）之克先噂（聘）于齐。（清华贰·第十四章）

（10）租者且出以律，告典、田典，典、田典令黔首皆智（知）之。及☐。（龙岗150）

2．表神灵的名词语

（1）晋（巫）鶩（乌）乃言曰："帝命二黄它（蛇）与二白兔尻句（后）之帰（寝）室之栋，亓（其）下畲（舍）句（后）疾，是囟（使）句（后）㾓（疾）疾而不智（知）人。帝命句（后）土为二䓝（陵）屯，共尻句（后）之床下，亓（其）走（上）K（刺）句（后）之体，是思（使）句（后）之身蠠（疴）蓋，不可䟝（及）于箬（席）。"（清华叁·赤鹄之集汤之屋）

（2）炎帝乃命祝蕼（融），目（以）四禮（神）降，奠三天。（楚帛书·甲篇）

3．指代人的代词

三言以为史（使）不足，或命之，或虖（呼）豆（属）。（郭店·老子甲本）

（二）使事

1．表人的名词语

（1）天不丌（其）中（衷），卑（俾）周先王佾□□。（上博七·吴命）

（2）隹（唯）十三（四）年，中（中）山王䳭命相邦贾斁（择）郾（燕）吉金，鈢（铸）为彝壶。（中山王䳭壶，集成09735）

（3）公命郇（驹）之克先噂（聘）于齐。（清华贰·第十四章）

（4）三日，安（焉）命（令）龏（龚）之脽见。（上博四·昭王毁室、昭王与龚之脽）

（5）谒告昌官，令狼归船。（里耶壹8－135）

（6）廿九年九月壬辰朔辛亥，迁陵丞昌敢言之：令令史感上水火败亡者课一牒，有不定者，谒令感定。敢言之。（里耶壹8－1511）

（7）令鬼薪轸、小城旦干人为贰春乡捕鸟及羽。（里耶壹8－1515）

（8）自晋迈（适）吴，安（焉）𠰇（始）迵（通）吴晋之逄（路），教吴人反（叛）楚。（清华贰·第十五章）

（9）官啬夫节（即）不存，令君子毋（无）害者若令史守官，毋令官佐、史守。（睡虎地·秦律十八种）

（10）令其故吏与新吏杂先索（索）出之。（睡虎地·秦律十八种）

（11）令吏明布，令吏民皆明智（知）之，毋巨（歫）于罪。（睡虎地·语书）

（12）牂既与虐（吾）同车，或（又）披［锦］衣，囟（使）邦人麐（皆）见之。（上博四·昭王毁室、昭王与龚之牂）

2. 表神灵的名词语

炎帝乃命祝𩁹（融）㠯（以）四褈（神）降，奠三天。（楚帛书·甲篇）

3. 表动物的名词语

（1）犀武论其舍人尚命者，以丹未当死，因告司命史公孙强，因令白狗穴屈出丹。（放马滩·志怪故事）

（2）帝命二黄它（蛇）与二白兔尻句（后）之㣇（寝）室之栋，亓（其）下畬（舍）句（后）疾，是囟（使）句（后）瘖（疾）疾而不智（知）人。（清华叁·赤鹄之集汤之屋）

4. 表单位的名词语

（1）未卒岁或坏陕（决），令县复兴徒为之，而勿计为繇（徭）。（睡虎地·秦律十八种）

（2）廿八年七月戊戌朔乙巳，启陵乡赵敢言之：令令启陵捕献鸟，得明渠雌一。（里耶壹8－1562）

5. 指代人等的代词

（1）尔居遉（复）山之配，不周之埜（野），帝胃（谓）尔无事，命尔司兵死者。（九店43）

（2）夫季是（氏）河东之城（成）豙（家）也，亦㠯（以）行壴（矣），为之宗，悬（诲）女（汝）。（上博三·中弓）

（3）教此民尔，史（使）之又（有）向也，非圣智者莫之能也。（郭店·六德）

（4）凡法律令者，以教道（导）民，去其淫避（僻），除其恶俗，而使之之于为善殹（也）。（睡虎地·语书）

（5）凡民俾（卑）、敝（末）者，孝（教）而㥯（诲）之，歆（饮）而飤（食）之，思役百官而月青（请）之。（上博二·容成氏）

（三）使事后的VP

1. 形式为V的动词

（1）义积之，勿令败。（睡虎地·秦律十八种）

（2）已龋方：见车，禹步三步，曰：“辅车车辅，某病齿龋，笱（苟）能令某龋已，

令若毋见风雨。”（周家台·病方及其他）

（3）三言以为史（使）不足，或命之，或唇（呼）豆（属）。（郭店·老子甲本）

（4）三日，安（焉）命（令）龏（龚）之脽见。（上博四·昭王毁室、昭王与龚之脽）

2. 形式为V+O的动词语

（1）自晋迈（适）吴，安（焉）訇（始）迵（通）吴晋之逄（路），教吴人反（叛）楚。（清华贰·第十五章）

（2）令鬼薪轸、小城旦干人为贰春乡捕鸟及羽。（里耶壹8-1515）

（3）迁陵故令人行洞庭，急。（里耶壹8-182）

（4）以正月取桃橐（蠹）矢（屎）少半升，置淳（醇）酒中，歙（饮）之，令人不单（惮）病。（周家台·病方及其他）

（5）是古（故）先王之教民也，不史（使）此民也忧其身，遊（失）其戩（偏）。（郭店·六德）

（6）谒告昌官，令狼归船。（里耶壹8-135）

（7）廿九年九月壬辰朔辛亥，迁陵丞昌敢言之：令令史感上水火败亡者课一牒，有不定者，谒令感定。敢言之。（里耶壹8-1511）

3. 形式为$V+O_1+O_2$的动词语

癸、琐等当耐为侯（候），令琐等环（还）癸等钱。（岳麓叁·癸、琐相移谋购案）

4. 转折短语

敬问之：吏令徒守器而失之，徒当独负。（里耶壹8-644）

5. 连谓短语

（1）即令令史某往执丙。（睡虎地·封诊式）

（2）未卒岁或坏陕（决），令县复兴徒为之，而勿计为繇（徭）。（睡虎地·秦律十八种）

（3）廿八年七月戊戌朔乙巳，启陵乡赵敢言之：令令启陵捕献鸟，得明渠雌一。（里耶壹8-1562）

（4）王命繡（申）公屈晋（巫）迈（适）秦求自（师），旻（得）自（师）以斎（来）。（清华贰·第十五章）

（5）秦异公命子甫（蒲）、子虎衒（率）自（师）救（救）楚，与楚自（师）会伐阳（唐），閖（县）之。（清华贰·第十九章）

（6）王命莫嚣（敖）昜（阳）为衒（率）自（师）以定公室，城黄池，城瓮（雍）丘。（清华贰·第二十一章）

（7）臧（庄）公曰：“曼才（哉），虐（吾）駬（闻）此言。”乃命毁钟型而圣（听）邦政。（上博四·曹沫之陈）

6. 兼语短语

谒令司空遣吏、船徒取。（里耶壹8-1510）

7. 其他谓词语

（1）沭（和）稾（藁）本東灰中，以靡（摩）之，令血欲出。因多食葱，令汗出。桓（恒）多取櫌桑木，燔以为炭火，而取牛肉剶（劙）之，小大如黑子，而炙之炭火，令温勿令焦，即以傅黑子，寒辄更之。（周家台·病方及其他）

（2）四海（海）之内其眚（性）弌（一）也，其甬（用）心各异，教史（使）肰（然）也。（郭店·性自命出）

三、使令动词的句式

（一）兼语句

1. $NP_1 + V + NP_2 + VP$（NP_1 可省）

这种句式中的 V 表示使令动词；NP_2 表示兼语。

VP 表示兼语之后的谓语，可以是 V 或 V + O 或 V + O + O，也可以是其他谓语，还可以是连谓短语、转折短语、兼语短语、句子形式。例如：

（1）义积之，勿令败。（睡虎地·秦律十八种）

（2）自晋迈（适）吴，安（焉）訇（始）迵（通）吴晋之逄（路），教吴人反（叛）楚。（清华贰·第十五章）

（3）癸、琐等当耐为侯（候），令琐等环（还）癸等钱。（岳麓叁·癸、琐相移谋购案）

（4）未卒岁或坏陕（决），令县复兴徒为之，而勿计为繇（徭）。（睡虎地·秦律十八种）

（5）即令令史某往执丙。（睡虎地·封诊式）

（6）敬问之：吏令徒守器而失之，徒当独负。（里耶壹 8－644）

（7）王廷于蓝郢之游宫，安（焉）命大莫嚣屈昜（阳）为命邦人内（纳）其溺典。（包山 7）

（8）谒令司空遣吏、船徒取。（里耶壹 8－1510）

（9）桓（恒）多取樱桑木，燔以为炭火，而取牛肉剥（劙）之，小大如黑子，而炙之炭火，令温勿令焦，即以傅黑子，寒辄更之。（周家台·病方及其他）

（10）四海（海）之内其眚（性）弌（一）也，其甬（用）心各异，教史（使）肰（然）也。（郭店·性自命出）

（11）隹（唯）十三（四）年，中（中）山王嚳命相邦贾斁（择）郾（燕）吉金，鈬（铸）为彝壶。（中山王嚳壶，集成 09735）

由使令动词所构成的句式，最常见的就是 $NP_1 + V + NP_2 + VP$。这有两种情况，一是 $NP_1 + V + NP_2 + VP$ 中的 NP_1 不省。例如：

（1）王命贾为逃（兆）乏（窆）。（兆域图铜版，集成 10478）

（2）迁陵故令人行洞庭，急。（里耶壹 8－182）

（3）子左尹命漾陵之邑大夫諜（察）州里人墬鏞之与其父墬年同室与不同室。（包山 126）

（4）公命邭（驹）之克先噚（聘）于齐。（清华贰·第十四章）

（5）租者且出以律，告典、田典，典、田典令黔首皆智（知）之。及☐。（龙岗 150）

（6）帝命二黄它（蛇）与二白兔尻句（后）之帰（寝）室之栋，亓（其）下畬（舍）句（后）疾，是囟（使）句（后）瘜（疾）疾而不智（知）人。帝命句（后）土为二蔆（陵）屯，共尻句（后）之床下。（清华叁·赤鵠之集汤之屋）

另一是 $NP_1 + V + NP_2 + VP$ 中的 NP_1 省略。例如：

（1）令令史某诊丙，不病。（睡虎地·封诊式）

（2）安而行之，使民望之。（睡虎地·为吏之道）

（3）谒告昌官，令狼归船。（里耶壹 8－135）

（4）为作务及官府市，受钱必辄入其钱缿中，令市者见其入，不从令者赀一甲。（睡

虎地·秦律十八种）

（5）廿九年九月壬辰朔辛亥，迁陵丞昌敢言之：令令史感上水火败亡者课一牒，有不定者，谒令感定。敢言之。（里耶壹 8－1511）

（6）令鬼薪轸、小城旦干人为贰春乡捕鸟及羽。（里耶壹 8－1515）

（7）夫圣人上事天，教民又（有）尊也；下事地，教民又（有）新（亲）也；时事山川，教民又（有）敬也。（郭店·唐虞之道）

（8）绥任谒以补卒史，劾它吏，卑（俾）盗贼不发。（岳麓叁·同、显盗杀人案）

NP_1+V+NP_2+VP 中的 NP_1 前有状语（NP_1 可省），也就是有句首状语：

（1）二年，王命莫嚣（敖）昜（阳）为衒（率）自（师）戠（侵）晋，墩（夺）宜昜（阳），回（围）赤岸，以復（复）黄池之自（师）。（清华贰·第二十一章）

（2）二年十一月己酉朔二日，王命丞相戊（茂）、内史匽、吏臂，更修为田律。（青川木牍，19918）

（3）十一年十一月乙巳朔，左目（官）冶大夫杕命冶憙（懤）盥（铸）贞（鼎）。（公朱左官鼎，集成 02701）

NP_1+V+NP_2+VP 中的 V 前也可以有状语（NP_1 可省），这是句中状语：

（1）求盗勿令送逆为它，令送逆为它事者，赀二甲。（睡虎地·秦律杂抄）

（2）大攻（工）尹脽台（以）王命命集尹悤（悼）牆（rb）（褚），戠（织）尹逆，戠（织）敆（令）阢，𠥀（为）鄂（鄂）君啟之廥（府）賦（就）铸（铸）金节。（鄂君启舟节，集成 12113）

$NP_1+V+NP_2+V/V+O$ 中的 NP_1 和 V 前都有状语（NP_1 可省），也就是同时有句首状语和句中状语：

（1）甘固之戢（岁），左司马迪以王命命亙（亟）思舍枼（叶）具王之臭（爨）一青义（牺）之赍足金六匀（钧）。（包山 129）

（2）今君王或命（令）脾母（毋）见，此则僕（仆）之辠（罪）也。（上博四·昭王毁室、昭王与龚之脾）

2. NP_1+V+VP（NP_1 可省）

这是将 NP_1+V+NP_2+VP 中的 NP_2（兼语）省略了。例如：

（1）赛（息）为（妫）䢔（将）归于赛（息），让（过）郗（蔡），郗（蔡）哀侯命止之。（清华贰·第五章）

（2）君命速为之断，夏栾之月，命一执事人以至（致）命于郢。（包山 135 背）

（3）王四月，郸（单）孝子台（以）庚寅之日，命盥（铸）飤鼎两。（郸孝子鼎，集成 02574）

（4）出禾，非入者是出之，令度之，度之当堤（题），令出之。（睡虎地·秦律十八种）

（5）其于久远也，如后嗣为之者，不称成功盛德。刻此诏，故刻左，使毋疑。（平阳权，18928）

（6）天不臭（斁）其又（有）忎（愿），速（使）旻（得）孯（贤）杜（士）良猛（佐）贾，㠯（以）辅相氒（厥）身。（中山王𠻝壶，集成 09735）

（7）勿令巨（歫）罪。☐。（龙岗 96）

（8）铪之而不可，必虔（文）以讹，母〈毋〉命（令）智（知）我。（郭店·语丛四）

3. NP_1+V+NP_2（NP_1 可省）

这是 NP_1+V+NP_2+VP 中的 VP 省略了。例如

（1）又（有）命自天，命此文王，城（诚）命之也，信矣。（上博一·孔子诗论）

（2）夫季是（氏）河东之城（成）豙（家）也，亦㠯（以）行壴（矣），为之宗，悬（诲）女（汝）。（上博三·中弓）

4. NP_2+V+VP（NP_1 省略）

把 NP_1+V+NP_2+VP 这种句式中的 NP_1 省略了，再把 NP_2 前置于 V，就形成这种句式。例如：

（1）民可史（使）道之，而不可史（使）智（知）之。民可道也，而不可勥（强）也。（郭店·尊德义）

（2）凡贵人囟（使）尻（处）前立（位）一行，遂（后）则见亡。（上博四·曹沫之陈）

5. NP_2+V

把 NP_1+V+NP_2+VP 这种句式中的 NP_1 和 VP 省略了，再把 NP_2 前置于 V，就形成这种句式。例如：

隶臣妾老弱及不可诚仁者勿令。书廷辟有曰报，宜到不来者，追之。（睡虎地·秦律十八种）

6. $V+于+NP_1$

把 NP_1+V+NP_2+VP 这种句式中的 NP_2 和 VP 都省略了，再把 NP_1 后置于 V 且加上介词"于"，就形成这种句式。例如：

隹（唯）廿又再祀，屭羌乍（作）戎，氒（厥）辟旃（韩）宗融（彻），逹（率）征龕（秦）连齐，入張（长）城，先会于平陰（阴），武侄寺（持）力，䨓敚（夺）楚京，赏于旃（韩）宗，令于晉（晋）公，卲（昭）于天子。（屭羌钟甲，集成 00157）

（二）其他复杂谓语句式

主要有并列句、连谓句。

1. 并列句

具有并列关系的几个"谓"之间可以不用连词。例如：

南门：是是将军门，可聚邦、使客。八岁更。（放马滩·日书乙种）

具有并列关系的几个"谓"之间可以用连词"及"。例如：

已齲方：见车，禹步三步，曰："辅车车辅，某病齿齲，笱（苟）能令某齲已，令若毋见风雨。"即取车辇，毋令人见之，及毋与人言。操归，匿屋中，令毋见，见复发。（周家台·病方及其他）

2. 连谓句

具有连谓关系的几个"谓"之间可以不用连词来连接。例如：

乘马不肯行，行□征上，从二十起，引之令行。（放马滩·日书乙种）

具有连谓关系的几个"谓"之间可用连词"以"来连接。例如：

二十九年，龕（秦）攻䛾（吾），王㠯（以）子横质䢵（于）齐，又使景鲤、苏厉（厉）㠯（以）求平。（二十九年弩机，18586）

具有连谓关系的几个“谓”之间用连词“而”来连接。例如：

钱少律者，令其人备之而告官，官告马牛县出之。（睡虎地·秦律十八种）

四、出土战国文献中使令动词的指称化与修饰化

使令动词作谓语或谓语的一部分，都是表陈述的。使令动词作一些动词的宾语（例如“曰”）时，可能仍是表陈述的。例如：

秦穆公乃内（入）惠公于晋，惠公赂秦公曰：“我句（后）果内（入），囟（使）君涉河，至于梁城。”（清华贰·第六章）

除此之外，还有其他的用法。当使令动词与“者”构成“者”字短语、与“所”构成“所”字短语时，一般都是表指称的，是有标记的指称化。当使令动词作主语、宾语（绝大多数）时，也是表指称的，是无标记的指称化。

当使令动词作定语时，一般是表修饰的。

（一）指称化

1. 有标记的指称化

A. 构成“者”字短语。

“者”与使令动词所构成的“者”字短语，一般是指称 V 的致事的。例如：

（1）求盗勿令送逆为它，令送逆为它事者，赀二甲。（睡虎地·秦律杂抄）

（2）北乡（向），禹步三步，曰：“嘑（呼）！我智（知）令某疟，令某疟者某也。若笱（苟）令某疟已……”（周家台·病方及其他）

B. 构成“所”字短语。

“所”与使令动词构成“所”字短语“所 + V”。例如：

左尹以王命告子郘（宛）公，命瀐（溠）上之戠狱为郐（阴）人舒握盟其所命于此箸（书）之中以为諓（证）。（包山 139 背）

“所”与使令动词构成“所”字短语“所 + 介 + V”。例如：

下之事上也，不从其所以命，而从其所行。（郭店·缁衣）

2. 无标记的指称化

A. 作主语。

使令动词语可以作主语。例如：

民之父母新（亲）民易，史（使）民相新（亲）也戁（难）。（郭店·六德）

B. 作宾语。

使令动词语作动词的宾语，大多数是指称化了。例如：

北乡（向），禹步三步，曰：“嘑（呼）！我智（知）令某疟，令某疟者某也。若笱（苟）令某疟已……”（周家台·病方及其他）

（二）修饰化

使令动词语可作定语，这种定语之后可以不用结构助词“之”。例如：

（1）有罪以赀赎及有责（债）于公，以其令日问之，其弗能入及赏（偿），以令日居之，日居八钱。（睡虎地·秦律十八种）

（2）为（伪）听命书，法（废）弗行，耐为侯（候）。（睡虎地·秦律杂抄）

使令动词语作定语，这种定语之后可以用结构助词“之”。例如：

帝㠯（以）命嗌（益）凄（赍）埅（禹）之火，午不可㠯（以）樹（树）木。（九店 38、39）

第四节　出土战国文献二价心理动词

一、出土战国文献中的二价心理动词

出土战国文献中的二价心理动词具有［述人］［心理］［±自主］［及物］的语义特征。这是区别于其他二价动词的重要依据。

［述人］指的是二价心理动词都是用来指人的，指物时具有拟人的性质。

［心理］指的是二价心理动词都是表示人自身的心理感受、心理体验和心理经验的。二价心理动词可以分为两类，一类是情绪类心理动词，另一类是认知类心理动词。因此［心理］这种语义特征可以具体化为［情绪/认知］。［情绪］是指情绪类心理动词是表示人类情绪意志活动的，［认知］是指认知类心理动词是表示人类认知活动的。

［±自主］指的是二价心理动词所表示的心理活动和情绪变化，有些是主体有意识的或有心的，是能由主体做主、主观决定、自由支配的；有些则是无意识的或无心的，是不能由主体做主、主观决定、自由支配的。

［及物］指的是二价心理动词所表示的心理活动，涉及心理活动的对象，是属于所谓“延续”的心理过程。

二价心理动词有两个配价成分：一是经事，这是指心理活动的主体，即指心理活动的经验者、体验者、感知者；二是感事，这是指心理活动的客体，即心理活动的体验对象、感知对象。

在我们所使用的出土战国文献中，主要有下述一些二价心理动词（按音序排列），这些二价心理动词即具有上述语义特征。二价心理动词主要分为两类，一类是情绪类心理动词，另一类是认知类心理动词。

出土战国文献中的情绪类二价心理动词主要有：

哀（怜悯、同情）、爱（喜欢、怜惜）、安（对……感到满足、安适；安定）、傲（傲慢、轻视）、病（担心、忧虑；厌恶）、裁（裁度、度量）、惮（畏惧、害怕）、恶（厌恶、憎恨、讨厌）、反（反省、反思）、抚（安）、顾（关心、顾及；眷念）、贵$_1$（重视、看得贵重）、贵$_2$（尊重、看得高贵）、好（喜爱、喜欢、喜好）、怀（留恋、爱惜）、患（担心、担忧）、悔（后悔、懊悔、悔恨）、惑（怀疑、疑惑）、忌（顾忌、忌惮）、贱（轻视、认为贱）、矜（怜悯、同情）、谨（谨慎、慎重、敬）、敬（尊敬、敬重）、惧（恐惧、害怕）、恐惧（害怕）、倦（厌倦）、恐（担心）、苦（对……感到痛苦）、劳（为……而忧愁）、乐（喜爱、喜好、乐于）、怜（同情、怜悯）、量（思量、估量）、虑$_1$（思考、谋划）、虑$_2$（忧虑、忧愁）、媚（喜欢、喜爱、爱戴）、明（明白、通晓）、慕（羡慕）、念（思念、怀念）、追念（追忆、怀念）、怒（对……生气、发怒）、期（期

望）、轻（看轻、轻视）、忍（容忍、忍耐、忍心）、尚（尊重、崇尚）、嗜（爱好）、思（想念；思考、想；伤感）、惰（懈怠）、贪（贪图、贪求）、图（谋划）、望（期盼、盼望）、畏（害怕）、畏忌（害怕、忌惮）、畏葸（害怕、忌惮）、惜（痛惜、爱惜、哀伤）、喜（喜爱、爱好、喜好）、信（相信、信任）、羞（感到羞愧）、恤（忧虑）、厌$_1$（厌弃、厌烦、嫌）、厌$_2$（满足）、疑（怀疑）、易（轻视、轻慢）、意（猜测、料想）、忧（忧虑、忧伤、担忧）、宥（宽容）、欲（想要、希望）、怨（怨恨、抱怨）、说（悦）（喜欢、喜悦）、志（有志、立志）、重（重视、崇尚）、罪（怪罪、归罪；认为有罪）、尊（尊重、重视）等。

出土战国文献中的认知类二价心理动词主要有：

睹（看见、看到）、见（看见、看到）、觉（发觉、觉察）、梦（做梦、梦见）、梦见（梦到）、识（认识、知道、能辨别）、体（体会、体悟、悟解）、忘（忘记）、谓（认为；料到）、以（认为）、以为（认为）、知（知道、了解）等。

一些意动用法的词可以归入这一类：

耻（以……为耻；感到羞耻）、甘（认为……甜美）、害（认为是祸害）、厚（感到沉重）、教（以……为教化、教育）、利（以……为利；贪图）、美（以为美；认为美）、穷（以……为穷困；轻视）、然（以……为然）、善（认为善）、为（以……为“为”）、味（以……为“味”）、小（以……为小）、学（以……为学习）、欲（以……为欲）、中（认为得当）、土（以……为土）、水（以……为酒）等。

二、出土战国文献中二价心理动词的配价成分——经事和感事

（一）经事

1．表人的名词语

（1）生子，人爱之。（睡虎地·日书甲种）

（2）鬼恒夜鼓人门，以歌若哭，人见之，是凶鬼，鸢（弋）以刍矢，则不来矣。（睡虎地·日书甲种）

（3）以奎，夫爱妻；以娄，妻爱夫。（睡虎地·日书甲种）

（4）昔者先王𢀼（慈）忞（悉、爱）百每（民）。（𧊒盗壶，集成09734）

（5）子曰：唯君子能好其駜（匹），少（小）人剀（岂）能好其駜（匹）。（郭店·缁衣）

（6）则君不𢚈（疑）其臣，臣不惑于君。（郭店·缁衣）

（7）其才（在）民上也，民弗厚也；其才（在）民前也，民弗害（害）也。（郭店·老子甲本）

（8）献惠王立十又一年，鄵（蔡）卲（昭）侯繡（申）惧，自歸（归）于吴。（清华贰·第十九章）

（9）王曰：“繡（申）公忘夫析述之下虖（乎）?”（上博六·庄王既成、申公臣灵王）

（10）黄鳥（鸟）则困而谷（欲）反丌（其）古（故）也，多耻者丌（其）忞（病）之虖（乎）?（上博一·孔子诗论）

表人之部分的名词语如：

（1）民以君为心，君以民为体，心好则体安之。（郭店·缁衣）

（2）虐（予）忠₌（中心）乐之。（上博六·孔子见季趄子）

2. 表邦、国的名词语

（1）三戢（岁）无咎，将又（有）大憙，邦智（知）之。（包山211）

（2）奠（郑）寿："女（如）不能，君王与楚邦惧戁（难）。"（上博六·平王问郑寿）

3. 表鬼神的名词语

上帝憙（喜）之，乃无凶衬（灾）。（港大·战国4）

4. 表动物的名词语

（1）龟巹（筮）猷弗智（知），而皇（况）于人虖（乎）？（郭店·缁衣）

（2）《寺（诗）》员（云）："我龟既猒（厌），不我告猷。"（郭店·缁衣）

5. 指代人或邦、国等的代词

（1）唯（虽）我悉（爱）尔，虐（吾）无女（如）袿（社）。（上博八·志书乃言）

（2）夏句（后）乃餘（讯）少（小）臣曰："女（如）尔天沓（巫），而智（知）朕疾？"少（小）臣曰："我智（知）之。"（清华叁·赤鹄之集汤之屋）

（3）多士，秉旻（文）之悳（德），虐（吾）敬之。（上博一·孔子诗论）

（4）于差（嗟），虐（吾）憙（喜）之；尸（尸）鳩（鸠），虐（吾）信之；文王，虐（吾）岜（美）之。（上博一·孔子诗论）

（5）訇（洵）又（有）情，而亡望，虐（吾）善之。（上博一·孔子诗论）

（6）人唯（虽）曰不利，虐（吾）弗信之矣。（郭店·缁衣）

（7）虐（吾）可（何）以智（知）其肰（然）也。（郭店·老子甲本）

（8）不克则莫智（知）其亙（极），莫智（知）其亙（极）可以有或（国）。（郭店·老子乙本）

（9）子戁（叹）曰："乌！莫我智（知）也夫。"（上博五·弟子问）

（10）甲盗不盈一钱，行乙室，乙弗觉，问乙论可（何）殹（也）？（睡虎地·法律答问）

（二）感事

1. 表人或人之部分的名词语

表人的名词语如：

（1）是古（故）谷（欲）人之悉（爱）邑（己）也，则必先悉（爱）人。（郭店·成之闻之）

（2）甚贵丌（其）人，必敬丌（其）立（位）。（上博一·孔子诗论）

（3）不悬（仁）不智，未见君子，恳（忧）心不能惙惙；既见君子，心不能兑（悦）。亦既见止（之），亦既訽（觏）止（之）。（郭店·五行）

（4）孤居賨（保）系绔之中，亦唯君是望。（上博七·吴命）

（5）隹（唯）正孟岁十月庚午，曰古朕（朕）皇禢（祖）悼公，严龏（恭）天命，哀命（矜、怜）鳏寡。（司马楙镈甲乙，山东成104）

表人之部分的名词语如：

（1）君子媺（美）其青（情），[贵其宜（义）]，善其即（节），好其颂（容），乐其

衍（道），兑（悦）其教，是以敬安（焉）。（郭店·性自命出）

（2）裚衣，丁丑媚人，丁亥灵，丁巳安于身，癸酉多衣。（睡虎地·日书甲种）

2．表邦、国的名词语

（1）于（呜）虖（呼），念（念）之㢣（哉），逡（后）人其庸庸之，母（毋）忘尔邦。（中山王𰯼鼎，集成02840）

（2）昔者，𪚤（吾）先祖（祖）桓（桓）王、卲（昭）考成王，身勤社（社）稷，行亖（四）方，目（以）悳（忧）惄（劳）邦家。（中山王𰯼鼎，集成02840）

3．表鬼神的名词语

（1）禍（祸）败囙（因）童于楚邦，惧䰠（鬼）神，目（以）取妄（怒）。（上博六·平王问郑寿）

（2）大神，其所不可咼（过）也，善害人，以犬矢（屎）为完（丸），操以咼（过）之，见其神以投之，不害人矣。（睡虎地·日书甲种）

（3）不咠（忌）于天，而咠（忌）于人。（上博六·用曰）

4．表具体事物的名词语

（1）丁酉生子，耆（嗜）酒。（睡虎地·日书甲种）

（2）身虘（且）有㾮（病），亚（恶）羞（饍）与飤（食）。邦虘（且）亡，亚（恶）圣人之𢘓（诲）。（上博五·三德）

（3）既腹心疾，以上㤅（气），不甘飤（食），旧（久）不瘥（瘥），尚速瘥（瘥），毋又（有）柰。（包山236）

（4）一室中有鼓音，不见其鼓，是鬼鼓，以人鼓应之，则已矣。（睡虎地·日书甲种）

（5）壬辰生子，武而好衣剑。（睡虎地·日书甲种）

（6）五曰贱士而贵货贝。（睡虎地·为吏之道）

（7）子曰：句（苟）又（有）车，必见其𫍤（盖）。句（苟）又（有）衣，必见其㡀（敝）；人句（苟）又（有）言，必闻其圣（声）；句（苟）又（有）行，必见其城（成）。（郭店·缁衣）

（8）见其金节𠟭（则）母（毋）政（政、征），母（毋）舍（舍）梈（樜、馔）飤，不见其金节𠟭（则）政（政、征）。（鄂君启车节，集成12110）

（9）甘□□及亓（其）人，敬𧏸（爱）亓（其）查（树），亓（其）保厚矣。（上博一·孔子诗论）

（10）车𫍤（盖）之蓥酭，不见江沽（湖）之水。（郭店·语丛四）

5．表示抽象事物的名词语

（1）上好𢘝（仁），则下之为𢘝（仁）也争先。（郭店·缁衣）

（2）好其颂（容），乐其衍（道），兑（悦）其教，是以敬安（焉）。（郭店·性自命出）

（3）好𢇍（福）天从之，好长天从之。（上博五·三德）

（4）㝩（适）𨗶（遭）郾（燕）君子徻（哙），不𩖸（顾）大宜（宜、义）。（中山王𰯼壶，集成09735）

（5）君子之立孝，𢙇（爱）是甬（用），豊（礼）是贵。（上博四·内豊）

（6）夫民安旧而厓（重）𨑃（迁）㫏（早）吏（使）不行。（上博三·中弓）

（7）奠（郑）寿："女（如）不能，君王与楚邦惧𪊨（难）。"（上博六·平王问郑寿）

（8）人因亓（其）情，则乐亓（其）事，远亓（其）情。（上博八·李颂）

6. 表示抽象事物的谓词语

表示抽象事物的可以是形容词语。例如：

(1) 毋喜富，毋恶贫，正行修身，过（祸）去福存。(睡虎地·为吏之道)

(2) 我亡为而民自𢍏（化）。我好青（静）而民自正。(郭店·老子甲本)

(3) 戊己梦黑，吉，得喜也。(睡虎地·日书乙种)

(4) 子曰：翌（轻）㡭（绝）贫戋（贱），而垦（重）㡭（绝）賫（富）贵，则好息（仁）不碧（坚），而亚（恶）亚（恶）不𢈀（着）也。(郭店·缁衣)

(5) 见丌（其）㬰（美）必谷（欲）反一本。(上博一·孔子诗论)

表示抽象事物的可以是动词。例如：

(1) 人毋（无）故而鬼惑之，是𤔲鬼，善戏人。以桑心为丈（杖），鬼来而毄（击）之，畏死矣。(睡虎地·日书甲种)

(2) 则光门：其主必昌，好歌舞，必施衣常。(放马滩·日书乙种)

(3) 戊午生，好田邋（猎）。(睡虎地·日书乙种)

表示抽象事物的可以是状中短语。例如：

(1) 圣人谷（欲）不谷（欲），不贵难得之货，教不教，复众之所㞶（过）。(郭店·老子甲本)

(2) 古（故）君子不贵𢕍（庶）勿（物）而贵与民又（有）同也。(郭店·成之闻之)

(3) “广众心，声闻左右者，赏。”将军材（裁）以钱若金赏，毋（无）恒数。(睡虎地·法律答问)

表示抽象事物的可以是动宾短语。例如：

(1) 是以君子贵城（成）之。(郭店·成之闻之)

(2) 为亡为，事亡事，未（味）亡未（味）。(郭店·老子甲本)

(3) 喜曰：尝见死女子与安等作，不智（知）可（何）人。（岳麓叁·魏盗杀安、宜案）

(4) 壬癸梦行川为桥，吉。晦而梦三年至，夜半梦者二年而至。(岳麓壹·占梦书)

表示抽象事物的可以是主谓短语。例如：

(1) 欲人敬之，必先敬人。(岳麓壹·为吏治官及黔首)

(2) 㚋（尧）见坴（舜）之悳（德）臤（贤），古（故）让之。(上博二·子羔)

(3) 上造敞、士五（伍）猩智（知）人盗埱冢，分臧（赃）。(岳麓叁·猩、敞知盗分赃案)

(4) 自昼甲见丙阴市庸中，而捕以来自出。甲毋（无）它坐。(睡虎地·封诊式)

(5) 癸等智（知）治等羣（群）盗盗杀人，利得其购。（岳麓叁·癸、琐相移谋购案）

(6) 杰（桀）不胃（谓）其民必乱，而民又（有）为乱矣。(郭店·尊德义)

(7) 不智（知）盗及死女子可（何）人。(岳麓三·魏盗杀安、宜案)

表示抽象事物的可以是“主之谓”短语，其中的“主之”可以用“其”替换。例如：

(1) 尭（尧）又（有）子九人，不㠯（以）亓（其）子为逡（后），见坴（舜）之臤（贤）也，而欲㠯（以）为逡（后）。(上博二·容成氏)

(2) 洇（伊）尹既巳（已）受命，乃执兵钦（禁）暴，羕（佯）㝵（得）于民，述

（遂）迷，而不量亓（其）力之不足，记（起）帀（师）目（以）伐昏（岷）山是（氏）。（上博二·容成氏）

（3）晋献公之婢（嬖）妾曰骊姬，欲亓（其）子奚资（齐）之为君也，乃諻（谗）大子龙（共）君而杀之。（清华贰·第六章）

（4）城（成）公惧亓（其）又（有）取安（焉），而迲之亭（?），为之惹（怒）。（上博九·灵王遂申）

7. 表方位的名词

（1）君子居则贵左，甬（用）兵则贵右。（郭店·老子丙本）

（2）古（故）吉事上（尚）左，丧事上（尚）右。（郭店·老子丙本）

（3）安乐必戒，毋行可悔。以忠为干，慎前虑后。（睡虎地·为吏之道）

（4）槛（鉴）名（铭）曰："见亓（其）前，必虑亓（其）逡（后）。"（上博七·武王践阼）

8. 表数量的数词或数量词

（1）王若（诺），晒（将）鼓而涉之，王梦厽（三）。闺未启。"王目（以）告槙（相）遟（徙）与中余（余）："含（今）夕不毂（谷）梦若此，可（何）?"（上博四·柬大王泊旱）

（2）至圣（听）千里，达见百里。（上博七·凡物流形甲）

9. 指代人或事物的代词

（1）君贵我，而受（授）我众，目（以）我为能紿（治）。（上博五·姑成家父）

（2）唯（虽）我悉（爱）尔，虗（吾）无女（如）社（社）。（上博八·志书乃言）

（3）妻，男子爱之。生子亡者，人意之。（睡虎地·日书甲种）

（4）雨亡政、即南山，皆言上之衰也，王公耻之。（上博一·孔子诗论）

（5）戋（贱）而民贵之，又（有）悳（德）者也。（郭店·性自命出）

（6）子曰："贫戋（贱）而不约者，虗（吾）见之壴（矣），赒（富）贵而不乔（骄）者，虗（吾）餌（闻）而☐士，虗（吾）见之壴（矣），事而弗受者，虗（吾）餌（闻）而未之见也。"（上博五·弟子问）

（7）戒之戒之，材（财）不可归；谨之谨之，谋不可遗；慎之慎之，言不可追；綦之綦［之］，食不可赏（偿）。（睡虎地·为吏之道）

（8）皮（克）又（有）工（功），智（智）旃，诒死辠（罪）之又（有）若（赦），智（知）为人臣之宜（宜、义）旃。于（呜）虖（呼），念（念）之涉（哉）。（中山王譻鼎，集成02840）

（9）颠弗救，去。不智（知）它。（岳麓叁·得之强与弃妻奸案）

三、出土战国文献中二价心理动词的句式

由二价心理动词所构成的句式有两种，一种是由二价心理动词作谓语中心的单中心谓语句，另一种是由二价心理动词作谓语一部分的复杂谓语句。

（一）单中心谓语句式

1. NP_1+V+NP_2（NP_1 可省）

由二价心理动词所构成的单中心谓语句式，最常见的就是 NP_1+V+NP_2。这有两种情况，一是 NP_1+V+NP_2 中的 NP_1 不省。例如：

（1）生子，人爱之。（睡虎地·日书甲种）

（2）以奎，夫爱妻；以娄，妻爱夫。（睡虎地·日书甲种）

（3）君贵我，而受（授）我众，吕（以）我为能紿（治）。（上博五·姑成家父）

（4）少（小）臣曰："我智（知）之。"（清华三·赤鹄之集汤之屋）

（5）上好急（仁），则下之为急（仁）也争先。（郭店·缁衣）

（6）多士，秉旻（文）之悳（德），虗（吾）敬之。（上博一·孔子诗论）

（7）乃迈齐，齐人善之；迈宋，宋人善之，亦莫之能内（入）。（清华贰·第六章）

（8）上帝憙（喜）之，乃无凶材（灾）。（港大·战国4）

（9）晋文公囟（思）齐及宋之悳（德），乃及秦自（师）回（围）曹及五鹿（鹿），伐衛（卫）以敓（脱）齐之戍及宋之回（围）。（清华贰·第七章）

（10）王曰："繡（申）公忘夫析述之下虖（乎）？"（上博六·庄王既成、申公臣灵王）

（11）秮（尧）见坴（舜）之悳（德）臤（贤），古（故）让之。（上博二·子羔）

（12）是以君子贵城（成）之。（郭店·成之闻之）

（13）圣人谷（欲）不谷（欲），不贵难得之货。（郭店·老子甲本）

另一是 NP_1+V+NP_2 中的 NP_1 省略。例如：

（1）好其颂（容），乐其衍（道），兑（悦）其教，是以敬安（焉）。（郭店·性自命出）

（2）敓（悦）丌（其）人，必好丌（其）所为。亚（恶）丌（其）人者亦然。（上博一·孔子诗论）

（3）孝之杀，炁（爱）天下之民；廛（禅）之流，世亡忈（隐）直（德）。（郭店·唐虞之道）

（4）丁酉生子，耆（嗜）酒。（睡虎地·日书甲种）

（5）身虞（且）有瘔（病），亚（恶）盉（饍）与飤（食）。邦虞（且）亡，亚（恶）圣人之悬（诲）。（上博五·三德）

（6）则光门：其主必昌，好歌舞，必施衣常。（放马滩·日书乙种）

（7）鼠襄户，见之。（睡虎地·日书甲种）

（8）帝曰：繇（繇），敬（敬）之哉！母（毋）弗或敬。（楚帛书·乙篇）

（9）敬宗宙（庙）之豊（礼），吕（以）为丌（其）畬（本）。（上博一·孔子诗论）

（10）禑（祸）败囡（因）童于楚邦，惧魂（鬼）神，吕（以）取妄（怒）。（上博六·平王问郑寿）

（11）梦新（薪）夫焦（樵），乃大旱。（岳麓壹·占梦书）

（12）哭（邻）邦难窺（亲），戕（仇）人才（在）彷（旁），于（呜）虖（呼），念（念）之孳（哉）。（中山王譽鼎，集成02840）

（13）除害兴利，兹（慈）爱万姓。（睡虎地·为吏之道）

（14）古者尧之舁（举）舜也，昏（闻）舜孝，智（知）其能羧（养）天下之老也；昏（闻）舜弟，智（知）其能紂（事）天下之长也。（郭店·唐虞之道）

NP_1+V+NP_2 中的 NP_1 前可以有状语，这是句首状语：

（1）今吏智（知）之，未可奈可（何），请言请（情）。（岳麓叁·魏盗杀安、宜案）

（2）自昼甲见丙阴市庸中，而捕以来自出。甲毋（无）它坐。（睡虎地·封诊式）

NP_1+V+NP_2 中的 V 前也可以有状语（NP_1 可省），这是句中状语：

（1）文公十又二年居翟（狄），翟（狄）甚善之，而弗能内（入）。（清华贰·第六章）

（2）郐（阴）人陈膩、陈旦、陈越、陈鄵、陈宠、连利皆智（知）其杀之。（包山135）

（3）黄鳥（鸟）则困而谷（欲）反丌（其）古（故）也，多耻者丌（其）忞（病）之唇（乎）？（上博一·孔子诗论）

（4）虐（吾）可（何）以智（知）其肰（然）也。（郭店·老子甲本）

（5）车敔（盖）之荃酭，不见江沽（湖）之水。（郭店·语丛四）

（6）既腹心疾，以上𢝊（气），不甘飤（食），旧（久）不疸（瘥），尚速疸（瘥），毋又（有）柰。（包山236）

（7）毋喜富，毋恶贫，正行修身，过（祸）去福存。（睡虎地·为吏之道）

（8）甚贵丌（其）人，必敬丌（其）立（位）。（上博一·孔子诗论）

（9）是古（故）谷（欲）人之悉（爱）㠯（己）也，则必先悉（爱）人。（郭店·成之闻之）

（10）子曰：句（苟）又（有）车，必见其敔（盖）。句（苟）又（有）衣，必见其㡀（敝）；人句（苟）又（有）言，必闻其圣（声）；句（苟）又（有）行，必见其城（成）。（郭店·缁衣）

NP_1+V+NP_2 中的 NP_1 前有状语、V 前也有状语，也就是同时有句首状语和句中状语：

（1）明航（盂）。禭（鬼）神勶（忽）武，非所目（以）耈（教）民，唯君亓（其）智（知）之。（上博四·曹沫之陈）

（2）《寺（诗）》员（云）：“人之好我，旨我周行。”子曰：唯君子能好其駜（匹），少（小）人剀（岂）能好其駜（匹）。（郭店·缁衣）

NP_1+V+NP_2 中的 NP_2 后可以有补语（NP_1 可省），例如：

（1）君王憙（喜）之安（焉），命陈公恎（狂）寺₌（待之）。（上博九·陈公治兵）

（2）高宗命仪（傅）鸢（鳶），爠（量）之目（以）祭，既祭，安（焉）命行先王之灋（法）。（上博五·鲍叔牙与隰朋之谏）

2. NP_1+V+于/乎$+NP_2$（NP_1 可省）

这种句式是用介词“于”或“乎”引出受事。例如：

（1）不㠯（忌）于天，而㠯（忌）于人。（上博六·用曰）

（2）则君不悙（疑）其臣，臣不惑于君。（郭店·缁衣）

（3）孔₌（孔子）退，告子赣（贡）曰：“虐（吾）见于君，不昏（问）又（有）邦之道，而昏（问）𢼸（相）邦之道，不亦𡐦（遜）唇（乎）？”（上博四·相邦之道）

（4）君子不帝（啻）明唇（乎）民散（微）而已，或（又）以智（知）其弌（一）壴（矣）。（郭店·六德）

（5）君子明唇（乎）此六者，肰（然）句（后）可以𣃔（断）𠫓。（郭店·六德）

（6）䔍（尊）悳（德）义，明唇（乎）民仑（伦），可以为君。（郭店·尊德义）

3. NP_{1a} + NP_{1b} + V + NP_2（NP_2 可省）

这种句子的谓语部分，是一个主谓短语。主谓短语的主语部分，一般是由代词“孰”“莫”充当的。例如：

（1）型（形）于中，発（发）于色，其𦾔也固悿（矣），民篙（孰）弗信？（郭店·成之闻之）

（2）舍人、徒食皆莫智（知），它☐。（里耶壹 8-1733）

4. NP_1 + V（NP_1 可省）

NP_1 + V + NP_2 中的 NP_2 如果省去，就形成这种句式。例如：

（1）子曰：上人悿（疑），则百眚（姓）賊（惑）。（郭店·缁衣）

（2）献惠王立十又一年，郗（蔡）卲（昭）侯纏（申）惧，自歸（归）于吴。（清华贰·第十九章）

（3）少（小）臣愳（惧），乃逃于顕（夏）。（清华叁·赤鴼之集汤之屋）

（4）其才（在）民上也，民弗厚也；其才（在）民前也，民弗害（害）也。（郭店·老子甲本）

（5）叚（假）门逆闟（旅），赘壻后父，或衞（率）民不作，不治室屋，寡人弗欲。（睡虎地·为吏之道）

（6）乃迈（适）躗（卫），躗（卫）人弗善；迈（适）奠（郑），奠（郑）人弗善；乃迈（适）楚。（清华贰·第六章）

（7）智（知）之者弗言，言之者弗智（知）。（郭店·老子甲本）

（8）甲盗不盈一钱，行乙室，乙弗觉，问乙论可（何）殹（也）？毋论。（睡虎地·法律答问）

（9）此以逩（迩）者不賊（惑），而远者不悿（疑）。（郭店·缁衣）

（10）世世鼓勿（之），后孙之（勿）忘。（徐王之孙钟，新收 1409）

（11）相与亡，来入秦地，欲归羛（义）。行到州陵界中，未诣吏，悔。（岳麓叁·尸等捕盗疑购案）

（12）觉，亡。得。它如达等。（岳麓叁·猩、敞知盗分赃案）

（13）占狱讼，疑；占约结，不成。（周家台·日书）

5. NP_1 + NP_2 + 是/之 + V（NP_1 可省）

NP_1 + V + NP_2 中的 NP_2 前置于动词，其后用代词“是”或“之”来复指。例如：

（1）君子之立孝，炁（爱）是甬（用），豊（礼）是贵。（上博四·内豊）

（2）是君子之于言也，非从末流者之贵，穷藻（源）反本者之贵。（郭店·成之闻之）

6. NP_1 + 唯 + NP_2 + V（NP_1 可省）

NP_1 + V + NP_2 中的 NP_2 前置于动词，再在 NP_2 前加“唯”。例如：

《君牙》员（云）：“［夏］日㫳（暑）雨，少（小）民隹（惟）日悁（怨）；晋冬旨（祁）沧，少（小）民亦隹（惟）日悁（怨）。”（郭店·缁衣）

7. NP_1 + 唯 + NP_2 + 是 + V（NP_1 可省）

在 NP_1 + NP_2 + 是 + V 中的 NP_2 之前再加一个“唯”，就形成了这种句式。加“唯”是强调 NP_2 的唯一性，或者对它进行强调。例如：

（1）大（太）子乃亡𦖞（闻）、亡圣（听），不𦖞（闻）不命（令），唯㤁（哀）悲

是思，唯邦之大矛（务）是敬。（上博二·昔者君老）

（2）孤居僁（保）系绔之中，亦唯君是望。（上博七·吴命）

（3）凡民之冬（终）頪（类），隹善是善，善古（故）君之丂（?）。（上博六·用曰）

8. NP_1 + 否定词 + 非疑问代词 + V（NP_1 可省）

如果动词的宾语是代词（不包括疑问代词），同时在动宾短语前又有否定词——否定副词不、未、勿和否定代词莫，那么这个代词宾语可以前置。例如：

（1）子戁（叹）曰："乌！莫我晳（知）也夫。"（上博五·弟子问）

（2）古（故）莫之智（知），而不叉。（郭店·穷达以时）

（3）☑子餌（闻）之曰："赐，不虐（吾）晳（知）也。"（上博五·弟子问）

9. NP_2 + V

NP_1 + V + NP_2 中的 NP_1 如果省去，再把 NP_2 移到动词 V 之前，就形成这种句式。这种句式比较常见，例如：

（1）□□厔（厚），虎（虎）廌（存）忘，恻（贼）慫（盗）之复（作），可（何）之（先）智（知）?（上博七·凡物流形甲）

（2）人之所裞（畏），亦不可以不裞（畏）。（郭店·老子乙本）

（3）牆（将）中之言不可不韦（畏）也。（上博一·孔子诗论）

（4）亚（恶）人勿歁（陷），好人勿贵，救民㠯（以）辟。（上博五·季庚子问于孔子）

（5）子尝㠯（以）此误之，亓（其）白墨（黑）牆（将）可智（知）也。（上博九·古公见太公望）

10. NP_2 + NP_1 + V + 之

如果把 NP_1 + V + NP_2 中的 NP_2 移到 NP_1 之前，再在 V 后用"之"复指提前的 NP_2，就形成这种句式。这种句式也可以分析为主谓谓语句。例如：

（1）于差（嗟）虐（吾）惪（喜）之，䲹（尸）鴼（鸠）虐（吾）信之，文王虐（吾）㺯（美）之。（上博一·孔子诗论）

（2）贫戋（贱）而不约者，虐（吾）见之壴（矣）。（上博五·弟子问）

11. NP_2 + V + 之

如果把 NP_1 + V + NP_2 中的 NP_1 省去，把 NP_2 移到动词 V 之前，再在 V 后用"之"复指提前的 NP_2，就形成这种句式。例如：

（1）君子事父母，亡厶（私）樂（乐），亡（无）厶（私）慐（忧）。父母所乐₌（乐乐）之，父母所慐₌（忧忧）之。（上博四·内豊）

比较：人各食其所耆（嗜），不踐（足）以贫（分）人；各乐其所乐，而踐（足）以贫（分）人。（睡虎地·为吏之道）

"各乐其所乐"中的"其所乐"是动词"乐"的宾语，由此来看，"父母所乐乐之"，原是"乐父母所乐"，后把"父母所乐"前置，在原处用"之"复指提前的宾语。

（2）先₌（先人）斎₌（之所）善，亦善之。先₌（先人）斎₌（之所）叓（使）[亦使之，先人之所兴亦兴之]。（上博五·季庚子问于孔子）

（3）丰、乔（镐）之民餌（闻）之，乃降文₌王₌（文王，文王）时故时而季（教）民时，高下肥毳之利盡（尽）智（知）之。智（知）天之道，智（知）埅（地）之利，思民不疾。（上博二·容成氏）

12. NP_2+V+于$+NP_1$（NP_2 可省）

这种句式是所谓“于”字式被动句式，用介词“于”引出施事。NP_2 可以出现，也可以省略。例如：

（1）取（娶）妇为小内。内居西南，妇不媚于君。（睡虎地·日书甲种）

（2）生子，男必散（美）于人。内（入）货，吉。（九店 35）

（3）宦及智（知）于王，及六百石吏以上，皆为“显大夫”。（睡虎地·法律答问）

13. NP_2+为$+NP_1+V$（NP_2 可省）

这种句式是所谓“为”字被动句式，用介词“为”引出施事。NP_2 可以出现，也可以省略。例如：

古（故）为天下贵。（郭店·老子甲本）

14. NP_2+见$+V$

这种句式是所谓“见”字式被动句式，在动词 V 前用助动词“见”表示被动。例如：

句（后）稷之见贵也，则目（以）文武之惪（德）也。（上博一·孔子诗论）

15. NP_1+NP_2+相$+V$

甲乙雅不相智（知），甲往盗丙，毚（才）到，乙亦往盗丙，与甲言，即各盗，其臧（赃）直（值）各四百，已去而偕得。其前谋，当并臧（赃）以论；不谋，各坐臧（赃）。（睡虎地·法律答问）

（二）复杂谓语句式

1. 并列句

具有并列关系的几个“谓”之间可以不用连词。例如：

（1）尧舜之行，炁（爱）亲嶂（尊）臤（贤）。炁（爱）亲古（故）孝，尊臤（贤）古（故）禪（禅）。（郭店·唐虞之道）

（2）虗（吾）植（直）立经行，远慮（虑）煮（图）逡（后），唯（虽）不堂（当）殜（世），句（苟）义毋舊（咎），立死可（何）骰（伤）才（哉）？（上博五·姑成家父）

（3）老₌（老老）慈幼，先又（有）司，譽（举）䝭（贤）才，惑（宥）怹（过）惥（举）辠（罪）。（上博三·中弓）

（4）受为亡道，餌（闻）者百眚（姓），至（制）约者（诸）矦（侯），蠿（绝）穜（种）悉（侮）眚（姓），土玉水酉（酒），天牺（将）戜（诛）安（焉）。（上博二·容成氏）

（5）隹（唯）正孟岁十月庚午，曰古朕（朕）皇禓（祖）悼公，严龏（恭）天命，哀命（矜、怜）鳏寡。（司马楙镈甲乙，山东成 104）

具有并列关系的几个“谓”之间可以用连词“而”来连接。例如：

丙午生子，耆（嗜）酉（酒）而疾，后富。（睡虎地·日书甲种）

2. 转折句

具有转折关系的几个“谓”之间一般要用连词“而”来连接。例如：

（1）贱士而贵货贝。（睡虎地·为吏之道）

（2）夫古者舜佢于草茅之中而不忧，升为天子而不乔（骄）。佢草茅之中而不忧，智（知）命也。（郭店·唐虞之道）

（3）▨□是（氏）之又（有）天下，厚炁（爱）而泊（薄）奮（敛）安（焉）。（上

博二·容成氏）

(4) 事而弗受者，虐（吾）䎽（闻）而未之见也。（上博五·弟子问）

(5) 甲盗不盈一钱，行乙室，乙弗觉，问乙论可（何）殹（也）？毋论。其见智（知）之而弗捕，当赀一盾。（睡虎地·法律答问）

(6) 古（故）共是勿（物）也而又（有）深安（焉）者，可学也而不可矣（疑）也，可教也而不可迪其民，而民不可歨（止）也。（郭店·尊德义）

(7) 毋不能而为之，毋能而惕（易）之。聚（骤）敚（夺）民旹（时），天飤（饥）必垄（来）。（上博五·三德）

(8) 大啬夫、丞智（知）而弗罪，以平罪人律论之，有（又）与主廥者共赏（偿）不备。（睡虎地·秦律十八种）

(9) 甲有罪，吏智（知）而端重若轻之，论可（何）殹（也）？（睡虎地·法律答问）

具有转折关系的几个"谓"之间也可以不用连词"而"来连接。例如：

(1) 牆（状）若生又（有）耳不䎽（闻），又（有）口不鸣，又（有）目不见，又（有）足不趣（趋）。（上博五·融师有成氏）

(2) 敦（屯）长、什伍智（知）弗告，赀一甲。（睡虎地·秦律杂抄）

(3) 悉（爱）亲亢（忘）臤（贤），忎（仁）而未义也。尊臤（贤）遗亲，我（义）而未忎（仁）也。（郭店·唐虞之道）

(4) 视之不足见，圣（听）之不足䎽（闻），而不可既也。（郭店·老子丙本）

3. 连谓句

具有连谓关系的几个"谓"之间可以不用连词来连接。例如：

武王䎽（闻）之忑（恐）覞（惧）。（上博七·武王践阼）

具有连谓关系的几个"谓"之间用连词"而"来连接。例如：

(1) 以桃为弓，牡棘为矢，羽之鸡羽，见而射之，则已矣。（睡虎地·日书甲种）

(2) 古（故）见傷（禓）而为之晢（祈），见窔而为之内。（上博六·天子建州甲）

(3) 丁与此首人强攻羣（群）盗人，自昼甲将乙等徼循到某山，见丁与此首人而捕之。（睡虎地·封诊式）

(4) 昔□垄（舜）静（耕）于鬲（鬲）丘，匋（陶）于河宾（滨），鱼（渔）于靁（雷）泽，孝羕（养）父母，目（以）善亓（其）新（亲），乃及邦子。尧（尧）䎽（闻）之而敚（美）亓（其）行。（上博二·容成氏）

(5) 坐而思之，每（谋）于千里；迟（起）而甬（用）之，練（陈）于四海（海）？（上博七·凡物流形甲）

(6) 凡忧思而句（后）悲，凡乐思而句（后）忻。凡思之甬（用），心为甚。欺（叹），思之方也。（郭店·性自命出）

(7) 智（知）命而句（后）智（知）道，智（知）道而句（后）智（知）行。（郭店·尊德义）

4. 兼语句

第一个使令动词是"令"的兼语句。例如：

(1) 以正月取桃橐（蠹）矢（屎）少半升，置淳（醇）酒中，歓（饮）之，令人不单（惮）病。（周家台·病方及其他）

(2) 为作务及官府市，受钱必辄入其钱缿中，令市者见其入，不从令者赀一甲。(睡虎地·秦律十八种)

(3) 已龋方：见车，禹步三步，曰："辅车车辅，某病齿龋，笱（苟）能令某龋已，令若毋见风雨。"即取车䡅，毋令人见之，及毋与人言。操归，匿屋中，令毋见，见复发。(周家台·病方及其他)

(4) 租者且出以律，告典、田典，典、田典令黔首皆智（知）之。(龙岗 150)

(5) 故腾为是而修法律令、田令及为闲私方而下之，令吏明布，令吏民皆明智（知）之，毋巨（歫）于罪。(睡虎地·语书)

第一个使令动词是"命"的兼语句。例如：

(1) 亦告文王曰："赛（息）侯之妻甚娧（美），君必命见之。"文王命见之，赛（息）侯訇（辞），王固命见之。既见之，还。(清华贰·第五章)

(2) 铪之而不可，必虔（文）以讹，母〈毋〉命智（知）我。(郭店·语丛四)

第一个使令动词是"使"的兼语句。例如：

(1) 与民有期，安驺而步，毋使民惧。(睡虎地·为吏之道)

(2) 胙既与虗（吾）同车，或（又）披［锦］衣，囟（使）邦人䛷（皆）见之。(上博四·昭王毁室、昭王与龚之胙)

(3) 墨（禹）肰（然）句（后）鈶（始）为之唇（号）羿（旗），𠂤（以）支（辨）亓（其）㚔（左）右，思（使）民毋惑（惑）。(上博二·容成氏)

(4) 今袭号而刻辞不称始皇帝，其于久远殹，如后嗣为之者，不称成功盛德。刻此诏故刻左，使毋疑。(两诏椭量，18840)

(5) 是古（故）先王之教民也，不史（使）此民也忧其身，遊（失）其歔（偏）。(郭店·六德)

(6) 是囟（使）句（后）痃（疾）疾而不智（知）人。(清华叁·赤鹄之集汤之屋)

(7) 𠂤（以）猛（左）右㝢（寡）人，速（使）智（知）社（社）稷之赁（任），臣宔（主）之宜（宜），夒（夙）夜不覣（懈），𠂤（以）譁（诱）道（导）㝢（寡）人，含（今）舍（余）方壮，智（知）天若否。(中山王譽鼎，集成 02840)

四、出土战国文献中二价心理动词的指称化与修饰化

二价心理动词作谓语或谓语的一部分，都是表陈述的。二价心理动词作一些动词的宾语（例如"曰"）时，可能仍是表陈述的。

除此之外，还有其他的用法。当二价心理动词与"者"构成"者"字短语、与"所"构成"所"字短语、与"所"和"者"构成"所者"字短语、与"之"构成"之"字短语时，一般都是表指称的，是有标记的指称化。当二价心理动词作主语、宾语（绝大多数）和判断句谓语时，也是表指称的，是无标记的指称化。

当二价心理动词作定语时，一般是表修饰的。

（一）指称化

1. 有标记的指称化

A. 构成"者"字短语。

"者"与二价心理动词所构成的"者"字短语，一般是指称 V 的经事的。

“者”前一般是动宾短语。例如：

（1）智（知）人者智。（岳麓壹·为吏治官及黔首）

（2）行之不怹（过），智（知）道者也。（郭店·性自命出）

（3）梦见羊者，伤欲食。梦见豕者，明欲食。（岳麓壹·占梦书）

（4）敚（悦）丌（其）人，必好丌（其）所为。亚（恶）丌（其）人者亦然。（上博一·孔子诗论）

（5）聋（闻）道而畏者，好义者也。（郭店·五行）

（6）利木侌（阴）者，不折其枳（枝）。利其渚者，不赛（塞）其溪（溪）。（郭店·语丛四）

（7）智（知）而事之，胃（谓）之障（尊）臤（贤）者也。后，士之障（尊）臤（贤）者也。（郭店·五行）

“者”前可以是状中短语。例如：

（1）牙（与）曼（慢）者凥（处），员（损）。牙（与）不好教（学）者游，员（损）。（郭店·语丛三）

（2）黄鳥（鸟）则困而谷（欲）反丌（其）古（故）也，多耻者丌（其）忞（病）之虐（乎）？（上博一·孔子诗论）

“者”前还可以是连谓短语、转折短语等。例如：

（1）臣邦人不安其主长而欲去夏者，勿许。（睡虎地·法律答问）

（2）聋（闻）道而兑（悦）者，好悬（仁）者也。聋（闻）道而畏者，好义者也。聋（闻）道而共（恭）者，好豊（礼）者也。聋（闻）道而鑾（乐）者，好悳（德）者也。（郭店·五行）

（3）又（有）智（知）吕（己）而不智（知）命者，亡智（知）命而不智（知）吕（己）者。又（有）智（知）豊（礼）而不智（知）乐者，亡智（知）乐而不智（知）豊（礼）者。（郭店·尊德义）

（4）亚（恶）之而不可非者，达于义者也。非之而不可亚（恶）者，管（笃）于悬（仁）者也。（郭店·性自命出）

B. 构成“所”字短语。

“所”也是指称化的标记，一般是用来表转指的。“所”主要有两种用法：

一是“所”与二价心理动词构成“所”字短语“所 + V”，一般是指称 V 的感事的。“所”后一般就是一个动词。例如：

（1）梦亡其钩带备掇（缀）好器，必去其所爱。（岳麓壹·占梦书）

（2）好亚（恶），眚（性）也。所好所亚（恶），勿（物）也。（郭店·性自命出）

（3）蜀（独）晳（智），人所亚（恶）也；蜀（独）贵，人所亚（恶）也；蜀（独）賏（富），人所［恶也］。（上博五·君子为礼）

（4）古者，民各有乡俗，其所利及好恶不同，或不便于民，害于邦。（睡虎地·语书）

（5）百眚（姓）亓₌（之所）贵唯君₌（君，君）亓₌（之所）贵唯心₌（心，心）亓₌（之所）贵唯豸（貌），骨（得）而解之。（上博七·凡物流形甲）

（6）丰芋（华）縺（緟）光，民之所好可（兮）。（上博八·李颂）

（7）子曰：大人不新（亲）其所臤（贤），而信其所戋（贱），教此以遊（失），民

此以絣（烦）。（郭店·缁衣）

(8) 君子事父母，亡厶（私）䜌（乐），亡（无）厶（私）憂（忧）。父母所乐₌（乐乐）之，父母所憂₌（忧忧）之。（上博四·内豊）

(9) 目（以）卿（飨、享）上帝，目（以）祀先王，穆穆济济，嚴（严）敬（敬）不敔（敢）怠（怠）荒，因𡍬（载）所美，卲友（跋）皇工（功）。（中山王嚳壶，集成09735）

(10) 人各食其所耆（嗜），不蹊（足）以贫（分）人；各乐其所乐，而蹊（足）以贫（分）人。（睡虎地·为吏之道）

(11) 人之所禔（畏），亦不可以不禔（畏）。（郭店·老子乙本）

(12) 民之所憙（喜），上帝是有（佑）。（上博五·三德）

(13) 民之所欲，𩲡（鬼）神是有（佑）。（上博五·三德）

(14) 而考（巧）于左右，婺（迩）而不难，告众之所畏忌。（上博六·用曰）

“所”后可以是一个状中短语或中补短语。例如：

(1) 今夫𩲡（鬼）神又（有）所明又（有）所不明，则目（以）亓（其）赏善罚暴也。（上博五·鬼神之明）

(2) 好亚（恶），眚（性）也。所好所亚（恶），勿（物）也。善［不善，眚（性）也］，所善所不善，埶（势）也。（郭店·性自命出）

(3) 憭（察）所智（知），憭（察）所不智（知）。（郭店·语丛一）

(4) 舉（举）而（尔）所䎽（知），而（尔）所不䎽（知），人丌（其）豫（豫，舍）之者。（上博三·中弓）

(5) 公与页畣（答）之尚（倘）肰（然），是虐（吾）所𦣻（望）于女（汝）也。（上博六·竞公疟）

“所 + V”所指称 V 的感事，还可以在“所 + V”之后出现。例如：

季（教）而㕜（使）之，君₌（君子）亡所猒（厌）人。（上博三·中弓）

二是出土战国文献中二价心理动词与“所”构成第二种“所”字短语“所 + P + VP”。“所 + P + VP”中的 VP 一般都是动宾短语，因为这种“所”字短语里的“所”不是指称 V 的感事的，所以动词的感事宾语可以出现。例如：

(1) 是以君子人道之取先。戠（察）者出所以智（知）㠯（己），智（知）㠯（己）所以智（知）人，智（知）人所以智（知）命，智（知）命而句（后）智（知）道，智（知）道而句（后）智（知）行。（郭店·尊德义）

(2) 虫（蠢）材目（以）为㢑（献），或不能节佀（欺），所目（以）辠（罪）人。（上博八·志书乃言）

C. 构成“之”字短语。

一个主谓短语“NP + VP”（这里的 VP 是指二价心理动词语）原本是陈述一个事件，是谓词性的。但是在中间加“之”之后形成“NP + 之 + VP”，这个结构是表指称的，指“NP + 之 + VP”这个事件，所以“之”也是指称化的标记。例如：

(1) 是古（故）谷（欲）人之悉（爱）㠯（己）也，则必先悉（爱）人，谷（欲）人之敬㠯（己）也，则必先敬人。（郭店·成之闻之）

(2) 目之好色，耳之乐圣（声），𩈚（郁）舀（陶）之𣱼（气）也，人不难为之死。

（郭店·性自命出）

(3) 今君之贪惛（昏）𧉦（苛）匿（慝），币韦（违）☐。（上博六·竞公疟）

(4) 辠（罪）莫垩（重）虖（乎）甚欲，咎莫佥（僭）虖（乎）谷（欲）得，化（祸）莫大虖（乎）不智（知）足。智（知）足之为足，此亘（恒）足矣。（郭店·老子甲本）

(5)《寺（诗）》员（云）："人之好我，旨我周行。"子曰：唯君子能好其驲（匹），少（小）人剀（岂）能好其驲（匹）。（郭店·缁衣）

"NP＋之＋VP"中的"NP＋之"可以用"其"替代。例如：

古（故）君子之友也又（有）向（乡），其亚（恶）也又（有）方。（郭店·缁衣）

2. 无标记的指称化

A. 作主语。

二价心理动词可以单独作主语。例如：

(1) 恶生于眚（性），忞（怒）生于恶。（郭店·语丛二）

(2) 瞿（惧）生于眚（性），监生于瞿（惧）。（郭店·语丛二）

(3) 欲（欲）生于眚（性），虑生于欲（欲）。（郭店·语丛二）

(4) 怱（愠）生于忧。㤅（爱）生于眚（性），亲生于㤅（爱），忠生于亲。（郭店·语丛二）

(5) 敓（悦）生于卯（谋），𡚸（好）生于敓（悦），从生于𡚸（好）。（郭店·语丛二）

(6) 异生异，鬼（畏）生鬼（畏），韦（违）生非＝（非，非）生韦（违）。（上博三·亘先）

(7) 一曰不察所亲，不察所亲则怨数至。（睡虎地·为吏之道）

两个二价心理动词构成联合短语作主语。例如：

(1) 又（有）生又（有）智（知），而句（后）好亚（恶）生。（郭店·语丛一）

(2) 好亚（恶），眚（性）也。所好所亚（恶），勿（物）也。（郭店·性自命出）

以二价心理动词为中心的动宾短语、状中短语、主谓短语可以作主语。例如：

(1) 好㛥（美）女（如）好兹（缁）衣，亚（恶）亚（恶）女（如）亚（恶）𨗨（巷）白（伯）。（郭店·缁衣）

(2) 则好㤻（仁）不硻（坚），而亚（恶）亚（恶）不㢑（着）也。（郭店·缁衣）

(3) 亚（恶）頪（类）厽（三），唯亚（恶）不𦬁（仁）为忻（近）宜（义）。（郭店·性自命出）

(4) 未尚（尝）见臤（贤）人，胃（谓）之不明。（郭店·五行）

(5) 是以智（知）而求之不疾，其迲（去）人弗远挨（矣），戢（勇）而行之不果，其挨（疑）也弗枉挨（矣）。（郭店·成之闻之）

(6) 丌（其）乐安而屖（迟），丌（其）诃（歌）绅（埙）而𦬁（篪），丌（其）思深而远，至矣！（上博一·孔子诗论）

(7) 夫山，石目（以）为肤，木目（以）为民，女（如）天不雨，石𤵣（将）𤎩（焦），木𤵣（将）死，丌（其）欲雨或甚于我，或（又）必寺（待）虐（吾）名虐（乎）？（上博二·鲁邦大旱）

以二价心理动词为中心的连谓短语、转折短语可以作主语。例如：

(1) 见臤（贤）人而不智（知）其又（有）悳（德）也，胃（谓）之不智。见而智（知）之，智也。(郭店·五行)

(2) 安而敬之，豊（礼）也。(郭店·五行)

B. 作宾语。

二价心理动词语作宾语有两种情况，一是作动词的宾语，二是作介词的宾语。

一是作动词的宾语。二价心理动词作宾语大多数是指称化了，也有未指称化的，如作准系词“为”的宾语、作言说动词“曰”的宾语等。例如：

(1) 欲人爱之，必先爱人。(岳麓壹·为吏治官及黔首)

(2) 右端（端）曰：“毋行可悬（悔）。”(上博七·武王践阼)

(3) 氏（是）目（以）寡（寡）人许之，悬（谋）虑虐（皆）从（从）。(中山王譽鼎，集成02840)

(4) 凡民之冬（终）頪（类），隹善是善，善古（故）君之丂（?）。(上博六·用曰)

(5) 纍（早）与智悔（谋），是胃（谓）童（重）基。(郭店·语丛四)

(6) 好媺（美）女（如）好兹（缁）衣，亚（恶）亚（恶）女（如）亚（恶）遳（巷）白（伯）。(郭店·缁衣)

(7) 昔埶（我）旻（得）中，殜₌（世世）毋又（有）逡（后）悬（悔）。(上博九·文王访之于尚父举治)

(8) 人有思哀也弗忘。取丘下之莠，完掇其叶二七，东北乡（向）如（茹）之乃卧，则止矣。(睡虎地·日书甲种)

(9) 害晒（将）逨（来），晒（将）又（有）兵，又（有）悳（忧）于公身。(上博五·鲍叔牙与隰朋之谏)

(10) 四巟（荒）之外，亡（无）不见也。(清华三·赤鹄之集汤之屋)

(11) 氏（是）目（以）寡（寡）人匡（委）赁（任）之邦，而去之游，亡寥（慷）炅（惕）之息（虑）。(中山王譽鼎，集成02840)

二是作介词的宾语。例如：

(1) 敓（悦）生于卯（谋），毌（好）生于敓（悦），从生于毌（好）。(郭店·语丛二)

(2) 瞿（惧）生于眚（性），监生于瞿（惧）。(郭店·语丛二)

(3) 悥（倍）生于虑，静（争）生于悥（倍）。(郭店·语丛二)

(4) 念（贪）生于欲（欲），怀生于念（贪）。(郭店·语丛二)

(5) 郈〈休（弱）〉生于眚（性），俟（疑）生于休（弱），北生于俟（疑）。(郭店·语丛二)

(6) 忽（愠）生于忧。悉（爱）生于眚（性），亲生于悉（爱），忠生于亲。(郭店·语丛二)

(7) 囟（思）游于悉（爱）含可（兮），能与余相叀（惠）含可（兮）。(上博八·有皇将起)

(8) 人毋（无）故而忧也。为桃更（梗）而敃（捪）之，以癸日日入投之道，遽曰：

“某。”免于忧矣。(睡虎地·日书甲种)

(9) 辠(罪)莫至(重)虖(乎)甚欲,咎莫佥(憯)虖(乎)谷(欲)得,化(祸)莫大虖(乎)不智(知)足。(郭店·老子甲本)

(10) 诗繇(由)敬乍(作)。(郭店·语丛一)

(11) 詞(治)民非还生而已也,不以旨(嗜)谷(欲)害(害)其义(仪)軌(轨)。(郭店·尊德义)

C. 作判断句谓语。

(1) 大族,忧毆,应事毆,贞在大族。(放马滩·日书乙种)

(2) 佢草茅之中而不忧,智(知)命也。(郭店·唐虞之道)

(3) 敚(美)之,是乐杀人。(郭店·老子丙本)

(4) 女子不狂痴,歌以生商,是阳鬼乐从之。(睡虎地·日书甲种)

(5) 含(今)内之不旻(得)百生(姓),外之为者(诸)疾(侯)炭(笑),募(寡)人之不燥也,几(岂)不二子之惪(忧)也才(哉)。(上博五·竞建内之)

(二)修饰化

二价心理动词作谓语或谓语中心,是表陈述的。当它处于定语位置上时,它的表述功能就被修饰化了。

单个二价心理动词作定语,这种定语之后可以不用结构助词“之”。例如:

(1) 溺志,既曰天也,猷又(有)悹(怨)言。(上博一·孔子诗论)

(2) 未见君子,惪(忧)心不能怺(忡)怺(忡);既见君子,心不能降。(郭店·五行)

(3) 悉(爱)頪(类)七,唯眚(性)悉(爱)为近悬(仁)。(郭店·性自命出)

(4) 亚(恶)頪(类)厽(三),唯亚(恶)不悬(仁)为忻(近)宜(义)。(郭店·性自命出)

(5) 男子甲自诣,辞曰:“士五(伍),居某里,以乃二月不识日去亡,毋(无)它坐,今来自出。”(睡虎地·封诊氏)

(6) 占之,恒贞吉,少又(有)戚于躬身,且志事少遅(迟)得。(包山197、198)

单个二价心理动词作定语,这种定语之后可以用结构助词“之”。例如:

(1)《君奭》曰“毁(襄)我二人,毋又(有)合才(在)音”,害(盖)道不说(悦)之訇(词)也。(郭店·成之闻之)

(2) 凡忧患之事谷(欲)妊(任),乐事谷(欲)后。(郭店·性自命出)

(3) 今法律令已布,闻吏民犯法为闲私者不止,私好、乡俗之心不变。(睡虎地·语书)

第五节 出土战国文献二价关系动词

一、出土战国文献中的二价关系动词

出土战国文献中的二价关系动词具有[关系][-自主][及物]的语义特征。这是

区别于其他二价动词的重要依据。[－自主] 和 [及物] 这两个语义特征，前面已经解释了，下面解释一下 [关系] 这一语义特征。

[关系] 是指这种动词既不表示动作行为，也不表示心理活动或性质状态，只表示两个事物之间的某种关系。

具有这种语义特征的二价关系动词有：

当（相当、合、值、顶）、为$_1$（是、就是；算是、算作）、为$_2$（叫、叫作、称为）、值（值）、重（重量是）、类（类似、相似）、譬（譬如、比喻、比方）、如（像、好像、好似；及、比得上）、若（如、好像；赶上）、象（相似）、犹（如同、好像）、呼（叫、叫作）、曰（叫、称作）、处（占有、拥有）、多（多有）、含（包含、隐含）、兼（同时并有、同时具备）、属（属于）、亡（无、没有）、亡有（没有）、无（没有）、无有（没有）、有（与"无"相对）等。

这些二价关系动词可以分为以下四类：

（一）断定关系动词

当（相当、合、值、顶）、为$_1$（是、就是；算是、算作）、值（值）、重（重量是）等。

（二）比较或比喻关系动词

类（类似、相似）、譬（譬如、比喻、比方）、如（像、好像、好似；及、比得上）、若（如、好像；赶上）、象（相似）、犹（如同、好像）等。

（三）称呼关系动词

呼（叫、叫作）、为$_2$（叫、叫作、称为）、曰（叫、称作）等。

（四）含有关系动词

处（占有、拥有）、多（多有）、含（包含、隐含）、兼（同时并有、同时具备）、属（属于）、亡（无、没有）、亡有（没有）、无（没有）、无有（没有）、有（与"无"相对）等。

二、出土战国文献中二价关系动词的配价成分——起事和止事

（一）起事

关系动词是用来表示双方关系的。关系双方的起方就叫起事，关系双方的止方叫止事。

1. 表人或人之部分的名词语

表人的名词语如：

（1）尭（尧）又（有）子九人，不㠯（以）亓（其）子为逡（后），见埀（舜）之臤（贤）也，而欲㠯（以）为逡（后）。（上博二·容成氏）

（2）子疋（胥）前多社（功），后翏（戮）死，非其智怀（衰）也。（郭店·穷达以时）

（3）楚自（师）亡工（功），多宏（弃）幡（旃）莫（幕），肖（宵）豚（遁）。（清华贰·第二十一章）

(4) 老臣为君王戰(守)见(视)之臣,辠(罪)亓(其)宓(容)于死。(上博四·昭王毁室、昭王与龚之脽)

(5) 文王䎽(闻)之,曰:"唯(虽)君亡道,臣敢勿事虖(乎)?唯(虽)父亡道,子敢勿事虖(乎)?篙(孰)天子而可反?"(上博二·容成氏)

(6) 囯(域)中又(有)四大安,王凥(处)一安。(郭店·老子甲本)

(7) 邦司马为郡司马。乘传客为都吏。(里耶壹8-461)

(8) 杰(桀)不胃(谓)其民必乱,而民又(有)为乱矣。(郭店·尊德义)

(9) 民多利器,而邦慈(滋)昏。人多智(知),天〈而〉戓(奇)勿(物)慈(滋)记(起),法勿(物)慈(滋)章(彰)。(郭店·老子甲本)

(10) 冗隶妾二人当工一人,更隶妾四人当工[一]人,小隶臣妾可使者五人当工一人。(睡虎地·秦律十八种)

表人之部分的名词语如:

(1) 身虞(且)有痣(病),亚(恶)盉(饍)与飤(食)。(上博五·三德)

(2) 贞:出内(入)時(侍)王,自夏层之月以㝶(就)集戢(岁)之夏层之月,聿(尽)集戢(岁),躬身尚毋又(有)咎。占之:恒贞吉,少又(有)慼于躬身与宫室,且外又(有)不训(顺)。(包山209、210)

(3) 审耳目口,十耳当一目。(睡虎地·为吏之道)

(4) 此心目亡(无)亟(极),䨻(富)而亡(无)涚,甬(用)莫能歨(止)欲,而莫肎(肯)齐好。(清华叁·芮良夫毖)

(5) 层(尸)鳲(鸠)曰:丌(其)义一氏,心女(如)结也,虐(吾)信之。(上博一·孔子诗论)

(6) 凡人唯(虽)又(有)眚(性),心亡奠志。(郭店·性自命出)

(7) 凡思之甬(用),心为甚。(郭店·性自命出)

2. 表邦、国的名词语

(1) 于是唇(乎)不赏不罚,不型(刑)不杀,邦无飤(饥)人,道逄(路)无殇死者,上下贵戋(贱),各㝵(得)亓(其)殜(世)。(上博二·容成氏)

(2) 贞邦无咎,殴(繄)牆(将)又(有)设(役)。(上博九·卜书)

(3) 孚(卒)又(有)伥(长),三军又(有)衒(帅),邦又(有)君,此三者所目(以)戰(战)。(上博四·曹沫之陈)

(4) 邦杺(必)又(有)疾。凡三族又(有)此,三末唯(虽)吉,女(如)白女(如)黄。(上博九·卜书)

(5) 亓(其)邦又(有)大䜌(乱),取(娶)女凶。(楚帛书·丙篇)

(6) 三族之敚(夺),周邦又(有)吝,亦不𢇍(绝)。(上博九·卜书)

(7) 周邦聚(骤)又(有)禍(祸)。(清华叁·芮良夫毖)

(8) 是戢(岁)也,晋人戏(伐)齐,既至齐陛(地),晋邦又(有)嬰(乱),师乃遆(归)。(上博五·鲍叔牙与隰朋之谏)

3. 表鬼神的名词语

(1) 今夫魂(鬼)神又(有)所明又(有)所不明,则目(以)亓(其)赏善罚暴也。(上博五·鬼神之明)

(2) 夫天多期（忌）韦（讳），而民尔（弥）畔（叛）；民多利器，而邦慈（滋）昏。(郭店·老子甲本)

4. 表具体事物（同时有表数量的词语）的名词语

(1) 钱十一当一布。其出入钱以当金、布，以律。(睡虎地·秦律十八种)

(2) 鼷穴三当一鼠穴。(睡虎地·法律答问)

(3) 食取七斗七分一，食二斗当米一斗。(岳麓贰·数)

(4) 粺米十九重一石。稷毁（毇）十九斗四升重一石。稻粟廿七斗六升重一石。稷粟廿五斗重一石。(岳麓贰·数)

(5) 杙（母）比（币）堂（当）圻（釿）。(先秦4175)

(6) 六贵鼎，又（有）盍（盖）。四瞪（盌），又（有）盍（盖）。二卵缶，又（有）盍（盖）。二盘。二铊（匜），卵盏。三▨。(望山·遣策46)

(7) 一组繍（带）、一革，皆又（有）钩（钩）。(信阳2-02)

(8) 梁夸釿五十尚（当）寽（锊）。(先秦1334)

5. 表抽象事物的名词语

(1) 悬（仁）頪（类）蕍（柔）而速（束），宜（义）頪（类）莽而𢇍（绝）。(郭店·六德)

(2) 悬（仁）为可新（亲）也，义为可畲（尊）也，忠为可信也，学为可嗌（益）也，教为可頪（类）也。(郭店·尊德义)

(3) 上悳（德）女（如）浴（谷），大白女（如）辱，往（广）悳（德）女（如）不足，建悳（德）女（如）□□贞女（如）愉。(郭店·老子乙本)

(4) 攸之豪（家），其悳（德）又（有）舍（余）。(郭店·老子乙本)

6. 表处所方位的名词语

(1) 官中多草。(岳麓壹·为吏治官及黔首)

(2) 壬子，其下有水。(周家台·日书)

(3) 署中某所有贼死、结发、不智（知）可（何）男子一人，来告。(睡虎地·封诊式)

(4) 内中有竹柖，柖在内东北，东、北去廦各四尺，高一尺。(睡虎地·封诊式)

(5) 囿（域）中又（有）四大安，王凥（处）一安。(郭店·老子甲本)

(6) 田无𢿢（蔡），厇（宅）不工（空），闗（关）市无赋。(上博二·容成氏)

(7) 道逄（路）无殇死者，上下贵戋（贱），各𢔶（得）亓（其）殜（世）。(上博二·容成氏)

(8) 四方又（有）㪊（败），必先𥎦（知）之，亓（其）□胃（谓）民之父母矣。(上博二·民之父母)

(9) 尊贤养孽，原壄（野）如廷。(睡虎地·为吏之道)

7. 表时间的名词语

(1) 三戢（岁）无咎，将又（有）大憙，邦智（知）之。(包山211)

(2) 贞，以其下心而疾，少气，恒贞吉，庚、辛又（有）间，病速瘥（瘥），不逗于只昜（阳），同祱。(包山220)

8. 表动作行为的动词语

(1) 子曰："䖒（吾）䎽（闻）父母之丧，飤（食）肉女（如）饭土，酓（饮）酉

（酒）女（如）滏（浇），信唇（乎）？”（上博五·弟子问）

（2）好烷（美）女（如）好兹（缁）衣，亚（恶）亚（恶）女（如）亚（恶）遊（巷）白（伯），则民臧〈咸〉放（力）而荎（刑）不屯（顿）。（郭店·缁衣）

（3）得虎当得六人一牒署□□于▨。（里耶壹8－170）

（4）又（有）眚（性）又（有）生，虖（呼）生。（郭店·语丛三）

（5）临事之纪，訢（慎）冬（终）女（如）怠（始），此亡败事矣。（郭店·老子甲本）

（6）［瞻望弗汲（及）］，淉（泣）涕女（如）雨。（郭店·五行）

（7）非我血既（气）之新（亲），畜我女（如）其子弟。（郭店·六德）

（8）唯（虽）戭（勇）力闻于邦不女（如）材，金玉浧（盈）室不女（如）悔（谋），众强甚多不女（如）时，古（故）悔（谋）为可贵。（郭店·语丛四）

9．表性质的形容词语

（1）豊（礼）之于层（尸）宙（庙）也，不腈（精）为腈（精），不烷（嫰）为烷（嫰）。义反之，腈（精）为不腈（精），烷（嫰）为不烷（嫰）。（上博六·天子建州甲）

（2）人毋（无）故一室人皆棰（垂）延（涎），爰母处其室，大如杵，赤白，其居所水则干，旱则淳。（睡虎地·日书甲种）

（3）已鼠方：取大白礜，大如母（拇）指，置晋斧（釜）中，涂而燔之，毋下九日，冶之。（周家台·病方及其他）

（4）桓（恒）多取櫌桑木，燔以为炭火，而取牛肉剝（劙）之，小大如黑子，而炙之炭火。（周家台·病方及其他）

10．表数量的数词或数量词

（1）五德：一曰愋（宽），二曰共（恭），三曰惠，四曰悬（仁），五曰敬。（上博二·从政甲）

（2）吏有五善：一曰中（忠）信敬上，二曰精（清）廉毋谤，三曰举事审当，四曰喜为善行，五曰龚（恭）敬多让。五者毕至，必有大赏。（睡虎地·为吏之道）

（3）牛大牝十，其六毋（无）子，赀啬夫、佐各一盾。羊牝十，其四毋（无）子，赀啬夫、佐各一盾。（睡虎地·秦律杂抄）

（4）今复租之，三步廿八寸当三步有（又）百九十六分步。（岳麓贰·数）

11．指代人或事物的代词

（1）虐（吾）所以有大患者，为虐（吾）又（有）身。汲（及）虐（吾）亡身，或［可］（何）□□□。（郭店·老子乙本）

（2）是以圣人之言曰：我无事而民自福（富）。（郭店·老子甲本）

（3）吾敢告之，余无辠（罪）也，使朙（明）神智（知）吾情，若朙（明）神不□其行，而无辠（罪）□友（宥）。（秦骃玉牍甲，19829）

（4）毙（举）邦聿（尽）只（获），女（汝）蜀（独）亡（无）旻（得）。（上博九·灵王遂申）

（5）莫不又（有）道安（焉），人道为近。（郭店·尊德义）

（6）其盈岁，虽弗效，新吏与居吏坐之，去者弗坐，它如律。（睡虎地·秦律十八种）

（7）丙毋（无）麋（眉），艮本绝，鼻腔坏。（睡虎地·封诊式）

（8）餌（问）：天篙（孰）高与？埅（地）篙（孰）違（远）与（与）？篙（孰）为

天？箸（孰）为塦（地）？箸（孰）为靁？箸（孰）为啻（电）？（上博七·凡物流形甲）

(9) 可（何）为憩（宠）辱？憩（宠）为下也。（郭店·老子乙本）

(10) 可（何）如为"大痍"？"大痍"者，支（肢）或未断，及将长令二人扶出之，为"大痍"。（睡虎地·法律答问）

（二）止事

1. 表人或人之部分的名词语

表人的名词语如：

(1) 又（有）其人，亡其殜（世），唯（虽）臤（贤）弗行矣。（郭店·穷达以时）

(2) 其头、身、臂、手指、股以下到足、足指类人，而不可智（知）目、耳、鼻、男女。（睡虎地·封诊式）

(3) 隶妾及女子用箴（针）为缗绣它物，女子一人当男子一人。（睡虎地·秦律十八种）

(4) 父亡亚（恶），君猷（犹）父也，其弗亚（恶）也，猷（犹）三皇（军）之旃也，正也。（郭店·语丛三）

(5) 丁未生子，不吉，毋（无）母，必赏（尝）毄（系）囚。（睡虎地·日书甲种）

(6) 生子，无俤（弟）；女（如）又（有）俤（弟），必死。（九店 56·25）

(7) 取（娶）妻，多子。（睡虎地·日书甲种）

(8) 臣为君王臣，君王孪（免）之死，不目（以）晨（辰）鈇（扶）崀（步），可（何）敢心之又（有）。（上博六·庄王既成、申公臣灵王）

(9) 天隥（降）休命于朕（朕）邦，又（有）氒（厥）忠（忠）臣贾，皮（克）巛（顺）皮（克）卑（俾），亡不逄（率）𡰥（仁）。（中山王譽鼎，集成 02840）

表人之部分的名词如：

(1) 虐（吾）所以有大患者，为虐（吾）又（有）身。汲（及）虐（吾）亡身，或［可］（何）□□□。（郭店·老子乙本）

(2) 人憩（宠）辱若缨（惊），贵大患若身。可（何）为憩（宠）辱？憩（宠）为下也。得之若缨（惊），遊（失）之若缨（惊），是胃（谓）憩（宠）辱辱（若）缨（惊）。□□□□□若身？（郭店·老子乙本）

(3) 雚（融）帀（师）又（有）成氏，牆（状）若生又（有）耳不䎽（闻），又（有）口不鸣，又（有）目不见，又（有）足不趣（趋）。（上博五·融师有成氏）

(4) 审耳目口，十耳当一目。（睡虎地·为吏之道）

(5) 亡耳而䎽（闻）圣（声）。（上博七·凡物流形甲）

(6) 缭可年可廿五岁，长可六尺八寸，赤色，多发，未产□☒。（里耶壹 8－537）

(7) 丙毋（无）麋（眉），艮本绝，鼻腔坏。（睡虎地·封诊式）

2. 表邦、国的名词语

君王又（有）楚，不圣（听）鼓钟之圣（声）。（上博七·君人者何必安哉甲）

3. 表动物或动物之部分的名词语

(1) 頪（类）戰（兽）非鼠，業（蹼）逡（后）鬣□。（上博五·融师有成氏）

(2) 象（像）皮（彼）戰（兽）鼠，又（有）足而。（上博五·融师有成氏）

(3) 屈（掘）沓泉，有赤豕，马尾犬首，享（烹）而食之，美气。（睡虎地·日书甲种）

（4）曰故（古）又（有）赤鸴（鹄），集于汤之屋（屋）。（清华叁·赤鸴之集汤之屋）

（5）百姓有赀赎责（债）而有一臣若一妾，有一马若一牛，而欲居者，许。（睡虎地·秦律十八种）

4．表具体事物的名词语

（1）氏（是）古（故）陈为新，人死遉（复）为人，水遉（复）于天咸，百勿（物）不死女（如）月。（上博七·凡物流形甲）

（2）官中多草。（岳麓壹·为吏治官及黔首）

（3）十回（围）之木，亓（其）訂（始）生女（如）蒴（蘖）。（上博七·凡物流形甲）

（4）新賠，羊（矢）五秉，无弓。（曾侯乙95）

（5）赤幇（裙）襦，类城旦衣。（岳麓叁·魏盗杀安、宜案）

（6）子曰：王言女（如）丝，其出女（如）緍；王言女（如）索，其出女（如）緈（綍）。（郭店·缁衣）

（7）士五（伍）甲盗一羊，羊颈有索，索直（值）一钱，问可（何）论？（睡虎地·法律答问）

（8）钱十一当一布。其出入钱以当金、布，以律。（睡虎地·秦律十八种）

（9）食取七斗七分一，食二斗当米一斗。（岳麓贰·数）

（10）鼷穴三当一鼠穴。（睡虎地·法律答问）

5．表抽象事物的名词语

（1）文王䎽（闻）之，曰：“唯（虽）君亡道，臣敢勿事虖（乎）？唯（虽）父亡道，子敢勿事虖（乎）？䈞（孰）天子而可反？”（上博二·容成氏）

（2）厉公亡（无）道，唇（虐）于百₌豫₌（百豫，百豫）反之。（上博五·姑成家父）

（3）男女不卞（辨），父子不亲。父子不亲，君臣亡宜（义）。（郭店·六德）

（4）古（故）君子多闻，齐（质）而兽（守）之；多志，齐（质）而新（亲）之。（郭店·缁衣）

（5）夫圣人上事天，教民又（有）尊也；下事地，教民又（有）新（亲）也；时事山川，教民又（有）敬也。（郭店·唐虞之道）

（6）官啬夫免，效其官而有不备者，令与其稗官分，如其事。（睡虎地·秦律十八种）

（7）敫，是胃（谓）又（有）小逆，毋（无）大央（殃）。（睡虎地·日书甲种）

6．表处所方位的名词语

（1）昔三弋（代）之明王又（有）四海之内，猷（犹）耂（来，徕）☐。（上博三·中弓）

（2）寡门，兴，兴毋（无）定处，凶。（睡虎地·日书甲种）

7．表时间的名词语

（1）生子，三月死，毋（无）晨。（睡虎地·日书乙种）

（2）又（有）宵又（有）朝，又（有）昼又（有）夕。（楚帛书·甲篇）

8．表行为的动词语

（1）民之㑥（劝）敚（微）弃亚（恶）母（如）逷（归）。（上博五·季庚子问于孔子）

（2）为人臣者亦又（有）䏎（争）唇（乎）？（上博四·柬大王泊旱）

（3）好娧（美）女（如）好兹（缁）衣，亚（恶）亚（恶）女（如）亚（恶）遳

（巷）白（伯），则民臧〈咸〉放（力）而坓（刑）不屯（顿）。（郭店·缁衣）

（4）古之善为士者，必非（微）溺（妙）玄达，深不可志（识），是以为之颂（容）：夜（豫）虐（乎）奴（如）冬涉川，猷（犹）虐（乎）其奴（如）愄（畏）四哭（邻），敢（严）虐（乎）其奴（如）客，觀（涣）虐（乎）其奴（如）怿（释），屯虐（乎）其奴（如）樸（朴），坉虐（乎）其奴（如）浊。（郭店·老子甲本）

（5）得虎当得六人一牒署□□于☑。（里耶壹 8－170）

（6）君子：孝子不匮，若才（在）腹中，考（巧）叓（变），古（故）父母安之，如从（从）㠯（己）记（起）。（上博四·内豊）

9. 表性质的形容词语

（1）事无细，弗为不成。（岳麓壹·为吏治官及黔首）

（2）㝢（寡）人䎽（闻）之，旌（事）尐（少）女（如）㭈（长），旌（事）愚女（如）智（智），此易言而难行旃。（中山王譻鼎，集成 02840）

（3）方才（在）下立（位），不以匹夫为圣〈坙（轻）〉；及其又（有）天下也，不以天下为重。（郭店·唐虞之道）

（4）豊（礼）之于房（尸）宙（庙）也，不腈（精）为腈（精），不㜣（爝）为㜣（爝）。义反之，腈（精）为不腈（精），㜣（爝）为不㜣（爝）。（上博六·天子建州甲）

（5）悬（谋）亡（无）少（小）大，而器不再利，屯可与忎（忨），而鲜可与惟。（清华叁·芮良夫毖）

（6）古能绐（治）天下，坪（平）万邦，吏（使）亡（无）又（有）少（小）大、忌（肥）竈（瘠），吏（使）虐（皆）㝵（得）丌（其）社禝（稷）百眚（姓）而奉守之。（上博二·子羔）

10. 表数量的数词或数量词语

（1）削（宵）盗，臧（赃）直（值）百一十，其妻、子智（知），与食肉，当同罪。（睡虎地·法律答问）

（2）囿（域）中又（有）四大安，王尻（处）一安（焉）。（郭店·老子甲本）

（3）今复租之，三步廿八寸当三步有（又）百九十六分步。（岳麓贰·数）

（4）黍粟廿三斗六升重一石。水十五斗重一石。殉（粝）米廿斗重一石。麦廿一斗二升重一石。（岳麓贰·数）

（5）昰（春）成冢子，斗（半）畬（齋），冢（重）十三益（镒）□□□。大（太）官，一斗半，重三斤十两。（春成冢子鼎，02255）

（6）梁夸釿五十尚（当）寽（锊）。（先秦 1334）

11. 指代人或鬼的代词

（1）氏（是）古（故）圣人兼此，咊（和）勿（物）目（以）李（李）人情。（上博八·李颂）

（2）凡三族又（有）此，三末唯（虽）吉，女（如）白女（如）黄。（上博九·卜书）

（3）和则𢻹（乐），𢻹（乐）则又（有）悳（德），又（有）悳（德）则邦豪（家）𦥯（举）。文王之见也女（如）此。（郭店·五行）

（4）以女子日死，死以葬，必复之。男子日如是。（睡虎地·日书甲种）

（5）厽（三）王者之乍（作）也女（如）是。（上博二·子羔）

(6) 圣人之眚（性）与中人之眚（性），其生而未又（有）非之。节于而也，则猷（犹）是也。(郭店·成之闻之)

(7) 夫为其君之古（故）杀其身者，尝又（有）之矣。亘（亟）爯（称）其君之亚（恶）者，未之又（有）也。(郭店·鲁穆公问子思)

(8) 妻曰某，亡，不会封。(睡虎地·封诊式)

(9) 古（故）子㠯（以）此言为奚（奚）女（如）?(上博五·季庚子问于孔子)

三、出土战国文献中二价关系动词的句式

由二价关系动词所构成的句式有两种，一种是由二价关系动词作谓语中心的单中心谓语句，另一种是由二价关系动词作谓语一部分的复杂谓语句。

(一) 单中心谓语句式

1. $NP_1 + V + NP_2$（NP_1 可省）

由二价关系动词所构成的单中心谓语句式，最常见的就是 $NP_1 + V + NP_2$。这有两种情况，一是 $NP_1 + V + NP_2$ 中的 NP_1 不省。例如：

(1) 吏有五善。(岳麓壹·为吏治官及黔首)

(2) 王游曰皇帝游。王猎曰皇帝猎。王犬曰皇帝犬。(里耶壹 8-461)

(3) 钱十一当一布。(睡虎地·秦律十八种)

(4) 可（何）谓“梃”? 木可以伐者为“梃”。(睡虎地·法律答问)

(5) 好娧（美）女（如）好兹（缁）衣，亚（恶）亚（恶）女（如）亚（恶）遆（巷）白（伯），则民臧〈咸〉放（力）而坓（刑）不屯（顿）。(郭店·缁衣)

(6) 羽之音如野鸣，肩手面宇囚殹。(放马滩·日书乙种)

(7) 篙（孰）为天? 篙（孰）为埅（地)? 篙（孰）为靁? 篙（孰）为雷（电)?（上博七·凡物流形甲)

(8) 丙毋（无）麋（眉），艮本绝，鼻腔坏。(睡虎地·封诊式)

(9) 内北有垣，垣高七尺，垣北即巷殹（也）。(睡虎地·封诊式)

(10) 晋献公之婢（嬖）妾曰骊姬，欲亓（其）子奚資（齐）之为君也，乃譴（谗）大子龙（共）君而杀之。(清华贰·第六章)

(11) 可（何）谓“官长”? 可（何）谓“啬夫”? 命都官曰“长”，县曰“啬夫”。(睡虎地·法律答问)

(12) 其前稠蓁衺四寸，其中央稀者五寸，其墥（踵）稠者三寸。其履迹类故履。(睡虎地·封诊式)

另一是 $NP_1 + V + NP_2$ 中的 NP_1 省略。例如：

(1) 正月以朔，旱，又（有）岁，又（有）小兵，毋（无）大兵。(睡虎地·日书甲种)

(2) 又（有）其人，亡其殜（世），唯（虽）臤（贤）弗行矣。(郭店·穷达以时)

(3) 诊首□鬈发，其右角痏一所，衺五寸，深到骨，类剑迹。(睡虎地·封诊式)

(4) 古（故）君子多闻，齐（质）而兽（守）之；多志，齐（质）而新（亲）之。

（郭店·缁衣）

下列各例中的“亡以”相当于“亡所以”，“无以”相当于“无所以”。“亡”和“无”后的成分是其宾语。例如：

（1）散（曹）蔑（沫）曰：亡目（以）异于臣之言，君弗𦘠（尽）。（上博四·曹沫之陈）

（2）东周之客绅朝、郾客登余善、秦客陈慎、郹（魏）客郹（魏）奋、郹（魏）客公孙哀、越客前穢、越客左尹輊、郹（魏）客蘖枭、郙客望困粜之宎邑叙雁，肉冢旦法之，无以归（归）之。（包山145）

（3）田虽不服，而毋（无）以解驩、路、毋智、市言。（岳麓叁·田与市和奸案）

NP_1+V+NP_2 中的 NP_1 前可以有状语，这是句首状语。例如：

（1）昔三弋（代）之明王又（有）四海之内，猷（犹）逨（来，徕）▨。（上博三·中弓）

（2）厽（三）日，王又（有）埜（野）色，逗（属）者又（有）㷉（暍）人。（上博四·柬大王泊旱）

（3）凡人有恶梦，觉而择（释）之。（睡虎地·日书乙种）

（4）凡三族又（有）此，三末唯（虽）吉，女（如）白女（如）黄。（上博九·卜书）

（5）必三匍（军）又（有）大事，邦豪（家）目（以）轩（杌）轚（陧），社禝（稷）目（以）逘（危）与（欤）?（上博四·柬大王泊旱）

NP_1+V+NP_2 中的 V 前也可以有状语（NP_1 可省），这是句中状语。例如：

（1）道亘（恒）亡名，仆（朴）唯（虽）妻（细），天陛（地）弗敢臣。（郭店·老子甲本）

（2）二鈃（钘），屯又（有）盍（盖）。（信阳2-014）

（3）一寝筁（席）；二俾筁（席），一危（跪）筁（席），二筞筁（席），皆又（有）秀（韬）。（包山263）

（4）周邦聚（骤）又（有）禍（祸）。（清华叁·芮良夫毖）

（5）子疋（胥）前多衽（功），后翏（戮）死，非其智懹（衰）也。（郭店·穷达以时）

（6）可（何）谓“祠未闟”？置豆俎鬼前未徹乃为“未闟”。未置及不直（置）者不为“具”，必已置乃为“具”。（睡虎地·法律答问）

（7）唯（虽）戢（勇）力闻于邦不女（如）材，金玉浧（盈）室不女（如）悔（谋），众强甚多不女（如）时，古（故）悔（谋）为可贵。（郭店·语丛四）

（8）自䂓（荆）层之月以𦎫（就）䂓（荆）层之月，𦘠（尽）妥（卒）戢（岁），躬身尚毋又（有）咎。占之：恒贞吉，少外又（有）慼。（包山199）

（9）勿有不义，訅之于不啻，隹（唯）王命，元濒乃恵（德），子孙永保。（者汈钟九，集成00128）

（10）褽衣，丁丑媚人，丁亥灵，丁巳安于身，癸酉多衣。（睡虎地·日书甲种）

NP_1+V+NP_2 中的 NP_1 前有句首状语，V 前同时有句中状语（NP_1 可省）。例如：

（1）今冢中尚有器，器巳（已）出，买（卖）敞所。（岳麓叁·猩、敞知盗分赃案）

（2）古者，民各有乡俗，其所利及好恶不同，或不便于民，害于邦。（睡虎地·语书）

NP_1+V+NP_2 中的 NP_2 后可以有补语（NP_1 可省）。例如：

（1）盗者兑（锐）口，希（稀）须（须），善弄，手黑色，面有黑子焉，疵在耳，臧（藏）于垣内中粪蔡下。（睡虎地·日书甲种）

（2）囿（域）中又（有）四大安，王凥（处）一安（焉）。（郭店·老子甲本）

（3）禁苑吏、苑人及黔首有事禁中，或取其□□□☐。（龙岗6）

（4）害牺（将）迳（来），牺（将）又（有）兵，又（有）悥（忧）于公身。（上博五·鲍叔牙与隰朋之谏）

（5）女（如）三末唯（虽）吉，三族是卒（瘁），亦亡大咎，又（有）吝于内。（上博九·卜书）

（6）奠（郑）子𣪘（阳）用灭，亡遂（后）于奠（郑）。（清华贰·第二十三章）

（7）余之客，畲畲孔协，万桀（世）之后，亡（无）疾自下，允立（位），同女（汝）之利，台（嗣）孙皆永宝。（越王朱句钟，集成00171）

（8）又（有）余于下；不足于下者，又（有）余于上。（郭店·太一生水）

（9）甲取（娶）人亡妻以为妻，不智（知）亡，有子焉，今得，问安置其子？（睡虎地·法律答问）

（10）丁卯生子，不正，乃有疵前。（睡虎地·日书甲种）

NP_1+V+NP_2 中的 V 前有状语、NP_2 后有补语（NP_1 可省），也就是同时有状语和补语。例如：

（1）莫不又（有）道安（焉），人道为近。（郭店·尊德义）

（2）出内（入）事王，𦘔（尽）卒（卒）戠（岁），躳身尚毋又（有）咎。占之，恒贞吉，少又（有）戚于躳身，且志事少逞（迟）得。以其古（故）敚（说）之。思攻解于人愚。占之：甚吉。𠀠（几）中又（有）憙。（包山197、198）

（3）占之：恒贞吉，少又（有）亚（恶）于王事，且又（有）戚于躳身。以其故敚（说）之。（包山213）

（4）占之：恒贞吉，少又（有）戚于宫室。（包山229）

（5）占之：恒贞吉，少又（有）戚于室𡪞。（包山233）

（6）元年制诏丞相斯、去疾，灋（法）度量，尽始皇为之，皆有刻辞焉。（两诏椭量，18836）

2. NP_1+V+NP_2 + 然（NP_1 可省）

在 NP_1+V+NP_2 这种句式中的 NP_2 后加上助词"然"。例如：

（1）其出禾有（又）书其出者，如入禾然。（睡虎地·秦律十八种）

（2）邦中之繇（徭）及公事官（馆）舍，其叚（假）公，叚（假）而有死亡者，亦令其徒、舍人任其叚（假），如从兴戍然。（睡虎地·秦律十八种）

（3）上之所兴，其程攻（功）而不当者，如县然。（睡虎地·秦律十八种）

（4）凡不能自衣者，公衣之，令居其衣如律然。（睡虎地·秦律十八种）

3. NP_1+V（NP_1 可省）

NP_1+V+NP_2 中的 NP_2 如果省去（NP_1 可同时省去），就形成这种句式。例如：

（1）牺（庄）公曰："既成叁（教）矣，出帀（师）又（有）几虐？"倉（答）曰："又（有）。"（上博四·曹沫之陈）

（2）□誊（颜）困（渊）䎽（问）于孔₌（孔子）曰："敢䎽（问）君子之内事也

又（有）道虖（乎）?”孔＝（孔子）曰：“又（有）。”（上博八·颜渊问于孔子）

（3）甲寅之旬，不可取（娶）妻，毋（无）子。虽有，毋（无）男。（睡虎地·日书甲种）

4. NP_{1a} + NP_{1b} + V + NP_2

这种句式是主谓短语作谓语，其中代词“是”作主谓短语中的主语。例如：

隹（唯）朕（朕）皇祖（祖）文、武，趄祖（桓祖）、成考，是又（有）軘（纯）惪（德）遗巡（训），目（以）阤（施）及子孙，用隹（唯）朕（朕）所放（仿），慈（慈）孝寰（宣）惠，舉（举）孯（贤）逮（使）能，天不臭（斁）其又（有）忎（愿）。（中山王嚳壶，集成09735）

5. NP_1 + NP_2 + 之 + V（NP_1 可省）

这种句式是宾语前置句，前置的宾语（宾语为有疑问代词“何”修饰的定中短语）后用代词“之”复指。例如：

（1）臣为君王臣，君王孪（免）之死，不目（以）晨（辰）欽（扶）豈（步），可（何）敢心之又（有）?（上博六·庄王既成、申公臣灵王）

（2）句（苟）又（有）其殜（世），可（何）慬〈㒷（难）〉之又（有）才（哉）?（郭店·穷达以时）

6. NP_1 + 否定词 + NP_2（代词“之”）+ V（NP_1 可省）

如果动词的宾语是代词“之”，同时在动宾短语前又有否定词，那么这个代词宾语可以前置。例如：

（1）夫为其君之古（故）杀其身者，尝又（有）之矣。亘（亟）爯（称）其君之亚（恶）者，未之又（有）也。（郭店·鲁穆公问子思）

（2）忠信㾏（积）而民弗𦉢（亲）信者，未之又（有）也。（郭店·忠信之道）

（3）民不从上之命，不信其言，而能念（含）悳（德）者，未之又（有）也。（郭店·成之闻之）

（4）上直（德）则天下又（有）君而世明。受（授）臤（贤）则民兴教而蚃（化）虖（乎）道。不𡉚（禅）而能蚃（化）民者，自生民未之又（有）也。（郭店·唐虞之道）

7. NP_2 + V

NP_1 + V + NP_2 中的 NP_1 如果省去，再把 NP_2 移到动词 V 之前，就形成这种句式。这种句式比较常见，例如：

㡭（绝）考（巧）弃利，眺（盗）恻（贼）亡又（有）。（郭店·老子甲本）

试比较：

不型（刑）杀而无俯（盗）恻（贼），甚缓而民备（服）。（上博二·容成氏）

把前例中的“盗贼之有”跟后例中“无盗贼”比较，应知前例是 NP_2 + V 式句。

（1）訂（始）折（制）又（有）名。名亦既又（有），夫亦牆（将）智（知）止。（郭店·老子甲本）

（2）四海（海）之内贞，肣（禽）獸（兽）朝，鱼鼈（鳖）献，又（有）吴（无）迵（通）。（上博二·容成氏）

8. NP_2 + V + 之

NP_1 + V + NP_2 中的 NP_1 如果省去，把 NP_2 移到动词 V 之前，再在原位置上加代词

“之”，就形成这种句式。例如：

(1) 夫为其君之古（故）杀其身者，尝又（有）之矣。亘（亟）爯（称）其君之亚（恶）者，未之又（有）也。(郭店·鲁穆公问子思)

(2) 夫唯是，古（故）悳（德）可易而攺（施）可迲（遭）也。又（有）是攺（施）少（小）又（有）利，迲（遭）而大又（有）憲（害）者，又（有）之。又（有）攺（施）少（小）又（有）憲（害），迲（遭）而大又（有）利者，又（有）之。(郭店·尊德义)

(3) 虐（吾）又（有）所䎽（闻）之："一出言三军皆欢（劝），一出言三军皆遳（往），又（有）之虖?"峹（答）曰："又（有）。"(上博四·曹沫之陈)

9. NP_1+V+之：NP_2（NP_1 可省）

NP_1+V+NP_2 中的 NP_2 用代词"之"替代，然后再在"之"后出现，就形成这种句式。例如：

于言又（有）之："㥶（颇）衮（颔）目（以）至于含（今）才（哉）!"(上博五·姑成家父)

（二）复杂谓语句式

1. 并列句

具有并列关系的几个"谓"之间可以不用连词。例如：

(1) 今夫䰠（鬼）神又（有）所明又（有）所不明，则目（以）亓（其）赏善罚暴也。(上博五·鬼神之明)

(2) 凡勿（物）又（有）螽（本）又（有）卯（标），又（有）终又（有）絧（始）。(郭店·语丛一)

(3) 又（有）勿（物）又（有）容，又（有）𦘦（尽）又（有）厚。又（有）𩑿（美）又（有）膳（善）。又（有）𢚩（仁）又（有）智，又（有）义又（有）豊（礼）。又（有）圣又（有）善。(郭店·语丛一)

具有并列关系的几个"谓"之间可以用连词。所使用的连词是"及"。例如：

非岁红（功）及毋（无）命书，敢为它器，工师及丞赀各二甲。(睡虎地·秦律杂抄)

2. 转折句

具有转折关系的几个"谓"之间一般要用连词"而"来连接。例如：

(1) 亡耳而䎽（闻）圣（声）。(上博七·凡物流形甲)

(2) 一宅中毋（无）故而室人皆疫，或死或病，是是棘鬼在焉。(睡虎地·日书甲种)

(3) 又（有）所又（有）畬（余）而不敢𦘦（尽）之，又（有）所不足而不敢弗▨。(上博二·从政甲)

(4) 又（有）大辠（罪）而弗大戜（诛）也，不行也。又（有）少（小）辠（罪）而弗亦（赦）也，不㝅（察）于道也。(郭店·五行)

(5) 臣䎽（闻）之：又（有）固悬（谋）而亡固城，又（有）克正（政）而亡克戦（陈）。(上博四·曹沫之陈)

(6) 入叚（假）而而毋（无）久及非其官之久也，皆没入公，以赍律责之。(睡虎地·秦律十八种)

具有转折关系的几个“谓”之间也可以不用连词“而”来连接。例如：

(1) 及其又（有）天下也，不以天下为重。又（有）天下弗能嗌（益），亡天下弗能员（损）。(郭店·唐虞之道)

(2) 頪（类）獸（兽）非鼠，業（蹼）逡（后）蠶□。(上博五·融师有成氏)

3. 连谓句

具有连谓关系的几个“谓”之间用连词“以”来连接。例如：

其出入钱以当金、布，以律。(睡虎地·秦律十八种)

具有连谓关系的几个“谓”之间用连词“而”来连接。例如：

(1) 隶臣、下吏、城旦与工从事者冬作，为矢程，赋之三日而当夏二日。(睡虎地·秦律十八种)

(2) 人所恒炊（吹）者，上橐莫以丸礜，大如扁（蝙）蝠矢（屎）而干之。(周家台·病方及其他)

4. 兼语句

第一个动词是“使”“教”的兼语句。例如：

(1) 古能绐（治）天下，坪（平）万邦，吏（使）亡（无）又（有）少（小）、大，忌（肥）、寖（瘠），吏（使）虐（皆）旻（得）丌（其）社禝（稷）百眚（姓）而奉守之。(上博二·子羔)

(2) 凡交毋剌（烈），必史（使）又（有）末。(郭店·性自命出)

(3) 躳（躬）与士凥（处）埴，旦夕絧（治）之，思（使）又（有）君臣之节。(上博五·姑成家父)

(4) 夫圣人上事天，教民又（有）尊也；下事地，教民又（有）新（亲）也；时事山川，教民又（有）敬也。(郭店·唐虞之道)

第一个动词是“字”“名”“曰”“谓”“命”的兼语句。例如：

(1) 未智（知）其名，綍（字）之曰道，虐（吾）勥（强）为之名曰大。大曰潛（逝），潛（逝）曰逋（转），逋（转）曰反（返）。(郭店·老子甲本)

(2) 亥、子、丑、寅、卯、唇（辰）、巳、午、未、申、栖（酉）、戌，是胃（谓）㡭（绝）日，无为而可，名之曰死日。(九店56·34)

(3) 曰产曰族。曰跰曰荆。毋敢曰王父曰泰父。毋敢谓巫帝曰巫。毋敢曰猪曰彘。毋曰邦门曰都门。毋曰公坿曰□坿。毋曰客舍曰宾［飤］舍。(里耶壹8-461)

(4) 可（何）谓“官长”？可（何）谓“啬夫”？命都官曰“长”，县曰“啬夫”。(睡虎地·法律答问)

(5) 可（何）谓“匧面”？“匧面”者，耤（藉）秦人使，它邦耐吏、行旞与偕者，命客吏曰“匧”，行旞曰“面”。(睡虎地·法律答问)

第一个动词是“立”的兼语句。例如：

廿六年，皇帝尽幷（并）兼天下诸侯，黔首大安，立号为皇帝。(商鞅方升，集成10372)

第一个动词是“譬”的兼语句。例如：

智（知）止所以不訂（殆），卑（譬）道之才（在）天下也，猷（犹）少（小）浴（谷）之与江海（海）。(郭店·老子甲本)

四、出土战国文献中二价关系动词的指称化与修饰化

二价关系动词作谓语或谓语的一部分，都是表陈述的。二价关系动词作补事词语、作一些动词的宾语（例如“曰”）时，可能仍是表陈述的。

除此之外，还有其他的用法。当二价关系动词与“者”构成“者”字短语、与“所”构成“所”字短语、与“所”和“者”构成“所者”字短语、与“之”构成“之”字短语时，一般都是表指称的，是有标记的指称化。当二价关系动词作主语、宾语（绝大多数）和判断句谓语时，也是表指称的，是无标记的指称化。

当二价关系动词作定语时，一般是表修饰的。

（一）指称化

1. 有标记的指称化

A. 构成“者”字短语。

“者”与二价关系动词所构成的“者”字短语，一般是指称 V 的起事的。例如：

（1）多孯（好）者，亡孯（好）者也。（郭店·语丛一）

（2）令县及都官取柳及木楘（柔）可用书者，方之以书；毋（无）方者乃用版。其县山之多荓者，以荓缠书；毋（无）荓者以蒲、蔺以枲萷（䂮）之。（睡虎地·秦律十八种）

（3）未赏而民欢（劝），含福者也。（郭店·性自命出）

（4）亡勿（物）不勿（物），虐（皆）至安（焉）。亡亡繇（由）也者。亡非乐者。（郭店·语丛三）

（5）与祷兄（兄）俤（弟）无后者卲良、卲𨍭、县貉公，各冢豕，酉（酒）飤（食），蒿之。（包山 227）

（6）婴儿之毋（无）母者各半石。（睡虎地·秦律十八种）

（7）小官毋（无）啬夫者，以此鼠（予）仆、车牛。（睡虎地·秦律十八种）

（8）子曰：又（有）郪（国）者章好章亚（恶），以视民厚，则民青（情）不㤹（忒）。（郭店·缁衣）

（9）金圣（声）而玉晨（振）之，又（有）惪（德）者也。（郭店·五行）

（10）昔三弋（代）之明王之又（有）天下者，莫之畬（予）也，而□取之，民皆目（以）为义。（上博二·从政甲）

（11）百姓有赀赎责（债）而有一臣若一妾，有一马若一牛，而欲居者，许。（睡虎地·秦律十八种）

（12）其它冗吏、令史掾计者，及都仓、库、田、亭啬夫坐其离官属于乡者，如令、丞。（睡虎地·效律）

（13）义占之，恒贞，不死，又（有）祱（祟）见于绝无后者与渐木立，以其故敚（说）之。与祷于绝无后者，各肥豬，馈之。（包山 249、250）

B. 构成“所”字短语。

“所”也是指称化的标记，一般是用来表转指的。“所”与二价关系动词构成“所”字短语“所 + V”，一般是指称 V 的止事的。例如：

(1) 善攻者必目(以)亓(其)所又(有),目(以)攻人之所亡又(有)。(上博四·曹沫之陈)

(2) 又(有)所又(有)畬(余)而不敢𦘕(尽)之,又(有)所不足而不敢弗〼。(上博二·从政甲)

C. 构成"所者"短语。

"所"与二价关系动词构成"所"字短语"所+V"之后,还可以再加"者"构成"所+V+者"短语,这时仍是指称V的止事的。例如:

(1) 所有责于寢戥五帀(师)而不交于新客者,豕玫苛钦利之金一益剸益。秀几、戥缨为李。所有责于剁帰(寝)、寢戥、繇戥五帀(师)而不交于新客者,佶让六令李悀之金五益。(包山146)

(2) 所为衍(道)者四,唯人衍(道)为可衍(导)也。(郭店·性自命出)

在由二价关系动词构成的"所+VP+者"短语中,还可以出现介词,构成"所+P+VP+者"短语。例如:

虐(吾)所以有大患者,为虐(吾)又(有)身。(郭店·老子乙本)

D. 构成"之"字短语。

一个主谓短语"NP+VP"(这里的VP是指二价状态动词语)原本是陈述一个事件,是谓词性的。但是在中间加"之"之后形成"NP+之+VP",这个结构是表指称的,指"NP+之+VP"这个事件,所以"之"也是指称化的标记。例如:

(1) 日之又(有)耳(珥),牆(将)可(何)圣(听)?月之又(有)军(晕),牆(将)可(何)正(征)?(上博七·凡物流形甲)

(2) 民之乍(作)勿(物),隹(唯)言之又(有)信。(上博六·用曰)

(3) 智(知)足之为足,此亘(恒)足矣。(郭店·老子甲本)

(4) 东〈柬(简)〉之为言猷(犹)练(间)也,大而晏(罕)者也。匿之为言也猷(犹)匿匿也,少(小)而访〈诊(轸)〉者也。(郭店·五行)

(5) 布憝告于不(丕)显大神𠩺(厥)湫,目(以)底楚王熊相之多辠(罪)。(诅楚文刻石·巫咸)

(6) 天下皆智(知)𢼸(美)之为𢼸(美)也,亚(恶)已;皆智(知)善,此其不善已。(郭店·老子甲本)

"NP+之+VP"这种结构中的"NP+之"可以用"其"来替代。例如:

(1) 受不智(知)亓(其)未又(有)成正(政),而旻(得)遊(失)行于民之唇(辰)也,或亦迟(起)帀(师)目(以)逆之。(上博二·容成氏)

(2) 见臤(贤)人而不智(知)其又(有)悳(德)也,胃(谓)之不智。(郭店·五行)

(3) 述(遂)定君臣之𦊹(位),上下之軆(体),休又(有)成工(功),刱(创)開(辟)封彊(疆),天子不忘其又(有)勳(勋)。(中山王嚳壶,集成09735)

(4) 隹(唯)朕(朕)皇祖(祖)文、武,超祖(桓祖)、成考,是又(有)軘(纯)悳(德)遗巡(训),目(以)阤(施)及子孙,用隹(唯)朕(朕)所放(仿),慈(慈)孝寰(宣)惠,舉(举)孯(贤)速(使)能,天不臭(斁)其又(有)忎(愿)。(中山王嚳壶,集成09735)

（5）为之于其亡又（有）也，絧（治）之于其未乱。（郭店·老子甲本）

（6）及其又（有）天下也，不以天下为重。又（有）天下弗能嗌（益），亡天下弗能员（损）。（郭店·唐虞之道）

2. 无标记的指称化

A. 作主语。

（1）又（有）出于或，生（性）出于又（有），音（意）出于生（性），言出于音（意），名出于言，事出于名。或非或，无胃（谓）或。又（有）非又（有），无胃（谓）又（有）。（上博三·亘先）

（2）又（有）亡之相生也，𪆰（难）惖（易）之相城（成）也。（郭店·老子甲本）

（3）又（有）眚（性）又（有）生，虖（呼）名。（郭店·语丛三）

（4）士又（有）志于君子道胃（谓）之峕（志）士。（郭店·五行）

（5）又（有）大辠（罪）而大戜（诛）之，东〈柬（简）〉也。又（有）少（小）辠（罪）而亦（赦）之，匿也。又（有）大辠（罪）而弗大戜（诛）也，不行也。又（有）少（小）辠（罪）而弗亦（赦）也，不㸚（察）于道也。（郭店·五行）

（6）皮（克）又（有）工（功），智（智）旃，诒死辠（罪）之又（有）若（赦），智（知）为人臣之宩（宜、义）旃。（中山王嚳鼎，集成02840）

B. 作宾语。

二价关系动词语作宾语有两种情况，一是作动词的宾语，一是作介词的宾语。二价状态动词语作宾语大多数是指称化了。例如：

（1）又（有）或安（焉）又₌既₌（有气，有气）安（焉）又₌又₌（有有，有有）安（焉）又₌訇₌（有始，有始）安（焉）又（有）迬（往）者。（上博三·亘先）

（2）繡（申）攻（功）而飤（食），垪（刑）罚又（有）辠（罪），而赏篧（爵）又（有）悳（德）。（上博四·曹沫之陈）

（3）毋罪毋（无）罪，［毋（无）罪］可赦。（睡虎地·为吏之道）

（4）曰："虐（吾）所智（知）多廌（矜），一人为亡道，百眚（姓）亓（其）可（何）辠（罪）？"（上博二·容成氏）

（5）含（今）受为无道，䎽（闻）者百眚（姓），至（制）约者（诸）矦（侯）。（上博二·容成氏）

（6）中（仲）尼［曰］：山又（有）堋（崩），川又（有）滐（竭），冒₌（日月）星辰猷（犹）差，民亡不又（有）怂（过），㝔（贤）者。（上博三·中弓）

（7）帝胃（谓）尔无事，命尔司兵死者。（九店56·43）

（8）十四芣（枼），右徒（使）车（库）啬夫鄘（齐）瘠，工簡，冢（重）二百六十二刀之冢（重）。（工簡鼎，02265）

（9）方才（在）下立（位），不以匹夫为圣〈巠（轻）〉；及其又（有）天下也，不以天下为重。（郭店·唐虞之道）

（10）于是虐（乎）天下之人，目（以）先（尧）为善兴㝔（贤），而翠（卒）立之。（上博二·容成氏）

二价关系动词可作介词的宾语。例如：

（1）天下之勿（物）生于又（有），生于亡。（郭店·老子甲本）

(2) 又(有)出于或，生(性)出于又(有)，音(意)出于生(性)，言出于音(意)，名出于言，事出于名。或非或，无胃(谓)或。(上博三·亘先)

(3) 凡勿(物)繇(由)室(亡)生。(郭店·语丛一)

(4) 以正之邦，以哉(奇)甬(用)兵，以亡事取天下。(郭店·老子甲本)

C. 作判断句谓语。

又(有)非又(有)，无胃(谓)又(有)。(上博三·亘先)

(二) 修饰化

二价关系动词语作谓语或谓语中心，是表陈述的。当它处于定语位置上时，它的表述功能就被修饰化了。

二价关系动词语作定语，这种定语之后可以不用结构助词"之"。例如：

(1) 今生子，子身全殹(也)，毋(无)怪物，直以多子故，不欲其生。(睡虎地·法律答问)

(2) 县、都官坐效、计以负赏(偿)者，已论，啬夫即以其直(值)钱分负其官长及冗吏，而人与参辨券，以效少内，少内以收责之。(睡虎地·秦律十八种)

(3) 寺工，武库受(授)属邦。(寺工矛，集成11533)

二价关系动词语作定语，这种定语之后可以用结构助词"之"。例如：

(1) 是以圣人居亡为之事，行不言之教。(郭店·老子甲本)

(2) 孔₌(孔子)曰："'三亡(无)'虖，亡(无)圣(声)之乐，亡(无)體(体)□豊(礼)，亡(无)备(服)之桒(丧)。君子目(以)此皇(横)于天下，奚(奚)耳而圣(听)之，不可旻(得)而𦖞(闻)也；明目而见之，不可旻(得)而见也，而旻(得)既塞于四海(海)矣，此之胃(谓)'三亡(无)'。"(上博二·民之父母)

(3) 憑(化)而雒(欲)复(作)，牆(将)贞(镇)之以无名之斀(朴)。(郭店·老子甲本)

(4) 毋(无)气之徒而𡒊(动)，终日，大事也；不终日，小事也。(睡虎地·日书甲种)

(5) 莫智(知)其亙(极)可以有郾(国)。又(有)郾(国)之母，可以长▨。(郭店·老子乙本)

(6) 虐(吾)见于君，不昏(问)又(有)邦之道，而昏(问)㪅(相)邦之道，不亦塹(愆)唇(乎)?(上博四·相邦之道)

第五章　出土战国文献三价动作动词研究

出土战国文献中的三价动作动词主要有六类，即出土战国文献中给予类三价动作动词、索取类三价动作动词、告知类三价动作动词、探问类三价动作动词、放置类三价动作动词、互向类三价动作动词。

第一节　出土战国文献给予类三价动作动词

一、出土战国文献中的给予类三价动作动词

出土战国文献中的给予类三价动作动词是典型的三价动词，有［动作］［自主］［给予］的语义特征。［动作］［自主］两个语义特征的含义，前面已经做过解释。下面只解释［给予］这种语义特征。

［给予］作为一个事件、行为，有其完整的图式。它可以作如下分解：

一是存在两个实体，即给予者和接受者。

二是存在一个事物或物体：给予物。

三是存在一种给予关系：给予者把物体给予接受者。

四是存在一个给予过程：给予物从给予者转移到接受者。

给予类三价动作动词带三个配价成分：一是给予者，这是施事，即受损者；二是接受者，这是与事，即受益者；三是给予物，这是受事，是从给予者转移到接受者的事物或物体。

下列给予类三价动作动词都具有上述语义特征：

报（报答）、禀（发给）、出禀（发给）、偿（偿还、抵偿；酬报）、负偿（赔偿）、逞（显示、展示、施展）、出（使出；派出；拿出、支出）、传（传授、留传；传达、传递）、赐（赐予，上予下）、赏赐（赐予）、委赐（赏赐）、贷（借出钱财）、出贷（借出钱财）、登（进献）、发（发出）、分（分给、分配）、封（分封，帝王以爵位、土地、名号赐人）、奉（奉献、奉祀）、负（赔偿）、复（回报、报复）、供（供给）、归$_1$（归还、退还）、归$_2$（馈赠、祭祀）、钊（为……刺、划）、怀（归、给）、还（归还、交还）、货［送（钱）］、赍（送给）、集（降下）、给（供给、供应）、寄（委托、寄托）、祭（祭祀、供奉鬼神）、享祭（祭祀）、祭祀（祭祀）、加（施加、加给、增加）、假$_1$（借出；租借、租赁）、假$_2$（给予）、荐（献）、将（送给、带给）、降（降给、降予）、交（交给）、教（传授、教导）、介（给予）、进（进献、奉上）、馈［赠送（食物或他物）］、履（给……

穿）、论（论定罪行、定罪、论处、处理；论功授爵）、卖（出售货物、以物换钱）、没入（没收并缴纳）、纳（贡献、缴纳）、庆（赏赐）、让（让给、禅让）、任（委任、任用）、委任（委托任用）、如（犹“奈”，对……怎么办）、入（缴纳、献纳）、赛$_1$（酬神，对神灵赐予的神佑给予回报）、赛$_2$（偿还）、禅（禅让、以帝王之位传人）、上（上交、献上）、赏（赏赐、奖赏）、舍（给予、赐予）、施（施舍、给予、施加）、食$_1$（给……吃）、食$_2$［喂……吃、喂养（动物）］、视（给……看，犹“示”）、示（给……看；显示）、授（授予、给予、付与；传授）、属（托付、交付）、送（传送、输送）、腾（传递、移送）、通（行贿）、投（投递）、托（委托、嘱托；寄托、依靠）、为（给……做；给……制造）、委（付、交付、托付）、遗（赠送、带给、送）、谓（称呼、称、呼）、问（赠送）、先（事先致意、先容）、献（进献；送交）、享（进献）、效（献、授、致、尽）、行（递送）、厌（以食物餍饫神）、移$_1$［致送（文书等）］、移$_2$（转交）、贻（赠送、带给）、益（增加、补助）、与（给予、授予）、寓（寄托、托付）、鬻（卖）、曰（犹“谓”，叫作、称为）、致$_1$（送到、送达、送发；颁发；给予、献出）、致$_2$（回复；报）、作（给……制作）等。

二、出土战国文献中给予类三价动作动词的配价成分——施事、与事和受事

（一）施事

1. 表人的名词语

（1）晋公献齐俘馘于周王，述（遂）以齐侯貣（贷）、鲁侯羴（显）、宋公畋（田）、卫侯虔、奠（郑）白（伯）怠（骀）朝周王于周。（清华贰·第二十二章）

（2）奠（郑）成公自酄（厉）逃归，臧（庄）王述（遂）加奠（郑）繝（乱）。（清华贰·第十二章）

（3）埅（禹）于是虐（乎）壤（让）益，启于是虐（乎）攻益自取。（上博二·容成氏）

（4）江陵言：公卒芮与大夫材共盖受棺列，吏后弗鼠（予）。芮买（卖）其分肆士五（伍）朵，地直（值）千，盖二百六十九钱。（岳麓叁·芮盗卖公列地案）

（5）隹（唯）正月己亥，禾肇（肇）乍（作）皇母懿龏（懿恭）孟姬餗（馈）彝。（禾簋，集成03939）

（6）秦人豫（舍）戍于奠（郑），奠（郑）人致（属）北门之笶（管）于秦之戍人，（清华贰·第八章）

（7）癸田新壄（野），新壄（野）丞主幸叚（假）癸钱、食一岁。（岳麓叁·学为伪书案）

（8）者（诸）厌（侯）寡（夤）荐吉金，用乍（作）孝武趄（桓）公祭器鐛（敦）。（陈侯因资敦，集成04649）

（9）“广众心，声闻左右者，赏。”将军材以钱若金赏，毋（无）恒数。（睡虎地·法律答问）

（10）纴亢胃（谓）少（小）臣曰：“尔不我尝，虐（吾）不亦杀尔？”少（小）臣

自堂下受（授）纴亢𥁰（羹）。（清华叁·赤鹄之集汤之屋）

（11）军人买（卖）禀禀所及过县，赀戍二岁。（睡虎地·秦律杂抄）

（12）弗辄治（笞），吏主者负其半。（睡虎地·秦律十八种）

（13）伥（长）民者教之以悳（德），齐之以豊（礼），则民又（有）欢（劝）心；教之以正（政），齐之以坓（刑），则民又（有）娩（免）心。（郭店·缁衣）

2. 表邦、国等单位的名词语

（1）县上食者籍及它费大（太）仓，与计偕。（睡虎地·秦律十八种）

（2）公有责（债）百姓未赏（偿），亦移其县，县赏（偿）。（睡虎地·秦律十八种）

（3）酉阳已腾书沅陵。敢告主。（里耶壹8－647）

（4）迁陵以邮行洞庭。（里耶壹6－2）

（5）今鋈丙足，令吏徒将传及恒书一封诣令史，可受代吏徒，以县次传诣成都，成都上恒书太守处，以律食。（睡虎地·封诊式）

3. 表鬼神的名词语

（1）鬼恒为人恶瞢（梦），瞢（觉）而弗占，是图夫。（睡虎地·日书甲种）

（2）天𨻰（降）休命于㑈（朕）邦，又（有）氒（厥）忠（忠）臣贾。（中山王礨鼎，集成02840）

（3）天加祸于楚邦，怠（霸）君吴王身至于郢。（上博四·昭王毁室、昭王与龚之脽）

（4）天共（供）旹（时），埅（地）共（供）材，民共（供）力，盟（明）王无思，是胃（谓）参（三）悳（德）。（上博五·三德）

（二）与事

1. 表人或人之部分的名词语

（1）过十分以上，先索以禀人，而以律论其不备。（睡虎地·秦律十八种）

（2）稼偿主。（龙岗162）

（3）盗出朱（珠）玉邦关及买（卖）于客者，上朱（珠）玉内史，内史材鼠（予）购。（睡虎地·法律答问）

（4）卒岁，以正月大课之，最，赐田啬夫壶酉（酒）束脯，为旱〈皂〉者除一更，赐牛长日三旬。（睡虎地·秦律十八种）

（5）禀卒兵，不完善（缮），丞、库啬夫、吏赀二甲，法（废）。（睡虎地·秦律杂抄）

（6）先圣牙（与）后耶（圣），考后而遈（归）先，教民大川（顺）之道也。（郭店·唐虞之道）

（7）平日，可取妻、祝祠、赐客，可以入黔首，作事吉。（放马滩·日书甲种）

（8）☐肤（卢）是（氏）、茖（赫）疋（胥）是（氏）、乔结是（氏）、仓颉是（氏）、轩缓（辕）是（氏）、訢（神）戎（农）是（氏）、椲（混）沌是（氏）、墉（伏）遟（羲）是（氏）之又（有）天下也，皆不受（授）亓（其）子而受（授）臤（贤）。（上博二·容成氏）

（9）十月辛巳之日不归板于登（邓）人以至（致）命于郢，阩门又（有）败。（包山43）

（10）古尧之廛（禅）虖（乎）舜也，女（如）此也。（郭店·唐虞之道）

（11）以私印封，起室把诣于赠，幸其肎（肯）以威貣（贷）学钱。（岳麓叁·学为

伪书案）

（12）沛巳（已）为识取（娶）黔，即为识买室，分识马、田。（岳麓叁·识劫娩案）

（13）卅一年十二月甲申，仓妃、史感、禀人窑出禀冗作大女戴十月、十一月、十二月食。（里耶壹8－1239、8－1334）

（14）女（如）远悚（求），厇（托）于身旨（稽）之，曑（得）豸（貌）而惹（图）之。（上博七·凡物流形乙）

2. 表邦、国等单位的名词语

（1）壐（禹）奉夋（舜）童（重）悳（德），攺（施）于四或（国），㥯（诲）目（以）裻（劳）民，䜌而𦘒（尽）力。（上博九·禹王天下）

（2）天加祸于楚邦，怠（霸）君吴王身至于郢。（上博四·昭王毁室、昭王与龚之脽）

（3）天隆（降）休命于朕（朕）邦，又（有）氒（厥）忠（忠）臣贾。（中山王䀇鼎，集成02840）

（4）奠（郑）成公自䜌（厉）逃归，臧（庄）王述（遂）加奠（郑）𤔲（乱）。（清华贰·第十二章）

（5）戉（越）公内（入）亯（飨）于鲁。（清华贰·第二十二章）

（6）入叚（假）而而毋（无）久及非其官之久也，皆没入公，以赍律责之。（睡虎地·秦律十八种）

（7）宦者、都官吏、都官人有事上为将，令县貣（贷）之，辄移其禀县，禀县以减其禀。已禀者，移居县责之。（睡虎地·秦律十八种）

（8）没入其贩假殹（也）钱财它物于县、道官，☑。（龙岗26）

（9）发书，移书曹，曹莫受，以告府，府令曹画之。（睡虎地·语书）

（10）城旦琐以三月乙酉有沓。今隶妾益行书守府，因之令益治邸［代］处。谒令仓司空薄（簿）琐以三月乙酉不治邸。敢言之。（里耶壹8－904、8－1343）

（11）传别书贰春，下卒长奢官。（里耶壹8－657）

（12）迁陵主簿发洞庭。（里耶壹8－303）

（13）酉阳已腾书沅陵。敢告主。（里耶壹8－647）

3. 表鬼神的名词语

（1）乃乍（作）帝钕（籍），以鲞（登）祀上帝天神。（清华贰·第一章）

（2）上共下之宜（义），以奉社稷，胃（谓）之孝。（郭店·六德）

（3）鬳（献）二袿（社）一牛、一☑。（葛陵甲三：354）

（4）赛祷行一白犬，归冠繻（带）于二天子。（包山219）

（5）亯（享）逯（归）䋣（佩）玉一环柬大王。（望山28）

（6）刉（刏）于竆鸧、解溪三豭（豭），三☑。（葛陵甲三：404）

（7）☑之日，荐大（太）一𢍁（静），緩（缨）之目（以）尛玉，旗（祈）之。既成社（功）逾而厝（厌）之。氏（是）日或☑。（葛陵甲三：111）

（8）馈祭子西君，刑（荆）［牢］。（葛陵甲二：38、39）

（9）厌一豭（豭）于地主。（包山219）

（10）用亯（享）于皇禔（祖）吝（文）考，用旂吉休畯（允）楙（茂），子孙蔓（万）年是保。（司马楙镈丁，15770）

（11）隹（唯）十又三（四）年，墜厌（陈侯）午台（以）群者厌猷（诸侯献）金，乍（作）皇妣孝大妃祭器錞（敦）。（陈侯午簋，集成04145）

（12）冰月丁亥，墜（陈）屯（纯）裔孙逆乍（作）为生（皇）禓（祖）大宗毁（簋），目（以）貟（贶）羕（永）令（命）、湏（眉）耆（寿），子孙是保。（陈逆簋，集成04096）

4. 指代人的代词

（1）子遗余娈（鹠）栗（鷅）含可（兮），娈（鹠）栗（鷅）之止含可（兮）。（上博八·鹠鷅）

（2）姑（苦）式（成）冢（家）父曰："不可。君贵我，而受（授）我众，目（以）我为能紿（治）。"（上博五·姑成家父）

（3）昔上天不中（衷），墮（降）恁（祸）于我□□☑。（上博七·吴命）

（4）衛（率）者（诸）侯之兵目（以）临加我。（诅楚文刻石·巫咸，19832）

（5）［帝谓文王］，褱（怀）尔累（明）惪（德）害（曷）？城（诚）胃（谓）之也。（上博一·孔子诗论）

（6）不我（义）而加者（诸）己，弗受也。（郭店·语丛三）

（7）享（烹）牛食士，赐之参饭而勿鼠（予）殽。（睡虎地·为吏之道）

（8）𡨦（寡）人庸其惪（德），嘉其力，氏（是）目（以）赐之氒（厥）命。（中山王譻鼎，集成02840）

（9）虽有母而与其母冗居公者，亦禀之，禾月半石。隶臣田者，以二月月禀二石半石，到九月尽而止其半石。（睡虎地·秦律十八种）

（10）妾未使而衣食公，百姓有欲叚（假）者，叚（假）之，令就衣食焉。（睡虎地·秦律十八种）

（11）豻踦强饮强食，赐某大幅（富），非钱乃布，非茧乃絮。（睡虎地·日书甲种）

（12）甲盗钱以买丝，寄乙，乙受，弗智（知）盗，乙论可（何）殹（也）？毋论。（睡虎地·法律答问）

（三）受事

1. 表具体事物的名词语

（1）吏隶妾节（即）有急事，总冗，以律禀食；不急勿总。（睡虎地·秦律十八种）

（2）卅一年十二月甲申，仓妃、史感、禀人窑出禀冗作大女韱十月、十一月、十二月食。（里耶壹8－1239、8－1334）

（3）卒岁，以正月大课之，最，赐田啬夫壶酉（酒）束脯，为旱〈皂〉者除一更，赐牛长日三旬。（睡虎地·秦律十八种）

（4）享（烹）牛食士，赐之参饭而勿鼠（予）殽。（睡虎地·为吏之道）

（5）御史卒人使者，食粺米半斗，酱驷（四）分升一，采（菜）羹，给之韭葱。（睡虎地·秦律十八种）

（6）戉（越）公内（入）亯（飨）于鲁。（清华贰·第二十二章）

（7）为褐以禀衣。（睡虎地·秦律十八种）

（8）赛祷行一白犬，归冠繻（带）于二天子。（包山219）

(9) 传别书贰春，下卒长奢官。(里耶壹8－657)

(10) 既发笭，执勿遊（佚）。(包山80)

(11) 以私印封，起室把诣于赠，幸其肎（肯）以威貣（贷）学钱。(岳麓叁·学为伪书案)

(12) 迄（讫）旮（几）不赛金。(包山107)

(13) 十月辛巳之日不归板于登（邓）人以至（致）命于郢，阩门又（有）败。(包山43)。

(14) 归备（佩）玉于二天子，各二璧；归▨。(葛陵甲一：4)

(15) 盗出朱（珠）玉邦关及买（卖）于客者，上朱（珠）玉内史，内史材鼠（予）购。(睡虎地·法律答问)

(16) 江陵言：公卒芮与大夫材共盖受棺列，吏后弗鼠（予）。芮买（卖）其分肆士五（伍）朵，地直（值）千，盖二百六十九钱。(岳麓叁·芮盗卖公列地案)

(17) 齐陞（陈）㝮（曼）不叡（敢）逸康，肇（肇）堇（谨）经德，乍（作）皇考獻（献）弔（叔）饙（馈）盤（盘），永保用匿（簠）。(陈曼簠，集成04596)

(18) 禀卒兵，不完善（缮），丞、库啬夫、吏赀二甲，法（废）。(睡虎地·秦律杂抄)

2. 表抽象事物的名词语

(1) 天多墜（降）悳（德），汸=（滂滂）才（在）下，流（攸）自求敚（说），者（诸）尔多子，述（逐）思沓（忱）之。(清华叁·周公之琴舞)

(2) 夫是则戰（守）之目（以）託（信），备（教）之目（以）义，行之目（以）豊（礼）也。(上博二·从政甲)

(3) 器必蠲（蠲）㓵（洁），毋内（入）钱（残）器，犂（牺）生（牲）、珪璧，必全女（如）耆（故），伽（加）之目（以）敬。(上博五·鲍叔牙与隰朋之谏)

(4) 先圣牙（与）后即（圣），考后而遈（归）先，教民大川（顺）之道也。(郭店·唐虞之道)

(5) 昔上天不中（衷），墜（降）悠（祸）于我□□▨。(上博七·吴命)

(6) 天加祸于楚邦，息（霸）君吴王身至于郢。(上博四·昭王毁室、昭王与龚之脽)

(7) 訢（忌）而不訢（忌），天乃墜（降）材（灾）；已而不已，天乃墜（降）㠯（异）。(上博五·三德)

(8) 奠（郑）成公自鷢（厉）逃归，臧（庄）王述（遂）加奠（郑）亂（乱）。(清华贰·第十二章)

(9) 思民之初生，多隂（险）目（以）难成，视之台（以）康乐，悳之台（以）凶垩（刑）。(上博六·用曰)

(10) 犳竒强饮强食，赐某大幅（富），非钱乃布，非茧乃絮。(睡虎地·日书甲种)

(11) 教以事，则民力嗇（啬）以面（湎）利。教以欢（权）恳（谋），则民淫惃远豊（礼）亡新（亲）息（仁）。(郭店·尊德义)

(12) 憙（喜）乐无堇（期）尾（度），是胃（谓）大巟（荒），皇天弗京（谅），必復（复）之目（以）恳（忧）鬓（丧）。凡飤（食）歆无量詛（计），是胃（谓）滔皇，上帝弗京（谅），必復（复）之目（以）康。(上博五·三德)

(13)《君奭》员（云）："昔才（在）上帝，戡（割）绅观文王悳（德），其集大命

于乓（厥）身。”（郭店·缁衣）

3. 表动物或动物一部分的名词语

（1）没入私马、牛、羊、［驹］、犊、羔县道官。（龙岗 102）

（2）四海（海）之外亏（宾），四海（海）之内贞，肣（禽）戰（兽）朝，鱼蠡（鳖）献，又（有）吴（无）迵（通）。（上博二·容成氏）

（3）已龋方：见东陈垣，禹步三步，曰：“皋！敢告东陈垣君子，某病龋齿，笱（苟）令某龋已，请献骊牛子母。”（周家台·病方及其他）

（4）白（百）里迡（转）遣（鬻）五羊，为敀（伯）斁（牧）牛，斁（释）板桎而为朁卿，堣（遇）秦穆。（郭店·穷达以时）

（5）卖牛及筋。（里耶壹 8－102）

（6）沛巳（已）为识取（娶）龄，即为识买室，分识马、田。（岳麓叁·识劫娓案）

（7）居一岁为识买室，贾（价）五千钱；分马一匹、稻田廿（二十）亩，异识。（岳麓叁·识劫娓案）

（8）子遗余娈（鹠）栗（鷅）含可（兮），娈（鹠）栗（鷅）之止含可（兮）。（上博八·鹠鷅）

（9）訇尹宋之述（遂）𫶧（刉）于上桒（桑）丘一𤝵（豭），祷一冢☐。（葛陵甲三：400、327－1）

（10）赛于行一白犬，酉（酒）飤（食）。占之曰：吉。𦟀（荆）层且见王。（包山 208）

（11）獻（献）二袿（社）一牛、一☐。（葛陵甲三：354）

（12）厌一𤝵（豭）于地主。（包山 219）

（13）其大厩、中厩、宫厩马牛殹（也），以其筋、革、角及其贾（价）钱效，其人诣其官。（睡虎地·秦律十八种）

4. 表人的名词语

（1）姑（苦）武（成）豙（家）父曰：“不可。君贵我，而受（授）我众，目（以）我为能紿（治）。”（上博五·姑成家父）

（2）文公衒（率）秦、齐、宋及羣（群）戎之自（师）以败楚自（师）于城儯（濮），述（遂）朝周襄王于衡澭（雍），献楚俘馘，盟（盟）者（诸）侯于坶（践）土。（清华贰·第七章）

5. 表邦、国等单位的名词语

（1）𡨦（寡）人匽（委）赁（任）之邦，而去之游，亡窓（慷）𤔲（惕）之忈（虑）。（中山王譻鼎，集成 02840）

（2）女（如）𩫖（就）王之长也，赏之目（以）焚或（国）。（上博九·邦人不称）

6. 表示数量的数量词语

（1）巳（已）受千钱，尽用。后环（还）二百。（岳麓叁·芮盗卖公列地案）

（2）甲告乙盗直（值）□□，问乙盗卅，甲诬驾（加）乙五十，其卅不审，问甲当论不当？（睡虎地·法律答问）

（3）凡以赢不足有（又）求足，耤之，曰：貣（贷）人钱三，今欲赏（偿）米，斗二钱，赏（偿）一斗，不足一钱，［赏（偿）二斗］有（又）赢一钱。（岳麓壹·数）

（4）卖二斗，取美钱卅；卖三［斗］▨。（里耶壹 8－771）

7. 表动作的动词语或性质的形容词语

（1）先王为此，人胃（谓）之安邦，胃（谓）之利民。（上博七・君人者何必安哉甲）

（2）目而智（知）之胃（谓）之进之。俞〈喻〉而智（知）之胃（谓）之进之。辟（譬）而智（知）之胃（谓）之进之。（郭店・五行）

（3）疋肤肤达者君子道，胃（谓）之臤（贤）。君子智（知）而与（举）之，胃（谓）之障（尊）臤（贤）；智（知）而事之，胃（谓）之障（尊）臤（贤）者也。（郭店・五行）

（4）子也者，会埻长材以事上，胃（谓）之宜（义），上共下之宜（义），以奉社稷，胃（谓）之孝。（郭店・六德）

（5）未尚（尝）耷（闻）君子道，胃（谓）之不聪（聪）。未尚（尝）见臤（贤）人，胃（谓）之不明。耷（闻）君子道而不智（知）其君子道也，胃（谓）之不圣。见臤（贤）人而不智（知）其又（有）悳（德）也，胃（谓）之不智。（郭店・五行）

8. 指代事物的代词

（1）▨戠（特）牛。既荐之于东陵。（葛陵零：303）

（2）▨酉之日祭之大牖（牢），馈之于黄李。占之：吉。啻□▨。（葛陵甲三：304）

（3）无以歸（归）之。中舒戠歸（归）之客。（包山 145）

（4）卅五年八月丁巳朔己未，启陵乡守狐敢言之：廷下令书曰取鲛鱼与山今卢（鲈）鱼献之。问津吏徒莫智（知）。（里耶壹 8－769）

（5）受（授）衣者，夏衣以四月尽六月禀之，冬衣以九月尽十一月禀之，过时者勿禀。后计冬衣来年。囚有寒者为褐衣。为幏布一，用枲三斤。为褐以禀衣。（睡虎地・秦律十八种）

（6）三人共以五钱市，今欲赏（偿）之，问人之出几可（何）钱？（岳麓壹・数）

（7）今貣（贷）人十七钱，七日而归之，问取息几可（何）？（岳麓贰・数）

三、出土战国文献中给予类三价动作动词的句式

由给予类三价动作动词所构成的句式有两种，一种是由给予类三价动作动词作谓语中心的单中心谓语句，另一种是由给予类三价动作动词作谓语一部分的复杂谓语句。

（一）单中心谓语句式

1. $NP_1+V+NP_2+NP_3$（NP_1 可省；NP_2 表示与事宾语；NP_3 表示受事宾语）

由给予类三价动作动词所构成的单中心谓语句式，最常见的就是 $NP_1+V+NP_2+NP_3$。这有两种情况，一是 $NP_1+V+NP_2+NP_3$ 中的 NP_1 不省。例如：

（1）子遗余娈（鹖）栗（鴠）含可（兮），娈（鹖）栗（鴠）之止含可（兮）。（上博八・鹖鴠）

（2）翈（留）为吊（叔）麸禾（龢）钟。（留镈，集成 00015）

（3）西替乍（作）其妹靳饎（馈）钲鐈。（西替盆，集成 03710）

（4）先王为此，人胃（谓）之安邦，胃（谓）之利民。（上博七・君人者何必安哉甲）

(5) 隹（唯）䱷（吾）老贾，是皮（克）行之，于（呜）虖（呼）攸𢦏（哉），天其又（有）㓝（型）于𢦏（在）氒（厥）邦，氏（是）㠯（以）𡨥（寡）人医（委）赁（任）之邦，而去之遊（游）。（中山王嚳鼎，集成02840）

另一是 $NP_1+V+NP_2+NP_3$ 中的 NP_1 省略。例如：

(1) 稟卒兵，不完善（缮），丞、库啬夫、吏赀二甲，法（废）。（睡虎地·秦律杂抄）

(2) 黑夫寄益就书曰：遗黑夫钱，毋操夏衣来。（睡虎地秦牍）

(3) 卒岁，以正月大课之，最，赐田啬夫壶酉（酒）束脯，为旱〈皂〉者除一更，赐牛长日三旬。（睡虎地·秦律十八种）

(4) 沛巳（已）为识取（娶）齡，即为识买室，分识马、田。（岳麓叁·识劫娞案）

(5) 二千弗取，环（还）方钱。方曰：贵！弗取。芮毋（无）钱环（还）钱，去往渔。得。（岳麓叁·芮盗卖公列地案）

(6) ☑之日，荐𠀠（太）一𦀚（静），缨（缨）之㠯（以）𪉩玉，旂（祈）之。既成社（功）逾而厝（厌）之。氏（是）日或☑。（葛陵甲三：111）

(7) 先圣牙（与）后耶（圣），考后而遑（归）先，教民大川（顺）之道也。（郭店·唐虞之道）

(8) 辛未。食人米四斗，鱼米四斗。（周家台·历谱）

(9) 子曰：又（有）郞（国）者章好章亚（恶），以视民厚，则民青（情）不紝（忒）。（郭店·缁衣）

(10) 姑（苦）戓（成）豪（家）父曰："不可。君贵我，而受（授）我众，㠯（以）我为能𦀟（治）。"（上博五·姑成家父）

(11) 上（尚）父曰："日行衙（衡）甬（运），㠯（以）果而波（被），㠯（以）成吝（邻）而均，庶远而方，谓（谓）此日行也。"（上博九·文王访之于尚父举治）

(12) 隹（唯）十又亖（四）年，墬𥎦（陈侯）午台（以）群者𥎦賕（诸侯献）金，乍（作）皇妣孝大妃祭器錍錞（敦）。（陈侯午簋，集成04145）

$NP_1+V+NP_2+NP_3$ 中的 NP_1 前可以有状语（NP_1 可省），这是句首状语：

(1) 卅一年十二月甲申，仓妃、史感、稟人窑出稟冗作大女韱十月、十一月、十二月食。（里耶壹8-1239、8-1334）

(2) 冰月丁亥，墬屯（陈纯）裔孙逆乍（作）为生禋（皇祖）大宗𣪕（簋），㠯匄羕令（以贶永命）、湏耆（眉寿），子孙是保。（陈逆簋，集成04096）

(3) 隹（唯）王正月，辰才（在）丁亥，梁伯可忌乍（作）氒（厥）元子中（仲）姞媵（媵）錞（镎、敦）。（梁伯可忌敦，近出543）

$NP_1+V+NP_2+NP_3$ 中的V前也可以有状语（NP_1 可省），这是句中状语：

(1) 鬼恒为人恶瞢（梦），𧢝（觉）而弗占，是图夫。（睡虎地·日书甲种）

(2) 或犹走趣（趣）事王，邦人亓（其）胃（谓）之可（何）?（上博八·志书乃言）

(3) 奠（郑）成公自鬲（厉）逃归，臧（庄）王述（遂）加奠（郑）𤔲（乱）。（清华贰·第十二章）

(4) 坙（禹）肰（然）句（后）㚸（始）为之唇（号）羿（旗），㠯（以）支（辨）亓（其）右（左）右，思民毋憨（惑）。（上博二·容成氏）

(5) 吏节（即）不智（知）学为伪［书］，不貣（贷）学钱。（岳麓叁·学为伪书案）借出。

（6）帝命二黄它（蛇）与二白兔尻句（后）之㡌（寝）室之栜，亓（其）下畬（舍）句（后）疾，是囟（使）句（后）㾓（疾）疾而不智（知）人。（清华叁·赤鹄之集汤之屋）

（7）是日祭王孙厌一冢，酉（酒）食。☐。（葛陵乙三：42）

（8）纴巟胃（谓）少（小）臣曰："尔不我尝，虐（吾）不亦杀尔？"少（小）臣自堂下受（授）纴巟𥁰（羹）。（清华叁·赤鹄之集汤之屋）

$NP_1+V+NP_2+NP_3$ 中的 NP_1 前有状语，V 前也有状语，也就是同时有句首状语和句中状语：

隹（唯）正月己亥，禾肇（肇）乍（作）皇母懿龏（懿恭）孟姬餴（馈）彝。（禾簋，集成03939）

2. $NP_1+V+NP_3+NP_2$（NP_1 可省）

这种句式跟 $NP_1+V+NP_2+NP_3$ 不同，NP_3 在 NP_2 之前。例如：

（1）江陵言：公卒芮与大夫材共盖受棺列，吏后弗鼠（予）。芮买（卖）其分肆士五（伍）朵，地直（值）千，盖二百六十九钱。（岳麓叁·芮盗卖公列地案）

（2）县上食者籍及它费大（太）仓，与计偕。（睡虎地·秦律十八种）

（3）酉阳已腾书沅陵。敢告主。（里耶壹8-647）

（4）城旦琐以三月乙酉有沓。今隶妾益行书守府，因之令益治邸［代］处。谒令仓司空薄（簿）琐以三月乙酉不治邸。敢言之。（里耶壹8-904、8-1343）

（5）昷（明）戢（岁），齐同（顷）公朝于晋竞（景）公，郇（驹）之克走敹（援）齐侯之繻（带），献之竞（景）公。（清华贰·第十四章）

（6）官府受钱者，千钱一畚，以丞、令印印。不盈千者，亦封印之。钱善不善，杂实之。出钱，献封丞、令，乃发用之。（睡虎地·秦律十八种）

（7）盗出朱（珠）玉邦关及买（卖）于客者，上朱（珠）玉内史，内史材鼠（予）购。（睡虎地·法律答问）

（8）丞主与胡阳公共复（覆）毋择为报。敢以闻。寄封廷史利。（岳麓叁·学为伪书案）

（9）亯（享）逷（归）𦁣（佩）玉一环柬大王。（望山28）

（10）没入私马、牛、羊、[驹]、犊、羔县道官。（龙岗102）

（11）传别书贰春，下卒长奢官。（里耶壹8-657）

（12）进书令史毛季从者。（里耶壹8-1529）

（13）发书，移书曹，曹莫受，以告府，府令曹画之。（睡虎地·语书）

3. $NP_1+V+NP_2+之+NP_3$（NP_1 可省）

这种句式中的 NP_2 作了 NP_3 的定语。例如：

十月辛巳之日不归登（邓）人之金，阩门又（有）败。（包山44）

试比较：

十月辛巳之日不归板于登（邓）人以至（致）命于郢，阩门又（有）败。（包山43）

由包山43一例来看，"登（邓）人"是动词"归"的间接宾语，但是在包山44一例中，却做了动词"归"后宾语中的定语。

4. $NP_1 + V + NP_2$（NP_1 可省）

这种句式省略了 NP_3。例如：

（1）卅一年十二月戊戌，仓妃、史感、禀人援出禀大隶妾援。令史朝视平。（里耶壹 8－762）

（2）入禾稼、刍稾，辄为廥籍，上内史。（睡虎地·秦律十八种）

（3）享祭管之高丘、下丘，各一全豢。陈乙占之曰：吉。（包山 241）

（4）天子大说，布赐天下，其枀北君九水征。（放马滩·日书乙种）

（5）乃乍（作）帝钕（籍），以鲞（登）祀上帝天神。（清华贰·第一章）

（6）程禾、黍☐□□□□☐以书言年，别其数，以禀人。（睡虎地·秦律十八种）

（7）啬夫即以其直（值）钱分负其官长及冗吏，而人与参辨券，以效少内，少内以收责之。（睡虎地·秦律十八种）

（8）人各食其所耆（嗜），不踐（足）以贫（分）人；各乐其所乐，而踐（足）以贫（分）人。（睡虎地·为吏之道）

5. $NP_{1a} + V + NP_2$：NP_{1b}（NP_{1a}和 NP_{1b}是同位关系）

这种句式的主语，其实是一个同位短语，但说话的人把同位短语中的一个成分放在最后说，从而形成这样的句式。这种句式省略了 NP_3。例如：

一人禀人：廉。（里耶壹 8－1259）

6. $NP_1 + V + NP_3$（NP_1 可省）

这种句式省略了 NP_2。例如：

（1）天共（供）旹（时），埅（地）共（供）材，民共（供）力，槑（明）王无思，是胃（谓）参（三）悳（德）。（上博五·三德）

（2）弗辄治（笞），吏主者负其半。（睡虎地·秦律十八种）

（3）下猷（献）司城已之窶。人郠（刉）一牯（豭），祷☐。（葛陵甲三：326－1）

（4）者（诸）灰（侯）寅（夤）荐吉金，用乍（作）孝武超（桓）公祭器鐘（敦）。（陈侯因脊敦，集成 04649）

（5）天多墜（降）悳（德），汸₌（滂滂）才（在）下，流（攸）自求敚（说），者（诸）尔多子，迖（逐）思沓（忱）之。（清华叁·周公之琴舞）

（6）文公衒（率）秦、齐、宋及羣（群）戎之自（师）以败楚自（师）于城僕（濮），述（遂）朝周襄王于衡澭（雍），献楚俘馘，槑（盟）者（诸）侯于堋（践）土。（清华贰·第七章）

（7）居一岁为识买室，贾（价）五千钱；分马一匹、稻田廿（二十）亩，异识。（岳麓叁·识劫娩案）

（8）毋智［□］受钱，恐吏智（知），不敢自言。环（还）钱。它如故狱。（岳麓叁·田与市和奸案）

（9）则光门：其主必昌，好歌舞，必施衣常。（放马滩·日书乙种）

（10）子左尹誼（属）之新偖让尹丹，命为仆至（致）典。既皆至（致）典，仆又（有）典，卲行无典。（包山 16）

（11）孔₌（孔子）曰："善才（哉）！商也，牆（将）可孥（教）時（诗）矣。"（上博二·民之父母）

(12) 见其金节鼽(则)母(毋)政(政、征),母(毋)畬(舍、舍)桴(榛、馔)飤,不见其金节鼽(则)政(政、征)。(鄂君启车节,集成12110)

(13) 方弗取,有(又)弗环(还)钱,去往渔。(岳麓叁·芮盗卖公列地案)

(14) 小隶臣妾以八月傅为大隶臣妾,以十月益食。(睡虎地·秦律十八种)

(15) 更隶妾节(即)有急事,总冗,以律禀食;不急勿总。(睡虎地·秦律十八种)

7. $NP_1 + V$ (NP_1 可省)

$NP_1 + V + NP_2 + NP_3$ 中的 $NP_2 + NP_3$ 如果都省去,就形成这种句式。例如:

(1) 芮买(卖),与朵别贾(价)地。(岳麓叁·芮盗卖公列地案)

(2) 公有责(债)百姓未赏(偿),亦移其县,县赏(偿)。(睡虎地·秦律十八种)

(3) 辛巳。赐。(周家台·历谱)

(4) 隶臣妾其从事公,隶臣月禾二石,隶妾一石半;其不从事,勿禀。(睡虎地·秦律十八种)

(5) 顯(愿)丞主叚(假)钱二万貣(贷)、食支卒岁。稼孰(熟)倍赏(偿)。勿环(还)!环(还)之。(岳麓叁·学为伪书案)

8. $NP_1 + V + NP_3 +$ 于 $+ NP_2$ (NP_1 可省)、$NP_1 + V +$ 诸 $+ NP_2$ (NP_1 可省)、$NP_1 + V + NP_3 +$ 焉 (NP_1 可省)

在 $NP_1 + V + NP_3 + NP_2$ 句式中的 NP_2 之前加介词"于",就会形成这种句式。例如:

(1) 晋公献齐俘馘于周王,述(遂)以齐侯貣(贷)、鲁侯羴(显)、宋公畋(田)、卫侯虔、奠(郑)白(伯)紿(骀)朝周王于周。(清华贰·第二十二章)

(2) 秦人豫(舍)戍于奠(郑),奠(郑)人致(属)北门之筦(管)于秦之戍人。(清华贰·第八章)

(3) 天加祸于楚邦,忌(霸)君吴王身至于郢。(上博四·昭王毁室、昭王与龚之脽)

(4) 天隆(降)休命于朕(朕)邦,又(有)氒(厥)忠(忠)臣贾。(中山王響鼎,集成02840)

(5) 蓍(厘)尹至(致)命于君王:"既詉(蔽)而卜之麑(孚)。"(上博四·柬大王泊旱)

(6) 戉(越)公内(入)亯(飨)于鲁。(清华贰·第二十二章)

(7) ☐酉之日祭之大牖(牢),馈之于黄李。占之:吉。啻□羞。(葛陵甲三:304)

(8) 厌一豬(豭)于地主。(包山219)

(9) 赛祷行一白犬,归冠緈(带)于二天子。(包山219)

(10) 归备(佩)玉于二天子,各二璧;归☐。(葛陵甲一:4)

(11) 没入其贩假殹(也)钱财它物于县、道官,☐。(龙岗26)

(12) 孔₌(孔子)曰:"孝₌(君子)才(在)民之上,埶(执)民之中,绐(施)季(教)于百眚(姓),而民不备(服)安(焉),氏(是)孝₌(君子)之耻也。(上博五·季庚子问于孔子)

如果 NP_3 是代词"之",那么它会与后面的介词"于"构成合音兼词"诸",形成 $NP_1 + V +$ 诸 $+ NP_2$ 这种句式。例如:

(1) 晋竞(景)公会者(诸)侯以栽(救)奠(郑),奠(郑)人止芸(郧)公义(仪),献者(诸)竞(景)公。(清华贰·第十六章)

（2）大陘（施）者（诸）其人，天也。其人陘（施）者（诸）人，慮（狎?）也。（郭店・五行）

（3）□［賁（任）者（诸）］父兄，賁（任）者（诸）子弟。（郭店・六德）

如果 NP_2 是代词，那么它会与前面的介词“于”构成兼词“焉”，形成 NP_1+V+NP_3+ 焉这种句式。例如：

大材埶（设）者（诸）大官，少（小）材埶（设）者（诸）少（小）官，因而它（施）录（禄）安（焉）。（郭店・六德）

9. NP_1+V+ 于 $+NP_2+NP_3$（NP_1 可省）

如果把 NP_1+V+NP_3+ 于 $+NP_2$ 句式中的于 $+NP_2$ 移到 NP_3 之前，就会形成这种句式。这种句式中的 V 一般是祭祀动词。例如：

（1）甸尹宋之述（遂）䣓（刏）于上桑（桑）丘一牯（豭），祷一冢□。（葛陵甲三：400、327－1）

（2）䣓（刏）于郢思虚一牯（豭），祷□。（葛陵甲三：353）

（3）赛于行一白犬、酉（酒）飤（食）。占之曰：吉。畱（荆）层且见王。（包山208）

10. NP_1+V+ 于 $+NP_2$（NP_1 可省）、NP_1+V+ 以 $+NP_2$（NP_1 可省）

如果把 NP_1+V+NP_3+ 于 $+NP_2$ 这种句式中的 NP_3 省略，就会形成这种句式。例如：

（1）墨（禹）奉叁（舜）童（重）悳（德），攺（施）于四或（国），悬（诲）目（以）袋（劳）民，畿而聿（尽）力。（上博九・禹王天下）

（2）视于天下，番（审）于国。（上博七・凡物流形甲）

（3）又遉（复）于君王。（上博九・陈公治兵）

（4）用亯（享）于皇禔（祖）吝（文）考，用旂吉休畯（允）楙（茂），子孙墓（万）年是保。（司马楙镈丁，15770）

引介 NP_2 的介词有时是“以”但不常见。例如：

墨（禹）乃五壤（让）目（以）天下之臤（贤）者，不寻（得）已，肰（然）句（后）敢受之。（上博二・容成氏）

试比较：

尭（尧）目（以）天下壤（让）于臤（贤）者，天下之臤（贤）者莫之能受也。万邦之君皆目（以）亓（其）邦壤（让）于臤（贤）□。（上博二・容成氏）

在上例“五让以天下之贤者”中，用介词“以”引出间接宾语“天下之贤者”，介词“以”相当于介词“于”。在下例“以天下让于贤者”中，则是介词“于”引出间接宾语“贤者”。

11. NP_1+V+NP_2+ 以 $+NP_3$（NP_1 可省）

如果把 $NP_1+V+NP_2+NP_3$ 句式中的 NP_3 用介词“以”引出，就会形成这种句式。这种句式中的 NP_2 都由代词“之”充当。例如：

（1）女（如）𦎫（就）王之长也，赏之目（以）焚宬（国）。（上博九・邦人不称）

（2）器必蠲（蠲）䙳（洁），毋内（入）钱（残）器，犨（牺）生（牲）、珪璧，必全女（如）耆（故），伽（加）之目（以）敬。（上博五・鲍叔牙与隰朋之谏）

(3) 思民之初生，多險（险）㠯（以）难成，视之台（以）康乐，慝之台（以）凶坓（刑）。(上博六·用曰)

(4) 倀（长）民者教之以悳（德），齐之以豊（礼），则民又（有）欢（劝）心；教之以正（政），齐之以坓（刑），则民又（有）娩（免）心。(郭店·缁衣)

(5) 憙（喜）乐无堇（期）厇（度），是胃（谓）大巟（荒），皇天弗京（谅），必復（复）之㠯（以）惪（忧）䘮（丧）。凡飤（食）歆（饮）无量詢（计），是胃（谓）滔皇，上帝弗京（谅），必復（复）之㠯（以）康。(上博五·三德)

(6) 珥、衣常（裳），叡（且）祭之㠯（以）一猎于东陵。占之：吉。□。(葛陵甲三：207)

(7) 牺马，先之㠯（以）一璧，迈（乃）而逯（归）之。遯（迻）吝（文）君之祱（说）□□。(葛陵甲三：99)

这种句式中的"NP_3"用介词"于"引出，形成"NP_1+V+NP_2+于$+NP_3$（NP_1可省）"句式，但不常见。例如：

少（小）人不緹（逞）人于刃（恩），君子不緹（逞）人于豊（礼）。(郭店·成之闻之)

12. NP_1+以$+NP_3+V+NP_2$（NP_1可省）

如果把NP_1+V+NP_2+以$+NP_3$句式中的以$+NP_3$移到V之前，就会形成这种句式。例如：

(1) 餓公鶪之戢（岁），亘（亟）思少司马阩胜或（又）以足金六匀（钧）舍叶，叶宫大夫集昜（阳）公蔡逯虎受。(包山130)

(2) 戊午，㠯（以）重刃乩与𥡴（秦），甘（其）与金与丝与帛与奴与𩫖（城）。(二十九年弩机，18586)

(3) 廿八年七月戊戌朔乙巳，启陵乡赵敢言之：令令启陵捕献鸟，得明渠雌一。以鸟及书属尉史文，令输。(里耶壹8－1562)

(4) 男子西有鬃秦綦履一两，去男子其一奇六步，一十步；以履履男子，利焉。(睡虎地·封诊式)

(5) 以沙人一升揎其舂臼，以黍肉食宲人，则止矣。(睡虎地·日书甲种)

13. NP_1+以$+NP_3+V+$于$+NP_2$（NP_1可省）

如果在NP_1+以$+NP_3+V+NP_2$中的NP_2前再加介词"于"，就会形成这种句式。例如：

尭（尧）㠯（以）天下壤（让）于臤（贤）者，天下之臤（贤）者莫之能受也。万邦之君皆㠯（以）亓（其）邦壤（让）于臤（贤）[者]□。(上博二·容成氏)

14. NP_1+V+以$+NP_3$（NP_1可省）

如果把NP_1+V+NP_2+以$+NP_3$句式中的NP_2省略，就会形成这种句式。例如：

(1) 隹（唯）十年，墬（陈）疾（侯）午淖（朝）羣（群）邦者（诸）疾（侯）于齐，者（诸）疾（侯）亯（享）台（以）吉金，𠟭（则）乍（作）平𦞤（寿）适器，台（以）登（烝）台（以）尝，保（保）有齐邦，永莹（世）母（毋）忘。(十年陈侯午敦，集成04648)

（2）䀹（匄）目（以）二黏（豭）☐。（葛陵零：333）

（3）是以为正（政）者教道之取先。教以豊（礼），则民果以坙（轻）。教以乐，则民㴋（淑）悳（德）清牆（将）。教以支（辩）兑（说），则民埶（亵）陵張（长）贵以忘（妄）。教以埶（艺），则民埜（野）以静（争）。教以只（技），则民少（小）以旻（吝）。教以言，则民吁以寡信。教以事，则民力啬（啬）以面（湎）利。教以欢（权）悬（谋），则民淫惃远豊（礼）亡新（亲）息（仁）。（郭店·尊德义）

15. NP_1 + 以 + V + NP_2（NP_1 可省）

如果把 NP_1 + 以 + NP_3 + V + NP_2 句式中的 NP_3 省略，就会形成 NP_1 + 以 + V + NP_2 这种句式。例如：

复以绐（诒）假它人，取☐。（龙岗 213）

16. NP_1 + 以 + V + 于 + NP_2（NP_1 可省）

如果把 NP_1 + 以 + NP_3 + V + 于 + NP_2 句式中的 NP_3 省略，就会形成 NP_1 + 以 + V + 于 + NP_2 这种句式。例如：

于是于（乎）觓（治）雚（爵）而行录（禄），目（以）壤（让）于来亦迵（来亦迵）。（上博二·容成氏）

17. NP_1 + 以 + NP_3 + V（NP_1 可省）

如果把 NP_1 + 以 + NP_3 + V + NP_2 句式中的 NP_2 省略，就会形成这种句式。例如：

（1）"广众心，声闻左右者，赏。"将军材以钱若金赏，毋（无）恒数。（睡虎地·法律答问）

（2）其大厩、中厩、宫厩马牛殹（也），以其筋、革、角及其贾（价）钱效，其人诣其官。（睡虎地·秦律十八种）

（3）智（知）☐之正者，能以天下廛（禅）歖（矣）。（郭店·唐虞之道）

18. NP_2 + V + 之 + NP_3

这种句式中的 NP_2 置于句首，为主题主语，在其原来的位置上用代词"之"复指；NP_3 放在动词之后。这种句式中的 V 都是动词"谓"。例如：

（1）君子智（知）而与（举）之，胃（谓）之隣（尊）臤（贤）；智（知）而事之，胃（谓）之隣（尊）臤（贤）者也。（郭店·五行）

（2）是古（故）夫死又（有）宔（主），终身不𡡉（嫁），胃（谓）之妇。（郭店·六德）

（3）五行皆型（形）于内而时行之，胃（谓）之君［子］。士又（有）志于君子道，胃（谓）之峙（志）士。（郭店·五行）

19. NP_2 + V + NP_3

这种句式中的 NP_2 置于句首，为主题主语，在其原来的位置上不再用代词"之"复指；NP_3 放在动词之后。例如：

（1）子思曰："恒（亟）爯（称）其君之亚（恶）者，可胃（谓）忠臣矣。"公不敚（悦），咠（揖）而退之。城（成）孙弋见，公曰："向（向）者䖒（吾）昏（问）忠臣于子思，子思曰：'亘（亟）爯（称）其君之亚（恶）者可胃（谓）忠臣矣。'募（寡）人惑安（焉），而未之得也。"（郭店·鲁穆公问子思）

(2) 考（巧）言鋅（令）色，未可胃（谓）㥁（仁）也。（上博五·弟子问）

20. NP_2 + 之 + V + NP_3

这种句式中的 NP_2 前置，再用代词“之”复指；NP_3 放在动词之后。例如：

(1) 此之胃（谓）“三亡（无）”。（上博二·民之父母）

(2) 此之胃（谓）省（小）城（成）？（上博七·凡物流形甲）

(3) 上下膚（皆）得其所之胃（谓）信。（郭店·语丛一）

(4) 㤅（爱）膳（善）之胃（谓）㥁（仁）。（郭店·语丛一）

21. NP_1 + 疑问代词 + V + NP_3

如果 NP_2 是由疑问代词充当，那么它要放在动词 V 的前面。这种句式中的 V 都是动词“谓”。例如：

(1) 可（何）胃（谓）六恴（德）？圣、智也，㥁（仁）、宜（义）也，忠、信也。（郭店·六德）

(2) 史蒥曰：“可（何）胃（谓）八？”（上博九·史蒥问于夫子）

(3) 吏（史）蒥曰：“可（何）胃（谓）畺（强）？可（何）胃（谓）□？”（上博九·史蒥问于夫子）

(4) 可（何）谓“夏子”？臣邦父、秦母谓殹（也）。（睡虎地·法律答问）

(5) 庚子曰：“青（请）昏（问）可（何）胃（谓）㥁（仁）之㠯（以）恴（德）？”（上博五·季庚子问于孔子）

(6) 是胃（谓）少（小）敓（彻）。奚（奚）胃（谓）少（小）敓（彻）？（上博七·凡物流形甲）

22. NP_1 + 疑问代词 + V + NP_2

如果“NP_3”是由疑问代词充当，那么它要放在动词 V 的前面。例如：

斯雀（爵）之矣，徍（离）丌（其）所悉（爱），必曰虐（吾）奚（奚）舍之，宾赠氏（是）已。（上博一·孔子诗论）

23. NP_2 + 是 + V + NP_3（NP_1 可省）

这种句式中的 NP_2 前置，又用代词“是”复指，代词“是”放在动词 V 的前面。这种句式中的 V 都是动词“谓”。例如：

(1) 唇（辰）、巳、午、未、申、栖（酉）、戌、亥、子、丑、寅、卯，是胃（谓）交日。（九店 56·27）

(2) 勿（物）壓（壮）则老，是胃（谓）不道。（郭店·老子甲本）

(3) 得之若缨（惊），遊（失）之若缨（惊），是胃（谓）態（宠）辱辱（若）缨（惊）。（郭店·老子乙本）

(4) 臤（贤）人不才（在）昃（侧），是胃（谓）迷惑。不与智悔（谋），是胃（谓）自惎（欺）。槕（早）与智悔（谋），是胃（谓）童（重）基。（郭店·语丛四）

(5) 一命弌（一）虇，氏（是）胃（谓）散（遭）吳（殃）。弌（一）命［三虇］氏（是）胃（谓）不长。三命四虇，氏（是）胃（谓）㡭（绝）緟（辍）。（上博三·彭祖）

(6) 三行之遂（后），句（后）见（现）端（短）兵，攸（什）五（伍）之闕（闲）

必又（有）公孙公子，是胃（谓）军纪。（上博四·曹沫之陈）

24. NP_2+V+于$+NP_1$（NP_2可省）

这种句式是所谓"于"字式被动句式，用介词"于"引出施事。例如：

武侄寺（持）力，寡敓（夺）楚京，赏于旚（韩）宗，令于晉（晋）公，卲（昭）于天子。（屭羌钟甲，集成00157）

25. NP_2+V

这种句式中的NP_2前置，其余都省略了。例如：

法（废）丘已传，为报，敢告主。（睡虎地·封诊式）

26. NP_3+V+NP_2

这种句式中的NP_3前置，NP_2仍置于动词之后。例如：

（1）稼偿主。（龙岗162）

（2）小子骃敢目（以）芥（玠）圭、吉璧、吉丑（纽）目（以）告于华大山，大山又（有）赐□，已吾复（腹）心目（以）下至于足髀之病，能自复如故，请□祠用牛羴（牺）貣（贰），亓（其）齿七，□□□及羊豢，路车四马，三人壹家，壹璧先之，□□用貣（贰）羴（牺）羊豢，壹璧先之，而复华大山之阴阳。（秦骃玉牍甲，19829）

（3）祷北方一犆，先之一璧；觳（就）☑。（葛陵乙四：14）

（4）倉（答）曰：☑亓（其）飤（食）足目（以）飤（食）之，亓（其）兵足目（以）利之，亓（其）城固足目（以）攼（捍）之。（上博四·曹沫之陈）

27. NP_3+V+之

如果把$NP_1+V+NP_2+NP_3$中的NP_1和NP_2都省去，把NP_3移到动词V之前，再在V后用"之"复指提前的NP_3，就会形成这种句式。例如：

受（授）衣者，夏衣以四月尽六月禀之，冬衣以九月尽十一月禀之，过时者勿禀。后计冬衣来年。囚有寒者为褐衣。为幏布一，用枲三斤。为褐以禀衣。（睡虎地·秦律十八种）

28. NP_3+V

如果把$NP_1+V+NP_2+NP_3$中的NP_1和NP_2都省去，再把NP_3移到动词V之前，就会形成这种句式。例如：

（1）四海（海）之外宾（宾），四海（海）之内贞，肣（禽）獸（兽）朝，鱼鼈（鳖）献，又（有）吴（无）迵（通）。（上博二·容成氏）

（2）戒之戒之，材（财）不可归；谨之谨之，谋不可遗；慎之慎之，言不可追。（睡虎地·为吏之道）

（二）复杂谓语句式

1. 并列句

具有并列关系的几个"谓"之间可以不用连词。例如：

（1）平日，可取妻、祝祠、赐客，可以入黔首，作事吉。（放马滩·日书甲种）

（2）戊午，目（以）重刃皀与龚（秦），甘（其）与金与丝与帛与奴与䧂（城）。（二十九年弩机，18586）

具有并列关系的几个"谓"之间可以用连词。所使用的连词有"及"和"而"。一般是在两个“谓”之间用连词，有时是在最后的两个“谓”之间用连词。例如：

（1）其弗能入及赏（偿），以令日居之。（睡虎地·秦律十八种）

（2）不当论及赏（偿）稼。（睡虎地·法律答问）

（3）官啬夫、冗吏皆共赏（偿）不备之货而入赢。（睡虎地·效律）

（4）均分而坒（广）貤（施），時（时）惪（德）而方（方）义。（上博六·慎子曰恭俭）

（5）凡民俾（卑）敝（末）者，季（教）而悬（诲）之，歙（饮）而飤（食）之，思役百官而月青（请）之。（上博二·容成氏）

具有并列关系的两个“谓”之间都要用连词“且”。这种例子都出现在秦简之中。例如：

荐叡（且）祷之，吉。☑。（葛陵甲三：401）

2. 转折句

具有转折关系的几个“谓”之间一般要用连词“而”来连接。例如：

（1）汤（唐）吴（虞）之道，壅（禅）而不德（传）。尧舜之王，利天下而弗利也。壅（禅）而不德（传），圣之盛也。（郭店·唐虞之道）

（2）享（烹）牛食士，赐之参饭而勿鼠（予）殺。（睡虎地·为吏之道）

（3）福（富）而贫（分）贱，则民谷（欲）其福（富）之大也。（郭店·成之闻之）

（4）不我（义）而加者（诸）己，弗受也。（郭店·语丛三）

（5）其已分而死，及恒作官府以负责（债），牧将公畜生而杀、亡之，未赏（偿）及居之未备而死，皆出之，毋责妻、同居。（睡虎地·秦律十八种）

具有转折关系的几个“谓”之间也可以不用连词“而”来连接。例如：

长不行，死毋（无）名；富不施，贫毋（无）告也。（睡虎地·为吏之道）

3. 连谓句

具有连谓关系的几个谓语之间可以不用连词来连接。给予类三价动作动词只是其中的一个谓语，例如：

（1）卲吉为桯，既祷至（致）福。（包山 205）

（2）今遣从军，将军勿恤视。享（烹）牛食士，赐之参饭而勿鼠（予）殺。（睡虎地·封诊式）

（3）以鸟及书属尉史文，令输。文不肎（肯）受，即发鸟送书，削去其名，以予小史适。（里耶壹 8－1562）

（4）卅五年八月丁巳朔己未，启陵乡守狐敢言之：廷下令书曰：取鲛鱼与山今卢（鲈）鱼献之。问津吏徒莫智（知）。（里耶壹 8－769）

（5）二十九年，𩁹（秦）攻晤（吾），王目（以）子横质邘（于）齐，又使景鲤、苏历（厉）目（以）求平。并（并）令尹乍（作）弩五千、矢卅万与之。（二十九年弩机，18586）

具有连谓关系的几个谓语之间用连词“以”来连接。例如：

（1）为褐以禀衣。（睡虎地·秦律十八种）

（2）华谒出五百以自偿。（里耶壹 8－1532）

（3）衔（率）者（诸）侯之兵目（以）临加我。（诅楚文刻石·巫咸，19832）

(4) 十月辛巳之日不归板于登（邓）人以至（致）命于郢，阩门又（有）败。（包山43）

具有连谓关系的几个谓语之间用连词“而”来连接。例如：

(1) 僡（易）舀（牙），人之与偖（煮）而飤（食）人，亓（其）为不息（仁）厚矣，公弗慸（图），必躗（害）公身。（上博五·鲍叔牙与隰朋之谏）

(2) 尭（尧）乃为之季（教）曰：“自内（入）安（焉），余穴規（窥）安（焉）。”目（以）求臤（贤）者而壤（让）安（焉）。（上博二·容成氏）

(3) 凡是日赤啻（帝）恒以开临下民而降其英（殃），不可具为百事，皆毋（无）所利。（睡虎地·日书甲种）

(4) 尧廛（禅）天下而受（授）之，南面而王而〈天〉下而甚君。古尧之廛（禅）虖（乎）舜也，女（如）此也。（郭店·唐虞之道）

4. 兼语句

(1) 癸、琐等当耐为侯（候），令琐等环（还）癸等钱。（岳麓叁·癸、琐相移谋购案）

(2) 天子不忘其又（有）勳（勋），逹（使）其老筞（策）賞（赏）中（仲）父。（中山王礜壶，集成09735）

(3) 计用律不审而羸、不备，以效羸、不备之律赀之，而勿令赏（偿）。（睡虎地·效律）

(4) 其入之其弗亟而令败者，令以其未败直（值）赏（偿）之。（睡虎地·秦律十八种）

(5) 前日言竞陵藩阴狼假迁陵公船一，袤三丈三尺，名曰□，以求故荆积瓦。未归船，狼属司马昌官。谒告昌官，令狼归船。（里耶壹8－135）

四、出土战国文献中给予类三价动作动词的指称化与修饰化

给予类三价动作动词作谓语或谓语的一部分，都是表陈述的。给予类三价动作动词作补事词语、作一些动词的宾语（例如“曰”）时，可能仍是表陈述的。

除此之外，还有其他的用法。当给予类三价动作动词与“者”构成“者”字短语、与“所”构成“所”字短语、与“所”和“者”构成“所者”字短语、与“之”构成“之”字短语时，一般都是表指称的，是有标记的指称化。当给予类三价动作动词作主语、宾语（绝大多数）和判断句谓语时，也是表指称的，是无标记的指称化。

当给予类三价动作动词作定语时，一般是表修饰的。

（一）指称化

1. 有标记的指称化

A. 构成“者”字短语。

“者”与给予类三价动作动词所构成的“者”字短语，一般是指称V的起事的。例如：

(1) 受者、货者皆坐臧（赃）为盗，有律，不当灋（谳）。（岳麓叁·癸、琐相移谋购案）

(2) 敬问之：吏令徒守器而失之，徒当独负。日足以负，吏弗责，负者死亡，吏代负

偿。徒守者往戍何？敬讯而负之，可不可。（里耶壹 8－644）

（3）禪（禅）也者，上直（德）受（授）臤（贤）之胃（谓）也。（郭店·唐虞之道）

（4）已禀者，移居县责之。（睡虎地·秦律十八种）

（5）夫为其［君］之古（故）杀其身者，交（效）录（禄）雀（爵）者也。（郭店·鲁穆公问子思）

（6）不禪（禅）而能蚄（化）民者，自生民未之又（有）也。（郭店·唐虞之道）

（7）“盗出朱（珠）玉邦关及买（卖）于客者，上朱（珠）玉内史，内史材鼠（予）购。”可（何）以购之？（睡虎地·法律答问）

（8）誹（诈）伪、假人符传及让人符传者，皆与阑入门同罪。（龙岗 4）

B. 构成“所”字短语。

“所”与给予类三价动作动词构成“所”字短语“所 + V”，一般是指称 V 的受事的。例如：

（1）古（故）君子所复之不多，所求之不远。（郭店·成之闻之）

（2）王何立（莅）事，旻（得）工、竵（冶）瞂所教甠（马）重（童）为。（王何戈，集成 11329）

（3）王所舍新大厩以啻苴之田，南与郙君执疆，东与陵君执疆，北与鄝昜（阳）执疆，西与鄱君执疆。（包山 154）

（4）制，所致县道官，必复请之，不从律者，令丞☐。（龙岗 8）

“所”与给予类三价动作动词构成“所”字短语“所 + 介 + V”。例如：

（1）廷等（志）所以内（纳）。（包山 9）

（2）䰠（鬼）神勶（忽）武，非所目（以）斈（教）民，唯君亓（其）智（知）之。（上博四·曹沫之陈）

（3）虘（吾）聒（闻）古之善臣，不目（以）厶（私）思厶（私）悁（怨）内（入）于王门，非而（尔）所目（以）錖（复）。（上博八·命）

C. 构成“所者”短语。

“所”与给予类三价动作动词构成“所”字短语“所 + V”之后，还可以再加“者”构成“所 + V + 者”短语，这时仍是指称 V 的受事的。例如：

（1）不韦（讳）所不孥（教）于帀（师）者三：弜（强）行、忠譬（谋）、訐（信）言，此所不孥（教）于帀（师）也。（上博六·天子建州甲）

（2）所有责于寝戝五帀（师）而不交于新客者，冢玫苛旍利之金一益削益。秀几、戝缨为李。所有责于刏帰（寝）戝、寝戝、繇戝五帀（师）而不交于新客者，佶让六令李怲之金五益。（包山 146）

D. 构成“之”字短语。

一个主谓短语“NP + VP”（这里的 VP 是指给予类三价动作动词语）原本是陈述一个事件，是谓词性的。但是在中间加“之”之后形成“NP + 之 + VP”，这个结构是表指称的，指“NP + 之 + VP”这个事件，所以“之”也是指称化的标记。例如：

（1）古尧之禪（禅）虖（乎）舜也，女（如）此也。（郭店·唐虞之道）

（2）是古（故）先王之教民也，钌（始）于孝弟。（郭店·六德）

（3）恪舉（哉）母（毋）巟（荒），畏天之墬（降）載（灾），恤邦之不臧（臧）。

（清华叁·芮良夫毖）

2. 无标记的指称化

A. 作主语。

给予类三价动作动词语可以作主语。例如：

(1) 㬇（禅），义之至也。（郭店·唐虞之道）

(2) 亓（其）赏識（浅）虘（且）不中，亓（其）誅（诛）至（重）虘（且）不譔（察）。（上博四·曹沫之陈）

(3) 甘□□［十三］及丌（其）人，敬蟋（爱）丌（其）查（树），丌（其）保（报）厚矣。（上博一·孔子诗论）

(4) 㬇（禅）而不徻（传），圣之盛也。（郭店·唐虞之道）

(5) ［帝谓文王］，褱（怀）尔累（明）悳（德）害（曷）？城（诚）胃（谓）之也。（上博一·孔子诗论）

B. 作宾语。

给予类三价动作动词语作宾语有两种情况，一是作动词的宾语，一是作介词的宾语。给予类三价动作动词语作宾语大多数是指称化了。例如：

(1) 把其叚（假）以亡，得及自出，当为盗不当？自出，以亡论。（睡虎地·法律答问）

(2) 宦者、都官吏、都官人有事上为将，令县貣（贷）之，辄移其稟县，稟县以减其稟。（睡虎地·秦律十八种）

(3) 从军当以劳论及赐，未拜而死，有罪法耐䙴（迁）其后；及法耐䙴（迁）者，皆不得受其爵及赐。其已拜，赐未受而死及法耐䙴（迁）者，鼠（予）赐。（睡虎地·秦律十八种）

(4) 㬇（禅）也者，上直（德）受（授）臤（贤）之胃（谓）也。上直（德）则天下又（有）君而世明。受（授）臤（贤）则民兴教而蚰（化）虖（乎）道。（郭店·唐虞之道）

(5) 有买（卖）及买殹（也），各婴其贾（价）；小物不能各一钱者，勿婴。（睡虎地·秦律十八种）

(6) □又（有）轩輗（冕）之赏，或又（有）釜（斧）戉（钺）之愲（赗）。（上博七·吴命）

(7) 巳（已）用钱，毋（无）以赏（偿）。（岳麓叁·芮盗卖公列地案）

给予类三价动作动词语可作介词的宾语。例如：

因木苽（瓜）之保（报），目（以）俞（喻）丌（其）悥（悁）者也。（上博一·孔子诗论）

（二）修饰化

给予类三价动作动词作谓语或谓语中心，是表陈述的。当它处于定语位置上时，它的表述功能就修饰化了。

给予类三价动作动词语可作定语，这种定语之后可以不用结构助词“之”。例如：

(1) 二贵（馈）鼎。二登（升）鼎，二监（鉴）。（包山 265）

(2) 病者无小，今止行书徒更戍城父柘□☑之。（里耶壹 8－143）

(3) 隹（唯）十又亖（四）年，塦（陈）戻（侯）午台（以）群者（诸）戻（侯）

贳（献）金，乍（作）皇妣孝大妃祭器鈇鐔（敦）。（陈侯午簋，集成 04145）

给予类三价动作动词语作定语，这种定语之后可以用结构助词“之”。例如：

（1）二乔鼎，二□荐之鼎。（包山 265）

（2）壐（禅）之流，世亡忈（隐）直（德）。孝，忎（仁）之免（冕）也。壐（禅），义之至也。（郭店·唐虞之道）

（3）虘（献）鼎之戠（岁），羕（养）陵公伺之睘所郜（造），冶己女。（羕陵公戈，集成 11358）

（4）舒快讼邵坚、邵躣、邵怿、邵寿、邵翠（卒）、邵蕾，以其不分田之古（故）。（包山 82）

（5）凡五卯，不可目（以）复（作）大事；帝目（以）命嗌（益）凄（赍）墨（禹）之火。（九店 39 下）

（6）东周之客郱（许）椃归作（胙）于蔵郢之戠（岁）。（包山 58）

（7）东周之客譽（许）緹至（致）作（胙）于蔵郢之戠（岁），夏层之月，甲戌之日，子左尹命漾陵宫大夫諜（察）郜室人某瘽之典之才（在）漾陵之参钚。（包山 12）

第二节　出土战国文献索取类三价动作动词

一、出土战国文献中的索取类三价动作动词

出土战国文献中的索取类三价动作动词有［动作］［自主］［索取］的语义特征。［动作］［自主］两个语义特征的含义，前面已经做过解释。下面只解释［索取］这种语义特征。

［索取］作为一个事件、行为，可以分解为以下几点：

一是存在两个实体，即索取者和被索取者。

二是存在一个事物或物体，即索取物。

三是存在一种索取关系，即索取者主动向被索取者索取索取物。

四是存在一个过程，即索取物从被索取者转移到索取者。

索取类三价动作动词涉及三个必有的语义成分，即施事、受事、与事。

下列索取类三价动作动词都具有上述语义特征：

禀（领取）、贷（借入）、盗（偷、盗窃、窃取）、敚（夺）（强取、夺去；剥夺）、赋（取、征收）、赋敛（征收聚敛）、告（请求）、假（借入）、买（购买、以钱易物）、免（解除、解除职务；免刑、除去刑罚；赦免罪过）、祈（祈求）、乞（乞求、要求）、请（请求）、求（寻求、寻找、要求）、取$_1$（拿取、拿来、采用）、取$_2$（娶）、攘（抢夺）、受（接受；承受、容纳）、索（寻求、索取）、听（听从、接受）、学（学习）、徼（求、求取）、责（求取、索取、收取；要求）、致（凭券领取）、赀［罚缴（钱财）］等。

二、出土战国文献中索取类三价动作动词的配价成分——施事、与事和受事

（一）施事

1. 表人的名词语

（1）一人取角。二人为库取灌。（里耶壹8－162）

（2）五人盗，臧（赃）一钱以上，斩左止，有（又）黥以为城旦。（睡虎地·法律答问）

（3）有米委赐，禀禾稼公，尽九月，其人弗取之，勿鼠（予）。（睡虎地·秦律十八种）

（4）司寇盗百一十钱，先自告，可（何）论？（睡虎地·法律答问）

（5）工禀鬃它县，到官试之，饮水，水减二百斗以上，赀工及吏将者各二甲；不盈二百斗以下到百斗，赀各一甲；不盈百斗以下到十斗，赀各一盾；不盈十斗以下及禀鬃县中而负者，负之如故。（睡虎地·效律）

（6）文王受命矣。（上博一·孔子诗论）

（7）文王迟（起）宦（师）伐赛（息），赛（息）侯求栽（救）于郗（蔡）。（清华贰·第五章）

（8）王子回（围）敓（夺）之，繡（申）公争之，王子回（围）立为王。（上博六·庄王既成、申公臣灵王）

（9）城父蘩阳士五（伍）枯取（娶）贾人子为妻，戍四岁☐。（里耶壹8－466）

2. 表邦、国等单位的名词语

（1）我之不□，□□是遳（失），而邦受亓（其）不盜（宁）。（清华三·芮良夫毖）

（2）轻车、赽张、引强、中卒所载傳〈传〉到军，县勿夺。夺中卒传，令、尉赀各二甲。（睡虎地·秦律杂抄）

3. 表鬼神的名词语

（1）鬼恒襄（攘）人之畜，是暴鬼，以刍矢鸢（弋）之，则止矣。（睡虎地·日书甲种）

（2）鬼恒责人，不可辞，是纂（暴）鬼。以牡棘之剑之，则不来矣。（睡虎地·日书甲种）

（3）灶毋（无）故不可以孰（熟）食，阳鬼取其气。燔豕矢室中，则止矣。（睡虎地·日书甲种）

（4）是上神下取（娶）妻，毄（击）以苇，则死矣。（睡虎地·日书甲种）

4. 指代人的名词语

（1）赛（息）为（妫）乃内（入）于郗（蔡），郗（蔡）哀侯妻之。赛（息）侯弗训（顺），乃岦（使）人于楚文王曰："君埀（来）伐我，我牆（将）求栽（救）于郗（蔡），君安（焉）败之。"（清华贰·第五章）

（2）甲盗牛，盗牛时高六尺。（睡虎地·法律答问）

（二）与事

1. 表人或人之部分的名词语

（1）方曰：朵不存，买芮肆。芮后益贾（价），弗取。责钱，不得。不得居肆。（岳麓叁·芮盗卖公列地案）

（2）齐同（顷）公囟（使）亓（其）女子自房审（中）观郇（驹）之克，郇（驹）之克牺（将）受齐侯㡀（币）。（清华贰·第十四章）

（3）以五月晦与同里士五（伍）丙盗某里士五（伍）丁千钱。（睡虎地·封诊式）

（4）仓扁（漏）死（朽）禾粟，及积禾粟而败之，其不可食者不盈百石以下，谇官啬夫；百石以上到千石，赀官啬夫一甲；过千石以上，赀官啬夫二甲。（睡虎地·秦律十八种）

（5）盗封啬夫，可（何）论？廷行事以伪写印。（睡虎地·法律答问）

（6）人臣甲谋遣人妾乙盗主牛，买（卖），把钱偕邦亡。（睡虎地·法律答问）

（7）“父盗子，不为盗。”今叚（假）父盗叚（假）子，可（何）论？当为盗。（睡虎地·法律答问）

（8）其已分而死，及恒作官府以负责（债），牧将公畜生而杀、亡之，未赏（偿）及居之未备而死，皆出之，毋责妻、同居。（睡虎地·秦律十八种）

2. 表邦、国等单位的名词语

（1）臧（庄）王即立（位），使孙（申）白（伯）亡（无）愄（畏）聘（聘）于齐，叚（假）逄（路）于宋。（清华贰·第十一章）

（2）两君之弗怂（顺），敢不丧？道（导）目（以）告吴，青（请）城（成）于楚。（上博七·吴命）

（3）文王记（起）旨（师）伐赛（息），赛（息）侯求救（救）于鄗（蔡）。（清华贰·第五章）

（4）鄗（蔡）哀侯取妻于陈，赛₌（息）侯亦取妻于陈，是赛（息）为（妫）。（清华贰·第五章）

（5）周幽王取妻于西繡（申），生坪（平）王，王或（又）叙〈取〉孚（褒）人之女，是孚（褒）怠（姒）。（清华贰·第二章）

（6）工禀鬃它县，到官试之，饮水，水减二百斗以上，赀工及吏将者各二甲；不盈二百斗以下到百斗，赀各一甲；不盈百斗以下到十斗，赀各一盾；不盈十斗以下及禀鬃县中而负者，负之如故。（睡虎地·效律）

（7）九［斗］为毁（毇）米八斗。稻禾一石。有米委赐，禀禾稼公，尽九月，其人弗取之，勿鼠（予）。（睡虎地·秦律十八种）

（8）在咸阳者致其衣大内，在它县者致衣从事之县，县、大内皆听其官致，以律禀衣。（睡虎地·秦律十八种）

3. 表鬼神的名词语

（1）☐［不］瘳（怿）之古（故），忻（祈）福于司褙（祸）、司槎、司髋，各一痒（牂）☐。（葛陵乙三：5）

（2）为君贞：忻（祈）福于卲（昭）王、獻（献）惠王、柬大王☐。（葛陵甲一：21）

（3）征虫飞鸟（?），叟（受）勿（物）于天，民之乍（作）勿（物），隹（唯）言之又（有）信。（上博六·用曰）

4. 指代人的代词

（1）楚邦老，君王孪（免）余皋（罪），目（以）子玉之未患，君王命余遑（受）帀（师）于汥。（上博九·成王为城濮之行乙）

(2) 遉（措）也。昔者君子有言曰“圣人天悳（德）”，害（盖）言訢（慎）求于㠯（己），而可以至川（顺）天祟（常）悮（矣）。（郭店·成之闻之）

(3) 目（以）堣（寓）人，敓（夺）之室。（九店28）

(4) 隶臣、下吏、城旦与工从事者冬作，为矢程，赋之三日而当夏二日。（睡虎地·秦律十八种）

(5) 繿（申）公坐（坐）拜，迟（起） 畲（答）：“臣为君王臣，君王孪（免）之死，不目（以）晨（辰）釹（扶）豈（步），可（何）敢心之又（有）。”（上博六·庄王既成、申公臣灵王）

(6) 古（故）见傷（禓）而为之晢（祈），见窔而为之内。（上博六·天子建州甲）

下例“取钱”之后是“焉”，它是兼词，相当于介词+代词，其中的代词是指代与事的：

吏自佐、史以上负从马、守书私卒，令市取钱焉，皆䙴（迁）。（睡虎地·秦律杂抄）

（三）受事

1. 表具体事物的名词语

(1) 九［斗］为毁（毇）米八斗。稻禾一石。有米委赐，禀禾稼公，尽九月，其人弗取之，勿鼠（予）。（睡虎地·秦律十八种）

(2) 隶臣妾、城旦舂之司寇、居赀赎责（债）毄（系）城旦舂者，勿责衣食；其与城旦舂作者，衣食之如城旦舂。隶臣有妻，妻更及有外妻者，责衣。（睡虎地·秦律十八种）

(3) 自宵臧（藏）乙复結衣一乙房内中，闭其户，乙独与妻丙晦卧堂上。今旦起启户取衣。（睡虎地·封诊式）

(4) 甲盗钱以买丝，寄乙，乙受，弗智（知）盗，乙论可（何）殹（也）？毋论。（睡虎地·法律答问）

(5) 以五月晦与同里士五（伍）丙盗某里士五（伍）丁千钱。（睡虎地·封诊式）

(6) 讯魏：魏亡，安取钱以补袍及买鞞刀？（岳麓叁·魏盗杀安、宜案）

(7) 齐同（顷）公囟（使）亓（其）女子自房审（中）观郇（驹）之克，郇（驹）之克牺（将）受齐侯㡀（币）。（清华贰·第十四章）

(8) 子司马以王命命蔞陵公鼉、宜昜（阳）司马强貣（贷）越异之黄金，以貣（贷）鄗鄽以糴種（种）。（包山103）

(9) 猩为乐等庸（佣），取铜草中。它如达及前。（岳麓叁·猩、敞知盗分赃案）

(10) 宋人是古（故）杀孙（申）白（伯）亡（无）愄（畏），䟽（夺）亓（其）玉帛。（清华贰·第十一章）

(11) 赀二甲；不盈廿二钱到一钱，赀一盾；不盈一钱□☑。（龙岗41）

(12) 取传书乡部稗官。（龙岗10）

(13) 见垣有瓦，及禹步，已，即取垣瓦狸（埋）东陈垣止（址）下。（周家台·病方及其他）

(14) 目（以）堣（寓）人，敓（夺）之室。（九店28）

2. 表示抽象事物的名词语

(1) ☑［不］瘴（怿）之古（故），忻（祈）福于司禍（祸）、司差、司龍，各一痒

（牂）☐。（葛陵乙三：5）

（2）毋以已寿（祷），反受其英（殃）。（睡虎地·日书甲种）

（3）丙丁死者，去室西南受凶（凶），东有熹。戊己死者，正西南有熹。庚辛死者，其东受凶，其西北有熹。［壬癸］死者，其南有熹。（睡虎地·日书乙种）

（4）既为贞，而敚（夺）亓（其）祱（祟）。（葛陵甲三：219）

（5）屖屖（迟迟）康盄（淑），承受屯（纯）悳（德），旂（祈）无强（疆）。（令狐君嗣子壶，集成09719）

（6）以生不可敚（夺）志，死不可敚（夺）名。（郭店·缁衣）

（7）毋获（获）民旹（时），毋敚（夺）民利。（上博四·曹沫之陈）

（8）埅（禹）既巳（已）受命，乃卉备（服）蓋（箁）若（箬）冒（帽）。（上博二·容成氏）

3. 表动物或动物一部分的名词语

（1）鬼恒襄（攘）人之畜，是暴鬼，以刍矢鸢（弋）之，则止矣。（睡虎地·日书甲种）

（2）甲盗羊，乙智（知），即端告曰甲盗牛，问乙为诬人，且为告不审？当为告盗驾（加）臧（赃）。（睡虎地·法律答问）

（3）甲盗牛，盗牛时高六尺。（睡虎地·法律答问）

（4）取新乳狗子，尽鬻（煮）之。即沐，取一匕以殽沐，长发。（周家台·病方及其他）

（5）取肥牛胆盛黑叔（菽）中，盛之而系，县（悬）阴所，干。用之，取十余叔（菽）置鬻（粥）中而歓（饮）之，已肠辟。（周家台·病方及其他）

4. 表人或人之一部分的名词语

（1）连尹襄老与之争，敚（夺）之少盄。（清华贰·第十五章）

（2）☐□新买大奴曰齐☐。（里耶壹8－1604）

（3）王命繡（申）公屈晋（巫）迈（适）秦求自（师），旻（得）自（师）以逨（来）。（清华贰·第十五章）

（4）参（三）垞（郄）豪（家）磗（厚），取宔（主）君之众目（以）不圣（听）命，痠（将）大害。（上博五·姑成家父）

（5）廿九年八月乙酉，库守悍作徒薄（簿）：受司空城旦四人、丈城旦一人、舂五人、受仓隶臣一人。凡十一人。（里耶壹8－686、8－973）

（6）十月戊戌之日，中昜（阳）□盘邑人沈繁以讼坪昜（阳）之枸里人文适，以其敚妻。（包山97）

（7）郗（蔡）哀侯取妻于陈，赛₌（息）侯亦取妻于陈，是赛（息）为（妫）。（清华贰·第五章）

（8）［征日卜，］皙昌，小者以死，有之出者；女死，取长子；长子死，取中子；中子死，取少子。（放马滩·日书乙种）

（9）今日见丙戏旞，直以剑伐痍丁，夺此首，而捕来诣。（睡虎地·封诊式）

5. 表地域的名词语

（1）求蔑灋（废）皇天上帝及不（丕）显大神巫咸之卹（恤）祠、圭玉、羲（牺）牲，述（遂）取伓（吾）边城新郢及邲、敍，伓（吾）不叡（敢）曰可。（诅楚

文刻石·巫咸，19832）

（2）以正之邦，以𢦏（奇）甬（用）兵，以亡事取天下。（郭店·老子甲本）

6. 表数量的数量词语

（1）生黄钟，置一而自十二之，上三益一，下三夺一。（放马滩·日书乙种）

（2）柏已取廿一，今使者八十一。（里耶壹8－771）

（3）及隶臣妾有亡公器、畜生者，以其日月减其衣食，毋过三分取一。（睡虎地·秦律十八种）

（4）告人盗百一十，问盗百，告者可（何）论？当赀二甲。盗百，即端盗驾（加）十钱，问告者可（何）论？当赀一盾。赀一盾应律，虽然，廷行事以不审论，赀二甲。（睡虎地·法律答问）

（5）几可（何）？曰：长者受廿七尺十一分尺三，中者受十三尺十一分尺七，少者受九尺十一分尺一。（岳麓贰·数）

7. 表动作的动词语或表示性质的形容词语

（1）赛（息）为（妫）乃内（入）于郗（蔡），郗（蔡）哀侯妻之。赛（息）侯弗训（顺），乃㞢（使）人于楚文王曰："君逨（来）伐我，我䣭（将）求𢦔（救）于郗（蔡），君安（焉）败之。"文王𨑡（起）㠯（师）伐赛（息），赛（息）侯求𢦔（救）于郗（蔡）。（清华贰·第五章）

（2）齐冋（顷）公回（围）鲁，鲁𦵺（臧）孙譻（许）迈晋求𢿌（援）。（清华贰·第十四章）

（3）过六百六十钱以上，赀官啬夫一甲，而复责其出殹（也）。（睡虎地·效律）

（4）凡目毋游，定（正）见（视）是求。（上博五·君子为礼）

（5）秦穆公欲与楚人为好，安（焉）䌛（脱）繡（申）公义（仪），囟（使）歸（归）求成。（清华贰·第八章）

（6）□旨求异于人。（上博六·孔子见季趄子）

（7）思型之，思毗疆之，甬（用）求亓（其）定。（清华叁·周公之琴舞）

（8）亓（其）叀（使）人必求备安（焉）。（上博二·从政甲）

（9）让大受小。（岳麓壹·为吏治官及黔首）

8. 指代事物的代词

（1）汲（隰）倗（朋）畣（答）曰："公身为亡（无）道，不遳（践）于善而敓（夺）之，可虐（乎）才（哉）？"（上博五·鲍叔牙与隰朋之谏）

（2）古之甬（用）民者，求之于㠯（己）为亘（极）。（郭店·成之闻之）

（3）☑之日荐大（太）一𤛕，緅（缨）之㠯（以）𤕫玉，旂（祈）之。（葛陵甲三：111）

（4）乘马服牛禀，过二月弗禀、弗致者，皆止，勿禀、致。禀大田而毋（无）恒籍者，以其致到日禀之，勿深致。（睡虎地·秦律十八种）

（5）秦㠯（师）乃退（复），伐顝（滑），取之。（清华贰·第五章）

（6）昊＝（昊天）又城（成）命，二后受之，贵叡（且）㬎（显）矣。（上博一·孔子诗论）

三、出土战国文献中索取类三价动作动词的句式

由索取类三价动作动词所构成的句式有两种，一种是由索取类三价动作动词作谓语中心的单中心谓语句，另一种是由索取类三价动作动词语作谓一部分的复杂谓语句。

（一）单中心谓语句式

1. $NP_1+V+NP_2+NP_3$（NP_1 可省；NP_2 表示与事宾语；NP_3 表示受事宾语

由索取类三价动作动词所构成的单中心谓语句式，最常见的就是 $NP_1+V+NP_2+NP_3$。这有两种情况，一是 $NP_1+V+NP_2+NP_3$ 中的 NP_1 不省。例如：

（1）楚邦老，君王孪（免）余辠（罪），目（以）子玉之未患，君王命余遚（受）帀（师）于洨。（上博九·成王为城濮之行乙）

（2）繙（申）公坙（坐）拜，记（起）畣（答）：“臣为君王臣，君王孪（免）之死，不目（以）晨（辰）釵（扶）豈（步），可（何）敢心之又（有）。”（上博六·庄王既成、申公臣灵王）

另一是 $NP_1+V+NP_2+NP_3$ 中的 NP_1 省略。例如：

（1）目（以）堣（寓）人，敚（夺）之室。（九店28）

（2）连尹襄老与之争，敚（夺）之少盁。（清华贰·第十五章）

（3）方曰：朵不存，买芮肆。芮后益贾（价），弗取。责钱，不得。不得居肆。（岳麓叁·芮盗卖公列地案）

（4）民或弃邑居壄（野），入人孤寡，徼人妇女，非邦之故也。（睡虎地·为吏之道）

（5）仓屚（漏）歺（朽）禾粟，及积禾粟而败之，其不可食者不盈百石以下，谇官啬夫；百石以上到千石，赀官啬夫一甲；过千石以上，赀官啬夫二甲。（睡虎地·秦律十八种）

（6）过千一百钱以到二千二百钱，赀官啬夫一盾；过二千二百钱以上，赀官啬夫一甲。百分一以到不盈十分一，直（值）过千一百钱以到二千二百钱，谇官啬夫；过二千二百钱以上，赀官啬夫一盾。（睡虎地·效律）

$NP_1+V+NP_2+NP_3$ 中的 NP_1 前可以有状语（NP_1 可省），这是句首状语：

今盗盗甲衣，买（卖），以买布衣而得，当以衣及布畀不当？当以布及其它所买畀甲，衣不当。（睡虎地·法律答问）

$NP_1+V+NP_2+NP_3$ 中的 V 前也可以有状语（NP_1 可省），这是句中状语：

（1）齐同（顷）公囟（使）亓（其）女子自房审（中）观郇（驹）之克，郇（驹）之克牺（将）受齐侯凼（币）。（清华贰·第十四章）

（2）毋获（获）民旹（时），毋敚（夺）民利。（上博四·曹沫之陈）

（3）毋擅叚（假）公器，者（诸）擅叚（假）公器者有罪，毁伤公器及□者令赏（偿）。（睡虎地·秦律十八种）

（4）以五月晦与同里士五（伍）丙盗某里士五（伍）丁千钱。（睡虎地·封诊式）

$NP_1+V+NP_2+NP_3$ 中的 NP_3 后可有补语（NP_1 可省）：

聚（骤）敚（夺）民旹（时），天飴（饥）必垄（来）。敚（夺）民旹（时）目（以）土攻（功），是胃（谓）韻（稽），不巤（绝）悳（忧）恤（恤），必霬（丧）亓佀

(四)。敚(夺)民旹(时)目(以)水事,是胃(谓)𢆶,𩰫(丧)忩(以)係(继)乐,四方埊(来)嚣。敚(夺)民旹(时)目(以)兵事。(上博五·三德)

2. $NP_1+V+NP_3+NP_2$(NP_1 可省)

这种句式跟 $NP_1+V+NP_2+NP_3$ 不同,NP_3 在 NP_2 之前。例如:

(1)工禀髼它县,到官试之,饮水,水减二百斗以上,赀工及吏将者各二甲;不盈二百斗以下到百斗,赀各一甲;不盈百斗以下到十斗,赀各一盾;不盈十斗以下及禀髼县中而负者,负之如故。(睡虎地·效律)

(2)九[斗]为毁(毇)米八斗。稻禾一石。有米委赐,禀禾稼公,尽九月,其人弗取之,勿鼠(予)。(睡虎地·秦律十八种)

(3)问赠,欲貣(贷)钱胡阳少内。(岳麓叁·学为伪书案)

(4)人奴妾毄(系)城旦舂,貣(贷)衣食公。(睡虎地·秦律十八种)

(5)盗封啬夫,可(何)论?廷行事以伪写印。(睡虎地·法律答问)

(6)取传书乡部稗官。(龙岗10)

(7)在咸阳者致其衣大内,在它县者致衣从事之县,县、大内皆听其官致,以律禀衣。(睡虎地·秦律十八种)

3. NP_1+V+ 其(NP_2+之)$+NP_3$(NP_1 可省)

这种句式中的 NP_3 前出现了“其”。“其”相当于“NP_2+之”。例如:

(1)而遇(寓)人,人必夺其室。(睡虎地·日书乙种)

(2)宋人是古(故)杀孙(申)白(伯)亡(无)愄(畏),敓(夺)亓(其)玉帛。(清华贰·第十一章)

4. NP_1+V+NP_2(NP_1 可省)

这种句式中的 NP_3 省略了。例如:

(1)“父盗子,不为盗。”今叚(假)父盗叚(假)子,可(何)论?当为盗。(睡虎地·法律答问)

(2)癸等,其审请琐等;所出购,以死辠(罪)购,备鼠(予)琐等,有券。(岳麓三·癸、琐相移谋购案)

(3)其已分而死,及恒作官府以负责(债),牧将公畜生而杀、亡之,未赏(偿)及居之未备而死,皆出之,毋责妻、同居。(睡虎地·秦律十八种)

5. NP_1+V+NP_3(NP_1 可省)

这种句式中的 NP_2 省略了。例如:

(1)甲盗牛,盗牛时高六尺。(睡虎地·法律答问)

(2)士五(伍)甲盗一羊,羊颈有索,索直(值)一钱,问可(何)论?甲意所盗羊殹(也),而索系羊,甲即牵羊去,议不为过羊。(睡虎地·法律答问)

(3)甲告乙盗牛,今乙盗羊,不盗牛,问可(何)论?为告不审。赀盾不直,可(何)论?赀盾。(睡虎地·法律答问)

(4)王子回(围)敚(夺)之,繙(申)公争之,王子回(围)立为王。(上博六·庄王既成、申公臣灵王)

(5)鬼恒襄(攘)人之畜,是暴鬼,以刍矢鸢(弋)之,则止矣。(睡虎地·日书甲种)

（6）隹（唯）正月初吉丁亥，不（邳）白（伯）夏子自乍（作）障（尊）罍，用旟（祈）釁（眉）耇（寿）无彊（疆），子子孙孙，永宝用之。（邳伯夏子缶，集成10006）

（7）隶臣妾、城旦舂之司寇、居赀赎责（债）毄（系）城旦舂者，勿责衣食；其与城旦舂作者，衣食之如城旦舂。隶臣有妻，妻更及有外妻者，责衣。（睡虎地·秦律十八种）

（8）赀二甲；不盈廿二钱到一钱，赀一盾；不盈一钱□▨。（龙岗41）

（9）米一斗五钱，叔（菽）五斗一钱，今欲以一钱买二物，各得几可（何）？（岳麓贰·数）

6. $NP_{1a}+V+NP_3$：NP_{1b}（NP_{1a}和NP_{1b}是同位关系）

这种句式的主语，其实是一个同位短语，但说话的人把同位短语中的一个成分放在最后说，从而形成这样的句式。这种句式中的NP_2省略了。例如：

（1）一人求白翰羽：章。（里耶壹8-663）

（2）二人求菌：受、款。（里耶壹8-1531）

（3）一人病：燕。一人取菅：宛。（里耶壹8-1017）

（4）其一学甄：贺。（里耶壹8-1146）

7. NP_1+NP_3+是$+V$（NP_1可省）

这种句式中的NP_3前置了，又用代词"是"复指。NP_2省略了。例如：

凡目毋游，定（正）见（视）是求。（上博五·君子为礼）

8. NP_1+否定代词"莫"$+NP_3$（代词）$+V$（NP_1可省）

这种句式是所谓主谓谓语句。谓语部分的主语是代词"莫"，宾语NP_3是代词，前置于动词V。NP_2省略了。例如：

（1）先（尧）目（以）天下壤（让）于臤（贤）者，天下之臤（贤）者莫之能受也。万邦之君皆目（以）亓（其）邦壤（让）于臤（贤）▨□□□臤（贤）者，而臤（贤）者莫之能受也。（上博二·容成氏）

（2）虐（吾）宙（中）心念诖（絓），莫我或圣（听），虐（吾）忎（恐）辠（罪）之□身，我之不□，□□是逹（失），而邦受亓（其）不寍（宁）。虐（吾）甬（用）复（作）詑（毖）再夂（终），以寓命达圣（听）。（清华叁·芮良夫毖）

9. NP_1+V（NP_1可省）

$NP_1+V+NP_2+NP_3$中的NP_2+NP_3如果都省去，就形成这种句式。例如：

（1）甲盗，臧（赃）直（值）千钱，乙智（知）其盗，受分臧（赃）不盈一钱，问乙可（何）论？（睡虎地·法律答问）

（2）甲盗钱以买丝，寄乙，乙受，弗智（知）盗，乙论可（何）殹（也）？毋论。（睡虎地·法律答问）

（3）夫、妻、子五人共盗，皆当刑城旦。（睡虎地·法律答问）

（4）舍公官（馆），旞火燔其舍，虽有公器，勿责。（睡虎地·法律答问）

（5）可取，不可鼠（予）。（睡虎地·日书甲种）

（6）公曰："肰（然），则可敓（夺）舁（与）？"（上博五·鲍叔牙与隰朋之谏）

（7）凡五子，朝逃（盗），导（得）；昼不导（得）；夕不导（得）。（九店60）

10. NP_1+V+NP_3+于$+NP_2$（NP_1可省）

在$NP_1+V+NP_3+NP_2$句式中的NP_2之前加介词"于"，就会形成这种句式。例如：

（1）赛（息）为（妫）乃内（入）于郗（蔡），郗（蔡）哀侯妻之。赛（息）侯弗训（顺），乃 （使）人于楚文王曰："君 （来）伐我，我 （将）求 （救）于郗（蔡），君安（焉）败之。"文王 （起） （师）伐赛（息），赛（息）侯求 （救）于郗（蔡）。（清华贰·第五章）

（2）郗（蔡）哀侯取妻于陈，赛₌（息）侯亦取妻于陈，是赛（息）为（妫）。（清华贰·第五章）

（3）陈公子 （征）郐（舒）取妻于奠（郑）穆公，是少 。（清华贰·第十五章）

（4）陈公 （复）圣（听）命于君₌王₌（君王，君王）不智（知）臣之无 （才）。（上博九·陈公治兵）

（5） （庄）王即立（位），使孙（申）白（伯）亡（无）愄（畏） （聘）于齐，叚（假）洛（路）于宋。（清华贰·第十一章）

（6）☐［不］ （怿）之古（故），忻（祈）福于司 （祸）、司 、司 ，各一 （牂）☐。（葛陵乙三：5）

（7）两君之弗 （顺），敢不丧？道（导）㠯（以）告吴，青（请）城（成）于楚。（上博七·吴命）

（8）征虫飞鸟（?）， （受）勿（物）于天，民之乍（作）勿（物），隹（唯）言之又（有）信。（上博六·用曰）

11. $NP_2 + V + NP_3$

这种句式中的 NP_2 置于句首，为主题主语；NP_3 放在动词之后。例如：

（1）公器不久刻者，官啬夫赀一盾。（睡虎地·秦律十八种）

试比较：

百分一以到不盈十分一，直（值）过千一百钱以到二千二百钱，谇官啬夫；过二千二百钱以上，赀官啬夫一盾。（睡虎地·效律）

（2）禀卒兵，不完善（缮），丞、库啬夫、吏赀二甲，法（废）。（睡虎地·秦律杂抄）

在秦律十八种一例中，"官啬夫"为间接宾语，放在动词"赀"之前。而在效律一例中，"官啬夫"为间接宾语，放在动词"赀"之后。

12. $NP_3 + V$

如果把 $NP_1 + V + NP_2 + NP_3$ 中的 NP_1 和 NP_2 都省去，再把 NP_3 移到动词 V 之前，就会形成这种句式。例如：

忍辠（罪） （乎），则言不圣（听），青（请）不只（获）。（上博六·竞公疟）

（二）复杂谓语句式

1. 并列句

具有并列关系的几个"谓"之间可以不用连词。例如：

（1）平日：可以取（娶）妻、入人、起事。（睡虎地·日书甲种）

（2）祭祀、家（嫁）子、取（娶）妇、入材，大吉。（睡虎地·日书甲种）

（3）☐ 为君贞，忻（祈）福、 祷于☐。（葛陵乙三：6）

（4）道官相输隶臣妾、收人，必署其已禀年日月，受衣未受，有妻毋（无）有。受者以律续食衣之。（睡虎地·秦律十八种）

具有并列关系的几个“谓”之间可以用连词“及”。例如：

危日，可以责人及摯（执）人、毄人，外政。（放马滩·日书甲种）

2. 转折句

具有转折关系的几个“谓”之间一般要用连词“而”来连接。例如：

（1）是古（故）君子之求者（诸）㠯（己）也深。不求者（诸）其本而戉（攻）者（诸）其末，弗得悛（矣）。（郭店·成之闻之）

（2）古（故）共是勿（物）也而又（有）深安（焉）者，可学也而不可矣（疑）也，可教也而不可迪其民。（郭店·尊德义）

（3）夫盗千钱，妻所匿三百，可（何）以论妻？妻智（知）夫盗而匿之，当以三百论为盗；不智（知），为收。（睡虎地·法律答问）

3. 连谓句

具有连谓关系的几个“谓”之间可以不用连词来连接。例如：

（1）甲谋遣乙盗，一日，乙且往盗，未到，得，皆赎黥。（睡虎地·法律答问）

（2）十余岁时，王室置市府，夺材为府。（岳麓叁·芮盗卖公列地案）

（3）齐回（顷）公回（围）鲁，鲁宧（臧）孙譻（许）迈（适）晋求叞（援）。（清华贰·第十四章）

（4）见垣有瓦，及禹步，已，即取垣瓦狸（埋）东陈垣止（址）下。（周家台·病方及其他）

具有连谓关系的几个“谓”之间用连词“以”来连接。例如：

（1）［鄝］莫嚣𡨦、左司马殹、安陵莫嚣緩献为鄝貣（贷）越异之黄金七益（镒）以翟（籴）穜（种）。（包山105）

（2）甲盗钱以买丝，寄乙，乙受，弗智（知）盗，乙论可（何）殹（也）？（睡虎地·法律答问）

（3）工盗以出，臧（赃）不盈一钱，其曹人当治（笞）不当？（睡虎地·法律答问）

（4）讯甆：甆亡，安取钱以补袍及买鞞刀？（岳麓叁·魏盗杀安、宜案）

（5）二十九年，秦（秦）攻吾（吾），王㠯（以）子横质邘（于）齐，又使景鲤、苏历（厉）㠯（以）求平。（二十九年弩机，18586）

（6）甲晨（辰）之日，小人取怆之刀以解小人之桎，小人逃至州巷，州人将捕小人，小人信以刀自戕（伤），州人焉以小人告。（包山144）

（7）王内（入）陈，杀𡐦（征）余（舒），取亓（其）室以䝭（予）繡（申）公。（清华贰·第十五章）

（8）受人货材（财）以枉律令，其所枉当赀以上，受者、货者皆坐臧（赃）为盗，有律，不当瀲（谳）。（岳麓叁·癸、琐相移谋购案）

具有连谓关系的几个“谓”之间用连词“而”来连接。例如：

（1）尧（尧）乃为之孶（教）曰：“自内（入）安（焉），余穴䚡（窥）安（焉）。”㠯（以）求臤（贤）者而壤（让）安（焉）。（上博二·容成氏）

（2）鬼恒召（诏）人曰：壐（尔）必以某（某）月日死，是袴鬼伪为鼠。入人醯、酱、滫、将（浆）中，求而去之，则已矣。（睡虎地·日书甲种）

（3）禼（契）之母，又（有）廼（乃、娀）是（氏）之女也。遊（游）于央（瑶）

台之上，又（有）鷃（燕）监（衔）卵而階（错）者（诸）丌（其）前，取而軟（吞）之。（上博二·子羔）

（4）少（小）臣自堂下受（授）纴巟盬（羹）。纴巟受少（小）臣而尝之，乃卲（昭）然，四巟（荒）之外，亡（无）不见也；少（小）臣受亓（其）余（余）而尝之，亦卲（昭）然，四晋（海）之外，亡（无）不见也。（清华叁·赤鹄之集汤之屋）

4. 兼语句

（1）令佐适取。（里耶壹 8－1223）

（2）以腊日，令女子之市买午胙、市酒。（周家台·病方及其他）

（3）吏自佐、史以上负从马、守书私卒，令市取钱焉，皆䙴（迁）。（睡虎地·秦律杂抄）

（4）☐郢之古（故），命哲（祈）福☐。（葛陵乙四：113）

（5）王命坪（平）亦（夜）悼武君李（李，使）人于齐陈淏求自（师）。（清华贰·第二十三章）

（6）将发令，索其政，毋发可异史（使）烦请。（睡虎地·为吏之道）

四、出土战国文献中索取类三价动作动词的指称化与修饰化

索取类三价动作动词作谓语或谓语的一部分，都是表陈述的。索取类三价动作动词作补事词语和一些动词的宾语（例如“曰”）时，可能仍是表陈述的。例如：

卅五年八月丁巳朔己未，启陵乡守狐敢言之：廷下令书曰：取鲛鱼与山今卢（鲈）鱼献之。（里耶壹 8－769）

除此之外，还有其他的用法。当索取类三价动作动词与“者”构成“者”字短语、与“所”构成“所”字短语、与“所”和“者”构成“所者”字短语、与“之”构成“之”字短语时，一般都是表指称的，是有标记的指称化。当索取类三价动作动词作主语、宾语（绝大多数）和判断句谓语时，也是表指称的，是无标记的指称化。

当索取类三价动作动词作定语时，一般是表修饰的。

（一）指称化

1. 有标记的指称化

A. 构成“者”字短语。

（1）学者日嗌（益），为道者日员（损）。（郭店·老子乙本）

（2）诸禁苑为耎（壖），去苑卌里，禁毋敢取耎（壖）中兽，取者其罪与盗禁中同☐。（龙岗 27）

（3）官相输者，以书告其出计之年，受者以入计之。（睡虎地·秦律十八种）

（4）子，鼠殴。以亡，盗者中人，取之藏穴中、粪土中。（放马滩·日书甲种）

（5）稟衣者，隶臣、府隶之毋（无）妻者及城旦，冬人百一十钱，夏五十五钱。（睡虎地·秦律十八种）

（6）取其豻、狼、貆、貈、狐、狸、縠、☐、雉、兔者，毋罪。（龙岗 34）

（7）亡非己取之者。（郭店·语丛一）

（8）乘马服牛禀，过二月弗禀、弗致者，皆止，勿禀、致。禀大田而毋（无）恒籍者，以其致到日禀之，勿深致。（睡虎地·秦律十八种）

（9）不盈百斗以下到十斗，赀各一盾；不盈十斗以下及禀鬃县中而负者，负之如故。（睡虎地·效律）

B. 构成"所"字短语。

"所"与索取类三价动作动词构成"所"字短语"所+V"，一般是指称V的受事的。例如：

（1）𠇮₌（一日）昌（以）善立，所学（学）皆终；𠇮₌（一日）昌（以）不善立，所学（学）皆崩，可不斳（慎）虖（乎）？（上博三·中弓）

（2）"盗盗人，买（卖）所盗，以买它物，皆畀其主。"今盗盗甲衣，买（卖），以买布衣而得，当以衣及布畀不当？当以布及其它所买畀甲，衣不当。（睡虎地·法律答问）

（3）士五（伍）甲盗一羊，羊颈有索，索直（值）一钱，问可（何）论？甲意所盗羊殹（也），而索系羊，甲即牵羊去，议不为过羊。（睡虎地·法律答问）

（4）令曰恒以朔日上所买徒隶数。（里耶壹 8-154）

（5）▨□庭，所取钱六，衡（率）之各三。（里耶壹 8-967）

（6）直（值）其所失臧（赃）及所受臧（赃），皆与盗同▨。（龙岗 137）

（7）古（故）君子所复之不多，所求之不远，戠（察）反者（诸）邑（己）而可以智（知）人。（郭店·成之闻之）

"所"与索取类三价动作动词构成"所"字短语"所+介+V"。例如：

亡僕（仆）之尚楚邦之正（政），坐（坐）沓（右）五人，立沓（右）七人，君王之所昌（以）命与祈为于楚邦。（上博八·命）

C. 构成"所者"短语。

"所"与索取类三价动作动词构成"所"字短语"所+V"之后，还可以再加"者"构成"所+V+者"短语，这时仍是指称V的受事的。例如：

廿八年坪（平）安邦斪客肘（载）四分龠，一益（镒）十釿半釿四分釿之冢（重），卅三年单父上官勹（庖）亏（宰）憙所受坪（平）安君者也。廿八年坪（平）安邦斪客肘（载）四分龠，六益（镒）半釿之冢（重）。卅三年单父上官勹（庖）亏（宰）憙所受坪（平）安君者也。（平安君鼎，集成 02793）

D. 构成"之"字短语。

一个主谓短语"NP+VP"（这里的VP是指索取类三价动作动词语）原本是陈述一个事件，是谓词性的。但是在中间加"之"之后形成"NP+之+VP"，这个结构是表指称的，指"NP+之+VP"这个事件，所以"之"也是指称化的标记。例如：

（1）秼（尧）之取叁（舜）也，从者（诸）卉茅之中，与之言豊（礼）。（上博二·子羔）

（2）百（伯）贞词（辞）曰："君王嘉臣之青（请）命，未尚（尝）不许。"（上博九·邦人不称）

2. 无标记的指称化

A. 作主语。

索取类三价动作动词可以作主语。例如：

(1) 学为可嗌（益）也，教为可頪（类）也。教非改道也，教之也。学非改仑（伦）也，学𢀋（其）也。（郭店·尊德义）

(2) 日中至日入投中林钟，貌殹，连面，般大，口鼻目不好长，善偻，学步殹殹使，色阳黑，善明目病乳。（放马滩·日书乙种）

(3) 不盈二百斗以下到百斗，赀各一甲；不盈百斗以下到十斗，赀各一盾；不盈十斗以下及稟繫县中而负者，负之如故。（睡虎地·效律）

(4) 告人盗百一十，问盗百，告者可（何）论？当赀二甲。盗百，即端盗驾（加）十钱，问告者可（何）论？当赀一盾。赀一盾应律，虽然，廷行事以不审论，赀二甲。（睡虎地·法律答问）

B. 作宾语。

索取类三价动作动词作宾语有两种情况，一是作动词的宾语，一是作介词的宾语。

索取类三价动作动词作宾语大多数是指称化了。例如：

(1) 春三月戌、夏丑、秋三月辰、冬未，皆不可以大祠，可有求也。（睡虎地·日书乙种）

(2) 有买（卖）及买殹（也），各婴其贾（价）；小物不能各一钱者，勿婴。（睡虎地·秦律十八种）

(3) 甲盗，臧（赃）直（值）千钱，乙智（知）其盗，受分臧（赃）不盈一钱，问乙可（何）论？（睡虎地·法律答问）

(4) 军人稟所、所过县百姓买其稟，赀二甲，入粟公。（睡虎地·秦律杂抄）

(5) 凡建日，大吉，秎（利）目（以）取（娶）妻、祭祀、竺（筑）室、立社禝（稷）、繻（带）鐱（剑）、完（冠）。（望山56·13下）

(6) 窓结之日，利以结言，不可以作大事，利以学书。（睡虎地·日书乙种）

索取类三价动作动词可作介词的宾语。例如：

☐人冢，与盗田同灋（法）。（龙岗124）

C. 作判断句谓语。

是上神下取（娶）妻，毄（击）以苇，则死矣。（睡虎地·日书甲种）

（二）修饰化

当索取类三价动作动词处于定语位置上时，它的表述功能就修饰化了。

索取类三价动作动词可作定语，这种定语之后可以不用结构助词“之”。例如：

(1) 甲盗牛，盗牛时高六尺。（睡虎地·法律答问）

(2) [亢]：斗乘亢，门有客，所言者行事也，请谒事也，不成。（周家台·日书）

(3) 道官相输隶臣妾、收人，必署其已稟年日月，受衣未受，有妻毋（无）有。（睡虎地·秦律十八种）

(4) 癸丑、戊午、己未，禹以取（娶）梌山之女日也，不弃，必以子死。（睡虎地·日书甲种）

索取类三价动作动词语作定语，这种定语之后可以用结构助词“之”。例如：

(1) ☐蒌茖受女于楚之戢（岁），覩（远）栾之月，丁酉之日☐。（葛陵甲三：42）

(2) 楚孝敚之年，□□□□□☐。（仰天湖38）

(3) 八月辛巳之日，郱昜（阳）大主尹宋歁讼軋（范）庆、屈貉、墬疆、墬军、陈

杲，以受郝昜（阳）之欃官阳逿逿逃之古（故）。（包山 87）

（4）孔＝（孔子）曰：奎（舜）丌（其）可胃（谓）受命之民矣，奎（舜），人子也。（上博二·子羔）

（5）入顷刍稾，以其受田之数，无豤（垦）不豤（垦），顷入刍三石、稾二石。刍自黄穪及蘑束以上皆受之。（睡虎地·秦律十八种）

当索取类三价动作动词处于状语位置上时，它的表述功能也修饰化了。

（1）盗入禁苑□☒。（龙岗 13）

（2）或盗采人桑叶，臧（赃）不盈一钱，可（何）论？（睡虎地·法律答问）

第三节　出土战国文献告知类三价动作动词

一、出土战国文献中的告知类三价动作动词

出土战国文献中的告知类三价动作动词有［动作］［自主］［告知］的语义特征。［动作］［自主］两个语义特征的含义，前面已经做过解释。下面只解释［告知］这种语义特征。

［告知］指说话者告诉另一方，使对方知道、了解、获得某种信息、消息、情况等。［告知］这一动作行为作为一个事件，可以描述为：

一是存在两个实体：告知者和接受者双方；

二是存在一种事物：信息、消息、情况等；

三是存在一种告知关系：告知者主动把信息等告诉给接受者；

四是存在一个过程：信息等从告知者复制转移到接受者。

告知类三价动作动词涉及三个必有的语义成分，即施事、与事、受事。

下列告知类三价动作动词都具有上述语义特征：

出（发出、说出）、覆（回答、答复）、告（告诉、报告）、戒（诫）（告诫、劝诫、警告、开导）、举祷（一种祈祷）、请（告诉）、上（上报、报告）、申（申述、表明）、谓（对……说、告诉、控告）、闻（报告、上报、上达）、下（下达、发布、公布）、言（告诉、上报、表达）、谒（禀告、呈报、陈说；告发；请求）、与祷（一种祈祷，当事人参与祈祷）、语（告诉）、喻（告诉、晓谕）、占（申报）、祝（用言语向鬼神祈祷）、奏（申报）等。

二、出土战国文献中告知类三价动作动词的配价成分——施事、与事和受事

（一）施事

1. 表人的名词语

（1）王㠯（以）告椙（相）𡐦（徙）与中叙（余）：“含（今）夕不𣪠（谷）梦若

此，可（何）?”（上博四·柬大王泊旱）

（2）王戒（诫）邦夫₌（大夫）目（以）歙₌（饮酒）既。（上博四·昭王毁室、昭王与龚之脽）

（3）大尹内（入）告王。（上博四·昭王毁室、昭王与龚之脽）

（4）左尹以王命告汤公：舒庆告胃（谓）：苛冒、宣（桓）卯杀其䞣（兄）昀。（包山135背）

（5）仆以告君王。（包山15）

（6）鲁邦大旱，哀公胃（谓）孔₌（孔子）：“子不为我圖（图）之?”（上博二·鲁邦大旱）

（7）季趄（桓）子叓（使）中（仲）弓为宰（宰），中（仲）弓目（以）告孔₌（孔子）。（上博三·中弓）

（8）迁陵守丞固告仓啬夫：以律令从事。（里耶壹5－1）

（9）仆五帀（师）宵倌之司败若敢告视日：卲行之大夫盘抲今执仆之倌登虩、登期、登仆、登臧而无古（故）。仆以告君王。（包山15）

2. 表单位的名词语

卌五年八月丁巳朔己未，启陵乡守狐敢言之：廷下令书曰：取鲛鱼与山今卢（鲈）鱼献之。（里耶壹8－769）

3. 表鬼神的名词语

鬼恒胃（谓）人：“鼠（予）我而女。”不可辞。（睡虎地·日书甲种）

4. 指代人的名词语

（1）畬（余）告女（汝）人纶（伦）。（上博三·彭祖）

（2）子曰：“韦（回），逨（来），虐（吾）告女（汝）。”（上博五·弟子问）

（3）吾敢告之，余无辠（罪）也。（秦骃玉牍甲，19829）

（4）夫子曰：“迲（坐），虘（吾）语女（汝），言之而不义，口勿言也；视之而不义，目勿视也；圣（听）之而不义，耳勿圣（听）也；逋（动）而不义，身毋逋（动）安（焉）。”（上博五·君子为礼）

（二）与事

1. 表人或人之部分的名词语

（1）仆以告君王。（包山15）

（2）大尹内（入）告王。（上博四·昭王毁室、昭王与龚之脽）

（3）其画最多者，当居曹奏令、丞，令、丞以为不直，志千里使有籍书之，以为恶吏。（睡虎地·语书）

（4）至命于闇₌（合门），目（以）告迲₌人₌（寺人，寺人）内（入）告于君。（上博二·昔者君老）

（5）大宰（宰）胃（谓）陵尹：“君内（入）而语僕（仆）之言于君₌王₌（君王，君王）之瘰（燥）从含（今）日已瘽（瘥）。”（上博四·柬大王泊旱）

（6）租者且出以律，告典、田典，典、田典令黔首皆智（知）之。及☐。（龙岗150）

（7）夫盗三百钱，告妻，妻与共饮食之，可（何）以论妻?（睡虎地·法律答问）

(8) 鄀（蔡）侯智（知）赛（息）侯之诱吕（己）也，亦告文王曰：“赛（息）侯之妻甚娧（美），君必命见之。”（清华贰·第五章）

(9) 仆以诰告子郘（宛）公。（包山133）

(10) 王内（入），目（以）告安君与陵尹子高：“卿（向）为厶（私）諺（便），人酒（将）芙（笑）君。”陵尹、釐（厘）尹皆紿（治）丌（其）言目（以）告大宰（宰）。（上博四·柬大王泊旱）

(11) 王目（以）告柤（相）㒸（徙）与中佘（余）：“含（今）夕不敦（谷）梦若此，可（何）?”（上博四·柬大王泊旱）

(12) 驩、路以市言，告田货毋智钱。（岳麓叁·田与市和奸案）

2. 表单位的名词语

(1) 禁苑啬夫、吏数循行，垣有坏决（决）兽道出及见兽出在外，亟告县。（龙岗39）

(2) 禾、刍稾（稿）彻（撤）木、荐，辄上石数县廷。（睡虎地·秦律十八种）

(3) 出之未索（索）而已备者，言县廷，廷令长吏杂封其廥，与出之，辄上数廷；其少，欲一县之，可殹（也）。（睡虎地·秦律十八种）

(4) 舍，即下之酉阳，即以辛☐。（里耶壹8－1131背）

3. 表鬼神的名词语

(1) 武王于是虖（乎）素冕（冠）弁（冕），目（以）告吝（闵）于天。（上博二·容成氏）

(2) 小子骃敢目（以）芥（玠）圭、吉璧、吉丑（纽）目（以）告于華（华）大山。（秦骃玉牍甲，19829）

(3) 敢告□繱之子武䧅（夷）：“尔居遉（复）山之𨙶，不周之埜（野），帝胃（谓）尔无事，命尔司兵死者。”（九店43）

(4) 又（有）䅎（秦）嗣王，㪅（敢）用吉玉宣璧，使其宗祝邵鼛，布愍告于不（丕）显大神𠫑（厥）湫，目（以）底楚王熊相之多辠（罪）。（诅楚文刻石·巫咸，商周19832）

(5) 册告自吝（文）王目（以）豪（就）圣（声）趄（桓）王，各束絟（锦）珈（加）璧。（葛陵甲三：137）

(6) 𤞷祷于宫地主，一羖。（包山202）

(7) 与祷宫侯（后）土，一羖，与祷行，一白犬，酉（酒）飤（食）。（包山233）

(8) 与祷于绝无后者，各肥豬，馈之。（包山249、250）

(9) 与祷大水，一牺马；与祷部公子春、司马子音、蔡公子豪（家）各戠（特）豢，馈之；与祷社，一豬。思攻解日月与不辜。（包山248）

4. 指代人的代词

(1) 亦可（何）目（以）告我？（上博八·命）

(2)《寺（诗）》员（云）：“我龟既猒（厌），不我告猷。”（郭店·缁衣）

(3) 型（荆）为不道，胃（谓）余曰：“女（汝），周之菊（旧）是（氏）☐。”（上博七·吴命）

(4) 畬（余）告女（汝）人纶（伦）。（上博三·彭祖）

(5) 子曰：“韦（回），逨（来），虐（吾）告女（汝）。”（上博五·弟子问）

（6）夫子曰："迻（坐），虔（吾）语女（汝），言之而不义，口勿言也；视之而不义，目勿视也；圣（听）之而不义，耳勿圣（听）也；達（动）而不义，身毋達（动）安（焉）。"（上博五·君子为礼）

（7）君女（如）辟（亲）銜（率），必聚羣（群）又（有）司而告之。（上博四·曹沫之陈）

（8）公内（入）安（晏）子而告之。若丌（其）告高子☐。（上博六·竞公疟）

（9）吾敢告之，余无辠（罪）也。（秦骃玉牍甲，商周19829）

（10）申之义，以毄畸，欲令之具下勿议。（睡虎地·为吏之道）

（11）安（晏）子訇（辞）。公或胃（谓）之，安（晏）子许若（诺）。（上博六·竞公疟）

（三）受事

1. 表具体事物的名词语

（1）☐其问官下此书军吏。弗下下，定当坐者名吏里、它坐、訾能入赀不能，遣诣廷。（里耶壹8－198、8－213、8－2013）

（2）卅五年八月丁巳朔，贰春乡兹敢言之：受西阳盈夷乡户隶计大女子一人，今上其校一牒，谒以从事。敢言之。（里耶壹8－1565）

2. 表示抽象事物的名词语

（1）虐（吾）子勿餌（闻），古（故）牆（将）目（以）告悬（仁）人之道。（上博六·孔子见季趄子）

（2）子尭（尧）南面，坴（舜）北面，坴（舜）于是虖（乎）刮（始）语尭（尧）天墜（地）人民之道。（上博二·容成氏）

（3）申之义，以毄畸，欲令之具下勿议。（睡虎地·为吏之道）

（4）畲（余）告女（汝）人绐（伦）。（上博三·彭祖）

（5）奓（余）告女（汝）咎。（上博三·彭祖）

3. 表人的名词语

（1）周客监匿迈楚之戢（岁）享月乙卯之日，下蔡荨里人舍（余）猬告下蔡皖敦（执）事人、昜（阳）城公羕睪。（包山120）

（2）有（又）且课县官，独多犯令而令、丞弗得者，以令、丞闻。（睡虎地·语书）

4. 表动作或事件的动词语、句子形式

（1）莫（郑）寿告又（有）疾。（上博六·平王问郑寿）

（2）驩、路以市言，告田货毋智钱。（岳麓叁·田与市和奸案）

（3）颠曰：见得之牵变，变谓颠："救吾！"（岳麓叁·得之强与弃妻奸案）

（4）告人盗千钱，问盗六百七十，告者可（何）论？（睡虎地·法律答问）

（5）王目（以）告梖（相）鄐（徙）与中奓（余）："含（今）夕不敦（谷）梦若此，可（何）？"（上博四·柬大王泊旱）

（6）仆五帀（师）宵倌之司败若敢告视日：卲行之大夫盘𡒈今执仆之倌登虓、登期、登仆、登臧而无古（故）。仆以告君王。（包山15）

（7）敢告☐縩之子武璲（夷）："尔居遉（复）山之卽，不周之埜（野），帝胃（谓）

尔无事，命尔司兵死者。”（九店 43）

（8）王胃（谓）陈公：“女（汝）内（纳）王卒（卒），而毋歨（止）帀（师）徒，毋亦善虖（乎）?”（上博九·陈公治兵）

（9）八年八月己巳，邸丞赤敢谒御史：大梁人王里樊野曰丹葬今七年，丹刺伤人垣雍里中，因自刺殹，弃之于市。（放马滩·志怪故事）

5．指代事物的代词

（1）舍，即下之酉阳，即以辛☐。（里耶壹 8－1131 背）

（2）臧莫言之少帀（师）。（包山 160）

三、出土战国文献中告知类三价动作动词的句式

由告知类三价动作动词所构成的句式有两种，一种是由告知类三价动作动词作谓语中心的单中心谓语句，另一种是由告知类三价动作动词作谓语一部分的复杂谓语句。

（一）单中心谓语句式

1．$NP_1+V+NP_2+NP_3$（NP_1 可省；NP_2 表示与事宾语；NP_3 表示受事宾语

由告知类三价动作动词所构成的单中心谓语句式，最常见的就是 $NP_1+V+NP_2+NP_3$。这有两种情况，一是 $NP_1+V+NP_2+NP_3$ 中的 NP_1 不省。例如：

（1）畲（余）告女（汝）人纶（伦）。（上博三·彭祖）

（2）夋（余）告女（汝）咎。（上博三·彭祖）

（3）迁陵守丞固告仓啬夫：以律令从事。（里耶壹 5－1）

（4）芮、朵谓更：棺列旁有公空列，可受。（岳麓叁·芮盗卖公列地案）

（5）鲁邦大旱，哀公胃（谓）孔₌（孔子）：“子不为我圖（图）之?”（上博二·鲁邦大旱）

（6）大宭（宰）胃（谓）陵尹：“君内（入）而语儣（仆）之言于君₌王₌（君王，君王）之瘙（燥）从含（今）日已瘽（瘥）。”（上博四·柬大王泊旱）

另一是 $NP_1+V+NP_2+NP_3$ 中的 NP_1 省略。例如：

（1）驩、路以市言，告田货毋智钱。（岳麓叁·田与市和奸案）

（2）弼（弼）寺（持）亓（其）又（有）肩，覞（示）告畲（余）㬎（显）悳（德）之行。（清华叁·周公之琴舞）

（3）申之义，以毄畸，欲令之具下勿议。（睡虎地·为吏之道）

$NP_1+V+NP_2+NP_3$ 中的 NP_1 前可以有状语（NP_1 可省），这是句首状语：

（1）九月庚戌朔丁卯，迁陵丞昌告尉主：以律令从事。（里耶壹 8－140）

（2）七月甲子朔乙亥，迁陵守丞配告仓主：下券，以律令从事。（里耶壹 8－1525）

（3）卅四年六月甲午朔乙卯，洞庭守礼谓迁陵丞：丞言徒隶不田。（里耶壹 8－755）

$NP_1+V+NP_2+NP_3$ 中的 V 前也可以有状语（NP_1 可省），这是句中状语：

（1）子尭（尧）南面，坴（舜）北面，坴（舜）于是虖（乎）訂（始）语尭（尧）天埅（地）人民之道。（上博二·容成氏）

（2）仆五帀（师）宵倌之司败若敢告视日：卲行之大夫盘埛今执仆之倌登虩、登期、

登仆、登臧而无古（故）。（包山15）

$NP_1+V+NP_2+NP_3$ 中的 NP_1 前有状语，V前也有状语，也就是同时有句首状语和句中状语：

（1）三月辛亥，旬阳丞滂敢告迁陵丞主：写移，移券，可为报。（里耶壹8-63）

（2）八年八月己巳，邸丞赤敢谒御史：大梁人王里樊野曰丹葬今七年，丹刺伤人垣雍里中，因自刺殹，弃之于市。（放马滩·志怪故事）

2. $NP_1+V+NP_3+NP_2$（NP_1 可省）

这种句式跟 $NP_1+V+NP_2+NP_3$ 不同，NP_3 在 NP_2 之前。例如：

（1）臧蓂言之少帀（师）。（包山160）

（2）禾、刍稾积索（索）出日，上赢不备县廷。出之未索（索）而已备者，言县廷，廷令长吏杂封其廥，与出之，辄上数廷。（睡虎地·秦律十八种）

（3）禾、刍稾彻（撤）木、荐，辄上石数县廷。（睡虎地·秦律十八种）

（4）舍，即下之酉阳，即以辛☐。（里耶壹8-1131背）

（5）粪其有物不可以须时，求先买（卖），以书时谒其状内史。（睡虎地·秦律十八种）

3. NP_1+V+NP_2（NP_1 可省）

这种句式中的 NP_3 省略了。例如：

（1）舍（余）告女（汝）。（上博三·彭祖）

（2）子曰："韦（回），逨（来），虐（吾）告女（汝）。"（上博五·弟子问）

（3）夫子曰："迣（坐），虐（吾）语女（汝），言之而不义，口勿言也；视之而不义，目勿视也；圣（听）之而不义，耳勿圣（听）也；迬（动）而不义，身毋迬（动）安（焉）。"（上博五·君子为礼）

（4）或自杀，其室人弗言吏，即葬狸（薶）之，问死者有妻、子当收，弗言而葬，当赀一甲。（睡虎地·法律答问）

（5）夫盗三百钱，告妻，妻与共饮食之，可（何）以论妻？（睡虎地·法律答问）

（6）租者且出以律，告典、田典，典、田典令黔首皆智（知）之。（龙岗150）

（7）仓啬夫及佐、史，其有免去者，新仓啬夫，新佐、史主廥者，必以廥籍度之，其有所疑，谒县啬夫，县啬夫令人复度及与杂出之。（睡虎地·秦律十八种）

（8）与祷楚先老僮、祝融、毓（鬻）酓（熊），各一牂，思攻解于不殆（辜）。（包山217）

（9）占之：恒贞吉，少又（有）戚于室牖。以其故敓（说）之。与祷宫侯（后）土，一羖，与祷行，一白犬，酉（酒）飤（食）。（包山233）

（10）犀武论其舍人尚命者，以丹未当死，因告司命史公孙强。（放马滩·志怪故事）

（11）见东陈垣，禹步三步，曰："皋！敢告东陈垣君子，某病龋齿，笱（苟）令某龋已，请献骊牛子母。"（周家台·病方及其他）

（12）古（故）甬（用）吏（使）丌（其）三臣，毋敢又（有）迲（避）逨之羿（旗），敢告刞（视）日。（上博七·吴命）

（13）不敢不告视日。（包山17）

4. NP_1+V+NP_3（NP_1 可省）

这种句式中省略了 NP_2。例如：

（1）奠（郑）寿告又（有）疾。（上博六·平王问郑寿）

（2）皋陶出令，是以为凶。（放马滩·日书乙种）

（3）五帀（师）宵倌之司败告胃（谓），卲行之大夫吟执其倌人，新借让尹不为其譔（察）。（包山15背）

（4）周客监匿迈楚之戢（岁）享月乙卯之日，下蔡荨里人舍（余）猬告下蔡缼敦（执）事人、昜（阳）城公羕睪。（包山120）

（5）告人盗千钱，问盗六百七十，告者可（何）论？（睡虎地·法律答问）

（6）臣事君，言丌（其）所不能，不訋（治）丌（其）所能，则君不裳（劳）。（上博一·缁衣）

5. NP_1+V（NP_1 可省）

$NP_1+V+NP_2+NP_3$ 中的 NP_2+NP_3 如果都省去，就形成这种句式。例如：

（1）徒卒不上宿，署君子、敦（屯）长、仆射不告，赀各一盾。（睡虎地·秦律十八种）

（2）择行钱、布者，列伍长弗告，吏循之不谨，皆有罪。（睡虎地·秦律十八种）

（3）让（卜）命（令）尹不为之告，君不为儥（仆）告，儥（仆）牺（将）韵（召）寇（寇），让（卜）命（令）尹为之告。（上博四·昭王毁室、昭王与龚之脽）

（4）辰：告，不听；告，听之；请命，许；有告，遇怒；请谒，许。（周家台·日书）

（5）与祷，犆（特）牛，馈之。（包山222）

（6）既出于口，则弗可悔，若矢之字（置）于弦。（上博六·用曰）

6. NP_1+V+NP_3+于$+NP_2$（NP_1 可省）

在 $NP_1+V+NP_3+NP_2$ 句式中的 NP_2 之前加介词“于”，就会形成这种句式。例如：

（1）告所詎（嘱）于儥尹：享月戊寅，夏令蔡誒。（包山193）

（2）武王于是虐（乎）素冕（冠）弁（冕），目（以）告客（闵）于天。（上博二·容成氏）

7. NP_1+V+于$+NP_2$（NP_1 可省）

如果把 NP_1+V+NP_3+于$+NP_2$ 句式中的 NP_3 省略，就会形成这种句式。例如：

（1）秦大夫怡之州里公周欣言于左尹与郏公赐、儥尹旗、正娄怯、正令翌、王私司败逷、少里乔与尹羿、郯路尹犨、发尹利。（包山141）

（2）犾祷于宫地主，一羖。（包山202）

（3）秦竞夫人之人舒庆坦尻郐（阴）侯之东郭之里，敢告于视日。（包山132）

（4）君王又（有）白玉三回而不戋（残），命为君王戋（残）之，敢告于见日。（上博七·君人者何必安哉甲）

（5）仆不敢不告于视日。（包山135）

8. NP_1+V+自$+NP_{2a}+$以就$+NP_{2b}$（NP_1 可省）

册告自吝（文）王目（以）豪（就）圣（声）趄（桓）王，各束絵（锦）珈（加）璧。（葛陵甲三：137）

9. NP_1+V+NP_2+以$+NP_3$（NP_1 可省）

如果把 $NP_1+V+NP_2+NP_3$ 句式中的 NP_3 用介词“以”引出，就会形成这种句式。这种句式中的 NP_2 都由代词“之”充当。例如：

（1）王戒（诫）邦夫₌（大夫）目（以）歙₌（饮酒）。（上博四·昭王毁室、昭王

与粪之脽）

（2）☐［署］不智（知）赵不到故，谒告迁陵以从事。敢言之。（里耶壹 8－140）

10. NP_1 + 以 + NP_3 + V + NP_2（NP_1 可省）

如果把 NP_1 + V + NP_2 + 以 + NP_3 句式中的以 + NP_3 移到 V 之前，就会形成这种句式。例如：

（1）立沓（右）亡人，而邦正（政）不败，僮（仆）目（以）此胃（谓）见日。（上博八·命）

（2）左尹以王命告汤公：舒庆告胃（谓）：苛冒、亘（桓）卯杀其眭（兄）昫。（包山 135 背）

（3）仆以诰告子郘（宛）公。（包山 133）

（4）尽八月各以其作日及衣数告其计所官，毋过九月而觱（毕）到其官；官相紤（近）者，尽九月而告其计所官，计之其作年。（睡虎地·秦律十八种）

11. NP_1 + 以 + NP_3 + V + 于 + NP_2（NP_1 可省）

如果在 NP_1 + 以 + NP_3 + V + NP_2 中的 NP_2 前再加介词“于”，就会形成这种句式。例如：

罼（毕）绅命以夏路史逬、史为告于少帀（师）。郢公嘉之告言之攻尹。鄗令翟（荆）之告、陈兴之告言之子司马。（包山 159）

12. NP_1 + V + 以 + NP_3（NP_1 可省）

如果把 NP_1 + V + NP_2 + 以 + NP_3 句式中的 NP_2 省略，就会形成这种句式。例如：

（1）宋悼公朝于楚，告以宋司城皮之约（弱?）公室。（清华贰·第二十一章）

（2）卅五年八月丁巳朔，贰春乡兹敢言之：受酉阳盈夷乡户隶计大女子一人，今上其校一牒，谒以从事。敢言之。（里耶壹 8－1565）

（3）绥任谒以补卒史，劝它吏，卑（俾）盗贼不发。敢言之。（岳麓叁·同、显盗杀人案）

13. NP_1 + 以 + NP_3 + V（NP_1 可省）

如果把 NP_1 + 以 + NP_3 + V + NP_2 句式中的 NP_2 省去，就会形成这种句式。例如：

（1）小人信以刀自戕（伤），州人焉以小人告。（包山 144）

（2）八月癸栖（酉）之日，邸昜（阳）君之州里公登（邓）婴受旮（几），乙亥之日不以死于其州者之譔（察）告，阩门又（有）败。正邸塙。（包山 27）

（3）几（岂）敢不目（以）亓（其）先₌（先人）之遆（传）等（志）告。（上博五·季庚子问于孔子）

（4）有（又）且课县官，独多犯令而令、丞弗得者，以令、丞闻。（睡虎地·语书）

14. NP_1 + 以 + V + NP_2（NP_1 可省）

如果把 NP_1 + 以 + NP_3 + V + NP_2 句式中的 NP_3 省略，就会形成 NP_1 + 以 + V + NP_2 这种句式。例如：

（1）成昜（阳）让尹成以告子司马。（包山 145）

（2）季起（桓）子叓（使）中（仲）弓为宰（宰），中（仲）弓目（以）告孔₌（孔子）。（上博三·中弓）

(3) 或昏（昧）死言，僕（仆）见儓之仓（寒）也，目（以）告君王。（上博四·昭王毁室、昭王与龚之脽）

(4) 至命于閤₌（合门），目（以）告迼₌人₌（寺人，寺人）内（入）告于君。（上博二·昔者君老）

(5) 方鄢左司马竞庆为大司城丧客，且政五连之邑于葬王士，不以告仆。（包山155）

15. NP_1 + 以 + V + 于 + NP_2（NP_1 可省）

如果把 NP_1 + 以 + NP_3 + V + 于 + NP_2 句式中的 NP_3 省略，就会形成 NP_1 + 以 + V + 于 + NP_2 这种句式。例如：

(1) 小子骃敢目（以）芥（玠）圭、吉璧、吉丑（纽）目（以）告于華大山。（秦骃玉牍甲，19829）

(2) 于是于（乎）飤（治）雚（爵）而行录（禄），目（以）壤（让）于来亦迵。（上博二·容成氏）

16. NP_1 + NP_3（疑问代词）+ 以 + V + NP_2（NP_1 可省）

如果 NP_3 是由疑问代词充当，那么它要放在动词 V 的前面。例如：

亦可（何）目（以）告我？（上博八·命）

17. NP_1 + 否定词 + NP_2（代词）+ V + NP_3（NP_1 可省）

(1)《寺（诗）》员（云）："我龟既猒（厌），不我告猷。"（郭店·缁衣）

(2) 员（云）："我昆〈龟〉既猒（厌），不我告犹。"（上博一·缁衣）

18. NP_3 + V + 于 + NP_2

这种句式中的 NP_3 前置，于 + NP_2 仍置于动词之后。例如：

所詎（嘱）告于正娄怴：壬申，郲（滕）少司马龚栖、邸昜（阳）君之人陈贾。（包山162）

试比较：

告所詎（嘱）于儥尹：享月戊寅，夏令蔡誅。（包山193）

在包山162中，直接宾语"所嘱"放在动词"告"之前。而在包山193中，直接宾语"所嘱"放在动词"告"之后。

19. NP_3 + 以 + V + NP_2

如果把 NP_1 + 以 + NP_3 + V + NP_2 中的 NP_1 省去，把 NP_3 移到"以"之前，就会形成这种句式。例如：

丌（其）言目（以）告大宭（宰）。（上博四·柬大王泊旱）

20. NP_3 + V + 之 + NP_2

如果把 NP_1 + V + NP_2 + NP_3 中的 NP_1 省去，把 NP_3 移到动词 V 之前，再在 V 后用"之"复指提前的 NP_3，就会形成这种句式。例如：

郢公嘉之告言之攻尹。郞令弨（荆）之告、陈兴之告言之子司马。（包山159）

（二）复杂谓语句式

1. 并列句

具有并列关系的几个"谓"之间可以不用连词。例如：

(1) 平日，可取妻、祝祠、赐客，可以入黔首，作事吉。定日，可以臧、为府，可以

祝祠。（放马滩·日书甲种）

（2）平日，可取妻、祝祠、赐客，可以入黔首，作事，吉殹。（放马滩·日书乙种）

2. 转折句

具有转折关系的几个“谓”之间可用连词“而”来连接。例如：

禾、刍稾积廥，有赢、不备而匿弗谒，及者（诸）移赢以赏（偿）不备。（睡虎地·秦律十八种）

具有转折关系的几个“谓”之间也可以不用连词“而”来连接。例如：

敦（屯）长、什伍智（知）弗告，赀一甲。（睡虎地·秦律十八种）

3. 连谓句

具有连谓关系的几个“谓”之间可以不用连词来连接。例如：

（1）大尹内（入）告王。（上博四·昭王毁室、昭王与龚之脽）

（2）奠（郑）子冡（家）丧，鄘（郢）人嵍（来）告。臧（庄）王亭（就）夫₌（大夫）而与之言，曰：“奠（郑）子冡（家）杀丌（其）君，不敦（谷）日欲目（以）告夫₌（大夫）。”（上博七·郑子家丧甲）

（3）又（有）秦（秦）嗣王，敔（敢）用吉玉宣璧，使其宗祝邵鼛，布愁告于不（丕）显大神氒（厥）湫，目（以）底楚王熊相之多辠（罪）。（诅楚文刻石·巫咸，19832）

具有连谓关系的几个“谓”之间用连词“以”来连接。例如：

两君之弗怭（顺），敢不丧？道（导）目（以）告吴。（上博七·吴命）

具有连谓关系的几个“谓”之间用连词“而”来连接。例如：

（1）大宰（宰）胃（谓）陵尹：“君内（入）而语僕（仆）之言于君₌王₌（君王，君王）之瘽（燥）从含（今）日已瘥（瘥）。”（上博四·柬大王泊旱）

（2）公内（入）安（晏）子而告之。若丌（其）告高子☐。（上博六·竞公疟）

（3）大宰（宰）记（起）而胃（谓）之：“君皆楚邦之牆（将）旬（军），复（作）色而言于廷，王事可（何）。”（上博四·柬大王泊旱）

（4）君女（如）辟（亲）衔（率），必聚羣（群）又（有）司而告之。（上博四·曹沫之陈）

（5）故腾为是而修法律令、田令及为闲私方而下之，令吏明布，令吏民皆明智（知）之，毋巨（歫）于罪。（睡虎地·语书）

4. 兼语句

（1）廿九年九月壬辰朔辛亥，迁陵丞昌敢言之：令令史感上水火败亡者课一牒。有不定者，谒令感定。敢言之。（里耶壹 8－1511）

（2）申之义，以毄畸，欲令之具下勿议。（睡虎地·为吏之道）

四、出土战国文献中告知类三价动作动词的指称化与修饰化

告知类三价动作动词作谓语或谓语的一部分，都是表陈述的。告知类三价动作动词作一些动词的宾语（例如“曰”）时，可能仍是表陈述的。例如：

甲盗羊，乙智（知），即端告曰甲盗牛，问乙为诬人，且为告不审？当为告盗驾

（加）臧（赃）。（睡虎地・法律答问）

除此之外，还有其他的用法。当告知类三价动作动词与“者”构成“者”字短语、与“所”构成“所”字短语、与“所”和“者”构成“所者”短语、与“之”构成“之”字短语时，一般都是表指称的，是有标记的指称化。当告知类三价动作动词作主语、宾语（绝大多数）时，也是表指称的，是无标记的指称化。

当告知类三价动作动词作定语时，一般是表修饰的。

（一）指称化

1. 有标记的指称化

A. 构成“者”字短语。

“者”与告知类三价动作动词所构成的“者”字短语，一般是指称 V 的施事的。例如：

（1）告人盗百一十，问盗百，告者可（何）论？当赀二甲。盗百，即端盗驾（加）十钱，问告者可（何）论？（睡虎地・法律答问）

（2）告人盗千钱，问盗六百七十，告者可（何）论？（睡虎地・法律答问）

B. 构成“所”字短语。

“所”与告知类三价动作动词构成“所”字短语“所 + V”，一般是指称 V 的受事或与事的。例如：

（1）可（何）谓“州告”？“州告”者，告罪人，其所告且不审，有（又）以它事告之。（睡虎地・法律答问）

（2）心之恩（忧）矣，楚（靡）所告眔（怀）。（清华叁・芮良夫毖）

C. 构成“之”字短语。

一个主谓短语“NP + VP”（这里的 VP 是指告知类三价动作动词）原本是陈述一个事件，是谓词性的。但是在中间加“之”之后形成 NP + 之 + VP，这个结构是表指称的，指 NP + 之 + VP 这个事件，所以“之”也是指称化的标记。例如：

少（小）人之告纏（窆?）。（上博四・昭王毁室、昭王与龚之脽）

2. 无标记的指称化

A. 作主语。

告知类三价动作动词可以作主语。例如：

（1）子曰：王言女（如）丝，其出女（如）緍；王言女（如）索，其出女（如）綍（绋）。古（故）大人不昌（倡）流。《寺（诗）》员（云）：“誓（慎）尔出话，敬尔愄（威）义（仪）。”（郭店・缁衣）

（2）郢公嘉之告言之攻尹。鄝令翟（荆）之告、陈兴之告言之子司马。（包山 159）

B. 作宾语。

告知类三价动作动词作宾语有两种情况，一是作动词的宾语，一是作介词的宾语。

告知类三价动作动词作宾语大多数是指称化了。例如：

（1）子，朝见，有告，听。晏见，有告，不听。（睡虎地・日书甲种）

（2）臣𨡓（将）又（有）告。（上博六・平王与王子木）

（3）☐去徒食，弗与从，给其事二日。它如告。（里耶壹 8－1605）

告知类三价动作动词语可作介词的宾语。例如：

视日以郐（阴）人舒庆之告誼（嘱）仆，命速为之断。(包山 137 背)

（二）修饰化

告知类三价动作动词可作定语，这种定语之后可以不用结构助词“之”。例如：

(1)［亢］：斗乘亢，门有客，所言者行事也，请谒事也，不成。(周家台·日书)

(2) 徒隶牧畜畜死不请课。(里耶壹 8 -490、8 -501)

第四节　出土战国文献探问类三价动作动词

一、出土战国文献中的探问类三价动作动词

出土战国文献中的探问类三价动作动词有［动作］［自主］［探问］的语义特征。［动作］［自主］两个语义特征的含义，前面已经做过解释。下面只解释［探问］这种语义特征。

［探问］指向对方探听询问，希望获知某种信息、消息、情况等。［探问］这一动作行为作为一个事件，可以描述为：

一是存在两个实体：探问者和被探问者双方；

二是存在一种事物：信息、消息、情况等；

三是存在一种告知关系：探问者主动向被探问者探听某种信息等；

四是存在一个过程：信息等从被探问者复制转移到探问者。

探问类三价动作动词涉及三个必有的语义成分，即施事、与事、受事。

下列探问类三价动作动词都具有上述语义特征：

请（问、询问；请示）、问（询问、请教；讯问、审问；卜问）、讯（询问；审问、审讯；质问）等。

二、出土战国文献中探问类三价动作动词的配价成分——施事、与事和受事

（一）施事

1. 表人的名词语

(1) 夏句（后）乃餘（讯）少（小）臣曰：“女（如）尔天晋（巫），而智（知）朕疾？”（清华叁·赤鸖之集汤之屋）

(2) 日既，公昏（问）二夫₌（大夫）：“日之飤（食）也害（曷）为？”（上博五·鲍叔牙与隰朋之谏）

(3) 鲁穆公昏（问）于子思曰：“可（何）女（如）而可胃（谓）忠臣？”（郭店·鲁穆公问子思）

(4) 命（令）尹子林䎽（问）于大宰（宰）子歨（止）：“为人臣者亦又（有）𢪛（争）虖（乎）？”大宰（宰）含（答）曰：“君王元君₌（君，君）善夫₌（大夫）可羕

(用) 𢬍 (争)。”(上博四・柬大王泊旱)

(5) 乃迟 (起) 帀 (师) 回 (围) 奠 (郑) 三月。奠 (郑) 人情 (请) 亓 (其) 古 (故), 王命會 (答) 之□□。(上博七・郑子家丧乙)

(6) 悰敢大心问衷: 母得毋恙也? (睡虎地・秦牍)

2. 表动物的名词语

众鷲 (乌) 乃𧦝 (讯) 晋 (巫) 鷲 (乌) 曰: “顕 (夏) 句 (后) 之疾女 (如) 可 (何)?” (清华叁・赤鹄之集汤之屋)

3. 指代人的名词语

公曰: “向 (向) 者虐 (吾) 昏 (问) 忠臣于子思。(郭店・鲁穆公问子思)

(二) 与事

1. 表人或人之部分的名词语

(1) 日既, 公昏 (问) 二夫〓(大夫):“日之飤 (食) 也害 (曷) 为?” (上博五・鲍叔牙与隰朋之谏)

(2) 问之尉, 毋当令者。敢告之。(里耶壹 8－67、8－652)

(3) 夏句 (后) 乃𧦝 (讯) 少 (小) 臣曰: “女 (如) 尔天晋 (巫), 而智 (知) 朕疾?” (清华叁・赤鹄之集汤之屋)

(4) 命 (令) 尹子林䎽 (问) 于大宰 (宰) 子歨 (止): “为人臣者亦又 (有) 𢬍 (争) 虐 (乎)?” 大宰 (宰) 會 (答) 曰: “君王元君〓(君, 君) 善夫〓(大夫) 可羕 (用) 𢬍 (争)。” (上博四・柬大王泊旱)

(5) 几讯典某某、甲伍公士某某: “甲党 (倘) 有 [它] 当封守而某等脱弗占书, 且有罪。” (睡虎地・封诊式)

(6) 公曰: “向 (向) 者虐 (吾) 昏 (问) 忠臣于子思。” (郭店・鲁穆公问子思)

(7) 悰敢大心问衷: 母得毋恙也? (睡虎地・秦牍)

(8) 今讯得之, 得之曰: 逢变, 和与奸。(岳麓叁・得之强与弃妻奸案)

2. 表单位的名词语

卅二年三月丁丑朔朔日, 迁陵丞昌敢言之: 令曰上葆缮牛车薄 (簿), 恒会四月朔日泰 (太) 守府。问之迁陵, 毋当令者, 敢言之。(里耶壹 8－62)

3. 表动物的名词语

众鷲 (乌) 乃𧦝 (讯) 晋 (巫) 鷲 (乌) 曰: “顕 (夏) 句 (后) 之疾女 (如) 可 (何)?” (清华叁・赤鹄之集汤之屋)

4. 指代人的代词

(1) 䎽 (问) 之曰: 民人流型 (形), 系 (奚) 㝵 (得) 而生? (上博七・凡物流形甲)

(2) 所致县道官, 必复请之, 不从律者, 令丞☑。(龙岗 8)

(3) 须左司马之羿行, 牁 (将) 以䎽 (问) 之。(包山 130 背)

(4) 爰书: 以某数更言, 毋 (无) 解辞, 治 (笞) 讯某。(睡虎地・封诊式)

(5) 讯丙, 辞曰: “甲臣, 诚悍, 不听甲。甲未赏 (尝) 身免丙。丙毋 (无) 病殹 (也), 毋 (无) 它坐罪。” (睡虎地・封诊式)

(6) 鼈尹固怠 (辞), 王固昏 (问) 之, 鼈尹子桱會 (答) 曰…… (上博六・庄王既

成、申公臣灵王）

（三）受事

1. 表具体事物的名词语

道亦其恣（字）也，青（请）昏（问）其名。（郭店·太一生水）

2. 表示抽象事物的名词语

（1）孔＝（孔子）退，告子赣（贡）曰："虗（吾）见于君，不昏（问）又（有）邦之道，而昏（问）想（相）邦之道，不亦塈（愆）唇（乎）?"（上博四·相邦之道）

（2）成王曰："青（请）䎽（问）亓（其）方?"（上博八·成王既邦）

（3）乃迟（起）帀（师）回（围）奠（郑）三月。奠（郑）人情（请）亓（其）古（故），王命畣（答）之□□。（上博七·郑子家丧乙）

（4）公曰："敢昏（问）民事?"（上博四·相邦之道）

（5）凡讯狱，必先尽听其言而书之，各展其辞，虽智（知）其訑，勿庸辄诘。（睡虎地·封诊式）

3. 表人的名词语

（1）公曰："向（向）者虗（吾）昏（问）忠臣于子思。"（郭店·鲁穆公问子思）

（2）宭（宰）我昏（问）君子，曰："余（予），女（汝）能訢（慎）訇（始）与冬（终），斯善欯（矣），为君子唇（乎）?"（上博五·弟子问）

（3）自杀者必先有故，问其同居，以合（答）其故。（睡虎地·封诊式）

4. 表动作或事件的动词语或句子形式

（1）敢䎽（问）可（何）女（如）而可胃（谓）民之父母?（上博二·民之父母）

（2）中（仲）弓曰："敢昏（问）为正（政）可（何）先?"（上博三·中弓）

（3）中（仲）弓曰："若此三者，既昏（闻）命壴（矣），敢昏（问）道民兴悳（德）女（如）可（何）?"（上博三·中弓）

（4）甲告乙盗牛，今乙贼伤人，非盗牛殹（也），问甲当论不当？不当论，亦不当购；或曰为告不审。（睡虎地·法律答问）

（5）子昱（夏）曰："敢䎽（问）可（何）胃（谓）'五至'?"（上博二·民之父母）

（6）取程，禾田五步一斗，今干之为九升，问几可（何）步一斗？曰：五步九分步五而一斗。（岳麓贰·数）

（7）惊敢大心问衷：母得毋恙也?（睡虎地·秦牍）

（8）命（令）尹子林䎽（问）于大宭（宰）子歨（止）："为人臣者亦又（有）静（争）唇（乎）?"大宭（宰）畣（答）曰："君王元君＝（君，君）善夫＝（大夫）可羕（用）静（争）。"（上博四·柬大王泊旱）

（9）日既，公昏（问）二夫＝（大夫）："日之飤（食）也害（曷）为?"（上博五·鲍叔牙与隰朋之谏）

（10）几讯典某某、甲伍公士某某："甲党（倘）有［它］当封守而某等脱弗占书，且有罪。"（睡虎地·封诊式）

5. 指代事物的代词

（1）问之尉，毋当令者。敢告之。（里耶壹 8－67、8－652）

（2）卅二年三月丁丑朔朔日，迁陵丞昌敢言之：令曰上葆缮牛车薄（簿），恒会四月朔日泰（太）守府。问之迁陵，毋当令者，敢言之。（里耶壹 8－62）

（3）卅五年八月丁巳朔己未，启陵乡守狐敢言之：廷下令书曰：取鲛鱼与山今卢（鲈）鱼献之。问津吏徒莫智（知）。问智（知）此鱼者具署物色，以书言。问之启陵乡吏、黔首、官徒，莫智（知）。敢言之。（里耶壹 8－769）

（4）卅二年二月壬寅朔朔日，迁陵守丞都敢言之：令曰恒以朔日上所买徒隶数。问之，毋当令者，敢言之。（里耶壹 8－154）

（5）□謇（颜）囦（渊）䎽（问）于孔₌（孔子）曰："敢䎽（问）君子之内事也又（有）道虖（乎）?"孔₌（孔子）曰："又（有）。"謇（颜）囦（渊）："敢䎽（问）可（何）女（如）?"（上博八·颜渊问于孔子）

三、出土战国文献中探问类三价动作动词的句式

由探问类三价动作动词所构成的句式有两种，一种是由探问类三价动作动词作谓语中心的单中心谓语句，另一种是由探问类三价动作动词作谓语一部分的复杂谓语句。

（一）单中心谓语句式

1. $NP_1+V+NP_2+NP_3$（NP_1 可省；NP_2 表示与事宾语；NP_3 表示受事宾语

由探问类三价动作动词所构成的单中心谓语句式，最常见的就是 $NP_1+V+NP_2+NP_3$。这有两种情况，一是 $NP_1+V+NP_2+NP_3$ 中的 NP_1 不省。例如：

（1）募（寡）君昏（问）左右：篙（孰）为帀（师）徒，逡（践）墾（履）陞（陈）埅（地）?（上博七·吴命）

（2）公昏（问）二夫₌（大夫）："日之飤（食）也害（曷）为?"（上博五·鲍叔牙与隰朋之谏）

（3）王子昏（问）城（成）公："此可（何）?"城（成）公倉（答）曰："蒡。"（上博六·平王与王子木）

另一是 $NP_1+V+NP_2+NP_3$ 中的 NP_1 省略。例如：

（1）今写校券一牒上，谒言己卒史衰、义所，问狼船存所。（里耶壹 8－135）

（2）谮（潜）讯同归义状及邑里居处状，攺（改）曰：隶臣，非归义。讯同：非归义，可（何）故?（岳麓叁·同、显盗杀人案）

（3）讯䰡：䰡亡，安取钱以补袍及买鞞刀?䰡曰：庸（佣）取钱。（岳麓叁·魏盗杀安、宜案）

（4）讯甲亭人及丙：智（知）男子可（何）日死，闻譥（号）寇者不殹（也）?（睡虎地·封诊式）

（5）几讯典某某、甲伍公士某某："甲党（倘）有［它］当封守而某等脱弗占书，且有罪。"（睡虎地·封诊式）

$NP_1+V+NP_2+NP_3$ 中的 NP_1 前可以有状语（NP_1 可省），这是句首状语：

六月乙丑，狱佐瞫讯戌：戌私留苑中。（里耶壹 8－877）

$NP_1+V+NP_2+NP_3$ 中的 V 前也可以有状语（NP_1 可省），这是句中状语：

（1）惊多问新负、嫛：皆得毋恙也？（睡虎地·秦牍）

（2）惊敢大心问姑秭（姊）：姑秭（姊）子产得毋恙？（睡虎地·秦牍）

（3）有（又）讯甲室人甲到室居处及复（腹）痛子出状。（睡虎地·封诊式）

2. $NP_1 + V + NP_3 + NP_2$（NP_1 可省）

这种句式跟 $NP_1 + V + NP_2 + NP_3$ 不同，NP_3 在 NP_2 之前。例如：

（1）问之尉，毋当令者。敢告之。（里耶壹8－67、8－652）

（2）卅五年八月丁巳朔己未，启陵乡守狐敢言之：廷下令书曰取鲛鱼与山今卢（鲈）鱼献之。问津吏徒莫智（知）。问智（知）此鱼者具署物色，以书言。问之启陵乡吏、黔首、官徒，莫智（知）。敢言之。（里耶壹8－769）

（3）卅二年三月丁丑朔朔日，迁陵丞昌敢言之：令曰上葆缮牛车薄（簿），恒会四月朔日泰（太）守府。问之迁陵，毋当令者，敢言之。（里耶壹8－62）

3. $NP_1 + V + NP_2$（NP_1 可省）

这种句式中的 NP_3 省略了。例如：

（1）丞某讯丙，辞曰："甲亲子，诚不孝甲所，毋（无）它坐罪。"（睡虎地·封诊式）

（2）鼙尹固怠（辞），王固昏（问）之，鼙尹子柽倉（答）曰。（上博六·庄王既成、申公臣灵王）

（3）视癸私书，曰：五大夫冯毋择敢多问胡阳丞主。闻南阳地利田，令为公产。（岳麓叁·学为伪书案）

（4）讯丙，辞曰："甲臣，诚悍，不听甲。甲未赏（尝）身免丙。丙毋（无）病殹（也），毋（无）它坐罪。"（睡虎地·封诊式）

（5）今讯得之，得之曰：逢变，和与奸。（岳麓叁·得之强与弃妻奸案）

（6）所致县道官，必复请之，不从律者，令丞☐。（龙岗8）

4. $NP_1 + V + NP_3$（NP_1 可省）

这种句式中的 NP_2 省略了。例如：

（1）奠（郑）人昏（问）亓（其）古（故），王命倉（答）之曰……（上博七·郑子家丧甲）

（2）宰（宰）我昏（问）君子，曰："余（予），女（汝）能新（慎）訇（始）与冬（终），斯善欯（矣），为君子虐（乎）？"（上博五·弟子问）

（3）乃记（起）帀（师）回（围）奠（郑）三月。奠（郑）人情（请）亓（其）古（故），王命倉（答）之☐☐。（上博七·郑子家丧乙）

（4）漒（庄）公或（又）餌（问）："为和于戦（陈）女（如）可（何）？"（上博四·曹沫之陈）

（5）盗百，即端盗驾（加）十钱，问告者可（何）论？当赀一盾。赀一盾应律，虽然，廷行事以不审论，赀二甲。（睡虎地·法律答问）

（6）卅二年二月壬寅朔朔日，迁陵守丞都敢言之：令曰恒以朔日上所买徒隶数。问之，毋当令者，敢言之。（里耶壹8－154）

试比较：

问之尉，毋当令者。敢告之。（里耶壹8－67、8－652）

下例中的"问之尉"应该是双宾语结构，"之"是直接宾语，"尉"是间接宾语。由此看来，上例“问之”中的“之”也是直接宾语。

(1) 孤吏一介吏（使），慭（亲）于桃逆袋（劳）丌（其）夫₌（大夫），虘（且）青（请）丌（其）行。（上博七·吴命）

(2) □昆（夏）䎽（问）于孔子：“《詯（诗）》曰：‘几（凯）俤（悌）君子，民之父母’，敢䎽（问）可（何）女（如）而可胃（谓）民之父母？”（上博二·民之父母）

(3) 子昆（夏）曰：“‘五至’既䎽（闻）之矣，敢䎽（问）可（何）胃（谓）‘三亡（无）’？”（上博二·民之父母）

5. NP_1+V（NP_1 可省）

$NP_1+V+NP_2+NP_3$ 中的 NP_2+NP_3 如果都省去，就形成这种句式。例如：

(1) 九月丙辰，隶臣哀诣隶臣喜，告盗杀人。问，喜辤（辞）如告。（岳麓叁·譊、妘刑杀人等案）

(2) 问之□名事定，以二月丙子将阳亡，三月中逋筑宫廿日，四年三月丁未籍一亡五月十日，毋（无）它坐，莫覆问。（睡虎地·封诊式）

6. NP_1+V+NP_3+于$+NP_2$（NP_1 可省）

在 $NP_1+V+NP_3+NP_2$ 句式中的 NP_2 之前加介词“于”，就会形成这种句式。例如：

向（向）者虐（吾）昏（问）忠臣于子思。（郭店·鲁穆公问子思）

7. NP_1+V+于$+NP_2+NP_3$（NP_1 可省）

把 NP_1+V+NP_3+于$+NP_2$ 句式中的 NP_3 移到“于$+NP_2$”之后，就会形成这种句式。例如：

命（令）尹子林䎽（问）于大宰（宰）子歨（止）：“为人臣者亦又（有）𢯲（争）虖（乎）？”大宰（宰）畣（答）曰：“君王元君₌（君，君）善夫₌（大夫）可羕（用）𢯲（争）。”（上博四·柬大王泊旱）

8. NP_1+V+于$+NP_2$（NP_1 可省）

把 NP_1+V+NP_3+于$+NP_2$ 句式中的 NP_3 省去，就会形成这种句式。例如：

□王䎽（问）于帀（师）上（尚）父，曰：“不智（知）黄帝、端（颛）珪（顼）、尧（尧）、叒（舜）之道才（在）虖（乎）？啬（意）敚（微）丧不可㝵（得）而訌（睹）虖（乎）？”（上博七·武王践阼）

9. NP_1+以$+V+NP_2$（NP_1 可省）

王㠯（以）䎽（问）釐（厘）尹高：“不穀（谷）瘰（燥）甚疠（病），聚（骤）梦高山深溪。”（上博四·柬大王泊旱）

畣（答）：“君王尚（当）㠯（以）䎽（问）大宰（宰）晋侯，皮（彼）圣人之孙₌（子孙），湘（将）必鼓而涉之，此可（何）？”（上博四·柬大王泊旱）

（二）复杂谓语句式

1. 连谓句

具有连谓关系的几个“谓”之间可以不用连词来连接。例如：

(1) 二月辛巳，黑夫、惊敢再拜问中：母毋恙也？（睡虎地·秦牍）

(2) 一人有狱讯：目。（里耶壹 8－2008）

(3) 儿死不讯。（岳麓叁·多小未能与谋案）

(4) 義(义)、若小不讯。(岳麓叁·识劫娓案)

具有连谓关系的几个"谓"之间用连词"而"来连接。例如:

(1) 詔(召)祖己而昏(问)安(焉),曰:是可(何)也?(上博五·鲍叔牙与隰朋之谏)

(2) 受餌(闻)之,乃出文王于𡒊(夏)臺(台)之下而餌(问)安(焉),曰:"九邦者亓(其)可逨(来)虖(乎)?"(上博二·容成氏)

2. 兼语句

(1) 王命屈木昏(问):"軋(范)武子之行安(焉)?"(上博六·竞公疟)

(2) 将发令,索其政,毋发可异,史(使)烦请。令数囚环,百姓榣(摇)贰乃难请。(睡虎地·为吏之道)

四、出土战国文献中探问类三价动作动词的指称化

探问类三价动作动词作谓语或谓语的一部分,都是表陈述的。探问类三价动作动词作一些动词的宾语(例如"曰")时,可能仍是表陈述的。例如:

公曰:"敢昏(问)民事?"(上博四·相邦之道)

除此之外,还有其他的用法。当探问类三价动作动词与"所"构成"所"字短语、与"所"和"者"构成"所者"短语、与"之"构成"之"字短语时,一般都是表指称的,是有标记的指称化。当探问类三价动作动词作主语、宾语(绝大多数)时,也是表指称的,是无标记的指称化。

1. 有标记的指称化

A. 构成"所"字短语。

"所"与告知类三价动作动词构成"所"字短语"所+V",一般是指称V的受事或与事的。例如:

(1) 癄(应)令及书所问且弗癄(应),弗癄(应)而云当坐之状何如?(里耶壹8-1564)

(2) 所弗问而久毄(系)之,大啬夫、丞及官啬夫有罪。(睡虎地·秦律十八种)

B. 构成"所者"字短语。

问迁陵所请不遣者廿人录☐。(里耶壹8-2217)

C. 构成"之"字短语。

一个主谓短语NP+VP(这里的VP是指告知类三价动作动词语)原本是陈述一个事件,是谓词性的。但是在中间加"之"之后形成"NP+之+VP",这个结构是表指称的,指"NP+之+VP"这个事件,所以"之"也是指称化的标记。例如:

三人共以五钱市,今欲赏(偿)之,问人之出几可(何)钱?得曰:人出一钱三分钱二。(岳麓贰·数)

2. 无标记的指称化

A. 作主语。

探问类三价动作动词语可以作主语。例如:

孔=(孔子)曰:善,而(尔)昏(问)之也旧矣。(上博二·子羔)

B. 作宾语。

探问类三价动作动词语作宾语大多数是指称化了。例如：

子赣（贡）曰："虗（吾）子之畣（答）也可（何）女（如）？"孔＝（孔子）曰："女（如）訶（讯）。"（上博四·相邦之道）

第五节　出土战国文献放置类三价动作动词

一、出土战国文献中的放置类三价动作动词

出土战国文献中的放置类三价动作动词有［动作］［自主］［放置］的语义特征。［动作］［自主］两个语义特征的含义，前面已经做过解释。下面只解释［放置］这种语义特征。

［放置］指某人把某物放置某处等。［放置］这一动作行为作为一个事件，可以描述为：

一是存在两个实体：放置者和放置位置双方；

二是存在一种事物：被放置物；

三是存在一种关系：放置者主动地、有意识地把被放置物放置于某位置；

四是存在一个过程：被放置物从放置者那里转移到放置位置。

放置类三价动作动词涉及三个必有的语义成分，即施事、受事、位事。

下列放置类三价动作动词都具有上述语义特征：

藏（收藏、储藏）、藏盖（收藏）、盛（用器具盛放东西）、措（安放、放置）、放（放置、放下）、傅（贴）、和（把粉状或粒状物掺和在一起或加水等搅拌）、加$_1$（把一物放在另一物的上面）、建（建立、设置；树立）、荐（垫）、埋（埋在土中；埋葬）、纳（放入、纳入、收入）、匿（隐藏、藏匿、隐瞒）、去（藏）、入（放入；纳入；收入）、舍（放置；放下）、设（设置、陈列）、树（种植；树立、建立）、投$_1$（扔、掷、掷向）、徙（搬迁）、修（贯彻到……上）、悬（悬挂）、载$_1$（装载、装运）、载$_2$（安放、盛）、载$_3$（记载、记录）、葬（埋葬）、葬埋（埋葬）、置［放（在一定的地方）］、寘（放置）、终（系束）、注$_1$（灌注、注入）、注$_2$（放置、附着）等。

二、出土战国文献中放置类三价动作动词的配价成分——施事、位事和受事

（一）施事

1. 表人的名词语

（1）天子𦘔（建）之目（以）州，邦君𦘔（建）之目（以）㡳（都），夫＝（大夫）𦘔（建）之目（以）里，士𦘔（建）之目（以）室。（上博六·天子建州甲）

（2）天子建邦，中山侯（侯）忞（怍）乍（作）丝（兹）军钺，目（以）敬（儆）

乒（厥）众。（中山侯忞钺，集成11758）

（3）王逿（徙）凥（居）于坪（平）澫（濿），翠（卒）目（以）夫₌（大夫）歓₌（饮酒）于坪（平）澫（濿），因命（令）至俑毁室。（上博四·昭王毁室、昭王与龚之脽）

（4）墨（禹）乃𡉚（建）鼓于廷，目（以）为民之又（有）诂（谒）告者鼾（鼓）安（焉）。（上博二·容成氏）

（5）秦人豫（舍）戍于奠（郑），奠（郑）人致（属）北门之笶（管）于秦之戍人。（清华贰·第八章）

（6）一人载粟：畜。☐。（里耶壹8－239）

（7）夫盗千钱，妻所匿三百，可（何）以论妻？妻智（知）夫盗而匿之，当以三百论为盗；不智（知），为收。（睡虎地·法律答问）

（8）娩匿訾（赀），税直（值）过六百六十钱。（岳麓叁·识劫娩案）

2. 指代人的名词语

（1）古（故）为正（政）者，或仑（论）之，或羕之，或繇（由）忠（中）出，或执（设）之外，仑（伦）隶（列）其頪（类）。（郭店·尊德义）

（2）"臧（赃）人"者，甲把其衣钱匿臧（藏）乙室。（睡虎地·法律答问）

（3）甲徙居，徙数谒吏，吏环，弗为更籍，今甲有耐、赀罪，问吏可（何）论？耐以上，当赀二甲。（睡虎地·法律问答）

（二）位事

1. 表方位处所的名词语

表方位处所的一般是处所名词。可以是一般处所名词，也可以是专有处所名词。例如：

（1）□步投米地，祝投米曰："某有子三旬，疾生。"即以左手挢杯水歓（饮）女子，而投杯地。（周家台·病方及其他）

（2）投符地，禹步三，曰：皋，敢告☐符，上车毋顾，上☐。（睡虎地·日书甲种）

（3）人毋（无）故而忧也。为桃更（梗）而敂（揺）之，以癸日日入投之道，遽曰："某。"免于忧矣。（睡虎地·日书甲种）

（4）人生子未能行而死，恒然，是不辜鬼处之，以庚日日始出时，濆门以灰，卒，有祭，十日收祭，裹以白茅，狸（埋）野，则毋（无）央（殃）矣。（睡虎地·日书甲种）

（5）墨（禹）乃𡉚（建）鼓于廷，目（以）为民之又（有）诂（谒）告者鼾（鼓）安（焉）。（上博二·容成氏）

（6）善建者不𢵧（拔），善休（保）者不兑（脱），子孙以其祭祀不乇。攸（修）之身，其悳（德）乃贞。攸之豪（家），其悳（德）又（有）舍（余）。攸（修）之向（乡），其悳（德）乃长。攸（修）之邦，其悳（德）乃奉（丰）。攸（修）之天［下］□□□□□□豪（家），以向（乡）观向（乡），以邦观邦，以天下观天下。（郭店·老子乙本）

（7）墨（禹）迵（通）淮与忻（沂），东豉（注）之海（海），于是虖（乎）竟州、篖（莒）州刣（始）可凥（处）也。墨（禹）乃迵（通）蒌与汤，东豉（注）之海

(海)，于是虖（乎）蓏州钌（始）可尻（处）也。墨（禹）乃迵（通）三江五沽（湖），东豉（注）之海（海），于是唇（乎）䨓（荆）州、鄬（扬）州钌（始）可尻（处）也。墨（禹）乃迵（通）泖（伊）、洛，并里（瀍）、干（涧），东豉（注）之河，于是于（乎）敍（豫）州钌（始）可尻（处）也。墨（禹）乃迵（通）经（泾）与渭，北豉（注）之河，于是虖（乎）虘（獻）州钌（始）可尻（处）也。(上博二·容成氏)

(8) 秦人豫（舍）戍于奠（郑），奠（郑）人豉（属）北门之笑（管）于秦之戍人。(清华贰·第八章)

(9) 周武王既克鬶（殷），乃埶（设）三监于殷。(清华贰·第三章)

(10) 乃先建衜（卫）吊（叔）垟（封）于庚（康）丘，以侯殷之叕（余）民。(清华贰·第四章)

(11) 王遈（徙）尻（居）于坪（平）澫（澨），卒（卒）目（以）夫₌（大夫）歆₌（饮酒）于坪（平）澫（澨），因命（令）至俑毁室。(上博四·昭王毁室、昭王与龚之脽)

表方位处所的也可以是处所名词语。有些处所名词语是在处所名词前加上定语。例如：

(1) 麴伐刑杀安等，置赤衣死（尸）所，盗取衣器，去买（卖）行道者所。(岳麓叁·魏盗杀安、宜案)

(2) 令甲以布帬（裙）剡（掩）狸（埋）男子某所，侍（待）令。(睡虎地·封诊式)

(3) “臧（赃）人”者，甲把其衣钱匿臧（藏）乙室。(睡虎地·法律答问)

(4) 大材埶（设）者（诸）大官，少（小）材埶（设）者（诸）少（小）官，因而它（施）录（禄）安（焉）。(郭店·六德)

有些处所名词语是在表处所的词语之后加上方位名词。例如：

(1) 以亡，盗者中人殹。藏囷屋屍粪土中、寒木下。(放马滩·日书甲种)

(2) 以亡，盗从东方入，复从出，藏野林、草茅中。(放马滩·日书乙种)

(3) 自宵臧（藏）乙复結衣一乙房内中。(睡虎地·封诊式)

(4) 丑，牛也。盗者大鼻，长颈，大辟（臂）臑而偻，疵在目，臧（藏）牛厩中草木下。(睡虎地·日书甲种)

(5) 取肥牛胆盛黑叔（菽）中，盛之而系（系），县（悬）阴所，干。(周家台·病方及其他)

(6) 取稾（藁）本小弱者，齐约大如小指。取柬灰一升，渍之。沶（和）稾（藁）本柬灰中。(周家台·病方及其他)

(7) 已齲方：以叔（菽）七，税（脱）去黑者。操两瓦，之东西垣日出所烛，先狸（埋）一瓦垣止（址）下，复环禹步三步。(周家台·病方及其他)

(8) 见垣有瓦，及禹步，已，即取垣瓦狸（埋）东陈垣止（址）下。置垣瓦下，置牛上，乃以所操瓦盖之，坚狸（埋）之。(周家台·病方及其他)

(9) 即取车輂，毋令人见之，及毋与人言。操归，匿屋中，令毋见，见复发。(周家台·病方及其他)

(10) 八年八月己巳，邸丞赤敢谒御史：大梁人王里樊野曰丹葬今七年，丹刺伤人垣

雍里中，因自刺殹，弃之于市。三日，葬之垣雍南门外。（放马滩·志怪故事）

（11）禹步三，汲井，以左手牵繘，令可下免瓮，□下免繘瓮，左操杯，鲭瓮水；以一杯盛米，毋下一升。前置杯水女子前，即操杯米，禹步［三步］。（周家台·病方及其他）

（12）臧（藏）于垣内中粪蔡下。（睡虎地·日书甲种）

（13）皆贇（藏）于一笲（匣）之中。（仰天湖37）

（14）凡官廄（廄）之马与冢（骡）十𡫳（乘），入于此槨（棺）官之宙（中）。（曾侯乙207）

（15）视（寘）盂庡（炭）亓（其）下，加㯱（圜）木于亓（其）上，思民道（蹈）之。（上博二·容成氏）

（16）离（契）之母，又（有）乃（乃、娀）是（氏）之女也。游于央（瑶）台之上，又（有）䴏（燕）监（衔）卵而階（错，措）者（诸）丌（其）前。（上博二·子羔）

2. 表具体事物的名词语

这是用表具体事物的名词语表具体事物所在的处所：

（1）盛钱木甲一。（里耶壹8－478）

（2）公乃身命祭，又（有）𤔲（司）祭备（服）毋（无）紋（黼）；器必蠲（蠲）𢘓（洁），毋内（入）钱（残）器。（上博五·鲍叔牙与隰朋之谏）

（3）隹（唯）逆生祸，隹（唯）𢝊（顺）生福，𡋯（载）之笄（简）箖（策），目（以）戒（诫）嗣（嗣）王。（中山王𩂣壶，集成09735）

（4）王曰："女（如）四与五之閒（间），㦳（载）之塼（传）车目（以）走（上）虖（乎）？殹（也）四舿（轲）目（以）逾虖（乎）？"（上博六·庄王既成、申公臣灵王）

3. 表抽象事物的名词语

这是用表抽象事物的名词语表抽象事物所在的处所：

反内（纳）于豊（礼），不亦能攺（改）虖（乎）？（上博一·孔子诗论）

4. 指代处所的代词

（1）……干者，令人孰（熟）以靡（摩）之，令欲出血，即以并傅，彼（被）其上以□枲絮。善布清席，东首卧到晦，朔复到南卧。晦起，即以酒贲（喷），以羽渍，稍去之，以粉傅之。（周家台·病方及其他）

（2）天子𨑒（建）之目（以）州，邦君𨑒（建）之目（以）𡉚（都），夫₌（大夫）𨑒（建）之目（以）里，士𨑒（建）之目（以）室。凡天子七𣨙（世），邦君五。（上博六·天子建州甲）

（3）野兽若六畜逢人而言，是票（飘）风之气。毄（击）以桃丈（杖），绎（释）屦（屦）而投之，则已矣。（睡虎地·日书甲种）

（4）大神，其所不可呙（过）也，善害人，以犬矢（屎）为完（丸），操以呙（过）之，见其神以投之，不害人矣。（睡虎地·日书甲种）

（5）甲取（娶）人亡妻以为妻，不智（知）亡，有子焉，今得，问安置其子？（睡虎地·法律答问）

下引三例三价放置动词之后是兼词"焉"。"焉"相当于"介词＋代词"，其中的代词是指代处所的。例如：

(1) 一宅之中毋(无)故室人皆疫,多瞢(梦)米(寐)死,是是㓦鬼,狸(埋)焉,其上毋(无)草,如席处。(睡虎地·日书甲种)

(2) 九月戊申之日,倍大戠六令周霰之人周雁讼付举之关人周瑶、周敓,胃(谓)葬于其土。瑶、敓与雁成,唯周䙍之妻䕸(葬)焉。(包山91)

(3) 君₌(君子)䎽(闻)善言目(以)攺(改)亓(其)言见善行,内(纳)亓(其)身(身)安(焉),可胃(谓)孚(学)矣。(上博二·从政甲)

(三) 受事

1. 表具体事物的名词语

(1) 自宵臧(藏)乙复結衣一乙房内中。(睡虎地·封诊式)

(2) 魏伐刑杀安等,置赤衣死(尸)所,盗取衣器,去买(卖)行道者所。(岳麓叁·魏盗杀安、宜案)

(3) 票(飘)风入人宫而有取焉,乃投以屦,得其所,取盎之中道;若弗得,乃弃其屦于中道,则亡恙矣。(睡虎地·日书甲种)

(4) 官府臧(藏)皮革,数燙(炀)风之。(睡虎地·效律)

(5) 以一杯盛米,毋下一升。(周家台·病方及其他)

(6) □步投米地,祝投米曰:"某有子三旬,疾生。"即以左手挢杯水歓(饮)女子,而投杯地。(周家台·病方及其他)

(7) 禹步三,汲井,以左手牵繘,令可下免瓮,□下免繘瓮,左操杯,鲭瓮水;以一杯盛米,毋下一升。前置杯水女子前,即操杯米,禹步[三步]。(周家台·病方及其他)

(8) 此日不可以徙居九落,有所远使,千里外顾复还。(放马滩·日书乙种)

(9) 乃埶(执)采(币)以祝曰:"又(有)上荒₌(茫茫),又(有)下堂₌(汤汤),司湍彭₌(滂滂),句(侯)兹某也发阳(扬)。"乃兮(舍)采(币)。(清华叁·祝辞)

(10) 盛钱木甲一。(里耶壹8-478)

(11) 墬(禹)乃𡈼(建)鼓于廷,目(以)为民之又(有)诰(谒)告者訏(鼓)安(焉)。(上博二·容成氏)

(12) 投符地,禹步三,曰:皋,敢告▨符,上车毋顾,上▨。(睡虎地·日书甲种)

(13) 已龋方:以叔(菽)七,税(脱)去黑者。操两瓦,之东西垣日出所烛,先狸(埋)一瓦垣止(址)下,复环禹步三步。(周家台·病方及其他)

(14) 视(寘)盂庡(炭)亓(其)下,加䆂(圜)木于亓(其)上,思民道(蹈)之。(上博二·容成氏)

(15) 䢵(为)鄦(鄂)君启之廙(府)賝(就)𨯽(铸)金节,车五十尭(乘),戢(岁)罷(赢)返,母(毋)载金、革、黾(箽)箁(箭)。(鄂君启车节,集成12111)

(16) 取稾(藁)本小弱者,齐约大如小指。取柬灰一升,渍之。沵(和)稾(藁)本柬灰中。(周家台·病方及其他)

(17) 凡五卯,不可目(以)复(作)大事;帝目(以)命嗌(益)凄(赍)墬(禹)之火,午不可目(以)橿(树)木。(九店56·38、39)

(18) 人恒亡赤子,是水亡伤(殇)取之,乃为灰室而牢之,县(悬)以䓿,则得

矣。(睡虎地·日书甲种)

(19) 一室中，卧者容席以臽(陷)，是地辥(蠥)居之。注白汤，以黄土窒，不害矣。(睡虎地·日书甲种)

2. 表示邦国等单位的名词语

(1) 天子建邦，中山厌(侯)忞(恢)乍(作)丝(兹)军钺，目(以)敬(儆)氒(厥)众。(中山侯忞钺，集成11758)

(2) □□庶戁(难)，甬(用)建亓(其)邦，坪(平)和庶民。(清华叁·芮良夫毖)

(3) 天子𡍬(建)之目(以)州，邦君𡍬(建)之目(以)𡉏(都)，夫₌(大夫)𡍬(建)之目(以)里，士𡍬(建)之目(以)室。凡天子七𣨛(世)，邦君五。(上博六·天子建州甲)

3. 表人或人之部分的名词语

(1) 乃先建𧗿(卫)吊(叔)𡉚(封)于庚(康)丘，以侯殷之𩰫(余)民。(清华贰·第四章)

(2) 乃立霝(灵)公，安(焉)葬襄公。(清华贰·第九章)

(3) 王命𦅫(申)公嘮(聘)于齐，𦅫(申)公𡟰(窃)载少盐以行。(清华贰·第十五章)

(4) 秦人豫(舍)戍于奠(郑)，奠(郑)人敳(属)北门之笑(管)于秦之戍人。(清华贰·第八章)

(5) 周武王既克𩁹(殷)，乃埶(设)三监于殷。(清华贰·第三章)

(6) 令甲以布帬(裙)剡(掩)狸(埋)男子某所，侍(待)令。(睡虎地·封诊式)

(7) 九月戊申之日，佶大戠六令周霰之人周雁讼付举之关人周瑶、周敚，胃(谓)葬于其土。瑶、敚与雁成，唯周鬏之妻𦿑(葬)焉。(包山91)

(8) 曰："死人可(何)辠(罪)？生人可(何)𩎟(辜)？豫(舍)亓(其)君之子弗立，而卲(召)人于外，而安(焉)𤖅(将)寘(寘)此子也？"(清华贰·第九章)

(9) 甲取(娶)人亡妻以为妻，不智(知)亡，有子焉，今得，问安置其子？(睡虎地·法律答问)

(10) 君₌(君子)䎽(闻)善言目(以)攺(改)亓(其)言见善行，内(纳)亓(其)身(身)安(焉)，可胃(谓)学(学)矣。(上博二·从政甲)

4. 表动物的动词语

凡宫厩(廄)之马与𩣡(骡)十𩣫(乘)，入于此椁(棍)官之审(中)。(曾侯乙207)

5. 指代事物的代词

(1) 八年八月己巳，邸丞赤敢谒御史：大梁人王里樊野曰丹葬今七年，丹刺伤人垣雍里中，因自刺殴，弃之于市。三日，葬之垣雍南门外。(放马滩·志怪故事)

(2) 人毋(无)故而忧也。为桃更(梗)而敃(播)之，以癸日日入投之道，遽曰："某。"免于忧矣。(睡虎地·日书甲种)

(3) 隹(唯)逆生祸，隹(唯)𢡺(顺)生福，𡍬(载)之笲(简)箣(策)，目(以)戒(诫)嗣(嗣)王。(中山王響壶，集成09735)

（4）县遗麦以为种用者，殽禾以臧（藏）之。（睡虎地·秦律十八种）

（5）置垣瓦下，置牛上，乃以所操瓦盖之，坚狸（埋）之。（周家台·病方及其他）

（6）夫盗千钱，妻所匿三百，可（何）以论妻？妻智（知）夫盗而匿之，当以三百论为盗；不智（知），为收。（睡虎地·法律答问）

（7）与祷于绝无后者，各肥豬，馈之。命攻解于渐木立，且遷（徙）其凥（处）而桓（树）之。尚吉。义占之曰：吉。（包山250）

（8）王曰："女（如）四与五之閖（间），戴（载）之塼（传）车㠯（以）走（上）虖（乎）？殹（也）四舿（轲）㠯（以）逾虖（乎）？"（上博六·庄王既成、申公臣灵王）

（9）墬（禹）迥（通）淮与忻（沂），东豉（注）之海（海），于是虖（乎）竞州、簷（莒）州忖（始）可凥（处）也。墬（禹）乃迥（通）蒌与汤，东豉（注）之海（海），于是虖（乎）蓏州忖（始）可凥（处）也。墬（禹）乃迥（通）三江五沽（湖），东豉（注）之海（海），于是虖（乎）莂（荊）州、鄒（扬）州忖（始）可凥（处）也。墬（禹）乃迥（通）沵（伊）、洛，并里（瀍）、干（涧），东豉（注）之河，于是于（乎）敍（豫）州忖（始）可凥（处）也。墬（禹）乃迥（通）经（泾）与渭，北豉（注）之河，于是虖（乎）虞（叡）州忖（始）可凥（处）也。（上博二·容成氏）

（10）善建者不杲（拔），善休（保）者不兑（脱），子孙以其祭祀不乇。攸（修）之身，其悳（德）乃贞。攸之豪（家），其悳（德）又（有）舍（余）。攸（修）之向（乡），其悳（德）乃长。攸（修）之邦，其悳（德）乃奉（丰）。攸（修）之天［下］□□□□□□豪（家），以向（乡）观向（乡），以邦观邦，以天下观天下。（郭店·老子乙本）

下引两例三价放置动词之后是合音兼词"诸"。"诸"相当于"之于"，其中的"之"是指代事物的。例如：

（1）禼（契）之母，又（有）乃（乃、娀）是（氏）之女也。游于央（瑶）台之上，又（有）鷃（燕）监（衔）卵而階（错，措）者（诸）丌（其）前。（上博二·子羔）

（2）大材埶（设）者（诸）大官，少（小）材埶（设）者（诸）少（小）官，因而它（施）录（禄）安（焉）。（郭店·六德）

三、出土战国文献中放置类三价动作动词的句式

由放置类三价动作动词所构成的句式有两种，一种是由放置类三价动作动词作谓语中心的单中心谓语句，另一种是由放置类三价动作动词作谓语一部分的复杂谓语句。

（一）单中心谓语句式

1．$NP_1 + V + NP_3 + NP_2$（NP_1 可省；NP_2 表示位事宾语；NP_3 表示受事宾语）

由放置类三价动作动词所构成的单中心谓语句式，最常见的就是 $NP_1 + V + NP_3 + NP_2$。这有两种情况，一是 $NP_1 + V + NP_3 + NP_2$ 中的 NP_1 不省。例如：

古（故）为正（政）者，或仑（论）之，或羕之，或繇（由）忠（中）出，或埶（设）之外，仑（伦）隶（列）其頪（类）。（郭店·尊德义）

另一是 $NP_1+V+NP_3+NP_2$ 中的 NP_1 省略。例如：

(1) 盛钱木甲一。(里耶壹 8－478)

(2) 投符地，禹步三，曰：皋，敢告▨符，上车毋顾，上▨。(睡虎地·日书甲种)

(3) 隹（唯）逆生祸，隹（唯）怂（顺）生福，载（载）之笲（简）箣（策），目（以）戒（诫）嗣（嗣）王。(中山王譻壶，集成 09735)

(4) 魏伐刑杀安等，置赤衣死（尸）所，盗取衣器，去买（卖）行道者所。(岳麓叁·魏盗杀安、宜案)

(5) 善建者不果（拔），善休（保）者不兑（脱），子孙以其祭祀不乇。攸（修）之身，其悳（德）乃贞。攸之豪（家），其悳（德）又（有）舍（余）。攸（修）之向（乡），其悳（德）乃长。攸（修）之邦，其悳（德）乃奉（丰）。攸（修）之天［下］□□□□□□豪（家），以向（乡）观向（乡），以邦观邦，以天下观天下。(郭店·老子乙本)

(6) 视（寘）盂庡（炭）亓（其）下，加圜（圜）木于亓（其）上。(上博二·容成氏)

(7) 取稾（藁）本小弱者，齐约大如小指。取柬灰一升，渍之。沶（和）稾（藁）本柬灰中。(周家台·病方及其他)

$NP_1+V+NP_3+NP_2$ 中的 V 前也可以有状语（NP_1 可省），这是句中状语：

(1) 已龋方：以叔（菽）七，税（脱）去黑者。操两瓦，之东西垣日出所烛，先狸（埋）一瓦垣止（址）下，复环禹步三步。(周家台·病方及其他)

(2) 禹步三，汲井，以左手牵繘，令可下免瓮，□下免繘瓮，左操杯，鲭瓮水；以一杯盛米，毋下一升。前置杯水女子前，即操杯米，禹步［三步］。(周家台·病方及其他)

(3) 墬（禹）迥（通）淮与忻（沂），东豉（注）之海（海），于是虖（乎）竞州、篙（莒）州訇（始）可凥（处）也。墬（禹）乃迥（通）蒌与汤，东豉（注）之海（海），于是虖（乎）藏州訇（始）可凥（处）也。墬（禹）乃迥（通）三江五沽（湖），东豉（注）之海（海），于是虖（乎）䎽（荊）州、鄒（扬）州訇（始）可凥（处）也。墬（禹）乃迥（通）泖（伊）、洛，并里（瀍）、干（涧），东豉（注）之河，于是于（乎）敍（豫）州訇（始）可凥（处）也。墬（禹）乃迥（通）经（泾）与渭，北豉（注）之河，于是虖（乎）虘（叡）州訇（始）可凥（处）也。(上博二·容成氏)

(4) 自宵臧（藏）乙复結衣一乙房内中。(睡虎地·封诊式)

(5) 人毋（无）故而忧也。为桃更（梗）而敃（搢）之，以癸日日入投之道，遽曰："某。"免于忧矣。(睡虎地·日书甲种)

(6) 此日不可以徙居九落，有所远使，千里外顾复还。(放马滩·日书乙种)

$NP_1+V+NP_3+NP_2$ 中的 NP_1 前可以有状语（NP_1 可省），这是句首状语：

八年八月己巳，邸丞赤敢谒御史：大梁人王里樊野曰丹葬今七年，丹刺伤人垣雍里中，因自刺殹，弃之于市。三日，葬之垣雍南门外。(放马滩·志怪故事)

2. NP_1+V+NP_2（NP_1 可省）

这种句式中的 NP_3 省略了。例如：

(1) 人生子未能行而死，恒然，是不辜鬼处之，以庚日日始出时，濆门以灰，卒，有祭，十日收祭，裹以白茅，狸（埋）野，则毋（无）央（殃）矣。(睡虎地·日书甲种)

（2）以亡，盗者从南方［入］，□□之，藏山谷中。（放马滩·日书乙种）

（3）以亡，盗从东方入，复从出，藏野林、草茅中。（放马滩·日书乙种）

（4）丑，牛也。盗者大鼻，长颈，大辟（臂）臑而偻，疵在目，臧（藏）牛厩中草木下。（睡虎地·日书甲种）

（5）即取车舝，毋令人见之，及毋与人言。操归，匿屋中，令毋见，见复发。（周家台·病方及其他）

（6）取肥牛胆盛黑叔（菽）中，盛之而系（系），县（悬）阴所，干。（周家台·病方及其他）

（7）人毋（无）故鬼昔（藉）其宫，是是丘鬼。取故丘之土，以为伪人犬，置藩（墙）上，五步一人一犬，睘（环）其宫，鬼来阳（扬）灰毄（击）箕以臬（噪）之，则止。（睡虎地·日书甲种）

（8）前见地瓦，操；见垣有瓦，及禹步，已，即取垣瓦狸（埋）东陈垣止（址）下。置垣瓦下，置牛上，乃以所操瓦盖之，坚狸（埋）之。（周家台·病方及其他）

（9）公乃身命祭，又（有）畐（司）祭备（服）毋（无）紋（黼）；器必蠲（蠲）湜（洁），毋内（入）钱（残）器。（上博五·鲍叔牙与隰朋之谏）

3. $NP_1 + V + NP_3$（NP_1 可省）

这种句式中的 NP_2 省略了。例如：

（1）天子建邦，中山厌（侯）忞（忻）乍（作）兹（兹）军釚，目（以）敬（儆）氒（厥）众。（中山侯忞钺，集成 11758）

（2）甲徙居，徙数谒吏，吏环，弗为更籍，今甲有耐、赀罪，问吏可（何）论？耐以上，当赀二甲。（睡虎地·法律问答）

（3）娩匿訾（赀），税直（值）过六百六十钱。（岳麓叁·识劫娩案）

（4）一室中，卧者容席以臽（陷），是地辥（蟹）居之。注白汤，以黄土窒，不害矣。（睡虎地·日书甲种）

（5）十一月未，十二月辰，毋可有为，筑室，坏；尌（树）木，死。（睡虎地·日书甲种）

（6）乃立需（灵）公，安（焉）葬襄公。（清华贰·第九章）

（7）□□庶戁（难），甬（用）建亓（其）邦，坪（平）和庶民。（清华叁·芮良夫毖）

（8）乃執（执）釆（币）以祝曰："又（有）上巟〓（茫茫），又（有）下堂〓（汤汤），司湍彭〓（滂滂），句（侯）兹某也发阳（扬）。"乃豫（舍）釆（币）。（清华叁·祝辞）

（9）乃□白徒，早飤（食）戕（輂）兵，各载尔賫（藏），既戰（战）牆（将）數（量）。（上博四·曹沫之陈）

（10）置垣瓦下，置牛上，乃以所操瓦盖之，坚狸（埋）之。（周家台·病方及其他）

（11）凡五卯，不可目（以）復（作）大事；帝目（以）命嗌（益）凄（赍）墨（禹）之火，午不可目（以）樹（树）木。（九店 56·38、39）

（12）以一杯盛米，毋下一升。（周家台·病方及其他）

（13）以其乘车载女子，可（何）论？赀二甲。以乘马驾私车而乘之，毋论。（睡虎

地·法律答问）

4. $NP_{1a}+V+NP_3$：NP_{1b}（NP_{1a}和 NP_{1b}是同位关系）

这种句式的主语 NP_1，其实是一个同位短语，但说话的人把同位短语中的一个成分放在最后说，从而形成这样的句式。这种句式中的 NP_2 省略了。例如：

一人载粟：畜。☐。（里耶壹 8－239）

5. NP_1+V（NP_1 可省）

$NP_1+V+NP_2+NP_3$ 中的 NP_2+NP_3 如果都省去，就形成这种句式。例如：

（1）一良囩（圆）轩，载纺簂（盖），綾（御），良马賷（戴）。（信阳 2－04）

（2）晋文公죽（卒），未葬，襄公新（亲）衒（率）自（师）御（御）秦自（师）于崤，大败之。（清华贰·第八章）

（3）定日：可以臧（藏），为官府室祠。（睡虎地·日书甲种）

（4）可葬貍（埋）。雨，齐（霁）。（睡虎地·日书甲种）

（5）翼，利行。不可臧（藏）。以祠，必有火起。（睡虎地·日书甲种）

（6）魏诚以旬余时，以二钱买不智（知）可（何）官城旦敝赤帬（裙）襦，以幐盛。（岳麓叁·魏盗杀安、宜案）

6. NP_1+V+NP_3+于$+NP_2$（NP_1 可省）、NP_1+V+诸$+NP_2$（NP_1 可省）、NP_1+V+NP_3+焉（NP_1 可省）

在 $NP_1+V+NP_3+NP_2$ 句式中的 NP_2 之前加介词"于"，就会形成这种句式。例如：

（1）王遅（徙）凥（居）于坪（平）澫（濿），졸（卒）目（以）夫₌（大夫）畬₌（饮酒）于坪（平）澫（濿），因命（令）至俑毁室。（上博四·昭王毁室、昭王与龚之脽）

（2）秦人豫（舍）戍于奠（郑），奠（郑）人致（属）北门之笑（管）于秦之戍人。（清华贰·第八章）

（3）墨（禹）乃⿱（建）鼓于廷，目（以）为民之又（有）诂（谒）告者訏（鼓）安（焉）。（上博二·容成氏）

（4）视（寘）盂庈（炭）亓（其）下，加圜（圜）木于亓（其）上，思民道（蹈）之。（上博二·容成氏）

（5）周武王既克鼞（殷），乃執（设）三监于殷。（清华贰·第三章）

如果 NP_3 是代词"之"，那么它会与后面的介词"于"构成合音兼词"诸"，形成 NP_1+V+诸$+NP_2$ 这种句式。例如：

部佐匿者（诸）民田，者（诸）民弗智（知），当论不当？部佐为匿田，且可（何）为？已租者（诸）民，弗言，为匿田；未租，不论〇〇为匿田。（睡虎地·法律答问）

如果 NP_2 是代词，那么它会与前面的介词"于"构成兼词"焉"，形成 NP_1+V+NP_3+焉这种句式。例如：

䇲₌（君子）䎽（闻）善言目（以）改（改）亓（其）言见善行，内（纳）亓（其）⾝（身）安（焉），可胃（谓）孝（学）矣。（上博二·从政甲）

7. NP_1+V+于$+NP_2$（NP_1 可省）、NP_1+V+焉（NP_1 可省）

如果把 NP_1+V+NP_3+于$+NP_2$ 句式中的 NP_3 省略，就会形成这种句式。例如：

（1）臧（藏）于瓦器下。（睡虎地·日书甲种）

（2）臧（藏）于垣内中粪蔡下。（睡虎地·日书甲种）

（3）皆贇（藏）于一第（匣）之中。（仰天湖37）

（4）臧（藏）于草木下。（睡虎地·日书甲种）

（5）臧（藏）于刍稾中。（睡虎地·日书甲种）

（6）臧（藏）于园中草下。（睡虎地·日书甲种）

如果 NP_2 是代词，那么它会与前面的介词“于”构成兼词“焉”，形成 NP_1+V+焉这种句式。例如：

一宅之中毋（无）故室人皆疫，多瞢（梦）米（寐）死，是是匋鬼，狸（埋）焉，其上毋（无）草，如席处。（睡虎地·日书甲种）

8. NP_1+V+NP_2+以$+NP_3$（NP_1 可省）

如果把 $NP_1+V+NP_2+NP_3$ 句式中的 NP_3 用介词“以”引出，就会形成这种句式。这种句式中的 NP_2 由代词“之”充当。例如：

凡天子建之目（以）州，邦君建之目（以）垢（都），夫₌（大夫）建之目（以）里，士建之目（以）室。凡天子七殜（世），邦君五殜（世），夫₌（大夫）三殜（世），士二殜（世）。（上博六·天子建州甲）

9. NP_1+以$+NP_3+V+NP_2$（NP_1 可省）

如果把 NP_1+V+NP_2+以$+NP_3$ 句式中的以$+NP_3$ 移到V之前，就会形成这种句式。例如：

（1）……干者，令人孰（熟）以靡（摩）之，令欲出血，即以并傅，彼（被）其上以□枲絮。善布清席，东首卧到晦，朔复到南卧。晦起，即以酒贲（喷），以羽渍，稍去之，以粉傅之。（周家台·病方及其他）

（2）凡鬼恒执匴以入人室，曰“气（饩）我食”云，是是饿鬼，以屦投之，则止矣。（睡虎地·日书甲种）

（3）人毋（无）故而鬼祠（伺）其宫，不可去。是祖□游，以犬矢（屎）投之，不来矣。（睡虎地·日书甲种）

10. NP_1+以$+NP_3+V+$于$+NP_2$（NP_1 可省）

如果在 NP_1+以$+NP_3+V+NP_2$ 中的 NP_2 前再加介词“于”，就会形成这种句式。例如：

虘（吾）�（闻）古之善臣，不目（以）厶（私）思厶（私）悁（怨）内（入）于王门。（上博八·命）

11. NP_1+V+以$+NP_3$（NP_1 可省）

如果把 NP_1+V+NP_2+以$+NP_3$ 句式中的 NP_2 省略，就会形成这种句式。例如：

（1）人恒亡赤子，是水亡伤（殇）取之，乃为灰室而牢之，县（悬）以菌，则得矣。（睡虎地·日书甲种）

（2）票（飘）风入人宫而有取焉，乃投以屦，得其所，取盎之中道；若弗得，乃弃其屦于中道，则亡恙矣。（睡虎地·日书甲种）

（3）救火，乃左執（执）土以祝曰：“号（皋）！旨（诣）五巳（夷），䨻昷冥₌（冥

冥），兹我緹（赢）。”旣（既）祝，乃坙（投）以土。（清华叁·祝辞）

12. NP_1 + 以 + V + NP_2（NP_1 可省）

如果把 NP_1 + 以 + NP_3 + V + NP_2 句式中的 NP_3 省略，就会形成 NP_1 + 以 + V + NP_2 这种句式。例如：

柜（恒）多取櫌桑木，燔以为炭火，而取牛肉剝（劙）之，小大如黑子，而炙之炭火，令温勿令焦，即以傅黑子，寒辄更之。（周家台·病方及其他）

13. NP_1 + NP_2（疑问代词）+ V + NP_3（NP_1 可省）

如果 NP_2 是由疑问代词充当，那么它要放在动词 V 的前面。例如：

（1）襄而〈夫〉人䎽（闻）之，乃佁（抱）霝（灵）公以啓（号）于廷，曰：“死人可（何）辠（罪）？生人可（何）訧（辜）？豫（舍）亓（其）君之子弗立，而卲（召）人于外，而安（焉）牆（将）寘（寘）此子也？”（清华贰·第九章）

（2）甲取（娶）人亡妻以为妻，不智（知）亡，有子焉，今得，问：安置其子？（睡虎地·法律答问）

14. NP_2 + V + NP_3

这种句式中的 NP_2 置于句首，为主题主语，NP_3 放在动词之后。例如：

（1）库臧（藏）羽革。（岳麓壹·为吏治官及黔首）

（2）官府臧（藏）皮革，数穮（炀）风之。（睡虎地·效律）

（3）其上载饞（倏）䍐（旌），毣（毫）首；二戜（戟），戠（侵）二䍃（就）；二䍐（旆），皆朮九䍃（就）。（包山 273）

15. NP_3 + V + 于 + NP_2、NP_3 + V + 焉

如果把 NP_1 + V + NP_3 + 于 + NP_2 句式中的 NP_1 省略，再把 NP_3 前置，就会形成这种句式。例如：

凡官廄（廄）之马与冢（骡）十䭾（乘），入于此椁（棍）官之审（中）。（曾侯乙 207）

如果 NP_2 是代词，那么它会与前面的介词“于”构成兼词“焉”，形成 NP_3 + V + 焉这种句式。例如：

九月戊申之日，佶大戝六令周霰之人周雁讼付举之关人周瑶、周敚，胃（谓）葬于其土。瑶、敚与雁成，唯周貕之妻甇（葬）焉。（包山 91）

16. NP_3 + V + 诸 + NP_2

应该有 NP_3 + V + 之 + 于 + NP_2 这种句式，其中的“之 + 于”合音为“诸”，从而形成 NP_3 + V + 诸 + NP_2 这种句式。例如：

大材埶（设）者（诸）大官，少（小）材埶（设）者（诸）少（小）官，因而它（施）录（禄）安（焉）。（郭店·六德）

17. NP_3 + V

如果把 NP_1 + V + NP_2 + NP_3 中的 NP_1 和 NP_2 都省去，再把 NP_3 移到动词 V 之前，就会形成这种句式。例如：

（1）子曰：言从行之，则行不可匿。古（故）君子顣（顾）言而行，以成其信，则民不能大其娧（美）而少（小）其亚（恶）。（郭店·缁衣）

（2）不武则志不達（匿），㥞（仁）而不𣈆（知）则▨。（上博二·从政甲）

（3）大司马悼（悼）骮（滑）救（救）郙之戢（岁）亯月丁亥之日，左尹𥂁（葬）。（包山267）

（二）复杂谓语句式

1．并列句

具有并列关系的几个“谓”之间可以不用连词。例如：

（1）夙（夙）夜篚（匪）解（解、懈），进孯（贤）散（措）能，亡又（有）𨐨（常）息。（中山王嚳壶，集成09735）

（2）可取（娶）妇、家（嫁）女、葬狸（埋）。（睡虎地·日书甲种）

（3）追念乱世，分土建邦，以开争理。（峄山刻石，18926）

（4）季曾曰：“𠦑（兆）䢔₌（俯首）内（纳）止（趾），是胃（谓）臽（陷）。”（上博九·卜书）

具有并列关系的几个“谓”之间可以用连词。所使用的连词是“及”。连词一般是在两个“谓”之间用，有时在最后的两个“谓”之间。例如：

（1）诸马牛到所，毋敢穿穽及置它机，敢穿穽及置它［机］能害▨。（龙岗103）

（2）毕，以邋（猎）、置罔（网）及为门，吉。（睡虎地·日书甲种）

2．转折句

具有转折关系的几个“谓”之间一般要用连词“而”来连接。例如：

夫盗千钱，妻所匿三百，可（何）以论妻？妻智（知）夫盗而匿之，当以三百论为盗；不智（知），为收。（睡虎地·法律答问）

具有转折关系的几个“谓”之间可以不用连词“而”来连接。例如：

卅四年八月癸巳朔丙申，贰春乡守平敢言之：贰春乡树枝（枳）枸卅四年不实。敢言之。（里耶壹8－1527）

3．连谓句

具有连谓关系的几个“谓”之间可以不用连词来连接。例如：

（1）“臧（赃）人”者，甲把其衣钱匿臧（藏）乙室。（睡虎地·法律答问）

（2）取肥牛胆盛黑叔（菽）中，盛之而系（系），县（悬）阴所，干。（周家台·病方及其他）

（3）见垣有瓦，及禹步，已，即取垣瓦狸（埋）东陈垣止（址）下。置垣瓦下，置牛上，乃以所操瓦盖之，坚狸（埋）之。（周家台·病方及其他）

（4）令令史某、隶臣某诊甲所诣子，已前以布巾裹，如衃（衃）血状，大如手，不可智（知）子。即置盎水中榣（摇）之，音（衃）血子殹（也）。（睡虎地·封诊式）

具有连谓关系的几个“谓”之间用连词“以”来连接。例如：

（1）王命𦅫（申）公㖥（聘）于齐，𦅫（申）公𥨍（窃）载少盐以行。（清华贰·第十五章）

（2）县遗麦以为种用者，殽禾以臧（藏）之。（睡虎地·秦律十八种）

（3）王曰：“女（如）四与五之閒（间），載（载）之塼（传）车㠯（以）迲（上）虖（乎）？殹（也）四𦨶（轲）㠯（以）逾虖（乎）？”（上博六·庄王既成、申公臣灵王）

(4) 女（如）载马、牛、羊台（以）出内（入）闗（关），劓（则）政（征）于大腐（府），母（毋）政（征）于闗（关）。（鄂君启舟节，集成12113）

(5) 大神，其所不可呙（过）也，善害人，以犬矢（屎）为完（丸），操以呙（过）之，见其神以投之，不害人矣。（睡虎地·日书甲种）

(6) 凡有大票（飘）风害人，择（释）以投之，则止矣。（睡虎地·日书甲种）

具有连谓关系的几个“谓”之间用连词“而”来连接。例如：

(1) 一宅中毋（无）故而室人皆疫，或死或病，是是棘鬼在焉，正立而狸（埋），其上旱则淳，水则干。（睡虎地·日书甲种）

(2) 野兽若六畜逢人而言，是票（飘）风之气。毄（击）以桃丈（杖），绎（释）屦（屦）而投之，则已矣。（睡虎地·日书甲种）

(3) 与祷于绝无后者，各肥豬，馈之。命攻解于渐木立，且遷（徙）其尻而梪（树）之。尚吉。义占之曰：吉。（包山250）

(4) 葆子以上，未狱而死若已葬，而诵（甫）告之，亦不当听治，勿收，皆如家罪。（睡虎地·法律答问）

(5) 取肥牛胆盛黑叔（菽）中，盛之而系（系），县（悬）阴所，干。用之，取十余叔（菽）置鬻（粥）中而歙（饮）之，已肠辟。（周家台·病方及其他）

4. 兼语句

第一个动词是“令”的兼语句。例如：

(1) 令甲以布帬（裙）裻（掩）狸（埋）男子某所，侍（待）令。（睡虎地·封诊式）

(2) 衣络禅襦、帬（裙）各一，践□。即令甲、女载丙死（尸）诣廷。（睡虎地·封诊式）

第一个动词是“命”的兼语句。例如：

并命和之。即取守室二七，置椆中，而食以丹，各尽其复（腹），□。（周家台·病方及其他）

第一个动词是“有”的兼语句。例如：

离（契）之母，又（有）乃（乃、娀）是（氏）之女也。游于央（瑶）台之上，又（有）鷃（燕）监（衔）卵而階（错，措）者（诸）丌（其）前。（上博二·子羔）

四、出土战国文献中放置类三价动作动词的指称化与修饰化

放置类三价动作动词作谓语或谓语的一部分，都是表陈述的。放置类三价动作动词作一些动词的宾语（例如“曰”）时，可能仍是表陈述的。例如：

“疠者有罪，定杀。”“定杀”可（何）如？生定杀水中之谓殹（也）。或曰生狸（埋），生狸（埋）之异事殹（也）。（睡虎地·法律答问）

除此之外，还有其他的用法。当放置类三价动作动词与“者”构成“者”字短语、与“所”构成“所”字短语、与“之”构成“之”字短语时，一般都是表指称的，是有标记的指称化。当放置类三价动作动词作主语、宾语（绝大多数）和判断句谓语时，也是表指称的，是无标记的指称化。

当放置类三价动作动词作定语时，一般是表修饰的。

（一）指称化

1. 有标记的指称化

A. 构成“者”字短语。

“者”与放置类三价动作动词所构成的“者”字短语。例如：

（1）智（知）人通钱而为臧（藏），其主已取钱，人后告臧（藏）者，臧（藏）者论不论？（睡虎地·法律答问）。

（2）善建者不㧊（拔），善休（保）者不兑（脱），子孙以其祭祀不乇。（郭店·老子乙本）

（3）未置及不直（置）者不为“具”，必已置乃为“具”。（睡虎地·法律答问）

（4）或直（值）廿钱，而被盗之，不尽一具，及盗不直（置）者，以律论。（睡虎地·法律答问）

（5）皆以匿租者，誰（诈）毋少多，各以其▨。（龙岗142）

B. 构成“所”字短语。

“所”也是指称化的标记，一般是用来表转指的。“所”与放置类三价动作动词构成“所”字短语“所 + V”。例如：

（1）年㲄（穀）焚（纷）成，风雨寺（时）至，此隹（惟）天所建，隹（惟）四方所䁤（祇）畏。（清华三·芮良夫毖）

（2）丌（其）㥯（隐）志必又（有）㠯（以）俞（喻）也，丌（其）言又（有）所载而句（后）内（纳），或前之而句（后）交。（上博一·孔子诗论）

（3）坐其所匿税臧（赃），与灋（法）没入其匿田之稼。（龙岗147）

（4）夫盗千钱，妻所匿三百，可（何）以论妻？妻智（知）夫盗而匿之，当以三百论为盗；不智（知），为收。（睡虎地·法律答问）

（5）夫盗二百钱，妻所匿百一十，可（何）以论妻？（睡虎地·法律答问）

（6）凡宫廄（廄）之马所入长坛（闳）之审（中）五䡅（乘）。（曾侯乙208）

（7）轻车、趚张、引强、中卒所载傅〈传〉到军，县勿夺。（睡虎地·秦律杂抄）

C. 构成“之”字短语。

一个主谓短语“NP + VP”（这里的 VP 是指放置类三价动作动词语）原本是陈述一个事件，是谓词性的。但是在中间加“之”之后形成 NP + 之 + VP，这个结构是表指称的，指 NP + 之 + VP 这个事件，所以“之”也是指称化的标记。例如：

既出于口，则弗可悔，若矢之字（置）于弦。（上博六·用曰）

2. 无标记的指称化

A. 作主语。

放置类三价动作动词语可以作主语。例如：

（1）东〈柬（简）〉，义之方也。匿，息（仁）之方也。（郭店·五行）

（2）臧（藏）盍（盖）必法。（岳麓壹·为吏治官及黔首）

（3）可（何）谓“祠未闑”？置豆俎鬼前未彻乃为“未闑”。未置及不直（置）者不为“具”，必已置乃为“具”。（睡虎地·法律答问）

B. 作宾语。

放置类三价动作动词语作宾语大多数是指称化了。例如：

（1）乃□白徒，早飤（食）戕（蓁）兵，各載尔贇（藏）。（上博四·曹沫之陈）

（2）所曰圣人，亓（其）生賜羕（养）也，亓（其）死賜葥（葬），迲（去）蝨（苛）匿（慝），是目（以）为名。（上博二·容成氏）

（3）凡窒日，秎（利）目（以）取（娶）妻、内（入）人、歨（徙）豪（家）室。（九店56·17下）

（4）才（在）道不語（语）匿，凥正（政）不語（语）乐。（上博六·天子建州甲）

（5）不鼠（予）识，识且告婏匿訾（赀）。（岳麓叁·识劫婏案）

（6）九月戊申之日，佶大戙六令周霰之人周雁讼付举之关人周瑶、周敚，胃（谓）葬于其土。（包山91）

（7）君子而受柬万民之容（咎），所而弗敬，卑（譬）之若童（重）载以行隋（峭）险，莫之敊（扶）道（导），亓（其）由不邋（摄）丁（停）。（清华叁·芮良夫毖）

C. 作判断句谓语。

放置类三价动作动词语作判断句谓语大多数是指称化了。例如：

（1）又（有）大辠（罪）而大戜（诛）之，东〈柬（简）〉也。又（有）少（小）辠（罪）而亦（赦）之，匿也。（郭店·五行）

（2）鬼恒羸（裸）入人宫，是幼殇死不葬。以灰濆之，则不来矣。（睡虎地·日书甲种）

（3）臚（舌）非考（巧）字（置），誓（慎）良台（以）家。（上博六·用曰）

（二）修饰化

放置类三价动作动词语作谓语或谓语中心，是表陈述的。当它处于定语位置上时，它的表述功能就修饰化了。

放置类三价动作动词语可作定语，这种定语之后一般不用结构助词“之”。例如：

（1）毋敢以火入臧（藏）府、书府中。吏已收臧（藏），官啬夫及吏夜更行官。毋火，乃闭门户。令令史循其廷府。节（即）新为吏舍，毋依臧（藏）府、书府。（睡虎地·秦律十八种）

（2）三增三殜（沮）不相志，无藏货。（九店50）

（3）木苽（瓜）又（有）藏（藏）忑（愿）而未旻（得）达也。（上博一·孔子诗论）

（4）子，鼠殹。以亡，盗者中人，取之藏穴中、粪土中。（放马滩·日书甲种）

（5）有实官高其垣墙。它垣属焉者，独高其置刍廥及仓茅盖者。（睡虎地·秦律十八种）

（6）仓门，富，井居西南，圂居北乡（向）廥，廥毋绝县（悬）肉。（睡虎地·日书甲种）

第六节　出土战国文献互向类三价动作动词

以上所谈的五类三价动作动词都是有向动词，即动作的发生是有方向的。从动作的方向性角度来说，以上这些三价动词也可以说是三价单向动词。跟三价单向动词不同，有一些动词是双向或互向动词。

前面讲过二价互向动词，这些动词一般是不及物动词，动词的两个参与者协同动作，不针对第三方。而有些互向动词所表动作，不只涉及两个协同参与者，还要共同针对第三方。这就是互向类三价动作动词。

一、出土战国文献中的互向类三价动作动词

出土战国文献中的互向类三价动作动词有［动作］［自主］［及物］［协同］的语义特征。这些语义特征的含义如下：

［动作］指的是动作行为，应是指人或动物全身或身体一部分所进行的活动。它是外在的，不同于人的内在心理活动。它也不同于状态，动作一般都具有自主性，而状态一般具有非自主性。

［自主］指的是动作行为的发出是有意识的或有心的，也就是指动作行为的发出是能由施事者做主、主观决定、自由支配的。

［及物］指的是施事在发出动作行为的过程中会使受事发生运动变化。

［协同］指的是某种动作行为是需要两个参与者协同动作才能完成。

互向类三价动作动词有三个配价成分：一是施事，即动作行为的发出者；二是与事，即施事的协同动作者；三是受事，即动作的承受者。

出土战国文献中互向类三价动作动词主要有：

辩（辩论、申辩）、合（合并）、和（合谋）、谋（谋划、商量、图谋）、听（谋划）、通（互通）、同（同居、合用、共享；共有、同为）、言（谈，谈问题，对某事表示意见）、易（交换、调换、交易）、语（谈论、谈话、说）、争（争夺、争斗）等。

二、出土战国文献中互向类三价动作动词的配价成分——施事、与事和受事

（一）施事

1．表人的名词语

（1）墨（黑）要也死，司马子反与繻（申）公争少盐，繻（申）公曰："氏（是）余受妻也。"取以为妻。（清华贰·第十五章）

（2）脽既与虐（吾）同车，或（又）披［锦］衣，囟（使）邦人虘（皆）见之。（上博四·昭王毁室、昭王与龚之脽）

（3）猩独居舍为养，达与仆徒时（莳）等谋椒冢。（岳麓叁·猩、敞知盗分赃案）

（4）走马喜争，贺即不鼠（予）材。材私与喜谋：喜故有棺列，勿争。（岳麓叁·芮盗卖公列地案）

（5）人臣甲谋遣人妾乙盗主牛，买（卖），把钱偕邦亡，出徼，得，论各可（何）殹（也）？当城旦黥之，各畀主。（睡虎地·法律答问）

（6）削（宵）盗，臧（赃）直（值）百五十，告甲，甲与其妻、子智（知），共食

肉，甲妻、子与甲同罪。（睡虎地·法律答问）

（7）嘔（陈）戠（岁），王復（复）见奠₌寿₌（郑寿，郑寿）出，居（据）逄（路）吕（以）须，王与之䛐（语）少₌（少少）。（上博六·平王问郑寿）

（8）古（故）君不与少（小）悬（谋）大，则大臣不惃（怨）。《晋（祭）公之募（顾）命》员（云）："毋以少（小）悬（谋）败大惹（图），毋以卑（嬖）御憩（塞）妆（庄）句（后），毋以卑（嬖）士憩（塞）大夫卿事（士）。"（郭店·缁衣）

（9）晋襄公凎（卒），需（灵）公高幼，大夫聚昏（谋）曰："君幼，未可奉承也，母（毋）乃不能邦?"（清华贰·第九章）

（10）赎罪不直，史不与啬夫和，问史可（何）论？当赀一盾。（睡虎地·法律答问）

（11）道（导）之吕（以）佥（俭），则民智（知）足矣。前（谦）之吕（以）让，则民不静（争）矣。（上博八·颜渊问于孔子）

（12）詐（诈）伪、假人符传及让人符传者，皆与阑入门同罪。（龙岗4）

2. 指代人的名词语

（1）甲谋遣乙盗杀人，受分十钱，问乙高未盈六尺，甲可（何）论？当磔。（睡虎地·法律答问）

（2）天下乐进而弗詀（厌）。以其不静（争）也，古（故）天下莫能与之静（争）。（郭店·老子甲本）

（二）与事

1. 表人的名词语

（1）走马喜争，贺即不鼠（予）材。材私与喜谋：喜故有棺列，勿争。（岳麓三·芮盗卖公列地案）

（2）墨（黑）要也死，司马子反与繡（申）公争少盁，繡（申）公曰："氏（是）余受妻也。"取以为妻。（清华贰·第十五章）

（3）猩曰：达等埱冢，不与猩谋。（岳麓叁·尸等捕盗疑购案）

（4）达等埱冢，不与猩、敞谋，得衣器告。（岳麓叁·尸等捕盗疑购案）

（5）猩独居舍为养，达与仆徒时（莳）等谋埱冢。（岳麓叁·猩、敞知盗分赃案）

（6）曰：与君言₌（言，言）叓（使）臣；与臣言₌（言，言）事君。与父言₌（言，言）畜子；与子言₌（言，言）孝父。与侃（兄）言₌（言，言）戀（慈）俤（弟），与俤（弟）言₌（言，言）丞（承）侃（兄）。反此𤔔（乱）也。（上博四·内豊）

（7）赎罪不直，史不与啬夫和，问史可（何）论？当赀一盾。（睡虎地·法律答问）

（8）欲令娩入宗，出里单赋，与里人通歓（饮）食。（岳麓叁·识劫娩案）

（9）以十年时，与母儿邦亡荆。亡时小，未能与儿谋。（岳麓叁·多小未能与谋案）

（10）庚申、辛酉，以与人言，有喜；以责人，得。壬子、癸丑南，与人言，有［喜］。（睡虎地·日书乙种）

2. 表动物的名词语

与彘同官。（岳麓壹·为吏治官及黔首）

3. 表动作等的谓词语

（1）人冢，与盗田同灋（法）。（龙岗124）

（2）誁（诈）伪、假人符传及让人符传者，皆与阑入门同罪。（龙岗4）

4. 指代人的代词

（1）脾既与虗（吾）同车，或（又）披［锦］衣，囟（使）邦人虐（皆）见之。（上博四·昭王毁室、昭王与龚之脾）

（2）䆅（尧）之取坴（舜）也，从者（诸）卉茅之中，与之言豊（礼），敓（悦）□☐。（上博二·子羔）

（3）子㞷（尧）南面，坴（舜）北面，坴（舜）于是唬（乎）訇（始）语㞷（尧）天埅（地）人民之道。与之言正（政），敓（悦）柬（简）目（以）行。与之言乐，敓（悦）和目（以）长。与之言豊（礼），敓（悦）敀（博）目（以）不逆。㞷（尧）乃敓（悦）。（上博二·容成氏）

（4）臧（庄）王㚡（就）夫₌（大夫）而与之言，曰："奠（郑）子冡（家）杀丌（其）君，不㱿（谷）日欲目（以）告夫₌（大夫），目（以）邦之㥧（怲）。"（上博七·郑子家丧甲）

（5）𨸏（陈）䜿（岁），王逯（复）见奠₌寿₌（郑寿，郑寿）出，居（据）迲（路）目（以）须，王与之䛠（语）少₌（少少）。（上博六·平王问郑寿）

（6）连尹襄老与之争，敚（夺）之少盐。（清华贰·第十五章）

（7）削（宵）盗，臧（赃）直（值）百五十，告甲，甲与其妻、子智（知），共食肉，甲妻、子与甲同罪。（睡虎地·法律答问）

（8）甲乙雅不相智（知），甲往盗丙，毚（才）到，乙亦往盗丙，与甲言，即各盗，其臧（赃）直（值）各四百，已去而偕得。（睡虎地·法律答问）

（三）受事

1. 表具体事物的名词语

（1）欲令婏入宗，出里单赋，与里人通歓（饮）食。（岳麓叁·识劫婏案）

（2）大宫痎、大驺尹帀（师）言胃（谓）：阳鏞不与其父阳年同室。鏞居郢，与其季父郄连嚣墜必同室。（包山126、127）

（3）与毚同官。（岳麓壹·为吏治官及黔首）

（4）脾既与虗（吾）同车，或（又）披［锦］衣，囟（使）邦人虐（皆）见之。（上博四·昭王毁室、昭王与龚之脾）

2. 表抽象事物的名词语

（1）成日，可以谋事，可起众及作有为毆，皆吉。（放马滩·日书甲种）

（2）誁（诈）伪、假人符传及让人符传者，皆与阑入门同罪。（龙岗4）

（3）人冢，与盗田同灋（法）。（龙岗124）

（4）䆅（尧）之取坴（舜）也，从者（诸）卉茅之中，与之言豊（礼），敓（悦）□☐。（上博二·子羔）

（5）子㞷（尧）南面，坴（舜）北面，坴（舜）于是唬（乎）訇（始）语㞷（尧）天埅（地）人民之道。与之言正（政），敓（悦）柬（简）目（以）行。与之言乐，敓（悦）和目（以）长。与之言豊（礼），敓（悦）敀（博）目（以）不逆。㞷（尧）乃敓（悦）。（上博二·容成氏）

(6) 倘（适）訔（遭）郾（燕）君子徻（哙），不顧（顾）大宩（宜、义），不舊（旧）者（诸）医（侯），而臣宔（主）貽（易）立（位）。（中山王嚳壶，集成09735）

3. 表人的名词语

(1) 墨（黑）要也死，司马子反与繡（申）公争少盐，繡（申）公曰："氏（是）余受妻也。"取以为妻。（清华贰·第十五章）

(2) 古（故）为人君者，言人之君之不能㕜（使）亓（其）臣者，不与言人之臣之不能事亓（其）君者；古（故）为人臣者，言人之臣之不能事亓（其）君者，不与言人之君之不能㕜（使）亓（其）臣者。古（故）为人父者，言人之父之不能畜子者，不与言人之子之不孝者；古（故）为人子者，言人之子之不孝者，不与言人之父之不能畜子者。古（故）为人伲（兄）者，言人之伲（兄）之不能㤅（慈）俤（弟）者，不与言人之俤（弟）之不能丞（承）伲（兄）者；古（故）为人俤（弟）者，言人之俤（弟）之不能丞（承）伲（兄）☐。（上博四·内豊）

4. 表动作性状的谓词语

(1) 猩独居舍为养，达与仆徒时（莳）等谋埱冢。（岳麓叁·猩、敞知盗分赃案）

(2) 甲谋遣乙盗，一日，乙且往盗，未到，得，皆赎黥。（睡虎地·法律答问）

(3) 甲谋遣乙盗杀人，受分十钱，问乙高未盈六尺，甲可（何）论？当磔。（睡虎地·法律答问）

(4) 癸先以私钱二千鼠（予）以为购数。行弗诣告，皆谋分购。（岳麓叁·癸、琐相移谋购案）

(5) 曰：与君言＝（言，言）㕜（使）臣；与臣言＝（言，言）事君。与父言＝（言，言）畜子；与子言＝（言，言）孝父。与伲（兄）言＝（言，言）㤅（慈）俤（弟），与俤（弟）言＝（言，言）丞（承）伲（兄）。反此𤔲（乱）也。（上博四·内豊）

(6) 才（在）道不話（语）匿，凥正（政）不話（语）乐，觠（尊）且（俎）不折（誓）事，聚众不話（语）懀（逸），男女不話（语）鹿（独），堋（朋）沓（友）不临飤（食）不話（语）亚（恶）。（上博六·天子建州甲）

(7) 昷（陈）戠（岁），王逘（复）见奠＝寿＝（郑寿，郑寿）出，居（据）洛（路）目（以）须，王与之話（语）少＝（少少）。（上博六·平王问郑寿）

(8) 听有方，辩短长，困造之士久不阳。（睡虎地·为吏之道）

5. 指代事物的代词

王子回（围）敚（夺）之，繡（申）公争之，王子回（围）立为王。（上博六·庄王既成、申公臣灵王）

三、出土战国文献中互向类三价动作动词的句式

由互向类三价动作动词所构成的句式有两种，一种是由互向类三价动作动词作谓语中心的单中心谓语句，另一种是由互向类三价动作动词作谓语一部分的复杂谓语句。

（一）单中心谓语句式

1. $NP_1 + P + NP_2 + V + NP_3$（$NP_1$ 可省；NP_2 表示与事宾语；NP_3 表示受事宾语）

由互向类三价动作动词所构成的单中心谓语句式，最常见的就是 $NP_1 + P + NP_2 + V +$

NP_3。这有两种情况，一是 $NP_1+P+NP_2+V+NP_3$ 中的 NP_1 不省。例如：

（1）墨（黑）要也死，司马子反与繡（申）公争少盐，繡（申）公曰：“氏（是）余受妻也。”取以为妻。（清华贰·第十五章）

（2）畕（陈）戝（岁），王遉（复）见奠＝寿＝（郑寿，郑寿）出，居（据）逄（路）㠯（以）须，王与之䛗（语）少＝（少少）。（上博六·平王问郑寿）

（3）削（宵）盗，臧（赃）直（值）百五十，告甲，甲与其妻、子智（知），共食肉，甲妻、子与甲同罪。（睡虎地·法律答问）

（4）猩独居舍为养，达与仆徒时（莳）等谋埱冢。（岳麓叁·猩、敞知盗分赃案）

另一是 $NP_1+P+NP_2+V+NP_3$ 中的 NP_1 省略。例如：

（1）子尧（尧）南面，坴（舜）北面，坴（舜）于是唇（乎）访（始）语尧（尧）天墬（地）人民之道。与之言正（政），敓（悦）柬（简）㠯（以）行。与之言乐，敓（悦）和㠯（以）长。与之言豊（礼），敓（悦）攴（博）㠯（以）不逆。尧（尧）乃敓（悦）。（上博二·容成氏）

（2）欲令婉入宗，出里单赋，与里人通歓（饮）食。（岳麓叁·识劫婉案）

（3）鏞居郢，与其季父郗连嚣墬必同室。（包山 127）

（4）者（诸）矦（侯）飤同瘖（状）。视，百正纍（顾）还胥（肯），与卿、夫＝（大夫）同耻厇（度）。（上博六·天子建州甲）

（5）与毚同官。（岳麓壹·为吏治官及黔首）

（6）孱陵狱史民诣士五（伍）达。与猩同狱，将从猩。（岳麓叁·猩、敞知盗分赃案）

$NP_1+P+NP_2+V+NP_3$ 中的 $P+NP_2+V$ 前也可以有状语（NP_1 可省），这是句中状语：

（1）古（故）君不与少（小）恳（谋）大，则大臣不悁（怨）。《晋（祭）公之纍（顾）命》员（云）：“毋以少（小）恳（谋）败大煮（图），毋以卑（嬖）御憩（塞）妆（庄）句（后），毋以卑（嬖）士憩（塞）大夫卿事（士）。”（郭店·缁衣）

（2）大宫痎、大驲尹帀（师）言胃（谓）：阳鏞不与其父阳年同室。（包山 126、127）

（3）腓既与虐（吾）同车，或（又）披［锦］衣，囟（使）邦人膚（皆）见之。（上博四·昭王毁室、昭王与龚之腓）

（4）詐（诈）伪、假人符传及让人符传者，皆与阑入门同罪。（龙岗 4）

2. NP_1+P+NP_2+V（NP_1 可省）

这是 $NP_1+P+NP_2+V+NP_3$ 中的 NP_3 省略了。例如：

（1）连尹襄老与之争，敓（夺）之少盐。（清华贰·第十五章）

（2）赎罪不直，史不与啬夫和，问史可（何）论？当赀一盾。（睡虎地·法律答问）

（3）走马喜争，贺即不鼠（予）材。材私与喜谋：喜故有棺列，勿争。（岳麓叁·芮盗卖公列地案）

（4）甲乙雅不相智（知），甲往盗丙，毚（才）到，乙亦往盗丙，与甲言，即各盗，其臧（赃）直（值）各四百，已去而偕得。（睡虎地·法律答问）

（5）曰：与君言＝（言，言）臭（使）臣；与臣言＝（言，言）事君。与父言＝（言，言）畜子；与子言＝（言，言）孝父。与侃（兄）言＝（言，言）繺（慈）俤（弟），与俤（弟）言＝（言，言）丞（承）侃（兄）。反此𤔲（乱）也。（上博四·内豊）

（6）猩曰：达等埱冢，不与猩谋。（岳麓叁·尸等捕盗疑购案）

（7）以十年时，与母儿邦亡荆。亡时小，未能与儿谋。（岳麓叁·多小未能与谋案）

（8）必罙（探）亓（其）尼（宅），以𣪠（亲）亓（其）爿（状），身与之语，以求亓（其）上。（清华叁·芮良夫毖）

（9）臤（贤）人不才（在）昃（侧），是胃（谓）迷惑。不与智㥯（谋），是胃（谓）自惎（欺）。㬝（早）与智㥯（谋），是胃（谓）童（重）基。（郭店·语丛四）

3. NP_{1a} + NP_{1b} + P + NP_2 + V（NP_1 可省）

这是 NP_1 + P + NP_2 + V + NP_3 中的 NP_3 省略了，P + NP_2 + V + NP_3 前有两个 NP_1，一个是全句的主语，一个是谓语部分的主语。例如：

天下乐进而弗诂（厌）。以其不静（争）也，古（故）天下莫能与之静（争）。（郭店·老子甲本）

4. NP_1 + NP_2 + V + NP_3（NP_1 可省）

这是 NP_1 + P + NP_2 + V + NP_3 中的 P 省略了。例如：

（1）倘（适）曹（遭）郾（燕）君子徻（哙），不顧（顾）大宭（宜、义），不舊（旧）者（诸）厌（侯），而臣宔（主）䠠（易）立（位）。（中山王䀠壶，集成 09735）

（2）凡畜羣（群）臣，贵戋（贱）同㞢（等），禄毋偣（倍，背）。（上博四·曹沫之陈）

5. NP_1 + NP_2 + 相与 + V（NP_1 可省）

这是 NP_1 + P + NP_2 + V + NP_3 中的 P 和 NP_3 都省略了，再加上副词“相与”。例如：

各告曰：“甲、丙战刑（邢）丘城，此甲、丙得首殹（也），甲、丙相与争，来诣之。”（睡虎地·封诊式）

6. NP_s + V

这是 NP_1 + P + NP_2 + V + NP_3 中的 NP_3 省略了，而 NP_1 + P + NP_2 又融合为一个表示复数的整体 NP_s。例如：

道（导）之㠯（以）佥（俭），则民智（知）足矣。前（谦）之㠯（以）让，则民不静（争）矣。（上博八·颜渊问于孔子）

7. NP_1 + P + V + NP_3（NP_1 可省）

这是 NP_1 + P + V + NP_3 中的 NP_2 省略了。例如：

（1）盗牧者与同罪。（龙岗 114）

（2）吏弗劾论，皆与同罪。（龙岗 45）

（3）古（故）为人父者，言人之父之不能畜子者，不与言人之子之不孝者；古（故）为人子者，言人之子之不孝者，不与言人之父之不能畜子者。古（故）为人侃（兄）者，言人之侃（兄）之不能㦙（慈）俤（弟）者，不与言人之俤（弟）之不能永（承）侃（兄）者；古（故）为人俤（弟）者，言人之俤（弟）之不能永（承）侃（兄）☐。（上博四·内豊）

8. NP_1 + V + NP_3（NP_1 可省）

NP_1 + P + NP_2 + V + NP_3 这种句式中的 P + NP_2 都省略了。例如：

（1）王子回（围）敚（夺）之，繣（申）公争之，王子回（围）立为王。（上博

六·庄王既成、申公臣灵王）

（2）古（故）为人君者，言人之君之不能叓（使）亓（其）臣者，不与言人之臣之不能事亓（其）君者；古（故）为人臣者，言人之臣之不能事亓（其）君者，不与言人之君之不能叓（使）亓（其）臣者。（上博四·内豊）

（3）甲谋遣乙盗，一日，乙且往盗，未到，得，皆赎黥。（睡虎地·法律答问）

（4）甲谋遣乙盗杀人，受分十钱，问乙高未盈六尺，甲可（何）论？当磔。（睡虎地·法律答问）

（5）听有方，辩短长，困造之士久不阳。（睡虎地·为吏之道）

（6）夫盗三百钱，告妻，妻与共饮食之，可（何）以论妻？非前谋殹（也），当为收；其前谋，同罪。（睡虎地·法律答问）

（7）成日，可以谋事，可起众及作有为殹，皆吉。（放马滩·日书甲种）

9. NP_1+V（NP_1 可省）

$NP_1+P+NP_2+V+NP_3$ 这种句式中的 $P+NP_2$ 和 NP_3 都省略了。例如：

（1）喜争，芮乃智（知）材弗得，弗敢居。（岳麓叁·芮盗卖公列地案）

（2）甲乙雅不相智（知），甲往盗丙，毚（才）到，乙亦往盗丙，与甲言，即各盗，其臧（赃）直（值）各四百，已去而偕得。其前谋，当并臧（赃）以论；不谋，各坐臧（赃）。（睡虎地·法律答问）

（3）其未莌（兆）也，易悔（谋）也。（郭店·老子甲本）

（4）坐而思之，每（谋）于千里。（上博七·凡物流形甲）

（5）周邦聚（骤）又（有）禍（祸），寇（寇）戎方晋，毕（厥）辟、戠（御）事各萦（营）亓（其）身，恖（恒）静（争）于禀（富）。（清华叁·芮良夫毖）

10. $NP_3+NP_{1a}+NP_{1b}+V+$之

这是 $NP_1+P+NP_2+V+NP_3$ 中的 NP_3 前置了，在原位置上用“之”复指；V+之前有两个 NP_1，一个是全句的主语，一个是谓语部分的主语。例如：

州徒之乐，而天下莫不语之，王斎₌（之所）吕（以）为目观也。（上博七·君人者何必安哉甲）

11. NP_3+V

如果把 $NP_1+P+NP_2+V+NP_3$ 中的 NP_1 和 $P+NP_2$ 都省去，再把 NP_3 移到动词 V 之前，就会形成这种句式。例如：

（1）四海（海）之外穷（宾），四海（海）之内贞，肣（禽）獸（兽）朝，鱼蠶（鳖）献，又（有）吴（无）迵（通）。（上博二·容成氏）

（2）䎽（闻）之曰：行在㠯（己）而名在人，名难静（争）也。（上博二·从政甲）

（二）复杂谓语句式

1. 并列句

具有并列关系的几个“谓”之间可以不用连词。例如：

（1）晋人杀褱（怀）公而立文公，秦晋安（焉）䎸（始）会（合）好，穆（戮）力同心。（清华贰·第六章）

（2）五既（燹）并至，虐（吾）奚（奚）异奚（奚）同？（上博七·凡物流形甲）

具有并列关系的几个“谓”之间可以用连词“及”。例如：

(1) 閉〈闭〉日，可以盖臧（藏）及谋，毋可有为也。(睡虎地·日书甲种)

(2) 即取车錾，毋令人见之及毋与人言。操归，匿屋中，令毋见，见复发。(周家台·病方及其他)

具有并列关系的几个“谓”之间可以用连词“若”。例如：

可（何）谓“琼”?“琼”者，玉检殹（也)。节（即）亡玉若人贸傷（易）之，视检智（知）小大以论及以赀负之。(睡虎地·法律答问)

2. 转折句

具有转折关系的几个“谓”之间一般要用连词“而”来连接。例如：

(1) ☐而㝵（得）之，少（小）人静（争）而遂（失）之。(上博八·颜渊问于孔子)

(2) 鹿（独）凥而同欲含可（兮)。(上博八·有皇将起)

(3) 同官而各有主殹（也)，各坐其所主。(睡虎地·效律)

具有转折关系的几个“谓”之间可以不用连词“而”来连接。例如：

更曰：若（诺)。更即自言驾，驾鼠（予）更。更等欲治盖相移，材争弗得。(岳麓叁·芮盗卖公列地案)

3. 连谓句

具有连谓关系的几个“谓”之间可以不用连词来连接。例如：

(1) 晋襄公妥（卒)，需（灵）公高幼，大夫聚咠（谋）曰：“君幼，未可奉承也，母（毋）乃不能邦?”(清华贰·第九章)

(2) 卅二年，贰春乡守福当坐。士五（伍)，居粢（资）中华里。今为除道通食。(里耶壹 8－2014、8－2014 背)

具有连谓关系的几个“谓”之间用连词“而”来连接。例如：

臧（庄）王豪（就）夫₌（大夫）而与之言，曰：“奠（郑）子冢（家）杀亓（其）君，不榖（谷）日欲㠯（以）告夫₌（大夫)，㠯（以）邦之惛（恼)。”(上博七·郑子家丧甲)

四、出土战国文献中互向类三价动作动词的指称化与修饰化

互向类三价动作动词语作谓语或谓语的一部分，都是表陈述的。互向类三价动作动词作一些动词的宾语（例如“曰”）时，可能仍是表陈述的。例如：

律曰“与盗同法”，有（又）曰“与同罪”，此二物其同居、典、伍当坐之。云“与同罪”，云“反其罪”者，弗当坐。(睡虎地·法律答问)

除此之外，还有其他的用法。当互向类三价动作动词语与“者”构成“者”字短语、与“所”构成“所”字短语、与“之”构成“之”字短语时，一般都是表指称的，是有标记的指称化。当互向类三价动作动词语作主语、宾语（绝大多数）和判断句谓语时，也是表指称的，是无标记的指称化。

当互向类三价动作动词语作定语时，一般是表修饰的。

（一）指称化

1. 有标记的指称化

A. 构成“者”字短语。

“者”与互向类三价动作动词所构成的“者”字短语。例如：

（1）人奴妾盗其主之父母，为盗主，且不为？同居者为盗主，不同居不为盗主。（睡虎地·法律答问）

（2）马牛误职（识）耳，及物之不能相易者，赀官啬夫一盾。（睡虎地·效律）

（3）为器同物者，其小大、短长、广亦必等。（睡虎地·秦律十八种）

（4）为计，不同程者毋同其出。（睡虎地·秦律十八种）

（5）遇而争、［争］而不克者☐。（龙岗 203）

B. 构成“所”字短语。

“所”与互向类三价动作动词构成“所”字短语“所 + V”。例如：

除吏、尉，已除之，乃令视事及遣之；所不当除而敢先见事及相听以遣之，以律论之。（睡虎地·秦律十八种）

C. 构成“之”字短语。

一个主谓短语“NP + VP”（这里的 VP 是指互向类三价动作动词语）原本是陈述一个事件，是谓词性的。但是在中间加“之”之后形成 NP + 之 + VP，这个结构是表指称的，指 NP + 之 + VP 这个事件，所以“之”也是指称化的标记。例如：

（1）东周之客譻（许）緹至（致）作（胙）于蒧郢之戢（岁）夏㞠之月癸卯之日，子左尹命漾陵之宧大夫譔（察）州里人墬鏞之与父墬年同室与不同室。（包山 126）

（2）羕陵宧大夫司败譔（察）羕陵之州里人阳鏞之不与其父阳年同室。（包山 128）

NP + 之 + VP 中的 NP + 之可以用“其”替代。例如：

天下乐进而弗詀（厌）。以其不静（争）也，古（故）天下莫能与之静（争）。（郭店·老子甲本）

2. 无标记的指称化

A. 作主语。

互向类三价动作动词可以作主语。例如：

（1）同母异父相与奸，可（何）论？弃市。（睡虎地·法律答问）

（2）同社、同里、同官不可誁（证），匿（昵）至从父兄弟不可誁（证）。（包山 138 背）

（3）唯（虽）戠（勇）力闻于邦不女（如）材，金玉涅（盈）室不女（如）悔（谋），众强甚多不女（如）时，古（故）悔（谋）为可贵。（郭店·语丛四）

（4）同方而交，以道者也。不同方而［交，以古（故）也］。同兑（悦）而交，以惪（德）者也。不同兑（悦）而交，以猷者也。（郭店·性自命出）

（5）欲（欲）生于眚（性），虑生于欲（欲），悹（倍）生于虑，静（争）生于悹（倍），尚（党）生于静（争）。（郭店·语丛二）

（6）智生于眚（性），卯（谋）生于智。（郭店·语丛二）

B. 作宾语。

互向类三价动作动词作动词宾语大多数是指称化了。例如：

（1）氏（是）目（以）寡（寡）人许之，悬（谋）悬（虑）虐（皆）从（从）。（中山王嚳鼎，集成02840）

（2）天生鲧（伦），人生卯（谋）。（郭店·语丛一）

（3）唯（虽）戚（勇）力闻于邦不女（如）材，金玉浧（盈）室不女（如）悔（谋），众强甚多不女（如）时，古（故）悔（谋）为可贵。（郭店·语丛四）

（4）小人各政（征）于小人之地，无诤（争）。（包山140）

（5）命（令）尹子林餌（问）于大宰（宰）子走（止）："为人臣者亦又（有）静（争）虐（乎）？"大宰（宰）倉（答）曰："君王元君₌（君，君）善夫₌（大夫）可羕（用）静（争）。"（上博四·柬大王泊旱）

互向类三价动作动词作介词宾语大多数也是指称化了。例如：

（1）敚（悦）生于卯（谋），琊（好）生于敚（悦）。（郭店·语丛二）

（2）欲（欲）生于眚（性），虑生于欲（欲），悉（倍）生于虑，静（争）生于悉（倍），尚（党）生于静（争）。（郭店·语丛二）

C. 作判断句谓语。

互向类三价动作动词语作判断句谓语大多数是指称化了。例如：

昔我先君穆公及楚成王，是缪（僇）力同心，两邦若壹。（诅楚文刻石·巫咸，19832）

（二）修饰化

互向类三价动作动词作谓语或谓语中心，是表陈述的。当它处于定语和状语位置上时，它的表述功能就修饰化了。

互向类三价动作动词可作定语，这种定语之后可不用结构助词"之"。例如：

君又（有）悔（谋）臣，则壤坠（地）不钞（削）。士又（有）悔（谋）双（友），则言谈不勺（弱）。（郭店·语丛四）

互向类三价动作动词可作定语，这种定语之后也可用结构助词"之"。例如：

（1）速，悬（谋）之方也，又（有）怸（过）则咎。（郭店·性自命出）

（2）郗（蔡）哀侯命止之，曰："以同生（姓）之古（故），必内（入）。"（清华贰·第五章）

互向类三价动作动词可作状语。例如：

罔又（有）肙（怨）诵（讼），恧（恒）静（争）献亓（其）力，畏燮（燮）方戳（雠），先君以多社（功）。（清华叁·芮良夫毖）

第六章　出土战国文献其他三价动词研究

出土战国文献中的其他三价动词主要有三类，即出土战国文献中的三价状态动词、三价致使动词、三价心理动词等。

第一节　出土战国文献三价状态动词

一、出土战国文献中的三价状态动词

出土战国文献中的三价状态动词具有［状态］［－自主］［涉及］的语义特征。这是区别于其他三价动词的重要依据。

［状态］是指人或事物表现出来的形态，是静态的。

［－自主］是指状态是无意识的或无心的，是不能由主体做主、主观决定、自由支配的。

［涉及］是指状态总是涉及某个事物或事件，而不会对事物或事件有真正的影响；同时还指状态涉及人。这就是说三价状态动词涉及两个对象。

三价状态动词有三个配价成分：一是系事，这是指状态的系属者；二是与事，这是指状态所涉及的人；三是涉事，是指状态所涉及的事物或事件。

出土战国文献中有下述一些三价状态动词：

到（相距）、负（亏欠）、傅（附着、依附；靠近）、接（连接）、距（相距、距离）、去（相距、距离）、执（接）等。

这些动词可以分为两类：

一是表示主体和客体之间存在的拖欠关系，如：负（亏欠）；

二是表示主体和客体之间相距、靠近、连接等的关系，到（相距）、傅（附着、依附；靠近）、接（连接）、距（相距、距离）、去（相距、距离）、执（接）等。

二、出土战国文献中三价状态动词的配价成分——系事、与事和涉事

（一）系事

1. 表方位处所的名词语

（1）头上去权二尺，足不傅地二寸，头北（背）傅廦，舌出齐唇吻，下遗矢弱

（溺），污两却（脚）。（睡虎地·封诊式）

（2）男子死（尸）所到某亭百步，到某里士五（伍）丙田舍二百步。（睡虎地·封诊式）

（3）垣北去小堂北唇丈，垣东去内五步，其上有新小坏，坏直中外，类足歫之之迹，皆不可为广袤。（睡虎地·封诊式）

2. 表具体事物的名词语

（1）［啻］苴之田，南与鄝君歫（距）疆，东与莈君歫（距）疆，北与鄝昜（阳）歫（距）疆，西与鄱君歫（距）疆。其邑：笑一邑、鄈一邑、并一邑、郚一邑、余为一邑、邔一邑，凡之六邑。（包山153）

（2）王所舍新大厩以啻苴之田，南与鄝君执疆，东与莈君执疆，北与鄝昜（阳）执疆，西与鄱君执疆。（包山154）

3. 表人或人之部分的名词语

（1）令佐华自言：故为尉史，养大隶臣竖负华补钱五百，有约券。（里耶壹8－1532）

（2）市折，建负七百，昌三万三千，積六千六百，喜二万二千，遗六☐。（岳麓叁·识劫婉案）

（3）头上去权二尺，足不傅地二寸，头北（背）傅壁，舌出齐唇吻，下遗矢弱（溺），污两却（脚）。（睡虎地·封诊式）

（二）与事

1. 表方位处所的名词语

（1）垣北去小堂北唇丈，垣东去内五步，其上有新小坏，坏直中外，类足歫之之迹，皆不可为广袤。（睡虎地·封诊式）

（2）一室人皆夙（缩）筋，是会虫居其室西臂（壁）。取西南隅，去地五尺，以铁椎椯（段）之。（睡虎地·日书甲种）

（3）头上去权二尺，足不傅地二寸，头北（背）傅壁，舌出齐唇吻，下遗矢弱（溺），污两却（脚）。（睡虎地·封诊式）

（4）枝（枳）枸三木。☐下广一亩，格广半亩，高丈二尺。去乡七里。卅四年不实。（里耶壹8－455）

2. 表具体事物的名词语

（1）头上去权二尺，足不傅地二寸，头北（背）傅壁，舌出齐唇吻，下遗矢弱（溺），污两却（脚）。（睡虎地·封诊式）

（2）权大一围，袤三尺，西去堪二尺，堪上可道终索。（睡虎地·封诊式）

（3）诸禁苑为耎（壖），去苑卌里，禁毋敢取耎（壖）中兽，取者其罪与盗禁中同☐。（龙岗27）

（4）男子死（尸）所到某亭百步，到某里士五（伍）丙田舍二百步。（睡虎地·封诊式）

3. 表人的名词语

（1）令佐华自言：故为尉史，养大隶臣竖负华补钱五百，有约券。（里耶壹8－1532）

（2）男子西有鬃秦綦履一两，去男子其一奇六步，一十步。（睡虎地·封诊式）

（3）［啻］苴之田，南与鄝君歫（距）疆，东与莈君歫（距）疆，北与鄝昜（阳）歫

（距）疆，西与鄗君岠（距）疆。其邑：笑一邑、鄝一邑、并一邑、郜一邑、余为一邑、邓一邑，凡之六邑。（包山153）

（4）王所舍新大厰以啻苴之田，南与郚君执疆，东与陵君执疆，北与鄝昜（阳）执疆，西与鄗君执疆。（包山154）

（三）涉事

1. 表数量的数量词语

（1）头上去权二尺，足不傅地二寸，头北（背）傅廦，舌出齐唇吻，下遗矢弱（溺），污两却（脚）。（睡虎地·封诊式）

（2）男子死（尸）所到某亭百步，到某里士五（伍）丙田舍二百步。（睡虎地·封诊式）

（3）权大一围，袤三尺，西去堪二尺，堪上可道终索。（睡虎地·封诊式）

（4）诸禁苑为耎（壖），去苑卅里，禁毋敢取耎（壖）中兽，取者其罪与盗禁中同☐。（龙岗27）

（5）男子西有鬃秦綦履一两，去男子其一奇六步，一十步。（睡虎地·封诊式）

（6）垣北去小堂北唇丈，垣东去内五步，其上有新小坏，坏直中外，类足歫之之迹，皆不可为广袤。（睡虎地·封诊式）

（7）一室人皆夙（缩）筋，是会虫居其室西臂（壁）。取西南隅，去地五尺，以铁椎椯（段）之。（睡虎地·日书甲种）

（8）枝（枳）枸三木。☐下广一亩，格广半亩，高丈二尺。去乡七里。卅四年不实。（里耶壹8－455）

（9）市折，建负七百，昌三万三千，積六千六百，喜二万二千，遗六☐。（岳麓叁·识劫娩案）

2. 表具体事物的名词语

（1）令佐华自言：故为尉史，养大隶臣竖负华补钱五百，有约券。（里耶壹8－1532）

（2）［啻］苴之田，南与郚君岠（距）疆，东与陵君岠（距）疆，北与鄝昜（阳）岠（距）疆，西与鄗君岠（距）疆。其邑：笑一邑、鄝一邑、并一邑、郜一邑、余为一邑、邓一邑，凡之六邑。（包山153）

（3）王所舍新大厰以啻苴之田，南与郚君执疆，东与陵君执疆，北与鄝昜（阳）执疆，西与鄗君执疆。（包山154）

3. 表抽象事物的名词语

（1）其已分而死，及恒作官府以负责（债）。（睡虎地·秦律十八种）

（2）殿而不负费，勿赀。（睡虎地·秦律杂抄）

4. 指代事物的代词

若不，三月食之若傅之，而非人也，必枯骨也。（睡虎地·日书甲种）

三、出土战国文献中三价状态动词的句式

由三价状态动词语所构成的句式有两种，一种是由三价状态动词语作谓语中心的单中

心谓语句，另一种是由三价状态动词语作谓语一部分的复杂谓语句。

（一）单中心谓语句式

1. $NP_1+V+NP_2+NP_3$（NP_1 可省；NP_2 表示与事宾语；NP_3 表示涉事宾语）

由三价状态动词所构成的单中心谓语句式，最常见的就是 $NP_1+V+NP_2+NP_3$。这有两种情况，一是 $NP_1+V+NP_2+NP_3$ 中的 NP_1 不省。例如：

（1）令佐华自言：故为尉史，养大隶臣竖负华补钱五百，有约券。（里耶壹8－1532）

（2）头上去权二尺。（睡虎地·封诊式）

（3）垣北去小堂北唇丈，垣东去内五步，其上有新小坏，坏直中外，类足距之之迹，皆不可为广袤。（睡虎地·封诊式）

（4）男子死（尸）所到某亭百步，到某里士五（伍）丙田舍二百步。（睡虎地·封诊式）

另一是 $NP_1+V+NP_2+NP_3$ 中的 NP_1 省略。例如：

（1）一室人皆夙（缩）筋，是会虫居其室西臂（壁）。取西南隅，去地五尺，以铁椎椯（段）之。（睡虎地·日书甲种）

（2）诸禁苑为耎（壖），去苑卌里，禁毋敢取耎（壖）中兽，取者其罪与盗禁中同☑。（龙岗27）

（3）枝（枳）枸三木。☑下广一亩，格广半亩，高丈二尺。去乡七里。卅四年不实。（里耶壹8－455）

（4）男子西有鬃秦綦履一两，去男子其一奇六步，一十步。（睡虎地·封诊式）

$NP_1+V+NP_2+NP_3$ 中的V前也可以有状语（NP_1 可省），这是句中状语：

（1）足不傅地二寸，头北（背）傅廦，舌出齐唇吻，下遗矢弱（溺），污两却（脚）。（睡虎地·封诊式）

（2）权大一围，袤三尺，西去堪二尺，堪上可道终索。（睡虎地·封诊式）

2. $NP_1+P+NP_2+V+NP_3$（NP_1 可省；NP_2 表示与事宾语；NP_3 表示涉事宾语）

由互向类三价状态动词语所构成的单中心谓语句式是 $NP_1+P+NP_2+V+NP_3$。例如：

（1）王所舍新大厩以啻苴之田，南与郯君执疆，东与蔆君执疆，北与鄝昜（阳）执疆，西与鄱君执疆。（包山154）

（2）［啻］苴之田，南与郯君弡（距）疆，东与蔆君弡（距）疆，北与鄝昜（阳）弡（距）疆，西与鄱君弡（距）疆。其邑：笑一邑、鄈一邑、并一邑、胡一邑、余为一邑、邔一邑，凡之六邑。（包山153）

3. NP_1+V+NP_3（NP_1 可省）

把 $NP_1+V+NP_2+NP_3$ 句式中的 NP_2 省略了，就形成了这种句式。例如：

（1）市折，建负七百，昌三万三千，積六千六百，喜二万二千，遗六□。（岳麓叁·识劫婏案）

（2）达曰：亡，与猩等猎渔。不利，负责（债）。（岳麓叁·猩、敞知盗分赃案）

4. NP_1+V（NP_1 可省）

把 $NP_1+V+NP_2+NP_3$ 句式中的 NP_2 和 NP_3 都省略了，就形成了这种句式。例如：

行，傅；毋可有为，日冲。（睡虎地·日书甲种）

（二）复杂谓语句式

1. 并列句

具有并列关系的几个“谓”之间可以用连词“及”。例如：

其已分而死及恒作官府以负责（债）。（睡虎地·秦律十八种）

具有并列关系的几个“谓”之间可以用连词“若”。例如：

若不，三月食之若傅之，而非人也，必枯骨也。（睡虎地·日书甲种）

2. 转折句

具有转折关系的几个“谓”之间可用连词“而”来连接。例如：

殿而不负费，勿赀。（睡虎地·秦律杂抄）

具有转折关系的几个“谓”之间也可以不用连词“而”来连接。例如：

近亓（其）𡉚（去）之不𨘢（速），亓（其）遷（就）之不尃（傅），亓（其）坒（启）节不疾，此戰（战）之几。（上博四·曹沫之陈）

四、出土战国文献中三价状态动词的指称化与修饰化

三价状态动词作谓语或谓语的一部分，都是表陈述的。除此之外，还有其他的用法。当三价状态动词与“者”构成“者”字短语、与“之”构成“之”字短语时，一般都是表指称的，是有标记的指称化。当三价状态动词作主语时，也是表指称的，是无标记的指称化。

1. 有标记的指称化

A. 构成“者”字短语。

“者”与三价状态动词所构成的“者”字短语。例如：

(1) 工久干曰不可用，负久者，久者谒用之，而赀工曰不可者二甲。（睡虎地·秦律杂抄）

(2) 作务及贾而负责（债）者，不得代。（睡虎地·秦律十八种）

(3) 其旁郡县与接界者毋下二县，以☐。（里耶壹 8-412）

(4) 忌等死时，得、绾等去之远者百步。它如辤（辞）。（岳麓叁·绾等畏耎还走案）

B. 构成“之”字短语。

一个主谓短语“NP+VP”（这里的 VP 是指三价状态动词语）原本是陈述一个事件，是谓词性的。但是在中间加“之”之后形成 NP+之+VP，这个结构是表指称的，指 NP+之+VP 这个事件，所以“之”也是指称化的标记。例如：

县所葆禁苑之傅山、远山，其土恶不能雨。（睡虎地·秦律十八种）

2. 无标记的指称化

无标记指称化是指没有任何句法标记的指称化，包括无标记的自指和无标记的转指两种。一般说来，主语位置上的 VP 都是指称化结构。

三价状态动词可以作主语。例如：

(1) 唯与可（呵），相去几可（何）？岂（美）与亚（恶），相去可（何）若？（郭店·老子乙本）

（2）是以智（知）而求之不疾，其迲（去）人弗远悘（矣），戠（勇）而行之不果，其悘（疑）也弗枉悘（矣）。（郭店·成之闻之）

（3）内中有竹柖，柖在内东北，东、北去廦各四尺，高一尺。（睡虎地·封诊式）

（4）乃视舌出不出，头足去终所及地各几可（何），遗矢弱（溺）不殹（也）？（睡虎地·封诊式）

第二节　出土战国文献三价致使动词

一、出土战国文献中的三价致使动词

出土战国文献中的三价致使动词具有［致使］［±自主］［及物］的语义特征。这是区别于其他二价动词的重要依据。

［致使］指的是主语所表示的人或事物 NP_1 使宾语所表示的人或事物 NP_2 发出某种动作或具有某种状态、性质。

［±自主］指的是致使动词致使行为的发生，有的是致使行为发出者有意识发出的，是自主的；有的则是客观使然，不是自主的。

［及物］指的是施事在发出动作行为的过程中会使受事发生运动变化。

三价致使动词有三个配价成分：一是致事，这是致使行为 V_1 的发出者；二是使事，这是致使行为 V_1 的接受者；三是受事或位事等，这是指 V_2 这个二价动词所涉及的对象。

三价致使动词其实是二价动词的使动用法（包括活用和兼类两种情况）。二价动词用如使动词，增加了"使事"这样一个配价，变成三价致使动词。

在我们所使用的出土战国文献中，主要有下述一些三价致使动词：

尝（让……辨别滋味、吃）、朝（使……臣朝见君主）、乘（让……乘坐）、出（使……出来）、从（使……跟随）、到（使……到、送到）、返（让……返回）、复（让……返回）、归（使……返回；遣返）、降$_1$（让……投降）、降$_2$（让……降落）、居（使……居住）、入（使……进入、引入）、去（使……离开；卸去）、丧（使……丧失）、属（使……连接）、徙（使……迁移）、陷（使……陷入、坠落）、饮（使……喝）等。

含有"使令"义的动词所构成的句式，过去一般分析为兼语句。例如"典、田典令黔首皆智（知）之"（龙岗 150）一句，把其中的"黔首"分析为前一个动词"令"的宾语，又分析为后一个动词语"皆智（知）之"的主语，这样"黔首"兼有宾语和主语的双重身份。如果这样分析，则这种含有"使令"义的动词应为二价动词。

陈昌来（2002）等则把含有"使令"义的动词分析为三价致使动词。仍以"典、田典令黔首皆智（知）之"（龙岗 150）为例，"令"的三个配价成分是：致事"典、田典"、使事"黔首"、补事"皆智（知）之"。陈昌来（2002）等并未取消兼语句，他指出"喜欢"类、"称呼"类、"有无"类的所谓兼语句就不是致使动词句。

本书仍从传统的说法，把含有"使令"义的动词所构成的句式分析为兼语句。在出土战国文献中，包括含有"使令"义的动词所构成的兼语句，共有下列五类兼语句式：

第一类是含有“使令”义的动词。如“俾（使）、呼（呼令、命令）、诲（教导、诱导）、教（教导）、令（令、使）、谒令（令、使）、命（命令、使令）、使（使令、派遣；致使、让）”等。例如：

（1）公命郇（驹）之克先嗖（聘）于齐。（清华贰·第十四章）

（2）齐同（顷）公囟（使）亓（其）女子自房审（中）观郇（驹）之克。（清华贰·第十四章）

（3）令鬼薪轸、小城旦干人为贰春乡捕鸟及羽。（里耶壹 8－1515）

（4）自晋迈吴，安（焉）訇（始）迥（通）吴晋之逄（路），教吴人反（叛）楚。（清华贰·第十五章）

第二类是含有“拜官授爵”义的动词。有“任、除、立、以”等。例如：

（1）任人为丞，丞已免，后为令，今初任者有罪，令当免不当？（睡虎地·法律答问）

（2）除士五成里匄、成，成为典，匄为邮人。（里耶壹 8－157）

（3）除销史丹为江陵史。（岳麓叁·暨过误失坐官案）

（4）汤乃蒸（谋）戒求翆（贤），乃立泗（伊）尹目（以）为差（佐）。（上博二·容成氏）

（5）或目（以）豎（竖）逕（刁）舁（与）兹（易）雹（牙）为相。（上博五·竞建内之）

第三类是含有“称谓”义的动词。有“名、字、命、谓、曰”等。例如：

（1）昔周武王监观商王之不龏（恭）上帝，禋祀不寷（寅），乃乍（作）帝钕（籍），以鲞（登）祀上帝天神，名之曰千畱（亩），以克反商邑，尃（敷）政天下。（清华贰·第一章）

（2）亥、子、丑、寅、卯、唇（辰）、巳、午、未、申、栖（酉）、戌，是胃（谓）剉（绝）日，无为而可，名之曰死日。（九店 56·34）

（3）未智（知）其名，斈（字）之曰道，虗（吾）勥（强）为之名曰大。大曰灊（逝），灊（逝）曰逋（转），逋（转）曰反（返）。（郭店·老子甲本）

（4）行旞与偕者，命客吏曰“匽”，行旞曰“面”。（睡虎地·法律答问）

（5）曰产曰族。曰荓曰荆。毋敢曰王父曰泰父。毋敢谓巫帝曰巫。毋敢曰猪曰彘。（里耶壹 8－461）

（6）毋曰邦门曰都门。毋曰公坤曰□坤。毋曰客舍曰宾［飤］舍。（里耶壹 8－461）

第四类是动词“有”。例如：

（1）有众虫袭人入室，是野火伪为虫，以人火应之，则已矣。（睡虎地·日书甲种）

（2）以祠，必有火起。取（娶）妻，必弃。（睡虎地·日书甲种）

（3）大不训（顺）于邦，有枭内（入）于上下。（楚帛书·丙篇）

第五类是动词“譬”。例如：

（1）智（知）止所以不訽（殆），卑（譬）道之才（在）天下也，猷（犹）少（小）浴（谷）之与江海（海）。（郭店·老子甲本）

（2）君子而受柬万民之容（咎），所而弗敬，卑（譬）之若童（重）载以行隋（崝）险，莫之敖（扶）道（导），亓（其）由不邋（摄）丁（停）。（清华叁·芮良夫毖）

二、出土战国文献中三价致使动词的配价成分——致事、使事、受事或位事等

（一）致事

1. 表人的名词语

（1）秦穆公乃内（入）惠公于晋。（清华贰·第六章）

（2）晋𢀛（魏）文侯𣀏（斯）从晋𠂤（师），晋𠂤（师）大戝（败）齐𠂤（师）。（清华贰·第二十二章）

（3）昷（明）戢（岁），楚人歸（归）奠（郑）之四𨟻（将）军与亓（其）万民于奠（郑）。（清华贰·第二十三章）

（4）楚人𦘠（尽）𠫓（弃）亓（其）幝（旃）、幕、车、兵，犬𨔝（逸）而还。陈人安（焉）反而内（入）王子定于陈。（清华贰·第二十三章）

（5）安（晏）子夕（惜）二夫₌（大夫），退。公内（入）安（晏）子而告之。（上博六·竞公疟）

（6）少（小）臣既𥂴（羹）之，汤句（后）妻纴巟胃（谓）少（小）臣曰："尝我于而（尔）𥂴（羹）。"少（小）臣弗敢尝。（清华叁·赤鹄之集汤之屋）

2. 指代人的代词

（1）纴巟胃（谓）少（小）臣曰："尔不我尝，虐（吾）不亦杀尔?"少（小）臣自堂下受（授）纴巟𥂴（羹）。（清华叁·赤鹄之集汤之屋）

（2）女（汝）出内库之繇（囚）□而兪（予）之兵。（上博五·姑成家父）

（3）文公十又二年居翟（狄），翟（狄）甚善之，而弗能内（入），乃迲（适）齐，齐人善之迲（适）宋，宋人善之，亦莫之能内（入）。（清华贰·第六章）

（二）使事

1. 表人的名词语

（1）即以左手挢杯水歓（饮）女子，而投杯地。（周家台·病方及其他）

（2）受䎽（闻）之，乃出文王于𡨦（夏）䑓（台）之下而䎽（问）安（焉）。（上博二·容成氏）

（3）女（汝）出内库之繇（囚）□而兪（予）之兵。（上博五·姑成家父）

（4）因告司命史公孙强，因令白狗穴屈出丹。（放马滩·志怪故事）

（5）晋𢀛（魏）文侯𣀏（斯）从晋𠂤（师），晋𠂤（师）大戝（败）齐𠂤（师）。（清华贰·第二十二章）

（6）昷（明）戢（岁），楚人歸（归）奠（郑）之四𨟻（将）军与亓（其）万民于奠（郑）。（清华贰·第二十三章）

（7）卿李（士）、者（诸）正、万民弗刃（忍）于氒（厥）心，乃归東（厉）王于敒（彘）。（清华贰·第一章）

（8）鄦（许）公旎出奔晋，晋人罗（罹），城汝昜（阳），居鄦（许）公旎于颂（容）城。（清华贰·第十八章）

（9）秦穆公乃内（入）惠公于晋。（清华贰·第六章）

(10) 楚人𦘦（尽）云（弃）亓（其）幦（旃）、幕、车、兵，犬達（逸）而还。陈人安（焉）反而内（入）王子定于陈。(清华贰·第二十三章)

(11) 安（晏）子夕（惜）二夫₌（大夫），退。公内（入）安（晏）子而告之。(上博六·竞公疟)

(12) 毋敢厶（私）门而出，敳（陷）之城坖（基）。(上博七·郑子家丧甲)

2. 指代人的代词

(1) 少（小）臣既𥂖（羹）之，汤句（后）妻纴巟胃（谓）少（小）臣曰："尝我于而（尔）𥂖（羹）。"少（小）臣弗敢尝，曰："句（后）亓（其）[杀]我。"纴巟胃（谓）少（小）臣曰："尔不我尝，虐（吾）不亦杀尔?"少（小）臣自堂下受（授）纴巟𥂖（羹）。(清华叁·赤鹄之集汤之屋)

(2) 晋𤰈（魏）㫒（斯）、𡟅（赵）𡘋（浣）、𨌤（韩）启章衔（率）𠂤（师）回（围）黄池，𨗨迵而归之于楚。(清华贰·第二十一章)

(3) 晋人杀褱（怀）公而立文公，秦晋安（焉）𤔲（始）会（合）好，穆（戮）力同心。二邦伐𦀚（鄀），𨓨（徙）之审（中）城。(清华贰·第六章)

(4) 文公十又二年居翟（狄），翟（狄）甚善之，而弗能内（入），乃迈（适）齐，齐人善之；迈（适）宋，宋人善之，亦莫之能内（入）。(清华贰·第六章)

(三) 受事或位事等

1. 表具体事物的名词语

少（小）臣既𥂖（羹）之，汤句（后）妻纴巟胃（谓）少（小）臣曰："尝我于而（尔）𥂖（羹）。"少（小）臣弗敢尝，曰："句（后）亓（其）[杀]我。"纴巟胃（谓）少（小）臣曰："尔不我尝，虐（吾）不亦杀尔?"少（小）臣自堂下受（授）纴巟𥂖（羹）。(清华叁·赤鹄之集汤之屋)

2. 表方位处所的名词语

(1) 受𦖞（闻）之，乃出文王于虽（夏）𡈼（台）之下而𦖞（问）安（焉）。(上博二·容成氏)

(2) 㿝（明）戢（岁），楚人歸（归）奠（郑）之四𨟻（将）军与亓（其）万民于奠（郑）。(清华贰·第二十三章)

(3) 卿李（士）、者（诸）正、万民弗刃（忍）于𠂤（厥）心，乃归柬（厉）王于𢾊（彘）。(清华贰·第一章)

(4) 晋𤰈（魏）㫒（斯）、𡟅（赵）𡘋（浣）、𨌤（韩）启章衔（率）𠂤（师）回（围）黄池，𨗨迵而归之于楚。(清华贰·第二十一章)

(5) 鄦（许）公𤔲出奔晋，晋人罗（罹），城汝昜（阳），居鄦（许）公𤔲于颂（容）城。(清华贰·第十八章)

(6) 秦穆公乃内（入）惠公于晋。(清华贰·第六章)

(7) 楚人𦘦（尽）云（弃）亓（其）幦（旃）、幕、车、兵，犬達（逸）而还。陈人安（焉）反而内（入）王子定于陈。(清华贰·第二十三章)

(8) 晋人杀褱（怀）公而立文公，秦晋安（焉）𤔲（始）会（合）好，穆（戮）力同心。二邦伐𦀚（鄀），𨓨（徙）之审（中）城。(清华贰·第六章)

(9) 毋敢厶（私）门而出，数（陷）之城坖（基）。（上博七·郑子家丧甲）

三、出土战国文献中三价致使动词的句式

由三价致使动词语所构成的句式有两种，一种是由三价致使动词语作谓语中心的单中心谓语句，另一种是由三价致使动词语作谓语一部分的复杂谓语句。

（一）单中心谓语句式

1. $NP_1+V+NP_3+NP_2$（NP_1 可省；NP_2 表示受事或位事宾语；NP_3 表示使事宾语）

由三价致使动词所构成的单中心谓语句式，最常见的就是 $NP_1+V+NP_3+NP_2$。其中的 NP_1 常省略。例如：

(1) 晋人杀褱（怀）公而立文公，秦晋安（焉）訇（始）会（合）好，穆（戮）力同心。二邦伐緒（鄀），逿（徙）之审（中）城。（清华贰·第六章）

(2) 楚穆王立八年，王会者（诸）侯于发（厥）貉（貉），晒（将）以伐宋。宋右帀（师）芋（华）孙兀（元）欲袋（劳）楚帀（师），乃行，穆王思（使）殴（驱）盟（孟）者（诸）之麋，逿（徙）之徒菑（林?）。（清华贰·第十一章）

(3) 毋敢厶（私）门而出，数（陷）之城坖（基）。（上博七·郑子家丧甲）

$NP_1+V+NP_3+NP_2$ 中的 V 前也可以有状语（NP_1 可省），这是句中状语：

(1) 齐人安（焉）訇（始）为长城于济，自南山逗（属）之北海（海）。（清华贰·第二十章）

(2) 尉敬敢再捧（拜）谒丞公：校长宽以迁陵船徙卒史［酉阳，酉阳］□□［船］□元（沅）陵，宽以船属酉阳校长徐。（里耶壹 8-167、8-194、8-472、8-1011）

2. NP_1+V+NP_3+于$+NP_2$（NP_1 可省）、NP_1+V+NP_3+焉（NP_1 可省）

在 $NP_1+V+NP_3+NP_2$ 句式中的 NP_2 前加上介词“于”，就形成这种句式。例如：

(1) 秦穆公乃内（入）惠公于晋。（清华贰·第六章）

(2) 昷（明）戢（岁），楚人歸（归）奠（郑）之四晒（将）军与亓（其）万民于奠（郑）。（清华贰·第二十三章）

(3) 瞀（许）公旊出奔晋，晋人罗（罹），城汝昜（阳），居瞀（许）公旊于颂（容）城。（清华贰·第十八章）

(4) 卿季（士）、者（诸）正、万民弗刃（忍）于氒（厥）心，乃归東（厉）王于敵（彘）。（清华贰·第一章）

(5) 汤造（往）□。少（小）臣既蛩（羹）之，汤句（后）妻纴巟胃（谓）少（小）臣曰：“尝我于而（尔）蛩（羹）。”（清华叁·赤鹄之集汤之屋）

如果 NP_2 是代词，那么可以用兼词“焉”替代“于$+NP_2$”。例如：

齐趄（桓）公会者（诸）侯以成（城）楚丘，归（?）公子启方安（焉），是文公。（清华贰·第四章）

3. NP_1+V+NP_3（NP_1 可省）

把 $NP_1+V+NP_3+NP_2$ 句式中的 NP_2 省略了，就形成了这种句式。例如：

(1) 遳（鲁）昜（阳）公衒（率）自（师）以这（交，邀/徼）晋人，晋人还，不

果内（入）王子。（清华贰·第二十三章）

（2）晋逫（魏）文侯斯（斯）从晋白（师），晋白（师）大戝（败）齐白（师）。（清华贰·第二十二章）

（3）以其乘车载女子，可（何）论？赀二甲。以乘马驾私车而乘之，毋论。（睡虎地·法律答问）

（4）曰叡（且），不可㠯（以）出帀（师），出帀（师）不逿（复）。（楚帛书）

4．NP_1 + V + 以 + NP_2（NP_1 可省）

把 NP_1 + V + NP_3 + NP_2 句式中的 NP_3 省略了，再在 NP_2 之前加上介词“以”，就形成了这种句式。例如：

肥牛，善食之，而歙（饮）以鉥，一月已。（周家台·病方及其他）

5．NP_1 + V（NP_1 可省）

把 NP_1 + V + NP_3 + NP_2 句式中的 NP_3 和 NP_2 都省略了，就形成了这种句式。例如：

（1）汤句（后）妻纴巟胃（谓）少（小）臣曰：“尝我于而（尔）䀉（羹）。”少（小）臣弗敢尝，曰：“句（后）亓（其）[杀] 我。”（清华叁·赤鹄之集汤之屋）

（2）鬼恒从人女，与居，曰：“上帝子下游。”欲去，自浴以犬矢（屎），毄（击）以苇，则死矣。（睡虎地·日书甲种）

（3）人毋（无）故而鬼祠（伺）其宫，不可去。是祖□游，以犬矢（屎）投之，不来矣。（睡虎地·日书甲种）

（4）文公十又二年居翟（狄），翟（狄）甚善之，而弗能内（入），乃适（适）齐，齐人善之；适（适）宋，宋人善之，亦莫之能内（入）。（清华贰·第六章）

6．NP_1 + 否定词 + NP_3（代词）+ V（NP_1 可省）

把 NP_1 + V + NP_3 + NP_2 句式中的 NP_2 省略了；动词 V 前有否定词，代词宾语 NP_3 前置于动词，就形成了这种句式。例如：

（1）纴巟胃（谓）少（小）臣曰：“尔不我尝，虐（吾）不亦杀尔？”少（小）臣自堂下受（授）纴巟䀉（羹）。（清华叁·赤鹄之集汤之屋）

（2）适（适）宋，宋人善之，亦莫之能内（入）。（清华贰·第六章）

7．NP_3 + V（NP_1 可省）

（1）书癸亥到。（里耶壹 8－648）

（2）今书已到，敢言之。（里耶壹 8－152）

（3）迁陵问莫邪衣用钱已到▨问之，莫邪衣用钱未到。（里耶壹 8－647）

8．NP_3 + V + NP_2（NP_1 可省）

（1）书以廿八年七月己酉到库，即上□▨。（里耶壹 8－1071）

（2）已驰马不去车，赀一盾。（睡虎地·秦律杂抄）

（二）复杂谓语句式

1．并列句

具有并列关系的几个“谓”之间可以不用连词。例如：

（1）杀日，勿以杀六畜，不可出女、取妻、祠祀、出财。（放马滩·日书乙种）

（2）曰女（如）可以出帀（师）、籔（筑）邑。（楚帛书）

具有并列关系的几个“谓”之间可以用连词“及”。例如：

丞主移捕罪人及徙故囚符左四。符到为报，书主符、令若丞发。（里耶壹8－462、8－685）

2. 转折句

具有转折关系的几个“谓”之间可用连词“而”来连接。例如：

天子之正道，弗遯（朝）而自至，弗审而自周。（上博八·成王既邦）

3. 连谓句

具有连谓关系的几个“谓”之间可以不用连词来连接。例如：

即以左手揗杯水歓（饮）女子，而投杯地。（周家台·病方及其他）

具有连谓关系的几个“谓”之间用连词“而”来连接。例如：

（1）受䎽（闻）之，乃出文王于虽（夏）壴（台）之下而䎽（问）安（焉）。（上博贰·容成氏）

（2）女（汝）出内库之繇（囚）□而舍（予）之兵。（上博五·姑成家父）

（3）楚人𦘔（尽）云（弃）亓（其）幝（旃）、幕、车、兵，犬逵（逸）而还。陈人安（焉）反而内（入）王子定于陈。（清华贰·第二十三章）

（4）以乘马驾私车而乘之，毋论。（睡虎地·法律答问）

具有连谓关系的几个“谓”之间用连词“以”来连接。例如：

（1）晋惠公𡚬（卒），褱（怀）公即立（位）。秦人记（起）自（师）以内（入）文公于晋。（清华贰·第六章）

（2）昷（明）戠（岁），晋𨔶余衒（率）晋自（师）与奠（郑）自（师）以内（入）王子定。（清华贰·第二十三章）

4. 兼语句

第一个动词是“令”的兼语句。例如：

（1）司马进于牆（将）军，命出帀（师）徒。（上博九·陈公治兵）

（2）因告司命史公孙强，因令白狗穴屈出丹。（放马滩·志怪故事）

四、出土战国文献中三价致使动词的指称化与修饰化

三价致使动词作谓语或谓语的一部分，都是表陈述的。当三价致使动词作主语、宾语（绝大多数）时，是表指称的，是无标记的指称化。当三价致使动词作定语时，一般是表修饰的。

1. 指称化：无标记的指称化

A. 作主语。

三价致使动词可以作主语。例如：

牆（庄）公曰：“既成𡔷（教）矣，出帀（师）又（有）几虖？”（上博四·曹沫之陈）

B. 作宾语。

三价致使动词可以作动词宾语。例如：

丁巳、丁未、戊戌、戊辰、戊子，不利出入人。（睡虎地·日书甲种）

2. 修饰化

三价致使动词作谓语或谓语中心，是表陈述的。当它处于定语和状语位置上时，它的表述功能就修饰化了。

三价致使动词语可作定语，这种定语之后可不用结构助词“之”。例如：

敢告尉：以书到时，尽将求盗、戍卒喿（操）衣、器诣廷，唯毋遗。（里耶壹 8－1552）

三价致使动词语可作定语，这种定语之后也可用结构助词“之”。例如：

凡取（娶）妻、出女之日，冬三月奎、娄吉。（睡虎地·日书甲种）

第三节　出土战国文献三价心理动词

一、出土战国文献中的三价心理动词

出土战国文献中的三价心理动词具有［述人］［心理/认知］［及物］的语义特征。这是区别于其他三价动词的重要依据。

［述人］指的是三价心理动词是用来指人的。

［心理/认知］指的是三价心理动词是认知类心理动词。［认知］是指认知类心理动词是表示人类认知活动的。

［及物］指的是三价心理动词所表示的心理活动，涉及心理活动的对象，是属于所谓“延续”的心理过程。此外，它还有旁及的对象。

三价心理动词有三个配价成分：一是经事，这是指心理活动的主体，即指心理活动的经验者、体验者、感知者；二是感事，这是指心理活动的客体，即指心理活动的体验对象、感知对象；三是与事，这是指旁及的对象。

出土战国文献中三价认知类心理动词只有“闻”。它的意思是听见、听到、听说。

殷国光（2009）把“闻（听见、听说）”看成三价动词。以“吾闻言于接舆”（庄子·逍遥游）为例，“闻”有三个配价成分，即“吾”“言”和“接舆”。这三个配价成分，殷国光分别称之为施事、受事和对象。这三个配价成分，也可以构成双宾语结构，例如“闻之夫子”（庄子·达生）。本书从殷国光之说，把“闻”看成三价动词。但跟殷国光不同，本书把它分析为三价认知类心理动词，它的三个配价成分是经事、感事、与事。

二、出土战国文献中三价心理动词“闻”的配价成分——经事、与事和感事

（一）经事

1. 表人的名词语

（1）昔□埶（舜）静（耕）于鬲（鬲）丘，匋（陶）于河宾（滨），鱼（渔）于䨓（雷）泽，孝羕（养）父母，㠯（以）善亓（其）新（亲），乃及邦子。尭（尧）䎽（闻）之而㪥（美）亓（其）行。（上博二·容成氏）

(2) 汤餌(闻)之,于是虐(乎)新(慎)戒陞(征)臤(贤)。(上博二·容成氏)

(3) 文王餌(闻)之,曰:"唯(虽)君亡道,臣敢勿事虖(乎)?唯(虽)父亡道,子敢勿事虖(乎)?簹(孰)天子而可反?"受餌(闻)之。(上博二·容成氏)

(4) 孔₌(孔子)曰:"丘昏(闻)之孟者(子)昊(侧),曰:'夫箸₌(书者),目(以)箸(书)孝₌(君子)之悳(德)也。'"(上博五·季庚子问于孔子)

(5) 易(狄)之餌(闻)之于先王之瀍(法)也。(信阳1-7)

(6) 襄而〈夫〉人餌(闻)之,乃佖(抱)霝(灵)公以嗃(号)于廷。(清华二·第九章)

(7) 丰、乔(镐)之民餌(闻)之,乃降文王。(上博二·容成氏)

(8) 王命龏(龚)之腓母(毋)见。大尹昏(闻)之,自讼于王……(上博四·昭王毁室、昭王与龚之腓)

(9) 上士昏(闻)道,堇(仅)能行于其中。中士昏(闻)道,若昏(闻)若亡。下士昏(闻)道,大芺(笑)之。(郭店·老子乙本)

2. 指代人的代词

(1) ☐王才(在)镐,昬(召)周公旦曰:"亚(呜)虐(呼),敬之才(哉)!斊(朕)聒(闻)才(哉)。"(上博八·成王既邦)

(2) 臧(庄)公曰:"曼才(哉),虗(吾)餌(闻)此言。"(上博四·曹沫之陈)

(3) 虗(吾)餌(闻)为臣者必思君尋(得)志于吕(己)而又(有)逡(后)青(靖)。(上博五·姑成家父)

(4) [詹(颜)困(渊)]曰:"肰(然),虗(吾)靳(新)餌(闻)言于夫子,欲行之不能,欲迲(去)之而不可,虗(吾)是目(以)膳(瘠)也。"(上博五·君子为礼)

(5) 出遇子贛(赣)曰:"赐,而(尔)昏(闻)衖(巷)迲(路)之言,毋乃胃(谓)丘之倉(答)非与(欤)?"(上博二·鲁邦大旱)

(6) 四海之内,莫弗聦(闻)子胃(谓)昜(阳)为臤(贤)于先夫₌(大夫),请昏(问)亓(其)古(故)。(上博八·命)

(二) 与事

1. 表人的名词语

[詹(颜)困(渊)]曰:"肰(然),虗(吾)靳(新)餌(闻)言于夫子,欲行之不能,欲迲(去)之而不可,虗(吾)是目(以)膳(瘠)也。"(上博五·君子为礼)

2. 表处所的名词语

孔₌(孔子)曰:"丘昏(闻)之孟者(子)昊(侧),曰:'夫箸₌(书者),目(以)箸(书)孝₌(君子)之悳(德)也。'"(上博五·季庚子问于孔子)

3. 表事物的名词语

易(狄)之餌(闻)之于先王之瀍(法)也。(信阳1-7)

(三) 感事

1. 表话语声音等的名词语

(1) [詹(颜)困(渊)]曰:"肰(然),虗(吾)靳(新)餌(闻)言于夫子,

欲行之不能，欲迲（去）之而不可，虐（吾）是目（以）膢（瘠）也。”（上博五·君子为礼）

(2) ▨北导（得），西䎽（闻）言，南［凶（凶）。午，朝閟（闭）夕启。凡五］（九店56·66）

(3) 出遇子贛（赣）曰：“赐，而（尔）昏（闻）衖（巷）逄（路）之言，毋乃胃（谓）丘之貪（答）非与（欤）？”（上博二·鲁邦大旱）

(4) 人句（苟）又（有）言，必闻其圣（声）；句（苟）又（有）行，必见其城（成）。（郭店·缁衣）

(5) 闻芺（笑）圣（声），则羴（鲜）女（如）也斯憙（喜）。昏（闻）诃（歌）謠（谣），则舀女（如）也斯奋。（郭店·性自命出）

2. 表抽象事物的名词语

(1) 上士昏（闻）道，堇（仅）能行于其中。中士昏（闻）道，若昏（闻）若亡。下士昏（闻）道，大芺（笑）之。（郭店·老子乙本）

(2) 不亡（忘）则聪（聪），聪（聪）则聋（闻）君子道，聋（闻）君子道则玉音。（郭店·五行）

3. 表人的名词语

君亦隹（唯）餌（闻）夫墨（禹）、康（汤）、杰（桀）受（纣）矣。（上博四·曹沫之陈）

4. 表事情动作性质的谓词语

(1) 贼入甲室，贼伤甲，甲号寇，其四邻、典、老皆出不存，不闻号寇，问当论不当？（睡虎地·法律答问）

(2) 虐（吾）餌（闻）为臣者必思君㝵（得）志于㠯（己）而又（有）逡（后）青（靖）。（上博五·姑成家父）

(3) 女（如）豪（就）白公之祸（祸），餌（闻）令尹、司马既死，酒（将）迈郢。（上博九·邦人不称）

(4) 虐（吾）昏（闻）夫叁（舜）丌（其）幼也，每目（以）□寺丌（其）言▨。（上博二·子羔）

(5) 古者尧之弇（举）舜也，昏（闻）舜孝，智（知）其能敹（养）天下之老也；昏（闻）舜弟，智（知）其能紉（事）天下之长也；昏（闻）舜兹（慈）虖（乎）弟□□□□□□为民宔（主）也。（郭店·唐虞之道）

5. 指代话语等的代词

(1) 襄而〈夫〉人䎽（闻）之，乃佮（抱）需（灵）公以啓（号）于廷。（清华贰·第九章）

(2) 孔＝（孔子）曰：“丘昏（闻）之孟者（子）昊（侧），曰：‘夫箸＝（书者），目（以）箸（书）䇂＝（君子）之悳（德）也。’”（上博五·季庚子问于孔子）

(3) 丘昏（闻）之：“床（臧）曼（文）中（仲）又（有）言曰：‘䇂＝（君子）弜（强）则遗（遗），愄（威）则民不道（导）。’”（上博五·季庚子问于孔子）

(4) 臣餌（闻）之：三军出亓（其）逕（将）逘（卑），父䏇（兄）不荐，繇（由）邦駒（御）之。（上博四·曹沫之陈）

(5) 于(鸣)虖(呼),譆(语)不竣(废)𢦏(哉),寡(寡)人聒(闻)之:蒦(与)其汋(溺)于人旃,宁汋(溺)于𣶏(渊)。(中山王𰯼鼎,集成02840)

三、出土战国文献中三价心理动词的句式

由三价心理动词所构成的句式有两种,一种是由三价心理动词作谓语中心的单中心谓语句,另一种是由三价心理动词作谓语一部分的复杂谓语句。

(一)单中心谓语句式

1. $NP_1+V+NP_3+NP_2$ (NP_1 可省;NP_2 表示与事宾语;NP_3 表示感事宾语)

由三价心理动词所构成的单中心谓语句式,典型的是 $NP_1+V+NP_3+NP_2$。例如:

孔₌(孔子)曰:"丘昏(闻)之孟者(子)昊(侧),曰:'夫箸₌(书者),𠂤(以)箸(书)孝₌(君子)之惪(德)也。'"(上博五·季庚子问于孔子)

2. NP_1+V+NP_3+ 于 $+NP_2$ (NP_1 可省)

在 $NP_1+V+NP_3+NP_2$ 句式中的 NP_2 前加上介词"于",就形成这种句式。例如:

[詹(颜)囦(渊)]曰:"肰(然),虗(吾)新(新)䎽(闻)言于夫子,欲行之不能,欲迲(去)之而不可,虗(吾)是𠂤(以)𦟝(瘠)也。"(上博五·君子为礼)

3. NP_1+V+NP_3 (NP_1 可省)

把 $NP_1+V+NP_3+NP_2$ 句式中的 NP_2 省略了,就形成了这种句式。例如:

(1) 襄而〈夫〉人䎽(闻)之,乃㑒(抱)霝(灵)公以䛩(号)于廷。(清华贰·第九章)

(2) 上士昏(闻)道,堇(仅)能行于其中。中士昏(闻)道,若昏(闻)若亡。下士昏(闻)道,大芙(笑)之。(郭店·老子乙本)

(3) 丰、乔(镐)之民䎽(闻)之,乃降文王。(上博二·容成氏)

(4) 出遇子贛(赣)曰:"赐,而(尔)昏(闻)𨞮(巷)逄(路)之言,毋乃胃(谓)丘之畣(答)非与(欤)?"(上博二·鲁邦大旱)

(5) 古者尧之𢍉(举)舜也,昏(闻)舜孝,智(知)其能敹(养)天下之老也;昏(闻)舜弟,智(知)其能紤(事)天下之长也;昏(闻)舜兹(慈)虖(乎)弟□□□□□□为民宔(主)也。(郭店·唐虞之道)

(6) 今讯得之,得之曰:逢变,和与奸。未巳(已),闻人声。即起,和与偕之变里门宿。(岳麓叁·得之强与弃妻奸案)

(7) 闻芙(笑)圣(声),则𩏩(鲜)女(如)也斯憙(喜)。昏(闻)诃(歌)謠(谣),则舀女(如)也斯奋。(郭店·性自命出)

(8) 人句(苟)又(有)言,必闻其圣(声);句(苟)又(有)行,必见其城(成)。(郭店·缁衣)

4. NP_1+V+NP_{3a}:NP_{3b} (NP_1 可省)

$NP_1+V+NP_3+NP_2$ 句式中的 NP_2 被省略了,NP_3 本由"之"充当,"之"后又出现了它所指代的内容,就形成了这种句式。例如:

(1) 于(鸣)虖(呼),譆(语)不竣(废)𢦏(哉),寡(寡)人聒(闻)之:蒦

（与）其汮（溺）于人旃，宁汮（溺）于㴱（渊）。（中山王譽鼎，集成 02840）

（2）聁（寡）人聒（闻）之：旋（事）学（少）女（如）镸（长），旋（事）愚女（如）智（智）。（中山王譽鼎，集成 02840）

（3）臣餌（闻）之：又（有）固悬（谋）而亡固城，又（有）克正（政）而亡克戦（陈）。（上博四·曹沫之陈）

（4）虘（且）臣之餌（闻）之：不和于邦，不可㠯（以）出豫（舍）。（上博四·曹沫之陈）

5. NP_{1a} + NP_{1b} + V + NP_3

NP_1 + V + NP_3 + NP_2 句式中的 NP_2 被省略了，NP_{1a}是全句主语，NP_{1b}是主谓谓语的主语。例如：

四海之内，莫弗聀（闻）子胃（谓）易（阳）为擘（贤）于先夫₌（大夫），请昏（问）亓（其）古（故）。（上博八·命）

6. NP_1 + V（NP_1 可省）

把 NP_1 + V + NP_3 + NP_2 句式中的 NP_3 和 NP_2 都省略了，就形成了这种句式。例如：

（1）中（仲）弓畣（答）曰："售（雍）也弗昏（闻）也。"（上博三·中弓）

（2）虐（吾）子勿聒（闻），古（故）牺（将）㠯（以）告悬（仁）人之道。（上博六·孔子见季趄子）

（3）君子㠯（以）此皇（横）于天下，奚（奚）耳而圣（听）之，不可旻（得）而䎽（闻）也；明目而见之，不可旻（得）而见也。（上博二·民之父母）

7. NP_3 + V

把 NP_1 + V + NP_3 + NP_2 句式中的 NP_1 和 NP_2 都省略了，再把 NP_3 置于动词 V 之前，就形成了这种句式。例如：

趄（桓）子曰："二道者可旻（得）餌（闻）㚔（欤）？"（上博六·孔子见季趄子）

8. NP_3 + V + 之

把 NP_1 + V + NP_3 + NP_2 句式中的 NP_1 和 NP_2 都省略了，再把 NP_3 置于动词 V 之前，在原位置用代词"之"复指，就形成了这种句式。例如：

子𡉚（夏）曰："'五至'既䎽（闻）之矣，敢䎽（问）可（何）胃（谓）'三亡（无）'？"（上博二·民之父母）

9. NP_3 + V + 于 + NP_1

把 NP_1 + V + NP_3 + NP_2 句式中的 NP_2 省略了，再把 NP_3 置于动词 V 之前，把 NP_1 置于动词 V 之后；在 NP_1 前加上介词"于"，就形成了这种被动句式。例如：

☐毁亚（恶）之，是言既聒（闻）于众已，邦人其濾（沮）志解体。（上博八·王居）

（二）复杂谓语句式

1. 并列句

具有并列关系的几个"谓"之间可以不用连词。例如：

凡二百人十一人，既盟，皆言曰：信謀（察）餌（闻）智（知）舒庆之杀佢（桓）卯，迲、𧺆与庆皆（偕）；謀（察）餌（闻）智（知）苛冒、佢（桓）卯不杀舒昍。（包山 137）

2. 转折句

具有转折关系的几个“谓”之间可用连词“而”来连接。例如：

(1) □而智（知）名，亡耳而餌（闻）圣（声）。(上博七·凡物流形甲)

(2) 事而弗受者，虐（吾）餌（闻）而未之见也。(上博五·弟子问)

具有转折关系的几个“谓”之间可不用连词来连接。例如：

(1) 齇（融）帀（师）又（有）成氏，牆（状）若生又（有）耳不餌（闻），又（有）口不鸣，又（有）目不见，又（有）足不遻（趋）。(上博五·融师有成氏)

(2) 视之不足见，圣（听）之不足餌（闻），而不可既也。(郭店·老子丙本)

3. 连谓句

具有连谓关系的几个“谓”之间可以不用连词来连接。例如：

武王餌（闻）之忎（恐）瞿（惧）。(上博七·武王践阼)

具有连谓关系的几个“谓”之间用连词“而”来连接。例如：

(1) 昔□鍪（舜）静（耕）于鬲（鬲）丘，匋（陶）于河宾（滨），鱼（渔）于靁（雷）泽，孝羕（养）父母，目（以）善亓（其）新（亲），乃及邦子。尧（尧）餌（闻）之而散（美）亓（其）行。(上博二·容成氏)

(2) 盈四年，乃闻犬吠、鸡鸣而人食，其状类益、少麋、墨、四支不用。(放马滩·志怪故事)

具有连谓关系的几个“谓”之间用连词“以”来连接。例如：

君=（君子）餌（闻）善言目（以）攺（改）亓（其）言；见善行，内（纳）亓（其）身（身）安（焉），可胃（谓）孛（学）矣。(上博二·从政甲)

4. 兼语句

这是以“闻”为第一个动词的兼语句。例如：

(1) 闻之曰：古之甬（用）民者，求之于昌（己）为亘（极）。(郭店·成之闻之)

(2) 餌（闻）之曰：从正（政），𦣞（敦）五德，固（固）三折（誓），敘（除）十悁（怨）。(上博二·从政甲)

(3) 餌（闻）之曰：行在异（己）而名在人，名难静（争）也。(上博二·从政甲)

四、出土战国文献中三价心理动词的指称化

三价心理动词作谓语或谓语的一部分，都是表陈述的。三价心理动词作一些动词的宾语（例如“曰”）时，可能仍是表陈述的。例如：

子昰（夏）曰：“‘五至’既餌（闻）之矣，敢餌（问）可（何）胃（谓）‘三亡（无）’？”(上博二·民之父母)

除此之外，还有其他的用法。当三价心理动词与“者”构成“者”字短语、与“所”构成“所”字短语、与“之”构成“之”字短语时，一般都是表指称的，是有标记的指称化。当三价心理动词作主语、宾语（绝大多数）时，也是表指称的，是无标记的指称化。

1. 有标记的指称化

A. 构成“者”字短语。

“者”与三价心理动词构成的“者”字短语。例如：

（1）眘（闻）道而兑（悦）者，好悬（仁）者也。眘（闻）道而畏者，好义者也。眘（闻）道而共（恭）者，好豊（礼）者也。眘（闻）道而礬（乐）者，好悳（德）者也。（郭店·五行）

（2）"广众心，声闻左右者，赏。"将军材以钱若金赏，毋（无）恒数。（睡虎地·法律答问）

B. 构成"所"字短语。

"所"与三价心理动词构成"所"字短语"所＋V"。例如：

☐蓂（异）于丘斎₌（之所）昏（闻）。（上博五·季庚子问于孔子）

C. 构成"之"字短语。

一个主谓短语"NP＋VP"（这里的VP是指三价心理动词语）原本是陈述一个事件，是谓词性的。但是在中间加"之"之后形成NP＋之＋VP，这个结构是表指称的，指NP＋之＋VP这个事件，所以"之"也是指称化的标记。例如：

（1）周公曰："旦之聒（闻）之也，各才（在）亓（其）身。"（上博八·成王既邦）

（2）易（狄）之餌（闻）之于先王之灋（法）也。（信阳1－7）

（3）庚（康）子曰："毋乃肥之昏（闻）也是左（佐）虐（乎）?"（上博五·季庚子问于孔子）

2. 无标记的指称化

A. 作主语。

三价心理动词可以作主语。例如：

（1）眘（闻）而智（知）之，圣也。明明，智也。虩虩，圣也。"明明才（在）下，虩虩才（在）上"，此之胃（谓）也。眘（闻）君子道，聪（聪）也，眘（闻）而智（知）之，圣也。（郭店·五行）

（2）昏（闻）道反上，上交者也。昏（闻）衍（道）反下，下交者也。昏（闻）道反邑（己），攸（修）身者也。（郭店·性自命出）

（3）未尚（尝）眘（闻）君子道，胃（谓）之不聪（聪）。未尚（尝）见臤（贤）人，胃（谓）之不明。眘（闻）君子道而不智（知）其君子道也，胃（谓）之不圣。（郭店·五行）

B. 作宾语。

三价心理动词作动词宾语大多数是指称化了。例如：

（1）大（太）子乃亡餌（闻）、亡圣（听），不餌（闻）不命（令），唯悫（哀）悲是思，唯邦之大矛（务）是敬。（上博二·昔者君老）

（2）人病少气者恶闻人声，不能视而□☐。（里耶壹8－1363）

（3）□□□之亚（恶）□□录（禄）雀（爵）者□□义而远录（禄）雀（爵），非子思，虗（吾）亚（恶）昏（闻）之矣。（郭店·鲁穆公问子思）

第七章　出土战国文献动词个案研究

以上几章是从宏观角度对出土战国文献中动词进行的研究。本章则是对出土战国文献中动词的个案进行研究。本章选取一些有代表性的动词，从微观角度一一加以考察。具体包括以下一些动词：一价动词“往”“死”“乐”，二价动词“伐”“作”“入”，二价位移动词“入”，给予类三价动作动词“入”，放置类三价动作动词“入”等。

第一节　出土战国文献一价动词“往”

何琳仪（1998）列举过出土战国文献中“往”的字形和字义。他认为在这种文献中“往”作“𡉉”“徃”等形。“𡉉”读为“往”，“以往”的意思是“以后”，“往库”读为“襄库”，“往坪”读为“广平”。

但是该书没有使用1998年以后出土发表的新材料，也没有从语法角度对出土战国文献中的动词“往”进行研究。

到目前为止，还没有人全面使用业已出土发表的战国文献，从语法学的角度对其中的动词“往”进行系统研究，所以从事本题目的研究很有意义，也很有必要。

一、“往”的义项

在我们所使用的出土战国文献中，“往”共出现55次。

“往”的本义是“去、到……去”。这种意义的“往”最为常见，共出现42次，占总次数的76.4%。例如：

（1）即令令史己往执。（睡虎地·封诊式）

（2）甲谋遣乙盗。一日，乙且往盗，未到，得。（睡虎地·法律答问）

有些“往”是归向的意思，这种“往”出现2次：

（3）执大象，天下往。（郭店·老子丙本）

依据《汉语大词典》，“去、到……去”这种意义的“往”读于两切，“归向”这种意义的“往”读于放切。“归向”这种意义的“往”在传世文献中可以见到，如“其曰王者，民之所归往也”（穀梁传·庄公三年）。

有些“往”应是“逃亡”的意思，这种“往”出现3次：

（4）正月七日，二月旬四日，三月二日，四月八日，五月旬六日，六月旬四日，七月九日，八月旬八日，九月旬七日，☑二旬，凡是往亡，［必得］，不得必死。（睡虎地·日书乙种）

“逃亡”这种意义的“往”，在传世文献中可以见到。如“无以畜之，则往而不可止也”（管子·权修）。尹知章注：“往，谓亡去也。”

有的“往”是过去的意思，这种“往”只出现1次：

（5）嬰（兴）嬰（兴）民事，行違（往）视逨（来）。（上博五·三德）

试比较“夫《易》，彰往而察来，则微显阐幽”（周易·系辞下）一句，“行違（往）视逨（来）”是说行动已经过去，要看未来。

例（5）中的“行”，指行动，“往”，指过去，动词。这种意义的“往”在传世文献中可以见到，如“不知事者，时未至而逆之，时既往而慕之”（吕氏春秋·任地）。

有的“往”是“后”的意思，这种“往”出现在“以往”这个复音词中，只见到1次：

（6）今日隹（惟）不慜（敏）既卲（莅）矣，自晊（望）日㠯（以）違（往）必五六日，皆畨（敝）邑之异（期）也。（上博七·吴命）

在出土战国文献中，“往”还可以表示几种假借义。有些“往”读为“襄”（3次）：

（7）十六年，奠（郑）倫（令）肖（赵）距、司寇彭璋、徃（襄）库工帀（师）皇佳，冶善。（六年郑令赵距戈铭，集成11389）

有的“往”读为“广”（2次）：

（8）往（广）德女（如）不足。（郭店·老子乙本）

有的“往”读为“枉”（1次）：

（9）訂（治）乐和忞（哀），民不或（惑）也。反之，此往（枉）矣。（郭店·尊德义）

下文讨论“往”的句法语义时，不涉及“往”的假借义，也不涉及“后”这种引申义。“后”这种意义的“往”只出现在复音词“以往”中，“以往”义同“以后”，应是方位词。所以下文分析，主要涉及“往”的下述四种意义：去；归向；逃亡；过去。主要分析“去”这种意义，因为它最常见。

二、“往”的配价及语义特征

前面说过，“去、到……去”这种意义的“往”最为常见，占总次数的76.4%。这种动词“往”的配价如何？

殷国光（2009）认为《庄子》中的“往”为一价动作动词。依据他的考察，《庄子》中共出现“往”70次，用作谓语或谓语一部分的“往”有61次，处于非典型位置上（用作主语、宾语，跟“者”“所”构成“者”字短语、“所”字短语）的“往”有9次。处于谓语位置上的“往”从来不带宾语，或者作谓语或谓语中心，或者作连谓句中的第一个动词。

又据张双棣等（2009），在《吕氏春秋》中，“去”这种意义的“往”共出现78次，其中只有2次带体词性宾语，如“齐人有欲得金者，清旦，被衣冠，往鬻金者之所”（吕氏春秋·去宥）。带宾语的“往”的次数只占总次数的2.6%。

依据上述两项研究，应知所谓一价动词，或者从来不带宾语，或者偶尔带宾语（没有超过总次数的5%）。

根据我们的考察，在出土战国文献中，动词“往”从来不带体词性宾语，这跟《庄子》中的动词“往”是一致的，所以把“往”看成一价动词应是没有问题的。

动词“往”的配价，应即是它的施事。例如“公往，必得死焉”（吕氏春秋·知士）中的“公”，“子往矣”（庄子·天地）中的“子”。

动词“往”的意义是“去、到……去”。它具有［动作］［自主］［位移］的语义特征。归向意义的“往”、逃亡意义的“往”、过去意义的“往”跟“去、到……去”这种意义的“往”在语义特征方面具有一致性。

三、“往”的施事

在出土战国文献中，表示动词“往”施事的词语有如下一些，“甲”“乙”“君子”“汤”“天下”“女”“三军”“余之客”“其御史”“徒守者”“令史已”“令史某”“良车”“良士”。

上引这些词语，基本上都是表人的。这说明，去、归向、逃亡这些动作都是由人发出来的。

在上引这些词语中，“甲”“乙”“女”“汤”“君子”“天下”“三军”都可视为词。其中“女”为第二人称代词，“甲”“乙”为虚指代词。“汤”“君子”“天下”“三军”均为名词。如前引例（2）中的“甲”、例（3）中的“天下”，又如：

（10）吏亡，君子往役，来归为丧殹。（放马滩·日书乙种）

（11）汤往征弗附。（清华壹·尹至）

上列词语中的“余之客”“其御史”“徒守者”“令史已”“令史某”“良车”“良士”都是短语。其中“余之客”“其御史”“徒守者”都是定中短语，“令史已”“令史某”则是同位短语，“良车”“良士”则是并列短语。如前引例（1）中的“令史已”，又如：

（12）即令令史某往诊。（睡虎地·封诊式）

（13）其御史往行。（里耶壹 8－528）

上述这些施事词语，在语句中通常是作主语的，如前引例（2）、例（3）、例（10）、例（11）、例（13）。

也可以作兼语（这时“往”是兼语句的第二个动词），如前引例（1）、例（12）。

还可以作由主谓短语构成的宾语里的主语。例如：

（14）子惇惇女（如）也，其圣（听）子迻（路）遳（往）虐（乎）？（上博五·弟子问）

四、“往”字句的句式

这种句式可以分为两种，一是由“往”作谓语中心的单中心谓语句式，二是由“往”作谓语一部分的复杂谓语句句式。

（一）单中心谓语句式

1. NP＋往（NP 可省）（7 次）

这种“往”的一个配价成分投射到最小的抽象句中，可以构成这种句法格式。

这里的NP代表施事词语。例如：

(15) 一出言，三军皆逵（往），又（有）之虖？（上博四·曹沫之陈）

在出土战国文献中，在NP和“往”之间可以出现状语，这是非配价成分。如前引例(15)出现了副词状语“皆”。此外还可以出现副词状语“弗”和“乃”，例如：

(16) 勇而行之不果，其恢（疑）也弗枉（往）恢（矣）。（郭店·成之闻之）

(17) 乃逵（往），既见牺（将）反（返）。（上博九·举治王天下）

在NP和“往”之间还可以出现疑问代词状语，例如：

(18) ☐牺（将）安（焉）逵（往）？（上博八·子道饿）

这种例子在传世文献中也可以见到，如“恶往而不暇”（庄子·达生）。

NP＋往中的NP可省，如前引例(17)。

2. 往已＋NP（1次）

在祈使句中，“往”还可以前置于主语，这样就构成了这种主谓倒置句式。

这种例子如：

(19) 㞷（往）已，余之客。（越王朱句钟铭，集成171）

这种用例，在春秋晚期的金文中已经可以见到，例如：“往已，吊（叔）姬！虔敬乃后，子孙勿忘”（吴王光鉴铭，集成16·10299）。“往已，吊（叔）姬！虔敬命勿忘”（蔡侯甬钟铭，集成1·223－224）。

（二）复杂谓语句式

1. 并列句式（6次）

这种句式中的两个谓词性成分（其中一个是动词“往”）是并列关系，如前引例(4)、例(13)，又如：

(20) 卅五年七月戊戌，御史大夫绾下将军下☐段（假）御史谳往行☐。（里耶壹8－528）

(21) 又若席舞，上下行往，莫中吾步。（放马滩·日书乙种）

(22) 正月七日，二月旬，三月旬一日，四月八日，五月旬六日，六月二旬，七月九日，八月旬八日，九月二旬七日，十月旬，十一月旬，十二月二旬，凡以此往亡，必得，不得，必死。（睡虎地·日书乙种）

例(13)、例(20)都说“往行”，而例(21)又说“行往”，前后可以颠倒。另外，“往”和“行”的意义也比较接近，一个是说到……去，一个是说行走。可见“往行”是并列关系。

例(4)、例(22)中都有“往亡”。如前所述，“往”可以训为逃亡。这样看来，“往”和“亡”是同义并列。

2. 转折句式（1次）

所谓转折句式，是指这个句式中的两个谓词性成分（其中一个是动词“往”）是转折关系。

(23) 往而不害，安坪（平）大。（郭店·老子丙本）

这个例子中的“往而不害”，是说（天下）都归靠却没有灾害。

3. 兼语句式（1次）

这种句式的谓语部分是个兼语短语，“往”作兼语短语中的第二个动词。

（24）尧乃就禹曰：气（乞）女（汝）亓（其）造（往），疋（疏）浰（川）记（起）浴（谷）。（上博九·举治王天下）

这个例子中的“气女亓造”，意为求你前往。

4. 连谓句式（11次）

这种句式中的谓语部分是连谓短语，“往”作连谓短语的第一个动词。根据连谓短语后一个动词的不同，这种句式可以分为两种：NP+往+V、NP+往+V+O。

NP+往+V中的V是不及物动词（一价动词），如前引例（10）中的“君子往役”。“役”为不及物动词，指服役，戍守边疆。

NP+往+V+O这种例子常见。其中的V是及物动词，它带宾语O。V+O表示“往”的目的。如前引例（11）。又如：

（25）甲乙雅不相智（知），甲往盗丙，毚（才）到，乙亦往盗丙。（睡虎地·法律答问）

（26）坓（往）攼（捍）庶盟，台（以）祗光朕（朕）立（位）。（者汈钟铭，集成121－122）

NP+往+V+O中的O可以省去，如前引例（2）中的“乙且往盗”，这时跟NP+往+V这种句式同形。但是仍有区别，省去的可以补出，而NP+往+$V_{不及物}$后不可加O。

5. 兼语连谓复合句式（8次）

这种句式中的谓语部分，是由兼语短语和连谓短语复合而成，也就是说，第一个动词是使令动词，而在兼语之后则是一个连谓短语，构成下述句式：NP_1 + $V_{使令}$ + NP_2 + 往+VP。

这种句式如前引例（1）、例（12），又如：

（27）即令令史某往执丙。（睡虎地·封诊式）

（28）思（使）良车、良士往取之饵（耳）。（上博四·曹沫之陈）

由上述可见，“往”常用来构成连谓句式。如果把连谓句式、兼语连谓复合句式中的“往”出现的次数加在一起，则达到19次，最为常见。这一点与传世文献也是一致的，依据张双棣等（2009），在《吕氏春秋》中，“到……去”这种意义的“往”共出现79次，其中用来构成连谓句式的有52次，占总次数的65.8%。

五、“往”的指称化与修饰化

（一）“往”的指称化

1. 构成“者”字短语（4次）

“往”或含有“往”的动词性短语指称化，加“者”作为标记。这种例子如：

（29）又（有）或焉又（有）燹（气），又燹焉又（有）又（有），又又焉又（有）訂（始），又訂焉又（有）造（往）者。（上博三·亘先）

（30）望之不往者万世不到。（岳麓壹·80）

（31）［今其后者少（小），未可别雄雌。至］五月［有往来者］，□☐。（里耶壹8－1495）

(32) 攻□逩（往）者復（复）。（郭店·尊德义）

上引例（29）中的“者”应是自指，指“往”本身。而例（30）、例（31）、例（32）中的“者”应是转指。在传世文献中，“往”还可以跟“所”构成“所”字短语，如“行不知所之，走不知所往”（吕氏春秋·论威），这种例子在出土战国文献中见不到。

2. “往”作宾语（2次）

如前引例（14）中的“其圣（听）子逄（路）逩（往）虖（乎）”。又如：

(33) 得其后参为已为往为去。（放马滩·日书乙种）

例（14）中的“子路往”作“听”的宾语，“子路往”自指化了。“子路往”不表陈述，而是指“子路往”这件事。例（33）中的“往”作“为”的宾语。有的学者认为这种“为”是准系词，这种系词的宾语，并未指称化。

（二）“往”的修饰化

依据郭锐（2002），定语的表述功能为修饰。下引两例中的“往”是出现在定语位置上的：

(34) 言而狗（苟），墻又（有）耳。往言伤人，来言伤己。（郭店·语丛四）

(35) 卅年十月尽九月，群往来书已事仓曹□笥。（里耶壹8－1777、8－1868）

例（34）中的“往言”应是指说出去的恶言，其中的“往”是作定语的，例（35）中的“往来书”应是指往来的文书，其中的“往来”是作定语的。

六、由“往”构成的复音词

在出土战国文献中，由“往”构成的复音词有“以往”，只出现1次，如前引例（6）中的“目（以）逩（往）”。

这种“以往”，跟现代汉语里的“以后”类似，试把“自望日以往”跟“从此以后”相比较。这种“以往”应视为方位名词。这种例子在传世文献中也可以见到，如“自今以往，鲁人不赎人矣”（吕氏春秋·察微）。

《汉语大词典》收录“往亡”一词，解释为“阴阳家语。凶日名”。所举的例子如“甲寅，李愬将攻吴房，诸家曰：‘今日往亡。’”（资治通鉴·唐宪宗元和十二年）。出土战国文献中亦可见到“往亡”，如前引例（4）、例（22）。但是，不是用作凶日名，而是用来表示动作行为。如前引例（22）中的“凡以此往亡，必得；不得，必死”，是说凡是在这些日子逃亡，一定会被捕获；如果不被抓获，则一定会死。

《汉语大词典》收录了“往行”一词，有两个义项：一是指先贤的德行，如“君子多识前言往行，以畜其德”（周易·大畜）；二是指过去的行为，如“事亲孝，无悔往行”（晏子春秋·问下）。出土战国文献中也可以见到“往行”（也可以说成“行往”），如前引例（13）、例（20）、例（21），但不是用作名词，而是用作动词，指前去，前行。

《汉语大词典》收录了“往言”一词，指说出去的话，如“往言不可及也”（国语·晋语二）。在出土战国文献中亦可以见到“往言”，如前引例（34），与传世文献的意义和用法接近，但准确的训释应是说出去的恶言。

《汉语大词典》收录了“往者”一词，有四个义项：一是指过去的事；二是指过去，从前；三是指去的人，离开的人；四是指死者。在出土战国文献中，亦可以见到“往者”，如前引例（29），意义就是指“往”，这跟前四个义项都不同。

《汉语大词典》还收录了“往来”一词，有五个义项：一是来去、往返；二是反复、来回；三是交往、交际；四是进退，指引荐与黜退；五是以往与未来。在出土战国文献中，也可以见到“往来”，但都是用作动词，或指人的来去，或指文书的往来，并没有其他的义项。

第二节　出土战国文献一价动词“死”

到目前为止，还没有人以出土战国文献为语料，对其中动词“死”的句法语义问题进行研究，而“死”是个典型的状态动词，战国时代的语言又是典型的文言，所以对这个问题进行研究是很有必要的。

在我们所使用的出土战国文献中，“死”共出现了515次。去掉残辞12次，再去掉假借义4次，还有499次。这些“死”可以分为两类：一类是用作单音词的，这种“死”最常见，共有416次，占总次数（499）的83.4%；另一类是用作词素，出现在复合词“死罪”“死亡”“致死”“兵死”“赎死”“眛死”或人名“彼死”“去死”中，共有83次，占总次数的16.6%。下面先谈单音词“死”的义项。

一、单音词“死”的义项

单音词“死”通常是用作动词的，它的义项如下：

（一）死亡，生命终止

这种意义的“死”最为常用，有403次，占单音词“死”总次数（416次）的96.9%，例如：

（1）庄王三年，庄王死。（睡虎地·编年记）

（2）廿一年，韩王死。（睡虎地·编年记）

（二）腐烂、腐坏

这种意义显然是从本义引申出来的。如果把“死”用作“肉”的谓语，这样训释比较合适，因为“肉”无所谓死亡，但却可以腐烂。这种“死”只见到1次。例如：

（3）凡入月七日及夏丑、秋辰、冬未、春戌，不可坏垣、起之，必有死者。以杀豕，其肉未索必死。（睡虎地·日书甲种）

（三）杀死、处死

这种意义也是从其本义中引申出来的。生命的终止不是由于自身的疾病或肌体自身的衰老，而是由于他人的杀戮。传世文献中的“死”有时可以训为“杀”。《国语·越语下》载：“死生因天地之刑。”韦昭注：“死，杀也。”这种意义的“死”在出土战国文献中很少见，只见到2例。例如：

（4）逹（进）退逃（兆）乏（窆）者，死亡若（赦）。（兆域图铜版铭，集成10478）

（5）不攸（修）亓成，而死于杒（刃）下。（上博五·三德）

（四）为/因……而死亡

这种意义也是从其本义中引申出来的。这种“死”强调死亡的目的或原因，一般都带有宾语。在传世文献中的例子如“上好富则民死利矣”（荀子·大略），“人臣各死其主，为其国用”（盐铁论·晁错）。出土战国文献的例子共出现9次。例如：

（6）圂忌日，己丑为圂厕，长死之；以癸丑，少者死之。（睡虎地·日书乙种）

（7）筑序垣，孙子死；筑外垣，牛马及羊死之。（放马滩·日书乙种）

（8）主歌乐彭瑟，杀畜生，见血，人死之，利以出，不利以入。（放马滩·日书乙种）

上引各个例子中的“死之”，都是因之而死的意思。这种“死之”不会是死在某一天的意思。表示“死”的时间，一般用“以”引介作状语。例如：

（9）田亳主以乙巳死，杜主以乙酉死，雨币（师）以辛未死，田大人以癸亥死。（睡虎地·日书甲种）

（五）滞积而不流动

这种意义也是由本义引申出来的。汉代出土文献中有“死水”一词，如“东注之水，生水也。北注之水，死水；不流，死水也”（银雀山汉墓竹简《孙膑兵法·地葆》）。在出土战国文献中也可以见到这种意义的“死”，只出现1次：

（10）卲（昭）王为室于死浞（湑）之滤（浒），室既成，牆（将）袼（落）之。（上博四·昭王毁室）

这里的“死湑”应是指没有活水注入的湿地岸边。

（六）尸体

这种意义，应是“死”的假借义。在出土战国文献中共出现4次。例如：

（11）男子死（尸）在某室南首。（睡虎地·封诊式）

（12）即令男女载丙死（尸）诣廷。（睡虎地·封诊式）

二、动词“死”的配价及语义特征

殷国光（2009）谈到了动词“死”的配价问题。

他认为，死亡、生命终止这种意义的“死”为一价单向动作动词。其所谓“价”，是指在语义层面上一个动词在以该动词为核心的语义结构中所能支配的不同类型的语义角色；所谓“向”，是指在句法层面上一个动词在以该动词为述谓中心词的基本句式中，不借助介词所能关联的、处在主宾语位置上的、不同类型的语义角色。

他认为，“死”还有“使……死”“为……而死”等意义，他认为这两种意义的“死”都是准二价双向动词。其所谓“准价”，是指动词在言语中临时获得的配价，含有临时配价的动词叫准价动词；这种动词包括两种情况，一是在语言中临时转类为动词的他类词，二是在言语中临时增加配价语义角色的动词。

我们认为，“死亡、生命终止”这种意义的“死”确为一价动词，但它不应归入动作动词，而应归入状态动词。

动作动词一般具有［自主］的语义特征，而动词“死”一般不具有这一语义特征。

人可以自杀，在这一点上看来像是具有自主性。但“死”通常不是指自杀，而是指因衰老或疾病等原因而丧失生命。这种意义的“死”，对死者而言不具有自主性，也就是说想不想死都得死。

跟动作动词不同，动词“死”不能直接构成简单祈使句，如“死!”。在通常情况下，“死”不可以受祈使否定副词的修饰。下引两例不属于通常情况：

（13）大司马悼愲逘楚邦之帀（师）徒以救郙之戢（岁）夏㞎之月己亥之日，观义以保豙（家）为左尹卲𧻓贞：以其又（有）瘽病，上𢝬（气），尚毋死。（包山249）

（14）☐疾，膉（胁）疾，目（以）心𤸫，尚毋死。（葛陵甲三：131）

“尚毋死”这种说法在出土战国文献中大都出现在贞辞里。贞辞是占卜时说的话。在战国时代，贞辞中的话有询问，但更多的是表示希望，也企图对未来施加影响。“尚毋死”中的“尚”是劝令副词，表示期望或祈使，可译为“愿能”“希望”。这种“尚”常用于贞辞中，这种例子在传世文献中也可以见到：“初，灵王卜，曰：‘余尚得天下!’”（左传·昭公三年），“余尚得天下”是说我愿能得到天下。前引例（13）、例（14）中的“尚”同此。“尚毋死”，是说愿能别死。“死”前用“毋”，有祈使作用。这是希望通过“毋”的使用，通过语言的神奇力量，达到对未来的控制，禁止“死”这种状况的发生。这种例子其实在甲骨文中就已经见到了。例如：

（15）庚戌卜，亘贞：王其疾骨？

庚戌卜，亘贞：王弗疾骨？王固曰：勿疾。（合集209）

这个例子里的“勿疾”是出现在占辞里。“疾”也是状态动词，一般不应该受“勿”修饰。但在这里使用“勿”，传达了占者的愿望，即企图通过“勿”的使用，通过语言的神奇力量，达到对状态变化的控制，使其按占卜者所希冀的那样发展。

由此可见，前引例（13）、例（14）中“死”受“毋”修饰，并不能证明“死”是动作动词。

跟动作动词不同，动词“死”不能作连谓结构中的第一个动词。在出土战国文献中，可以见到“经死”“致死”“贼死”“戮死”等词语，“死”都用在后面。

由上述可见，死亡、生命终止这种意义的“死”应是状态动词。“腐烂、腐坏”这种意义的“死”只出现1次，它也就是一价状态动词。“杀死、处死”这种意义的“死”，只出现两次，这种意义的“死”可归入二价动作动词。“为/因……而死亡”这种意义的“死”共出现了9次，在词典中一般都列为一个义项，不应再视为活用了。这种意义的“死”应是二价动作动词。滞积而不流动这种意义的“死”是作定语的，只出现1次，它不是表陈述的，而是表修饰的。

由于别的义项的“死”都很少见，所以下文主要谈“死亡、生命终止”这种意义的“死”，也会谈及“为/因……而死亡”这种意义的“死”。

死亡、生命终止这种意义的“死”应是一价状态动词，它的配价是系事。它的语义特征应是［状态/变化］［－自主］。

三、“死”的系事

“死”一般用作状态动词。状态动词所联系的主体（主事）动元叫系事。“死”的系事可以是人、鬼神、动物、植物。

（一）表人的名词语

表人词语可以是名词、代词，也可以是名词性短语。

1. 名词

表示“死”系事的名词，可以是普通称人名词，也可以是专有称人名词。例如：

（16）女死，取长子。（放马滩·日书乙种）

（17）父已死，或告，勿听。（睡虎地·法律答问）

（18）廿一年，韩王死。（睡虎地·编年记）

在出土战国文献中，表示“死”系事的名词还有：母、男、子、夫、妻、人、民、主、君子、公子、大人、隶臣、女子、孙子、小子、中子、长子、长男、长女、少男、大主、男子、父母、赤色（指赤色人）、青色（指青色人）、黄色（指黄色人）、白色（指白色人）、黑色（指黑色人）、昭（指昭王）、丹、歜、缪、嘉、戌、疐、黯、脱妪、黑要、厉公、张禄、庄王、昌文君。

2. 代词

表示“死”系事的代词，有人称代词“尔”，虚指代词“甲”。例如：

（19）鬼恒召（诏）人曰：壐（尔）必以某（某）月日死。（睡虎地·日书甲种）

（20）甲杀人，不觉，今甲病死，已葬。（睡虎地·法律答问）

3. 名词性短语

表示“死”系事的名词性短语，有定中短语、同位短语、名词性联合短语、“者”字短语等。例如：

（21）筑右坏（宅），长子妇死。筑左坏（宅），中子妇死。（睡虎地·日书甲种）

（22）都乡佐襄死。（里耶壹 8 – 809）

（23）仓佐喜死。（里耶壹 8 – 968）

（24）坓（郄）奇（锜）、坓（郄）至、姑（苦）戎（成）冡（家）父立死。（上博五·姑成家父）

（25）人妻妾若朋友死。（睡虎地·日书甲种）

（26）叕（废）逘（作）者死，弗行者死。（上博五·竞建内之）

在出土战国文献中表示“死”系事的还有：其一人、兵邦君、其子、大女子、公孙虩之佢（竖）、田佐囚吾、里人士五（伍）丙、子及兄、乡歜佐䜌、三执珪之君与右尹昭之竢、杰（桀）受（纣）幽万（厉）、白（伯）尸（夷）弔（叔）齐、长者、小者、少者、伏者、先行之者、澍（树）者、不能述（遂）者等。

（二）表鬼神的名词语

表死系事的词语有时是鬼神类名词语。例如：

（27）戊辰不可祠道䠙（旁），道䠙（旁）以死。（睡虎地·日书乙种）

（28）巫咸乙巳死，勿土以祠巫。（岳山秦牍 1）

（29）月生一日、十一日、廿一日，女果（娲）以死，以作女子事，必死。（睡虎地·日书甲种）

（30）田亳主以乙巳死，杜主以乙酉死，雨币（师）以辛未死，田大人以癸亥死。

（睡虎地・日书甲种）

这种例子跟第一种应是一致的，以“雨师以辛未死”为例，“雨师”原是一个人，在“辛未”日死了，死了以后成为雨师。其余类此。

（三）表动物的名词语

（31）女（如）天不雨，水牺（将）沽（涸），鱼牺（将）死。（上博二・鲁邦大旱）

（32）人之六畜毋（无）故而皆死，欲鬼之气入焉。（睡虎地・日书甲种）

（33）以杀生（牲），必五生（牲）死。（睡虎地・日书甲种）

（四）表植物的名词语

（34）女（如）天不雨，石牺（将）爨（焦），木牺（将）死。（上博二・鲁邦大旱）

如果“死”的意义是腐烂，那么它的系事可以是“肉”，如前引例（3）。

表示“死”系事的词语，一般是作小句（单句或分句）的主语的，如前引例（18）、例（31）。还可以作语句的兼语。例如：

（35）甲子死，室氐，男子死，不出卒岁，必有大女子死。（睡虎地・日书甲种）

（36）卯，会众，其后必有子将弟也死。（睡虎地・日书甲种）

也可以出现在“死”后作系事宾语：

（37）八岁更，弗更，必凶，死夫。（放马滩・日书乙种）

四、“死”字句的句式

这种句式可以有两种，一是由“死”作谓语中心的单中心谓语句式，二是由“死”作谓语一部分的复杂谓语句句式。

（一）单中心谓语句式

这种“死”的一个配价成分投射到最小的抽象句中，可以构成下述句式：

1. NP＋死（NP 可省）（232 次）

这里的 NP 代表的是系事词语。例如：

（38）凡为室日，小可以筑室。筑大内，大人死。筑右圯，长子妇死。筑左圯，中子妇死。筑外垣，孙子死。筑北垣，牛羊死。（睡虎地・日书甲种）

这种句式在实际应用中，NP 可以省去。例如：

（39）千里之行，毋以壬戌、癸亥，徙，死。（放马滩・日书乙种）

在 NP＋死这一基本句式的基础上，可以在 NP 和死之间添加状语，也可以在 NP＋死之前添加状语，还可以在 NP＋死中的 NP 之前后都添加状语，例如：

（40）其室三人息，其一人已死矣。（放马滩・日书乙种）

（41）廿一年，韩王死。（睡虎地・编年记）

（42）廿八年，启陵乡歂已死。（里耶壹 8－39）

（43）杀生（牲）必五生（牲）死。（睡虎地・日书乙种）

NP＋状＋死这种句式中的 NP 也可以省去。例如：

（44）女（如）又（有）俤（弟），必死。（九店 25）

在“死”之后，还可以出现处所和时间补语。例如：

（45）郝倖未至断，有疾，死于宥。（包山 123）

（46）不攸（修）亓成，而死于杒（刃）下。（上博五·三德）

（47）梦身生草者，死沟渠中。（岳麓壹·占梦书）

（48）庚辛病，壬间，癸酢（作），烦及岁皆在南方，其人赤色，死火日。（睡虎地·日书乙种）

（49）人黄色，死土日。（睡虎地·日书乙种）

“死”后的补语，还可以由“焉”充当：

（50）鲁阳公、平夜悼武君、阳城桓定君，三执珪之君与右尹昭之竢死焉。（清华贰·第二十三章）

在 NP + 死中的“死”的前后，可以同时出现状语和补语，例如：

（51）黄齐、黄鼈皆以甘匿之戢（岁）爨月死于郙寍（国）东敔卲戊之笑邑。（包山 124）

（52）邓易之酷倌黄齐、黄鼈皆以甘匿之爨月死于小人之敔卲戊之笑邑。（包山 125）

（53）百勿（物）不死女（如）月。（上博七·凡物流形甲）

前两例“死”后是处所补语，而后一例则是比喻补语。

NP + 死（NP 可省）作为一个小句，可以构成单句，如前引例（41），也可以构成复句中的分句，如前引例（38），还可以构成紧缩复句中的分句。例如：

（54）巡（顺）则生，逆则死。（行气玉铭，三代 20·49·1）

“死”的系事词语还可以出现在“死”之后，这样就构成了下述句式：

2. 死 + NP（4 次）

这种句式的例子如：

（55）八岁更；弗更，必凶，死夫。（放马滩·日书乙种）

（56）☐廿六人，死一人。（里耶壹 8 - 132）

（57）百里，大凶；二百里外，必死将；三百里不复迹。（放马滩·日书乙种）

3. NP + 死 + $O_{原因}$（NP 可省）（9 次）

有些“死”是“因……而死”的意思，这种“死”一般带原因宾语，构成这种句式，如前引例（6）、例（7）、例（8）。又如：

（58）戊己，不可伐大桑，中，灾，长女死之。（放马滩·日书乙种）

（59）凡四时，啻为室日殴，不可筑大内，大人死之。（放马滩·日书乙种）

（60）毕得厕为右史于莫嚣之军，死病甚。（包山 158）

（二）复杂谓语句式

这种句式主要有连谓句式、兼语句式、联合句式、转折句式。

1. 连谓句式（35 次）

这种句式中的谓语部分是连谓短语。“死”常用作连谓短语中的第二个动词。例如：

（61）能述（遂）者述（遂），不能述（遂）者内（入）而死。（上博二·容成氏）

（62）人生子，未能行而死。（睡虎地·日书甲种）

（63）子胥前多社（功），后翏（戮）死。（郭店·穷达以时）

（64）甲杀人，不觉，今甲病死，已葬。（睡虎地·法律答问）

2. 兼语句式（5次）

这种句式中的谓语部分是兼语短语，“死”作兼语短语中的第二个动词。例如：

（65）卯，会众，其后必有子将弟也死，有外丧。（睡虎地·日书甲种）

（66）酉，巫也，其后必有小子死。（睡虎地·日书甲种）

（67）辛失火，有子死。（睡虎地·日书乙种）

3. 联合句式（2次）

这种句式中的谓语部分是一个联合短语（具体说来，前后两个部分是选择关系）。例如：

（68）取妻，不终，死若弃。（睡虎地·日书甲种）

（69）吏坐官以负赏（偿），未而死及有罪以收，抉出其分。（睡虎地·秦律十八种）

4. 转折句式（1次）

这种句式中的谓语部分是转折短语（前后两个谓词性部分是转折关系）。例如：

（70）人之六畜毋（无）故而皆死，欿鬼之气入焉。（睡虎地·日书甲种）

有些句式可以称之为连谓联合融合句（3次），这种句式中的谓语是多层谓词性短语，第一层次是连谓关系，第二层次是联合关系。例如：

（71）廷行事有罪当署（迁），已断已令，未行而死若亡。（睡虎地·法律答问）

（72）葆子以上，未狱而死若已葬。（睡虎地·法律答问）

（73）生而杀、亡之，未赏（偿）及居之未备而死。（睡虎地·秦律十八种）

五、“死”表指称和修饰

（一）“死”表指称

1. 与“者”组成“者”字词组（58次）

（74）梦身棭枯，妻若女必有死者，丈夫吉。（岳麓壹·占梦书）

（75）乙亥之日，不以死于其州者之察告，阩门又（有）败。（包山27）

（76）人奴妾毄（系）城旦舂，貣（贷）衣食公，日未备而死者，出其衣食。（睡虎地·秦律十八种）

“死者”这一“者”字短语很常见，“死”与“者”组合，表指称，“死者”表示“死”的系事，系事是“死”的配价成分。

2. 与“所”组成“所”字短语（3次）

（77）（仁、义、礼乐）厽（三）者，君子所生与之立，死与之遆（敝）也。（郭店·六德）

（78）夫丧，至悉（爱）之裻（卒）也，所目（以）城（成）死也，不可不訢（慎）也。（上博三·中弓）

（79）衜（率）车目（以）车，衜（率）徒目（以）徒，所目（以）同死。（上博四·曹沫之陈）

“所”有两种主要用法：一是与及物动词“$V_{及物}$”组成所字短语“所 + $V_{及物}$”，表示“$V_{及物}$”的受事；二是“所”与介词、谓词性词语组成“所 + 介词 + VP”（介词可省）的

“所”字短语，这时“所”字短语不能表示其中动词的配价成分。

由于“死”是一价动词，所以“死”不能与“所”组成第一类“所”字短语，只能组成第二类所字短语。例（77）“所”与“生与之立、死与之敝”组成“所”字短语，这个短语所表达的，正是其中“之”所指代的内容。这种例子在传世文献中较少见到。“死与之敝”中的“死”作状语修饰“与之敝”，“与之敝”也是状中短语，“与之”这一介宾短语作状语。例（78）中的“所以成死”，表示“以”的宾语内容，“以”的宾语省掉了，“成死”是个动宾短语，意思是完成人的一生。例（79）中的“所以同死”跟例（78）相类，但“所以”后的“同死”应是状中短语，是同生共死的意思。

3. 与“所”“者”组成“所者”短语（1 次）

（80）辛巳之日不以所死于其州者之居处、名族至（致）命，阩门又（有）败。（包山 32）

把此例与前引例（75）相互比较，可能看出例（75）中的“死”前无“所”，而例（80）的“死”前有“所”。“死于其州者”应指死在他（邸易居）的州里的人。“所死于其州者”也应是这个意思。依据上古汉语“所”的使用规律，可以说例（80）中的“所”是用错了，是多余的。

4. “死”作主语或主题的一部分（2 次）

（81）赤肉从南方来，把者［赤］色，母叶（世）外死为姓（眚）。（睡虎地·日书乙种）

（82）亓（其）生赐羕（养）也，亓（其）死赐牁（葬），迲（去）蠠（苛）匿（慝），是目（以）为名。（上博二·容成氏）

例（81）中的“外死”应是指外死的人，死后作祟。例（82）中的“亓死”作主题，表示时间。

5. “死”作宾语或宾语的一部分（29 次）

（83）若有死，各六，不出一岁。（放马滩·日书乙种）

试比较：

若有死者，各四，凶不出一月。（放马滩·日书乙种）

由下例“若有死者”中的“死者”作“有”的宾语来看，上例“若有死”中的“死”是作“有”的宾语的。

（84）以桑心为丈（杖），鬼来而毄（击）之，畏死矣。（睡虎地·日书甲种）

（85）临难见死，不取句（苟）免。（睡虎地·为吏之道）

（86）今不智（知）死产、存所。（里耶壹 8－534）

（87）九月戊戌之日，不察公孙虩之佢（竖）之死，升门又败。（包山 42）

（88）五曰非上，身及于死。（睡虎地·为吏之道）

前引三例的“死”，都作动词的宾语，后一例中的“死”作介词“于”的宾语。

6. 作判断句谓语的一部分（1 次）

（89）鬼恒羸（裸）入人宫，是幼殇死、不葬。（睡虎地·日书甲种）

（二）“死”表修饰

1. 作定语（19 次）

（90）襄夫人闻之，乃抱灵公以号于廷，曰：“死人何罪？生人何辜？”（清华贰·第九章）

（91）巳失火，有死子。（睡虎地·日书乙种）

（92）古（故）死丌（期）晒（将）至。（上博六·竞公疟）

（93）男子死所到某亭百步，到某里士五（伍）丙田舍二百步。（睡虎地·封诊式）

2. 作状语（4次）

（94）君子言又（有）勿（物），行又（有）壁（格），此目（以）生不可敓（夺）志，死不可敓（夺）名。（上博一·缁衣）

（95）是古（故）夫死又（有）宔（主），终身不嫁，胃（谓）之妇。（郭店·六德）

六、由“死”构成的复音词

（一）死罪（4次）

名词，意思是应该判处死刑的罪行。例如：

（96）隹（虽）又（有）死辠（罪），及參（三）殜（世），亡不若（赦）。（中山王譽鼎铭，集成2840）

（97）公士以下居赎刑罪、死罪者，居于城旦舂，毋赤其衣。（睡虎地·秦律十八种）

（二）死生（21次）

名词，意思是死亡和存活、死亡或存活。例如：

（98）以有疾，午少翏（瘳），申大翏，死生在子。（睡虎地·日书乙种）

（99）目（以）又（有）疾，未少翏（瘳），申大翏（瘳），死生才（在）丑。（九店63）

（100）有疾，卯小翏，辰大翏，死生在酉。（睡虎地·日书乙种）

（三）死亡（26次）

动词，一般作谓语、定语，也可以跟“者”构成“者”字短语。例如：

（101）其人死亡。（睡虎地·秦律十八种）

（102）是是牝日，不可起土攻，则死亡。（放马滩·日书乙种）

（103）其叚（假）公，叚而有死亡者，亦不出三月，必有死亡之志至。（睡虎地·秦律十八种）

（104）作务徒死亡。（里耶壹8－454）

关于“死亡”的意义，一般解释为“丧失生命”。但是出土战国文献中的“死亡”，似不应简单地这样训释。请看下引诸例：

（105）凡甲申、乙酉，绝天气，不可起土攻，不死，必亡。（放马滩·日书乙种）

（106）口舌不整，不死不亡。（放马滩·日书乙种）

（107）廷行事有罪当䙴（迁），已断已令，未行而死若亡，其所包当诣䙴（迁）所。（睡虎地·法律答问）

（108）凡此日以归，死；行，亡。（睡虎地·日书甲种）

“亡”指逃亡。例（105）中的“不死，必亡”是说不死，也一定会逃亡。例（106）中的“不死不亡”，是说不会死也不会逃亡。例（107）中的“死若亡”，是说死去或者逃亡。例（108）中的“死”和“亡”分开，此句是说凡是在这一天回家，就会死；如果出行，会逃亡。

由这些例子来看，前引例（101）至（104）中的“死亡”，不是指丧失生命；而是指丧失生命和逃亡这两种情况。

（四）兵死（7 次）

在出土战国文献中，“兵死”有动词和名词两种词性。作为名词的“兵死”应指死于战事者，是民间祭祀的对象。①《释名·释丧制》：“战死曰兵。言死为兵所伤也。”《淮南子·说林》“兵死之鬼憎神巫”句，高诱注：“兵死之鬼，善行病人，巫能祝劾杀之。憎，畏也。”例如：

（109）思攻解于禮（诅）与兵死。（包山 241）

（110）［梦见］彭（篣）者，兵死、伤（殇）欲食。（岳麓壹·占梦书）

（111）卅六年，置居金，上公、兵死、阳（殇）主岁，岁在中。（周家台·线图四）

作为动词的“兵死”，应是指被兵器杀死、死于战事。例如：

（112）冬三月，甲乙死者，必兵死。（睡虎地·日书乙种）

（113）庚失火，君子兵死。（睡虎地·日书乙种）

（114）□敢告□綸之子武䞣（夷）：“尔居逡（复）山之配（基），不周之埜（野），帝胃（谓）尔无事，命尔司兵死者。”（九店 43）

上引例（112）（113）中的“兵死”是作谓语的，而例（114）中的“兵死”与“者”构成“者”字短语，“兵死者”与前面的名词“兵死”是同义的。

“兵死”原是个动词，表陈述；后来转为名词，表指称，后者源于前者。

（五）殇死（3 次）

“殇死”跟“兵死”很类似，也有动词和名词两种用法。

作为动词用的“殇死”指未成年而死。例如：

（115）邦无飤（食）人，道逄（路）无殇死者。（上博二·容成氏）

此例的“殇死”与“者”构成“者”字词组，再作动词“无”的宾语。

作为名词用的“殇死”，指未成年而死的人。例如：

（116）庚辛有疾，外鬼、伤（殇）死为姓（眚）。（睡虎地·日书乙种）

名词用法的“殇死”源于动词用法的“殇死”。

（六）赎死（2 次）

这是指用财物或劳役抵偿死罪。例如：

（117）马甲一，金三两一垂，直（值）钱千九百廿，金一朱（铢）直（值）钱廿四，赎死。（岳麓贰·数）

（118）葆子以上居赎刑以上到赎死，居于官府，皆勿将司。（睡虎地·秦律十八种）

（七）昧死（4 次）

意思是冒昧而犯死罪，这是秦汉时群臣上书时的习用语。例如：

（119）臣昧死请。制曰：“可。”（里耶壹 8－1668）

（120）丞相臣斯、臣去疾、御史大夫臣德昧死言：“臣请具刻诏书，金石刻因明白

---

① 湖北省荆州市周梁玉桥遗址博物馆编：《关沮秦汉墓简牍》，中华书局 2001 年版，第 125 页。

矣。臣昧死请。”制曰：“可。”（峄山刻石）

（八）致死（12次）

这应是指使人死亡、导致死亡。这个词语在《汉语大词典》和《辞源》中都没有收录，到了《现代汉语词典》中才收录。实际上，它在秦代已经出现了。例如：

（121）十一月，斗、娄、虚大凶，角、房致死。（睡虎地·日书甲种）

（122）十月，心、危、营室大凶，心、尾致死。（睡虎地·日书甲种）

（123）张、翼致死。（睡虎地·日书甲种）

（九）辟死（2次）、彼死（4次）、去死（1次）

（124）鞫之：辟死，论不当为城旦。吏论：失者，已坐以论。九月丙申，沙羡丞甲、史丙，免辟死为庶人。令自尚也。（龙岗·木椟）

（125）廿八年六月己巳朔甲午，仓武敢言之：令史敞、彼死共走兴。今彼死次不当得走，令史畸当得未有走。今令畸袭彼死处，与敞共走。仓已定籍。敢言之。（里耶壹8－1490、8－1518）

（126）彼死手。（里耶壹8－647）

（127）☐□出贷吏以卒戍士五（伍）涪陵戏里去死十一月食。（里耶壹8－1094）

七、结语

“死”可以分为两大类。一是用作单音词，二是用作词素。

用作单音词的“死”有下述几个义项：①死亡、生命终止；②腐烂、腐坏；③杀死、处死；④为/因……而死亡；⑤滞积而不流动；⑥尸体。①为本义，最为常见，占96.9%；②至⑤为引申义都不常见，⑥是假借义。

“死亡、生命终止”这种意义的“死”应该是一价状态动词，它的配价是系事。它的语义特征应是［状态/变化］［－自主］。

“死”的系事，可以是人、鬼神、动物、植物。

以“死”为谓语中心可以构成下述单动句句式：NP＋死（NP可省）、死＋NP。“为/因……而死亡”意义的“死”可以构成下述句式：NP＋死＋$O_{原因}$（NP可省）。以“死”为谓语一部分还可以构成下述复杂谓语句式：连谓句式、兼语句式、联合句式、转折句式。

“死”还可以表指称，这种“死”可以与“者”构成“者”字短语，与“所”构成“所”字短语，与“所”“者”构成“所者”短语，这种“死”还可以作主语或主题的一部分、宾语或宾语的一部分、判断句谓语的一部分。“死”还可以表示修饰，这种“死”可以作定语、状语。

用作词素的“死”可以跟别的语素构成下述复合词：死罪、死生、死亡、兵死、殇死、赎死、昧死、致死。“死”还是人名的一部分，如辟死、彼死、去死。

第三节　出土战国文献一价和二价动词“乐”

到目前为止，还没有人对出土战国文献中的动词“乐”进行全面的研究，而“乐”是典型的心理动词，对这个问题进行研究是很有必要的。

在我们所使用的出土战国文献语料中，“乐”共出现226次。其中出现在残辞中的有5次，假借为“药”的有2次，假借为“栎”用作地名的有4次。

其余的“乐”（215次）根据读音可以分为两大类，一类是读为“yuè”（古音为疑母、觉韵，五角切）的“乐”，另一类是读为“lè”（古音为来母、铎韵，卢各切）。

读为“yuè”的“乐”共出现90次，其中作为语素出现在复合词中的有10次，如“乐人”（1次）、“乐正”（2次）、“乐尹”（3次）、“乐府”（1次）、“乐陵”（1次）、“乐成（城）”（1次）、“乐石”（1次）。作为单音词使用的“乐”有80次。这种“乐”多数是用作名词的，有下列义项：音乐（25次）、泛指音乐舞蹈（21次）、《乐经》（7次）、乐工（2次）、姓（12次）。有时也用作动词，意思是奏乐（13次）。可见，这种“乐”基本是用作名词的。

读为“lè”的“乐”共出现125次，其中用作语素出现在复合词中的有20次，出现在下列复合词中：康乐（11次）、安乐（4次）、平乐（1次）、乐乐（2次）、上乐（1次）、乐君（1次）。作为单音词而使用的“乐”有105次，多数是用作动词的，有下列义项：快乐、欢乐、安乐（49次）；使……快乐（26次）；喜欢、喜爱，乐意、乐于（25次）；享乐（3次）。有时用作名词，意义是声色（2次）。可见这种“乐”是基本用作动词的。

本文研究用作动词的“乐”，主要是读为“lè”的动词“乐”，也涉及读为“yuè”的动词“乐”。

一、单音词“乐”的义项

这里只谈动词“乐”的义项。有以下几种：

（一）快乐、欢乐、安乐

这种意义的“乐”比较常见，共有49次。例如：

（1）不安则不药（乐），不药（乐）则亡悳（德）。（郭店·五行）

（2）怒能喜，乐能哀，智能愚，壮能衰。（睡虎地·为吏之道）

（二）使……快乐、欢乐

这种意义的“乐”源自前一种意义的“乐”，是前一种意义“乐”的使动用法。共有26次，是比较常见的，不是活用，而是一个义项。《汉语大词典》也把它列为一个义项。例如：

（3）我台（以）乐丂（考）、帝（嫡）戠（祖）、大夫、宾客，日日台（以）鼓（鼓）之。（越王者旨于睗钟铭，集成144）

（4）祷于吝（文）夫（夫人），𦉜（荆）牢，乐虡（且）赣（贡）之。（葛陵乙

一：11）

（三）喜欢、喜爱，乐于、乐意

这种意义的“乐”应是从第一种意义引申出来的。令人快乐、欢乐的人或东西，人们是喜欢、喜爱的；令人快乐、欢乐的事，人们是乐于、乐意去做的。这种“乐”共有25次，已是比较常见的义项了。例如：

（5）孝₌（君子）岂（媺）丌（其）情，贵丌宜（义），善丌节，好丌颂（容），乐丌道，兑（悦）丌孝（教），是㠯（以）敬安（焉）。（上博一·性情论）

（6）女子不狂痴，歌以生商，是阳鬼乐从之。（睡虎地·日书甲种）

（四）享乐

这种意义的“乐”也是从第一种意义的“乐”中引申出来的，人若过分享受安乐、沉溺于欢乐之中，就是享乐了。这种意义的“乐”有3次。例如：

（7）既为金桎，或（又）为酉（酒）池，誃（厚）乐于酉（酒）。（上博二·容成氏）

（8）凡悳（忧）患之事谷（欲）妊（任），乐事谷（欲）后。（郭店·性自命出）

（五）奏乐

这种意义的“乐”读为“yuè”，是从“音乐”这种意义的“乐”引申出来的，其实是“音乐”这种意义的“乐”的动词用法。这种“乐”共有13次，已是较常见的义项了。例如：

（9）不可饮食、哥（歌）乐。（睡虎地·日书甲种）

（10）可以穿井、行水、盖屋、饮乐、外除。（睡虎地·日书甲种）

二、动词“乐”的配价及语义特征

依据配价的不同，可以把动词“乐”分成两大类，一类是一价动词，另一类是二价动词。

殷国光（2009）在研究《庄子》中的动词“乐”时，把“乐”分为三种：乐^1、乐^2、乐^3。“乐^1”的意义是高兴、快乐，为一价动词；“乐^2”的意义是使……快乐，为二价动词；“乐^3”的意义是喜好、喜爱，也是二价动词。这种观点，我们是赞同的。

（一）一价动词“乐”

殷国光（2009）认为“高兴、快乐”这种意义的“乐”是一价动词，这是我们能够同意的。但是，他把这种“乐”归入动作动词，这是我们不能赞同的。我们把这种“乐”归入一价心理动词。

这种“乐”有一个配价成分，即所谓“经事”，经事指的是心理活动的主体，是指心理活动的感知者、体验者、经验者。下引一例“乐”的经事就出现了：

（11）得者乐，遊（失）者哀。（郭店·语丛三）

例（11）中的“得者”就是一价心理动词“乐”的经事。

像“乐”这种心理动词，是表示人自身的心理感受、心理体验和心理经验的，是反映人的情绪变化的，所以它具有［述人］［心理］的语义特征。还有，由于是心理动词，所以还具有［±自主］［±施动］的语义特征。总之，快乐、欢乐、安乐这种意义的“乐”

是一价心理动词，它的配价是经事，它具有［述人］［心理］［±自主］［±施动］的语义特征。

“乐”还有享乐的意思，这种“乐”很少见，也应是一价动词。这种“乐”的义位中，含有动作的义素，也含有受事的义素，不能再带宾语。这种“乐”的意义偏重在享受上，可以归入动作动词。

“乐”（yuè）还有奏乐这种意义，这种“乐”也应是一价动词。这种“乐”的义位中，也是既含有动作的义素，也含有受事的义素，所以也不再带有宾语。这种“乐”的意义偏重在“奏”上，因而同样可以归入动作动词。

（二）二价动词“乐”

二价动词“乐”明显可以分为两种。

如前所述，殷国光（2009）把“乐”分为三类，是我们能够接受的。但是，他把“乐^{2}”和“乐^{3}”都归入动作动词，则是我们不能同意的。“乐^{2}”明显是“乐^{1}”的使动用法，所以应归入二价致使动词；“乐^{3}”是表示人的心理活动的，所以应归入二价心理动词。

1．二价致使动词“乐”

这种“乐”的意义是使……快乐、欢乐。它的两个配价成分：一是致事，是指致使行为发生、产生的原因；二是使事，是指受到致事的影响而发生了变化，产生了新的性质状态。例如前引例（3）中的“我台（以）乐丂（考）、帝（嫡）戠（祖）、大夫、宾客”，其中的“我”为致事，而“丂（考）、帝（嫡）戠（祖）、大夫、宾客”为使事。

这种“乐”具有［致使］［±自主］的语义特征。说致使动词具有［±自主］的语义特征，是因为致使动词的致使行为的发生，有的是致使行为发出者有意识发出的，有的则是客观使然。

2．二价心理动词“乐”

这种“乐”的意义是喜欢、喜爱，乐于、乐意。它的两个配价成分：一是经事，是心理活动的主体，即心理活动的经验者、体验者、感知者；二是感事，是心理活动的客体，即心理活动的体验对象、感知对象。如前引例（5）中的“君子”、例（6）中的“阳鬼”都是经事；而例（5）中的“丌道”、例（6）中的“从之”则都是感事。

这种“乐”具有［述人］的语义特征，因为它是表示人类对客观世界、内心世界的体验和认知，是人类对各类刺激物的不同层次的反应；具有［心理］［情绪］的语义特征，因为它是表示人类情绪意志活动的。

三、动词“乐”的配价成分

前面说过，“乐”的义项不同，配价往往不同；配价不同，则配价成分亦有别。

（一）一价动词“乐”的配价成分

“高兴、快乐”这种意义的“乐”，其配价成分是所谓的经事。

表示“乐”的经事的，一般是名词，也可以是名词性短语。这些名词、名词性短语都是表人的。这一点是由“乐”的语义特征决定的。前面说过，这种“乐”具有［述人］的语义特征，因而要求它的经事词语都是表人的名词语，这样两者才能相互搭配。例如：

（12）今夫君子，不喜不乐。（清华壹·耆夜）

（13）君子药（乐）则絧（治）正，憂（忧）則遉（复）；少（小）人药（乐）则惫（疑）。（上博二·从政）

（14）淦（阴）则或淦（阴），昜（阳）则或昜（阳），民日愈（愉）乐。（上博六·用曰）

（15）夫子絅（治）十室之邑亦乐，絅（治）墓（万）室之邦亦乐。（上博五·君子为礼）

表示“乐”的经事的，还可以是表人的名词性短语，如前引例（11）中的“得者”。

这种“乐”的经事词语，通常是省略的，例如：

（16）不安则不药（乐），不药（乐）则亡悳（德）。（郭店·五行）

“享乐”这种“乐”的施事词语、“奏乐”这种“乐”的施事词语，一般也都不出现，都承前省略，或不言自明，或不必说出。

（二）二价动词“乐”的配价成分

1. 二价致使动词“乐”的配价成分

这种“乐”的致事词语，可以是人称代词“我”，这是指人的。如前引例（3）中的“我”。这种“乐”的致事词语通常是省略的。例如：

（17）毄（举）祷于卲（昭）王大牢，乐之。（新蔡乙二：1）

这种“乐”的使事词语，可以是名词、代词，也可以是名词性联合短语；可以是表鬼神的，也可以是表活人的。总之，都具有［述人］的语义特征，因为人或鬼神才能高兴。例如：

（18）睪（择）吉金，自乍（作）禾（龢）童（钟），台（以）乐宾客。（越王朱句钟铭，集成 00171）

（19）毄（举）祷子西君、文夫人各戠牛馈，栈钟乐之。（新蔡甲三：200）

（20）我台（以）乐丂（考）、帝（嫡）戠（祖）、大夫、宾客，日日台（以）鼓（鼓）之。（越王者旨于睗钟铭，集成 144）

2. 二价心理动词“乐”的经事与感事

这种“乐”的经事词语可以是名词语，也可以是人称代词；可以是表示鬼神的，也可以是表示活人的，都具有［述人］的语义特征。如上引例（6）中的“阳鬼”。又如：

（21）人若鸟兽及六畜恒行人宫，是上神相好下乐入。（睡虎地·日书甲种）

（22）虘（予）中心乐之。（上博六·孔子见季逗子）

这种“乐”的经事词语也可以省略，例如：

（23）各乐其所乐，而踐（足）以贫（分）人。（睡虎地·为吏之道）

这种“乐”的感事词语，可以是名词、代词、动词，也可以是名词性短语、动词性短语；表示的可以是物，也可以是事。如前引例（21）中的“人”、例（22）中的“之”、例（23）中的“其所乐”。又如：

（24）目之好色，耳之乐圣（声），郁舀（陶）之熨（气）也。（郭店·性自命出）

（25）父母所乐乐之，父母所忧忧之。（上博四·内豊）

（26）天下乐进而弗诂（厌）。（郭店·老子甲本）

（27）君子完（嫩）丌（其）情，贵丌（其）宜（义），善丌（其）节，好丌（其）颂

（容），乐丌（其）道，兑（悦）丌夅（教），是目（以）敬安（焉）。（上博一·性情论）

（28）敚〈美〉之，是乐杀人。（郭店·老子丙本）

根据这种“乐”的感事宾语的不同，“乐”可有不同的翻译。如果感事宾语是名词或名词性短语（包括体词性代词），则“乐”可译为喜爱、喜欢；如果感事宾语是动词或动词性短语，则“乐”可译为乐于、乐意。但这不是两个义项，而是一个义项，这两种情况下的“乐”都是二价心理动词。

四、动词“乐”的句式

这里所谓的句式，是指小句的句式。依据邢福义（1996），所谓小句是最小的具有表述性和独立性的语法单位。小句首先是指单句，其次是指结构上相当于单句的分句，也包括紧缩复句中的分句。

动词“乐”包括一价动词和二价动词，这两种动词所构成的句式是不同的。

（一）一价动词“乐”的句式

这种“乐”主要是指意义为“快乐、欢乐”的心理动词“乐”。这种“乐”所构成的句式，可以是单中心谓语句式，也可以是复杂谓语句式。

1. 单中心谓语句式

这种句式只有下述1种：NP＋乐（NP代表经事主语，可以省略）（21次）。

这种句式的例子如前引例（11）中的“得者乐”，例（13）中的“君子药（乐）”“少（小）人药（乐）”。

这种句式中的NP可省，例如：

（29）和则药（乐），药（乐）则又（有）悳（德）。（郭店·五行）

这种“乐”前可以出现状语，如前引例（1）、例（12）、例（16）中的“不药（乐）”。又如：

（30）毋已大乐，则终以康。（清华壹·耆夜）

2. 复杂谓语句式（4次）

这种“乐”可以构成并列句式（2次）、连谓句式（2次）。

所谓并列句式，是说作谓语中的两个动词之间是并列关系。如前引例（14）中的“民日愈（愉）乐”，其中“愉”和“乐”之间是并列关系。又如：

（31）若罔之未癹（发），而自嘉乐。（上博六·用曰）

这个例子中的“嘉”亦可训为“乐”，“嘉”和“乐”是并列关系。

连谓句式如前引例（15）中的“夫子絧（治）十室之邑亦乐，絧（治）蠆（万）室之邦亦乐”。例中“治十室之邑”“治万室之邦”与“乐”之间应是因果关系，“夫子治十室之邑亦乐”，可以分成两个小句：“夫子治十室之邑”“夫子乐”。两个小句之间也是因果关系，所以把“夫子治十室之邑亦乐”看成连谓句应是可以的。“治万室之邦亦乐”前的主语省略了。

“享乐”意义的“乐”作谓语的例子只见到一个，即是前引例（7）中的“謱（厚）乐于酉（酒）”，这个例子的主语省去了，“乐”前有状语，其后有介宾补语，都不是这种“乐”的配价成分。

“奏乐”意义的“乐”一般都构成并列句（5 次），作谓语的中心之一，如前引例（9）中的“不可饮食、哥（歌）乐”。又如前引例（10）。又如：

（32）不可临官、饮食、乐、祠祀。（睡虎地·日书甲种）

（二）二价动词“乐”的句式

这种“乐”有两种，一是二价致使动词“乐”，二是二价心理动词“乐”。

1. 二价致使动词“乐”的句式

这种“乐”构成的单中心谓语句式只有下面一种：NP + 乐 + O（NP 代表致事主语，可以省略）（23 次）。

这种句式的例子如前面举过的例（3）中的“我台（以）乐丂（考）、帝（嫡）戱（祖）、大夫、宾客”。

这种句式中的 NP 可以省去，如前引例（17）中的“乐之”。

这种句式中的“乐”前可以出现介宾状语，如前引例（18）中的“台（以）乐宾客”，其中的“台（以）”是介词，宾语“禾（龢）童（钟）”承前省去了。也可以出现表示工具的状语，如前引例（19）中的“栈钟乐之”，“栈钟”是用来“乐之”的工具，这是“乐”的非配价成分。

这种“乐”构成的复杂谓语句式只有并列句式（3 次），如前引例（4）中的“乐虘（且）赣（贡）之”，又如：

（33）☐乐虘（且）赣（贡）之。（新蔡零：331－1）

2. 二价心理动词“乐”的句式

这种“乐”构成的单中心谓语句式有二。

一是 NP_1 + 乐 + NP_2（NP_1 代表经事主语，NP_2 代表感事宾语，NP_1 可省）（7 次）。

这种句式的例子如前引例（22）中的“廌（予）中心乐之”。

这种句式中的 NP_1 可以省去，如前引例（5）中的“乐亓（其）道”、例（23）中的“各乐其所乐”。

这种句式中的“乐”前可以出现状语，如前引例（23）中的“各乐其所乐”。

这种句式中的“乐”前可以出现状语，如前引例（22）“廌（予）中心乐之”中的“中心”，例（23）“各乐其所乐”中的“各”。

二是 NP_2 + 乐 + 之（NP_2 代表感事主题，“之”复指提前的 NP_2）（2 次）。

这种句式的例子如前引例（25）中的“父母所乐乐之”。此例中的“父母所乐”是“乐”的感事宾语，提到句首，在原位置用一个代词“之”来复指。

这种句式中的 NP_2 提前后，也可以不用“之”来复指，在原位置留下语法空位。例如：

（34）行不信则命不从，信不惹（著）则言不乐。（郭店·成之闻之）

在这个复句中，“言不乐”跟“命不从”对应，“命不从”中的“命”是“从”的客事；同样，“言不乐”中的“言”也是“乐”的客事。“乐言”是指（民众）喜欢他说的话。

这种“乐”构成的复杂谓语句式，只有一种，即连谓句式（1 次）。例如前引例（26）中的“天下乐进而弗诂（厌）”。

五、“乐”表指称和修饰

（一）一价动词“乐”表指称和修饰

“快乐、欢乐”这种意义的“乐”只有表指称的用法，可以是有标记的，也可以是无标记的。

1. 组成“者”字短语（1 次）

（35）闻道而乐者，好悳（德）者也。（郭店・五行）

“闻道而乐”这个连谓短语，与“者”构成“者”字短语，表示这种人，作判断句的主语。

2. 作主语或主题（15 次）

（36）蜀（独）处而乐，又（有）内豊（礼）者也。（郭店・性自命出）

（37）喜生于眚（性），乐生于喜。（郭店・语丛二）

（38）哀、乐，丌（其）眚（性）相近也。（上博一・性情论）

把上引例（36）跟（35）比较一下，应知在例（36）中的“乐”后可以添加一个者。例（36）中的“蜀（独）处而乐”，是作判断句主语。

3. 作宾语（8 次）

（39）亓（其）左右相侩（公）自善曰：“盍必死愈为乐虖（乎）?”（上博六・竞公疟）

（40）君王龙（隆）亓（其）祭，而不为亓（其）乐。（上博七・君人者何必安哉甲）

（41）乐生于喜，悲生于乐。（郭店・语丛二）

享乐这种意义的“乐”只有表修饰的用法，都是作定语的（2 次）。例如：

（42）凡恩（忧）患之事谷（欲）妊（任），乐事谷（欲）后。（郭店・性自命出）

奏乐这种意义的“乐”只有表指称的用法，都是作宾语的（8 次）。例如：

（43）利祠、饮食、歌乐。（睡虎地・日书甲种）

（44）凡且有大行、远行若饮食、歌乐、聚畜生及夫妻同衣，毋以正月上旬午……（睡虎地・日书甲种）

（二）二价动词“乐”表指称和修饰

二价致使动词“乐”无表指称的用法，也无表修饰的用法。

二价心理动词“乐”无表修饰的用法，只有表指称的用法。

1. 构成“所”字短语（5 次）

这种例子如前面举过的例（23）中的“其所乐”、例（25）中的“父母所乐”。又如：

（45）蜀（独）处则习父兄之所乐。（郭店・性自命出）

（46）乐，备（服）悳（德）者之所乐也。（郭店・语丛三）

2. 构成 NP_1 + 之 + 乐 + NP_2（2 次）

这种例子如前引例（24），又如：

（47）目之好色，耳之乐圣（声），郁陶之气也。（上博一・性情论）

这种“之”，加在 NP_1 + 乐 + NP_2 的主谓之间，使 NP_1 + 乐 + NP_2 指称化了。在这里，“目之好色、耳之乐圣（声）”是作判断句的主语。

3．作判断句谓语（7次）

这种例子如前引例（6）中的“阳鬼乐从之”、例（21）中的“上神相好下乐人”、例（28）中的“乐杀人”。又如：

（48）《奎（赉）》《武》，乐取；《卲（韶）》《頣（夏）》，乐情。（上博一·性情论）

这个例子是说，《赉》《武》两篇所表达的是乐武王取得天下；《韶》《夏》两篇所表达的是乐舜、禹爱民之情。“乐取”“乐情”这两个动宾短语都作判断句的谓语。

4．作宾语的中心语（1次）

（49）以䍃（琴）𤦪（瑟）之敓（悦），㤅（拟）好色之忈（愿）；目（以）钟鼓之乐，□□□□□□□好，反内（纳）于豊（礼），不亦能改虐（乎）？（上博一·孔子诗论）

这里的“钟鼓之乐”，是说对钟鼓的爱好，作介词“以”的宾语。

六、由动词“乐”构成的复合词

这种复合词有康乐、安乐、乐乐、平乐、上乐，这些复合词中的“乐”大都应读为“lè”。

（一）康乐（11次）

词性为形容词，是联合式复合词，意思是安乐。例如：

（50）康乐而毋荒，是惟良士之方方。（清华壹·耆夜）

“康乐”可以有使动用法：

（51）命瓜（令狐）君嗣子乍铸尊壶，简简优优，康乐我家。（令狐君嗣子壶铭，集成9719）

“康乐”还可以作介词的宾语，这时它已指称化了：

（52）视之台（以）康乐，悳之台（以）凶坓（刑）。（上博六·用曰）

（二）安乐（4次）

意思是安宁、快乐，为形容词，是联合式复合词。例如：

（53）贫而安乐，先凥（居）……（上博八·颜渊问于孔子）

（54）安乐必戒，毋行可悔。（睡虎地·为吏之道）

（55）安乐之所必戒。（岳麓壹·为吏治官及黔首）

（三）乐乐（3次）

意思是喜悦、快乐，为状态形容词，是重叠式复合词。例如：

（56）王夜爵酬毕公，作歌一终曰《乐乐旨酒》：“乐乐旨酒，宴以二公……”（清华壹·耆夜）

（四）平乐（1次）

意思是地名，为名词，是联合式复合词。例如：

（57）☐杀坪乐，思攻解于下之人不壮死。（望山176）

（五）上乐（1次）

意思是宫室之名，为名词，是偏正式复合词。例如：

（58）上乐床（厨）庴（容）厽（叁）。（上乐厨鼎铭，集成 2105）

此外，“乐”还可以构成下列复合词：

乐人（1 次）：乐师，歌舞演奏的艺人。

乐石（1 次）：原指可制乐器的石料，后泛指碑石或碑碣。

乐正（2 次）：乐官之长。

乐尹（3 次）：司乐大夫。

乐府（1 次）：主管音乐的官署。

乐成（城）（1 次）：地名。

乐陵（1 次）：里名。

乐君（1 次）：人名。

以上这些复合词中的“乐”，大都应读为 yuè。

七、小结

总之，第一，从读音上看，动词“乐”可以分为两种，一种是读为 lè 的“乐”，有下列四个义项：①快乐、欢乐、安乐；②使……快乐、欢乐；③喜欢、喜爱、乐于、乐意；④享乐。

另一种是读为 yuè 的“乐”，只有“奏乐”这一个义项。

第二，从配价上看，“乐”可以分为两类，一类是一价动词，另一类是二价动词。

“高兴、快乐”这种意义的“乐”是一价心理动词，它的一个配价成分是经事。这种“乐”具有［述人］［心理］［±自主］［±施动］等语义特征。

“享乐、奏乐”等意义的“乐”也是一价动词，可归入一价动作动词。

“使……快乐、欢乐”这种意义的“乐”是二价致使动词，它的两个配价成分是致事和使事。这种“乐”具有［致使］［±自主］的语义特征。

“喜欢、喜爱、乐于、乐意”这种意义的“乐”是二价心理动词，它的两个配价成分是经事和感事。这种“乐”具有［述人］［心理］［情绪］的语义特征。

第三，动词“乐”的配价成分因其义项的不同而有异。

表一价心理动词“乐”的经事的，一般是名词，也可以是名词性短语，都是表人的。

表二价致使动词“乐”的致事的，可以是人称代词；表其使事的，可以是名词、代词，也可以是名词性联合短语。它们可以是表鬼神的，也可以表人。

表二价心理动词“乐”的经事的，可以是名词语，也可以是人称代词。它们可以是表鬼神的，也可以表人。表示感事的，可以是名词、代词、动词，也可以是名词性短语、动词性短语。它们可以表物，也可以表事。

第四，动词“乐”的配价不同，其所构成的句式也不同：

一价心理动词“乐”可构成下述单中心谓语句式：NP + 乐（NP 表经事，可以省略）。这种“乐”还可以构成并列句式、连谓句式。

二价致使动词“乐”可构成下述单中心谓语句式：NP_1 + 乐 + NP_2（NP_1 表致事，NP_2 表使事，NP_1 可省），这种“乐”还可以构成并列句式。

二价心理动词“乐”可构成下述两种单中心谓语句式：即 NP_1 + 乐 + NP_2（NP_1 表经

事，可以省略；NP_2 表感事）、NP_2 + 乐 + 之（NP_2 表感事，“之”可省）。这种“乐”还可以构成连谓句式。

第五，动词“乐”也可以表指称和修饰。

一价心理动词“乐”只有表指称的用法，可以是有标记的，与“者”组成“者”字短语；也可以是无标记的，作主语或主题、作宾语。

二价致使动词“乐”既无表指称的用法，也无表修饰的用法。

二价心理动词“乐”只有表指称的用法，可以是有标记的，与“所”组成“所”字短语，与“之”构成 NP_1 + 之 + 乐 + NP_2 结构；还可以是无标记的，作判断句谓语、作宾语的中心语。

第六，由动词“乐”构成的复合词有康乐、安乐、乐乐、平乐、上乐等。

第四节　出土战国文献二价动词“伐”

何琳仪（1998）简述过出土战国文献中的“伐”。他认为有征伐之义；所谓“伐器”，是指攻伐之器，引申为藏兵器之武库名。何琳仪只是在字典中说解了战国文字中“伐”的字形及字义，并没有从句法语义的角度对出土战国文献中的动词“伐”做全面的研究，因而从事本论题的研究是有价值的。

“伐”在殷墟甲骨文中已较常见，写作“伐”，从戈、从人，表示以戈击人，是会意字，所以刺杀（人）应是其本义。在战国文字中，“伐”一般仍从戈、从人，仍是会意字；或作“戣”，从戈，癹声，则是个形声字。

“伐”在本文所使用的出土战国文献中共出现了 101 次，其中用作单音词的有 80 次，构成复音词的有 21 次。复音词中“伐器”出现了 17 次，作为《诗经·小雅》篇名的“《伐木》”出现 1 次，作为人名的“伐”（狄伐，司马伐，辻弁伐）出现 3 次。

一、单音词“伐”的义项

在本书所使用的出土战国文献中，“伐”共有下述一些义项：砍杀、击刺；砍伐、砍斫；砍伐木材制成；征伐、攻打；敲击；铲除、平毁；危害、败坏；夸耀；古时评功的一个品级。

（一）砍杀、击刺（10 次）

这种“伐”所带的宾语，一般是表示人或动物的。例如：

（1）白昼居某山，甲等而捕丁戊，戊射乙，而伐杀收首。（睡虎地·封诊式）

（2）小畜生入人室，室人以投（殳）梃伐杀之，所杀直（值）二百五十钱，可（何）论？（睡虎地·法律答问）

（二）砍伐、砍斫（12 次）

这种“伐”所带的宾语是表示树木的。例如：

（3）□□□□亥不可伐室中尌（树）木。（睡虎地·日书乙）

（4）戊己不可伐大桑中，灾，长女死之。（放马滩·日书乙）

（三）砍伐木材制成（2次）

这种动词“伐”所带的宾语，并不是表示砍伐的对象的，而是表示砍伐木材后制成的东西。例如：

（5）唯不幸死而伐绾（棺）享（椁）者，是不用时。（睡虎地·秦律十八种）

（6）一人伐牍。（里耶壹8-2146）

（四）征伐、攻打（47次）

这种“伐”最为常见，占单音词“伐”总数（80次）的59%。这种动词“伐”所带的宾语，一般是表示国家、部族、城邑的。例如：

（7）晋简公立五年，与吴王阖庐伐楚。（清华贰·第二十二章）

（8）是戢（岁）也，晋人戮（伐）齐，既至齐埅（地），晋邦又（有）𤔲（乱），师乃逯（归）。（上博五·鲍叔牙与隰朋之谏）

（五）敲击（1次）

这种动作“伐”所带的宾语是“鼓”。这种用例在传世文献中可见，如“鼓钟伐鼛，淮有三洲”（《诗经·小雅·鼓钟》）。

（9）梦伐鼓声必长，众有司必知邦端。（岳麓贰·占梦书）

（六）铲除、平毁（3次）

《汉语大词典》“伐”字条下列有此义项，这种“伐”的宾语是“坟墓”“颓垣”。所举的例子是明清时代的，其实，这种“伐”在秦代文献中可能已经见到。例如：

（10）衛（率）者（诸）侯之兵㠯（以）临加我。欲刬伐我社稷，伐威（灭）我百姓。（诅楚文·湫渊）

此例中的“刬”有铲除、消灭之义。“刬”和“伐”连文，都指把“社稷”神坛铲除、毁掉。

（七）危害、败坏（2次）

（11）少（小）不忍，伐大𢑱（势）。（郭店·语丛二）

（12）天道贵溺（弱），雀（削）成者以嗌（益）生者，伐于勥（强），责于□。（郭店·太一生水）

（八）夸耀（2次）

（13）善者，果而已，不以取㹸（强）。果而弗登（伐），果而弗乔（骄），果而弗稐（矜）。（郭店·老子甲）

（14）至忠女（如）土，蚄（化）勿（物）而不輂（伐）；至信女（如）时，必至而不结。（郭店·忠信之道）

（九）古时评功的一个品级（1次）

（15）资中令史阳里扣伐阅。（里耶壹8-269）

资中，县名。阳里，里名。扣，人名。《史记·高祖功臣侯者年表序》说：“古者人臣功有五品，以德立宗庙定社稷曰勋，以言曰劳，用力曰功，明其等曰伐，积日曰阅。”据此，例（15）应是说“资中令史阳里扣”获评了低品级和较低品级的功。

“伐”各义项的引申关系应如下所示：

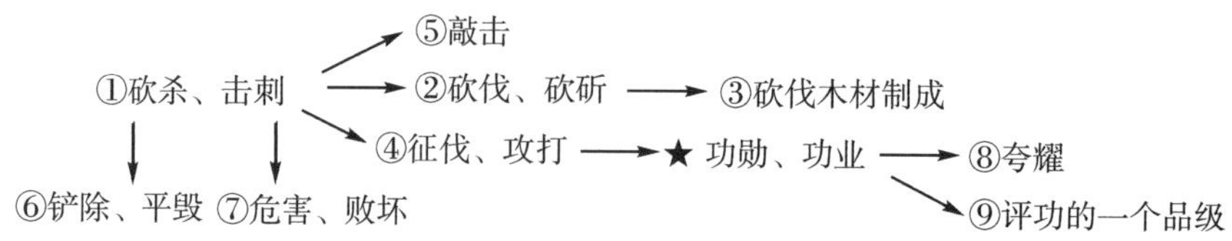

“伐”在传世先秦文献中有“功勋、功业”之义，例如：“晋侯使郄至献楚捷于周，与单襄公语，骤称其伐。”（《左传·成公十六年》）这种意义应是从“征伐、攻打”而来，因为这是建立功业的途径，从上面所引《左传》中的例子可以看出这一点。

二、动词“伐”的配价及语义特征

除了义项⑨（古时评功的一个品级）之外，动词“伐”都应视为二价动词。

二价动词“伐”可以分为两大类，一类是二价动作动词，另一类是二价状态动词。

二价状态动词“伐”的意义是危害、败坏，如前引例（11）、例（12）。这种“伐”很少见，在传世文献中却可以见到，如“秉牍以驱龄，洒翰以伐性，岂圣贤之素心，会文之直理哉”（刘勰《文心雕龙·养气》）。所谓“伐性”即指危害身心。二价状态动词“伐”有两个配价成分，一个是系事，一个是涉事。系事词语如前引例（12）中“伐于甥”之前的“天道”。涉事词语如前引例（11）“伐大彭”中的“大彭”。这种二价状态动词“伐”，具有［状态］［非自主］［影响］等语义特征。

二价动作动词“伐”还可分为两小类，一类是带受事的二价动作动词，另一类是带成事的二价动作动词。带成事的二价动作动词“伐”的意义是砍伐木材制成，如前引例（5）、例（6）。这种“伐”很少见，如前所述，只见到了两个例子。这种“伐”有两个配价成分，一个是施事，另一个是成事。施事词语如前引例（6）“一人伐牍”中的“一人”，成事词语如例（6）中的“牍”，又如例（5）中的“棺椁”。这种带成事的二价动作动词“伐”具有［动作］［自主］［制作］的语义特征。

带受事的二价动作动词“伐”的意义有砍杀、击刺，砍伐、砍斫，征伐、攻打，敲击，铲除、平毁，夸耀等。这种“伐”很常见，共有75次，占单音词“伐”出现总次数（80次）的93.75%。这种动词“伐”有两个配价成分，一是施事，二是受事。施事词语如前引例（8）中的“晋人戮（伐）齐”中的“晋人”，受事词语如例（8）“齐”。这种二价动作动词“伐”具有［动作］［自主］［及物］的语义特征，是典型的及物动词。

殷国光（2009）谈到《庄子》中的动词“伐”。他把其中的“伐”分为两个，一个是“伐[1]”，意义是“砍伐、征伐”；另一个是“伐[2]”，意义是“夸耀”，他把这两种“伐”都看成二价动作动词。殷先生的看法是可从的。不过，“夸耀”这个义项，含有［言说］的语义特征，与其他义项有些区别。但广义说来，“言说”也是一种动作。

三、动词“伐”的配价成分

前面说过，动词“伐”有三种情况，下面分类来谈。

（一）带受事的二价动作动词“伐”的配价成分

这种“伐”有两个配价成分，一是施事，二是受事。

表示“伐”的施事的，可以是名词，如“武王、成王、文王、灵王、赵狗、楚成王、君”等。也可以是代词，如“余、吾”等。还可以是名词性短语，包括定中短语，如“二人、室人、晋人、二邦”；同位短语，如“令尹子重、赤翟王峁虎、大臧（将）錢（锅）孔塦璋”等；联合短语，如“韩虔、赵籍、魏击”等。当然，“伐”的施事词语也可以省略。

值得注意的是，不管是名词、名词性短语，还是代词，都是表人的或称代人的。即使如前边举过的“二邦”也是指两个国家的人。例如：

（16）晋人杀怀公而立文公，秦晋焉始会（合）好，戮力同心。二邦伐鄀，徙之中城，围商密，止申公子仪以归。（清华贰·第六章）

所以“伐”这种动作，都是人发出来的，这样带受事的二价动作动词“伐”，还具有［述人］的语义特征。

表示“伐”的受事的，有名词，如“木、树木、材木、竹、丁、耆、卫、息、鄀、齐、滑、宋、吴、郑、秦、徐、楚、中山、唐、匽（燕）、郘、商邑、商盖、廪丘、昏（岷）山是（氏）、鼓”；也有代词，如“我、之（指代动物）”；还有名词性的短语，如“室中树木、高神之门、大榆、大棘、大桑、空桑、我社稷、我百姓”。还有由谓词性转为名词性的词语如“乱逆”。当然，受事词语也可以省略。

从意义上来说，这种“伐”的受事明显可以分为几类，相应地，“伐”的义项也随之不同。

第一类是表示竹木的，如“木、树木、材木、竹、大榆、大棘、大桑”等。这种受事词语前的“伐”，其义项应是砍伐、砍斫。

第二类是表示人和动物的，如“丁，我百姓”，还有指代动物的“之”，如前引例（2）“小畜生入人室，室人以投（殳）梃伐杀之”中的“之”。这种受事词语前的“伐”，其义项应是砍杀、击刺，这应是“伐”的本来意义。

第三类是表示国家、族氏、城邑的，如“齐、楚、匽（燕）、秦、卫、唐、耆、息、鄀、滑、宋、吴、郑、徐、中山、郘、岷山氏、商邑、商盖、廪丘”，还有代词“我”（指我国）。例如：

（17）息侯弗顺，乃使人于楚文王曰：“君来伐我，我将求救于蔡，君焉败之。”（清华贰·第五章）

这种受事词语前的“伐”，其义项应是征伐、攻打。

第四类是表示“鼓”这种乐器的，如前引例（9）中的“梦伐鼓声必长”中的“伐”。这种受事词语前的“伐”，其义项应是敲击。

第五类是表示“社稷”的，如前引例（10）中“欲划伐我社稷”中的“我社稷”，“社稷”应是用五色土堆成的。这种受事词语前的“伐”应是铲除、平毁之义。此例“划”和“伐”并用，“划”也是铲除之义。

“夸耀”这种义项的“伐”，其受事词语一般是表示自己义的词，因为它其实是自我夸耀。如“自伐者无功”（《庄子·山木》）中的代词“自”作宾语，都放在动词之前。所以“自伐”，其实就是“伐自”，即夸耀自己。在我们所使用的出土战国文献中，这种意义的“伐”只出现2次，都未带宾语。但前引例（13）“果而弗伐”中的“伐”受“弗”修饰，说明它应是及物动词，因为“弗”通常修饰的是省去了宾语的及物动词。

（二）带成事的二价动作动词“伐”的配价成分

这种“伐”有两个配价成分，一个是施事，一个是成事。

表示这种“伐”的施事的，只见到“一人”这一个名词性短语，如前引例（6）。这种“伐”的动作，也是由人来做的，因而这种“伐”也具有［述人］的语义特征。

表示这种“伐”的成事的，只有“棺椁”和“牍”，如前引例（5）、例（6）。这两种事物，都是由木材制成的。它们直接作“伐”的宾语，那么这种“伐”就不是简单的砍伐之义，而应是“砍伐木材制成”的意思。

（三）二价状态动词“伐”的配价成分

这种“伐”的两个配价成分，一个是系事，一个是涉事。

表示这种“伐”系事的词语，都省去了，并未在小句中出现。前引例（11）中“伐”的系事，应是指这件事；例（12）中“伐”的系事，应是指前面的“天道”。可见，这种“伐”就不具有［述人］的语义特征了。

表示这种“伐”的涉事的，只见到了“大势”和“强”。“大势”应是指大的形势，“强”应是强者或抽象的强，它们都是受危害的对象。

值得注意的是，这种“伐”的涉事之前，可以使用介词“于”，如前引例（12）中的“于强”。而“伐”的受事词语和成事词语是不用介词“于”介引的。

四、动词“伐”的句式

前面说过，动词“伐”可以分为三种，三种“伐”所构成的句式有异。

（一）带受事的二价动作动词“伐”的句式

这种“伐”最为常见。它构成的句式可以分为两类，一是以“伐”为单中心谓语句式，二是以“伐”作为谓语成分之一的复杂谓语句式。

1. 单中心谓语句式

最为常见的句式是：

第一，NP_1 + 伐 + NP_2（NP_1 可省）（31次）。

这个句式中的 NP_1 代表施事主语，NP_2 代表受事宾语。NP_1 可以出现，也可以省略。

这种句式的例子如前引例（3）、例（4）、例（6）、例（7）、例（8）、例（16）。又如：

（18）二人伐竹。（里耶壹8-162）

（19）灵王伐吴。（清华贰·第十五章）

（20）遂盟诸侯于召陵，伐中山。（清华贰·第十八章）

上引例（20）中的 NP_1 没有出现。当 NP_1 省略时，这种“伐”字句的句首可以出现时间主题。例如：

（21）夏三月丙丁不可伐大棘南，长男死。（放马滩·日书乙）

这种“伐”字句的“伐”前可以出现句中状语，这种状语可以是副词，也可以是介词（宾语省略）、介宾短语（表关事），还可以是副词 + 介词（宾语省略）、助动词 + 介词、副词 + 助动词。例如：

（22）毋修长城，毋伐廪丘。（清华贰·第二十二章）

（23）余㠯（以）伐郘，余㠯（以）伐郐（徐）。（冉钲铖铭，集成428）

（24）陈、蔡、胡反楚，与吴人伐楚。（清华贰·第十九章）

（25）王会诸侯于厥貉（貉），将以伐宋。（清华贰·第十一章）

（26）四月中不可伐木。（放马滩·日书乙种）

时间主题和状语可以同时出现在“伐”之前，如前引例（21）、例（26）。

在伐 + NP_2 之后，还可以出现表示处所方位的补语，这个补语可以是处所方位名词，也可以是介宾短语。例如：

（27）春三月甲乙不可伐大榆东方，父母死。（放马滩·日书乙）

（28）翟人或（又）涉河，伐卫于楚丘。（清华贰·第四章）

《睡虎地秦简》中还有“毋敢伐材木山林”之语，其中的“山林”也是处所补语。

第二，NP_1 + 伐（NP_1 可省）（3 次）。

这种句式是把 NP_1 + 伐 + NP_2 中的 NP_2 省去后形成的。省去的原因有二，一是“伐”受“勿”修饰，其宾语省去。在战国时代，“勿”后的及物动词一般不带宾语，是一条语法规律。例如：

（29）方萦（营）勿伐，牺（将）慁（兴）勿杀，牺（将）齐勿桍（刳）。（上博五·三德）

另一个原因是句中另有对比焦点，“伐”的宾语不是表意重点，所以其宾语可以省去：

（30）文悳（德）紿（治），武悳（德）伐。（上博六·天子建州甲）

2. 复杂谓语句式

第一，并列句（9 次）。

这有三种情况，一种情况是各个谓词语之间不用连词来连接。例如：

（31）欲划伐我社稷，伐威（灭）我百姓。（诅楚文·巫咸）

（32）讨伐乱逆，威动四极。（峄山刻石）

另一种情况是两个谓词语之间用连词来连接，例如：

（33）春二月，毋敢伐材木山林及雍（壅）堤水。（睡虎地·秦律十八种）

再有一种情况是几个谓词语之间有的用连词连接而有的不用。例如：

（34）入月七日及冬未、春戌、夏丑、秋辰，是胃（谓）四敫，不可初穿门、为户牖，伐木、坏垣、起垣、彻屋及杀，大凶。（睡虎地·日书甲）

上述第一种情况是，两个动词共一个宾语，构成 $V_1 + V_2 + O$ 句式。另两种情况是，几个动词各有宾语，是几个动宾短语（宾语有时省略）的并列。

第二，连谓句（21 次）。

这种句式可以分为两种，一种是几个谓词语之间不用连词。例如：

（35）士五（伍）甲斗，拔剑伐，斩人发结。（睡虎地·法律答问）

（36）文王起师伐息，息侯求救于蔡。（清华贰·第五章）

（37）晋幽公立四年，赵狗率师与越公朱句伐齐。（清华贰·第二十章）

另一种情况是谓词语之间用连词来连接。例如：

（38）晋文公立四年，楚成王率诸侯以围宋伐齐。（清华贰·第七章）

(39) 武王曰："成悳（德）者，虐（吾）敚（说）而弋（代）之。其即（次），虐（吾）伐而弋（代）之。"（上博二·容成氏）

(40) 不量亓力之不足，记（起）帀（师）目（以）伐昏（岷）山是（氏）。（上博二·容成氏）

把例（40）与上引例（36）比较，例（36）中的"起师"和"伐"之间没用连词"以"，而例（40）之间用了连词"以"。

第三，转折句（2次）。

这种句式中的谓语部分，是由转折短语构成。例如前引例（13）中的"果而弗登（伐）"、前引例（14）中的"蛧（化）勿（物）而不輂（伐）"。"果而弗伐"是说成功了却不夸耀，"化物而不伐"是说化生万物却不矜伐。

（二）带成事的二价动词"伐"的句式

这种"伐"只出现2次。其中一次构成"者"字短语，指称化了。另一例构成下述句式：NP_1 + 伐 + NP_2。

其中 NP_1 表施事，NP_2 表成事。如前引例（6）中的"一人伐陵"。

（三）二价状态动词"伐"的句式

这种"伐"也出现2次，构成下述两种句式：

第一，NP_1 + 伐 + NP_2（NP_1 可省）。

其中 NP_1 表系事，NP_2 表涉事。如前引例（11）中的"伐大势"。

第二，NP_1 + 伐 + 于 + NP_2（NP_1 可省）。

这种句式只是在前一种句式的 NP_2 之前加上一个介词"于"，用于介引涉事。这种句式对涉事宾语有强调作用，如前引例（12）中的"伐于勥（强）"。

五、"伐"表指称和修饰

当动词"伐"作谓语中心或谓语中心之一时，"伐"都是表陈述的。"伐"有时也可以用来表指称和修饰。

（一）表指称（7次）

1. 构成"者"字短语（2次）

(41)"以梃贼伤人。"可（何）谓"梃"？木可以伐者为"梃"。（睡虎地·法律答问）

2. 作宾语（5次）

包含"伐"的动词语作动词"利""梦"的宾语，这时这个动词性词语已指称化了，这是无标记的指称化。例如：

(42) 彻，大彻，利单（战）伐。（睡虎地·日书乙）

(43) 曰姑（辜），利戬（侵）伐，可目（以）攻城，可目（以）聚众，会者（诸）戻（侯），型（刑）百事，殄（戮）不义。（楚帛书·丙篇）

(44) 甲乙梦伐木，吉。（岳麓贰·占梦书）

（二）表修饰（2次）

依据郭锐（2002）修饰语位置上的成分，其表述功能应是修饰。下引例中的"伐"

是修饰语中的一个成分。例如：

（45）隹（唯）王五年，奠（郑）昜、墜（陈）旻（得）再立（莅）事岁，孟冬戊辰，大臧（将）鈛（锅）孔、墜（陈）璋内（入）伐匽（燕）亳邦之只（获）。（陈璋壶，集成9703）

此例中的“获”是所获的意思，已指称化，作中心语。

六、由“伐”构成的复合词

这种复合词主要有伐器、伐木（单指作《诗经》篇名的时候），此外，还可以作人名的一部分。

（一）伐器（17次）

意思是作战、攻伐的武器。这一词语在传世文献中可以见到，如“争遣伐器，何以行之”（《楚辞·天问》）。王逸注：“伐器，攻伐之器也。”

“伐器”一词共出现17次，都出现在战国金文之中。例如：

（46）十七年，相邦邑（春）平厌（侯）、邦左伐器工帀（师）长（张）翟（凤）、跖（冶）明執（执）斋（剂）。（十七年邦春平侯铍铭，集成11690）

（47）十八年，相邦平国君，邦右伐器段（锻）工帀（师）吴症（瘠），跖（冶）疥（瘼）執（执）斋（剂）。（十八年相邦平国君铍铭，近出1236）

（二）伐木（1次）

指《诗经·小雅》中一首诗的篇名。例如：

（48）《伐木》，□□实咎于其也。（上博一·孔子诗论）

《伐木》应是指《诗经·小雅·鹿鸣之什》中的《伐木》诗。“其”，当读为“己”。“实咎于其”意为实际是归咎于自己。

（三）用作人名（3次）

（49）□［年］盲（芒）命（令）司马伐，右库工帀（师）高雁、冶□。（盲令司马伐戈铭，集成11343）

（50）四年，吕国豚工帀（师）豸（狄）伐、冶更所为。（四年吕国鼎铭，集成2482）

（51）王孙生𡒊之旗为左騷（骖），中墜（城）子之騂（骝）为左服，辻弁伐之骐为右服，𡒊舀（牙）尹之黄为右騷（骖）。（曾侯乙156）

七、小结

总之，在出土战国文献中，单音词“伐”有下述几个义项：①砍杀、击刺；②砍伐、砍斫；③砍伐木材制成；④征伐、攻打；⑤敲击；⑥铲除、平毁；⑦危害、败坏；⑧夸耀；⑨古时评功的一个品级。上述义项中，第四个义项，即“征伐、攻打”最为常见，占单音词“伐”总次数（80次）的59%。

从配价及语义的角度，动作“伐”可以分为三类。第一类是带受事的二价动作动词“伐”，具体是指①②④⑤⑥⑧各个义项的“伐”。这种“伐”最为常见，占单音词“伐”

出现总次数（80 次）的 93.75%。它具有［述人］［动作］［自主］［及物］的语义特征。它有两个配价成分，即施事和受事，表示施事的，都是表人的名词语和称代人的代词；表受事的，可以是表示竹木的名词语，可以是表人和动物的名词语或称代人或动物的代词，也可以是表示或称代国家、族氏、城邑的名词语或代词，还可以是表示鼓、社稷的词语。这种“伐”构成的单动句式有 NP_1 + 伐 + NP_2（NP_1 可省）、NP_1 + 伐（NP_1 可省），构成的复杂句式有并列句、连谓句、转折句。

第二类是带成事的二价动作动词“伐”，具体是指有义项③的“伐”。它具有［述人］［动作］［自主］［制作］的语义特征。它有两个配价成分，即施事和成事。表示施事的，是表人名词语；表示成事的，都是表示用木材的器物的名词语。这种“伐”构成的句式有 NP_1 + 伐 + NP_2。

第三类是二价状态动词“伐”，具体是有义项⑦的“伐”。它具有［状态］［非自主］［影响］等语义特征。有两个配价成分，即系事和涉事。表示系事的词语，其意义一般都比较抽象，如“天道”“小不忍”等，表示涉事的词语，或是指形势，或指强者。这种“伐”构成的句式有 NP_1 + 伐 + NP_2（NP_1 可省）、NP_1 + 伐 + 于 + NP_2（NP_1 可省）。

动词“伐”还可以表指称，这时与“者”构成“者”字短语或者作动词的宾语。还可以表修饰，这时“伐”作定语。

“伐”还可以跟别的语素一起构成复音词，如“伐器”“伐木”等，还可以用作人名。

第五节　出土战国文献二价动词“作”

何琳仪（1998）谈过战国文字中的“作”。他认为，战国文字中的“乍”字，除人名之外多读“作”，但《睡虎地秦简》中的“乍”可训为“暂”。战国文字中有“作”，疑是“作”的繁文，在《包山楚简》中读为“胙”。“笮”疑是“拃”的异文，训为“摸”。“笮”一般应读为“作”，在《包山楚简》中则可读为“胙”。此外“诈”“詐”“怍”“酢”都可读为“作”。何先生没有论及动词“作”的语义句法问题，而且没有用到 1998 年以后出土发表的新材料，他的有些观点也可商榷，故研究这个问题很有必要，也是颇有价值的。

一、书写形式问题

关于“作”这个词的写法问题，是十分复杂的。前人有许多论述，这里不再赘述，只想谈谈我们自己根据前人的论述而形成的看法。

“作”在甲骨文中可以写成“”（金祥恒，1966），这个字中的“”像未缝制完的衣服，“丰”像针线缀合形（朱歧祥，1991），而“”像手拿针的样子。整个字像缝制衣服，所以“作”的本义就是制作。如果在“”形上省去“丰”形，则成“”形；如果在“”形上省去“”形，则成“”形；如果在“”形上再省去“丰”形，就是“”形了。在甲骨文中“作”经常作“”形。所以“乍”就是“作”的初文。

在出土战国文献中，“作”这个词的写法多样。在出土楚文献（楚帛书、楚简、楚金文）中，“作”这个词可以有“乍”“复”“钕”“偯”等写法。“乍”这个字形源于甲骨文中的“”，“钕”源于甲骨文中的“”，而“复”应是源自“钕”字，是其省形，何琳仪认为是“拃”字，似不可从。而“偯”是在“复”的基础上加上了一个“人”字旁，因为“作”一般表示人的动作。在甲骨文中还有“”，若是“作”字，则应是“偯”的直接源头。因此我们把“乍”“复”“钕”“偯”看成一字异体。这一点从“迮”字可以得到证明，“迮”不仅从“乍”，还可从“复”“钕”。有“迮”“逡”“遳”等写法。

在出土秦文献中，“作”这个词一般写成“作”，这显然源自“偯”，是在“偯”字的基础上删去了“又”字旁。此外，既然“乍”“复”为一字异体，而从“人”旁的“作”可从“偯”，当然也可以从“乍”了。不过，睡虎地秦简中的“乍”不表“作”，而是表突然之义，这说明秦简中两者有分工了，也说明秦国文字经过了规范化的工作。

其他出土战国文献中“作”的写法，与出土楚文献中的大体相同。

当然，上引异体字，还有一些假借用法。如在楚简中，“复”可以通“胙”，还可以通“阼”，“偯”也可以通“胙”“祚”，“钕”可以通“籍”等。

在出土战国文献中，“作”这个词还可以借用其他一些以“乍”为声符的字来书写。如在楚简中“狆、迮（逡、遳、怎、復）、弫”都可以通“作”。

在甲骨文中有“”字，如果是“作”的异体，则“弫”也可以看作“作”字的异体。此外，在曾国金文中，“誰”“诈”可以通“作”（中山国金文中“作”也可以写作“诈”），在徐国金文里，“酢”可以通“作”，在燕国金文中，“怍”可以通“作”。

二、“作”的义项

在我们所使用的出土战国文献中，“作”共出现 554 次，其中残辞及存疑共 9 次，表假借义（通“胙”、通“阼”、通“祚”）共 18 次，表突然之义 2 次，用作人名 1 次。去掉这四种“作”，还有 524 次。

在这 524 次之中，作为词素构成复合词的“作”共有 33 次，其余用作单音词。单音词“作”按词性划分，用作名词有 9 次，用作形容词有 3 次，用作动词有 479 次。

在这 479 次动词“作”中，用作带成事的二价动作动词有 375 次，用作带受事的二价动作动词有 38 次，用作带使事的二价致使动词有 1 次，用作一价动作动词有 34 次，用作一价状态动词有 31 次。

“作”作为一个常用词，其义项也比较多，下面一一列举。

（一）制作（324 次）

这个义项最为常见。这种意义的“作”所带的宾语，一般是表示器具的。例如：

（1）隹（唯）十又四年，墜（陈）戻（侯）午台（以）群者（诸）戻（侯）献金，乍（作）皇妣孝大妃祭器鎮錞（敦）。（陈侯午簋铭，集成 4145）

（2）蚩蚘（尤）偯（作）兵。（上博五·融师有成氏）

（二）兴建、建造（10 次）

这种意义的“作”所带的宾语，一般都是表建筑物的。例如：

（3）凡榑（植）坦（坛）、豉（树）邦、僾（作）邑之遇（寓），盍（盖）西南之遇（寓），君子尻之，幽悀（思）不出。（九店45）

（4）一人作庙。（里耶壹8－145）

（三）创作、撰写（22次）

这种意义的“作”所带的宾语，一般是用语言或文字说出或写成的。例如：

（5）王夜爵酬毕公，作歌一终曰《乐乐旨酒》。（清华壹・耆夜）

（6）卅二年五月丙子朔庚子，库武作徒薄：受司空城旦九人、鬼薪一人、舂三人；受仓隶臣二人。凡十五人。（里耶壹8－1434）

关于“作徒簿”一语，陈伟等（2012）认为是指记录徒隶劳作的文书；其中的“作徒”是指劳作的徒隶。此说似不可从。如“廿九年八月乙酉，库守悍作徒薄（簿）”（里耶秦简一8－787）一例，其中的“悍”是人名，如果把“作徒簿”再看成一个名词语，那么句中就没有动词了。应该把“作”看成动词，是编写之义，它所编写出来的东西即是“徒簿”，即是记录“徒”的簿册。上引例（6）例句完整，把“徒簿”的内容也写出来了，这个“徒簿”上一共记载了十五名“徒”。“徒”是上位概念，而“司空城旦”“鬼薪”“舂”“仓隶臣”都是下位概念，都是“徒”类。

（四）创制、设立（6次）

这种意义的“作”所带的宾语，所表意义一般比较抽象，如“法度、律吕、礼乐、殃、凶、福、怨、羞、威、难”等。例如：

（7）非甬（用）臸，折（制）以坓（刑），隹（惟）乍（作）五瘧（虐）之坓（刑）曰法。（郭店・缁衣）

（8）乍（作）豊（礼）乐，折（制）型（刑）法。（郭店・六德）

（五）制造、造成、发动（13次）

（9）隹（唯）天乍（作）福，神则各（恪）之；隹（唯）天乍（作）实（妖），神则惠之。（楚帛书・乙篇）

（10）啻（敌）邦交壁（地）不可目（以）先复（作）惃（怨）。（上博四・曹沫之陈）

（六）活动、行动（11次）

这种意义的“作”一般不带宾语，表示一种活动、行动等。例如：

（11）一室人皆毋（无）气以息，不能童（动）作，状神在其室。（睡虎地・日书甲种）

（12）亘莫生燹（气），燹（气）是自生自复（作）。（上博三・亘先）

（七）劳作，劳动（16次）

这种意义的“作”一般也不带宾语，见“行作”的“作”。又如：

（13）小城旦、隶臣作者，月禾一石半石；未能作者，月禾一石。（睡虎地・秦律十八种）

（14）隶臣、下吏、城旦与工从事者冬作，为矢程。（睡虎地・秦律十八种）

（八）使……劳作（1次）

这种意义的“作”还可以有使动用法，例如：

（15）隶妾、舂高不盈六尺二寸，皆为小；高五尺二寸，皆作之。（睡虎地・秦律十八种）

（九）耕种（6次）

这种意义，其实可以合并到第（六）个义项中，因为耕种也是一种劳作。这种意义的"作"一般也不带宾语。例如：

（16）丙，甲臣，桥（骄）悍，不田作，不听甲令。（睡虎地·封诊式）

（17）黔首不田作，不孝。（岳麓壹·为吏治官及黔首）

（十）做、干、进行（31次）

（18）赢阳之日，利以见人、祭、作大事、娶妻，吉。（睡虎地·日书乙种）

（19）戊己毋作土攻（功）。（放马滩·日书乙种）

（十一）事情、事业、作为（9次）

这种意义的"作"是名词，是义项（十）指称化的结果。例如：

（20）舉（举）天下之复（作）也，无不旻（得）亓死（恒）而果述（遂）。（上博三·亘先）

（21）汝毋以嬖御疾莊后，汝毋以小谋败大作。（清华壹·祭公）

（十二）充当、担任、用作（5次）

（22）周成王、周公既迁殷民于洛邑，乃追念夏商之亡由，旁设出宗子，以乍（作）周厚屏。（清华壹·第四章）

（23）骑作乘舆御，骑马于它驰道，若吏徒☐。（龙岗59）

（十三）兴起、发生、产生（30次）

（24）古（故）夫夫、妇妇、父父、子子、君君、臣臣，六者客（各）行其戠（职），而忐奞蔑繇（由）迮（作）也。（郭店·六德）

（25）豊（礼）复（作）于情，或兴之也。（上博一·性情论）

（十四）开始（1次）

（26）九城（成）之台甲〈作〉［于］［累］［土］。（郭店·老子甲本）

（十五）站起来、起身（1次）

（27）肣（颜）困（渊）复（作）而倉（答）曰："韦（回）不悬（敏），弗能少居也。"夫子曰："迷（坐），虐（吾）语女（汝）。"（上博五·君子为礼）

（十六）振作、振奋（3次）

（28）人之逡（说）肰（然）可与和安者，不又（有）慒（奋）犹（作）之青（情）则悉（侮）。（郭店·性自命出）

（29）奮（观）《埜（赉）》《武》，则悸女（如）也斯复（作）。（上博一·性情论）

（十七）振兴（2次）

（30）朕之皇祖周文王、烈祖武王，宅下国，作陈周邦。（清华壹·祭公）

（31）庚辛雨，有年，大作邦。（放马滩·日书乙种）

（十八）变、改变（1次）

这种意义的"作"，见"变色"这一复音词。

（十九）突然，写成"乍"（2次）

（32）阴，是胃（谓）乍阴乍阳，先辱而后又（有）庆。（睡虎地·日书甲种）

（二十）通“胙”，祭肉（15次）

这种用法的“作”，主要出现在《包山楚简》之中。例如：

（33）东周之客譖（许）緝至（致）作（胙）于葳郢之戢（岁），夏屎之月，甲戌之日。（包山12）

（34）东周之客譖（许）緝归作（胙）于葳郢之戢（岁），冬栾之月，癸丑之日。（包山206）

（二十一）通“阼”，阼阶，殿前东阶（1次）

（35）君衬褗（冕）而立于复（阼），一宫之人不勳（胜）其敬。（郭店·成之闻之）

（二十二）通“祚”，福（2次）

（36）台（以）亯（享）台（以）孝于大宗、皇楑（祖）、皇妣、皇丂（考）、皇母，乍（祚）豢（遂）今命，湏（眉）寿蘲（万）年。（陈逆簠铭，集成4629）

陈年福（2007）认为，甲骨文中的“𠂤”就是“乍”，而“乍”是“作”的初文，本义是制作，可从。

前面说过，甲骨文“作”字的初文像缝制衣服，那么它的本义到底是制作，还是缝制衣服呢？我们认为应是制作，陈年福说可从。过去有“形局义通”之说，抽象的制作，其意义无法造象形会意之字，所以只能用具体的缝制衣服的图像来表达制作之义。但这种制作，最初还是指制作衣服、器具等具体有形的东西。“作”的上述义项，其引申关系可如下表示：

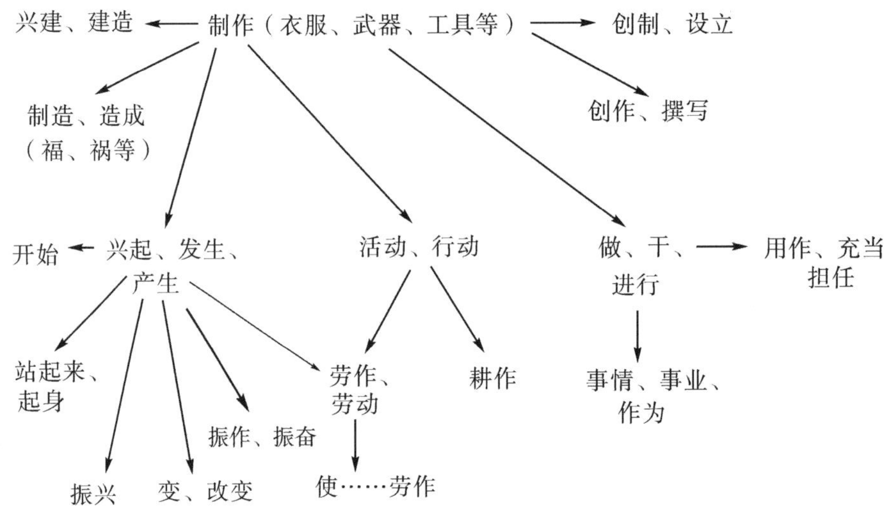

三、动词“作”的配价及语义特征

依据其配价的不同，单音动词“作”（479次）可以分为两类，一类是一价动词，另一类是二价动词。

（一）一价动词

这种“作”可以分为两类，一类是一价动作动词，另一类是一价状态动词。

1. 一价动作动词（34 次）

下述义项的“作”应归入此类：活动、行动，劳作、劳动，耕种，起身、站起来。这种“作”共出现34次，占单音动词“作”出现总次数（479次）的7.1%。这种“作”有一个配价成分，即施事，如前引例（27）“颜渊作而答曰”中的“颜渊”。这种“作”具有［动作］［自主］［不及物］的语义特征。殷国光（2009）把《庄子》中劳作意义的“作”看成一价动词，可从。

2. 一价状态动词（31 次）

下述义项的“作”可归入此类：兴起、发生、产生，开始。这种“作”共出现31次，占单音动词“作”出现总次数（479次）的6.5%。这种“作”只有一个配价成分，即系事。如前引例（25）“礼作于情”中的“礼”。这种“作”具有［状态］［-自主］的语义特征。

（二）二价动词

这种“作”可以分为三类，一是带成事的二价动作动词“作”，二是带受事的二价动作动词“作”，三是带使事的二价致使动词“作”。

1. 带成事的二价动作动词（375 次）

下述义项的“作”都可归入此类：制作，建造、兴建，创作、撰写，创制、设立，制造、造成、发动。这种“作”最为常见，共出现375次，占单音动词“作”出现总次数（479次）的78.3%。这种“作”有两个配价成分，一个是施事，另一个是成事，如前引例（2）中的“蚩尤作兵”，“蚩尤”是施事，而“兵”（兵器）是成事。这种二价动作动词“作”具有［动作］［自主］［制作］的语义特征。殷国光（2009）把《庄子》中“制作”意义的“作”看作二价动作动词，可从。

2. 带受事的二价动作动词（38 次）

下述义项的“作”可以归入此类：做、干、进行，振兴，充当、担任、用作。这种“作”共出现38次，占单音动词“作”出现总次数（479次）的7.9%。这种“作”有两个配价成分，一是施事，二是受事。如前引例（18）中的“作大事”，“大事”是“作”的受事，“作”的施事主语承前省略了。这种动作动词“作”具有［动作］［自主］［及物］的语义特征。

3. 带使事的二价致使动词（1 次）

“使……劳作”这种意义的“作”可以归入此类。这种“作”只出现1次。这种“作”有两个配价成分，一是致事，二是使事。如前引例（15）中的“皆作之”，“之”为使事，指代隶妾、舂等，“作”的致事主语省略了。这种“作”具有［致使］［±自主］的语义特征。

四、动词“作”的配价成分

如前所述，动词“作”可以分为两大类五小类，下面分别描述它们的配价成分。

（一）一价动词“作”的配价成分

1. 一价动作动词“作”的配价成分

这种“作”只有一个配价成分，即施事。表示这种施事的，一般都是称人名词语，如

“民，黔首，颜渊，四神，隶臣、下吏、城旦与工从事者”等。

这种“作”前的施事词语也常省略。

2. 一价状态动词“作”的配价成分

这种“作”也只有一个配价成分，即系事。表示这种系事的，可以是表人（包括邦国）的名词语，如“桀、受（纣）、贼盗、叁王者、万邦”等；也可以是表物（包括具体有形的事物，也包括抽象无形的事物）的名词语，如“万物、九城（成）之台、诗、礼、攻战、大乱、悦、疴疾、骄态、忢訾（毁谤狂言）”；还可以是代词，如“或、兹”。

（二）二价动词“作”的配价成分

1. 带成事的二价动作动词“作”的配价成分

这种“作”有两个配价成分，一是施事，二是成事。

表示“作”的施事的，一般是称人名词语（包括名词、名词性短语，如定中短语、同位短语等），如“舜、蚩尤、司马、民、文王、襄、禾、楙、旟、敚、周公、忏、郭佗、番仲、西替、酓章、厵羌、麋侯、邯君、叔子、视事、吉为、仲义君、王子台、曾侯乙、曾侯越、郾侯载、郾侯脮、郾王职、郾王詈、郾侯职、郾王喜、郾王戎人、越王州句、越王勾践、越王诸稽、越王其北古、越王伯侯、越州句（省王）、越王不寿、于越台王旨医之太子不寿、楚王酓章（章或作璋）、楚王酓肯、中山王譽、中山侯饮、陈侯因咨、蔡侯产、楷侯微逆、梁伯可忌、邳伯夏子、单靖讨、蚳生丕、陈纯裔孙逆、徐顣尹譖、工尹寿余、丧史實、筡仲暨、库守悍、库武、贰春乡守绰、启陵乡守逐、贰乡守吾、贰春乡、一人、六人、厥辟、蔡公子、令狐君嗣子”等。表示“作”的施事的，还可以是表示天地、星宿的词语，如“天地、天、天棓”等。

表示“作”的成事的，可以分为几个类别：第一类是表示器物的，这种最常见。这种成事词语前的“作”一般要释为“制作”。表示这种成事的，一般是表示具体有形器物的名词语（包括名词和名词性短语），如“兵（兵器）、物、鼎、盉、簠、戒、礔鉈（或作沱）、瓶、钲铖、距末、尊壶、尊罍、匜鼎、飤鼎、汤鼎、镄簠、龢钟、戎械、其镯、用矛、用剑、萃戳、玫戳、玫钬、斡戈、威殳、梁料、兹宝簋、元用矛、武用戟、楚王戟、南吕戈、兹军钘、王萃钬、玫萃戳、师萃戳、雩萃戳、巨玫矛、巨玫戳、广卒戣、广卒钬、巨玫钬、飤礔鉈、帕鉈戈、左宫戳、师萃銻、右军銻、县改鬻、元用剑、宗彝尊壶、用戈三万、武榫旅剑、姬安尊斋、[师] 萃戣銻、曾侯乙尊彝、伯皇之造戈（造：俖）、其妹靳尊簠、其宗器尊瓶、平寿适器敦、永之用之剑、元之用之剑、孟姜祖大宗盘、皇考献叔馈盘、其妹靳馈钲鐱、孝武桓公祭器敦、厥元子仲姞媵敦、厥原配季姜之祥器、皇妣孝大妃祭器鍨敦、皇母懿恭孟姬馈彝”等。关于“皇妣孝大妃祭器鍨敦”，是一个定中短语，而不是“作”的双宾语，即“皇妣孝大妃”是间接宾语，“祭器鍨敦”是直接宾语。这个问题后文将论证。

表成事的词语如果是定中短语，其中心语可以省去。例如“元用、永用之、宗、王萃、左库、御司马”等。表示成事的词语也可以是代词“之”。

第二类是表示建筑物的，这种成事词语前的“作”一般可释为“建造、兴建”。表示这种成事的名词语如“邑、高居、庙、园”等。

第三类是表示诗歌和簿册的，这种东西是用语言或文字说出或写成的。这种成事词语前的“作”可为“创作、撰写”。表示这种成事的名词语如“歌一终、祝诵一终、兹祝诵、徒簿、徒日簿、徒簿及冣（最）卅牍”等。

第四类是表示刑法、礼乐的，这种成事词语前的“作”可释为“创制、设立”。表示这种成事的名词语如“五虐之刑、罚、礼乐”等。

第五类是表示抽象的福祸之义的，这种成事词语前的“作”可释为“制造、造成、发动”等。表示这种成事的名词语如“福、凶、妖、殃、荡、康、威、乱、难、怨、羞、三降之德”等。

第六类是表示志向的，如“志”，这种成事词语前的“作”可释为激发。

2．带受事的二价动作动词“作”的配价成分

这种“作”有两个配价成分，一是施事，二是受事。

表示这种“作”施事的，可以是表人名词语，如“舜、忠人”等，也可以是称人的代词，如“吾”。但这种词语常常省略。

表示这种“作”的受事的，大抵可以分为三类：

第一类是表示事功的，这种受事词语前的“作”可释为“做、干、进行”。表示这种受事的可以是名词语如“事、大事、卯（贸）事、女子事、女子（省略‘事’）、土功、三者”等。还可以是问事的疑问代词“何”。

第二类是表示国家，这种受事词语前的“作”可释为“振兴”。表示这种受事的名词语如“邦、陈周邦”等。

第三类是表示职官、身份及工具性事物的，这种受事词语前的“作”可释为“充当、担任、用作”。表示这种受事的名词语如“司马、小人、周厚屏、周匠（翰）”等。

3．带使事的二价致使动词“作”的配价成分

这种“作”只出现一次，例如前引例（15）中的“皆作之”。

这种“作”有两个配价成分：一是致事，“皆作之”中的致事词语省掉了；二是使事，如“皆作之”中的“之”，指代前面的“隶妾、舂”。

五、动词“作”的句式

动词“作”可以分为五种，每种“作”所构成的句式也不同。

（一）一价动作动词“作”的句式

这种句式也分为两种，一种是以“作”为谓语中心的单中心谓语句式，二是以“作”为谓语成分之一的复杂谓语句式。

1．单中心谓语句式：NP_1＋作（NP_1 可省）（10 次）

这种句式中的 NP_1 代表施事主语，可以出现，也可以省略。

这种例子如前引例（14）、例（16）、例（17）。又如：

（37）四神乃作。（楚帛书·甲篇）

在 NP_1＋作中的“作”前，可以出现句中状语，如前引例（37）中的“乃”。又如前引例（14）“隶臣、下吏、城旦与工从事者冬作”中的“冬”。再如前引例（16）、例（17）“不田作”中的“不田”。又如：

（38）其能田作。（岳麓壹·为吏治官及黔首）

在 NP_1＋作中的“作”后，可以出现处所补语，例如：

(39) 有爵，作官府。(睡虎地·法律答问)

2. 复杂谓语句式

这有四种，一是并列句，二是连谓句，三是兼语句，四是连谓兼语混合句。

第一，并列句式（2次）。

(40) 一室人皆毋（无）气以息，不能童（动）作，是状神在其室。(睡虎地·日书甲种)

第二，连谓句式（6次）。

(41) 㝘（颜）囦（渊）倿（作）而畣（答）曰：“韦（回）不悬（敏），弗能少居也。”(上博五·君子为礼)

(42) 当毄（系）作如其所纵，以须其得。(睡虎地·法律答问)

第三，兼语句式（1次）。

(43) 母（毋）思（使）百神、风雨、辰祎乱作。(楚帛书·甲篇)

第四，连谓兼语混合式（1次）。

(44) 叚（假）门逆闟（旅），赘壻后父，或衛（率）民不作。(睡虎地·为吏之道)

例（44）可以从两方面看，一方面是“或（有的人）率民，民不作”，这是兼语式；另一方面是“或率民，或亦不作”这是连谓式。所以这是连谓兼语混合式。

（二）一价状态动词“作”的句式

这种句式也有两种，一是单中心谓语句式，二是复杂谓语句式。

1. 单中心谓语句式：NP_1 + 作（NP_1 可省）（13次）

这种句式中的 NP_1 代表系事主语。NP_1 可以出现，也可以省略。

这种句式的例子如前引例（25）、例（26）。又如：

(45) 汤王天下三十又（有）一傑（世），而受复（作）。(上博二·容成氏)

(46) 王天下十又（有）六年，而杰（桀）复（作）。(上博二·容成氏)

在 NP_1 + 作中的 NP_1 之后、“作”之前可以出现时间名词状语、副词状语、介宾状语。例如：

(47) 心不勳（胜）心，大乱乃复（作）。(上博七·凡物流形乙)

(48) 攻战日作，流血于野，自泰古始。(峄山刻石)

(49) 民乃赛，乔（骄）能（态）飼（始）复（作）。(上博二·容成氏)

(50) 持（诗）由敬乍（作）。(郭店·语丛一)

(51) 耓飤（食）之衍（道），此飤（食）作安（焉）。(郭店·语丛三)

例（51）中的“焉”，相当于介宾短语。

在 NP_1 + 作中的“作”之后，还可以出现介宾补语，如前引例（25）中的“礼作于情”，“于情”为介宾补语。

2. 复杂谓语句式

这种句式有连谓句式、转折句式、兼语句式。

第一，连谓句式（8次）

(52) 憠（化）而雒（欲）复（作），晒（将）贞（镇）之以无名之斀（朴）。(郭店·老子甲本)

(53) 凡人唯（虽）又（有）眚（性），心亡奠志，生（待）勿（物）而句（后）复

（作）。（郭店·性自命出）

第二，转折句式（1次）

（54）万勿（物）作而弗訂（始）也，为而弗志（恃）也，城（成）而弗居。（郭店·老子甲本）

第三，兼语句式（1次）

（55）又（有）痾疾復（作），不为訧（忧）。（葛陵零：204）

前面说过，“作”还有振作、振奋之义，这种“作”应是形容词，共出现3次，其中有2次用作谓语，如前引例（29）。

（二）二价动词“作”的句式

1. 带成事的二价动作动词“作”的句式

这种句式可以分为两类，一是以“作”为中心的单中心谓语句式，二是以“作”为谓语成分之一的复杂谓语句式。

单中心谓语句式，最常见的是下述句式：

第一，NP_1＋作＋NP_2（NP_1可省）（239次）。

这个句式中的NP_1代表施事主语，NP_2代表成事宾语。NP_1可以出现，也可以不出现。

这种句式的例子如前引例（1）、例（2）、例（4）、例（6）、例（9）等，又如：

（56）隹（唯）十四年，中山王𠈇诈復（作）鼎。（中山王𠈇鼎铭，集成2840）

（57）文王作罚。（郭店·成之闻之）

下引这类句式，有些学者认为是双宾语句式：

（58）酓章乍（作）曾厌（侯）乙宗彝。（酓章钟铭，集成83）

（59）隹（唯）正月乙亥，禾肈乍（作）皇母懿恭孟姬餴（馈）彝。（禾簋铭，集成3939）

以例（58）为例，有些学者把“作”后的“曾侯乙”分析为直接宾语，把“宗彝”分析为间接宾语。

这样分析有一定的道理。在战国金文中，有一条规律，如果“作”前出现“自”，则“作”后不出现人名或人鬼名；如果“作”后出现人名或人鬼名，则“作”前就不出现“自”。很明显，有些器皿是器主为自己制造的，有些则是为别人或死去的先人制造的。

但是分析为双宾语句也有问题。因为我们在战国金文中见到下述句式：

（60）余陈（田）趄（桓）子之裔孙，余寅（夤）事齐厌（侯），欢血（恤）宗家，睪（择）氒（厥）吉金，台（以）乍（作）氒（厥）原配季姜之祥器。（陈逆簠铭，集成4629）

（61）番中（仲）复（作）白（伯）皇之散（造）戈。（番仲戈铭，集成11261）

例（60）和（61）说明，在“作”字之后的人名或人鬼名，都是作定语的，而不是作间接宾语的。上两例还说明，名词中心语“器”“戈”前的“祥”和“造（卒）”等也都是作定语的。

在战国金文中，“作”后名词中心语前的定语，其后常常不用“之”，但也可以用“之”。例如：

（62）于戉（越）目（台）王旨医之大（太）子不寿，自乍（作）元用矛。（越王太子不寿矛铭，集成11544）

（63）隹（唯）戉（越）王丌北自乍（作）元之用之佥（剑）。（越王丌北古剑铭，集成 11703）

由上述看来，把上引例（58）、例（59）中的“作”字句看成是双宾语句式，还是不够妥当。事实上，“作”这种意义的动词，往往是都带单宾语的，或者说它并不是三价动词，而是典型的带成事的二价动作动词。

前面已经说过，“作”后宾语的中心语有时可以省去。例如：

（64）吉为乍（作）元用。（吉为剑铭，集成 11586）

（65）郾（燕）灰（侯）䡔（载）乍（作）左库。（郾侯䡔矛铭，集成 11513）

（66）郾（燕）王职乍（作）王萃。（郾王职戈铭，集成 11190）

例（64）“元用”后应是省略了“剑”，例（65）“左库”后应是省略了“矛”，例（66）“王萃”后应是省略了“锯（戳）”。

在 NP_1 + 作 + NP_2 中的 NP_1 前，可以出现句首状语，这种状语往往是表示时间的名词语，也可以是语气副词。例如：

（67）卅年八月，贰春乡作徒薄（簿）。（里耶壹 8－1631）

（68）隹（唯）廿又再祀，屭羌乍（作）戎。（屭羌钟乙铭，集成 158）

（69）隹（唯）天乍（作）福。（楚帛书・乙篇）

在 NP_1 + 作 + NP_2 中的 NP_1 和“作”之间，可以出现句中状语，这种状语可以是副词，如“将”“毋”；可以是助动词，如“欲”；可以是代词，如“自”；还可以是介词（宾语承前省去），如“以”“用”等。例如：

（70）天（棓）牆（将）乍（作）滂。（楚帛书・篇）

（71）褱自乍（作）飤䃾駝。（褱鼎铭，集成 2551）

（72）隹（唯）王廿又六年，圣趄（桓）之夫人曾姬无卹（恤），虗安兹漾陲、蒿闕（间）之无匹（匹），甬（用）乍（作）宗彝尊壶。（曾姬无卹壶铭，集成 9711）

在 NP_1 + 作 + NP_2 中的 NP_2 后可以出现介宾补语。例如：

（73）厥辟作怨于民。（清华壹・尹告）

在 NP_1 + 作 + NP_2 中的 NP_1 前有句首状语，在 NP_1 和“作”之间也有句中状语，例如：

（74）隹（唯）正月初吉丁亥，不（邳）白（伯）夏子自乍（作）尊罍。（邳伯夏子缶铭，集成 10007）

（75）隹（唯）十又四年，墬（陈）灰（侯）午台（以）群者（诸）灰（侯）献金，乍（作）皇妣（妣）孝大妃祭器錞敦。（十四年陈侯午敦铭，集成 4647）

在 NP_1 + 作 + NP_2 中的 NP_1 前有句首状语，而在 NP_2 后有介宾补语，例如：

（76）萩（秋）三月，僮（作）高凥（居）于西。（九店 54）

第二，NP_1 + 作 + 于 + NP_2（NP_1 可省）（1 次）。

这是在“作”和 NP_2 之间用了介词“于”，例如：

（77）台（嗣）戉（越）不光隹（唯）曰：可，乍（作）于元用佥（剑）。（越王嗣旨不光剑铭，集成 11704）

试把此例与前引例（62）、例（63）相比较，应知把这种“于”看成用于动词“作”和宾语之间的虚词是可以的，但只此一例。

第三，NP_1 + 作（NP_1 可省）（1 次）。

这种句式是把 NP_2 省去之后形成的。这种句式在单中心谓语句中少见，NP_2 一般不省。但是在连谓句中，“作”的宾语省略的现象不少见，如“曾医（侯）邚（越）乍（作）時（持）”（曾侯邚戈铭，集成 11094）。NP_1 + 作的例子如：

（78）少府，二年乍（作）。（二年少府戈铭，河北 146）

第四，主题 + 作 + NP_2（1 次）。

（79）啻（敌）邦交墬（地）不可目（以）先复（作）悁（怨）。（上博四·曹沫之陈）

例（79）中的“敌邦交地”显然不是施事主语，它应是表示处所的。这个处所名词语出现在句首，作处所主题。

复杂谓语句式，主要包括由“作”作谓语成分之一的并列句、转折句、连谓句、兼语句式。

第一，并列句式（11 次）。

例如：

（80）楚王酓肯钕（作）铸金匿（簠）。（楚王酓肯簠铭，集成 4549）

（81）蜹恳乍偯（作）簉（造）戈三百。（蜹恳戈铭，集成 11164）

（82）楚王酓肯复（作）为铸盘，台（以）共（供）戠（岁）棠（尝）。（楚王酓肯盘铭，集成 10100）

几个动词语之间可以用连词来连接。例如：

（83）成日，可以谋事，可起众及作有为殹，皆吉。（放马滩·日书甲种）

第二，转折句式（1 次）。

这种句式中的两个谓词语之间是转折关系。例如：

（84）敕₌妇是荧₌柄登于城，朝作而夕不成。（放马滩·日书乙种）

第三，连谓句式（108 次）。

这种句式中的几个谓词语之间是顺承关系。这有两种情况，一是几个谓词语之间不用连词来连接。例如：

（85）曾医（侯）邚（越）乍（作）時（持）。（曾侯邚戈铭，集成 11094）

（86）曾医（侯）乙诈（作）時（持），甬（用）冬（终）。（曾侯乙鼎铭，集成 2290）

“作”（制作）和“持”（持有、保有）应是两个先后的动作，因为先要制造出来，然后才能谈到保有。下引一例铭文，是先说“作”，后说“持”：

（87）隹（唯）王五十又六祀，返自西𬇕（阳），酓章乍（作）曾医（侯）乙宗彝，奠之于西𬇕（阳），其永時（持）用亯（享）。（酓章钟铭，集成 83）

另一种情况是两个谓词语之间用连词连接。例如：

（88）复（作）而輮（乘）之，则邦又（有）获。（上博五·季庚子问于孔子）

第四，兼语句式（7 次）。

（89）隹（惟）乍（作）五瘧（虐）之型（刑）曰法。（郭店·缁衣）

（90）王夜爵酬毕公，作歌一终曰《乐乐旨酒》。（郭店·缁衣）

（91）周公又夜举爵酬王，作祝诵一终曰《明明上帝》。（清华壹·耆夜）

以上引例（89）为例，“作”后的“五虐之刑”对“作”而言是成事，对后面的“曰”而言是起事，也就是说“五虐之刑”兼有成事、起事两种身份。“作五虐之刑曰法”可以分成两个主谓句：某作五虐之刑；五虐之刑曰法。把两个主谓句压缩成一个句子，重复的“五虐之刑”只出现1次，就成了例（89）那样的句式。例（90）、例（91）同此。

2. 带受事的二价动作动词“作”的句式

这种句式有两类，一是以“作”为谓语中心的单中心谓语句式，二是以“作”为谓语成分之一的复杂谓语句式。

单中心谓语句式：

第一，NP_1 + 作 + NP_2（NP_1 可省）（26 次）。

这种句式中的 NP_1 代表施事主语，NP_2 代表受事宾语。NP_1 可以出现，也可以省略。

这种句式的例子如前引例（19）、例（22）。又如：

（92）十二月之辰，勿以作事。（睡虎地·日书甲种）

（93）曰余，不可目（以）乍（作）大事。（楚帛书·丙篇）

在 NP_1 + 作 + NP_2（NP_1 可省）中的“作”前可出现句中状语。例如：

（94）毋复（作）大事，毋察棠（常）。（上博五·三德）

（95）目（以）复（作）卯事，不吉。（九店 33）

（96）不可以作大事，利以学书。（睡虎地·日书乙种）

在 NP_1 + 作 + NP_2（NP_1 可省）中的 NP_2 后还可以出现介宾补语。例如：

（97）吾何作于民，俾我众勿违朕言？（清华壹·尹告）

可以在句首有时间主题，在“作”前有句中状语，例如：

（98）凡五卯，不可目（以）复（作）大事。（九店 38）

（99）昔舜旧作小人，新耕于鬲丘。（清华壹·保训）

又如前引例（73）、例（74）。

还可以在句首有时间主题，在 NP_2 后有处所方位补语。例如：

（100）九月、十月、爨月作事北方。（睡虎地·日书甲种）

第二，NP_2 + NP_1 + 作（1 次）。

这种句式中的 NP_2 代表受事主题，NP_1 代表施事主语。这种句式源于 NP_1 + 作 + NP_2，把 NP_2 提到句首作受事主题，而在原位置留下语法空位。例如：

（101）三者，忠弗作复（作），信人弗为也。（郭店·忠信之道）

此例中的“三者”为已知信息，提到句首作受事主题。两个小句中的“忠人”和“信人”分别是各自小句的对比焦点，是说话者着重要强调的。

复杂谓语句式，只见到并列句式和兼语句式。

第一，并列句式（6 次）。

（102）□□春庚辛、夏壬癸、季秋甲乙、季冬丙丁，勿以作事、复（覆）内、暴屋。（睡虎地·日书乙种）

（103）十二月辰，勿以作大事、大祠。（睡虎地·日书甲种）

（104）平日，可取妻、祝祠、赐客，可以入黔首、作事，吉。（放马滩·日书甲种）

第二，兼语句式（1 次）。

（105）卑（俾）乍（作）司马于滕。（司马楙镈丙铭，山东成 106）

此例中“俾”是使的意思，其前省略了主语，其后省略了兼语。

3. 带使事的二价致使动词“作”的句式

NP_1 + 作 + NP_2（NP_1 可省）（1 次）。

这个例子中的 NP_1 代表致事主语，NP_2 代表使事宾语。NP_1 可以省略。

这种句式的例子如前引例（15）中的“皆作之”，这个小句中的 NP_1 没出现，动词“作”前出现了范围副词“皆”。

六、“作”表指称和修饰

（一）“作”表指称

1. 作主语（3 次）

带受事的一价动作动词“作”、二价动作动词“作”都可以作主语。例如：

（106）旇（作）内不为忞（灾），公蠹（昆）亦不为戠（害）。（上博五·鲍叔牙与隰朋之谏）

（107）复（作）敛中，鼎（则）庶民𠈁（附）。（中山王嚳壶，集成 9735）

2. 作宾语（7 次）

带受事的一价动作动词“作”、一价状态动词“作”、二价动作动词“作”都有作宾语的用法。例如：

（108）未又（有）天墬（地），未又（有）乍（作）行、出生。（上博三·亘先）

（109）古（故）夫夫、妇妇、父父、子子、君君、臣臣，六者客（各）行其戠（职）而忈㕘繇（由）迮（作）也。（郭店·六德）

（110）羸阳之日，利以见人、祭、作大事、娶妻，吉。（睡虎地·日书乙种）

3. 构成“者”字短语（11 次）

带成事的一价动作动词、一价状态动词、二价动作动词，这些用法的“作”都可构成“者”字短语：

（111）小妾、舂作者，月禾一石二斗半斗；未能作者，月禾一石。（睡虎地·秦律十八种）

（112）凡敓（悦），乍（作）于㝬（誉）者也。（郭店·语丛三）

（113）十三枼，左徳（使）车啬夫孙固所勅（勒）翰（看）器乍（作）勅（勒）者。（十三年左使车壶铭，集成 9675）

4. 构成“所”字短语（1 次）

只有一价状态动词“作”可以构成“所”字短语。这种“所”字短语只能是“所 + 介 + VP”式，因为这种“作”是不及物动词。例如：

（114）夫不夫，妇不妇，父不父，子不子，君不君，臣不臣，缗（昏）所繇（由）乍（作）也。（郭店·六德）

由此例来说，前引例（109）中的“繇（由）迮（作）”是无标记的指称化，它相当于“所”字短语。例（114）中的“所繇（由）乍（作）”是有标记的指称化。

5. 构成“之”字结构（6 次）

带成事的一价状态动词“作”、二价动作动词“作”都有此用法。例如：

（115）子羔昏（问）于孔子曰：厽（叁）王者之乍（作）也，䖒（皆）人子也，而丌（其）父戋（贱）而不足偁也与（欤）？（上博二·子羔）

（116）恻（贼）怨（盗）之复（作），可（何）先智（知）？（上博七·凡物流形乙）

(117) 民之乍（作）勿（物），隹（唯）言之又（有）信。(上博六·用曰)

作主语、作宾语（或一部分）的“作”是无标记的指称化，而构成“者”字短语、“所”字短语、“之”字结构的是有标记的指称化，其中“者”“所”一般是转指的标记，而“之”一般是自指的标记。

另外，如前所述，“作”还有名词的用法（9 次），例如前举例（20）、例（21）。这种用法的“作”，应是源自“作”（意义为做、干、进行）的指称化。如果是自指，则可释为“作为”；如果是转指，则可释为“事情、事业”。

（二）“作”表修饰（4 次）

这种“作”是作定语的，这时它已不表陈述，而是表修饰。

带成事的一价动作动词“作”、二价动作动词“作”都有这样的用法。例如：

(118) 官相斩（近）者，尽九月而告其计所官，计之其作年。(睡虎地·秦律十八种)

(119) 官作居赀赎责（债）而远其计所官者，尽八月各以其作日及衣数告其计所官，毋过九月而觱（毕）到其官。(睡虎地·秦律十八种)

(120) 凡枿（植）坦（坛）、豉（树）邦、复（作）邑之遇（寓），盍（盖）西南之遇（寓），君子凥（居）之，幽悷（思）不出。(九店 45)

前面说过，“作”有形容词的用法。这种“作”是可以作定语的，如前引例（28）。

七、由“作”构成的复合词

这些词有“作为、作务、作阴、作策、作色、恒作、行作、冗作、庸作”等。还可以作人名。

（一）作为（8 次）

动词。有四个义项：一是制作（4 次）。例如：

(121) 于是虖（乎）复（作）为革车千鞣（乘）。(上博二·容成氏)

(122) 冰月丁亥，陞（陈）屯（纯）裔孙逆乍（作）为生（皇）禮（祖）大宗段（簋）。(陈逆簋铭，集成 4096)

二是兴建、建造（1 次）。例如：

(123) 于是唐（乎）复（作）为九城（成）之臺（台），视（寘）盂炭亓（其）下。(上博二·容成氏)

三是创制、设立（2 次）。例如：

(124) 是以圣王作为法度，以矫端民心，去其邪避（僻），除其恶俗。(睡虎地·语书)

(125) 质既受命，复（作）为六頪（律）六郙。(上博二·容成氏)

四是兴起、发生（1 次），例如：

(126) 舉（举）天之事，自复（作）为，事甬（庸）目（以）不可赓（更）也。(上博三·亘先)

（二）作务（12 次）

动词，从事手工业。例如：

（127）一人作务：臣。（里耶壹 8－663）

（128）作务及贾而负责（债）者，不得代。（睡虎地·秦律十八种）

（129）徒隶攻文，作务员程。（睡虎地·为吏之道）

（三）作阴（2 次）

名词，宜忌日名。例如：

（130）作阴之日，利以入室，必入资货。（睡虎地·日书乙种）

（四）作策（1 次）

名词，官名，掌管著作简册，奉行国王的告命。也作“作册”。例如：

（131）作策逸为东堂之客，吕尚父命为司正，监饮酒。（清华壹·耆夜）

（五）作色（3 次）

动词，变了脸色，指生气。例如：

（132）王复（作）色曰：无愄此是胃（谓）死辠（罪）。（上博八·志书乃言）

（133）□□□周公戟肰（然）乍（作）色曰：易（狄），夫戋（贱）人格上则型（刑）殄（戮）至。（信阳 1－1）

（六）恒作（1 次）

动词，指经营手工业。例如：

（134）其已分而死，及恒作官府以负责（债），牧将公畜生而杀、亡之，未赏（偿）及居之未备而死，皆出之。（睡虎地·秦律十八种）

（七）行作（5 次）

动词，指外出劳作。例如：

（135）外害日，不可以行作。（睡虎地·日书甲种）

（136）凡小𢟍（彻）之日，利以行作、为好事。（周家台 142）

（137）是古（故）胃（谓）不秎（利）于行䢔（作）、埜事，不吉。（九店 32）

（八）冗作（1 次）

动词，杂作，为散工。例如：

（138）史感、禀人窑出禀冗作大女子韱十月、十一月、十二月食。（里耶壹 8－1334）

（九）庸作（1 次）

动词，指受雇为人劳作。例如：

（139）☐□人庸作：志☐。（里耶壹 8－949）

“作”还可以用作人名，例如：

（140）九月戊戌，軋（范）作。（包山 168）

八、结语

“作”原像缝制衣服之形，本义是制作。在出土战国文献中“作”有“乍”“复”“钕”“作”“䢔”等写法，这些属于一字异体，不过在秦简之中一般写成“作”。此外，“狂、迮（逽、遳、笙、筱）、张、詐、诈、酢、作”也都可以通假为“作”。

“作”有下述义项：制作；兴建、建造；创作、撰写；创制、设立；制造、造成、发动；活动、行动；劳作、劳动；使……劳作；耕种；做、干、进行；事情、事业、作为；充当、担任、用作；兴起、发生、产生；开始；站起来、起身；振作、振奋；振兴；变、改变；突然。此外，“作”还可以有下述假借义：通“胙”，祭肉；通“阼”，阼阶；通“祚”，福。

动作“作”依据其词义及配价等的不同，可以分为两大类五小类：一价动作动词“作”具有［动作］［自主］［不及物］的语义特征；一价状态动词“作”且有［状态］［－自主］的语义特征。带使事二价致使动词“作”具有［致使］［±自主］的语义特征；带成事的二价动作动词“作”，具有［动作］［自主］［制作］的语义特征；带受事的二价动作动词“作”，具有［动作］［自主］［及物］的语义特征。

一价动作动词“作”只有一个配价成分，即施事。表示施事的，一般都是称人名词语，这种“作”可释为“活动、行动”“劳作、劳动”“耕种”“起身、站起来”。一价状态动词也只有一个配价成分，即系事。表示这种系事的，可以是称人名词语、表物名词语，或是称人表物的代词。这种“作”可释为“兴起、发生、产生；开始”。

一价动作动词“作”构成的句式有：一是单中心谓语句式，如 NP_1 + 作（NP_1 可省）；二是复杂谓语句式，如并列句、连谓句、兼语句、连谓兼语混合句。一价状态动词“作”构成的句式有：一是单中心谓语句式，如 NP_1 + 作（NP_1 可省）；二是复杂谓语句式，如连谓句、转折句、兼语句。

带成事的二价动作动词“作”有两个配价成分，即施事和成事。表示施事的，一般是称人名词语，还可以是表示天地、星宿的词语。表示成事的有六类：一类是表示器物的，这种成事词语前的“作”一般要释为“制作”；二类是表示建筑物的，这种成事词语前的“作”要释为“建造、兴建”；三类是表示诗歌和簿册的，这种成事词语前的“作”可释为“创作、撰写”；四类是表示刑法和礼乐的，这种成事词语前的“作”可释为“创制、创立”；五类是表示抽象的祸福难乱的，这种成事词语前的“作”可释为“制造、造成、发动”；六类是表示志向的，这种成事词语前的“作”可释为激发。带受事的二价动作动词“作”有两个配价成分，即施事和受事。表示施事的可以是称人名词语，也可以是代人的代词。表示受事的有三类：第一类是表示事功的，这种受事词语前的“作”可释为“做、干、进行”；第二类是表示国家的，这种受事词语前的“作”可释为“振兴”；第三类是表示官职身份及工具性事物的，这种受事词语前的“作”可释为“充当、担任、用作”。带使事的二价致使动词有两个配价成分，即致事和使事，可释为“使……劳作”。

带成事的二价动作动词“作”可以构成下述句式：一是单中心谓语句式，如 NP_1 + 作 + NP_2（NP_1 可省）、NP_1 + 作 + 于 + NP_2（NP_1 可省）、NP_1 + 作（NP_1 可省）；二是复杂句式，如并列句、转折句、连谓句、兼语句等。带受事的二价动作动词“作”构成下述句式：一是单中心谓语句式，如 NP_1 + 作 + NP_2（NP_1 可省）、NP_2 + NP_1 + 作；二是复杂谓语句式，如并列句、兼语句。带使事的二价致使动词“作”构成的句式是 NP_1 + 作 + NP_2（NP_1 可省）。

动词“作”表指称，可以分为两种：一是无标记的指称化，如作主语、作宾语的“作”；二是有标记的指称化，如构成“者”字短语、“所”字短语、“之”字结构的“作”。表指称的“作”可有表自指和转指两种情况。表修饰的主要是指作定语的“作”，具体是表示功用的。

“作”还可以作为词素，构成下述复合词：作为、作务、作阴、作策、作色、恒作、行作、冗作、庸作等。这些复合词多数是动词，也有是名词的。

第六节　出土与传世文献“入”“内”“纳”的比较

在传世文献中有“入”“内”“纳”三个字，这三者所记录的词如何？这三个字所记录的词在出土战国文献中都用什么字来记录？这些字和词在这两种文献中的对应关系如何？这是本文要讨论的问题。

一、传世文献中的“入”“内”“纳”

在传世文献中，“入”“内”“纳”三个字所记录的词及其义项如何呢？依据《王力古汉语字典》，“入”字的义项如下：①进去，进来，与“出”相对。引申为使入，纳。②四声之一，入声。这两个义项的“入”都读人执切，音 rù。

“内”字所表的义项如下：①里面。引申为室，内室。又为正室。又为内心。②女色，宫人。又妻亦称“内”。③纳。前两个义项奴对切，音 nèi；后一个义项诺答切，音 nà。

“纳”字的义项如下：①入。②使入，即引进，接纳，采纳。引申指获得。③使（对方）获得，即贡献，缴纳。④取；归还。⑤粗缝；补缀。

关于“入”和“内”的关系，王力的《同源字典》（1982）认为两者为同源字，同时指出“内”与“纳”“軜”“妠”也是同源字。

关于“内”和“纳”的区别，《王力古汉语字典》（2000）做了如下辨析：指“入”的意义，金文中作“内”，先秦文献中有“纳”，但以用“内”为常。后代作“纳”，不作“内”。“内”另指里面，与“外”相对，“纳”没有此种意义。

二、出土战国文献中无动词“纳”

在出土战国文献中，可以见到“纳”，出现在信阳楚简中，只见到 1 次：

（1）一文［竹］［篓（翣）］。［一］两鞔屦，紫韦之纳，纷纯。（信阳·遣策 2－28）

很明显，这个例子里的“纳”是用作名词的，这跟传世文献中的“纳”用作动词有明显的区别。

除信阳楚简外，在其他出土战国文献中是见不到“纳”字的。

三、秦简牍中有“入”“内”

在秦代简牍中，既有“入”也有“内”，两者的分工是明确的，即“入”基本上是用作动词的，而“内”基本上是用作名词的。下面以睡虎地秦简和里耶秦简为例来说明这个问题。

（一）睡虎地秦简中的“入”

在睡虎地秦简中，“入”共出现了243次。如果独立成词，都用作动词；如果用作复合词的一部分，则都用作动词词素。

单独成词的“入”，用作动词时，有下述几个义项：

一是进入。例如：

（2）寒风入人室。（睡虎地·日书甲种）

（3）贼入甲室。（睡虎地·法律答问）

二是接纳、接受、买入。例如：

（4）毋以辛酉入寄者。（睡虎地·日书甲种）

（5）午不可入货。（睡虎地·日书甲种）

三是放入、纳入、收入。例如：

（6）为作务日官府市，受钱，必辄入其钱垢中。（睡虎地·秦律十八种）

（7）入禾稼、刍稾，辄为廥籍，上内史。（睡虎地·秦律十八种）

四是缴纳、献纳。例如：

（8）河（呵）禁所杀犬，皆完入公。（睡虎地·秦律十八种）

（9）军人稟所、所过县百姓买其稟，赀二甲，入粟公。（睡虎地·秦律杂抄）

在睡虎地秦简中，词素“入”可以出现在“出入”“入官”“入月”等复音词中。用作词素的“入”，其意义也不外上述四种。

出现在“出入”中的“入”，有时是进入的意思：

（10）未盈卒岁而或盗陕（决）道出入。（睡虎地·秦律十八种）

有时是买入的意思：

（11）可以出入鸡。（睡虎地·日书甲种）

（12）毋以申出入臣妾马牛货材（财）。（睡虎地·日书甲种）

出现在“入官”中的“入”，一般是进入的意思：

（13）子、丑入官，久，七徙。（睡虎地·日书乙种）

（14）申入官，不计而徙。（睡虎地·日书乙种）

出现在“入月”中的“入”是进入之义，不再赘述。

（二）睡虎地秦简中的“内”

在睡虎地秦简中，“内”共出现64次。如果独立成词，则基本上是用作名词；如果用作复合词的一部分，则基本上都是名词词素。在这64次用例中，只有2次可分析为动词。

单独成词的“内”，用作名词时，主要有下述几个义项：

一是里边、内部。例如：

（15）为桑丈（杖）奇（倚）户内。（睡虎地·日书甲种）

（16）内盗有□□人在其室□。（睡虎地·日书乙种）

二是特指卧室。例如：

（17）内后有小堂。（睡虎地·封诊式）

（18）依道为小内。（睡虎地·日书甲种）

三是指大内，京城的国库。例如：

（19）内受买（卖）之。（睡虎地·秦律十八种）

用作动词的“内”，一般是使入的意思，例如：

(20) 今内人。(睡虎地·法律答问)

(21) 内奸。(睡虎地·法律答问)

在睡虎地秦简中，词素“内”可以出现在“大内”“房内”“内史”“内室”“少内”“内公孙”“内中土”等复合词之中。用作词素的“内”，其意义也不外上述几种。

“大内”指正房，如下引例(22)；也指国库，如下引例(23)、例(24)。

(22) 房内在其大内东。(睡虎地·封诊式)

(23) 都官输大内。(睡虎地·秦律十八种)

(24) 在咸阳者致(质)其衣大内。(睡虎地·秦律十八种)

“房内”指侧房。例如：

(25) 房内在其大内东。(睡虎地·封诊式)

(26) 人已穴房内。(睡虎地·封诊式)

“内史”为官名，指掌谷货的官员。例如：

(27) 至计而上廥籍内史。(睡虎地·秦律十八种)

(28) 上朱(珠)玉内史。(睡虎地·法律答问)

“内室”指卧室。例如：

(29) 内室皆瓦盖。(睡虎地·封诊式)

“少内”为官名，指主管财政的官员。例如：

(30) 少内以收责之。(睡虎地·秦律十八种)

(31) 令少内某佐某以市正贾(价)贾丙丞某前。(睡虎地·封诊式)

“内公孙”指宗室子孙，例如：

(32) 内公孙毋(无)爵者当赎刑。(睡虎地·法律答问)

“内中土”指内中土神。例如：

(33) 戊巳内中土。(睡虎地·日书乙种)

(三) 里耶秦简中的“入”

里耶秦简的情况与睡虎地秦简基本相同。在里耶秦简里，有“入”“内”而无“纳”。

在里耶秦简里，“入”共出现33次。如果独立成词，都用作动词；如果用作词素，则为动词词素。

单独成词的“入”，用作动词时，也有下述四个义项：

一是进入。例如：

(34) □上入袭寅山。(里耶壹8-753)

这种“入”的主语如果是“日”(太阳)，则可释为“没入”：

(35) 九月丁亥日垂入，乡守蜀以来。(里耶壹8-660)

二是接纳、接受、买入。例如：

(36) 卅五年八月丁巳朔乙酉，司空守俱、佐稺(稚)入徒所为。(里耶壹8-2093)

三是放入、纳入、收入。例如：

(37) □买铁铜，租质入钱，赀责揄岁□。(里耶壹8-2226)

四是缴纳、献纳。例如：

(38) 丞迁大夫居雒阳城中能入赀在廷。(里耶壹8-232)

在里耶秦简中，词素“入”只出现在“日入”这个复音词中，这时的“入”是没入之义。“日入”一般用作时间名词，指太阳落下去的时候。例如：

（39）［七］月己酉日入，沈以来。（里耶壹8－1554）

（40）狱东曹书一封，洞庭泰守府，廿八年二月甲午日入时，牢人佁以来。（里耶壹8－520）

（四）里耶秦简中的“内”

在里耶秦简中，“内”共出现96次。一般不作为一个词独立使用，而是作为一个词素使用，都是名词词素。

里耶秦简中的词素“内”可以出现在“少内”“内史”“内中”“内官”“内侯”“内孙”等复合词之中。用作词素的“内”，其意义也不外乎睡虎地秦简中“内”的几种义项。

如前所述，“少内”为官名，指主管财政的官员；“内史”亦为官名，指掌谷货的官员。

“内中”应是指室内。“内官”应指京城内或宫内官员。“内侯”应指京城内的侯。“内孙”应是指宗室子孙。

其他秦简牍中的“入”和“内”，跟睡虎地秦简、里耶秦简中的“入”和“内”是一致的，不再赘述。

四、楚简帛中有“内”无“入”

在楚简帛中，没有“纳”，也没有“入”，无论动词还是名词，都用“内”来表示。下面以郭店楚简和上博楚简为例来说明这个问题。

（一）郭店楚简中的名词“内”

在郭店楚简中，“内”共出现33次，其中用作名词20次，用作动词13次。用作名词的“内”，有下述几个义项：

一是里面、内部。例如：

（41）四海（海）之内，亓（其）眚（性）弌（一）也。（郭店・性自命出）

（42）门内之紿（治）纫（恩）弇宜（义）。（郭店・六德）

二是心里、内心。例如：

（43）悬（仁）型（形）于内胃（谓）之悳（德）之行。（郭店・五行）

（44）五行皆型（形）于内而时行之。（郭店・五行）

三是家内、室内。例如：

（45）内立（位）父子夫也。（郭店・六德）

四是国内。例如：

（46）咎（皋）采（陶）内用五型（刑）。（郭店・唐虞之道）

（二）郭店楚简中的动词“内”

用作动词的“内”，有下述几个义项：

一是进入。例如：

(47) 亓(其)出内(入)也训(顺)。(郭店·性自命出)

(48) 或邎(由)外内(入)。(郭店·语丛一)

二是缴纳、贡献。例如:

(49) 内(入)贿(货)也。(郭店·语丛三)

(50) 贝(视)庿(庙,貌)而内(入)。(郭店·语丛四)

三是容受、接受。例如:

(51) 唯(虽)弜(强)之弗内(入)悉(矣)。(郭店·成之闻之)

(52) 少(小)柽(枉)内(入)之可也。(郭店·性自命出)

(三)上博楚简中的名词"内"

在上博楚简(第一到第九册)中,"内"共出现66次,其中用作名词31次,用作动词35次。

用作名词的"内",也有下述义项:

一是里面、内部,例如:

(53) 昔三弋(代)之明王又(有)四海之内。(上博三·中弓)

(54) 句(后)稷(稷)之母,又(有)畣(邰)是(氏)之女也,游于串咎之内。(上博二·子羔)

二是心里、内心。例如:

(55) 蜀(独)居而乐,又(有)内斁(动)者也。(上博一·性情论)

(56) 亡(无)备(服)之丧,内虐(恕)巽悲。(上博二·民之父母)

三是家内、室内。例如:

(57) 朝不语内,社(贡)[不][语]戬(战),才(在)道不訢(语)匿。(上博六·天子建州甲)

(58) 君子之内教也,忼(回)既餌(闻)矣已。(上博八·颜渊问于孔子)

四是国内、朝廷内。例如:

(59) 含(今)内之不旻(得)百生(姓),外之为者(诸)疾(侯)狀(笑)。(上博五·竞建内之)

(60) 敢餌(问)君子之内事也又(有)道虐(乎)?(上博八·颜渊问于孔子)

(四)上博楚简中的动词"内"

用作动词的"内",有下述几个义项:

一是进入。例如:

(61) 君王台(始)内(入)室,君之备(服)不可目(以)进。(上博四·昭王毁室)

(62) 大宥(宰)胃(谓)陵尹:"君内(入)而语僕(仆)之言于君王,君王之瘶从今日已瘥(瘥)。"(上博四·柬大王泊旱)

二是使……进入。例如:

(63) 公内(入)安(晏)子而告之。(上博六·竞公疟)

(64) 智(知)情者能出之,智(知)义者能内(入)之。(上博一·性情论)

三是接纳、接受。例如:

(65) 邦风丌(其)内(纳)勿(物)也,専(溥)观人谷(俗)安(焉)。(上博

一・孔子诗论）

（66）中（仲）弓曰："含（今）之君子，孚怸（过）弜析，難（难）以内谏。"（上博三・中弓）

四是放入、纳入、装入。例如：

（67）毋内（入）钱器。（上博五・鲍叔牙与隰朋之谏）

（68）古之善臣，不目（以）厶（私）思厶（私）惰（怨）内（入）于王门。（上博八・命）

五是缴纳、献纳。例如：

（69）丌（其）言又（有）所载而后内，或前之而后交，人不可挐（捍）也。（上博一・孔子诗论）

其他楚简帛中的"内"，跟郭店楚简、上博楚简中的"内"一致，不再赘述。

五、战国金文中的"入"和"内"

依据其中使用"入"和"内"情况的不同，战国金文可以分为两种，一种同于秦简牍，另一种同于楚简帛。

（一）同于秦简牍的战国金文

在秦金文中，既有"入"也有"内"，跟秦简牍的情况一致。例如：

（70）少府，邦之入。（少府戈铭，集成11106）

（71）王八年，内史操左之造，［咸］阳二（工）帀（师）屯。（王八年内史操戈铭，新收1904）

（72）王四年，相邦张义（仪），内史操之造□界戟，□（工师）贱、工卯。（张仪戈铭，新收1412）

在三晋金文中，也跟秦简牍一样，既有"入"也有"内"。"入"一般是用作动词的。例如：

（73）隹（唯）廿又再祀，屭羌乍（作）戎，氒（厥）辟韩宗融（彻），率征秦迮齐，入賬（长）城，先会于平险（阴）。（屭羌钟铭，集成157）

（74）曰诰（诞）有蚰匕（朼），述（坠）王鱼颠（鼎）曰：钦弋（哉），出斿（游）水虫，下民无智（智），参蠧（蚩）蚘（尤），命帛命入，歒滑入滑出，毋处其所。（鱼鼎匕铭，集成980）

而"内"一般用作名词。例如：

（75）内黄，賡（容）夅（半）齋，黄□。（内黄鼎铭，集成2308）

（二）同于楚简帛的战国金文

在战国楚金文中，同楚简帛一样只见到"内"，"内"是可以表示动词的。例如：

（76）就邽（襄），逾夏，内（入）邔（涢），逾江，就彭射（泽），就松（枞）易（阳），内（入）濾（泸）江，就爰陵，让（上）江，内（入）湘，就牒（牃），就鄉（洮）易（阳），内（入）灍（澧、耒），就鄗（郴），内（入）澬（澬、资）……台（以）出内（入）闡（关），劘（则）政（征）于大賡（府），毋（毋）政（征）于闡（关）。（鄂君启舟节铭，集成12113）

除战国楚金文之外，在战国齐金文、吴越金文、中山金文中都只见到“内”，既可表示动词，也可以表示名词。例如：

（77）隹（唯）王五年，奠（郑）昜、墬（陈）旻（得）再立（莅）事岁，孟冬戊辰，大臧（将）鈛（锅）孔、墬璋内（入）伐匽（燕）亳邦之只（获）。（陈璋壶，集成9703）

（78）戎趄（桓）拷武，敷内（入）吴疆。（拷武钟铭，集成34）

（79）目（以）内绝邵（召）公之业，乏其先王之祭祀，外之鼎（则）酒（将）逑（使）堂（上）勤于天子之庿（庙）。（中山王嚳壶，集成9735）

（80）㚇（从）内宫以至中宫卅步，㚇（从）内宫至中宫卅六步，㚇（从）内宫至中宫卅六步。（兆域图铜版，集成10478）

除了楚简帛、秦简牍、战国金文之外，在曾侯乙墓竹简中还可以看到“入”字。例如：

（81）䡅趄执事人书入车。（曾侯乙2）

（82）凡宫廏之马与䍃十乘，入于此梈官（棺）之中。（曾侯乙207）

（83）凡宫廏之马所入长坛之中五乘。（曾侯乙208）

六、小结

综上所述，就“入”“内”“纳”三字的使用来说，传世文献与出土战国文献有很大的不同。

在传世文献里，“入”“内”“纳”三字都用。“入”常用作动词，表示其本义“进入”，这种意义可有使动用法，是“使……入”的意思。“入”的这两个意义，“纳”也都可以表示。此外，“纳”还可以表示“入”的其他引申义或跟“入”同源的词的意义，如“接纳、采纳，贡献、缴纳，取、归还，粗缝、补缀”等，这些都是动词义。至于“内”，常用来表示名词，有“里面、内部，内心，正室，宫人、女色”等意义。

在甲骨文、金文中，都是既有“入”也有“内”字，但不用“纳”字。

到了战国时代的出土文献里，依据地域的不同，明显可以分为两大类。

一是秦、三晋、曾等地，既使用“入”，也使用“内”。“入”表示“入”的本义“进入”，也表示由这种意义引申出来的各种动词性意义，如“接纳、接受、买入，放入、纳入、收入，缴纳、献纳”等。“内”主要用例表示名词性意义，如“里边、内部，卧室，国库”等。由此可见，主要是西部地区既用“入”又用“内”。

侯马盟书，一般认为其形成时代在春秋晚期，其形成地域是晋国，在这种文献中也有“入”。

二是楚、齐、中山、吴越等地，都是只用“内”而不用“入”。由于只使用“内”，所以不管名词性的意义，还是动词性的意义，就都用“内”表示。由此可见，东部、南部地区只用“内”。

在出土战国文献中，虽然可以见到“纳”字，但是仅见于信阳楚简里，只出现1次，用作名词，这跟传世文献中“纳”的用法明显不同。

第七节　出土战国文献二价动作动词“入”

在我们所使用的出土战国文献中，接纳、接受、买入这种意义的“入”共出现63次，其中作为单音词出现的有47次，作为词素出现的（作“出入”这一复合词的词素）有16次。

“入”的本义是进入，例如“王入陈，杀征舒”（清华贰·第十五章）。这种意义的“入”是二价动词，一个配价成分是施事，另一个是位事。这种意义的“入”可以有使动用法，例如“秦穆公乃内（入）惠公于晋”（清华贰·第六章）。这种“入”可视为三价动词，一是使动者，二是“入”这种动作的发出者，三是位事，即所入之处。注意这个例子里的使动者的位事并不一致。如果使动者和位事统一，是一致的，那么这种“入”就可训为接纳，例如“毋以戊辰、己巳入寄者”（睡虎地·日书乙种）。这个例子中“入”的使动者是“主”，例如“以寄人，寄人必夺主室”（睡虎地秦简·日书甲种）。发出“入”这种动作的是“寄者”，进入的地方也就是“主”那里。由于使动者和位事的统一，所以这种句子中从来不出现位事词语。殷国光（2009）把这种“入”看作二价动作动词，这是可信的。《汉语大词典》“入”字条下列有“引进、接纳”这一义项，所引的例句如“梁丘据扃入歌人虞，变齐音”（晏子春秋·贵义）。很明显，这个例子中的“入”跟前面举过的“毋以戊辰、己巳入寄者”中的“入”同义。“入”后的宾语都是表人名词，都可以发出进入这种动作。

《汉语大词典》“入”字条下还列有“接受、采纳”这一义项，所举的例子如“昔楚灵王不君，其臣箴谏以不入”（国语·吴语）。这种“入”跟前边讲过的“入”意义相近，只是其宾语有不同。前边讲过的“入”的宾语本身可以发出进入的动作，如“寄者”“歌人虞”。而这种入的宾语应是箴谏之言（承前省略）。这箴谏之言不能发出进入的动作。这种意义的“入”在出土战国文献中也可以见到，如“中（仲）弓曰：‘含（今）之君子，孚怹（过）戋析，難（难）目（以）内（入）谏’”（上博三·中弓）。虽然有区别，但也是使动者使劝谏之言进入使动者那里，跟前边接纳意义的“入”基本上是相同的，也可以视为二价动作动词。

使动者使人或事物进入自己那里，可以分为两种情况，一是不用付出代价，二是要付出代价，如需要金钱的支付。如果要支付金钱，这种“入”可以解释为“买入”，例如“入臣徒马牛它生（牲）”（睡虎地·日书甲种）。《汉语大词典》中的“入”，没有列此义项。但是这种“入”跟接纳意义的“入”是基本相同的。“不可以入臣妾及寄者”（睡虎地·日书乙种）一例可以说明这个问题。这个例子里的“臣妾”可能需要花钱购买，而“寄者”则不用。这两种宾语共出现在同一个“入”下，说明接纳意义的“入”和买入意义的“入”确实可以合并为一个义项。既然如此，这种买入意义的“入”所构成的小句，只有施事词语和受事词语两种成分。

接纳、接受、买入意义的“入”，具有［动作］［自主］［容受］的语义特征。

一、单音词“入”

（一）施事和受事

这种意义的“入”，有两个配价成分，一是施事，二是受事。

1. 施事词语

这种意义的“入”的施事，一般都是人。例如：

（1）陵让尹之相壂余可内（入）之。（包山149）

（2）徒莤（藁）之客苛叨内（入）之。（包山150）

（3）卅五年八月丁巳朔乙酉，司空守俱、佐稺（稚）入徒所为。（里耶壹8－2093）

有时候，这种“入”的宾语也可以是事物，但是，这种例子十分少见。例如：

（4）《邦风》丌（其）内（入）勿（物）也専（溥），观人谷（俗）安（焉），大會（斂）材安（焉）。（上博一·孔子诗论）

这个例子的意思是，《国风》能够普遍地接受所有人物，广博地观看民俗，广泛地汇聚人才。很明显，《国风》是人的作品，《国风》授受，其实就是人授受。大多数情况下，这种“入”的施事主语没有出现。但是，仔细分析这种“入”字句，可以看出这种“入”的施事是人，只是由于不言自明，故而把它省略了。例如：

（5）毋以辛酉入寄者。（睡虎地·日书甲种）

（6）入臣徒马牛它生（牲）。（睡虎地·日书甲种）

（7）唯（虽）弜（强）之，弗内（入）俟（矣）。（郭店·成之闻之）

（8）中（仲）弓曰：“含（今）之君子，孚悠（过）戋析，難（难）目（以）内（入）谏。”（上博三·中弓）

2. 受事词语

这种意义的“入”的受事，可以是人、动物，也可以是有形或无形的事物。

A. “入”的受事是人。例如：

（9）不可入寄者。（睡虎地·日书甲种）

（10）可以畜六生（牲），不可入黔首。（放马滩·日书乙种）

（11）子卯午酉不可入寄者及臣妾。（睡虎地·日书甲种）

除了上引三例之外，这种“入”的宾语还可以是寄人、客、人、人民、臣妾、奴妾、人奴妻、臣妾及寄者。

B. “入”的受事也可以是动物、家畜。例如：

（12）以入牛。（睡虎地·日书乙种）

（13）不可取（娶）妇、家（嫁）女、入畜生（牲）。（睡虎地·日书乙种）

（14）盈日可筑闲牢，可入生（牲）。（放马滩·日书甲种）

C. “入”的受事还可以是事物。例如：

（15）午不可入货。（睡虎地·日书甲种）

（16）不内（入）飤（食）。（包山221）

（17）必入资货。（睡虎地·日书乙种）

（18）中（仲）弓曰：“含（今）之君子，孚悠（过）戋析，難（难）目（以）内

（入）谏。”（上博三·中弓）

除了上引四例之外，这种“入”的宾语还可以是材（财）、物、禾粟、氏（是）等（志）。

D.“入”的受事还可以是以上三类的综合：或者是动物和人，或者是人和事物，或者是动物和事物，或者是人、动物和事物。例如：

（19）入人民畜生（牲）。（睡虎地·日书乙种）

（20）不可冠带、见人、取妇、嫁女、入臣妾及田。（放马滩·日书乙种）

（21）利居室、入货及生。（睡虎地·日书甲种）

（22）可以入人民马牛禾粟。（睡虎地·日书甲种）

除了上引三例之外，这种“入”的宾语还可以是“民马牛、民马牛畜生、马牛臣□、货人民畜生、臣徒马牛它生（牲）”。

这种“入”，《汉语大词典》依据其宾语的不同分为两个义项：一个义项是引进、接纳，这时它的宾语是人，例如“梁丘据扃入歌人虞，变齐音”（晏子春秋·谏上）。另一个义项是接受、采纳，这时它的宾语是话语，例如“昔楚灵王不君，其臣箴谏以不入”（国语·吴语）。这种“入”，在出土战国文献中都可以找到，前者如例（9），后者如例（18）。其实，这种“入”的宾语不限于上述两种，如前所述，在出土战国文献中这种“入”的受事是比较复杂的。不管是人、动物，还是事物，这种“入”表示的都是让它进入到施事（一般是人）这里，所以可以归纳为一个义项。就配价来说，它们也是相同的，都是二价动词。

让人、动物、事物进入到施事自己这里，其实还可以细分为两种，一是不用代价（比如不用花钱），二是要代价（要花钱）。这后一种意义的“入”，可以释为“买入、购入”。但是不管付不付代价，都是使人、动物、事物进入到施事自己这里，所以就归为一个义项。

前边所举“入”的受事词语都是名词或名词性短语，这些名词或名词性短语也可以由代词“之”来替代。例如：

（23）中酴謈（许）适内（入）之。（包山 18）

（24）句（苟）毋（无）大害，少枉内（入）之可也。（郭店·性自命出）

出现在单动句中作谓语中心语的“入”共有 50 次，这种“入”带宾语的，有 44 次，占总次数的 88%。

单动句中的“入”不带宾语（宾语省略）的例子，只见到 6 个，占总次数（50 次）的 12%。例如：

（25）不可以入。（睡虎地·日书甲种）

（26）唯（虽）弜（强）之，弗内（入）悱（矣）。（郭店·成之闻之）

（二）“入”字句句式

1. 单中心谓语句式

下文以 NP_1 代表施事，以 NP_2 代表受事。以“入”为谓语中心的单动句式可以有以下几种：NP_1 + 入 + NP_2（NP_1 可省）；NP_1 + 入（NP_1 可省）。例如：

（27）徒莔（藘）之客苛昒内（入）之。（包山 150）

（28）入臣徒马牛它生（牲）。（睡虎地·日书甲种）

（29）可以入。（睡虎地·日书甲种）

这种“入”之前，除了可以出现施事主语之外，还可以出现时间主题。例如：

（30）子卯午酉不可入寄者及臣妾。（睡虎地·日书甲种）

（31）午不可入货。（睡虎地·日书甲种）

2. 复杂谓语句式

在出土战国文献中，这种“入”及其宾语，常与其他动词语并列作谓语，形成并列句式。例如：

（32）不可冠带、见人、取妇、嫁女、入臣妾及田。（放马滩·日书乙种）

（33）不可取（娶）妇、家（嫁）女、入畜生（牲）。（睡虎地·日书乙种）

（34）可以取（娶）、入人、起事。（睡虎地·日书甲种）

（35）可以入人、始寇〈冠〉、乘车。（睡虎地·日书甲种）

（三）“入”的指称化

不管是单中心谓语句中作谓语中心的“入”，还是并列句式作谓语一部分的“入”，都是表示陈述的。

这种“入”也可以不表示陈述，转而表示指称。这种指称化的“入”，主要是作主语、宾语的“入”（“入”是主语、宾语的一部分）。

1. 宾语中的“入”

这种指称化的“入”，一般是表示自指的。例如：

（36）午、未、申、栖（酉）、戌、亥、子、丑、寅、卯、唇、巳、是胃（谓）侌（阴）日，利㠯（以）为室家、祭、取（娶）妻、家（嫁）女、内（入）货，吉。（九店29）

（37）利入禾粟及为囷仓。（睡虎地·日书乙种）

（38）利㠯（以）内（入）人民。（九店41）

（39）凡有入殹，必以岁后；有出殹，必以岁前。（睡虎地·日书乙种）

以例（37）为例，“入禾粟及为囷仓”作“利”的宾语，已不表示陈述，而是表示指称，指称这件事。例（39）中的“入”，作“有”的宾语，指称“入”这种行为。

2. 主语中的“入”

这种“入”，出现于语句主语之中，已不表示称述。例如：

（40）句（苟）毋（无）大害，少枉，内（入）之可也，已则勿复言也。（郭店·性自命出）

此例中的“内（入）之”作主语，“可”作谓语。主语“内（入）之”不表陈述，业已指事化。

（四）“入”的修饰化

处于句中非谓语中心位置上的动词为降级动词。处于句中主语、宾语位置上的“入”为降级动词；处于定语位置上的“入”也是降级动词。从表述功能来说，前者可叫指称化，后者可叫修饰化。

“入”作定语的例子如：

（41）卅五年八月丁巳朔乙酉，司空守俱、佐穉（稚）入徒所为。（里耶壹8－2093）

（42）▨敬入徒所捕白翰羽千▨。（里耶壹8－2501）

上引两例中的“入徒”，都是所入之徒的意思。其中的“入”都是用作定语的，都是对指称的修饰，因此，这种“入”的表述功能可以具体地称为“体饰”。

二、词素“入”

这种意义的“入”可以跟“出”构成复合词“出入”。这种“出入”常见于《睡虎地秦简》之中。“入”是买入的意思，“出”是卖出的意思，合起来是买卖的意思。例如：

(43) 鸡忌日，辛未、庚寅、辛巳，勿以出入鸡。(睡虎地·日书甲种)

(44) 不可取妇、家（嫁）女、出入货及生（牲）。(睡虎地·日书甲种)

(45) 方（房），取妇、家（嫁）女、出入货，吉。(睡虎地·日书乙种)

动词“出入”可以出现在单句中，如前引例（43）、例（44），也可以出现在分句里，如前引例（45）。在单句或分句中，“出入”可以作单中心谓语句的谓语中心，如前引例（43）；也可以作并列句的谓语中心之一，如前引例（44）、例（45）。

这种“出入”也可以作宾语，这时它已经指称化（自指）了。例如：

(46) 戊辰、戊子，不利出入人。(睡虎地·日书甲种)

上例中的“不利出入人”，“利”是谓语中心，“出入人”是其宾语。“出入人”已经指事化了，指这件事，而不再表示陈述。

在《郭店楚简》中可以见到一个下引“出入”的用例：

(47) 里（理）其青（情）而出内（入）之。(郭店·性自命出)

对于这里的“出入”，有两种解释：一是刘昕岚（2000）说，认为是指兴发人情及节敛人情；二是陈伟（2000）说，认为是指增删。例（47）的上下文是：

(48) 时（诗）、箸（书）、豊（礼）、乐，其訇（始）出皆生于人。时（诗），又（有）为为之也。箸（书），又（有）为言之也。豊（礼）、乐，又（有）为舉（举）之也。圣人比其頪（类）而仑（论）会之，雚（观）其之〈先〉后而逆训（顺）之，体其宜（义）而即（节）文之，里（理）其青（情）而出内（入）之，肰（然）句（后）复以教。(郭店·性自命出)

由上下文来看，“理其情而出入之”的“之”并不是指小句中的“情”，而是指前面的诗、书、礼、乐等，这些东西是能够用来教化的。所以“出入”解释为“增删”，大抵是不错的。不过，就其原来的意思而言，“入”应是指接受，具体说来是指接受诗、书、礼、乐教化；而“出”应是排除，具体说来是排除诗、书、礼、乐教化。这种接受、排除是按一定的标准的，经过这样的整理，诗、书、礼、乐才可以用来教化。

“出入”的这种义项，在《汉语大词典》中还查不到。

总之，“入”的接纳、接受、买入意义是从其本义引申出来的。这种意义的“入”，具有［动作］［自主］［容受］这样的语义特征。它是二价动词，有两个配价成分，一是施事，二是受事。“入”的施事，一般是人，也可以是事物。“入”的受事，可以是人、动物，也可以是有形或无形的事物。由“入”构成的单动句式主要有二：一是 NP_1 + 入 + NP_2（NP_1 可省），二是 NP_1 + 入（NP_1 可省）。由“入”构成的多动句式主要是并列句。在上述单中心谓语句式、并列句式中作谓语中心或谓语中心一部分的“入”，是表示陈述的。

当“入”作主语（或主语一部分）、宾语（或宾语一部分）、定语时，这种“入”为降级动词。降级动词不再表示陈述。作主语、宾语的“入”，业已指称化，具体说来是已经指事化了。作定语的“入”也不再表示陈述，而是业已修饰化了，具体说来是已体饰化了。

这种“入”可以跟“出”一起组成复合词“出入”，它的意义一般是买卖，有时是接纳或排除。“出入”一般是表陈述的，也可以表指称。

第八节　出土战国文献二价位移动词“入”

到目前为止，还没有人对出土战国文献中的动词“入”做过系统深入的研究。动词“入”是古今都常用的动词，对其进行研究是很有必要的。这种研究对于弄清楚典范的文言文中动词“入”的意义和用法是有重要意义的。

一、出土战国文献中位移动词“入”的配价及语义特征

在秦简中动词“入”一般写作“入”，而“内”字一般用来记录有关的名词。在楚简中，无论是动词“入”还是有关的名词，都写作“内”。

“入”的本义，应是进入。《说文》说：“入，内也。象从上俱下也。”《玉篇》说：“入，进也。”“入”具有［动作］［自主］［位移］的语义特征。

发出“进入”这一动作的，可以是人，也可以是动物，还可以是太阳和其他事物。当主语是太阳时，“入”可以释为“没入”“沉落”。

在我们所使用的出土战国文献中，进入、没入这种意义的“入”，共出现373次。这种意义的“入”，有些是独立成词的，有些是作为一个复音词的一部分的，如“日入”中的“入”。前者共出现213次，后者共出现160次。

进入、没入意义的动词“入”，应是二价动词。殷国光（2009）依据施事的“有生”和“无生”之别，把“进入”义的“入”分为两个，但他认为这两者都是二价动词。殷先生对进入义“入”的价类定性，应该是可信的。

这种“入”的两个配价成分，一是施事，二是位事。此处所谓施事，是指能发出进入、没入这种动作行为的人或事物。所谓位事，是指受具有［位移］［存在］或［放置］语义特征的动词所支配的处所或时间等。

二、出土战国文献中位移动词“入”的施事、位事

（一）施事词语

表示这种意义“入”的施事词语，可以是表示人、鬼神、动物的词语，还可以是表示通常运动的事物的词语。

“入”的施事通常是人。表示人的词语如“王”“君”“君王”“越公”“惠公”“齐侯”“阖庐”“曹沫”“息妫”“大尹”“太子”“郑师”“寺人”“盗”“贼”“男女”“我”“传者”“诸侯客”“晋三子之大夫”“大将锅孔陈璋”等。例如：

（1）君王台（始）内（入）室。（上博楚简四·昭王毁室、昭王与龚之脽）

（2）贼入甲室。（睡虎地秦简·法律答问）

“入”的施事可以是鬼神。例如：

（3）鬼入人宫室。（睡虎地秦简·日书甲种）

（4）大袜（魅）恒入人室。（睡虎地秦简·日书甲种）

“入”的施事可以是动物。表示动物的词语如“犬”“黔首犬”“蛇”“众虫”“小畜生（牲）”。例如：

（5）小畜生（牲）入人室。（睡虎地秦简·法律答问）

（6）梦蛇入人口。（岳麓秦简壹·占梦书）

“入”的施事还可以是其他事物。如“日”“寒风”“飘风”“欿鬼之气”“兵”“矢兵”。“日”在地球上的人们看来是运动的。“风”“气”通常也是动的。“兵（兵器）”“矢”在人们力量的作用下也可以运动。所以可以成为“入”的施事。例如：

（7）寒风入人室。（睡虎地秦简·日书甲种）

（8）兵不入于身。（睡虎地秦简·日书甲种）

由上述看来，“入”的施事确有“有生”和“无生”之别。人和动物都是“有生”的，鬼神在古人看来也是“有生”的，因为它们可以活动，能发出一些动作行为。而其他通常运动的事物是“无生”的。

既然可以把“入”的施事分为“有生”和“无生”两类，那么能否把“有生”类动词“入”看成自主动词，把“无生”类动词“入”看成非自主动词呢？这样的看法似乎容易让人接受，“有生”者对动作行为的发出能自己做主、支配；而“无生”者对动作行为的发出则不能这样。

但是，本书不这样看。

依据陈昌来（2003），根据有否［自主］这样的语义特征，可以把汉语里的动词分成三大类：凡具有［自主］语义特征的，都是动作动词，其主事都是施事；凡具有［－自主］语义特征的，都是性状动词或关系动词，其主事都是系事或起事；凡具有［±自主］语义特征的，都是心理动词或致使动词，其主事都是经事或致事。

在现代汉语中，有“起风”“刮风”“起雾”“下雨”等语。陈昌来（2002）认为其中的“起”“刮”“下”等是动作动词，而“风”“雾”“雨”等是施事（“起风”类结构是施事放在动词之后）。既然如此，那么“起”“乱”“下”等动词就应该是自主动词，因为主事是施事的动作动词都是自主动词。

由此看来，把出土战国文献中的“日”“寒风”“飘风”“欿鬼之气”看成施事（跟“起风”类结构的施事放在动词之后不同，“日入”类结构的施事是放在动词之前的），而把其后的“入”看成有［自主］语义特征的动作动词是可以的。

“兵”“矢兵”跟“日”“寒风”“飘风”“欿鬼之气”等还有不同。“日”“寒风”“飘风”“欿鬼之气”等在人们看来是自主运动的。而“兵”“矢兵”不能自主运动，在人力的作用下才能运动，它通常作动作行为的工具。不过语义格是可以转化的。袁毓林（2010）提到了工具格的施事化这一概念，也就是说有些工具格在一定的条件下变成了施事格。他举的例子有“水泵正抽着水呢”“卡车正运着粮食呢”。出土战国文献中“兵”“矢兵”也是这样，它们由工具格变成了施事格。前面说过，施事是与动作动词、自主动词是相应的。或者说动作动词就是自主动词，其主事就是施事。那么施事化的“兵”“矢兵”后的“入”也应该看成自主动词。

自主动词这样的概念，按照认知语言学的观点，应该是一种认知范畴。这种范畴中有典型成员与非典型成员。如果“有生”名词语后的“入”是典型成员，那么“无生”名词后的“入”就是非典型成员。但它们都属于自主动词这一认知范畴。

“入”的施事词语通常都出现在“入”之前，作语句的主语，如前引例（1）至例（8）。例（6）中的“蛇入人口”作“梦”的宾语，在“蛇入人口”中，“蛇”仍作主语。

“入”的施事词语出现在“入”之前作主语，在这个主语之前有时又出现动词“有”，这时构成一种兼语句（非主谓谓语句）。例如：

（9）有众虫袭入人室。（睡虎地秦简·日书甲种）

“入”的施事词语通常作主题，表示旧信息，因而常省略。例如：

（10）入里门之右。（睡虎地秦简·日书甲种）

（11）以同姓之故，必入。（清华贰·第五章）

（二）位事词语

表示这种意义的“入”的位事词语可以分为两大类：一类是处所词语，另一类是时间词语。“入”的处所位事一般是终点位事。

1. 处所词语

终点位事词语可以直接出现在动词“入”的后面，作它的宾语，这种处所位事词语可由代词“之”来替代。这种带终点位事宾语的“入”共出现52次。例如：

（12）王入陈，杀征舒，取其室以予申公。（清华贰·第十五章）

（13）入里门之右。（睡虎地秦简·日书甲种）

（14）即入之。（睡虎地秦简·日书甲种）

处所终点位事词语也可以由介词“于”“至”引介出现在动词“入”之后。“于＋处所位事词语”也可以由“焉”来替代。这种“入”只出现8次。例如：

（15）矢兵不入于身。（睡虎地秦简·日书甲种）

（16）息妫乃入于蔡。（清华贰·第五章）

（17）晋师逐之，入至汧水。（清华贰·第二十二章）

（18）饮鬼之气入焉。（睡虎地秦简·日书甲种）

不管是否由“于”介引，处所终点位事词语通常都出现在动词“入”之后。前置于动词“入”的，只见到下引一例：

（19）高山升，蓁林内（入），焉𠂤（以）行正。（上博楚简二·容成氏）

在“入”字句中，还可以出现经过点处所词语和起点处所词语，但是它们都不是“入”的配价成分。

“入”的经过点/起点处所词语，通常都要由介词“自”“从”“由”引介，出现在动词“入”之前或后。这种“入”共出现20次。例如：

（20）升自戎述（遂），内（入）自北门。（上博楚简二·容成氏）

（21）寅，虎殹，以亡盗。从东方入，有（又）从出。（放马滩秦简·日书甲种）

（22）酉，鸡殹，盗从西方入，复从西方出。（放马滩秦简·日书甲种）

（23）人之道也，或由中出，或由外入。（郭店楚简·性自命出）

“入”的经过点/起点处所词语，不能直接出现在动词“入”之后作宾语。这跟“入”

的终点位事有很大不同。这种规律的出现，可能反映出当时人们认知上的差异，“入”是进入之义，人们首先关心的是进入哪里了。所以“入”的终点位事才是它的配价成分。

“入”的终点位事、经过点处所、起点处所，并不同时出现在“入”字句中，往往只出现一个。

动词“入”后的处所位事词语还常常省去。这种“入”共出现38次。例如：

(24) 目（以）内（入），见疾。(九店楚简60)

(25) 九月丁亥日垂入，乡守蜀以来。(里耶秦简一8-660)

如果“入”的主语是“日”，“入”后常常省略位事。在传世文献中，这种“入”后也可以出现位事：“日出东沼，入乎西陂。”(司马相如《上林赋》)

2. 时间词语

时间位事词语都是直接出现在动词“入”之后，不用介词“于”介引。时间位事词语一般都是“数词+月”这样的短语。这种“入”出现38次。例如：

(26) 入二月九日直心。(睡虎地秦简·日书甲种)

(27) 入十二月二日三日心。(睡虎地秦简·日书甲种)

三、出土战国文献中位移动词“入”的句式

下文以NP代表施事，以W代表位事，以J代表介词。以位移动词“入”为中心可以构成以下几种单中心谓语句式：NP+入+W（NP可省）、NP+入+J+W（NP可省）、NP+入（NP可省）、W+入。例如：

(28) 鬼入人宫室。(睡虎地秦简·日书甲种)

(29) 入人宫。(睡虎地秦简·日书甲种)

(30) 息妫乃入于蔡。(清华贰·第五章)

(31) 夏播民，入于水。(清华壹·尹至)

(32) 王内（入），以告安君与陵尹、子高。(上博楚简四·柬大王泊旱)

(33) 入。(睡虎地秦简·日书乙种)

(34) 高山升，蓁林内（入），焉目（以）行正。(上博楚简二·容成氏)

出现在“入”后的介词常是“于”，也可以是“至”。

动词“入”之前还可以出现其他状语、助动词等。

(35) 古（故）见傷（禓）而为之晢（祈），见窔而为之内（入）。(上博楚简六·天子建州甲)

(36) 犬恒夜入人室。(睡虎地秦简·日书甲种)

(37) 毋敢以火入臧（藏）府书府中。(睡虎地秦简·秦律十八种)

有时数量值语出现在入+W之后，作补语。例如：

(38) □有园（圆）木蘿（埋）地不智（知）大小，入材一寸而得平一尺。(岳麓秦简贰·数)

以上所谈的是以位移动词“入”为中心构成的单中心谓语句式。“入”还可以跟别的动词一起，构成复杂谓语句式，如并列句式、连谓句式、兼语句式。构成兼语句式的“入”出现1次，构成并列句式的“入”出现10次，构成连谓句式的“入”共出现

23 次。

以位移动词“入”为中心之一构成的兼语句式的例子如：

(39) 有众虫袭入人室。(睡虎地秦简·日书甲种)

以“入”为中心之一构成的连谓句式的例子如：

(40) 越公入飨于鲁。(清华贰·第二十二章)

(41) 大尹内（入）告王。(上博楚简四·昭王毁室)

(42) 凡鬼恒执匴以入人室。(睡虎地秦简·日书甲种)

(43) 郑师逃入于蔑。(清华贰·第二十三章)

以“入”为中心之一构成的并列句式的例子如：

(44) 不可为室及入之。(睡虎地秦简·日书乙种)

(45) 可以攻军、入城及行。(睡虎地秦简·日书乙种)

四、出土战国文献中位移动词“入”的指称化

在上述单中心谓语句、兼语句、连谓句、并列句中，位移动词“入”都作谓语中心或谓语中心的一部分，这种“入”无疑都是表陈述的。

“入”也可以表指称。这种“入”在一个小句中不作谓语。而是跟“者”“所”构成“者”字短语、“所”字短语、“所者”短语，或者作小句的主语或宾语的一部分。构成“者”字短语的“入”出现 7 次，构成“所”字短语的“入”出现 2 次，构成“所者”短语的“入”出现 1 次。出现在主语中的“入”共有 4 次，出现在动词宾语中的“入”共出现 7 次。

“入”出现在“者”字短语中的例子如：

(46) 窦出入及毋（无）符传而阑入门者，斩其男子左趾。(龙岗秦简 2)

(47) 百姓犬入禁苑中而不追兽及捕兽者，勿敢杀。(睡虎地秦简·秦律十八种)

“入”出现在“所”字短语中的例子如：

(48) 所夬（决）非珥所入殴。(睡虎地秦简·法律答问)

(49) 非必珥所入乃为夬（决）。(睡虎地秦简·法律答问)

“入”出现在“所者”短语中的例子如：

(50) ▨以孤虚循求盗所道入者及臧（藏）处。(周家台秦简 260)

“入”也可以出现在一个小句的主语之中，例如：

(51) 凡圣（声），其出于青（情）也信，肰（然）句（后）其内（入）桌（拨）人之心也敂（厚）。(郭店楚简·性自命出)

(52) 丌（其）居节也旧，丌（其）反善遉（复）司（始）也訢（慎），丌（其）出内（入）也训（顺）。(上博楚简一·性情论)

上引例（51）中，“其内（入）桌（拨）人之心”作主语，“敂（厚）”作谓语。这个主语已经指称化了，具体说来是自指化了，指称这件事。这个主语中的“入”已不表称述了。例（52）类此。

“入”还可以出现在一个小句谓语动词后的宾语中，例如：

(53) 梦蛇入人口。(岳麓秦简壹·占梦书)

（54）利以行师徒、见人、入邦。（睡虎地秦简·日书乙种）

在例（53）中，“蛇入人口”作动词“梦”的宾语。这个宾语也是自指化了，指称“蛇入人口”这件事。例（54）类此。

“入”还可以出现在一个小句介词的宾语之中，例如：

（55）秎（利）于内（入）室。（九店楚简27）

（56）皆与阑入门同罪。（龙岗秦简4）

在例（55）中，“内（入）室”作介词“于”的宾语，它已经自指化了，不再表示陈述。例（56）类此。

五、出土战国文献中位移动词“入”的词素化

“进入、没入”意义的“入”，还可以作复音词的一部分。这时它已不再是一个词，而是词素了。

（一）入官

“官”有官舍、官府之义。例如：“凡君……在官不俟屦，在外不俟车。”（礼记·玉藻）“入官”的字面意义应是指进入官府。如果“入官”在上下文中就是这种字面意义，那么它还是一个短语。不过，“入官”很早就有从政、做官之义了。例如“子张问入官于孔子”，王肃注：“入官，谓当官治民之职也。”（孔子家语·入官）这种意义的“入官”已经是一个复合词了。

出土战国文献中的“入官”一词，大都出现在《睡虎地秦简》之中。这里“入官”的意义应该介于上述两种意义之间，特指（官员）初入官府做官。下引例（75）“凡此日不可入官及入室”（睡虎地秦简·日书甲种），其中“入官”和“入室”相对。“入室”是特指房室建好后搬入房室里或指长久远行回到家里进入房室。与此相应，“入官”应该特指被任命了的官员初入官府做官。哪一天进入官府开始做官，自己有一定的自主性。走马上任的日子需要选择，要选择吉日，避开凶日。

这一点从下引各例中可以清楚地看出来：

（57）入官良日：丁丑入官，吉，必七徙。寅入官，吉。戌入官，吉。亥入官，吉。申入官，不计去。酉入官，有罪。卯入官，凶。未午入官，必辱去。（睡虎地秦简·日书甲种）

（58）子、丑入官，久，七徙。（睡虎地秦简·日书乙种）

（59）申入官，不计而徙。（睡虎地秦简·日书乙种）

例（57）中的“徙”，是调职的意思。“丁丑入官，吉，必七徙”，是说如果丁丑这一天初入官府做官，会吉利，一定会调职七次。例（58）中的“子、丑入官，久，七徙”，是说子日和丑日初入官府做官，则会做官很久，一定会调职七次。

例（57）中的“计”，是指对官吏的考核。古代文献中的“计”有此义，如“以听官府之六计，弊群吏之治”（周礼·天官·小宰）。例（57）中的“不计去”，是说不经考核就离开官位。例（59）中的“不计而徙”是说不经考核而调职。

例（57）中的“去”，都应是指离开官位，被免职。例（57）中的“辱去”，是说受辱而离开官位。此外，例中的“吉”“凶”“有罪”等，都是指做官人的结果。

由上述看来，出土战国文献中的“入官”特指（被任命了的官员）初入官府做官。“入官”已不是一般的进入官府的意思（不是指一般人进入官府，也不是指官员进入官府），而有了特指义。就形式而言，它也已经相当固定，中间不插入任何语言单位，“入”和“官”都不被同义语素替换。其出现频率也比较高，在秦简中出现25次。所以“入官”已是一个复音词。

（二）入地

“入地”跟“入官”比较类似，不是进入地下这种字面意义，而是“死”的意思，所以“入地”也可以看成一个复音词。例如：

（60）含（今）奠（郑）子冡（家）杀亓（其）君，牆（将）保亓（其）㦤炎，目（以）及内（入）埅（地），女（如）上帝禮（鬼）神目（以）为𢘓（怒），虗（吾）牆（将）可（何）目（以）畣（答）？（上博楚简七·郑子家丧）

“入地”一词，在《汉语大词典》和《辞源》中皆未收录。

（三）入月

“入月”在出土战国文献中很常见。在我们所使用的语料中就出现了82次。这种“入月”是什么意思呢？何琳仪（1998）说：“秦简日书‘入月’，犹一月之内。‘入’读为‘内’。”还有人把“入月”解释为“每月”。

在出土战国文献中，“入”和“月”之间还可以出现数词，如“入二月九日直心”（睡虎地秦简·日书甲种）。这种“入”一般都训为“进入”。既然如此，“入月”中的“入”也是这个意思。把“入”读为“内”不妥。在秦简中，名词“内”都写作“内”，一般不作“入”。

“入月”就是进入了某个月份的意思，也就是某个月月内之义。例如：

（61）入月十七日，以毁垣，其家日减。（睡虎地秦简·日书甲种）

（62）入月七日及冬未、春戌、夏丑、秋辰，是胃（谓）四敫。（睡虎地秦简·日书甲种）

（63）入月十四日、十七日、二十三日不可制衣冠带。（放马滩秦简·日书乙种）

前面说过，在这种“入”和“月”之间还可以插入一个数词。例如：

（64）入正月二日一日心。入二月九日直心。入三月七日直心。入四月旬五日心。（睡虎地秦简·日书甲种）

（65）入七月七日乙酉，十一月丁酉材（裁）衣，终身衣丝。（睡虎地秦简·日书甲种）

把例（63）跟（65）相比较，应知两个例子里的“入”确实是同义的。

在“入”和“月”之间出现数词的用例，共有38个，一般都出现在《睡虎地秦简》之中。而“入月”之例共出现82次，除了见于《睡虎地秦简》（9次）外，还出现在《放马滩秦简》（63次）、《周家台秦简》（4次）、《楚帛书》（1次）、《九店楚简》（5次）中。

由于“入月”出现频率比较高，也算有一个整体意义（指某月之内），所以把“入月”也看作一个复音词。但是由于还存在“入+数词+月”这样的形式，而且出现次数也不少，所以“入月”还不能算作一个标准的复音词，也许可以叫作过渡词好一些。

在《汉语大词典》中有“入月”一词，有三个义项：一是指女子月经来潮，二是指妇女孕期足月，三是指靠近月亮。没有“某月之内”这样的义项。

可见，出土战国文献中的“入月”，可以补充《汉语大词典》中“入月”一词的义项。

（四）日入

《汉语大词典》收录了“日入”一条，解释为“太阳落下去”。举了以下三个例子：“日入至于星出，谓之昔”（穀梁传·庄公七年）；“平旦，日入光销，故视大也”（王充《论衡·说日》）；“每登西麓，聚落叶藉坐，探韵赋诗，抵日入鸟归乃去”（高启《送示上人序》）。

如果“日入”的意思是太阳落下去，词性为谓词，那么“日入”还是个短语。假如“日入”指太阳落下去的时刻，词性为名词，那么“日入”则是复音词。所以，科学的做法是把“日入”的义项列为两个，一是太阳落下去，二是太阳落下去的时候。

在出土战国文献中，“日入”一般用作时间名词，指太阳落下去的时候。例如：

（66）日入至晨投中蕤宾，间殴。（放马滩秦简·日书乙种）

（67）日中至日入投中应钟，虎殴。（放马滩秦简·日书乙种）

（68）［七］月己酉日入，沈以来。（里耶秦简壹 8－1554）

在例（66）中，“日入”与“晨”并列使用，“晨”为时间名词，“日入”亦然。例（67）中“日入”与“日中”并列使用，“日中”也是时间名词。例如“旦及日中，不出”（左传·昭公元年）。例（68）中，“［七］月”“己酉”“日入”三个时间名词，递相使用，分别表示月、日、时，都作时间名词使用。

“日入”共出现 42 次，都出现在秦简之中，未见于其他出土战国文献。

在“日”和“入”之间，有时还加进其他语言成分，例如：

（69）九月丁亥日垂入，乡守蜀以来。（里耶秦简壹 8－660）

（70）日未入女，日入男。（放马滩秦简·日书乙种）

（71）日毚入。［《周家台秦简》线图（一）156－181］

“垂”“未”“毚”皆可视为副词。副词出现在“日”和“入”之间，构成“日＋副词＋入”的形式，这种形式难以看成复音词。这种“日＋副词＋入”在我们所用的出土战国文献中见到 4 例。

“日入”出现 42 次，“日＋副词＋入”出现 4 次，可见“日入”出现频率是比较高的，“日入”的意思不是两个语素意义的简单相加，“日入”已发生指称化的变化，专指时间，词性为名词，所以把“日入”看成一个复合词。

（五）出入

“出入”是由两个反义词“出”和“入”构成的。就是进出的意思。例如“未盈卒岁，而或盗抉（决）道出入”（睡虎地秦简·秦律十八种），“所以遣将守关者，备他盗出入与非常也”（史记·项羽本纪）。这种“出入”还是看作短语比较好。

但是，在出土战国文献中，有些“出入”产生了特指义，特指进出朝廷。例如：

（72）盬吉以保家为左尹𢜳贞，自荆层之月以就荆层之月，出内（入）事王，尽卒岁，躳（躬）身尚毋又（有）咎。（包山楚简 197）

（73）郙吉以﨤（驳）灵为左尹𢜳贞：出内（入）寺（侍）王，自荆层之月以就集岁之荆层之月，尽集岁，躳（躬）身尚毋又（有）咎。（包山楚简 234）

（74）☐恖固贞：出内（入）寺（侍）王，自荆［层］☐。（望山楚简 29）

这种“出入”，都出现在楚简里。在《包山楚简》中出现10次，在《望山楚简》中出现3次。

像例（72）至例（74）中的“出入”可以视为复合词。因为这种“出入”已有了特指义；形式也固定，“出”在前而“入”在后，中间不能插入其他成分；出现频率也比较高，共有13次。

（六）关于“入室”

在出土战国文献中，可以见到“入室”（见于秦简中），也可以见到“内室”（见于楚简中）。对于这个词语，睡虎地秦墓竹简整理小组训为“纳室”，解释为“娶妻”。（原话是：入室，入读为纳。《国语·晋语》：“杀三郄而尸诸朝，纳其室以分妇人。”注：“纳，取也。室，妻妾货贿也。”）所举的例子如：

（75）凡此日不可入官及入室。（睡虎地秦简·日书甲种）

（76）利入室。（睡虎地秦简·日书甲种）

这种训释是不可信的。

“入室”“内室”都是进入房室之义。下面一些例子可以证明这种训释是正确的：

（77）君王台（始）内（入）室，君之备（服）不可㠯（以）进。（上博楚简四·昭王毁室）

（78）久行毋以庚午入室。（睡虎地秦简·日书甲种）

在“入室”之间，还可以加入其他语言成分，更可以证明它应是进入房室之义：

（79）鬼恒夜入人室。（睡虎地秦简·日书甲种）

（80）贼入甲室。（睡虎地秦简·法律答问）

（81）独入一人室。（睡虎地秦简·日书甲种）

“入”后的“室”还可以跟“宫”构成联合短语，更能证明“室”并非指妻室：

（82）鬼入人宫室。（睡虎地秦简·日书甲种）

出土战国文献中有表示娶妻之义的词语，这个词语就是“取妻”。例如：

（83）须女，祠、贾市、取妻，吉。（睡虎地秦简·日书甲种）

（84）奎，祠及行，吉。以取妻，女子爱而口臭。（睡虎地秦简·日书甲种）

“入室”和“取妻”还可以出现在同一小句之中，这更可证明“入室”不可能训为“娶妻”：

（85）收日，可以入人民、马牛、禾粟，入室、取妻及它物。（睡虎地秦简·日书甲种）

日书中常提到某日宜不宜“入室”，利不利“入室”，这种“入室”应该不是指一般的进入房室。因为一般的进入房室，经常发生，不可能有某日宜不宜、利不利的问题。而应该是指房室建好后搬入房室里，或指长久远行回到家里进入房室。下引两例可以为证：

（86）不可为室及入之。（睡虎地秦简·日书乙种）

（87）久行毋以庚午入室。（睡虎地秦简·日书乙种）

例（86）是说某日不宜建造房室和搬入房室，例（87）是说长久远行不宜在庚午这一天回家进入房室。这样的事比较少见，所以有一个某日宜不宜、利不利的问题。

《论语·先进》：“由也升堂矣，未入于室也。”疏曰：“言子路之学深浅，譬如自外入内，得其门者。入室为深，颜渊是也；升堂次之，子路是也。”这里用的是比喻义，就其原义而言，仍是进入房室里的意思。后来用“入室”来比喻学问技艺成就达到精深阶段，又称能得到老师学问或技艺精奥的人为入室弟子。

六、结语

总之，进入、没入意义的“入”，一般具有［动作］［自主］［位移］的语义特征。它应该是一个二价动词。它的一个配价成分是施事。施事可以是活人、鬼神、动物，这些都是自己就可以运动的；还可以是“日”“风”“气”“兵”“矢”等，“日”在人们看来是运动的，“风”“气”也通常是运动着的，可能有外力的作用；而“矢”“兵”自己不能运动，但受到人的作用可以运动。

它的另一个配价成分，应是终点位事。这个终点位事可以是处所词语，也可以是时间词语。就以位移动词“入”为谓语中心的单中心谓语句而言，处所终点位事词语直接出现在“入”后的有46次，时间终点位事词语直接出现在“入”后的有38次，替代处所终点位事词语的“之”直接出现在“入”后的有6次。三项加在一起达到90次。而处所终点位事由介词引介出现在“入”后的才有5次，替代“于+处所终点位事”的“焉”出现在“入”后的有2次。两项加在一起有8次。“入”后不出现位事词语的有38次。如下所示：

NP + 入 + W/NP + 入 + 之：90 次；NP + 入 + J + W/NP + 入 + 焉：8 次；NP + 入：38 次。

很明显是第一项多，可见把“入”看成二价动词是有根据的。处所位事词语还可以直接出现在“入”前，构成“W + 入”式句，这跟二价动作动词类似。“入”还可以跟“所”构成“所入”这样的短语，指称终点位事，这也跟典型的二价动作动词类似。

经过点处所/起点处所，一般都要由介词“从”“由”引介，出现在“入”前；偶尔由“自”引入，出现在“入”后。在一个小句中，终点位事跟经过点处所/起点处所从来不同时出现，这可能反映如下的认识规律：对于运动，人们不太可能同时关注终点、起点和经过点，而只能关注一个方面。还有，经过点处所/起点处所从来不直接出现在“入”前或“入”后，这一方面是避免跟终点位事混同，也跟动词“入”的特征有关。它的意义是进入，人们自然首先关注进入哪里，终点才是动词“入”的语义性质所要求的伴随成分。经过点处所/起点处所都不是动词“入”的配价成分。

第九节　出土战国文献给予类三价动作动词“入”

在本文所使用的出土战国文献中，缴纳、献纳意义的“入”共出现68次，其中作为单音词出现的有63次；作为词素出现的（作为“没入”一词的词素）有5次。本文研究的就是这种意义的“入”。

这种意义的动词“入”，以往没有人做过研究。

一、出土战国文献中给予动词“入”的配价及语义特征

“入”的本义是进入。例如：

(1) 王入陈，杀征舒，取其室以予申公。(清华贰·第十五章)

这种意义的“入”是二价动词，有两个配价成分，一是施事，如例（1）中的“王”；二是位事，如例（1）中的“陈”。

这种意义的“入”可以有使动用法。例如：

(2) 秦穆公乃内（入）惠公于晋。(清华贰·第六章)

(3) 秦人起师以内（入）文公于晋。(清华贰·第六章)

这种意义的“入”应看作三价动词，有三个配价成分，一是致事，如例（2）中的“秦穆公”、例（3）中的“秦人”；二是使事，如例（2）中的“惠公”、例（3）中的“文公”；三是位事，如例（2）中的“晋”、例（3）中的“晋”。这种“入”可以叫致使动词。由致使动词“入”构成的“入”字句或可用下面的公式表示：NP_1 + 入$_{使动}$ + NP_2 +（于）+ NP_3。

在这个公式中，NP_1 代表致事，NP_2 代表使事，NP_3 代表位事。上述“入”字句式可以变换为：NP_1 + 使 + NP_2、NP_2 + 入 +（于）+ NP_3。

在 NP_2 + 入 +（于）+ NP_3 中，NP_2 一般是称人名词语，是表人的，可以发出“入”（进入）这种动作。

当 NP_1 + 入 + NP_2 +（于）+ NP_3 中的 NP_2 由称人名词语变为指物名词语后，就发生了变化。这时 NP_2 自身已不能发出“进入”这种动作；相应地，“入”的意义也发生了变化，变成放入、纳入、收入这样的意义了。例如：

(4) 为作务及官府市，受钱，必辄入其钱缿中。(睡虎地·秦律十八种)

此例中的“必辄入其钱缿中”，可用下述公式来表示：（NP_1）+ 入 + NP_2 + NP_3。

例（4）中的 NP_1 表施事，在句中承前省略了；NP_2 是“其钱”，为受事；NP_3 是“缿中”，为位事。例（4）中的“其钱”自己不能主动进入“缿中”，要有外力的作用才可以。可见例（4）跟前引例（2）、例（3）是不同的。这种意义的“入”，可以归入放置动词这个大类之中。

放置动词“入”是三价动词，支配三个配价成分：一是施事，为放置者，记为 NP_1；二是受事，为被放置物，记为 NP_2；三是位事，为放置位置，记为 NP_3。

陈昌来（2002）认为，放置动词的位事跟给予动词的与事，在句法语义上都有相似之处。放置动词所带的位事虽然与处所词语相当，但是这种位事在句法语义结构中的功能和位置非常接近于给予动词的与事。给予动词中的给予物（受事）在句子语义结构中发生转移，施事转移到与事；放置动词句中被放置物（受事）也发生转移，由施事转移到位事。两类句子在句法形式上也有平行变换式。所以放置动词的位事虽然从语义所指上看是表示空间位置的，但依然可以称为与事。

陈昌来认为放置动词的位事和给予动词的与事在句法语义上都非常接近，这种观点我们是赞同的。例如出土战国文献中放置动词“入”的位事和给予动词“入”的与事就很有相似之处。

不但如此，放置动词“入”和给予动词“入”也是非常接近的。放置动词“入”表示施事把某物放进某处；给予动词“入”是表示把某物献纳给某机构（如官府），其实也就是放进官府。

正因两者如此接近，所以我们认为给予动词“入”就是来自于放置动词“入”的，两者有源流关系。

缴纳、献纳意义的“入”，具有［动作］［自主］［给予］的语义特征。它应是三价动词，有三个配价成分，一是施事，二是受事，三是与事。

二、出土战国文献中给予动词“入”的施事、受事、与事

（一）施事词语

表示这种意义“入”的施事的词语，一般是官府名、官名、民名、人名等。例如：

（5）将牧公马牛，马［牛］死者，亟谒死所县，县亟诊而入之。（睡虎地·秦律十八种）

（6）丞迁大夫居雒阳城中能入赀在廷。（里耶壹8－232）

（7）乡征敛之，黔首未肎（肯）入。（里耶壹8－1454）

（8）大宫痎内（入）氏（是）等（志）。（包山·文书）

此外，作这种“入”施事主语的，还有“有殿”“臧王之墨”等。

这种“入”的施事词语，由于其不是表示新信息的，所以常常省略：

（9）入顷刍稾，以其受田之数。（睡虎地·秦律十八种）

（10）入刍稾，相输度，可殹。（睡虎地·秦律十八种）

（二）受事词语

这种意义“入”的受事，一般是钱物。这容易理解，钱物正是应献纳之物。如前引例（6）中的“赀”、例（8）中的“氏（是）等（志）”、例（9）中的“顷刍稾”、例（10）中的“刍稾”，又如：

（11）其日未备而柀入钱者，许之。（睡虎地·秦律十八种）

（12）虽不养主而入量（粮）者，不收。（睡虎地·法律答问）

（13）军人禀所、所过县百姓买其禀，赀二甲，入粟公。（睡虎地·秦律杂抄）

（14）其它禁苑杀者，食其肉而入皮。（睡虎地·秦律十八种）

此外，这种受事词语还有“刍三石稾三石”“其贾（价）钱”“赍（资）钱”“则（货）”“其皮”“其筋革角”“田邑”“其溺箕（典）”“其臣之溺箕（典）”“其金及铁器”。

这种受事词语都是名词性词语，可用代词“之”来替代。例如：

（15）秋丙、庚、辛材（裁）衣，必入之。（睡虎地·日书甲种）

（16）其入羸者，亦官与辨券，入之。（睡虎地·秦律十八种）

有些谓词可以出现在这种“入”的后面作宾语，这时它们已经指称化，转指钱物。例如：

（17）官啬夫、冗长皆共赏（偿）不备之数而入羸。（睡虎地·效律）

（18）入叚（假）而毋（无）久及非其官之久也，皆没入公。（睡虎地·秦律十八种）

受事词语也可以省略。例如：

（19）问安置其子？当畀。或入公，入公异是。（睡虎地·法律答问）

（20）□□服弓弩裹二，衺各七尺，有殿入。（里耶壹8－2186）

（三）与事词语

这种“入”的与事词语，数量很少。在出土战国文献中只见到“公”和“尸”。

“公”指官府。例如前引例（13）和例（19），又如：

（21）河（呵）禁所杀犬，皆完入公。（睡虎地·秦律十八种）

“尸”指神主。例如：

（22）室既成，无以内之，乃窃鄀人之犝以祭。惧其主，夜而内（入）尸。（清华壹·楚居）

与事词语通常是省略的。如前引例（7）、例（8）、例（9）、例（10）等。

三、出土战国文献中给予动词“入”字句的句式

（一）单中心谓语句式

这种“入”的典型价位格式是，双宾语句式：NP_1 + 入 + NP_2 + NP_3（NP_1 可省）。这里的 NP_1 代表施事词语，NP_2 代表受事词语，NP_3 代表与事词语。如前引例（13）中的“入粟公”，又如：

（23）入其皮□县道官。（龙岗 86）

参见：

“没入私马、牛、[羊]、[驹]、犊、羔县道官。”（龙岗 102）

在动态的句子里，这种“入”的三个配价成分在句法结构中是有一些变化的，这主要有两种情况，一是 NP_2 和 NP_3 的隐现，二是 NP_2 句法位置的变化。

如果 NP_3（与事词语）省略，则构成下述句式：NP_1 + 入 + NP_2（NP_1 可省）。这种句式是比较常见的，例如前引例（8）、例（9）、例（10）等。

NP_1 + 入 + NP_2 中的 NP_2 如果用“之”来替代，则可构成下述句式：NP_1 + 入 + 之（NP_1 可省）。这种例子如前引例（15）、例（16）。

如果典型价位格式中的 NP_2 省去，则可构成下述句式：NP_1 + 入 + NP_3（NP_1 可省）。这种例子如前引例（19）、例（22）。

如果典型价位格式中的 NP_2 和 NP_3 都省去，那么就构成下述句式：NP_1 + 入（NP_1 可省）。这种例子如前引例（7）、例（20）。

如果把典型价位格式中的 NP_1 省去，把 NP_2 移到动词“入”之前，那么就构成下述句式：

①NP_2 + 入 + NP_3。例如：

擎布入公如赀布。（睡虎地·法律答问）

又如：

（24）河禁所杀犬，皆完入公。（龙岗 82）

（25）马、牛、驹、犊、[羔] 皮及□皆入禁□□（官）□☑。（龙岗 112）

②NP_2 + 入 + 之。

把“NP_1 + 入 + NP_2”中的 NP_1 省去，NP_2 前置，在 NP_2 原位置用代词“之”复指。例如：

（26）其赢者入之。（睡虎地·秦律十八种）

比较：

其入赢者，亦官与辨券，入之。（睡虎地·秦律十八种）

由下例“其入赢者”中的“赢者”是动词“入”的直接宾语来看，上例“其赢者入

之”中的“其赢者”应是动词“入”的直接宾语。

（二）复杂谓语句式

用作谓语一部分的“入”，还可以跟其他动词一起构成并列句、连谓句、兼语句等句式。

1. 并列句式

（27）其弗能入及赏（偿），以令日居之。（睡虎地·秦律十八种）

（28）官啬夫、冗长皆共赏（偿）不备之货而入赢。（睡虎地·效律）

例（27）中的两个谓之间用了连词“及”，而例（28）中的两个谓之间用了连词“而”。

2. 连谓句式

（29）将牧公马牛，马［牛］死者，亟谒死所县，县亟诊而入之。（睡虎地·秦律十八种）

（30）其它禁苑杀者，食其肉而入皮。（睡虎地·秦律十八种）

（31）以亡，必挚（执）而入公而止。（睡虎地·日书甲种）

上引例（29）、例（30）都是两个谓相连，中间都用“而”连接，而例（31）是三个谓相连，中间都用“而”连接。

3. 兼语句式

（32）王廷于蓝郢之游宫，安（焉）命大莫嚣屈昜（阳）为邦人内（入）其溺典。（包山·文书）

四、出土战国文献中给予动词“入”的指称化和修饰化

这种“入”和以“入”为核心的动词语可以不表陈述，而表指称化。这有两种情况，一是有标记的指称化，另一种是无标记的指称化。

（一）有标记的指称化

1.“者”字词组

如前引例（11）、例（12）。又如：

（33）隃（逾）岁而弗入及不如令者，皆以律论之。（睡虎地·秦律十八种）

（34）或赎䙴（迁），欲入钱者，日八钱。（睡虎地·秦律十八种）

这种“者”一般都表转指，指发出动作行为者，亦即“入”的施事。

2.“所”字词组

（35）廷等（志）所以内（入）。（包山·文书）

例（35）是说，受讼场所的记录是用来上报的。

（二）无标记的指称化

以“入”为中心语的动词语，作主语或宾语，已经指称化了，表自指。

1. 作主语

（36）问安置其子？当畀。或入官，入公异是。（睡虎地·法律答问）

2. 作宾语

（37）谓有貉者，其子入养主之谓也。（睡虎地·法律答问）

（三）修饰化

依据郭锐（2002），修饰语成分的表述功能应是表修饰的。

这种“入”可作定语，例如：

（38）𡃂𨑻执事人书入车。（曾侯乙 2）

此例中的“入”作“车”的修饰语，“入车”是说所纳之车。此句的核心动词是“书”（记录）。修饰名词语的，郭锐称之为体饰。

五、出土战国文献中给予动词“没入”

《汉语大词典》中收入了“没入”一词，解释为没收财物、人口等入官。所举的最早的例子是《史记·平准书》中的“敢私铸铁器煮盐者，钛左趾，没入其器物”。其实，这种意义的“没入”在秦简中已可以见到：

（39）入叚（假）而毋（无）久及非其官之久也，皆没入公，以赍律责之。（睡虎地·秦律十八种）

（40）行之，有（又）没入其车、马、牛县道［官］。（龙岗 58）

（41）坐其所匿税臧（赃），与没入其匿田之稼。（龙岗 147）

（42）没入私马、牛、［羊］、［驹］、犊、羔县道官。（龙岗 102）

（43）没入其贩假殹钱财它物于县道官☑。（龙岗 26）

上引各例中的“没入”，在中国文物研究所、湖北省文物考古研究所编的《龙岗秦简》（2001）中注释为“没收”。这种注释是不够准确的。

其实，“没入”是两个动作：一是没收，指没收钱财货物人口等；二是缴纳，是指把没收的钱财货物人口上缴给官府。

“没入”后的句子成分，主要是“入”所带的成分。“没入”后可以出现 NP_2（受事），构成如下句式：NP_1 + 没入 + NP_2（NP_1 可省）。如前引例（41）。

“没入”后也可以出现 NP_3（与事），构成如下句式：NP_1 + 没入 + NP_3。如前引例（39）。

“没入”后还可以同时出现 NP_2 和 NP_3，这样构成如下句式：NP_1 + 没入 + NP_2 + NP_3。如前引例（40）、例（42）。

在 NP_1 + 没入 + NP_2 + NP_3 中的 NP_3 之前，还可以加上介词“于”，例如：NP_1 + 没入 + NP_2 + 于 + NP_3。如前引例（43）。

例（43）原在“殹”后断句，看来是不正确的。作为句中语气词，“殹”不但可用于状中之间，也可以用于定中之间，例（43）即是。例（43）是说，没收其出卖或出借所获钱财及其他物品上缴县、道官府。

六、结语

“入”有缴纳、献纳之义，具有［动作］［自主］［给予］的语义特征。它应是三价动词，有三个配价成分，一是施事，二是受事，三是与事。

“入”所带的施事词语，一般是官府名、官名、民名、人名等。“入”的受事词语，一般是表钱物名词语，可以用“之”来替代，也可以是已指称化、转指钱物的谓词。“入”的与事词语少见，一个是“公”，指官府；另一个是“尸”，指神主。

这种“入”的典型价位格式是构成双宾语句式：NP_1 + 入 + NP_2 + NP_3（NP_1 可省）。

由于 NP_2 和 NP_3 的隐现，以及 NP_1、NP_2、NP_3 的句法位置的变化还可以构成下述一些派生句式：NP_1 + 入 + NP_2、NP_1 + 入 + 之、NP_1 + 入 + NP_3、NP_1 + 入、NP_2 + 入 + NP_3、NP_2 + 入 + 之。

这种“入”不但可以构成上述单动句式，还可以构成并列句、连谓句以及兼语句等句式。

它可以指称化，可以依靠“者”“所”等标记指称化，也可以不用标记指称化。后者主要是指作主语和宾语的“入”。这种“入”作定语时，可以视为修饰化了。

“没入”是没收、上缴这样的意义，它在秦简中已经可以见到。可以构成下述句式：NP_1 + 没入 + NP_2 + NP_3（NP_1 可省）、NP_1 + 没入 + NP_2 + 于 + NP_3（NP_1 可省）。

由于 NP_2 和 NP_3 的隐现，还可以构成下述句式：NP_1 + 没入 + NP_2（NP_1 可省）、NP_1 + 没入 + NP_3（NP_1 可省）。

“没入”句中起支配作用的是“入”，它决定着这种句式的基本格局。在这种意义上说，“没入”句和“入”字句的句式具有一致性。只是在“入”字句中没有见到 NP_1 + 入 + NP_2 + 于 + NP_3 这种句式。

第十节　出土战国文献放置类三价动作动词“入”

出土战国文献中的动词“入”很常见，意义和用法较多。我们这里只讨论放入、纳入、收入这种意义的动词“入”。

对于出土战国文献中放入、纳入、收入这种意义的动词“入”，目前学术界还没有人做过研究。

一、出土战国文献中放置动词“入”的配价及语义特征

在本文所使用的出土战国文献语料中，表放入、纳入、收入意义的“入”共出现 57 次，都是作为单音词出现的。

“入”的本义是进入。例如：

（1）息妫用乃入于蔡，蔡哀侯妻之。（清华贰·第五章）

这种意义的“入”是二价动词，有两个配价成分，一是施事，如例（1）中的“息妫”，二是位事，如例（1）中的“蔡”。

进入意义的“入”可以有使动用法。例如：

（2）秦人起师以内（入）文公于晋。（清华贰·第六章）

（3）陈人焉反而入王子定于陈。（清华贰·第二十三章）

这种意义的“入”应看作三价动词，有三个配价成分：一是致事，如例（2）中的“秦人”、例（3）中的“陈人”；二是使事，即“入”这种动作的发出者，如例（2）中

的“文公”，例（3）中的“王子定”；三是位事，即所处之处，如例（2）中的“晋”、例（3）中的“陈”。这种“入”字句式，可用下面的公式来表示：NP_1 + 入$_{使动}$ + NP_2 +（于）+ NP_3。

在这个公式中，NP_1 代表致事，NP_2 代表使事，NP_3 代表位事。这种句式可以变换为：NP_1 + 使 + NP_2 + 入 +（于）+ NP_3。

这种句式就是通常所说的兼语句。NP_1 + 使 + NP_2、NP_2 + 入 +（于）+ NP_3。

值得注意的是，这里的 NP_2 是施事，可以发出“入”这种动作。

当上述句式中的 NP_2，不能自主地发出“入”这种动作时，这时典型的放入、纳入、收入意义的“入”就产生了。例如：

（4）长吏相杂以入禾仓及发，见屡之粟积，义积之，勿令败。（睡虎地·秦律十八种）

例（4）中的“入禾仓”，是说把谷物放入粮仓。这个句子可用下述公式表示：NP_1 + 入 + NP_2 + NP_3。

例（4）中的 NP_1 是“长吏”，NP_1 为施事；NP_2 是“禾”，为受事；NP_3 是“仓”，为位事。很明显，例（4）中的“禾”若无外力作用，本身不能进入粮仓。可见例（4）跟例（2）和例（3）是不同的。

像例（4）中的“入”这种动词，可以归入放置动词这个大类之中。“入”这种放置动词支配三个配价成分：一是施事，为放置者，记为 NP_1；二是受事，为被放置物，记为 NP_2；三是位事，为放置位事，记为 NP_3。

放入、纳入、收入意义的“入”，具有［动作］［自主］［放置］的语义特征。

下面研究这种意义的“入”时，是把前述使动用法的“入”也包括在内的。

二、放置动词“入”的施事、受事、位事

（一）施事词语

这种意义“入”的施事，一般都是人。如前引例（2）中的“秦人”、例（3）中的“陈人”、例（4）中的“长吏”。又如：

（5）周公乃内（入）亓（其）所为功、自以代王之说于金縢之匮。（清华壹·金縢）

（6）秦穆公乃内（入）惠公于晋。（清华贰·第六章）

（7）古之善臣，不目（以）厶（私）思厶（私）惰（怨）内（入）于王门。（上博八·命）

（8）入禾，万［石一积而］比黎之为户……上县入之。（睡虎地·秦律十八种）

例（8）中的“县”，是官府名，这里指“县”中的官员，实际是指人的。出现在这种“入”前的施事词语，除了“秦人”“陈人”“长吏”“周公”“秦穆公”“古之善臣”“县”外，还有“宋人”“晋人”“公”“知义者”“狄”等。

这种意义的“入”的施事词语多是不出现的。例如：

（9）入禾稼、刍稾，辄为廥籍，上内史。（睡虎地·秦律十八种）

（10）其它人是增积，积者必先度故积，当堤（题），乃入焉。（睡虎地·秦律十八种）

“入”施事词语的省略，往往是承前省略，如例（10），或者是由于不言而自明，如例（9）。有时，是由于受事词语占据了主语的位置，而把施事词语省掉了。例如：

(11) 凡宫廄之马与累十乘，入于此㮶官（棺）之中。(曾侯乙207)

(二) 受事词语

这种“入”的受事词语，可以是指物名词语，也可以是称人名词语。

1. 指物名词语

这种词语表示被放入的事物，可以是词，也可以是短语；可以是名词语，也可以是代词“之”。如前引例（4）中的“禾”、例（5）中的“其所为功、自以代王之说”、例（9）中的“禾稼、刍稾”。又如：

(12) 为作务及官府市，受钱，必辄入其钱缿中。(睡虎地·秦律十八种)

(13) 顾门，成之，三岁中日入一布。(睡虎地·日书甲种)

(14) 春三月庚辰可以筑羊卷（圈），即入之，羊必千。(睡虎地·日书甲种)

此外，还有“禾粟”“其身”“钱”等。

2. 称人名词语

能带称人名词语为宾语的“入”，一般都是“进入”这种意义的“入”的使动用法。如前引例（2）中的“文公”、例（3）中的“王子定”、例（6）中的“惠公”。又如：

(15) 晋人还，不果入王子。(清华贰·第二十三章)

(16) 公内（入）安（晏）子而告之。(上博六·竞公疟)

(三) 位事词语

这种“入”的位事词语，一般都是表示可以放入东西/人的处所。具体说来有四类：

1. 处所名词

一般都是表示可以装入东西的容器，如例（4）中的“仓”。又如：

(17) 鬻（粥）足以入之肠。(周家台310)

(18) 毋内（入）钱器。(上博五·鲍叔牙与隰朋之谏)

2. 名词语＋中/之中

这种名词语一般也是表示容器的，“中/之中”表示这种容器的里边，如前引例（12）中的“缿中”。又如：

(19) 梦燔亓（其）席蓐，入汤中，吉。(岳麓壹·占梦书)

(20) 取车前草实，以三指窜（摄），入酒若鬻（粥）中，歙（饮）之，下气。(周家台312)

(21) 凡宫廄之马所入长坛之中五乘。(曾侯乙208)

3. “于”字介宾短语

这种介词的宾语，可以是名词语，也可以是“名词语＋之中”。如例（2）中的“于晋”、例（3）中的“于陈”、例（5）中的“于金縢之匮”、例（7）中的“于王门”、例（11）中的“于此㮶官之中”。又如：

(22) 反内（入）于豊（礼），不亦能改（怡）虖（乎）?(上博一·孔子诗论)

4. 兼词“焉”

“焉”相当于“介词＋代词”，所以跟前边的“于/‘于’字介宾短语”是基本相同的。如前引例（10），又如：

(23) 言见善行，内（入）其息（身）安（焉），可胃（谓）孚（学）矣。(上博二·从政甲)

三、放置动词“入”字句的句式

（一）单中心谓语句式

这种“入”的上述三个配价成分投射到最小的抽象句中，主要可以构成下述两种句法格式：①A 式：NP_1 + 入 + NP_2 + 于/于 + NP_3；②B 式：NP_1 + 入 + NP_2 + NP_3。

这里的 NP_1 代表施事词语，它一般作句子主语，NP_2 为受事词语，它一般作句子的宾语，NP_3 代表位事词语可作介词“于/於”的宾语，或作句子的直接宾语。

A 式的例子如前引例（5）、例（6）；B 式的例子如前引例（12）、例（17）、例（18）。

A 式、B 式的施事主语都是可从缺的，如例（18）。这是因为施事在句法层面常作主语，一般是处于句子的前部，表已知信息，在不影响交际的情况下是可以不说出来的。

A 式中的“于/於 + NP_3”可以用“焉”来替代，因为“焉”是一个兼词，相当于“介词 + 代词”。这样就形成了 C 式：NP_1 + 入 + NP_2 + 焉（NP_1 可省）。C 式的例子如前引例（23）。

之所以用“焉”替代“于/於 + NP_3”，是因为 NP_3 已在上文出现过，它已不再表示新信息，因而是可以用兼词“焉”中所包含的代词来替代的。

A 式、B 式和 C 式中的 NP_2 都可从缺，这样就形成下述三种句式：①D 式：NP_1 + 入 + 于/於 + NP_3（NP_1 可从缺）；②E 式：NP_1 + 入 + NP_3（NP_1 可从缺）；③F 式：NP_1 + 入 + 焉（NP_1 可从缺）。

D 式的例子如上引例（22），E 式的例子如前引例（19）、例（20），F 式的例子如前引例（10）。受事一般投射到宾语上，大都表示新信息，在始发句中一般是不能从缺的，但是在后续句中，由于上文语境的衬托，已不再表示新信息，因而是可以缺的。

如果把 A 式中的“于/於 + NP_3”、B 式中的 NP_3 从缺，则形成 G 式：NP_1 + 入 + NP_2（NP_1 可从缺）。G 式的例子如前引例（8）、例（9）、例（13）、例（15）。

NP_3 或“于/於 + NP_3”常处于句子末尾，是自然焦点所在之处，一般是表示新信息的，但是在后续句中，不再表示新信息，因而可以从缺。

G 式中的 NP_2 由“之”来替代，则可以形成 H 式：NP_1 + 入 + $之_1$（NP_1 可从缺）。H 式的例子如前引例（14）。这是由于 NP_2 在上文中也提过，因而可以用“之”替代，这时也不再表示新信息。

前述 E 式中的“NP_3”也可以由“之”来替代，这就形成 I 式：NP_1 + 入 + $之_2$（NP_1 可从缺）。I 式中的“之”是替代位事词语的。例如：

（24）室既成，无以内（入）之。（清华壹·楚居）

H 式、I 式中的“之”既然都不表示新信息，当然可以从缺，这样就形成了 J 式：NP_1 + 入（NP_1 可从缺）。J 式的例子如：

（25）文公十又二年居狄，狄甚善之，而弗能入。（清华贰·第六章）

如果把 A 式中的 NP_2 提前到 NP_1 和“入”之间，又在 NP_2 之前添加介词“以”，则形成 K 式：NP_1 + 以 + NP_2 + 入 + 于 + NP_3（NP_1 可从缺）。K 式的例子如前引例（7）。这种句式应该跟现代汉语中的把字句式一样，是强调动作的处置义的。

如果宾语为已知信息，可以根据语用表达的需要，把它置于句首作主题。在 A 式的基础上，把 NP_2 提到句首，同时省去 NP_1，则可形成 L 式：NP_2 + 入 + 于 + NP_3。L 式的例子如上引例（11）。

若 L 式中的 NP_3 在上文中已提过，则不再表示新信息，可从缺，这样就形成 M 式：NP_2 + 入。M 式的例子如：

（26）钱入，辄虚□☑。（放马滩·日书乙种）

K 式中的 NP_2 若为已知信息，则可以主题化。NP_2 前置于句首，在原位置留下语法空位；同时 NP_1 和"于 + NP_3"从缺，这样可以形成 N 式：NP_2 + 以 + 入。N 式的例子如：

（27）内言不目（以）出，外言不目（以）内（入）。（上博二·昔者君老）

依据刘丹青、徐烈炯（1998），例（27）中的主题带话题焦点，而谓语中心带对比焦点。这种例子在出土战国文献中常见，如"在行不可以归，在室不可以行"（睡虎地·日书甲种）。

（二）复杂谓语句式

这种"入"字句的谓语中心不止一个"入"，还有其他的动词语。主要有两种，一种是并列句式，另一种是连谓句式。

1. 并列句式

这种句式的谓语部分，是一个动词性的联合短语，如前引例（4）。又如：

（28）实官出入。（岳麓壹·为吏治官及黔首）

例中的"实官"，指储藏粮食的官府。这里的"入"，就指把粮食装入"实官"，"出"应指把粮食发出。

2. 连谓句式

入禾及发扁（漏），必令长吏相杂以见之。（睡虎地·效律）

这种句式的谓语部分，是个连谓短语，如前引例（2）、例（16）。又如：

（29）明岁，晋𨙷余率晋师与郑师以入王子定。（清华贰·第二十三章）

四、放置动词"入"的指称化

"入"和以"入"为核心的动词语可以指称化。具体说来有两种，一种是有标记的指称化，另一种是无标记的指称化。

（一）有标记的指称化

1. "者"字词组

"入"和以"入"为核心的动词语，可以跟"者"构成"者"字词组，表示这种动作行为的发出者。例如：

（30）出禾，非入者是出之，令度之。（睡虎地·秦律十八种）

（31）其前入者是增积，可毁。（睡虎地·秦律十八种）

（32）后节（即）不备，后入者独负之。（睡虎地·秦律十八种）

（33）而书入禾增积者之名事邑里于庥籍。（睡虎地·秦律十八种）

上引例（30）中的"入"跟"者"构成"者"字词组，表示"入"的施事。例（31）中的"前入"、例（32）中的"后入"都是状中短语，跟"者"构成"者"字词组，也表示“入”的施事。而例（33）中的“入禾增积”是联合短语，也表示“入禾增积”的施事。

2.“所”字词组

以“入”为核心的动词语，还可以跟“所”构成“所”字词组，表示“入”这种行为的受事。如前边举过的例（21）：“凡宫廄之马所入长坑之中五乘。”

“所入长坑之中”中的“入”是三价动词，其中的“所”不指施事，而位事“长坑之中”又在“所”字短语中出现，所以它指的是“入”的受事“马”。例中的“宫廄之马所入长坑之中”是个定中短语，定语是“宫廄之马”，中心语是“所入长坑之中”，这是说被埋入“长坑”这个车马坑中的王宫马厩的马。

（二）无标记的指称化

以“入”为核心的动词语，还可以直接作主语、宾语，这时，这个动词语也已经指称化了。

1. 作主语

以“入”为核心的动词语作主语，其谓语部分的中心词常是“如”：

（34）其出入禾、增积如律令。（睡虎地·秦律十八种）

（35）其出入、增积及效如禾。（睡虎地·秦律十八种）

例（34）可释为“其出仓、入仓和增积的手续均同上述律文规定”。很明显，“出入禾、增积”已发生转指化的变化，不是指这件事本身，而是转指办这件事的手续。例（35）类此。

2. 作宾语

“入”和以“入”为核心的动词语，不但可以作动词的宾语，也可以作介词的宾语。例如：

（36）令市者见其入，不从令者赀一甲。（睡虎地·秦律十八种）

（37）出其禾，有（又）书其出者，如入禾然。（睡虎地·效律）

（38）官相输者，以书告其出计之年，受者以入计之。（睡虎地·秦律十八种）

上引例（36）中的“其入”，作“见”的宾语，已经自指化，具体说来是已指事化；例（37）中的“入禾”亦然。例（37）中的“然”应看作助词。例（38）中的“入”作介词“以”的宾语，业已转指化，指收到的时间。

五、小结

总之，“入”的本义是进入。它可有使动用法，这时是“使……进入”的意思，这时“入”的受事一般是人，可以发出进入的动作。由这种意义引申出放入、纳入、收入意义，这时“入”的受事可以是事物。这种意义的“入”具有［动作］［自主］［放置］的语义特征。

这种意义的“入”可以归入放置动词这个大类中，它支配三个配价成分，即施事、受事、位事。这种“入”字句中的施事词语，一般是称人名词语；其受事词语，可以是称人名词语，也可以是指物名词语；其中位事词语，可以是处所名词、名词语 + 中/之中，也可以是“于”字介宾短语、兼词“焉”。

这种“入”字句的句式，可以分为单中心谓语句式和复杂谓语句式两大类。

单动句式中的核心句式是：①A 式：NP_1 + 入 + NP_2 + 于/於 + NP_3；②B 式：NP_1 + 入 + NP_2 + NP_3。

由这两个核心句式派生出下述句式：①C 式：NP_1 + 入 + NP_2 + 焉；②D 式：NP_1 + 入 + 于/於 + NP_3；③E 式：NP_1 + 入 + NP_3；④F 式：NP_1 + 入 + 焉；⑤G 式：NP_1 + 入 + NP_2；⑥H 式：NP_1 + 入 + $之_1$；⑦I 式：NP_1 + 入 + $之_2$；⑧J 式：NP_1 + 入；⑨K 式：NP_1 + 以 + NP_2 + 入 + 于 + NP_3；⑩L 式：NP_2 + 入 + 于 + NP_3；⑪M 式：NP_2 + 入；⑫N 式：NP_2 + 以 + 入。

复杂谓语句式中主要有并列句式和连谓句式。

这种“入”可以不表陈述，而发生指称化的变化。这种变化可以是有标记的，以“者”为标记，转指“入”的施事；以“所”为标记，转指受事。这种变化也可以是无标记的，“入”和以“入”为核心的动词语可以表自指，也可以表转指。

参考文献

［1］陈昌来：《现代汉语语义平面问题研究》，学林出版社 2003 年版。

［2］陈昌来：《现代汉语动词的句法语义属性研究》，学林出版社 2002 年版。

［3］陈昌来：《介词与介引功能》，安徽教育出版社 2002 年版。

［4］陈光田：《战国玺印分域研究》，岳麓书社 2002 年版。

［5］陈佩芬：《上海博物馆藏战国楚竹书六·平王问郑寿释文》，上海古籍出版社 2007 年版。

［6］陈松长编著：《香港中文大学文物馆藏简牍》，香港中文大学文物馆藏品专刊之七，2001 年。

［7］陈伟等：《楚地出土战国简册［十四种］》，经济科学出版社 2009 年版。

［8］陈伟等主编：《秦简牍合集》（壹至肆），武汉大学出版社 2014 年版。

［9］崔立斌：《〈孟子〉词类研究》，河南大学出版社 2004 年版。

［10］方经民：《汉语语法变换研究》，河南人民出版社 2000 年版。

［11］房玉清：《实用汉语语法》，北京语言学院出版社 1992 年版。

［12］甘肃省文物考古研究所编：《天水放马滩秦简》，中华书局 2009 年版。

［13］高明编著：《古陶文汇编》，中华书局 1990 年版。

［14］顾丹霞：《〈周易〉动词配价研究》，《盐城师范学院学报》（人文社会科学版）2005 年第 1 期。

［15］郭锐：《现代汉语词类研究》，商务印书馆 2002 年版。

［16］韩万衡：《德国配价论主要学派在基本问题上的观点和分歧》，《当代语言学》1997 年第 3 期。

［17］海柳文：《〈韩非子〉单音节动词配价研究》，《语言研究》2003 年第 3 期。

［18］何琳仪：《长沙楚帛书通释》，《江汉考古》1986 年第 1、2 期。

［19］何琳仪：《战国古文字典》（上、下），中华书局 1998 年版。

［20］何文忠：《动词、形容词的句法配价》，《益阳师专学报》1997 年第 3 期。

［21］河南省文物考古研究所编著：《新蔡葛陵楚墓》，大象出版社 2003 年版。

［22］河南省文物研究所编：《信阳楚墓》，文物出版社 1986 年版。

［23］湖北省博物馆编：《曾侯乙墓》（上、下），文物出版社 1989 年版。

［24］湖北省荆沙铁路考古队编：《包山楚简》，文物出版社 1991 年版。

［25］湖北省荆州市周梁玉桥遗址博物馆编：《关沮秦汉墓简牍》，中华书局 2001 年版。

［26］湖北省文物考古研究所、北京大学中文系编：《望山楚简》，中华书局 1995 年版。

［27］湖北省文物考古研究所、北京大学中文系编：《九店楚简》，中华书局 2000

年版。

［28］湖南省文物考古研究所编著：《里耶秦简（壹）》，文物出版社 2012 年版。

［29］胡裕树、范晓主编：《动词研究》，河南大学出版社 1995 年版。

［30］黄伯荣、廖序东主编：《现代汉语》（下册），高等教育出版社 2002 年版。

［31］季旭昇主编：《〈上海博物馆藏战国楚竹书（一）〉读本》，万卷楼图书股份有限公司 2002 年版。

［32］季旭昇主编：《〈上海博物馆藏战国楚竹书（三）〉读本》，万卷楼图书股份有限公司 2003 年版。

［33］季旭昇主编：《〈上海博物馆藏战国楚竹书（三）〉读本》，万卷楼图书股份有限公司 2005 年版。

［34］季旭昇主编：《〈上海博物馆藏战国楚竹书（四）〉读本》，万卷楼图书股份有限公司 2007 年版。

［35］金树祥：《〈战国策〉动词研究》，北京大学博士学位论文，2001 年。

［36］荆门市博物馆编：《郭店楚墓竹简》，文物出版社 1998 年版。

［37］李峰：《郭店楚简动词初步研究》，《中华文化论坛》2009 年第 1 期。

［38］李临定：《现代汉语动词》，中国社会科学出版社 1990 年版。

［39］李零：《长沙子弹库战国楚帛书研究》，中华书局 1985 年版。

［40］李明晓：《战国楚简语法研究》，武汉大学出版社 2010 年版。

［41］李学勤主编：《清华大学藏战国竹简》（1—5），中西书局 2010—2015 年版。

［42］刘丹青：《汉语相向动词初探》，《语言研究集刊》（第一辑），江苏教育出版社 1986 年版。

［43］刘雨、卢岩编著：《近出殷周金文集录》（1—4），中华书局 2002 年版。

［44］刘雨、严志斌编著：《近出殷周金文集录二编》（1—4），中华书局 2010 年版。

［45］卢福波：《对外汉语教学语法研究》，北京语言大学出版社 2004 年版。

［46］陆俭明：《〈现代汉语配价语法研究〉（二）序》，《汉语学习》1998 年第 4 期。

［47］陆俭明、沈阳：《汉语和汉语研究十五讲》，北京大学出版社 2003 年版。

［48］吕炳昌：《〈荀子〉动词语义句法研究》，北京大学博士学位论文，2002 年。

［49］吕叔湘：《中国文法要略》，商务印书馆 1956 年版。

［50］罗竹风等主编：《汉语大词典》（上、中、下），汉语大词典出版社 1997 年版。

［51］马承源主编：《上海博物馆藏战国楚竹书》（1—9），上海古籍出版社 2001—2012 年版。

［52］马飞海主编：《中国历代货币大系·秦汉三国两晋南北朝货币》，上海辞书出版社 2002 年版。

［53］齐沪扬、张斌：《现代汉语短语》，华东师范大学出版社 2000 年版。

［54］齐沪扬等合编：《现代汉语虚词研究综述》，安徽教育出版社 2002 年版。

［55］皮佳佳：《〈墨子〉动词配价研究》，湖南师范大学硕士学位论文，2005 年。

［56］饶宗颐、曾宪通编著：《楚帛书》，香港中华书局 1985 年版。

［57］饶宗颐、曾宪通：《楚地出土文献三种研究》，中华书局 1993 年版。

［58］沙少海、徐子宏译注：《老子全译》，贵州人民出版社 1990 年版。

［59］商承祚编著：《战国楚竹简汇编》，齐鲁书社 1995 年版。

［60］邵菁：《配价理论与对外汉语词汇教学》，《语言教学与研究》2002 年第 1 期。
［61］沈阳、郑定欧：《现代汉语配价语法研究》，北京大学出版社 1995 年版。
［62］沈阳主编：《配价理论与汉语语法研究》，语文出版社 2000 年版。
［63］石峰：《〈睡虎地秦墓竹简〉动词研究》，四川大学硕士学位论文，1998 年。
［64］睡虎地秦墓竹简整理小组编：《睡虎地秦墓竹简》，文物出版社 1990 年版。
［65］孙慰祖编：《古封泥集成》，上海书店出版社 1994 年版。
［66］汪正庆编：《中国历代货币大系·先秦货币》，上海人民出版社 1984 年版。
［67］王力：《同源字典》，商务印书馆 1982 年版。
［68］王力主编：《王力古汉语字典》，中华书局 2002 年版。
［69］王伟：《秦玺印封泥职官地理研究》，陕西师范大学博士学位论文，2008 年。
［70］王先谦：《庄子集解》，中华书局 1987 年版。
［71］王先谦：《荀子集解》，中华书局 1988 年版。
［72］王先慎：《韩非子集解》，中华书局 1998 年版。
［73］王延栋：《战国策词典》，南开大学出版社 2001 年版。
［74］王颖：《包山楚简词汇研究》，厦门大学出版社 2008 年版。
［75］魏德胜：《〈睡虎地秦墓竹简〉语法研究》，首都师范大学出版社 2000 年版。
［76］吴为章：《汉语动词配价研究述评》，《三明高等专科学校学报》1996 年第 2 期。
［77］吴镇烽编著：《商周青铜器铭文暨图像集成》，上海古籍出版社 2012 年版。
［78］萧圣中：《曾侯乙墓竹简释文补正暨车马制度研究》，科学出版社 2011 年版。
［79］徐丹：《某些出土简帛文献里所见的趋向动词“来”和“去”》，张显成主编：《简帛语言文字研究》（第二辑），巴蜀书社 2006 年版。
［80］徐峰：《“交互动词配价研究”补议》，《语言研究》1998 年第 2 期。
［81］徐峰：《汉语配价分析与实践——现代汉语三价动词探索》，学林出版社 2004 年版。
［82］徐适端：《〈韩非子〉单音动词语法研究》，巴蜀书社 2002 年版。
［83］徐元诰：《国语集解》，中华书局 2002 年版。
［84］徐在国编著：《楚帛书诂林》，安徽大学出版社 2010 年版。
［85］许敏云：《〈史记〉双宾动词的配价研究》，《惠州学院学报》（社会科学版）2006 年第 1 期。
［86］杨伯峻：《论语译注》，中华书局 1958 年版。
［87］杨伯峻：《孟子译注》，中华书局 1960 年版。
［88］杨伯峻：《春秋左传注》，中华书局 1981 年版。
［89］杨伯峻、何乐士：《古汉语语法及其发展》，语文出版社 2001 年版。
［90］易福成：《〈孙子兵法〉谓词句法和语义研究》，北京大学博士学位论文，1999 年。
［91］殷国光：《关于“〈庄子〉动词配价研究”的若干问题》，《古汉语研究》2003 年第 4 期。
［92］殷国光：《〈庄子〉一价动词及其相关句式的考察》，《语言科学》2006 年第 5 期。
［93］殷国光：《〈庄子〉三价非“转让”类动词及其相关句式的考察》，《长江学术》

2007 年第 1 期。

［94］殷国光：《吕氏春秋词类研究》，商务印书馆 2008 年版。

［95］殷国光：《〈庄子〉动词配价研究》，商务印书馆 2009 年版。

［96］尹戴忠：《汉语动词研究综述》，《洛阳师范学院学报》2007 年第 6 期。

［97］余萍：《新蔡楚简实词研究》，安徽大学硕士学位论文，2010 年。

［98］袁毓林：《现代汉语祈使句研究》，北京大学出版社 1993 年版。

［99］袁毓林：《论元角色的层级关系和语义特征》，《世界汉语教学》2002 年第 3 期。

［100］袁毓林：《汉语配价语法研究》，商务印书馆 2010 年版。

［101］袁仲一、刘钰编著：《秦陶文新编》（上、下），文物出版社 2009 年版。

［102］张婵娟：《〈孟子〉动词配价研究》，辽宁师范大学硕士学位论文，2007 年。

［103］张国宪：《有关汉语配价的几个理论问题》，《汉语学习》1994 年第 4 期。

［104］张猛：《〈左传〉谓语动词研究》，语文出版社 2003 年版。

［105］张双棣：《吕氏春秋译注》，吉林文史出版社 1987 年版。

［106］张双棣、殷国光、陈涛：《吕氏春秋词典》（修订本），商务印书馆 2009 版。

［107］张显成主编：《秦简逐字索引》，四川大学出版社 2010 年版。

［108］张谊生：《交互动词的配价研究》，《语言研究》1997 年第 1 期。

［109］张谊生：《现代汉语虚词》，华东师范大学出版社 2000 年版。

［110］张谊生：《述结式把字句的配价研究》，《南开语言学刊》2005 年第 1 期。

［111］张玉金：《先秦汉语“唯”字研究》，辽宁师范大学硕士学位论文，1984 年。

［112］张玉金：《甲骨文虚词词典》，中华书局 1994 年版。

［113］张玉金：《甲骨文语法学》，学林出版社 2001 年版。

［114］张玉金：《西周汉语语法研究》，商务印书馆 2004 年版。

［115］张玉金：《甲骨文中的“之”和助词“之”的来源》，《殷都学刊》2005 年第 2 期。

［116］张玉金：《西周汉语代词研究》，中华书局 2006 年版。

［117］张玉金：《介词“于”的起源》，《汉语学报》2009 年第 4 期。

［118］张玉金：《也谈甲骨文中的“何”和“此”》，《中国语文》2010 年第 3 期。

［119］张玉金：《出土战国文献虚词研究》，人民出版社 2011 年版。

［120］赵超：《石刻古文字》，文物出版社 2006 年版。

［121］赵艳芳：《认知语言学概论》，上海外语教育出版社 2001 年版。

［122］钟柏生等编：《新收殷周青铜器铭文暨器影汇编》（全 3 册），台北艺文印书馆 2006 年版。

［123］钟发远：《〈论语〉动词研究》，西南师范大学出版社 2003 年版。

［124］中国社会科学院考古研究所编：《殷周金文集成》（1—18），中华书局 1984—1994 年版。

［125］中国文物研究所、湖北省文物考古研究所编：《龙岗秦简》，中华书局 2001 年版。

［126］中国社会科学院语言研究所现代汉语研究室编：《句型和动词》，语文出版社 1987 年版。

［127］周红：《论汉语动词配价的确立》，《山东师范大学学报》（人文社会科学版）

2002 年第 1 期。

［128］周守晋：《出土战国文献语法研究》，北京大学出版社 2005 年版。

［129］朱德熙：《语法讲义》，商务印书馆 1982 年版。

［130］朱汉民、陈松长编：《岳麓书院藏秦简》（1—3），上海辞书出版社 2010—2013 年版。

后　记

本书是 2012 年度教育部人文社会科学研究项目“动词理论与出土战国文献动词研究”（批准号：12YJA740110）的最终成果。

本书的出版，获得 2018 年度国家出版基金、2016 年广东省重点出版物“百部好书”扶持项目专项资金和 2015 年华南师范大学哲学社会科学学术著作出版基金的资助。华南师范大学社科处在资助之前，请三位专家对拙稿进行了推荐。由于是匿名推荐，不知道他们的大名，所以下面冒昧地用甲专家、乙专家、丙专家来代替他们。

甲专家的推荐意见是：

随着出土文献材料的不断丰富，其对语言学研究的重要作用逐渐受到学者的重视。出土文献是最能反映当时语言原貌的原始语料，具有传世文献所不具备的独特性，对研究当时的语言特征具有重要的作用。本书即是在出土战国文献语料库的基础上对战国时代动词状态的一个全面整理和研究，具有重要的学术价值。

本书绪论概括介绍了所要研究的课题，以及该课题的研究现状、研究材料和研究方法四个方面的内容。第一章则主要介绍了论文的理论基础。首先对以往学者关于动词配价理论的研究进行了总结和检讨，并在此基础上结合自己的研究所得而有所发展，提出自己的关于动词分类的意见，在新的分类理论基础上对出土战国文献中的动词作了一个总的分类，这是作者对动词配价理论研究的创新所在，为本书后面主体部分对出土战国文献中的动词进行全面细致的研究奠定了理论基础。第二、三、四、五、六这五个章节在动词配价理论的基础上从宏观角度对出土战国文献中一价动词、二价动词、三价动词的语义特征、配价成分、句式、指称化以及修饰化等进行了全面具体的分析论述，条例清晰，材料翔实。第七章则从微观角度选取出土战国文献中的几个典型动词，对其进行了个案的考察与研究，在全面占有材料的基础上对这些动词的用法不但作了量的统计，更作了详细的理论分析论证。

本书以现代语言学理论来研究出土战国文献中的动词，不但作了宏观上的梳理，而且进行了微观上的探讨，既有理论上的研究创新，同时又有对出土战国文献资料的全面整理，资料丰富，论证严谨。总之，从整体上来看这是一部难得的优秀论著，可推荐出版。

乙专家的推荐意见是：

本书的选题是语言学界关注的热点和难点，本书主要基于结构主义语法、配价语法、三个平面理论等语法理论，采用语义与形式、静态与动态、描写与解释相结合的研究方法，对出土战国文献中的动词进行了断代研究。无论从语法理论、分析方法上，还是从材料选取、描写分类、论证解释上，都具有较高的学术创新价值。在古汉语词汇研究，特别是基于配价理论对动词描写分类的系统性、全面性和深刻性上具有较高的创新意义，不仅对动词演化规律的历时化研究奠定了基础，具有较高的学术影响力，而且对古汉语教学和汉语词典编纂等应用领域也具有重要的实践价值。

作者研究思路清晰，语言表达严谨，材料翔实可靠，逻辑分析严密，遵守学术规范。总体上说，该项研究属于优秀研究成果，在选题、理论、方法、创新、价值、规范等方面都已达到了出版所要求的学术水平。

丙专家的推荐意见是：

以出土战国文献中的动词及其基本句式为对象进行研究，这在学术界尚属首次，具有原创性、开创性。

一方面，汉语史语料分传世文献与出土文献，传世文献屡经传写，讹误较多，而出土文献因其时代确定，成为汉语史研究的可信资料；另一方面，汉语的传统语法研究较为质朴，而当代动词理论研究尤其是配价语法理论发展迅速。传统的汉语史研究不太重视语法研究方面的创新，而当代的配价语法研究对于汉语史语料的把握又颇为欠缺，因此，本书将可信度极大的汉语史语料与当代动词理论研究结合起来，相得益彰，其学术价值是不言而喻的。应该鼓励这种传统的实证研究与当代新理论研究相结合的模式。

当然，三位专家也指出了本书中存在的一些问题，已经按他们的意见进行了修改。

感谢教育部对本项目研究的资助，感谢国家出版基金规划管理办公室、广东省委宣传部和华南师范大学对本书出版的资助。华南师范大学社科处刘志铭处长非常敬业，对我校教师的科学研究十分支持。

感谢暨南大学出版社社长徐义雄先生、人文社科分社社长杜小陆先生以及编辑黄志波先生、刘晶女士，他们为本书的出版付出了许多辛劳。

张玉金

2018 年 11 月 6 日